Bronislaw Malinowski
Schriften in vier Bänden
Herausgegeben von Fritz Kramer
Band 3 Korallengärten und ihre Magie

Darbietung von Yams in einem Dorf.

Bronislaw Malinowski

# Korallengärten und ihre Magie
## Bodenbestellung und bäuerliche Riten auf den Trobriand-Inseln

Aus dem Englischen von Gertraud Marx
Mit einem Photo-Anhang »Die Trobriander heute«
von Dietrich Winkler
Herausgegeben von Fritz Kramer

Syndikat

Titel der Originalausgabe: Coral Gardens and Their Magic. A Study of the Methods of Tilling the Soil and of Agricultural Rites in the Trobriand Islands,Bd. I.  (ohne *Chap* IX u. X und den Anhang).

CIP-Kurztitelaufnahme der Deutschen Bibliothek

*Malinowski, Bronislaw:*
Schriften in vier Bänden / Bronislaw Malinowski.
Hrsg. von Fritz Kramer. – Frankfurt am Main :
Syndikat
NE: Malinowski, Bronislaw: [Sammlung ⟨dt.⟩]
Bd. 3. – Malinowski, Bronislaw: Korallengärten
und ihre Magie

*Malinowski, Bronislaw:*
Korallengärten und ihre Magie : Bodenbestellung
u. bäuerl. Riten auf d. Trobriand-Inseln /
Bronislaw Malinowski. Aus d. Engl. von
Gertraud Marx. Hrsg. von Fritz Kramer. Mit e.
Photo-Anh. »Die Trobriander heute« / von
Dietrich Winkler. – Frankfurt am Main :
Syndikat, 1981.
(Schriften in vier Bänden / Bronislaw
Malinowski ; Bd. 3)
Einheitssacht.: Coral gardens and their
magic ⟨dt.⟩
ISBN 3-8108-0132-1 kart.;
ISBN 3-8108-0172-0 Lw.
NE: Winkler, Dietrich: Die Trobriander heute


Umschlag nach Entwürfen von Rambow, Lienemeyer und van de Sand
Motiv: Yamshaus (Foto von D. Winkler)
Produktion: Klaus Langhoff, Friedrichsdorf
Gesamtherstellung: Friedrich Pustet, Regensburg
Printed in Germany
ISBN 3-8108-0132-1 Kt. / 3-8108-0172-0 Ln.

# Inhaltsverzeichnis

# Verzeichnis der Abbildungen

# Verzeichnis der Karten, Skizzen und Tabellen

MEINER FRAU

# Vorwort des Autors

Noch einmal möchte ich mich als Chronist und Sprecher der Trobriander vorstellen, jener melanesischen Gemeinschaft, die so klein und gering ist, daß sie fast belanglos scheint – einige tausend »Wilde«, nahezu nackt, über ein kleines, flaches Archipel toter Korallen verstreut – und dennoch ist diese Gemeinschaft aus mancherlei Gründen für die Erforschung der primitiven Menschheit so bedeutsam. Die Trobriander sind typische Vertreter der Eingeborenen der Südsee. Sie sind ihrer eigenen Kultur und ihren alten Traditionen erstaunlich treu geblieben, und wir können an ihnen die Sitten und Bräuche Ozeaniens untersuchen, wie es durch die Jahrhunderte unbekannt und von Europäern unberührt blühte.

In diesem Buch nun werden wir dem *eigentlichen* Trobriander begegnen: Was immer er für andere darstellen mag, für sich selbst ist er zuallererst Gärtner; seine Leidenschaft für den Boden ist die des Bauern. Er empfindet eine eigentümliche Freude, wenn er die Erde umgräbt, sie wendet, wenn er sät, die Pflanzen wachsen und reifen sieht und die ersehnte Ernte einbringt. Wollen wir ihn kennenlernen, so sollten wir ihn in seinen Yamsgärten, Palmenhainen oder Tarofeldern aufsuchen. Wir sollten ihm zusehen, wie er inmitten der weißen Korallenblöcke den schwarzen oder braunen Boden umgräbt, wie er einen Zaun errichtet, der von prismatischer Struktur und von dreieckigen Stützen getragen seinen Garten mit einer »magischen Wand« einhegt. Wir müssen ihm folgen, wenn er in der Kühle des Tags beobachtet, wie die Saat aufgeht und sich entfaltet in der Umfriedung der »magischen Wand«, die im Grün der neuen Gewächse zuerst wie Gold glänzt und dann Bronze- oder Grautöne annimmt, unter den üppigen Girlanden vom Laubwerk des Yams.

Der in diesem Buch beschriebene Aspekt des Stammeslebens ist vielleicht weniger sensationell als Meerfahrt, Handel und Hexerei, wie sie dem Leser der *Argonauten des westlichen Pazifik* bekannt sind; er mag unsere Neugierde weniger unmittelbar anziehen als die Bräuche der Werbung und des Ehelebens, die im *Geschlechtsleben der Wilden* behandelt sind. Aber er ist mindestens ebenso wichtig für unsere Kenntnis der Trobriander, der Ozeanischen Kulturen, und, wie ich sagen würde, selbst der menschlichen Natur im allgemeinen.

Einerseits nimmt nämlich nichts so unmittelbar Bezug auf die wirtschaftliche Natur des Menschen, wie das Studium der Bodenbestellung. Die Art und Weise, in der sogenannte Wilde ihre Grundnahrungsmittel produzieren, sie aufbewahren und behandeln; die Art, in der sie diese mit magischen und religiösen Vorstellungen umgeben, enthüllt Probleme der Beziehung zwischen Mensch und Umwelt, die für die philosophische Theorie der Wirtschaft von großer Bedeutung sind. Andererseits dringt die Agrikultur mit ihren Folgen sehr tief in die soziale Organisation unserer Südsee-Gesellschaft – wie auch jeder anderen – ein; sie bildet das Fundament der politischen Herrschaft und der häuslichen Ordnung; sie ist die Stütze der Verwandtschaftspflichten und des Eherechts. Daher kann die Lektüre des vorliegenden Buches in mancher Hinsicht zur Kenntnis der wirtschaftlichen Organisation, der politischen Ordnung und des häuslichen Lebens der Primitiven beitragen.

Ein Moment in der Gartenarbeit der Trobriander tritt besonders hervor und mag Probleme von größerer Reichweite aufwerfen: Ich meine die Beziehung zwischen rein ökonomischer, rational fundierter und technisch wirksamer Arbeit auf der einen Seite und Magie auf der anderen. Die organisierende Funktion der Magie und des Glaubens ist in theoretischer Hinsicht vielleicht der wichtigste Beitrag, den uns die Kenntnis der Agrikultur der Trobriander bei der Erforschung des Menschen liefert. Das kommt hier deutlicher zum Ausdruck, als in den Beziehungen zwischen Magie und Arbeit im *kula* oder im Liebeswerben der Eingeborenen, wenngleich auch diese ein helles Licht auf die Rolle der Magie in menschlichen Belangen werfen.

Nie eliminieren die Menschen, welcher Kulturstufe auch immer, spirituelle Momente gänzlich aus ihren ökonomischen Angelegenheiten. Ob wir um unser tägliches Brot beten oder um ausreichend Regen, ob die sakralen Könige in Afrika für Fruchtbarkeit und wider Dürre ihre Macht ausüben; ob die Trobriander und andere Melanesier oder Polynesier Gebete sprechen oder magische Handlungen ausführen, damit Fischfang, Tauschhandel oder Segelfahrt ein erfolgreicher Ausgang beschieden sei – die Beziehung zwischen der rationalen Technik und den übernatürlichen Mitteln, den Lauf der Dinge zu kontrollieren, gehört allemal zu den wichtigsten Themen der Soziologie. Im Hinblick auf die Trobriander gibt es nun keinen anderen Bereich der Stammesaktivitäten, der so vollständig und selbstverständlich von der Magie beherrscht würde, wie die Bestellung des Bodens. Und in keinem Bereich meiner Untersuchung hatte ich so großes Glück beim Zusammentragen der Informationen, bei der Übersetzung magischer Sprüche und den dazugehörigen Kommentaren, wie bei dem Material, das in diesem Buch vorgestellt wird.

Dies verdanke ich hauptsächlich einigen meiner Gewährsleute, mit denen ich ganz außergewöhnlich Glück hatte. Der Ethnologe hält sich das volle Verdienst für einen Teil seiner Entdeckungen zugute, aber die wirkliche Plackerei und das Maß der Einsicht in seiner Betrachtungsweise können nur zum Teil sein Verdienst sein. Meine Gewährsleute sind in großem Umfang für die richtige Interpretation und Perspektive, für die Echtheit und Relevanz dessen verantwortlich, was dieser Band und meine anderen ethnographischen Schriften enthalten. In Gesprächen über die Gartenmagie war ich besonders dadurch begünstigt, daß ich in Bagido'u, einem der führenden Gartenmagier des Gebiets, einen exzellenten Mitarbeiter hatte. Er war ein von Natur begabter Mann, den an Kenntnis der Stammestradition niemand übertraf, und da er krank und physisch nicht sehr aktiv war, konnte er mir viel Zeit zur Verfügung stellen. Er starb, bald nachdem ich die Inseln verlassen hatte, und wenn ich an meine Arbeit mit Bagido'u zurückdenke, habe ich oft das Gefühl, ihm sei die düstere Erkenntnis, daß er der letzte Hort einer verschwindenden Welt war, nicht fremd gewesen. Er war so eifrig darum bemüht, mir das rechte Verständnis seiner Magie zu vermitteln; er wandte soviel Zeit und echte Sorge auf, sich zu vergewissern, daß ich den korrekten Wortlaut der Zaubersprüche und ihre Bedeutung erfaßt hatte, daß er sich in gewisser Weise wohl bewußt war, sie so der Nachwelt zu hinterlassen. Es ist schwer, die Haltung der Eingeborenen in solchen Dingen zu rekonstruieren, ihrer eigenen Einsicht völlig gerecht zu werden, ohne dabei in Übertreibungen oder falsche Sentimentalität zu verfallen. Jedenfalls steht fest, daß wir alle, die wir an der Ethnographie der Trobriander interessiert sind, ihm viel zu verdanken haben, ebenso wie einigen anderen Gewährsleuten, denen wir im Lauf der folgenden Kapitel begegnen werden.

In einer Hinsicht unterscheidet sich das vorliegende Buch grundlegend von allem, was ich bislang veröffentlicht habe: hier wird nämlich die *Sprache* des Gartenbaus ausführlich behandelt. Zum ersten Mal kann ich meinen ethnographischen Beitrag von linguistischen Gesichtspunkten her umfassend dokumentieren. Das heißt nicht, daß in meinen Feldnotizen Texte, Kommentare, Redensarten und Terminologien nicht in gleicher oder vergleichbarer Zahl vorhanden wären, um die Ausführungen in den *Argonauten des westlichen Pazifik* und im *Geschlechtsleben der Wilden,* in meiner Broschüre *Myth* oder in *Crime and Custom* zu belegen. Indes wäre es zu Beginn meiner Laufbahn nicht möglich gewesen, eine derart umfassende linguistische Dokumentation zu publizieren; dies ist erst jetzt möglich geworden, da das Interesse an den Trobriandern und an detaillierteren ethnographischen Berichten zugenommen hat. Ich vertraue darauf, daß die theoretischen Teile dieses Buches, die Einleitungen zum linguistischen Anhang und zu den magischen Formeln, zu diesem Interesse wie auch zum Verständnis der Notwendigkeit einer so ausführlichen Dokumentation beitragen werden und daß sie die hier angewandten Methoden rechtfertigen.*

* [*Anm. d. Hrsg.:* Der linguistische Anhang ist in die vorliegende Ausgabe nicht aufgenommen worden. Vgl. a. das *Nachwort.*]

An dieser Stelle darf ich vielleicht hinzusetzen, daß das Manuskript meiner ersten ethnographischen Studie, *Argonauten des westlichen Pazifik,* zuerst von etwa einem halben Dutzend der größten Verlage zurückgewiesen wurde. Es bedurfte der Einsichtigkeit des inzwischen verstorbenen Swan Stallybrass, der sich durch eigene bibliographische Arbeit wie durch seine verlegerische Tätigkeit einen Platz in der Geschichte des britischen Buches gesichert hat, um die Bedeutung einer gründlichen Dokumentation zu erkennen; er akzeptierte mein Buch innerhalb von drei Tagen ohne Kürzungen und Änderungen. Die Annahme des vorliegenden Buches mit umfangreichem Sprachmaterial stellt wiederum einen neuen Anfang dar, und ich möchte Stanley Unwin für die Aufgeschlossenheit und den Mut zu diesem verlegerischen Wagnis meinen Dank aussprechen.

Wie meist in ethnographischen Büchern notwendig, habe auch ich mich an dieser Stelle bei zahlreichen Personen zu bedanken. Was ich all denen verdanke, die mir bei meiner Feldarbeit behilflich waren, habe ich bereits ausführlich in meinem ersten Buch berichtet: Robert Mond hat meine Forschungsreise finanziert; Prof. Seligman hat mich auf die Papua Region aufmerksam gemacht und mir die ganze Zeit hindurch in mehr als einer Hinsicht geholfen; die Regierung von Papua und das Commonwealth of Australia; vor allem aber mein verstorbener Freund Billy Hancock und mein Freund Raphael Brudo, der sich, während ich diese Zeilen schreibe, auf dem Rückweg zu den Trobriand-Inseln befindet.

Bei der Ausarbeitung meines Materials konnte ich die beträchtliche Hilfe von Forschungsassistenten in Anspruch nehmen, die von der Rockefeller Foundation gestellt wurden; insbesondere von Dr. J. Obrebski und Miss Agnes Drew, die mir dabei behilflich waren, das Material aus den Feldnotizen zusammenzustellen; von Mrs. R. C. Mathers, Miss Girsavicius und Miss Margaret Read, die mir halfen, dieses Material zu ordnen. Die technologischen Teile des Buches wurden von meinem Freund, Dr. Peter Buck, Honolulu, überprüft, während Dr. Edwin Smith einige linguistische Kapitel las; beiden verdanke ich wertvolle Anregungen. In vorläufiger Fassung wurde das Manuskript zudem in einem meiner Seminare gelesen, ein Kapitel von jedem Teilnehmer; es wurde kritisiert und diskutiert, und daraus habe ich, und ich hoffe, auch das Buch, großen Nutzen gezogen. Einige meiner Schüler haben das ganze Buch mit mir durchgearbeitet. Besonders möchte ich hier erwähnen: Dr. Wagner, Dr. Nadel und Dr. M. Fortes, Miss Hilda Beemer und Mr. Godfrey Wilson, Dr. Sjoerd Hofstra, Dr. Keesing und Miss Marjory Lawrence. Da ich sowohl für meine Forschungsassistenten als auch für die Mehrheit meiner Forschungsstudenten den von der Rockefeller Foundation eröffneten Möglichkeiten verpflichetet bin, möchte ich auch an dieser Stelle aussprechen, wie sehr meine Arbeit durch diese Institution, die ich mit ihrem Direktor, Edmund E. Day, ihrem Vizepräsidenten, Gunn, mit Mr. Kittredge und Dr. Van Sickle verbinde, gefördert wurde. Dies ist nur ein geringer Dank für das, was ich persönlich und wissenschaftlich ihnen und der Institution, für die sie arbeiten, verdanke.

Ich habe dieses Werk meiner Frau gewidmet, weil ich es für das beste halte, was ich je geleistet habe oder je werde leisten können. Ihre Anregungen und ihr kritischer Rat haben mich in diesem wie in anderen Bereichen meiner Forschung auf die kostbarste und wirksamste Weise inspiriert.

April 1934 B. M.

Department of Anthropology
University of London
London School of Economics

# Einleitung

# Stammeswirtschaft und soziale Organisation der Trobriander

## *1. Hintergrund und Szenerie der Gärten Neuguineas*

Im Mittelpunkt der folgenden Studien stehen die Leistungen des Menschen auf tropischem Boden; es geht um die Frage, wie es den Bewohnern der Trobriand-Inseln vor dem Ostkap von Neuguinea gelingt, der Erde in diesem exotischen Teil der Welt ihren Lebensunterhalt abzuringen. Den Ethnographen beeindruckt auf einer ersten Reise ins gelobte Feld wohl nichts mehr, als die überwältigende Kraft der Vegetation und die offenkundige Unzulänglichkeit der menschlichen Bemühungen, sie zu beherrschen. Unübersehbar wird ihm diese Diskrepanz bewußt, wenn er das erste Mal längs der Südküste Neuguineas oder durch die Archipele des Ostens reist und mit einem Blick die Eigenart dieses weiten, tropischen Landes erfaßt: Einander abwechselnde Hügelketten, tiefe Quertäler, die oft einen Blick ins Herz des Landes freigeben, fast senkrecht ansteigende Pflanzenwände im Vordergrund, die zuweilen flachem Alluvialland weichen – all das enthüllt die Kraft des tropischen Dschungels, die Hartnäkkigkeit der Lalang-Steppe, die erstaunliche Undurchdringlichkeit des Unterholzes und der Schlingpflanzen. Um dagegen Menschen oder auch nur Spuren ihrer Tätigkeit zu entdecken, muß der Reisende ein geübter Ethnograph sein: Das erfahrene Auge erkennt in der dürren Stelle im wogenden Grün ein kleines Dorf, dessen Hütten aus trockenem Flechtwerk erbaut, mit bräunlichen Palmblättern gedeckt und von einer hölzernen Palisade umgeben sind. Hie und da findet sich am Abhang eines Hügels eine Pflanzung – ein geometrisch klar umrissener Fleck, zur Erntezeit braun vom Laub reifer Ranken, früher im Jahr aber das Hellgrün junger Gewächse zeigend. Mit etwas Glück kann der Reisende nachts an einer Gruppe schwelender Feuer vorbeikommen: frisch gerodete Gärten, in denen Bäume und Dickicht niederbrennen. Je mehr er sich jedoch auf diese kaum wahrnehmbaren Zeichen konzentriert, je mehr er seine Vorstellungskraft anstrengt, sie zu interpretieren, desto deutlicher wird ihm bewußt, wie schwach der Stempel ist, den der Mensch bislang diesem Boden aufgeprägt hat, wie leicht seine Leistungen ausgelöscht werden, wie sehr alles, was er sich zu eigen gemacht hat, sich unmittelbar dem spontanen Wachstum verdankt. Die Natur scheint hier dem Menschen noch nicht untertan und seinen Zwecken noch nicht angepaßt zu sein. Im Gegenteil, der Mensch ist nur ein Teil ihres Entwurfs; unter dem, was der Dschungel hervorbringt, findet er einen prekären Schutz; er kleidet sich mit trockenen Blättern und erhält sich von dem, was er Jahr für Jahr dem Urwald abringt und was nach wenigen Jahren an diesen wieder zurückfällt.

Die Perspektive verschiebt sich beträchtlich, wenn man sich in einem der Weiler niederläßt und Arbeit und Interessen der Eingeborenen beobachtet: Jetzt zeigt sich, daß der Gartenbau, wie ein kommerzielles Geschäft, große Geschicklichkeit und technische Initiative erfordert, daß er aber auch ein wichtiges Zeremoniell des Stammes darstellt; daß das gesamte Gebiet durch rechtmäßig festgelegte Grenzen deutlich markiert ist und sich im großen und ganzen im Besitz von Einzelnen oder von Gruppen befindet.

Falls man aber weitersegelt und dabei die verschiedenen Kulturen, Landesteile und Inseln erforscht, stößt man über kurz oder lang auf das flache Korallenarchipel der Trobriander, das etwa hundertzwanzig Meilen unmittelbar nördlich der Ostspitze Neuguineas gelegen ist. Man erkennt sogleich, daß in dieser Region die Beziehung des Menschen zur Natur eine gänzlich andere ist; der Boden wird hier offenbar höher bewertet, ist endgültig aufgeteilt und wird effektiver genutzt als irgendwo im Hochland, in den Sago-Sümpfen oder in der Lalang-Steppe. Schon bei einem beiläufigen Besuch der Trobriand-Inseln wäre ein Ethnograph von der Bevölkerungsdichte, der Ausdehnung und Vielfalt der Gärten und von der Gediegenheit des Gartenbaus überrascht. Ihm würde nicht entgehen, daß nur ein relativ kleiner Teil des Territoriums der Natur und ihrem willkürlichen Wachstum überlassen ist und daß in den Dörfern mehr als die Hälfte der Gebäude Vorratshäuser sind. Die Art und Weise, in der die Erzeugnisse akkumuliert, gespeichert und behandelt werden, zeigt eindeutig, daß der Mensch hier keineswegs von der Hand in den Mund lebt, sondern auf seine Leistungen angewiesen ist und daraus ein solides Fundament für den Wohlstand geschaffen hat.

In den folgenden Kapiteln werden wir uns noch des öfteren in die Yamsgärten der Trobriander, in ihre Taro- und Bananenpflanzungen begeben müssen. Wir werden an ihrer Arbeit teilnehmen und uns ihren Erntefreuden und Vergnügungen anschließen. Wir werden die Kokoshaine durchstreifen und das Haus des Magiers betreten, um ihm bei seinen Zaubersprüchen und Ritualen zuzusehen. Bei alledem haben wir zwei Ansätze zu verfolgen: Einerseits müssen wir mit der größtmöglichen Genauigkeit die Prinzipien der sozialen Organisation darlegen, die Regeln von Stammesrecht und -brauchtum, die magischen, technologischen und wissenschaftlichen Grundbegriffe der Eingeborenen. Andererseits wollen wir versuchen, mit den lebendigen Menschen in Berührung zu bleiben, damit wir ein deutliches Bild des Hintergrunds und der Szenerie vor Augen haben. Bevor wir uns unserem eigentlichen Thema zuwenden, sollen deshalb die Trobriander, ihr Land, ihre See und ihre Lagune in einer allgemeinen Einleitung vorgestellt werden.

Einige meiner Leser werden mit den Eingeborenen des Archipels bereits vertraut sein.[1] Vielleicht haben sie mich auf einer der Reisen begleitet, die ich, von den europäischen Siedlungen aus, die Südküste entlang und durch die Archipele Ost-Neuguineas unternahm. Dort leben die »südlichen Massim« – ein von Haddon geprägter Begriff, der eine papua-melanesische Kultur bezeichnet; im dritten Teil von Seligmans *Melanesians of British New Guinea* ist sie umfassend beschrieben worden.

Ich werde hier diese Fahrt nicht im einzelnen nachzeichnen. Die Szenerie der Südküste und der Ostspitze, die bezaubernden, verstreut liegenden Siedlungen der Eingeborenen und einige der Bräuche dieser Kannibalen und blutdürstigen Krieger habe ich in den *Argonauten* (Kap. 1) beschrieben. Dort findet sich auch ein Überblick über die Kultur jener Nachbarstämme der Trobriander, die an der Küste und an den unzugänglichen Steilhängen der d'Entrecasteaux-Gruppe und auf den verstreuten Felsen der Amphlett-Inseln leben. Und ich bin dort auch sehr ausführlich auf den Kontrast zwischen zwei Landschafts- und Kulturtypen eingegangen:

»Verlassen wir nun die bronzefarbenen Felsen und den dunklen Dschungel der Amphlett-Inseln. Wir segeln nach Norden in eine völlig andere Welt flacher Koralleninseln, in ein ethnographisches Gebiet, das sich in zahllosen Verhaltensweisen und Bräuchen vom Rest der Papua-Melanesier unterscheidet. Bis jetzt segelten wir über intensiv blaue und klare Gewässer, wo an seichten Stellen der Korallenboden mit seiner Vielfalt der Farben und Formen, mit seiner wundervollen Vegetation und Fischwelt ein faszinierendes Schauspiel eigener Art darstellt – ein Meer umgeben von all der Pracht des tropischen Dschungels, einer vulkanischen und gebirgigen Szenerie mit lebendigen Wasserläufen und Wasserfällen, mit dampfenden Wolken, die die hohen Täler durchziehen. Von alledem nehmen wir Abschied, wenn wir nach Norden fahren. Die

[1] Insbesondere jene Leser, die C. G. Seligman, *The Melanesians of British New Guinea,* (Cambridge 1910) oder die drei einleitenden Kapitel meiner *Argonauten des westlichen Pazifik* (Frankfurt a. Main 1979) kennen. Ihr häusliches und familiäres Leben wurde in meinem Buch *Das Geschlechtsleben der Wilden in Nordwest-Melanesien* (Frankfurt a. Main 1979) beschrieben, und ihre Kindheit habe ich in dem schmalen Band *Geschlecht und Verdrängung in primitiven Gesellschaften* (Reinbek b. Hamburg 1962) erörtert. Für das angrenzende Gebiet Neuguineas haben wir in erster Linie das ausgezeichnete Buch von R. F. Fortune, *Sorcerers of Dobu* (London 1932), das jeder, der sich für diese Region interessiert, zu Rate ziehen sollte; ebenso W. E. Armstrong, *Rossel Island* (Cambridge 1928), die Berichte von F. E. Williams, *Orokaiva Society* und *Orokaiva Magic* sowie D. Jenness u. A. Ballantyne, *The Northern D'Entrecasteaux,* (Oxford 1920).

Umrisse der Amphlett-Inseln entschwinden in tropischem Dunst, bis nur noch die schmale, hochaufragende Pyramide des anmutigen Koyatabu am Horizont übrigbleibt, die uns fast bis zur Lagune von Kiriwina begleitet.

Wir gelangen jetzt in ein trübes, grünliches Meer, dessen Monotonie nur von einigen Sandbänken unterbrochen wird, die teils unbewachsen und vom Wasser überspült, teils mit ein paar Schraubenbäumen bewachsen sind, die sich mit ihren Luftwurzeln im Sand festklammern. Auf diese Bänke kommen die Eingeborenen der Amphlett-Inseln und verbringen hier Wochen mit der Jagd auf Schildkröten und Seekühe. Hier ist auch der Schauplatz verschiedener mythischer Ereignisse des urzeitlichen Kula (des intertribalen Handels, dem eine Menge Zeit, Anstrengung und Ehrgeiz gewidmet wird). Weiter vorne verdickt sich durch den dunstigen Gischt hindurch hier und da die Linie des Horizonts, als sei sie mit dünnen Bleistiftstrichen verstärkt. Diese werden immer greifbarer, einer dehnt und verbreitert sich, ein anderer zerteilt sich in die klaren Umrisse kleinerer Inseln, und auf einmal befinden wir uns in der großen Lagune der Trobriand-Inseln mit Boyowa, der ausgedehntesten Insel, zu unserer Rechten und vielen anderen, bewohnten und unbewohnten, im Norden und Nordwesten.

Wenn wir, den schwierigen Passagen zwischen den Sandbänken folgend, über die Lagune segeln und uns dem Festland nähern, bricht der dicht verfilzte, niedrige Dschungel über einem Strand hier und dort auf und läßt uns in einen Palmenhain blicken, wie in einen von Pfeilern getragenen Innenraum. Das deutet auf ein Dorf hin. Wir betreten den Küstenstreifen, der wie üblich von Abfall und Schmutz bedeckt ist und auf dem die hochgezogenen Kanus trocken liegen, und betreten, die Baumgruppe durchquerend, das Dorf selbst.«[2]

## *2. Siedlungen und Tätigkeitsfelder der Trobriander*

Von nun an werden wir unter den Trobriandern leben. Der Archipel liegt genau nördlich des Ostkaps. Der Ethnologe weiß, daß die Einwohner Melanesier sind, in physischer, kultureller und institutioneller Hinsicht indes größere Ähnlichkeit mit den in einiger Entfernung lebenden ozeanischen Populationen als mit den benachbarten Papua auf dem Festland Neuguineas aufweisen. Sie haben ein entwickeltes Häuptlingstum, sind erfahrene Seefahrer und Händler, und ihre dekorative Kunst ist zur Zierde vieler ethnographischer Museen geworden.

Der Trobriand-Archipel, wie es auf der Karte (Skizze 1) zu sehen ist, ist ein Korallenatoll, genauer ein Teil des Lusançay-Atolls. Die uns ange-

[2] *Argonauten des westlichen Pazifik,* S. 77f.

hende Gruppe besteht aus einer großen Insel, zweien von mittlerer Größe – Vakuta und Kayleula – und einer Reihe kleinerer Inseln, die eine Bucht oder Lagune umgeben. Letztere ist sehr seicht, mancherorts nicht einmal für die Kanus der Eingeborenen schiffbar, aber sie ist von tiefen Wasserstraßen durchzogen. Allen Winden ausgesetzt bietet sie weder Schutz gegen den Nordwest-Monsun noch gegen die strengen Südwinde, und nur die Lagunenküste der Hauptinsel ist gegen den Südost-Passat ein wenig abgeschirmt. Im Osten liegt etwa hundert Meilen entfernt das zweite Zentrum der Kultur der nördlichen Massim, die Insel Woodlark. Die nördlichen Massim – der Name stammt wiederum von Haddon – stellen eine Unterabteilung der östlichen Papua-Melanesier dar. Zwischen Woodlark und Trobriand liegen, einer Brücke gleich, fünf kleine Inseln – Kitava, Iwa, Gawa, Kwaywata und Digumenu –, deren Bevölkerungen derselben Kultur angehören. Wir werden ihnen in der Gartenmythologie wieder begegnen.

In unserer detaillierten Schilderung werden wir jedoch fast ausschließlich auf die Hauptinsel der Trobriander eingehen und die angrenzenden Gebiete nur beiläufig erwähnen. Auf dieser großen Insel, die von den Eingeborenen Boyowa oder, nach ihrer Hauptprovinz, Kiriwina genannt wird, stoßen wir auf verschiedene Landschafts-, Boden- und Gartenbautypen. Der Nordteil, der sich zu einem großen Kreis rundet, birgt die Mehrheit des fruchtbaren Bodens. Einzig der schmale Korallenwall, der seine Nord- und Ostränder säumt, bleibt vom Anbau fast gänzlich frei und ist stellenweise von Urwald bedeckt. Dieser gelangt indes nie zu voller tropischer Üppigkeit, und manche ökonomisch wichtigen Pflanzen, wie die Sagopalme, das Malakka-Rohr oder der Bambus, wachsen hier nicht und müssen als Rohmaterial importiert werden. Einige Landstriche im Inneren sind ebenfalls nutzlos, weil zu sumpfig, während im Westen weite Küstenbereiche von Mangroven bedeckt sind, die im brackigen Morast wachsen und während der Flut von Wasser umspült sind. Im südlichen Teil der Insel, vor allem an ihrem äußersten Ende, tritt toter Korallenfels zutage und macht große Landstriche unbebaubar und unbewohnbar. Die Brackmoore reichen im Süden tiefer ins Inland hinein; die Dörfer liegen hier entweder an der Lagune, wo die Bewohner vom Fischfang leben können, oder an fruchtbaren Flecken im Inneren.

### *3. Erste Eindrücke von den trobriandischen Gärten*

Da unser Gegenstand, das System des Gartenbaus bei den Trobriandern, nur einen, wenn auch vorrangigen Teil ihres Wirtschaftslebens ausmacht, müssen wir zunächst die Nutzung der natürlichen Ressourcen insgesamt betrachten. Für die detailliertere Schilderung des Gartenbaus bildet dieser kurze Abriß der Stammesökonomie einen unerläßlichen Hintergrund.[3]

Die vorangegangene Beschreibung des Territoriums, die Karte des Archipels (die übrigens zeigt, daß die Bevölkerungsdichte bei den Trobriandern im Vergleich zu anderen Südsee-Völkern sehr hoch ist) wie die Einsicht in das hohe Niveau der kulturellen Fähigkeiten, der politischen und ökonomischen Organisation dieser Eingeborenen gestatten uns, ihre Produktionsweise und ihre handwerkliche Entwicklung ungefähr einzuschätzen. Der fruchtbare Humus, der in einer weiten Fläche das tote Korallengestein bedeckt, eignet sich offensichtlich für den intensiven Anbau von Nutzpflanzen – d. h. in der Südsee: Yams, Taro, Süßkartoffeln, Bananen und Kokosnüsse. Die offene Lagune, die Meerestiere im Überfluß birgt, wäre einer unternehmungslustigen Bevölkerung gewiß Anreiz, eine ertragreiche Fischerei zu entwickeln. Aus den sorgfältig angelegten, kompakten Siedlungen können wir auf Vortrefflichkeit von Kunst und Handwerk schließen. Variationen der natürlichen Umwelt und ihrer Nutzungsmöglichkeiten lassen uns die Ausbildung von Handwerkszentren und folglich eines internen Handelssystems erwarten, während das Fehlen von bestimmten, unentbehrlichen Rohmaterialien – Stein (Korallenblöcke sind für handwerkliche Zwecke nicht geeignet), Lehm, Rattan, Bambus und Sago – einen umfangreichen Handel mit der Außenwelt nahelegt. Da Urwald nicht vorhanden ist, kann die Jagd schwerlich von Bedeutung sein und die Suche nach wilden Früchten nur eine untergeordnete Rolle spielen.

Diese Vermutungen sind tatsächlich in fast allen wesentlichen Punkten korrekt. Der Trobriander ist in erster Linie Gärtner, nicht allein wegen seiner Ressourcen und Bedürfnisse, sondern auch aus Passion und auf Grund seines traditionalen Wertsystems. An anderer Stelle habe ich darauf bereits hingewiesen: »Sein halbes Arbeitsleben verbringt der Eingeborene im Garten, und vielleicht mehr als die Hälfte seiner Interessen und Bestrebungen kreisen um ihn . . . Bei der Gartenarbeit erzeugen die Eingeborenen weit mehr, als sie benötigen, und in einem durchschnittlichen Jahr ernten sie vielleicht mehr als das Zweifache dessen, was sie verzehren können.

Heutzutage wird der Überschuß von Europäern in andere Teile Neuguineas exportiert, um Plantagenarbeiter damit zu ernähren, während man früher zuließ, daß er einfach verdarb. Zudem erzeugen sie diesen Über-

[3] Ich möchte darauf hinweisen, daß er, wie auch der kurze, in *Economic Journal* 1921 erschienene Aufsatz, »The Primitive Economics of the Trobriand Islanders«, nur eine Vorstudie des Themas darstellt. Zur Zeit arbeite ich an einem umfassenden Bericht über Fischfang, Jagd, Handwerk und Binnenhandel der Trobriander. Ihre Überseereisen, den zeremoniellen Tausch und intertribalen Handel habe ich in den *Argonauten des westlichen Pazifik* bereits beschrieben.

schuß in einer Art, die ihnen weit mehr Arbeit aufbürdet, als zur Gewinnung der Ernte unbedingt notwendig wäre. Viel Zeit und Mühe verwenden sie auf ästhetische Ziele, darauf, daß die Gärten ordentlich, sauber, von allen Felsstücken frei sind, auf den Bau schöner, stabiler Zäune und die Beschaffung besonders starker und große Yamsstangen. In gewissem Sinn dient all dies dem Gedeihen der Pflanzen, es kann aber kein Zweifel bestehen, daß die Eingeborenen ihre Gewissenhaftigkeit weit über die Grenzen des schier Notwendigen treiben. Das nicht-utilitaristische Element in ihrer Gartenarbeit läßt sich noch deutlicher an den vielfältigen Arbeiten ablesen, die sie lediglich um der Verzierung willen, im Zusammenhang mit magischen Zeremonien und unter Beachtung der traditionellen Formen auf sich nehmen.«[4]
Nicht unwichtig ist auch der Fischfang; in einigen Dörfern an der Lagune bildet er sogar die Hauptquelle des Lebensunterhalts und erfordert etwa die Hälfte der Zeit und Arbeit ihrer Bewohner. Er steht aber nur in einigen Distrikten im Vordergrund, insgesamt hat der Gartenbau Vorrang. Durch eine natürliche oder kulturelle Katastrophe am Fischfang gehindert, könnten die Trobriander aus ihren Gärten immer noch ausreichend Nahrung gewinnen; eine Hungersnot wird aber unabwendbar, wenn in Zeiten der Dürre die Ernte ausbleibt. Die Jagd ist wirtschaftlich unbedeutend, selten sieht man jemanden mit dem Speer aus dem Dorf gehen, in der Hoffnung auf Wallaby oder Buschschwein. Die Vogeljagd, mit Schlingen betrieben, scheint zwar wichtiger, aber jedesmal, wenn ich die Eingeborenen wildes Geflügel essen sah, stellte sich heraus, daß es von weither stammte und von einem weißen Händler mit dem Gewehr erlegt worden war. Wilde Früchte, im Busch gesammelt, Krebse und Mollusken aus den Mangrovensümpfen oder der Lagune sind in Dürrezeiten eine wesentliche Bereicherung für die Küche der Eingeborenen. Transport und Handel sind gut entwickelt, die Institution des intratribalen Tauschs von Fisch und Gartenprodukten beherrscht weite Bereiche des öffentlichen Lebens.
Es zeigt sich also, daß die Vorhersagen der Milieutheoretiker im wesentlichen zutreffen. Gleichwohl ist vieles im Bezugssystem der Arbeit und ihrer Organisation, der Produktion, Distribution und Konsumtion aus ökologischen Faktoren nicht ableitbar. So kann ein Milieutheoretiker die große Bedeutung, die der Magie und der politischen Herrschaft im Rahmen der Organisation des Gartenbaus zukommt, keineswegs antizipieren, ebensowenig wie er ahnt, welch höchst komplexe Verpflichtungen durch Verwandtschaft und Ehebeziehung in die Distribution der Produkte hineinspielen und den trobriandischen Haushalt auf ein doppeltes Fundament stellen (vgl. Kap. V u. VI). Verschlossen blieben ihm auch

[4] *Argonauten,* S. 86.

die Komplikationen des Systems, die aus der Verschränkung von Mutterrecht und virilokaler Ehe resultieren. Die Einrichtungen und Bräuche, die es gestatten, große Nahrungsmengen zu akkumulieren, und das Rechtssystem, das Reichtum in den Händen weniger Anführer konzentriert, so daß sie damit Unternehmungen von tribalem Ausmaß zu organisieren vermögen, müssen beobachtet und aus der Erfahrung heraus dargelegt werden.

Betrachten wir also der Reihe nach, mit den Gärten beginnend, die verschiedenen nahrungsproduzierenden Tätigkeiten, die Kunst, das Handwerk und den Handel.

Bei meiner Ankunft war ich vom Leben in den Gärten, von seiner bukolischen Schönheit und Üppigkeit beeindruckt und fasziniert; zugleich überraschte mich aber auch die Komplexität der Vorgänge im Gartenbau. Ich kam Anfang Juni 1915 auf den Trobriand-Inseln an und ließ mich nach einem kurzen Aufenthalt an der Küste in Omarakana, der Residenz des Häuptlings und dem Hauptort des Archipels, nieder. In den meisten umliegenden Dörfern war man mitten in der Ernte, in der Häuptlingsresidenz hatte sie gerade erst begonnen oder stand unmittelbar bevor. Zu keiner anderen Zeit zeigen sich die trobriandischen Gärten in besserem Licht, entfaltet sich das Interesse der Eingeborenen an den Früchten der Ernte mit größerer Lebhaftigkeit, und zu keiner Jahreszeit sind in der Textur des Gartenbaus so viele Fäden verwoben (Kap. I, II, V u. VI). Das ganze Dorf ist im Garten und der Garten kommt gewissermaßen ins Dorf. So wirkt die Siedlung zeitweilig wie ausgestorben, zwischen den verlassenen Häusern sind nur alte Männer und Frauen zu sehen, die ihrer Arbeit nachgehen, und kleine Kinder beim Spiel. Dann aber drängen die Gruppen nach und nach mit den Erntefrüchten herein, füllen die ganze Siedlung mit Yams, Körben, Geschwätz und Frohsinn, mit all der Wichtigkeit des Gartenbaus (Abb. 60-64). Damals wurde mir zum ersten Mal vor Augen geführt, daß der Trobriander vor allem Gärtner ist, der mit Vergnügen gräbt und voll Stolz die Früchte liest, deren Fülle ihm ein Gefühl der Sicherheit und der Freude am Geleisteten bereitet, und dem das üppige Laubwerk der Yamsranken und Taroblätter unmittelbar Ausdruck der Schönheit ist. In dieser wie in anderer Hinsicht würde der Trobriander eher mit Stendhals Definition der Schönheit als Verheißung von Seligkeit übereinstimmen als mit dem blassen Begriff der uninteressierten Kontemplation, mit dem Kant das Wesen des ästhetischen Wohlgefallens bestimmt. Alles, was für Auge und Herz reizvoll ist – oder, richtiger, für den Bauch, der für den Trobriander Sitz sowohl der Emotionen als auch des Verstehens ist – besteht aus Dingen, die Sicherheit, Wohlstand, Fülle und sinnlichen Genuß verheißen.

Wer in dieser Jahreszeit durch das Land geht, sieht Gärten, die sich in der vollen Pracht ihres grünen Blattwerks eben erst golden verfärben (vgl.

Abb. 21 u. 31) – Yamspflanzungen, die später als die übrigen heranreifen, daneben aber auch Gärten, die schon für die nächste Saison vorbereitet werden (vgl. Abb. 20) und hin und wieder Taroflächen, die von breiten, grünen Blättern bewachsen sind (vgl. Abb. 112). Bei meiner ersten, flüchtigen Besichtigung der Umgebung von Omarakana war ich erstaunt über die Vielfalt der Szenerie, der Bearbeitung und Bedeutung der Gärten. Dort war die Ernte in vollem Gang, Männer und Frauen schnitten Ranken, gruben Knollen aus, säuberten sie und schichteten sie in Haufen; da jäteten Frauen eine Taropflanzung; an einigen Stellen waren Männer damit beschäftigt, die Gärten vom Unterholz zu befreien, oder sie steckten auf der Erde schachbrettartig kleine Quadrate ab, deren Zweck meinen äußerst beharrlichen, in Pidgin eingeholten Erkundigungen zunächst entging (vgl. Abb. 26 u. 38).

An einem meiner ersten Tage wurde ich auch unwissentlich Zeuge des großen Gartenrats, der unsere Aufmerksamkeit im Laufe des folgenden Berichts noch häufig beschäftigen wird (Kap. II, IX u. X). Ich sah den Häuptling, seinen Erben und Neffen Bagido'u, der zugleich Magier war, mit all den Notablen zu einer Diskussion versammelt (die der Dolmetscher mir nicht erläutern konnte). Bald darauf nahm mich der Häuptling selbst zu einem morgendlichen Gang und zur Arbeit in den Gärten mit. Ich war beeindruckt, daß er wie der Niedrigste seiner Untertanen Tag für Tag auf seinem eigenen Land arbeitete, wobei er als einer der größten und kräftigsten Trobriander einen riesigen Grabstock benutzte. Wie jeder andere pflanzte er Taytu, Knolle für Knolle nach einem geeigneten Platz suchend; wie jeder andere würde er bei der Ernte mit Sorgfalt und Genauigkeit die Erde aufgraben, den Taytu eigenhändig herausnehmen und säubern, vorsichtig, liebevoll und geduldig (Kap. V, Abschn. 4). Meist begleitete ihn dabei die eine oder andere seiner Frauen: die kräftige, gesunde Isupwana (vgl. Abb. 81), die schöne, junge Ilaka'isi (vgl. Abb. 82), Kadamwasila, die erste Frau, die er persönlich geheiratet, oder Bokuyoba (vgl. Abb. 2), die älteste seiner Frauen, die er von seinem älteren Bruder geerbt hat. To'uluwa und seinen Frauen verdanke ich die ersten spärlichen Lektionen über die Technologie des Gartenbaus. – In der Feldforschung ist es nützlich, ein gewisses praktisches Interesse an einer Beschäftigung zu zeigen und die eigene manuelle Fähigkeit ins rechte Licht zu setzen, um so die theoretische (und doch auch persönliche) Neugier zu entschärfen, die den Eingeborenen an empfindlichen Stellen so leicht verletzt.

Auch die verschiedenen Kooperationsformen, die für den Gartenbau typisch sind, kann man während der Erntezeit beobachten. Beim Klauben der Knollen wie beim Säubern und Vorbereiten des neuen Gartens arbeitet gewöhnlich die ganze Familie zusammen: Gatte, Gattin, Kinder und andere Angehörige (vgl. Abb. 24 u. 36). (Selbst kleinen Kindern gibt man oft einen Spielzeug-Grabstock und eine Miniatur-Axt, mit denen sie während der Gartenarbeit spielen können, und in einem erstaunlich frühen Alter beginnen sie, sich ernsthaft an ihr zu beteiligen (Kap. I, Abschn. 3).[5] Beim Pflanzen und beim Schneiden des Gestrüpps überwiegt die kommunale Arbeit, die auch der Fremde, der unter den Eingeborenen lebt, nicht übersehen kann: Vom Häuptling herbeigerufen und im voraus mit Essen, Betelnuß und Tabak bewirtet, gehen die Männer fast festlich gekleidet mit den dabei üblichen, fröhlichen Rufen und Späßen gemeinsam aufs Feld, wo sie etwa einen halben Tag lang arbeiten. In kleineren Dörfern leisten die Männer einander gegenseitige Hilfe durch kommunale Arbeit, indem sie im Turnus jeweils ein oder zwei Parzellen abholzen oder bepflanzen. Manchmal arbeitet ein Mann auch allein auf seinem Land, wie auch Frauen ihre, bzw. ihres Gatten Parzelle mitunter alleine weiterjäten.

Eigentlich augenfällig ist auch jene andere Seite des trobriandischen Gartenbaus, die Magie, die keineswegs esoterisch, sondern als öffentliche Aufgabe des Gartenmagiers selbst in den Details allen bekannt ist; denn Magie gilt als unabdingbar und alltäglich, nicht etwa als geheimnisvoll. Allerdings wäre denkbar, daß ein gewöhnlicher Reisender, Händler oder Missionar lange unter den Eingeborenen lebt, ohne etwas von der Existenz der Magie zu merken. Sie ist nämlich außerordentlich schlicht, in den meisten Fällen durchaus nicht feierlich: bei einer magischen Handlung sieht der Ausführende ebenso alltäglich aus wie jemand, der sich gerade über eine praktische Arbeit beugt (Kap. III, IV, VII). Die Riten sind einfach und unmittelbar, allenfalls könnte die laute Rezitation einiger Formeln auf dem Feld oder im Dorf einen Zuschauer zu der Frage veranlassen, was da eigentlich getrieben werde. Meist führt der Magier die magische Handlung allein aus, aber es ist auch möglich, daß ihm jemand assistiert, der ein spezielles Recht oder Interesse daran hat (Kap. I, Abschn. 2; vgl. auch Abb. 23, 29, 33-35, 52 u. 100). Die prunkvollen, öffentlichen Zeremonien des Gartenbaus sind selten (vgl. Abb. 103-108).

Mir wurde also früh klar, daß sich das Leben des Stammes um die Gärten dreht. Der Gartenbau hat bei der Einteilung von Aufgaben und Interessen im Kreis der Jahreszeiten allemal den Vorrang. Immer verfügt der Gartenmagier, dessen Amt der Dorfvorsteher, sein Erbe oder ein anderer naher Verwandter innehat, über den höchsten oder zweithöchsten Einfluß. Die fruchtbaren Distrikte sind im ganzen gesehen zugleich die politisch dominierenden wie auch die ökonomisch reichsten, und Gartenerzeugnisse bilden im gesamten Gebiet die Grundlage des Reichtums. Ihre Verteilung folgt einem komplexen System von Ehegaben und politi-

[5] S. a. *Coral Gardens and Their Magic,* Vol. II, Part V, Div. V.

schen Tributen und ist für die Soziologie der Trobriander von höchster Bedeutung. Selbst die wenigen Dörfer, in denen der Fischfang eine beträchtliche Rolle spielt, sind von ihren bäuerlichen Nachbarn ökonomisch abhängig. Das führt uns auf das Thema der ökonomischen Provinzen oder Distrikte.

## *4. Ökonomische Distrikte: Gartenbau und Handwerk*

Auf den Trobriand-Inseln gibt es also neben voll entwickeltem Handel und Handwerk zwei Grundformen der Nahrungsproduktion: Gartenbau und Fischfang. Diese sind jedoch nicht gleichmäßig über den ganzen Archipel verteilt, es liegt eine Spezialisierung vor, die man im wesentlichen zwei Distrikten zuordnen kann. Ein Blick auf die Karte (Skizze 1) zeigt, daß die zweite Ebene im Norden dicht besiedelt ist, daß dort die Dörfer über das ganze Rund verstreut sind, während im Süden eine Reihe von Dörfern die Westküste säumt, eine Linie bildend, die sich in den Lagunensiedlungen des Nordens fortsetzt. Diese Unterscheidung deckt sich mit einer Aufteilung in zwei Wirtschaftsregionen: Im dicht besiedelten Norden überwiegt der Gartenbau, im Halbkreis der Lagunensiedlungen der Fischfang. Parallel dazu können wir weitere Differenzen feststellen, politische, soziologische – und ökonomische, die für uns von besonderem Interesse sind.
Im Norden lassen sich drei Zentralprovinzen unterscheiden: Kiriwina im Nordosten, Tilataula im Zentrum und Kuboma im Südwesten. Die beiden ersteren sind fast ausschließlich vom Gartenbau abhängig. Kiriwina ist die politisch dominierende, die vornehmste und wohl auch reichste Provinz; hier, in Omarakana, residiert der Oberhäuptling. Die Dörfer an der Nordspitze der Insel, unter ihnen Laba'i und Kaybola, die einzigen Fischersiedlungen der Provinz, gelten als Teil von Kiriwina. Laba'i und Kaybola sind ausschließlich auf zwei Fischsorten, Haie und Meeräschen, spezialisiert, die, obwohl der Fang strikt saisonbedingt ist, eine gewisse wirtschaftliche Bedeutung haben. Wird vor Kaybola, wo man den Haifang in Magie und Praxis beherrscht, ein großer Hai gefangen, so ist der ganze Distrikt mit diesem heiklen Fisch versorgt; und wenn bei Vollmond vor Laba'i große Schwärme von Meeräschen auftauchen und in großen Mengen mit Netzen in der Luft gefangen werden (Abb. 5), dann bringt man dem Oberhäuptling und anderen Häuptlingen Abgaben, und überall im Kiriwina gibt es Fisch im Überfluß. Die mit diesem Fischfang verbundene Magie ist durch mythologische Tradition und ortsgebundenes Ritual legitimiert und wird unter Beachtung bestimmter Tabus und zeremonieller Formen vom jeweils zuständigen Dorfvorsteher praktiziert. Für den Teil ihres Fangs, den die Dörfer abzugeben verpflichtet sind, erhalten sie Gegengaben von den Empfängergemeinden.

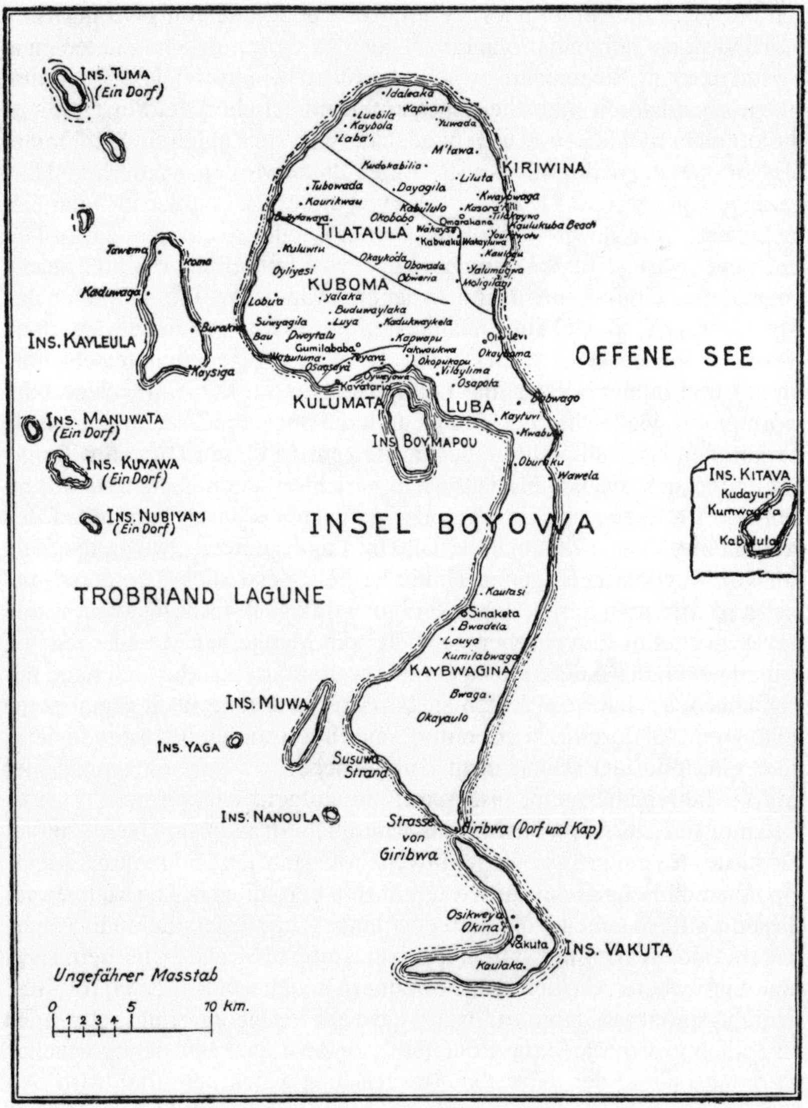


1. Karte der Trobriand-Inseln

Ich bin nicht imstande, über die relative Bedeutung von Fischfang und Agrikultur in Gemeinden wie Laba'i oder Kaybola nützliche Zahlenangaben zu machen. Sicher wäre es wünschenswert, einzelne Thesen quantitativ zu spezifizieren, aber bei einer anthropologischen Feldforschung ist das oft nicht möglich, und ungenaue oder fingierte Zahlen sind schlimmer als gar keine. Während meines Aufenthalts wurden wiederholt Haie gefangen und verteilt – ich durfte also von dieser Delikatesse in Omarakana kosten –, im ganzen ist der Fang aber zweifellos so unsicher geworden, daß gegenwärtige Beobachtungen keinen Aufschluß über Blütezeit und ehemaligen Umfang des Handels geben können. Wollte man aber den Magier fragen, wieviel Haie in alter Zeit jährlich gefangen wurden, dann würde er mit geschlossenen Augen die Fäuste gegeneinanderschlagen, immer und immer wieder, das heißt: Mengen um Mengen – zwei- oder vierhundert vielleicht; bei einem anderen mag die Zahl auf zwanzig herabfallen oder auf achthundert ansteigen. In diesen Dingen will man eher Eindruck machen als Tatsachen berichten, denn Zahlen und Mengen von produzierter Nahrung oder gefangenem Fisch begründen den Ruhm eines Orts. Fragt man deshalb im Landesinneren, wo an der Zahl der vor Kaybola gefangenen Haifische kein persönliches Interesse besteht, so wird man hören, daß es im Jahr womöglich sechs bis zwölf waren – was zweifellos untertrieben ist. Über die Menge der Meeräschen von Laba'i gehen die Aussagen sogar noch weiter auseinander. Ich habe mir sagen lassen, daß von dort manchmal mehr Fische nach Omarakana gelangten, als durch den gesamten Tausch mit anderen Küstendörfern; aber ein andermal schien nicht einmal sicher, ob dort im Laufe eines ganzen Jahres überhaupt Fischschwärme aufgetaucht waren.
Die meisten Dörfer in Kiriwina haben eine »Strandpromenade« an der Ostküste, wo ein großes Kanu für weite Meerfahrten und mehrere kleine Boote zum Fischen oder für Küstenfahrten bereitliegen. Die Männer aus diesen Dörfern gehen wohl gern dort hinaus, entweder allein mit Angelhaken, oder in Gruppen, mit einem Netz, um am Strand zu fischen. Es ist eine Liebhaberei, die den Dorfbewohnern in den windstillen Herbst- und Frühlingsmonaten dann und wann ein paar Fische einbringt, also nicht eigentlich ernsthafte Arbeit darstellt, sondern eher um des sportlichen Vergnügens und der delikaten Abwechslung willen betrieben wird. Als Liebhaberei bezeichne ich es vor allem auch deshalb, weil keine offizielle Magie, keine Fangsaison, keine kommunal organisierten Expeditionen und auch keine Verpflichtungen gegenüber anderen Gemeinden oder den eigenen Leuten damit verbunden sind.
In Tilataula, der nächsten Provinz, wird gar kein Fischfang betrieben. Ihre Bewohner sind »echte Landratten« – ein Begriff, den man gern auf sie anwendet.[6] Wenn Kiriwina, die glänzende, erhabene und aristokrati-

[6] Ebd. Part V, Div. V, § 13.

sche Provinz, als das Athen der Trobriander bezeichnet werden könnte, so wäre Tilataula, dessen Stärke in der Kriegskunst liegt, in harter Arbeit und Zucht, das Sparta der Insel. Es ist stolz auf seinen Gartenbau und auf seine häufigen Siege über die aristokratischeren, doch weniger kämpferischen Nachbarn. Der Häuptling von Kabwaku, dem Hauptort Tilataulas, führte früher gelegentlich Kriege gegen den Oberhäuptling, dem er einerseits zwar untertan, andererseits aber ein Rivale und gefährlicher Gegner war. Wirtschaftlich konzentrieren sich die Bewohner dieser Provinz auf den Gartenbau; sie besitzen keine Kanus, weder zum Fischen noch für Überseefahrten, und sie sind nur in einer einzigen Kunst bewandert, nämlich im Schleifen von Steinen.

Dieses Handwerk wird in verschiedenen Zentren, vor allem in Obowada, Kaurikwa'u und Okobobo, von Spezialisten ausgeübt. Ein großer Korallenblock von besonderer Art, aus dem lebenden Riff gehauen, wird vor der Hütte des Handwerkers aufgestellt, der sich für seine Arbeit von einem bestimmten Strand besonders feinen Sand besorgen muß. Die Kunst erfordert einige Geschicklichkeit und Geduld, die durch Tradition vermittelte Entschlossenheit, mehrere Wochen ununterbrochen über das Schleifgerät gebeugt auszuharren. Diese Handwerker arbeiten in der Regel für vornehme Häuptlinge, den Tabalu von Omarakana, den Toliwaga von Kabwaku, die Unterhäuptlinge von Liluta, Yalumugwa oder Kwaybwaga. Während der Arbeit werden sie von ihrem Auftraggeber regelmäßig mit Gaben in Form von Gartenprodukten unterhalten.

Aber erst wenn wir weiter im Westen den Kuboma-Distrikt betreten, wo der steinigere Boden derart üppige Gärten nicht zuläßt, stoßen wir auf ein wirklich entwickeltes Gewerbe. Der fruchtbarste Boden in Kuboma gehört dem Dorf Gumilababa, der Residenz des Distrikthäuptlings, der wiederum ein Tabalu ist. Die Trobriander sind nämlich – um hier ein Stück der soziologischen Daten vorwegzunehmen – grundsätzlich in vier Totemclans unterteilt: Malasi, Lukuba, Lukwasisiga und Lukulabuta. Jeder dieser Clans ist noch einmal in Subclans unterteilt, und der Subclan ist bei weitem die wichtigste soziale Einheit (vgl. Kap. X, Abschn. 1 u. 3). Jedem Subclan ist gewissermaßen ein Rangindex zugeordnet – und innerhalb dieser Hierarchie wird der Subclan Tabalu allgemein als der höchste anerkannt. Zwar besteht keine genaue Übereinstimmung in der Ausdrucksweise, doch klingt in der Sprache der Trobriander einerseits der Gedanke an, daß jemand ein Tabalu, ein Mwauri oder ein Tudava ist, ebenso wie wir von einem Campbell, einem Cameron oder einem MacDonald sprechen; andererseits gibt es *den* Tabalu, nämlich den regierenden Häuptling von Omarakana, *den* Toliwaga, das Oberhaupt der Provinz Tilataula, *den* Mwauri, der in Liluta residiert, und andere mehr. Neben dem bedeutendsten Tabalu existieren aber auch Seitenlinien,

denn dieser aristokratischste Subclan ist über mehrere Zentren verstreut (vgl. Kap. X, Abschn. 3).
Wenden wir uns nun aber dem Kuboma-Distrikt zu, der uns hier im Hinblick auf seinen gewerblichen Charakter interessiert. Fast könnte man versucht sein, die Bewohner von Kuboma als eine Handwerkerkaste zu bezeichnen. Weder im antiken Griechenland noch überhaupt im mediterranen Bereich läßt sich eine genaue Parallele entdecken, sind sie doch nicht in erster Linie Händler, wie Phönizier oder Juden, sondern Gewerbetreibende und Handwerker; und wie in jedem strengen Kastensystem bringt ihnen ihre große manuelle Geschicklichkeit nicht etwa einen hohen Rang ein, sondern einen Platz unter den Verachteten. Das gilt in besonderer Weise für die Einwohner von Bwoytalu, die bewunderungswürdigsten aller Handwerker der Trobriander. Bwoytalu, dessen Zauberei[7] zusammen mit der des benachbarten Ba'u wegen ihrer außerordentlichen Wirksamkeit berühmt ist, hat in der Schnitzkunst die besten Leistungen vorzuweisen, die hier nach alter Tradition ausgeübt wird und qualitativ wie quantitativ in dieser Region einzigartig ist. Holzarbeiten und Schnitzereien aus Bwoytalu stehen seit undenklichen Zeiten im ganzen östlichen Neuguinea in hohem Ansehen, und heute noch liefern seine Schnitzer in großen Mengen hölzerne Schalen, Jagd- und Fischspeere, Polierbretter, Kämme, hölzerne Hämmer und Schöpfgefäße von einer geometrischen und künstlerischen Vollkommenheit, wie jeder Museumsbesucher sie zu würdigen wüßte. Darüber hinaus werden in Bwoytalu aber auch ausgezeichnete Flechtarbeiten aus Naturfasern und bestimmte Korbarten angefertigt. Während andere Gemeinden in der feuchten Jahreszeit damit beschäftigt sind, Überseereisen vorzubereiten oder Feste zu feiern und an Verteilungszeremonien teilzunehmen – früher führte man zu dieser Zeit auch Krieg –, sitzen die Leute von Bwoytalu Tag für Tag auf einer ihrer großen überdachten Terrassen (vgl. Abb. 98) und biegen, schnitzen, feilen und polieren ihre Meisterstücke aus Holz. Es ist eine Massenproduktion für Handel und Export. Magie spielt dabei keine Rolle, aber Geschicklichkeit, Materialkenntnis, Ehrgeiz und Sinn für Qualität werden jedem einzelnen von klein auf eingedrillt. Keine andere Gemeinde kann oder will darin mit Bwoytalu konkurrieren.
Die übrigen Dörfer, Yalaka, Buduwaylaka und Kudukwaykela, sind auf die Produktion von ungelöschtem Kalk, den man zum Betelkauen braucht, spezialisiert. In ethnographischen Museen kann man noch heute jene mit eingebrannten Mustern verzierten Kalktöpfe bewundern, die in Kudukwaykela hergestellt wurden und unbestritten zu den Spitzenleistungen der Kunst der Südsee gehören. Leider ist dieses Handwerk heute ausgestorben und einfarbige Kalktöpfe, die mit billigen, europäischen

[7] Das ist die Kunst, durch Magie Schaden anzurichten oder zu töten.

Handelsperlen meist knallig und geschmacklos verziert sind, haben die schönen, bodenständigen Produkte gänzlich verdrängt. Die Bewohner von Luya stellen die fein geflochtenen Korbwaren aus Lalanggras her, das vorwiegend für eine bestimmte Korbart, den »Drei-Etagen-Korb«, Witwerkappen und kleine Handtaschen verwendet wird, die bis heute im ganzen Archipel, ja im ganzen Gebiet des Kula-Rings, gehandelt werden. Einige Dörfer, vor allem Ba'u, Bwoytalu und Wabutuma fischen auch, besonders den nicht eben geschätzten Stachelrochen, wozu sie einen mehrzinkigen Fischspeer verwenden.

### 5. *Ökonomische Distrikte: Die Fischer*

Unser allgemeiner ökonomischer Überblick führt uns nun in den nördlichen Lagunendistrikt, nach Kulumata. In dem Großdorf Kavataria residiert wiederum ein Tabalu-Häuptling, und in zwei benachbarten Siedlungen sind ebenfalls Tabalu-Häuptlinge durch Einbürgerung zu Amt und Würde gelangt (Kap. X, Abschn. 3). Allerdings stellt dieser Distrikt, anders als die drei schon genannten, keine politische Einheit unter der Herrschaft eines Oberhaupts dar.

Hier leben Fischer, die ihren Beruf als ernsthafte und wichtige Beschäftigung betrachten. Da sie darin den Bewohnern einiger Dörfer im Süden sehr ähnlich sind, wollen wir uns die Karte noch einmal ansehen und auch die anderen Fischerdistrikte ins Auge fassen. Zunächst stoßen wir auf Luba, eine Gruppe von Dörfern, die an der Stelle gelegen sind, die man als »Taille« der Hauptinsel bezeichnen könnte. Hier liegt Olivilevi, eine neue Siedlung, die vor einigen Generationen von Omarakana aus gegründet wurde; Olivilevi und das benachbarte Okayboma sind Gartenbaugemeinden, aber die anderen Dörfer, von Okopukopu bis Oburaku, sind in erster Linie vom Fischfang abhängig. Weiter im Süden, nach einem langgezogenen, unbesiedelten Landstreifen, folgt Sinaketa, von kleineren Siedlungen umgeben, und noch weiter südlich, schon zur Ostküste hin, drei weitere Dörfer. Während letztere vorwiegend vom Gartenbau leben, ist Sinaketa ein wichtiges Zentrum der Fischerei und mindestens eines Handwerks, nämlich der Herstellung jener roten Muschelscheiben, die als Schmuck und Wertträger Verwendung finden.[8]

Wenn wir uns nun also den Fischerdörfern zuwenden, entdecken wir, daß in jeder Küstensiedlung eine je eigene Fangart dominiert. In Bwoytalu bevorzugt man, wie wir wissen, das Speeren von Stachelrochen, fängt aber auch Fische in Netzen, sammelt Muscheln und Krebse. Kavataria, die große Siedlung im Zentrum von Kulumata, verdankt seine Bedeutung dem Korallenfels, der in diesem Bereich der Lagune zahlreiche Höhlen

[8] Vgl. *Argonauten,* S. 404-406 u. Abb. 50, 51 u. 52.

und Schlupfwinkel für Fische aufweist, die man mit Hilfe einer giftigen Wurzel leicht fangen kann.[9] Einer der in Kavataria ansässigen Subclans besitzt eine Familientradition, die das erklärt: Ihre Ahnen seien auf einer kleinen Insel zwischen Trobriand und dem östlich gelegenen Woodlark aus den Tiefen der Erde hervorgekommen, später aber nach Kavataria gezogen; sie sollen den Korallenfels, die Kunst des Fischens und die inzwischen verlorengegangene Magie, durch die die Fische an die Korallen herangelockt werden, von dort mitgebracht haben. Ein Anhänger der historischen Interpretation von Mythen und Legenden würde aus dieser Geschichte natürlich herauslesen, daß diese Art des Fischfangs von den östlichen Archipelen aus ins trobriandische Gebiet gewandert ist – und er hätte damit sogar recht. Die Korallengründe sind heute Besitz einzelner, werden zuweilen verpachtet und oft und fleißig abgesucht. Diese Methode des Fischens ist deshalb so wichtig, weil sie auch bei einer Witterung möglich ist, die jede andere Art des Fischfangs vereitelt. Erstaunlicherweise sind mit ihrer Ausübung heute keine magischen Praktiken verknüpft. Dank der Mühelosigkeit und relativen Wetterunabhängigkeit ihrer Arbeit haben die Bewohner von Kavataria das Monopol, Fische anbieten zu können, wenn alle anderen mit leeren Händen dastehen. Im Austausch von Fisch und Gemüse, der im Wirtschaftsleben der Trobriander eine wichtige Rolle spielt, erzielen sie etwa das Doppelte des gewöhnlichen Preises, bieten dafür aber Pünktlichkeit und Verläßlichkeit.

Die weiter östlich gelegenen Gemeinden Teyava, Osaysuya, Tukwa'ukwa und Oyweyowa fischen ebenfalls, aber weniger erfolgreich als Kavataria, das führende Fischereizentrum, oder auch nur Oburaku oder Okopukopu, in deren Lagunenbereich sich kein freiliegender Korallenfels findet, so daß die Großfischerei hier durchweg auf Schlagnetze angewiesen ist (vgl. Abb. 4 u. 5) und zudem ruhiges Wetter, günstige Bewegungen der Schwärme und eine kollektive Organisation zur Voraussetzung hat. Oburaku und Okopukopu gewähren auf einen großen Fang eine günstigere Tauschrate, aber ihre Partner müssen meist lange Zeit auf den Fisch warten und selbst bei guten Fangbedingungen ist das Ergebnis durchaus ungewiß. Weiter im Süden stoßen wir auf Wawela, das einzige Dorf der Ostküste. Bei ruhigem Wetter fischt man manchmal auch hier; aber die Spezialität dieses Orts besteht im astrologischen und meteorologischen Wissen – genauer: der traditionalen Zeitrechnung (vgl. Skizze 3). Wawelas Wirtschaft konzentriert sich auf den Gartenbau und in beträchtlichem Maße auch auf die üppigen Kokospflanzungen am Strand.

Die Siedlung Sinaketa, die sich aus mindestens sieben oder acht Teildörfern zusammensetzt, ist vor allem deshalb von Bedeutung, weil von hier wie von Vakuta aus, einem großen Dorf auf der südlich angrenzenden

[9] Vgl. *Coral Gardens*, Vol. II, Part V, Div. II, § 4

Insel, wichtige Segelexpeditionen zu den Amphlett-Inseln und nach Dobu unternommen werden, um dort den zeremoniellen Kula-Tausch, aber auch schlichten, intertribalen Handel abzuwickeln. In alter Zeit (beschränkt auch heute noch) suchten die Leute von Sinaketa und Vakuta auf diesen Expeditionen auch nach Klappmuscheln, die man zu Scheiben verarbeitet.[10]

Diese Produktion hat, wie sich zeigen wird, in ökonomischer Hinsicht Ähnlichkeit mit der Herstellung der großen polierten Klingen, der wir in Tilataula begegnet sind. Es gibt eine dritte Produktion des gleichen Typs, nämlich die Anfertigung der Muschelarmreifen[11], auf die sich ein noch nicht erwähnter Distrikt spezialisiert hat, die kleine, westlich von Kuboma gelegene Insel Kayleula. Zu diesem Distrikt zählen außerdem die kleineren Inseln Manuwata, Kuyawa und Nubiyam, mit nur je einem Dorf. Doch Kavataria, das Dorf der Korallenfelsen, hält gut den zweiten Platz in der Produktion von Muschelarmreifen. Beide Zentren, Kavataria und Kayleula unterhielten früher auch einen Sonderzweig des Kula-Rings, in dem der Tausch von nützlichen handwerklichen Gegenständen und Lebensmitteln eine größere Rolle spielte, als dies heute im Hauptkreis des Kula der Fall ist.[12]

An dieser Stelle muß ein Thema angeführt werden, das allerdings ein wenig außerhalb der trobriandischen Ökonomie selbst liegt. Eine kleine Perlmuschel, von den Eingeborenen *lapi* genannt, ist seit unvordenklichen Zeiten als die wichtigste eßbare Muschel gefischt und gesammelt worden. Wenn man eine Muschel öffnete und dabei eine große, wohlgerundete Perle fand, warf man sie meist den Kindern zum Spielen zu. Unter europäischem Einfluß ist nun ein neuer Erwerbszweig aufgeblüht; dank der klugen Gesetzgebung der Regierung von Papua ist es europäischen Händlern nämlich untersagt, die Perlenfischerei selbst auszuüben oder zu organisieren; erlaubt ist lediglich, den Eingeborenen Perlen abzukaufen. Das hat sich für fünf Gemeinden – Kavataria, Teyava, Tukwa'ukwa, Oburaku und Sinaketa – seit etwa einem Vierteljahrhundert als eine, in den Augen der Eingeborenen unglaublich große Einkommensquelle erwiesen. In mancher Hinsicht ist dadurch eine Revolution in der trobriandischen Ökonomie herbeigeführt worden, aber der Anthropologe erhält dabei zugleich einige lichtvolle Einblicke in Angewohnheiten und Überzeugungen der Eingeborenen und zwar vor allem in ihren »Konservativismus«, ihr unverbrüchliches Beharren bei Tradition und Brauch.

Obgleich nämlich die Perlenfischerei Aussicht auf unermeßlichen Reichtum eröffnet und die gesamte Verteilung der Macht in Frage stellt, wird

[10] Vgl. *Argonauten,* Kap. XV, Abschn. 2 u. 3.

[11] Vgl. ebd. Kap. XXI, Abschn. 4.

[12] Vgl. ebd. Kap. XXI, Abschn. 3.

sie doch nur in solchen Gemeinden betrieben, in denen man schon immer nach *lapi*-Muscheln tauchte. Weder die erfahrenen, geschickten Fischer von Vakuta und Kayleula noch die listigen Stachelrochenfischer von Bwoytalu – und am allerwenigsten irgendwelche Landratten – geben sich mit der Perlfischerei ab. Technisch wären sie dazu durchaus imstande, da das Verfahren einfach ist, und sie auch im Hinblick auf die Fähigkeit zur Organisation und die Wertschätzung von Reichtum und Handel keineswegs zurückstehen. Wenn sie dennoch die Finger davon lassen, so zunächst deshalb, weil die Gemeinden, die traditionell im Besitz dieses Geschäfts sind, protestieren würden und moralisch, der Meinung der Eingeborenen nach auch juristisch, das Recht hätten, jede Einmischung zu verhindern; noch wichtiger ist dabei aber das Gefühl, daß es unrecht und unziemlich wäre, in solche angestammten Rechte einzugreifen.

Anhand der Perlfischerei gewinnt der Anthropologe auch Einblick in die Schwierigkeit, eine Nachfrage zu schaffen. Der einzige ausländische Artikel, der auf die Eingeborenen Kaufreiz ausübt, ist Tabak. Und auch Tabak hat hier seine Grenzen; ein Eingeborener bewertet nämlich zehn Einheiten Tabak zusammen keineswegs ebenso hoch wie zehnmal eine. Für wirklich gute Perlen müssen die Händler folglich traditionale Wertgegenstände zum Tausch bieten: Muschelarmreifen, große Zeremonialklingen und Schmuck aus Klappmuschelscheiben. Die wiederholten Versuche, Material aus der Südsee nach Europa zu bringen und dort zu Schmuckimitationen verarbeiten zu lassen, sind gänzlich gescheitert. Vor etwa dreißig bis vierzig Jahren wagte ein mutiger Steinmetzbetrieb (ich kann nicht sagen, ob in England, Holland oder Deutschland) den Versuch, große Steinklingen aus europäischem Schiefer zu produzieren und damit verschiedene Märkte zu überschwemmen. Die Eingeborenen verwarfen diese Artikel als Dreck. Mein Freund Brudo ließ in Paris aus originalem Woodlark-Stein ein oder zwei Klingen schleifen, die von den Eingeborenen aber auch nicht akzeptiert wurden. Deshalb hält sich jeder Händler heutzutage einheimische Arbeiter, die große Axtklingen polieren, Klappmuscheln zu kleinen Scheiben feilen und gelegentlich einen Muschelarmreif auseinandernehmen und reinigen – auf daß der Tausch von »wildem« Zierat und zivilisierter »Kostbarkeit« zustande kommen kann. Für die kindische Sucht des Europäers nach Perlen zeigt der Trobriander tatsächlich die gleiche Verachtung wie eine Herzogin oder Pariser Kokotte für eine Halskette aus roten Muschelscheiben, und ebensogern ist er bereit, dieser Verachtung Ausdruck zu verleihen.

Die moderne Perlfischerei beleuchtet schließlich noch ein drittes Moment im Wesen der Trobriander: daß nämlich weder die schwerste Bestechung noch ökonomische Anreize, weder der persönliche Druck des weißen Händlers noch die scharfe Konkurrenz um Reichtum den Eingeborenen veranlassen können, seine eigene Arbeit zugunsten einer anderen aufzugeben, die man ihm aufdrängen will. Wenn die Gärten in voller Reife stehen, »schwimmen diese gottsverdammten Nigger nicht, auch wenn du sie mit *kaloma* und Tabak vollstopfst«, wie ein Händler sich mir gegenüber ausdrückte. Wenn auf Grund einer Übereinkunft mit einer Gartenbaugemeinde ein großer Fischzug unternommen werden muß, »kann rein gar nichts diese Hornochsen dazu bringen, sich ordentlich um die *lapi*-Muscheln zu kümmern«. Gemessen in Yamskörben, dem Standardmaß, oder in Tabakstangen, dem heutigen Äquivalent, kann ein Fischer nach meiner Schätzung mit einem Durchschnittsertrag beim Perltauchen täglich etwa zehn- bis zwanzigmal mehr verdienen als mit einem erfolgreichen Fischfang. Aber darauf achtet er nicht; er läßt den Kitzel des Glücksspiels, seine Tagträume und ehrgeizigen Pläne und geht hinaus, um als Gegenleistung für Taro- und Yamsgaben zwei oder drei Schnüre Fisch zu liefern. Sein Gehorsam gegenüber der Stammestradition und sein Ehrgefühl lassen ihn daran festhalten, daß zuerst die Gärten an der Reihe sind, dann der Fischfang zu Tauschzwecken und zuletzt die Perlfischerei.

Dieser Überblick über die verschiedenen ökonomischen Distrikte war notwendig, wenn auch vielleicht etwas ermüdend: Stück für Stück haben wir die ökonomischen Verhältnisse kennengelernt, die den Hintergrund unseres Themas ausmachen. Bis auf technische Details, die Routine der täglichen Arbeit, die magischen Rituale und den traditionalen Pomp, haben wir einen vorläufigen Überblick über die Ökonomie der Insel gewonnen.

### 6. *Zur Spezialisierung des Handwerks in Melanesien*

Unser Überblick hat gezeigt, daß die Bestellung der Gärten nicht nur insgesamt, für den ganzen Stamm, vorrangig ist, sondern auch im einzelnen die Grundlage der Nahrungsmittelbeschaffung darstellt und überall wichtiger als alle anderen Arbeiten ist. Auch der Fischfang, dem etwa die Hälfte der Dörfer gar nicht nachgehen kann, nimmt sogar in den Zentren, in denen er besonders intensiv betrieben wird, nur die zweite Stelle ein. Ebenso muß betont werden, daß Handwerk und Gewerbe in keiner Weise eine dem Gartenbau oder auch nur dem Fischfang vergleichbare Rolle spielen. Regionale Arbeitsteilung ist hier etwas anderes als die Spezialisierung in der modernen Industriegesellschaft. In jedem Dorf werden alle Arten von Kunst und Handwerk ausgeübt, abgesehen von denen, die nur an bestimmten Orten von Nutzen sind, wie die Herstellung von Kanus und Netzen, die im Landesinneren fehlt.

Darüber hinaus gibt es jedoch keine Gegenstände, die nicht in Omarakana, die Hochburg des Gartenbaus, ebenso hergestellt werden könnten wie in Bwoytalu, dem Zentrum der Holzschnitzerei; die man in einem

unbedeutenden Weiler wie Giribwa im äußersten Süden oder Moligilagi im Osten nicht ebenso selbst anfertigen könnte, statt sie von einem der berühmten Korbflechter in Luya oder Kudukwaykela, dem Zentrum für die Herstellung von Kalkgefäßen, zu beziehen. Wenn man an einem schwülen, regnerischen Tag außerhalb der Landwirtschaftssaison oder sonst nach Sonnenuntergang in ein trobriandisches Dorf kommt, findet man wohl jeden zweiten Mann bei einer Beschäftigung: der eine schnitzt an einem Kalkspatel oder schleift einen Nasenpflock; ein anderer flickt Axt oder Beil, weil der Griff erneuert oder die Klinge neu befestigt werden muß; ein dritter macht sich gerade eine Wasserflasche aus einer Kokosnuß oder beendet die Arbeit an einem Kalkgefäß. Desgleichen die Frauen, die, wenn sie nicht mit Kochen oder Hausarbeit beschäftigt sind, ihre Baströcke verzieren, Matten nähen, Pandanus-Blätter bleichen oder Körbe flechten. Diese handwerklichen Arbeiten werden überall ausgeführt, und selbst Holzschüsseln, Keulen, Speere und schöne Körbe, zu deren Herstellung es speziellerer Kenntnisse und Fähigkeiten bedarf, werden in allen Regionen angefertigt und ausgebessert.
Holzteller, Kämme, Schlag- und Stampfbretter, Kalkkalebassen und ungelöschter Kalk, fein geflochtene Korbwaren, Kalktöpfe mit eingebrannten Mustern, Muschelscheiben, Muschelarmreifen und große geschliffene Steinklingen – das sind die Dinge, zu deren Herstellung es einer gewissen Spezialisierung bedarf, obwohl auch Nicht-Spezialisten sie produzieren, wenn auch in schlechterer Qualität. In manchen Fällen, wie bei der Anfertigung von Muschelscheiben, Muschelarmreifen und geschliffenem Stein, ist das Handwerk von der Versorgung mit Rohmaterialien abhängig. Die Muscheln etwa findet man nur an wenigen Stellen, und deshalb sind sie nur den drei Gemeinden zugänglich, die zur See fahren und fischen. Ähnlich wird der Stein, den einige östliche Gemeinden von der Insel Woodlark importieren, von ihnen aufbewahrt und bearbeitet. Noch ein oder zwei andere Dörfer haben bei der Beschaffung von Rohmaterial einen Ortsvorteil; so wächst in den Sümpfen von Nordkuboma jenes feine Gras, das man für die in Luya hergestellten Körbe braucht, während die Mangrovensümpfe um Ba'u und Bwoytalu ein zum Schnitzen besonders geeignetes Holz liefern. Im großen und ganzen sind jedoch allein Tradition, Lokalpatriotismus und Organisation des Handwerks für die intensive Arbeit in den Handwerkszentren bestimmend.
Der Anblick einer solchen »Handwerkergemeinde« löst manchmal die Erwartungen des Ethnographen ein, zuweilen ist er aber auch erstaunlich schlicht, um nicht zu sagen enttäuschend. Geht man nach Bwoytalu – oder auch nach Yalaka oder Luya – so wird man besonders in einer der windstillen Perioden zwischen den Jahreszeiten anders als in einem trobriandischen Durchschnittsdorf auf dem Dorfplatz Gruppen von Männern antreffen, die auf überdachten Terrassen sitzen, arbeiten und Mär-

chen erzählen und die miteinander in einen freundschaftlichen Wettbewerb treten, indem sie fertige Stücke vorzeigen und bewundern. Bwoytalu bietet wirklich den Anblick einer papua-melanesischen Handwerkergemeinde in höchster Vollkommenheit. In Sinaketa und Vakuta entdeckt man zu bestimmten Zeiten Hinweise auf die Herstellung von Muschelscheiben, und wenn man zufällig in einem Jahr, in dem viel Schmuck hergestellt wurde, dorthin kommt, kann man in festlichem Rahmen die fesselnde Konkurrenz und Schaustellung dieser Stücke miterleben.[13] Es liegt auf der Hand, daß in den Fischerdörfern Netze zum Trocknen hängen (vgl. Abb. 6), daß Kanus gebaut und repariert werden, und von Zeit zu Zeit kann man vom Strand aus beobachten, wie die ganze Gemeinde zum Fischfang ausläuft, ihr Handwerk betreibt oder zurückkehrt (vgl. Abb. 7).

Diese Dinge, in meine Beschreibung der Distrikte mehrfach eingeschoben, habe ich zusammengestellt, um sie als Momente der primitiven Ökonomie in der richtigen Perspektive zu zeigen, da Begriffe wie »Landwirtschaft«, »Fischerei«, »Gewerbe«, »Spezialisierung« leicht falsche Vorstellungen erwecken; und selbst einem Ethnographen kann, wenn er nicht bereits über eine eigene Anschauung dieser Problematik verfügt, auf Grund von bei der Lektüre und im Museum gewonnenen Eindrücken unterlaufen, daß er sich einem Handwerkszentrum der Südsee – also etwa eben den Trobriand-Inseln – mit leicht übertriebenen Erwartungen nähert, wie ich im Laufe meiner Feldforschung an mir selbst erfahren mußte. In allen Museen Europas, Australiens und der Vereinigten Staaten kann man Sammlungsgegenstände von den Trobriand-Inseln betrachten, auf einer Reise durch Melanesien und Neuguinea kann man sie als hochgeschätzte Vollkommenheiten Hunderte von Meilen von ihrem Entstehungsort entfernt wiederfinden. Wer würde da nicht neugierig, würde nicht unweigerlich technische Einrichtungen und ein regelrechtes Produktionssystem mit Märkten, Vertretungen und Distributionskanälen erwarten?

Die Entdeckung, daß die Herstellung etwa von Kalktöpfen oder »Drei-Etagen-Körben« praktisch auf ein oder zwei Dörfer beschränkt ist, bringt die erste Überraschung; und wenn man nichts als ein Häufchen wackeliger Hütten findet, das Yalaka oder Kudukwaykela heißt, und statt einer Künstler- oder Kunsthandwerkergilde unter der Führung eines Südseemagnaten ein halbes Dutzend Männer, Jugendliche und Knaben, die die Tradition fortsetzen, so ist die Überraschung, wenn nicht der Schock unvermeidlich. Die wunderbare Töpferei der Amphlett-Inseln, ein mannigfach und weit verbreitetes Wahrzeichen für das handwerkliche Geschick der Papua-Melanesier, ruht, wie ich feststellen konnte, auf den

[13] Vgl. *Das Geschlechtsleben der Wilden,* S. 34.

Schultern von sieben alten Frauen, die damals gerade drei oder vier junge Lehrlinge hatten. Eine schwere Grippe-Epidemie könnte die ganze Tradition auslöschen – ein Fall, der bei den Kalktopfproduzenten durch den vorzeitigen Tod von drei, vier Männern in Kudukwaykela tatsächlich eingetreten zu sein scheint. Freilich wirken dabei auch andere Faktoren mit, etwa der Rückgang der Geburtenrate, ein Wandel im Geschmack und infolgedessen eine Abnahme des Interesses an handwerklichen Arbeiten und des Lerneifers der Jungen. In alter Zeit war die Produktion selbst einer kleinen Siedlung vielleicht, ja wahrscheinlich, außerordentlich umfangreich. Auch wenn wir für die Herstellungszeit eines meisterhaften Kalkgefäßes oder Holztellers ungefähr eine Woche veranschlagen und davon ausgehen, daß die Männer weniger als ein Drittel ihrer Zeit dafür zur Verfügung hatten, müßte ein Handwerker pro Jahr etwa fünfzehn Stücke fertiggestellt haben; das ergäbe also bei zehn bis zwanzig Männern bereits eine Summe von 150 bis 300 Objekten. Bei einigen Artikeln waren der Produktion durch eine Knappheit der Rohstoffe allerdings Grenzen gesetzt. Der vulkanische Tuff für die Steinklingen mußte von der Insel Woodlark importiert werden, Kürbisse mußten jährlich neu gepflanzt und gewaltige Bäume gefällt werden, wenn man geeignetes Holz zum Schnitzen haben wollte. Auf den Amphlett-Inseln gab es nur an einer Stelle Ton, und zwar in beträchtlicher Entfernung von den Dörfern. Bei meinem Besuch war in zwei Dörfern gar kein Ton vorhanden und im dritten nur sehr wenig.
Hindernisse und Zeitbeschränkungen dieser Art verdeutlichen, inwieweit wir von »Handwerksunternehmen« auf den Trobriand-Inseln sprechen können. Vergleichen wir sie mit der Fülle von Möglichkeiten und der üppigen Überschußproduktion, die bei der Bestellung des Bodens möglich ist, so fällt es uns leichter, den Gartenbau in der Perspektive zu sehen, die ihm zukommt.

## *7. Das Dorf und was darin geschieht*

Da es hier um den konkreten Hintergrund für unser Bild der Eingeborenen-Ökonomie geht, halten wir einen Augenblick inne, um die lokale Szenerie der daran gebundenen Lebensverhältnisse näher zu betrachten. Wir haben verschiedene Dörfer aufgezählt, aber bis jetzt können wir uns keine klare Vorstellung von ihrer Anlage oder von Einzelheiten ihrer Struktur machen.
Der Fremde, der in einem der Küstendörfer an Land geht, betritt im Süden Sinaketa oder Vakuta, im Norden Kavataria oder Tukwa'ukwa: Er erblickt einen anziehenden Palmenhain, in dem sich hier und da ein Haus zwischen den Bäumen zeigt, Boote, die man an Land gezogen hat (vgl. Abb. 7) oder die gerade in die offene See hinausfahren (vgl. Abb. 8).

Eine nähere Betrachtung dieser Dörfer wirkt allerdings eher ernüchternd. Am Strand selbst liegen oft Abfälle, Muschelschalen, Fischgräten und neuerdings auch Dosen und Stoffetzen; europäischer Einfluß zeigt sich auch an Wellblechresten, welche die Dächer verunstalten, und an Ölkannen, die allmählich die zierlichen Wasserflaschen aus Kokosschalen verdrängen. Mit ihren unregelmäßig angeordneten Hütten und wahllos zwischen den Palmen verstreuten Speichern wirken an der Küste zunächst auch die Siedlungen chaotisch. Unterzieht man indes eine, oder besser mehrere, einer genaueren Prüfung, so entdeckt man, daß jede dieser Siedlungen in Wahrheit von einer Gruppe kleiner Dörfer gebildet wird, die alle aus deutlich abgegrenzten Teilen bestehen: aus einem zentral gelegenen, öffentlichen Platz, der ringförmig von Vorratshäusern und Wohnhütten umgeben ist; und dort, wo man letztere voneinander getrennt hat, bilden die Speicher einen inneren, die Wohnhütten einen äußeren, konzentrischen Ring, eine kreisförmige Straße säumend (vgl. Skizze 2).

Bei einem Gang ins Landesinnere fällt auf, daß die Dörfer in Größe und Anordnung variieren, daß Bau und Verzierung der Häuser nicht überall gleichermaßen vollendet sind. Die Residenz eines Distrikts, etwa Gumilababa oder gar Omarakana, betretend, erblicken wir einen weiten, wohlgestalteten Hauptplatz und geräumige, solid gebaute und manchmal verzierte Yamshäuser. Andererseits stoßen wir auf kleine Dörfer, in denen ganze zwanzig Hütten und Speicher einen winzigen Hauptplatz umgeben, oder auf eine Anhäufung kleiner Weiler, die in einem einzigen, ausgedehnten Hain zu einer Siedlung verschmolzen sind. All diese Dörfer sind aus einiger Entfernung durch eine mächtige Baumgruppe kenntlich, die manchmal wie ein Stück unberührter Dschungel wirkt, manchmal von Kokospalmen beherrscht ist. Zuweilen erweist sich eine solche Baumgruppe aber auch als gänzlich unbewohnt – der Hain eines ehemaligen Dorfes oder ein Ort, den man wegen eines an ihn geknüpften Mythos oder magischen Tabus nicht gerodet hat. Zusammengesetzte und einfache, große und kleine Dörfer – sie alle bilden je eine Siedlungseinheit, umgeben von je eigenem, landwirtschaftlich genutztem Territorium, mit eigenem Wasserloch, eigenen Obstbäumen und Palmenhainen und fast immer auch mit einem eigenen Zugang zur Küste. In den folgenden Kapiteln werden wir uns mit den Prinzipien, nach denen die Dörfer in Weiler oder Sektionen unterteilt sind, noch gründlicher vertraut machen (Kap. X, Abschn. 3), wir werden die Prinzipien des Grundbesitzes (Kap. X) und die strukturellen Elemente des Dorfes kennenlernen, insbesondere die Modi der Verteilung und Errichtung von Yamshäusern (Kap. VII u. VIII).

Der zentrale Dorfplatz ist der wichtigste Schauplatz des öffentlichen Lebens und der den Gartenbau begleitenden Ereignisse, von denen in

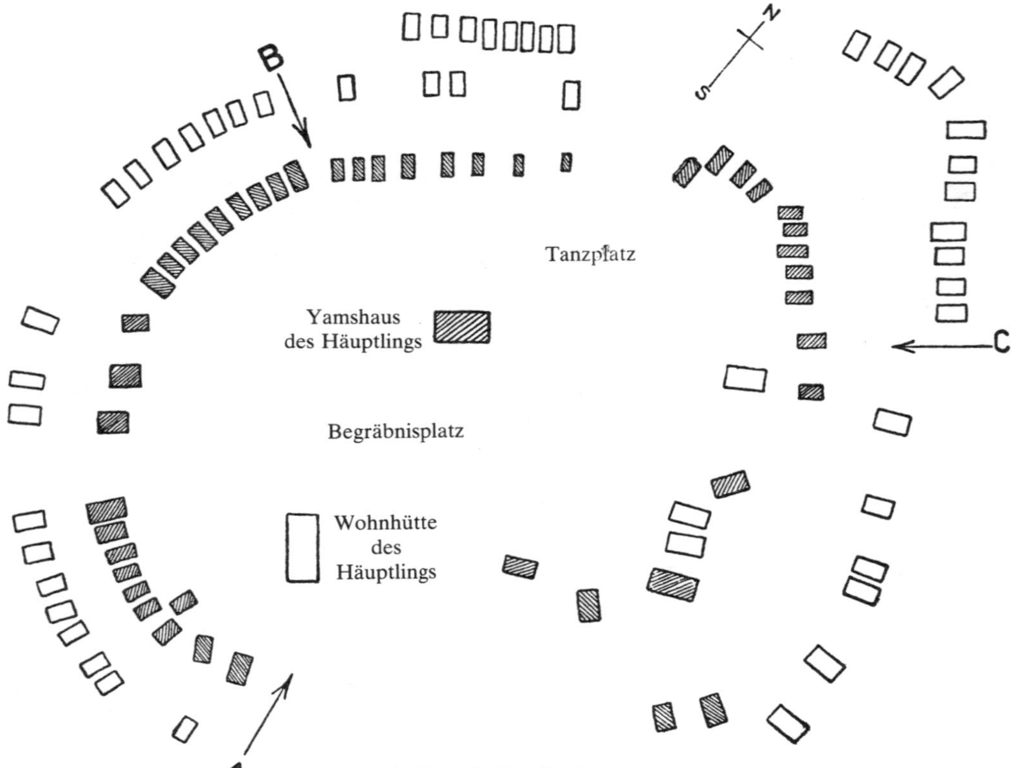


Skizze 2. Plan des Dorfes Omarakana
= Speicher = Wohnhütten
A–B = Hütten der Ehefrauen To'uluwas
A–C = Hütten der Tabalu
B–C = Hütten der Gemeinen

den folgenden Kapiteln die Rede sein soll: Hier werden wir uns zum alljährlichen Gartenrat versammeln (Kap. II, Abschn. 3 u. Kap. X, Abschn. 4), werden Zeugen der Schaustellung neuer Erntefrüchte, später der zeremoniellen Errichtung von Yamshaufen und der Auffüllung der Vorratshäuser sein (Kap. V u. VII); wir werden sehen, wie hier eine besonders fesselnde Magie – die Magie der Fülle – ausgeführt wird (Kap. VII), wie die Männer sich zu gemeinsamer Arbeit versammeln, um für eine der großen Einweihungszeremonien genug Fisch herbeizuschaffen.

Es ist erstaunlich, wieviele der mannigfachen Ereignisse des öffentlichen Lebens, die sich stets auf dem Dorfplatz abspielen, auf die Gärten Bezug nehmen oder doch wenigstens den Gebrauch von Gartenerzeugnissen miteinschließen. Ein Blick auf die Zeitrechnungstabelle (Skizze 3) zeigt, daß die rechte Seite von Spalte 5 zur Hälfte von Gartenarbeiten eingenommen wird; selbst das zeremonielle Geschehen (Spalte 10) ist in erster Linie unmittelbar von der Ernte abhängig. Die ersten und die letzten drei Monde sind, wie in Spalte 1 und 10 vermerkt, von Geselligkeit, Sexualität und zeremoniellem Leben erfüllt. Projizieren wir den hier eingetragenen Ablauf auf seinen eigentlichen Schauplatz im Dorf, so müssen wir uns immer aufgetürmte Erntefrüchte als dekorativen Rahmen vorstellen: große Yamshaufen auf dem Dorfplatz, prismatische, mit Feldfrüchten gefüllte Behälter, Girlanden aus Kokosnüssen und Bananen, Taro- und Yamsknollen (vgl. Abb. 1, 11 u. 16). Rohprodukte sollen, in großen Mengen gestapelt, beim *Milamala*-Fest die Geister der Verstorbenen begrüßen und beglücken (vgl. Abb. 16). Bei einer Feier, zu der ungekochtes Essen zeremoniell verteilt wird, gedenkt man der Toten des letzten oder vorletzten Jahres. Sobald die zur Schau gestellten Yamshaufen in den Speichern verschwunden sind, wird ein Teil wieder herausgeholt und aufs neue in Umlauf gebracht.

Wenn im vorausgehenden Jahr niemand im Dorf gestorben ist – wenigstens niemand von Rang und Bedeutung –, dann eröffnet man mit einer großen Verteilung von Nahrungsmitteln, die auf der Stelle gekocht und verzehrt werden, die Tanzperiode (vgl. Abb. 9), in der die Männer täglich am Nachmittag und Abend tanzen, während die Frauen in neuen und besonders bunten Röcken ungewöhnliche Mengen von Speisen zubereiten. Schüsseln, mit gekochtem Essen gefüllt, werden von Haus zu Haus gereicht, und ungekochte Feldfrüchte wandern unaufhörlich als Gaben von Hand zu Hand (vgl. Abb. 10).

Zur Tanzzeit gehören, wie zu den meisten Festlichkeiten und Unternehmungen der Trobriander, kommunale Verteilungen und festliche Mahlzeiten, zum Auftakt oder in der Mitte gewöhnlich eine besonders große, einige kleinere zum Abschluß. Der Dorfvorsteher, sei er nur ein lokaler *primus inter pares* oder zugleich auch Distrikthäuptling, fungiert in der

ganzen Zeit als Zeremonienmeister. Er stellt Nahrungsmittel zur Verfügung, die anzunehmen die Dorfangehörigen verpflichtet, am zeremoniellen Geschehen mitzuwirken: an den Tänzen, der Schaustellung von Wertgegenständen, an Wettspielen oder öffentlichem Gesang.
Wenn aber im vorausgehenden Jahr ein Dorfangehöriger gestorben ist, so fällt die Tanzzeit aus. Statt dessen veranstaltet man wahrscheinlich eine zeremonielle Verteilung von Nahrungsmitteln, die eins der gebräuchlichsten und charakteristischsten Feste auf den Trobriand-Inseln darstellt (vgl. Abb. 1 u. 11).
Totenfeiern sind die kompliziertestе und hinsichtlich der verteilten Quantitäten üppigste Form dieser Feste; ihre soziologischen, ökonomischen und dogmatischen Prinzipien sind etwa die folgenden: Als Zeremonienmeister fungiert der älteste Mann aus der Verwandtschaft des Verstorbenen; er wird dazu von seinen eigenen Verwandten mit beträchtlichen Nahrungsmittelgaben unterstützt, ebenso von den Verwandten seiner Frau und, wenn er ein Notabler ist, auch von denen, die ihm tributpflichtig sind; bis zur Hälfte des Inhalts seines eigenen Speichers fügt er selbst hinzu. All diese Nahrungsmittel werden bei kleinen Festen auf der Erde zu runden Haufen gestapelt (vgl. Abb. 11), bei bedeutenderen in prismatischen Behältern hoch aufgetürmt (vgl. Abb. 1). Jeder Haufen wird jemandem zugeteilt, der zu dem Verstorbenen in einem bestimmten sozialen Verhältnis steht. Die Kinder des Verstorbenen und ihre Verwandten erhalten in der Regel den größten Teil der Gaben, weil sie den schwersten Teil der Trauerpflichten zu tragen hatten. Die Verteilung erfolgt, indem sie alle der Reihe nach feierlich mit Namen aufgerufen werden.
Nachdem dies geschehen ist, füllt jeder die empfangenen Gaben ungekochter Knollen und Früchte in Körbe, bringt sie in sein eigenes, meist weit entferntes Dorf, um sie erst zu Hause abzuladen. Von belanglosen Ausnahmen abgesehen, lagert der Empfänger sie nicht in seinem Speicher, sondern verteilt sie an Verwandtschaft und Schwiegerschaft. So ist jede Gemeinde im Umkreis des Verteilungszentrums mit Nahrung im Überfluß versorgt, die sie zu besonders üppigen Mahlzeiten verwenden muß. In einem Distrikt, in dem eine Bestattungsverteilung stattgefunden hat, herrscht Fülle – d. h. Überfluß.
Ich bin auf diese Dinge ausführlicher eingegangen, weil der Leser wissen muß, daß in diesem Teil Melanesiens »Feste« oder »Feierlichkeiten« nicht etwa aus großen gemeinsamen Essen bestehen, sondern aus der massiven Anhäufung ungekochter Nahrungsmittel, die individuell verteilt werden, und daß eine solche Umverteilung nicht nur den Tausch von Gaben impliziert, oft mehrmaligen im Zeitraum von zwei oder drei Tagen, sondern im ganzen Distrikt auch verschwenderisches Kochen und Essen, das weit über das sonst übliche Maß hinausgeht. Bei einer Nah-

rungsmittelverteilung gibt es in der Regel ein, zwei, oft nicht weniger als ein Dutzend Schweine, die man aus diesem Anlaß schlachtet, oder Fisch, den man aus einem der Küstendörfer besorgt hat (vgl. Abb. 12). Das wiederum hat zur Folge, daß mehr Knollenfrüchte verzehrt werden, die, wie die Eingeborenen sagen, »gewürzt« (d. h. mit Fett, Fleisch oder Fisch) »besser rutschen«.

Yams und Taro werden, auch wenn die Gemeinde ihre Zubereitung arrangiert hat, nicht gemeinsam verzehrt; eine Gruppe von Männern hockt um einen Topf, in den jeder seinen Muschellöffel eintaucht.[14] Der festliche Zug der Mahlzeit liegt deshalb nicht in der gemeinsamen Teilhabe, der Gesellschaftlichkeit beim Essen selbst – es besteht die Tendenz, in kleinen Gruppen zu essen, gewöhnlich innerhalb der Familie –, sondern weit eher an der gemeinsamen Freude am Anblick großer Mengen angesammelter und zur Schau gestellter Nahrung. Das Wesen des Festes liegt im Geben und Nehmen und Weiterreichen und in der Erfüllung der Verwandtschaftspflichten, indem man zunächst an der Zusammenlegung, dann an der Wiederverteilung der Ernteerträge teilhat.

Kehren wir nun zum soziologischen Schema der Bestattungsverteilungen zurück: Es ist so komplex und umfassend, daß es mir nur mit größter Mühe und durch Sammeln einer Reihe von Einzelfällen gelang, die Grundprinzipien der Transaktion ausfindig zu machen. Den Zeremonienmeister müssen all jene unterstützen, die ihm durch Verwandtschaft verpflichtet, aber den Bestattungspflichten gegenüber dem Verstorbenen nicht gefolgt sind. Andererseits muß er all denen etwas geben, die während der Krankheit und nach dem Tode des Verstorbenen in der einen oder anderen Weise bestimmte Pflichten erfüllt haben. Es kommt sehr oft vor, daß man jemanden an einem Tag zu einer Verteilung beitragen sieht, weil er mit dem Zeremonienmeister verschwägert ist, während man ihn nach der Verteilung mit etwa der gleichen Menge an Nahrungsmitteln nach Hause zurückkehren sieht, weil er als klassifikatorischer Sohn mit dem Verstorbenen verwandt war.

In der Betrachtung angesammelter Nahrung, in ihrer Handhabung und ihrer Bewegung, liegt also das Wesen der kollektiven Zeremonien. Aber auch die Mahlzeit selbst, in kleinen Gruppen und Familien, vielleicht sogar allein eingenommen, ist einer ihrer wesentlichen Bestandteile, obwohl sie niemals als kollektiver Akt vollzogen wird. Der Anblick angesammelter Nahrung ist für den Eingeborenen mit voller Befriedigung des Appetits, mit Überfluß und Übersättigung emotional eng verbunden. Sie machen das Wesen von *malia* aus: Wohlstand, Fülle, Übersättigung – ein Begriff, dem wir in den folgenden Kapiteln immer wieder begegnen werden. Der Vorstellungskomplex: »bis zum Erbrechen es-

[14] Vgl. ebd. Abb. 86 u. S. 372.

sen«, Übersättigung, Fleisch und andere Delikatessen – fügt sich natürlich besonders gut in den Rahmen der »Monde der Fülle«, der Erntemonate. In magischen Formeln, in Bräuchen und traditionellen Institutionen werden wir dieses Motiv ebenso explizit wiederfinden wie in den Worten der Eingeborenen (vgl. Kap. VI, Abschn. 3).[15]
Zurück zu unserer Tabelle (Skizze 3): Bei den aufeinander folgenden Monden 3, 4 und 5 finden wir zur Linken Eintragungen wie »Vorbereitungen für Überseereisen in Seehandelsgemeinden« (Spalte 3), »Haifischfang und Fischfang auf offener See« (Spalte 2). Beobachten wir diese Ereignisse, so wie sie im Dorf, in seiner Umgebung und an der Küste tatsächlich vor sich gehen, so stellt sich heraus, daß Nahrungsgaben auch im zeremoniellen Rahmen des Kanubaus eine Rolle spielen und wichtige soziologische wie ökonomische Implikationen damit verbunden sind. Die am Bau beteiligten Spezialisten erhalten vom Herrn und Eigner des Bootes Nahrungsgaben in Hülle und Fülle; und auch wer zur Vorbereitung des Kula große Axtklingen, Muschelarmreifen oder Muschelscheiben in Auftrag gibt, muß die Handwerker mit Nahrung versehen (vgl. oben, Abschn. 4). Die Mehrheit der Tätigkeiten in dieser Jahreszeit ist nicht ausschließlich landwirtschaftlich bestimmt oder gar unmittelbar mit den Gärten verknüpft. Es wäre ein einseitiges und schiefes Bild, das in uns die Vorstellung erweckte, den Trobriander würde überhaupt *nur* der Garten interessieren. Was aber die ökonomische Seite fast aller Vorbereitungen für den überseeischen Handel ausmacht, das ist der Tausch von Gartenerzeugnissen, das sind die Gaben roher oder gekochter Kost. Zum gleichen Ergebnis kämen wir, wenn wir uns mit dem Fang von Haien und Meeräschen an der Nordostküste beschäftigten, denn wann immer große Beute gemacht wird, erhalten die Inlanddörfer reichlich davon, und diese Gaben werden früher oder später in Erntefrüchten zurückgezahlt.
Während der letzten Monate des Monsuns und während der windstillen Zeit sieht man eine öffentliche Zurschaustellung von Yams nur selten, da die Vorrätshäuser sich jetzt leeren. Das Interesse an den Gärten zeigt sich an der Aufmerksamkeit, mit der man die jungen Pflanzen beobachtet, und an den Versuchen, die Aussichten auf eine reiche oder magere Ernte zu schätzen. Bald wachsen die Frühpflanzen zur Ernte heran. Die Einweihungszeremonien werden abgehalten, die Erstlingsfrüchte ausgestellt (Kap. V, Abschn. 2 u. 3). Und damit beginnt die Ernte, die wieder das ganze Dorf mit den Produkten des Gartenbaus füllt. Dann können wir sehen, wie neue Speicher und neue Wohnhütten errichtet und Gaben und Gegengaben getauscht werden: Körbe voll Yams, Bündel von Taro, Bananen oder Zuckerrohr.

[15] S. a. *Coral Gardens*, Vol. II, Part V, Div. V, § 3 und Part VII, M. F. 16 u. 25.

Vom Hauptplatz eines der Inlanddörfer aus haben wir den Kreis der Jahreszeiten beobachtet. Zu Beginn des Jahres besteht das öffentliche Leben aus verschiedenen Festen, von denen einige, wie Tänze, Spiele und Singwettbewerbe, von Nahrungsverteilungen lediglich umrahmt sind, während andere, wie die Bestattungszeremonien, wesentlich durch die Überreichung von Gütern konstituiert werden. In dieser Zeit ist man abends damit beschäftigt, Gegenstände herzustellen oder instand zu setzen, und in den Gewerbezentren arbeiten die Männer Tag um Tag an den Dingen, auf die sie spezialisiert sind. Dennoch kann man sagen, daß Gartenerzeugnisse im ganzen Jahr auf die eine oder andere Weise im Mittelpunkt stehen und bei allen Zeremonien öffentlich zur Schau gestellt werden – kein Wunder, da doch der Gartenbau die dominante Form der Nahrungsgewinnung darstellt, dem das Grundinteresse jedes einzelnen gilt.

### 8. *Über Haus und Haushalt*

Bis jetzt haben wir uns auf dem Dorfplatz aufgehalten und Ereignisse des öffentlichen Lebens beobachtet. Zwischen zwei Vorratshäusern hindurch gelangen wir vom inneren zum äußeren Gebäudering. Auf der anderen Straßenseite, jeweils einem Speicher gegenüber, finden wir die Wohnhütte des Besitzers, der hier mit Frau und Kindern lebt; in der Regel lebt in jedem Haus genau eine Familie, nur selten halten sich auch entferntere Verwandte darin auf. Gewöhnlich besitzen selbst alte Paare eine Hütte für sich, sogar Witwen und Witwer leben allein; nur die Ledigen teilen sich ein kleines Gemeinschaftshaus.[16] Die Hütte, der Speicher, der dazwischenliegende Teil der Straße und der freie Platz dahinter, wo sich der Müllhaufen befindet, gehören zum häuslichen Bereich der Familie. Hinter dem Haus spielen oft kleine Kinder, die Hausfrau putzt Yams- oder Taroknollen, um sie zum Kochen vorzubereiten, oder ist mit anderen typisch weiblichen Dingen beschäftigt, näht einen Rock, flickt eine Matte oder irgendein Hausgerät. Gekocht wird entweder auf dem Steinherd im Haus oder, falls dazu ein Erdofen benötigt wird, hinter dem Haus, mitunter auch davor. Der Vorplatz ist das soziale Zentrum des Familienlebens. Hier sitzt man des Abends beieinander, ißt und plaudert und empfängt Nachbarn, die ihren Besuch abstatten. Treten wir ins Haus, so befinden wir uns in einem stickigen, doch nicht unangenehmen Innenraum, der spärlich möbliert und nur durch das Licht, das durch die kleine Tür fällt, beleuchtet ist. Die Hütte besteht aus einem rundbogigen Strohdach, das unmittelbar auf die Erde gesetzt ist (Abb. 94). An den Wänden befinden sich Schlafbänke, gewöhnlich zwei an der Rückwand

[16] Vgl. *Das Geschlechtsleben der Wilden,* Kap. III, Abschn. 4.

und eine an der Seite[17]; mit einigen Pandanus-Matten sind sie schnell zum Nachtlager bereitet. Auf einer dieser niedrigen Bänke werden wir den Magier beobachten, wie er über seine Kräuter und Substanzen Formeln spricht (Kap. II, Abschn. 4). Vor der freien Wand findet man immer die Feuerstelle, die aus drei Herdsteinen besteht, und für den Trobriander, ähnlich wie für den Europäaer, das symbolische Zentrum des häuslichen Lebens darstellt. Hier kocht man an feuchten Tagen; und in einer der bedeutsamsten rituellen Handlungen seines Systems wird der Gartenmagier auf einen der Steine Opfergaben für die Ahnengeister legen. Über den Bänken verlaufen ein oder zwei Borde, auf denen der Magier zwischen der Ernte und dem Abbrennen der Gärten die magischen Fackeln verwahrt. In der Regel stehen dort die Kochtöpfe, in denen das Essen gekocht, die Holzteller, von denen gegessen wird, und daneben liegt ein kleiner Vorrat an Knollen. Der Hauptvorrat wird allerdings in den Speichern aufbewahrt; nur der von einer zeremoniellen Verteilung mitgebrachte Yams bleibt zum sofortigen Verbrauch im Haus, desgleichen leicht verderbliche Gemüse, Taro und Bananen.

Verfolgen wir den Kreislauf des Alltagslebens: In den von der Landwirtschaft in Anspruch genommenen Jahreszeiten bricht die Familie früh in die Gärten auf. Morgens wird nicht gekocht, man ißt etwas kalten, vom Abendessen übriggebliebenen Yams oder Taro. (Dafür gibt es den besonderen Ausdruck: »Dinge, zum Kaltessen übriggelassen«.) Die Hauptmahlzeit – täglich nur eine – wird bei Sonnenuntergang, wenn alle von ihrer Arbeit zurückgekehrt sind, zubereitet und besteht aus kleinem Yams, *taytu*, oder der größeren Art, *kuvi,* sonst auch aus etwas Taro, gelegentlich mit Fisch, wildem Geflügel oder Schwein angereichert, auf glühender Asche gebraten oder in kleinen Töpfen gekocht, seltener im Erdofen gebacken. Während des Tages gibt es keine gekochten Mahlzeiten, weder wenn die Leute in den Gärten bleiben, noch wenn sie in den heißen Stunden ins Dorf zurückkehren. Man ißt Früchte, Mangos, Brotfrüchte oder Bananen, oder bricht eine grüne Kokosnuß auf, um die Milch zu trinken und das Fruchtfleisch zu essen. Wenn Früchte in großen Mengen vorhanden sind, werden manchmal einige geröstet.

Die großen Tontöpfe finden nur bei gemeinschaftlichem Kochen Verwendung (Abb. 10), wenn also Gekochtes, nicht Rohes zur Verteilung gelangt, wie dies zur Bezahlung von Gemeinschaftsarbeiten, manchmal aber auch sonst als Teil von Gaben üblich ist.

Die Eingeborenen unterscheiden zwischen, erstens, »Grundnahrungsmitteln«,[18] ein Begriff, der alle Agrarprodukte umfaßt, sich aber in erster

[17] Vgl. ebd. Abb. 8.

[18] Der Ausdruck »Grundnahrungsmittel« hat im kiriwinischen Wort *kaulo* eine genaue Entsprechung. Um den Leser nicht zu verwirren, habe ich in dieser Einleitung auf Begriffe

Linie auf den kleinen Yams bezieht[19], zweitens, »feiner« oder »leichter« Kost – wilde Früchte, Zuckerrohr und Brotfrüchte –, und drittens »Delikatessen«, alle Formen proteinhaltiger Nahrung, wie Schwein, Geflügel, Fisch, eßbare Maden und Schaltiere. Obwohl die Grundkost das Fundament ihres Wohlstands ist und angehäuft Überfluß, Reichtum und eine Reihe fröhlicher Stammesereignisse symbolisiert, legt man doch, wenn es darum geht, sie pur zu essen, eine gewisse Lauheit an den Tag. Wir werden darauf genauer eingehen, wenn wir ihre Einstellung zum Essen und seiner physiologischen Bedeutung für den Organismus behandeln (Kap. VII, Abschn. 4). Es ist ihnen nur verschwommen gegenwärtig, daß Essen Ernährungswert besitzt. Sie wissen zwar, daß das Nichtvorhandensein von »Grundnahrungsmitteln« Hungersnot bedeutet, die sie zutiefst fürchten, aber die wichtigste Bedeutung des Essens liegt darin, daß es ein lebendiger Genuß ist – und der wird durch die Zutat von »Delikatessen« erhöht und ausgedehnt.

Eine andere interessante Regel des Umgangs mit Nahrung ist auf etwas gegründet, was man als Antagonismus zwischen dem Kochen und den gespeicherten Nahrungsmitteln beschreiben könnte. Man kocht, wie wir gesehen haben, immer in der Nähe des Wohnhauses oder in ihm. In Dörfern aber, in denen es einen inneren Ring von in offener Blockbauweise errichteten Speicherhütten gibt, ist das Kochen innerhalb dieses Rings mit einem entschiedenen Tabu belegt. Die persönliche Residenz des Häuptlings, die immer im inneren Ring steht, oder das Ledigenhaus, das ebenfalls oft dort errichtet wird, dürfen folglich nie als Kochstellen verwendet werden. Die Eingeborenen haben ein bestimmtes Wort für »Wohnhäuser, in denen es erlaubt ist zu kochen«. In denjenigen Dörfern, in denen Speicher und Wohnhäuser Seite an Seite stehen, sind die Speicher ohne Ausnahme bedeckt. Die einzigen offenen Speicher, die in der Nähe von Wohnhäusern stehen, sind die Spielzeugspeicher der Kinder (Kap. VIII, Abschn. 6).

Bisher zeigte sich zwar, daß der Gartenbau von höchster Bedeutung für das Dorfleben ist, daß er mittelbar oder unmittelbar in nahezu jede Betätigung hineinspielt; um aber seine Stellung wirklich zu begreifen, müssen wir zuerst eine klarere Vorstellung von der Struktur der trobriandischen Gesellschaft gewinnen, und in einem zweiten Schritt auch von den ökonomischen Prinzipien, die dem ständigen Geben und Nehmen zugrunde liegen, den Bewegungen des Reichtums, der Zirkulation der Feldfrüchte und übrigen Güter. Ob es sich um eine Verteilung bei einer

der Eingeborenensprache weitgehend verzichtet. Falls jedoch ein äquivalenter Begriff im Kiriwinischen existiert, wurde das übersetzende Wort in Anführungszeichen gesetzt. Zur Analyse der »Bedeutungsgleichheit« von Begriffen vgl. *Coral Gardens,* Vol. II, Part IV, Div. II.

[19] Vgl. ebd. Part V, Div. II, § 8.

Totenfeier handelt, um einen Tribut an den Häuptling, um eine Erntegabe, um den Austausch von Fisch und Gemüse oder um die Produktion von Wertgegenständen – immer läßt sich daran das interessante Phänomen beobachten, daß zeremonielle und gewerbliche Tätigkeiten von einem Austausch von Geschenken und Zahlungen begleitet sind. Eine genauere Untersuchung wird einige aufschlußreiche Grundsätze dieses intratribalen Tauschs enthüllen. Es wird sich zeigen, daß das, was zunächst als freie, spontane Gabe erscheint, gewöhnlich in ein Netz von reziproken Verpflichtungen verwoben ist, in dem Dienstleistungen und Beiträge wechselseitig ausgetauscht werden. Davon unabhängig – und das ist hier von spezifischerem Interesse – wird sich aber auch zeigen, daß in den meisten, nahezu in allen Tauschakten der Trobriander – seien sie hochzeremoniell und augenscheinlich nicht von ökonomischem Interesse oder so rein kommerziell wie auch immer – Gartenfrüchte nicht nur eine hervorragende, sondern eine einzigartige Rolle spielen, in der ihnen kein anderer Gegenstand gleichkommt.

## *9. Die Konstitution der trobriandischen Gesellschaft*

Zunächst ist hier in die soziologischen Momente, die in den vorangehenden Skizzen impliziert waren, etwas Ordnung zu bringen: die Begriffe »Häuptlinge«, »Notable«, »Matriarchat« oder »Matrilinearität«, »virilokale Ehe«, »Clans«, »Subclans«, »Stamm«, »Dorfgemeinschaft«, »Haushalt« und »Familie« sind näher zu erläutern. Keinem dieser Worte oder Ausdrücke habe ich zwar irgendeine besondere, nicht-offizielle Bedeutung verliehen; *Notes and Queries in Anthropology* oder gewöhnliche Lexika (der englischen Sprache) enthalten die übliche, allgemein verständliche Bedeutung jedes dieser Worte, und in eben diesem Sinn habe ich sie verwendet. Doch einerseits haben in jeder Kultur Familie oder Clan eine je etwas andere, spezifische Gestalt, besitzen gewisse Merkmale, die ihnen jeweils nur hier eigentümlich sind; andererseits sind einige Begriffe – besonders wohl »Clan«, »Matriarchat«, »Familie« – in der gegenwärtigen anthropologischen Literatur mit zahlreichen Hypothesen belastet, die Spezialisten wie Amateure in sie hineinlesen könnten.
Zu Beginn möchte ich auf einige hervorstechende Merkmale der trobriandischen Gesellschaft hinweisen, die selbst einem flüchtigen Besucher zwangsläufig auffallen würden, und die ihren tieferen Grund in der Sozialorganisation haben. Die gesellschaftlichen Prinzipien, die, da sie an der Oberfläche sichtbar sind, jedem ins Auge fallen und die der soziologische Experte als Hauptmerkmale der trobriandischen Gesellschaft aufführt, sind: Rang, Matriarchat, oder richtiger Matrilinearität, und Totemismus, oder richtiger die Einteilung in Clans, denen Tiere assoziiert sind. Rang besteht bei den Trobriandern, auf eine kurze Formel gebracht,

aus persönlichem Prestige und Titeln. Ein Mann von Rang muß als »Häuptling« angeredet werden; er erhält entweder den Titel *guya'u* (Vollhäuptling) oder *gumguya'u* (Unterhäuptling), wobei letzterer allerdings nie in der Anredeform verwendet wird. Rang berechtigt auch zum Tragen gewisser Schmuckstücke, die minutiös spezifiziert und in mindestens vier oder fünf Grade eingeteilt sind. So stehen den Tabalu die Insignien des höchsten Rangs zu, Unterhäuptlinge wie Kwoynama, Burayama und Mwauri sind berechtigt, Muschelschmuck und Abzeichen von etwas geringerem Rang zu tragen, das Abzeichen der Toliwaga von Kabwaku und ihrer Gefolgsleute ist noch einen Grad weniger aristokratisch. Andere Unterhäuptlinge haben ebenfalls das Recht auf bestimmte, sie auszeichnende Schmuckstücke; Nicht-Adlige müssen sich dagegen sehr sparsam schmücken und die Paria von Bwoytalu dürfen, besonders in Gegenwart von Leuten höheren Rangs, gar keinen Muschelschmuck tragen. Das schärfste Differenzierungsmittel liegt jedoch in den Tabus. Sie sind sowohl eine Last wie ein Zeichen der Vornehmheit. Annähernd kann man sagen: Je höher der Rang, desto zwingender das Tabu. Die Vornehmen zeigen sich von den »Paria« von Bwoytalu und Ba'u angeekelt, als *»rein«* essende Angehörige hoher Subclans schockiert es sie, daß diese Leute Buschschwein, Stachelrochen und andere Fischarten essen, die in Kiriwina verboten sind. Wie gewöhnlich ist indes der Brauch auch hier komplex und widersprüchlich. So essen die Häuptlinge von Sinaketa durchaus Buschschwein und Stachelrochen und werden von den Häuptlingen von Omarakana doch beinahe als gleichrangig anerkannt, während ein Angehöriger des Bwoytalu-Subclans auf Grund derselben Angewohnheit zutiefst widerwärtig wirkt. Hier ist jedoch nicht der Platz, im einzelnen auf die Psychologie dieser komplexen Haltung einzugehen, die ein Europäer aus seiner eigenen Kultur allerdings zu verstehen imstande sein sollte.

Rang bringt auch ein genau festgelegtes Zeremoniell mit sich, dessen Hauptprinzip darin besteht, daß jede räumliche Erhöhung dem Rang korrespondieren muß. Der Kopf des Häuptlings darf von niemandem überragt werden. Wenn der Häuptling von Gemeinen umgeben ist, muß er auf einer hohen Plattform sitzen; wenn er steht, müssen die anderen sich beugen. Wenn Gemeine an einem Häuptling vorbeigehen, der auf der Erde sitzt, so muß der Häuptling sich erheben – ein unbequemes Vorrecht, an das man sich streng hält. Wenn er aus irgendeinem Grund sitzen oder hocken bleibt, müssen Gemeine auf dem Bauch kriechen. In Bwoytalu habe ich selbst gesehen, wie alle Anwesenden sich von verschiedenen Höhen aus wie vom Orkan niedergemäht auf den Boden fallen ließen, als das langgezogene *O guya'u*! ertönte, das die Ankunft eines meiner Freunde aus Omarakana ankündigte, der mich besuchen wollte. Auch in Omarakana habe ich immer wieder beobachten können, wie

Leute von niederem Rang sich dem Häuptling in gebückter Haltung näherten und ihre Jagdspeere nach sich zogen, wie es der Vorschrift entsprach.

Auf weitere Widersprüche in den trobriandischen Vorstellungen über Rang und über die Ursprünge der Clans und Subclans möchte ich hier nicht näher eingehen. An anderer Stelle habe ich den Mythos beschrieben, der erzählt, wie die Totem-Ahnen der vier Clans Malasi, Lukuba, Lukwasisiga und Lukulabuta aus dem Loch von Obukula nahe Laba'i hervorkamen; wie der Hund, Lukuba, der ursprünglich den höchsten Rang innehatte, ihn zugunsten des Schweins, Malasi, verlor. Dieser Mythos ist eine Charta der allgemeinen Rangfolge der vier Clans: Als erste kommen die Malasi, als zweite die Lukuba, als dritte die Lukwasisiga und zuletzt die Lukulabuta.[20]

Die hohe Stellung der Frauen ist gleichfalls offenkundig. Sie sind an einer großen Zahl öffentlicher Zeremonien aktiv beteiligt. Eine Frau von Rang hat in weitem Ausmaß die gleichen Privilegien wie ein Mann von Rang und wird von Männern, die zum gemeinen Volk gehören, mit ähnlichen Zeichen der Hochachtung behandelt. Freiheit, Einfluß und Unabhängigkeit der Frauen manifestieren sich deutlich in ihrem schon an der Oberfläche erkennbaren Verhalten. Der Soziologe wird deshalb leicht auf die Spur der matrilinearen Gesellschaftskonstitution stoßen.

Ein Besucher würde zudem bald ausfindig machen, daß die Gesellschaft in mehrere Gruppen unterteilt ist, besonders wenn er ein wenig ihre Sprache kennt oder bei einer der öffentlichen Zeremonien, etwa bei einer Verteilung anläßlich einer Totenfeier, anwesend ist. Wenn man die Sprache beherrscht, merkt man bald, daß unter den ersten Fragen, die zwei Fremde bei einer Begegnung aneinander richten, eine darauf abzielt, welcher der vier großen Abteilungen des Stammes der Andere angehört. Selbst Europäer werden ausnahmslos über diesen Punkt befragt und es ist für sie nützlich, sich in eine der vier Abteilungen selbst zu adoptieren. Denn für den Eingeborenen muß jedes menschliche Wesen entweder ein Malasi oder ein Lukuba, ein Lukwasisiga oder ein Lukulabuta sein. Auch viele Pflanzen und Tiere werden mit diesen Clans assoziiert, wiewohl die Zuordnung keineswegs erschöpfend ist; die Mehrheit der Vögel, Insekten, Fische und Pflanzen wird nicht in sie einbezogen.

Um diese äußeren Beobachtungen zu präzisieren, ist es freilich notwendig, nicht nur das Seltsame und Sensationelle – die physische Erhöhung der Häuptlinge, die Unterabteilungen mit ihren Tiernamen und -assozia-

[20] Vgl. *Der Mythos in der Psychologie der Primitiven,* in: Bronislaw Malinowski, *Magie, Wissenschaft und Religion. Und andere Schriften* (Frankfurt a. Main, 1973), Abschn. II, zur weiteren Dokumentation.

tionen, die Rechnung von Abstammung, Erb- und Nachfolge in mütterlicher Linie –, sondern auch einige der Grundformen der menschlichen Vergemeinschaftung zu untersuchen, die weniger auffallen, weil sie nicht spezifisch trobriandisch, melanesisch oder primitiv sind, die aber dennoch unserer Aufmerksamkeit bedürfen: Daß der Haushalt eine große Rolle im Stammesleben spielt, daß er aus der Familie, d. h. dem Ehemann, der Ehefrau und ihren Kindern besteht, ist auch in der trobriandischen Soziologie ein Grundbestand dieser Art. Weiter ist die Tatsache, daß alle Einwohner einer Lokalgemeinschaft, d. h eines Dorfes, auf ihrem Gartenland vieles gemeinsam verrichten, den Boden innerhalb derselben Umzäunung gemeinschaftlich kultivieren, ihre Verteilungen, Unternehmungen und Festlichkeiten gemeinsam durchführen, eine der »offensichtlichen« Gegebenheiten, die wie anderes, was offensichtlich ist, der Aufmerksamkeit entgeht, weil es uns nicht sofort als seltsam oder merkwürdig zu beeindrucken vermag.

Ich halte es für angebracht, alle Typen sozialer Gruppierung bei den Trobriandern hier kurz zu skizzieren. Diese Skizze soll zeigen, in welchem Sinn die verschiedenen Begriffe im vorliegenden Buch verwendet werden und gleichzeitig zwei, drei wichtige Prinzipien der sozialen Organisation, des Rechtssystems und Brauchs darlegen.

Jedes Individuum ist zunächst von Geburt an Mitglied eines Haushalts. Das Kind wird gestillt und umsorgt von der Mutter, die während des ersten Monats nach der Geburt isoliert lebt, anfangs noch von ihrer Mutter und ihren Schwestern Hilfe empfängt, später aber die meisten Pflegepflichten mit dem Vater des Kindes teilt. Die Geburt, besonders des ersten Kindes, findet oft im Haus der Eltern der Mutter statt, also bei den mutterseitigen Großeltern des Kindes. Nach der Geburt kehren Mutter und Kind in das nicht selten in einer anderen Gemeinde liegende Haus des Ehemanns zurück. Die Ehe ist bei den Trobriandern virilokal, d. h. die Braut zieht in das Dorf ihres Mannes, wo das junge Paar in der Regel ein eigenes, neues Haus baut. Dort führen sie eine gemeinsame Wirtschaft – Ehemann, Ehefrau und später die Kinder –, sie versorgen sich aus einer gemeinsamen Vorratskammer, für sie und nur für sie kocht die Mutter das Essen, das sie aus demselben Topf und aus derselben Schüssel zu sich nehmen. Solange die Kinder klein sind, schlafen sie alle zusammen. Mit der Pubertät ziehen die Jungen in ein Ledigenhaus. Ihre erste Erziehung erhalten die Kinder von den Eltern, die Mädchen von der Mutter, die Jungen vom Vater. Die Einheit der Familiengruppe wird nicht etwa zerstört, wenn die Söhne das elterliche Haus mit der Ledigenhütte vertauschen oder wenn sie danach die Gemeinde des Vaters verlassen und sich der des Mutterbruders anschließen (vgl. Kap. VI, Abschn. 2): Die Töchter bleiben bis zu ihrer Heirat zu Hause; die Söhne tragen für das Elternhaus, in dem sie essen, solange sie im Dorf leben,

Sorge; später, wenn ihre Schwestern verheiratet sind, müssen sie zu deren Haushaltsvorräten beisteuern. Solange der Vater lebt, sind Söhne und Töchter ihm gegenüber zu verschiedenen Hilfeleistungen verpflichtet, in Krankheit und wirtschaftlicher Not, in einem Streit, in dem er Unterstützung braucht, oder bei drohender Gefahr seitens persönlicher Feinde. Wenn er stirbt, haben die Kinder, besonders die Söhne, komplizierte und unangenehme Bestattungspflichten auf sich zu nehmen. So ist die Familie eine wichtige Einheit, die der gewöhnlichen patriarchalen Familie durchaus ähnlich scheint, jedenfalls bei oberflächlicher Betrachtung.

Wenn wir aber die Art der Abstammungsrechnung und die Systeme wechselseitiger Pflichten, Verbindlichkeiten und Dienste untersuchen, dann entdecken wir, daß die Dinge in Wirklichkeit komplizierter liegen. Die Filiation – wenn ich dies Wort, das alle traditionalen und genealogischen Kontinuitäten, d. h. Abstammung, Erb- und Nachfolge, abdeckt, verwenden darf – ist matrilinear. Man betrachtet die Kinder als von demselben Körper und Blut wie ihre Mutter. Sie erben *ihre* Totem-Identität; d. h. sie gehören zu *ihrem* Clan und Subclan. Die Töchter folgen ihr in allen Positionen und Privilegien nach, die sie kraft ihres Ranges und ihrer Beziehung zum Oberhaupt der Gemeinde haben mag. Ihre Söhne folgen ihrem Bruder nach. Die Vererbung materieller Güter und Privilegien erfolgt gleichfalls in der mütterlichen Linie. Damit ist der eigentümliche Umstand verknüpft, daß jeder, der zum Mann heranreift, seinen Wohnsitz vom Dorf seines Vaters in das seines Mutterbruders zu verlegen hat.

Offensichtlich gibt es also *zwei* Prinzipien der sozialen Kontinuität: Matrilinearität bewirkt als die dominante Rechtsregel, daß Stellung, Besitz und soziale Kontinuität von einer aus Bruder und Schwester bestehenden Gruppe an die Kinder der letzteren übergehen. Die patriarchale Konstitution des Haushalts und die sehr starke Bindung zwischen dem Vater und seinen Kindern erzeugen andererseits die Tendenz, viele Dinge vom Vater auf die Kinder zu übertragen. Der Anthropologe, der vorsichtig genug ist, in seine Daten keine evolutionistischen Theorien oder historischen Rekonstruktionen hineinzulesen, wird nicht ohne weiteres schließen, daß es sich hier um ein »verfallendes mutterrechtliches System handelt, in dem patriarchale Institutionen aufblühen«. Er wird einfach feststellen, daß zwei unabhängige Filiationsprinzipien Seite an Seite bestehen können und daß sie ein etwas kompliziertes Bild hervorbringen, das in seiner Funktionsweise zu untersuchen unsere erste Pflicht ist. Im vorliegenden Buch werden wir Gelegenheit haben, dieses doppelte Filiationssystem in einer bestimmten Perspektive zu beobachten, nämlich bei der Beschreibung und Analyse der Erntegaben, die eine der wichtigsten Wirtschafts- und Rechtsinstitutionen der Trobriander darstellen (Kap. VI, Abschn. 1 u. 2).

Wenn von der trobriandischen Familie die Rede ist, muß man im Blick behalten, daß es sich dabei nicht um eine einfache Einheit, sondern um *zwei* Gruppierungen handelt: um den Haushalt, an dessen Spitze der Vater steht, als der dominanten sozialen Einheit des Alltagslebens und als einer wichtigen Untergruppe in der Lokalgemeinschaft, dem Dorf, und um die »eigentliche Verwandtschaftsgruppe«, d. h. die Gruppe, die sich aus der Mutter, ihren Kindern und ihrem Bruder zusammensetzt, der rechtmäßig dieser Gruppe vorsteht (Kap VI, Abschn. 2).

Wenn wir auf den Trobriand-Inseln durch eine beliebige Siedlung gehen, so scheint diese lediglich aus der arithmetischen Summe und der geometrischen Konfiguration von Haushalten zu bestehen. Dies ist wiederum das Offensichtliche, das Oberflächenphänomen; und hier ist die Dominanz des Mannes und das, was man fast als Patriarchatsprinzip beschreiben könnte, bestimmend. Denn an der Spitze jeder Dorfgemeinde steht der älteste Mann der ältesten Lineage des Subclans mit dem höchsten Rang. Aber auch hier wirkt hinter der Szene das Gesetz der Matrilinearität und führt eine andere wichtige Gruppe ein, die weder mit der Dorfgemeinschaft noch mit dem Totem-Clan identisch ist. Matrilineare Abstammung bedeutet, daß jede Verwandtschaftsbeziehung von Mutter zu Mutter auf eine gemeinsame Ahne zurückgeführt wird. Die erste Ahne ist nicht von einer Frau geboren, sondern aus dem Untergrund auf die Erde gekommen (Kap. X, Abschn. 1). Alle Nachfahren einer solchen Ahne bilden das, was die Eingeborenen eine »Verwandtschaftsgruppe« nennen, wofür ich aber den Ausdruck »Subclan« verwenden werde. Jeder dieser Subclans, deren es dreißig, vierzig oder fünfzig geben mag – ich war nicht imstande, eine vollständige Liste anzulegen –, gehört zu einem der vier Hauptclans. An der Oberfläche, in Unterhaltungen, selbst in der Folklore tritt die Einheit des Clans sichtbarer hervor. Tatsächlich ist der Subclan in Recht und Wirtschaft, im wirklichen Verhalten wie auch hinsichtlich seiner soziologischen Implikationen viel wichtiger. Es wird sich zeigen, daß er für die mythologische Fundierung des Grundbesitzes (Kap. X, Abschn. 1 u. 3), für die Konstitution des Dorfs (Kap. VI, Abschn. 1 u. 2, Kap. X) und für die Magie (Kap. II, Abschn. 1, Kap. X, Abschn. 3) eine sehr mächtige Einheit darstellt. Zugleich ist der Subclan auch die Einheit, an die der Rang gebunden ist. Ich habe etwa zehn oder zwölf Subclans registriert, die zum Malasi-Clan gehören. Einer von ihnen, derselbe, der in Omarakana und anderen Zentren regiert (vgl. o., Abschn. 4), ist überall als die Gruppe mit dem höchsten Rang anerkannt. Zu demselben Clan zählen aber auch die Geringsten der Geringen, die Bewohner von Bwoytalu und Ba'u. Dieser Clan umschließt also den höchsten und den verachtetsten aller Subclans.

Das führt uns auf das Problem des Häuptlingstums, das neben Rang und Vorsteherschaft im vorliegenden Buch eine zentrale Rolle spielt. Um eine hinreichend klare Vorstellung von der Bedeutung dieser Begriffe zu vermitteln, muß zunächst betont werden, daß Tradition und Geschichte in bezug auf Zuteilungen, Rang, politische Verfassung, Privilegien und relative Stellung der Führer in den verschiedenen Distrikten zu einer Detailansammlung von Vorrechten, erblichen Rechten, Ranganspüchen und reziproken Abhängigkeiten geführt haben. Eine kurze Skizze des Häuptlingstums kann deshalb nur eine vage Orientierung geben, die der Komplexität der Sache kaum gerecht wird. Das zeigt sich z. B. an der Beziehung des Häuptlings von Omarakana, der zweifellos Oberhäuptling ist, zu seinem militärischen Rivalen, dem Häuptling der Provinz Tilataula, der in Kabwaku residiert: Der Oberhäuptling hat den höheren Rang; er beherrscht die Regen- und Sonnenscheinmagie, d. h. er ist Meister der Fruchtbarkeit; sein persönliches Prestige und die ihn umgebende Aura von Macht und Würde sind unvergleichlich höher und erhabener – und gleichwohl konnte er gelegentlich von seinem Rivalen geschlagen und aus seinem Haus vertrieben werden. Ferner hat dieser Rivale das Recht auf bestimmte Schmuckstücke, die der Häuptling nicht verwendet und nicht verwenden dürfte; und bei einem Zusammentreffen mit seinem Oberhäuptling verneigt er sich nicht allzu tief. Eine vollständige Beschreibung dieser Beziehung wäre noch weit komplizierter, insofern der militärische Rivale sie von seinem Standpunkt aus ganz anders darstellt, und die Ansichten dritter von Distrikt zu Distrikt wechseln. Die Stellung der anderen Häuptlinge des höchsten Rangs ist ebensowenig eindeutig: Niemand bestreitet, daß sie demselben Subclan angehören wie der Oberhäuptling, und doch ist ihre Macht und ihr Prestige unvergleichlich geringer. Erneut stoßen wir hier auf ein Paradox: Besondere Speisetabus und -meidungen sind dem Oberhäuptling von Kiriwina und seinen Verwandten die eigentliche Quintessenz ihres Rangs; doch dieselbe Enthaltsamkeit üben auch die Untertanen in Kiriwina von niederem Rang, keineswegs jedoch die ranghohen Vettern an der Lagunenküste (s. o. Abschn. 7).

Unter dem Vorbehalt also, daß es in jeder menschlichen Ordnung, besonders aber in allen primitiven Institutionen kleineren Maßstabs zu jeder Regel eine Reihe von Ausnahmen gibt, die sich gegenseitig häufig widersprechen und die Regel selbst zu überwuchern scheinen, ist es möglich, die folgenden Grundzüge zu umreißen: Das Häuptlingstum ist eine Kombination von zwei Institutionen – Rang und Vorsteherschaft in einer Dorfgemeinde. Jedes Dorf hat ein Oberhaupt oder einen Vorsteher, den ältesten Mann der Seniorlineage des dominanten Subclans. Das klingt etwas kompliziert, wir werden aber sehen (Kap. X, Abschn. 3), daß in jedem Dorf mindestens ein Subclan lebt und daß, falls es mehrere sind, gewöhnlich der Rang darüber entscheidet, welcher von ihnen dominant ist. Das Oberhaupt dieses Subclans ist auch Vorsteher der

Dorfgemeinde, dem wir uns in den folgenden Kapiteln näher zuwenden müssen, da entweder er oder sein Stellvertreter im Namen der Gärtnergemeinschaft über der gemeinsamen Garteneinfriedung die offizielle Gartenmagie durchführt (vgl. Kap. I, Abschn. 6). Ein solcher Vorsteher ist, wenn sein Dorf »Hauptort«, d. h. von hohem Rang ist, zugleich der Häuptling des Distrikts (s. o., Abschn. 4), und mindestens in einem Fall, nämlich in Kiriwina, ist er zugleich der Oberhäuptling des ganzen Gebiets. Dessen Erlasse sind zwar auf den Geltungsbereich seiner Provinz beschränkt, nicht aber einige seiner wirtschaftlichen Vorrechte. Überall wird sein Vorrang anerkannt, sein Ruhm dringt in Archipele, in denen man weder seine Sprache spricht noch die Bräuche und Art seines Volkes versteht. Neben dem Oberhäuptling gibt es den mächtigen Vorsteher von Kabwaku, dem Hauptort Tilataulas, und die Vorsteher der übrigen, oben aufgeführten Distrikte. Wenn hier also von *dem* Häuptling oder *einem* Häuptling die Rede ist, so ist damit nicht nur der Erste unter ihnen gemeint; und wenn von einem »kleineren Häuptling« oder »Unterhäuptling« die Rede ist, so ist damit der Vorsteher eines weniger wichtigen Distrikts gemeint oder auch ein Oberhaupt von Rang, dessen Einfluß nicht über seine eigene Dorfgemeinde hinausgeht. Als »Notable« bezeichne ich die Verwandten eines Häuptlings; falls es sich um eine Gemeinde von niederem Rang handelt, auch die alten Männer, besonders wenn sie entweder eine wichtige Form der Magie praktizieren oder durch persönliches handwerkliches Können oder die Kenntnis einer Beschäftigung wie Segeln, Fischen oder Gärtnern eine hervorragende Stellung erworben haben. In einem Dorf von hohem Rang zählen auch die Söhne des Häuptlings, obwohl sie unter den Bedingungen der Matrilinearität nicht zu seinen Verwandten gehören, zur Gruppe der Notablen, ebenso die Oberhäupter der kleineren Subclans und die Brüder der Ehefrauen des Häuptlings, die man vielleicht eingeladen hat, bei ihm zu residieren. Das gemeine Volk wird in aristokratischen Dörfern von den Angehörigen der niederen Subclans gebildet, von Leuten, die dort wohnen, weil sie dem Häuptling bestimmte Dienste leisten, und von denjenigen, die auf Grund der geringeren Bedeutung ihrer Mütter im polygamen Haushalt des Häuptlings in den Hintergrund gedrängt werden. In den Dörfern von niederem Rang hängt die Trennung von Notablen und gewöhnlichen Einwohnern weitgehend vom Alter und von persönlichen Fähigkeiten ab.

Soweit das Häuptlingstum; die Gesamtstruktur der trobriandischen Bevölkerung, gewissermaßen ihre Stammeskonstitution, ist aus dem vorstehenden Überblick über die Distrikte und aus der Analyse der Stellung des Häuptlings für das vorliegende Buch hinreichend bekannt. Die Beschreibung des Dorfes und die Analyse der Vorsteherschaft hat auf die Soziologie der Dorfgemeinde vorgegriffen, diese wird plastischer und präziser werden, wenn wir die Dorfangehörigen bei der Gartenarbeit beobachten und die Dorfstruktur im Hinblick auf den Grundbesitz diskutieren. Auch die Bedeutung der Clans und Subclans ist für unsere Zwecke nun ausreichend vorgeklärt (vgl. aber Kap. X, Abschn. 3).

### *10. Die Bewegung der Güter bei den Trobriandern und welche Rolle darin die Landwirtschaft spielt*

Die Ökonomie, das öffentliche und zeremonielle Leben der Trobriander zeichnen sich, wie wir gesehen haben, durch einen beständigen Fluß von Gütern aus – seien es landwirtschaftliche Produkte, Fisch, Gegenstände des alltäglichen Gebrauchs oder Wertgegenstände. Die Spielbreite der Tauschformen und die Komplexität der Transaktionen sind so groß und verwirrend, daß es nicht leicht ist, die Tatsachen kurz und doch ohne Abstriche an ihrer konkreten Realität und ohne Unterschlagung wesentlicher Züge darzustellen.

Wir wollen uns dem Problem anhand eines Beispiels nähern: Bald nach meiner Ankunft in Omarakana 1914 fiel dem Oberhäuptling, To'uluwa, ein, daß er einen neuen »Drei-Etagen-Korb« brauche. Nur in Luya werden solche Körbe bekanntlich richtig angefertigt. Für einen Vornehmen sind sie von doppeltem Wert: Einerseits symbolisiert der dreifache Bau Reichtum und Fülle; außerdem aber kann man die drei flachen Zylinder so ineinander stellen, daß nur der Inhalt des obersten sichtbar ist – und das ist sehr nützlich, da der Häuptling in den beiden unteren Fächern seine Tabak- und Betelvorräte aufbewahren kann, die er, wären sie dem öffentlichen Blick preisgegeben, *noblesse oblige,* unter die Umstehenden verteilen müßte. Das Bedürfnis nach einem Drei-Etagen-Korb hing deshalb wohl funktional mit meiner Ankunft in Omarakana zusammen, da ich den Häuptling täglich mit etwa einer halben Stange Tabak und gewöhnlich mit einem kleinen Bündel Betelnüsse versorgte.

Wegen dieses Korbes schickte der Häuptling nun eine seiner Töchter nach Luya. Von ihren Freunden begleitet, überreichte sie dort einen Korb Yams an einen Handwerker, der daraufhin die Arbeit an einem Drei-Etagen-Korb aufnahm und zwei, drei Wochen später das noch unfertige Stück vor den Häuptling brachte, um es vorzuzeigen und ihn zu fragen, ob er mit dem Werk zufrieden sei. Bei dieser Gelegenheit erhielt er noch einen Korb Taytu und einige Schildpattringe. Etwa einen Monat nach der Eingangsgabe brachte er schließlich die fertige Ware und erhielt einen dritten Korb Yams.

Dies ist ein typisches Beispiel für den Kauf einer Ware durch »Bittgabe«, »Aufrechterhaltungsgabe« und »Vernietungsgabe«. Die Ware wurde sichtlich auf Bestellung angefertigt, was ebenso wie die gelegentlichen Zwischengaben für einen großen Teil des trobriandischen Handels cha-

rakteristisch ist. Wir wissen bereits, daß auf diese Weise Wertgegenstände hergestellt werden (s. o. Abschn. 4); und auf diesselbe Weise lädt man auch Spezialisten ein, Kanus zu bauen oder Zierbretter zu schnitzen.
Zu den Grundzügen der Transaktionen dieses Typs gehört, daß Gartenprodukte unter den Bitt- und Aufrechterhaltungsgaben immer einen hervorragenden Platz einnehmen. Die Herstellung eines Wertgegenstands – z. B. das Schnitzen eines Bugbretts (vgl. Abb. 19) oder eines Giebelbretts für ein Speicher- oder Wohnhaus, eines Spatels oder Spazierstocks aus Ebenholz – ist gewöhnlich an die Auflage gebunden, daß der Arbeiter vom Häuptling oder Notablen, für den er den Gegenstand herstellt, unterhalten wird.
Tauschhandel dieser Art ist also eng mit der handwerklichen Produktion verknüpft. Er besteht eigentlich darin, die Produktion zu initiieren, sie durch die Unterhaltung eines oder mehrerer Spezialisten ökonomisch zu ermöglichen, eine Gruppe von der Notwendigkeit der Gartenarbeit zu entlasten und ihr die Möglichkeit zu geben, ihrem Handwerk nachzugehen, während andere Nahrungsmittel für sie produzieren. Natürlich geschieht das nur in kleinem Maßstab: Ich habe betont, daß bei den Trobriandern *jeder* Gärtner ist, und ich habe genau umrissen, in welchem Sinn wir hier von Spezialisierung sprechen können. Zugleich sei betont, daß jedes Handwerk vom Gartenbau lebt, und zwar ziemlich unmittelbar.
Das durch Bittgabe und daraus folgenden Tausch von Dienstleistungen und Gütern gekennzeichnete Schema des Tauschhandels zieht sich, wie einige Leser vielleicht aus anderen Arbeiten über die Trobriander wissen, durch mehrere ihrer ökonomischen Systeme. So basieren alle zeremoniellen Gaben, die sich zu der ausgedehnten Institution des Kula verketten, auf dem Austausch von »Eröffnungsgabe« und »Erwiderungsgabe«, hinzu treten das Spiel der »Bittgaben«, die von den Eingeborenen in mindestens vier Klassen unterteilt werden[21], die Zwischengaben und schließlich die »Vernietungsgabe«. Für den Tausch von Fisch gegen pflanzliche Grundnahrungsmittel gibt es verschiedene Verfahren. Eins davon, das zeremoniellste und ehrenwerteste, beginnt mit einer »Eröffnungsgabe«, die meist, wenn nicht ausnahmslos, vom agrikulturellen Sektor ausgeht: In fein verzierten Behältern bringt man Gartenprodukte in die Küstendörfer (vgl. Abb. 14). Diese Eröffnung verpflichtet zur äquivalenten Erwiderung der Gabe in Fisch – eine Verpflichtung, die für die Fischer unabweisbar ist, die sie keinen anderen Interessen unterordnen dürfen (s. o., Abschn. 4 u. 5). Sie warten auf günstiges Wetter und benachrichtigen die Inlanddörfer, bevor sie zum Fang ausfahren. Die Leute aus dem Inneren kommen etwa zu der Zeit am Strand an, zu der die Rückkehr der

[21] Vgl. *Argonauten,* Kap. XIV.

Fischer erwartet wird; manchmal allerdings müssen sie etliche Stunden warten. Sie übernehmen die Fische direkt von den Kanus, bereits auf Schnüre aufgereiht (vgl. Abb. 15), und jeder läuft mit den seinen, so schnell er kann, in sein Dorf zurück.

Im Stammesleben spielt dieser Tausch von Feldfrüchten gegen Fisch eine bemerkenswerte Rolle. Jede Gemeinde des Inneren muß zu bestimmten Anlässen, etwa zum ersten Einweihungsritus der Gartenmagie (Kap. II, Abschn. 4) Fisch beschaffen. Dabei greift man gewöhnlich auf die zuverlässige Fischerei von Kavataria zurück. Wenn die Leute von Kiriwina oder Tilataula nach einer reichen Ernte entweder die großen Verteilungen anläßlich eines Totenfestes oder die zeremonielle Zeit der Tänze und Spiele vorbereiten, schicken sie ansehnliche pflanzliche Gaben in die Küstendörfer. Die Fischer können nicht umhin zu bezahlen; sie haben die Pflicht, hinauszufahren und die Erwiderungsgabe beizubringen. Feste werden mit Vorliebe bei Vollmond arrangiert, und die Fischer müssen oft ihr Bestes tun, um zu einem festen Datum wenigstens etwas Fisch zu besorgen. Gelingt es ihnen nicht, so verzichtet das Inlanddorf bei seiner Verteilung auf Fisch, der dann für eine der folgenden Zeremonien oder für ein abschließendes Festmahl bereitgestellt wird.

Der zeremonielle Tausch von Fisch und Feldfrüchten basiert auf einem System fester Partnerschaften, in dem ganze Gemeinden miteinander verbunden sind und jeder einzelne in jeder Gemeinde einen persönlichen Partner hat. Zwischen einer Einheit Feldfrüchte, einem glockenförmigen Standardkorb, und einer Einheit Fisch, auf eine Schnur gezogene Fische von zwei bis drei Kilogramm Gewicht, besteht annäherungsweise Äquivalenz. Neben dem zeremoniellen Tausch gibt es andere Formen des Tauschhandels. Wenn man einen ergiebigen Fischzug erwartet oder von ihm hört, bringt man aus dem Inland Yams, Taro oder Bananen herbei, um sie auf der Stelle gegen Fisch einzutauschen. Gelegentlich ergreifen auch die Fischer die Initiative und bitten um Gartenprodukte, besonders wenn sie Taro oder Yams als Saatgut brauchen. Sie bringen ihren Fisch in solchen Fällen aber niemals in die Inlanddörfer; die Früchte werden vielmehr geradewegs zu den Kanus gebracht und dann dort gegen Fisch eingetauscht. Im Transfer und Umgang mit Gütern übernimmt das landwirtschaftliche Produkt also entweder die Initiative oder es wird auf der Stelle eingetauscht. Im ganzen basiert dieses System des Tauschhandels auf dem offenkundigen Verlangen der Inlandbewohner nach eiweißhaltiger Nahrung und dem korrespondierenden Bedürfnis der Küstenbewohner nach mehr Feldfrüchten, als sie anzubauen imstande sind.

Eine Transaktion anderer Art, vielleicht weniger kommerziell, folgt ebenfalls dem Modell, nach dem Feldfrüchte als Eingangsgabe Gegenleistungen auslösen. Zu Beginn jeder Unternehmung stellt der Organisator in üppigen Mengen Kost bereit, die an die Teilnehmer verteilt und von ihnen verzehrt wird, wie schon anläßlich der Sitten und sozialen Gruppierungen beim Essen erörtert wurde. Eine solche Vorauszahlung in Lebensmitteln finden wir bei allen Gemeinschaftsarbeiten, nicht allein in den Gärten, sondern auch bei der Zusammensetzung eines Kanus, beim Bau eines Speichers oder bei der Bedachung einer Hütte (Kap. VIII). Bei den »Wettbewerbsveranstaltungen« zu Beginn der Tanzzeit oder anderer Festperioden muß der Zeremonienmeister große Nahrungsmittelvorräte bereitstellen. Und wenn in alter Zeit ein Distrikthäuptling seine »Anhänger und Verbündeten« zur Unterstützung im Krieg zusammenrief, war es seine Pflicht, sich um die Nahrungsmittelversorgung zu kümmern.

Neben dem umständlichen Austausch von Gabe und Gegengabe haben wir bereits eine Form kennengelernt, in der Gegenstände unmittelbar getauscht werden: beim nicht-zeremoniellen Tausch von Fisch und Gartenfrüchten. In gewissen Fällen trifft das auch für Handwerksprodukte zu: Hat man in einem Handwerkszentrum Holzschüsseln, Kämme, Kalkdosen, Körbe oder Armbänder in großer Zahl gefertigt, so gehen die Hersteller mit ihren Waren in die an Gartenprodukten oder Fisch reichen Dörfer, oder sie besuchen Orte, in denen es Importartikel von anderen Inseln gibt. Sie zeigen ihre Waren und nennen ihre Wünsche, auch ihre quantitativen Vorstellungen, unumwunden, und dann kommt es unweigerlich zum Feilschen, bis man sich beiderseits auf angemessene Tauschrationen geeinigt hat. Meerfahrer suchen manchmal ein Handwerkszentrum auf, bevor sie zu einer Reise aufbrechen, um Waren für den Fernhandel zu erwerben; und auch dabei geht es nicht ohne Feilschen ab. Die Eingeborenen haben ein eigenes Wort für »Handel mit Feilschen«, und die Tauschformen, um die es hier geht, sind stärker als sonst durch einen entschieden kommerziellen Zug gekennzeichnet. Freilich darf man dabei nicht vergessen, daß bei diesem »Handel mit Feilschen« die Reihe der möglichen Äquivalente sehr begrenzt ist und daß Äquivalenz selbst durch die Tradition recht eng umschrieben ist. So wird eine kleine Holzschüssel aus Bwoytalu in neun von zehn Fällen gegen einen Korb Yams getauscht. Im zehnten Fall möchte der Holzschnitzer vielleicht in einem Küstendorf Schildpattohrringe erhandeln, oder früher auch eine Steinklinge an der Ostküste; womöglich wäre er bereit, zwei Holzschüsseln für einen der kleinen Kochtöpfe herzugeben, die meist in Kavataria oder auf Kayleula zu haben sind. Letzten Endes jedoch zeichnet sich aller Handel bei den Trobriandern dadurch aus, daß *de facto* Gartenfrüchte als Moment der meisten Transaktionen in Erscheinung treten. Wenn Leute aus dem handwerklichen Sektor sich ostwärts nach Kiriwina oder Tilataula oder südwärts in die nicht-handwerklichen Gebiete von Kuboma oder Luba begeben, so gilt ihr Hauptinteresse Nahrungsmitteln: Einen Korb Yams kann man immer brauchen, in Kiriwina gibt es den besten – und

Größe und Qualität gelten sehr viel, besonders wenn die Früchte für Zeremonien und als Gaben verwendet werden.
Wenn die Angehörigen einer im Überseehandel tätigen Gemeinde, wie Sinaketa oder Vakuta, eine Seereise vorbereiten und die Handwerkszentren besuchen, bieten sie außer Gartenprodukten, Kokos- und Betelnüssen wohl auch Importwaren an, die, von einer früheren Reise stammend, für diesen Zweck aufbewahrt worden sind. Grundsätzlich überwiegen aber die Lebensmittel, weil sie stets willkommen sind und immer ihren Preis einbringen, während der Tauschwert der anderen Gegenstände stark von der schwankenden Nachfrage der potentiellen Käufer abhängt. Dazu gibt es neuerdings eine interessante Parallele: Unter den europäischen Importwaren kann nur eine als nahezu universales Tauschmittel eingesetzt werden, Handelstabak, doch keineswegs in beliebiger Quantität (vgl. Abschn. 5). Der Tauschwert wächst nämlich nicht im direkten Verhältnis zur Menge. Soll ein starker ökonomischer Anreiz ausgeübt werden, so sind dazu nur traditionale Wertgegenstände von Nutzen. Tabak ist zwar im kleinen zur allgemeingültigen Währung geworden, z. B. auch für alles, was ein Ethnograph von den Eingeborenen braucht, wie Dienstleistungen oder Belegexemplare für seine Sammlung. Die weißen Händler, die, wie wir wissen, hauptsächlich hinter Perlen her sind, müssen in ihren Läden aber notwendigerweise ein Sortiment anderer Waren halten: Stahlklingen für Äxte und Beile, Messer, Gürtel, Spiegel, Kattun, Sturmlampen, Kerosin, Reis und Zucker. Besteht ein Bedürfnis nach einem dieser Artikel, so wünscht der Käufer eben diesen und keinen anderen. Der Händler, der ihn nicht führt, ist im Nachteil. Wenn indes ein Händler selbst die Initiative ergreift, kann er die Handelsbereitschaft des Eingeborenen am besten mit Tabak wecken (es sei denn, es handle sich um eine sehr große Perle).
Tabak hat also den Korb Taytu (die wichtigste Yamsart), den einzigen Gegenstand, der unter früheren Verhältnissen tendenziell als Währung fungierte, nicht verdrängt, aber er hat eine ähnliche Bedeutung erlangt. Yams, in Körben gemessen, bildet immer die Eingangs- oder Bittgabe; als Aufrechterhaltungsgabe erscheint er als das, was man den Unterhalt oder die Finanzierung der Arbeit des Spezialisten nennen könnte. Große Mengen Yams sind zur Einleitung und Durchführung aller Stammesunternehmen unerläßlich. Bei gewöhnlichem Tausch wird ausschließlich der Korb Yams als Wertmaßstab verwendet. Ein Korb Yams ist einem Bündel Taro äquivalent. Doch bestehen zwischen Taro und Yams zwei Unterschiede: Erstens reift Taro zu allen Jahreszeiten in kleinen Mengen, so daß ein gleichbleibender Vorrat, aber nie Überfluß vorhanden ist; und zweitens ist er nicht haltbar. So ist ein Bündel Taro zwar einem Korb Yams äquivalent, hat aber nie dessen Bedeutung. Indes wäre es in keinem Fall gerechtfertigt, Feldfrüchte als Währung, geschweige denn als Geld zu

bezeichnen. In der Regel steht jeder Klasse von Gegenständen eine begrenzte Reihe mit ihr tauschbarer anderer Gegenstände gegenüber, wobei jeweils ein bestimmtes Maß für Gleichwertigkeit feststeht. Dies kann manchmal auf den Korb Yams reduziert und durch ihn ausgedrückt werden, manchmal aber auch nicht. So ist zwar eine kleine Holzschüssel in Kiriwina einen Korb Yams und in einigen südlichen Dörfern acht Kokosnüsse wert, das heißt aber keineswegs, daß acht Kokosnüsse auch einen Korb Yams wert sind. In einigen Dörfern erhält man für einen Korb Yams vier Kokosnüsse, in anderen leicht sechzehn. Bei stärker von der Tradition bestimmten Tauschformen kann es vorkommen, daß ein Gegenstand von hohem Wert, etwa eine Zeremonialaxtklinge, eine Schnur Muschelscheiben oder ein Paar großer Muschelarmreifen, einmal über hundert Körbe Yams gekostet hat; will man einen solchen Wertgegenstand aber mit Tabak kaufen, so zahlt man möglicherweise ein- oder zweitausend Stangen, d. h. ungefähr das zehn- bis zwanzigfache des Preises in Yams. Ja, es ist äußerst fraglich, ob dieser Tausch überhaupt zustande käme, es sei denn – und das ist sehr selten –, der Besitzer des Wertgegenstandes benötigte eine große Menge Tabak für eine Verteilung. Der Grund besteht darin, daß die erste Transaktion, Wertgegenstand gegen Yams, der traditionell verbindlichen Form des Tausches entspricht; wird dagegen ein Wertgegenstand für Tabak verkauft, so liegt das Motiv in persönlicher Sucht oder im Bedürfnis nach Rauchwaren für eine große zeremonielle Verteilung. Kurz, es gibt keinen regulären Markt, folglich keine Preise, folglich keinen etablierten Tauschmechanismus und folglich keinen Raum für eine Währung – schon gar nicht für Geld.

Ebenso unrichtig wie die Rede von Währung, Geld oder Tauschmittel wäre im Hinblick auf die trobriandische Wirtschaft auch die Anwendung der Begriffe Kapital und Zins oder die Vorstellung, es gäbe bei ihnen in Handwerk und Arbeit eine der unseren vergleichbare Spezialisierung, oder ihr Handel basierte auf einem System von Märkten, in dem die Preise ausgehandelt werden. Nichts dergleichen ist auf den Trobriand-Inseln zu finden; auch die zentrale Rolle, die den Produkten der Landwirtschaft dort beim Tausch zukommt, ist davon deutlich unterschieden.

Wir haben die Verhältnisse in der Perspektive des Handwerkers betrachtet, der seine Waren den Angehörigen benachbarter Gemeinschaften anbietet. Der typische Bewohner eines Gartenbau-Distrikts – und in gewisser Weise ist dies »der klassische Trobriander« – produziert genügend pflanzliche Nahrung für seinen Haushalt; allerdings behält er in Wirklichkeit nur die Hälfte für sich, gibt die andere Hälfte an den Haushalt seiner Schwester ab und erhält einen entsprechenden Anteil vom Bruder seiner Frau (Kap. VI). Gartenfrüchte hat er folglich, soviel er braucht. Er erwirbt durch Tausch lediglich diejenigen Rohstoffe, die in seinem Distrikt nicht vorkommen, eiweißhaltige Nahrung, in Form von Fisch, als willkommene Ergänzung seiner vorwiegend stärkehaltigen Kost, und schließlich Gegenstände von besonderer Machart und Erlesenheit. Alle diese Dinge kann er mit landwirtschaftlichen Produkten bezahlen. Die westlichen Nachbarn haben in früheren Zeiten vielleicht gelegentlich um bearbeiteten oder unbearbeiteten Stein gebeten, und den östlichen Handelspartnern offeriert man auch heute noch dann und wann einen Kochtopf, Rotang, Federn oder andere Importwaren aus dem d'Entrecasteaux-Archipel. In der Regel sind Handwerker wie Gärtner also auf den Tausch von Handwerks- und Gartenprodukten angewiesen, nur sehr selten und nur insofern sie als Zwischenhändler auftreten, führen sie andere Gegenstände in den Tauschprozeß ein.

Ein weiterer Teilnehmer dieses Spiels bleibt zu betrachten: Wie erscheinen die Formen des Tauschs und die Bewegung des Reichtums in der Perspektive eines Häuptlings oder eines bedeutenden Dorfvorstehers? Auf Grund seiner Polygamie ist der Häuptling, wie sich zeigen wird, imstande, einen beträchtlichen Anteil der landwirtschaftlichen Produkte zu akkumulieren (Kap. VI, Abschn. 1 und 2). Überdies empfängt er die Tribute seiner Untertanen und ist im Besitz zahlreicher wichtiger Wirtschaftsmonopole. So ist der Oberhäuptling in Kiriwina der nominelle Eigentümer aller Kokos- und Betelnußpalmen des Distrikts, was in der Praxis bedeutet, daß er von jeder Palme jährlich einen kleinen Teil der Nüsse erhält, zusammengenommen immerhin die stattliche Menge von mehreren tausend Nüssen pro Jahr. Im ganzen Kiriwina-Distrikt darf nur er Schweine halten, d. h. faktisch, daß alle Schweine des Distrikts Untertanen »zugeteilt« sind, die einen Teil jedes geschlachteten Schweins an den Häuptling abführen müssen. Tatsächlich pflegte man Schweine nahezu ausschließlich im Dorf des Häuptlings zu schlachten, einen Teil dort zu behalten und den Rest ins Dorf des Halters zu bringen. Ein Häuptling von niedrigerem Rang, d. h. ein bedeutender Dorfvorsteher, erfreut sich innerhalb seiner eigenen Gemeinde ähnlicher Privilegien.

Die eigentliche Bedeutung dieser Verhältnisse beruht indes darauf, daß der Häuptling einerseits die Macht zur Akkumulation landwirtschaftlicher Produkte und die Kontrolle über Viehhaltung und Palmen des Distrikts innehat, daß es aber andererseits sein Recht und seine Pflicht ist, akkumulierte Güter wirksam zu nutzen. Auf Geheiß des Häuptlings stellt man Wertgegenstände her, baut Kanus und errichtet große Speicher und Wohnhäuser; er ist der Organisator großer Unternehmungen. Schließlich kann er mit den Gütern, die er akkumuliert oder die mit Hilfe der von ihm akkumulierten Nahrungsmittel produziert sind, Kriege organisieren; er kann damit einen Zauberer bezahlen, wenn er jemanden durch Zauber töten will, ja sogar einen Mörder dingen, um einen Verbrecher mit dem Speer töten zu lassen. Ein Häuptling übt seine Macht tatsächlich weitgehend mit ökonomischen Mitteln aus, denn für alle Dienste muß er bezahlen, und die dazu nötigen Mittel fließen ihm zu, weil die Mehrzahl seiner Untertanen verpflichtet ist, für ihn zu produzieren. Doch auf lange Sicht kehrt der von ihm angehäufte Reichtum zu den Untertanen zurück. Ansammlung und Rückverteilung sind hier jedoch kein eitles Spiel bloßen Hin- und Herreichens: In seinem Verlauf nimmt ein Teil des Reichtums die Gestalt dauerhafterer Gegenstände an, und zahlreiche Ereignisse und Institutionen des Stammeslebens werden durch Konzentration und Redistribution organisiert. Dies ist der Prozeß, der die Ansätze zu handwerklicher Spezialisierung ermöglicht. Und dieser Prozeß ist es auch, der Reichtum zu einem Instrument der politischen Organisation macht.

Es ist nicht möglich, hier die Grundkonzepte der trobriandischen Ökonomie weiter auszuführen oder auf die Beziehungen zwischen der Landwirtschaft und dem Handwerk, der Ökonomie und dem Zeremonialleben des Stammes, der sozialen Organisation und den verschiedenen Formen des Gebens und Nehmens näher einzugehen; oder gar der erstaunlichen Komplexität einer Institution wie der der Kostverteilung bei einer Totenfeier nachzugehen. Wir haben gesehen, daß das gesamte Zeremonialleben von Schaustellungen und Wiederaufteilungen von Früchten umrahmt ist; daß die Gartenarbeit zweigartig in andere Bereiche der Kultur hineinragt – so z. B. in die Religion: Zu den auf die Ernte folgenden Festen kehren die Geister der Toten ins Dorf zurück, um bei Tanz und Festlichkeit dabei zu sein, um sich an der Schaustellung der Früchte und Wertgegenstände zu erfreuen und das gekochte Essen einzunehmen, das man ihnen in Schüsseln bereitstellt (Kap. I, Abschn. 6). Bei diesem Allerseelen-Tag oder, wie die Trobriander es nennen würden, Allerseelen-Mond, spielt die Landwirtschaft eine wesentliche Rolle (vgl. Abb. 16).[22] Auch die Verteilungen bei Totenfesten verbinden Gartenprodukte, moralische Pflichten und frommes Gedenken an die Verstorbenen zu einer unauflöslichen Einheit. In der Gartenmagie kommen die Geister der Toten noch einmal mit den Gärten in Berührung, wenn auch in diesem Fall der Glaube an ihre »reale« Anwesenheit nicht ganz so deutlich ist.[23]

Der alles durchdringende Einfluß der Magie zeigt sich vielleicht nirgends besser als im Gartenbau. Hier werde ich mich nicht weiter damit beschäftigen, da die Magie in den folgenden Kapiteln hinreichend Beachtung

[22] Vgl. auch meinen Aufsatz *»Baloma, the spirits of the Dead«*, *Journal of the Royal Anthropological Institute,* 1916.

[23] S. a. *Coral Gardens,* Vol. II, Part VII, M. F. 1, D.

findet und ich dieses Thema an anderer Stelle speziell erörtert habe.[24] Die Tatsache, daß der Gartenbau mit allen anderen Momenten der trobriandischen Kultur verbunden ist, unterscheidet ihn nicht von irgendeiner anderen Tätigkeit oder Institution. Eine hervorragende Position nimmt er aber im Leben der Trobriander insofern ein, als er in vieler Hinsicht dem Stammesleben Spannkraft und Unternehmungslust verleiht, als seine Produkte Grund des Reichtums, der politischen Macht, des Gesetzes und der Ordnung sind und in allen Tauschhandlungen eine dominante Rolle spielen, gleichsam als Hebel wirken. Wir kommen nun zu seiner Beschreibung und Analyse.

[24] Vgl. *Argonauten*, Kap. XVII u. XVIII; zur theoretischen Analyse des Gegenstandes s. a. meinen Aufsatz *Magie, Wissenschaft und Religion* (a.a.O.). Im vorliegenden Buch behandle ich Magie neben wiederholten Hinweisen besonders in Kap. I, Abschn. 5 u. 6; ferner in *Coral Gardens*, Vol. I, App. I, und Vol. II, Part VI.

# Kapitel I
# Allgemeine Darstellung des Gartenbaus

Gartenbau und Fischfang sind für die Trobriander die Hauptquellen des Lebensunterhalts; die Jagd ist fast bedeutungslos. Haustiere, Schweine und Geflügel, bieten bei festlichen Gelegenheiten einen willkommenen Zusatz zur üblichen Kost; mit wilden Früchten aus dem Busch kann man Zeiten der Knappheit überbrücken, aber weder wilde Früchte noch Fisch, noch Haustiere reichen aus, wenn die Gärten versagen. Eine Dürre oder ein Schädling, der die Ernte vernichtet, bedeutet unweigerlich Hunger (*molu*) für den ganzen Stamm, die gefürchtetste aller Katastrophen, die zwar nur selten eintritt, dann aber über Jahrhunderte nicht in Vergessenheit gerät. Ein gutes Erntejahr dagegen bedeutet Reichtum (*malia*), Zufriedenheit, Feste und nebenbei auch Dorfzank und Schlägereien – alles, was das Leben lebenswert macht. So ist der Gartenbau, eng mit dem Fischfang verbunden, das wirtschaftliche Rückgrat des Stammes.

## *1. Der jahreszeitliche Rhythmus des Gartenbaus*

Die Bestellung der Gärten spiegelt den Rhythmus der Jahreszeiten. Auf der Tabelle der trobriandischen Zeitrechnung (Skizze 3) ist die Abhängigkeit der Phasen des Gartenbaus von den Jahreszeiten und die der verschiedenen Phasen des Stammeslebens vom Gartenbau deutlich zu erkennen.[1] Für die Eingeborenen ist der Kreislauf der Jahreszeiten durch den Kreislauf der landwirtschaftlichen Tätigkeiten bestimmt. So heißt »Jahr« im Kiriwinischen *taytu,* die Yamsart, die das Grundnahrungsmittel der Trobriander darstellt. Und in den Ohren derer, die das vergangene Jahr wörtlich »die Zeit des vergangenen *taytu«* oder kurz »den vergangenen *taytu«* nennen, klingt diese Etymologie nicht etwa weit hergeholt oder altertümlich. So sehr in ihre Gartenarbeit vertieft, berechnen sie die Zeit nach Ernten: die vergangene Ernte, vor zwei Ernten, nach drei weiteren Ernten usw.

Das trobriandische Jahr ist unterteilt in die Zeit, da die Gartenfrüchte unreif sind (*geguda*) und in die Zeit, da sie reifen (*matuvo,* Zeitrechnungstabelle, Spalte 6). In beiden Zeitabschnitten gibt es Perioden intensiver

[1] Vgl. *Coral Gardens,* Vol. I, App. II, sec. 4, note 1. Dort finden sich methodologische Bemerkungen zur Entstehung der Tabelle und zu einigen Unzulänglichkeiten.

Skizze 3. ZEITRECHNUNGSTABELLE

| 1 | 2 | 3 | 4 | 5 | |
|---|---|---|---|---|---|
| | | | | MONDE | |
| ANDERE TÄTIGKEITEN | FISCHFANG | HANDEL und KULA | WIND-JAHRES-ZEITEN | Europäische Monate | Trobri[…] disch[…] Mon[…] |
| Gesellschafts- und Geschlechtsleben (vgl. Spalte 10) | | | Süd-ost-Passat | August | 1 MILAM |
| | | | | September | 2 YAK |
| | Haifischfang; Hochseefischerei | In Seefahrergemeinden: Vorbereitungen zum Kula | Windstille | Oktober | 3 YAVA KUL |
| | Lagunenfischerei (Meeräschen) | | | November | 4 TOLIYA |
| Monsunzeit – Arbeitspause im Gartenbau; In nicht am KULA beteiligten Gemeinden: Schnitzen in BWOYTALU, Korbarbeiten in LUYA und YALAKA, Herstellung von Netzen. | Perlfischerei – mit der Lagunenfischerei verbunden | | Nord-west-Monsun | Dezember | 5 YAVA |
| | | Seefahrten von den Trobriand Inseln nach Ost und West | | Januar | 6 GELIV |
| | | | | Februar | 7 BUL MADU; 8 KULUV |
| | Hochseefischerei | Seefahrten zu den trobriand Inseln | | März | |
| | | | Windstille | April | 9 UTOKA; 10 ILAYB |
| | | | | Mai | 11 YAK |
| Gesellschaft- und Geschlechtsleben | | Beginn der Vorbereitungen zum Kanubau | Süd-ost-Passat | Juni | 12 KALU LA |
| | | | | Juli | 13 KULU SA |

Andere Namen für bestimmte Monde: GAYGILA = TOLIYA

| 6 | 7 | 8 | 9 | 10 |
|---|---|---|---|---|
| …HRES-…EN DES …RTEN-…AUS | KAYMATA (Hauptgärten) | KAYMUGWA (Frühgärten) | TAPOPU (Tarogärten) | ZEREMONIELL |
| …ALIA | Pause im Gartenbau GABU KOUMWALA und Frühpflanzung KAMKOKOLA und SOPU | SOPU | | MILAMALIA in KIRIWINA MILAMALIA in VAKUTA – Tanz; KAYASA; Zeremonielle Verteilungen |
| …OLU | SOPU und Errichtung der Zäune Wachstumsmagie (1); KAVATAM und JÄTEN ISUNAPULO | ISUNAPULO | Pflanzung (auf trockenem Boden – Zweiter Zyklus | |
| | Wachstumsmagie (2) | | | |
| | BASI | ERNTE | ISUNAPULO | |
| | | | Pflanzung (auf Dumya) | Kaytubutabu-Zeit |
| …ALIA | OKWALA und TUM; Beginn der Ernte | | | |
| | KAYAKU; Fortsetzung der Ernte | KAYAKU; TAKAYWA | Erster Zyklus | Fertigung der Kleider für Milamalia |
| | Füllung des Speichers; VILAMALIA | GABU | | MILAMALIA in KITAVA |
| | YOWOTA; TAKAYWA; | KOUMWALA; Frühpflanzung: KUVI, TARO, etc. | ISUNAPULO | MILAMALIA in SINAKETA, LUBA und Westdistrikt |

…BUGIBOGI = YAVATAM. OBWATAYOUYO = YAKOKI

und schwerer Arbeit und solche, in denen die Arbeit vernachlässigt werden kann; zu den Zeiten, da die Gartenarbeit das ganze Dorf in Anspruch nimmt, darf nichts sie beeinträchtigen. (Vgl. Spalten 1-3, in denen für den zweiten, dritten und vierten Mond nur solche Stammesaktivitäten aufgeführt sind, die mit der landwirtschaftlichen Betätigung in Einklang zu bringen sind.) Solange die Gärten nicht fertig sind, werden die *kula*-Reisen (Spalte 3), die auf die Trobriander einen so starken Reiz ausüben, zurückgestellt, bis alles Menschenmögliche verrichtet ist. Sex, Tänze, Festlichkeiten werden der Landwirtschaft untergeordnet; selbst Krieg (soweit ich das feststellen konnte, obwohl er heute verboten ist) durfte in den drei Monden (2, 3, und 4 in Spalte 1 und 10) intensiver Arbeit nicht ausbrechen. In dieser Zeit wird nach dem Brand in den Gärten der Boden gesäubert und bepflanzt, Zäune und Stützen werden aufgestellt. Zwischen die Ernte und diese Arbeitsperiode fällt die Zeit der Feste, der Zeremonien und der Liebe, während Kämpfe und Seefahrten der im Gartenbau weniger mühsamen Zeit vorbehalten sind.

Die wechselseitige Beziehung zwischen der Zeit der Freuden und Tänze, bzw. der Totenfeste und Verteilungen (vgl. Einl., Abschn. 7) einerseits, und den Arbeitsphasen im Gartenbau andererseits, ist in unserer Tabelle aufgezeigt. Darin eine eindeutige Korrelation darzustellen ist allerdings nicht ganz einfach, da der Hauptmond für Zeremonien, *Milamala,* in vier Distrikten verschieden datiert wird. Überdies beginnt man die Gartenarbeit später, wenn man die Festzeit verlängern will. Die jahreszeitlichen Zuordnungen stehen also nur im Ganzen fest, im Einzelnen sind sie Schwankungen unterworfen. Die Zeit zwischen Ernte und Wiederaufnahme der Gartenarbeit dauert längstens ungefähr vier, mitunter aber auch nur zwei Monde.

So bilden die Arbeitsphasen des Gartenbaus das eigentliche Zeitmaß. Ein Trobriander, der einen Zeitabschnitt angeben oder ein Ereignis zeitlich bestimmen will, bezieht es auf die Gartenbauperiode als das wichtigste, zuverlässigste und charakteristischste Merkmal jenes Zeitraums. Er sagt: Dies geschah *o takaywa,* als das Gestrüpp geschnitten wurde; *wa gabu,* zur Zeit der Feuer, mit denen man das geschnittene und dürre Gestrüpp abbrennt; *wa sopu,* zur Zeit des Pflanzens; *o pwakova,* zur Zeit des Jätens; *wa basi,* als man die überschüssigen Knollen verzog; *o kopo'i,* zur Zeit der vorgängigen Ernte von Taro und Yams; *o tayoyuwa,* zur Zeit der eigentlichen Ernte.

Die Tätigkeiten des Gärtners und die Reihenfolge der Monde, die auch bei den Trobriandern Namen haben, sind aufeinander bezogen. So fällt der Mond *Milamala* oder die Festzeit, in der die Totengeister ihre heimischen Dörfer besuchen, gewöhnlich mit der Pause zwischen Ernte und Abbrennen der Gärten zusammen. In Spalte 5 der Tabelle finden wir die Namen der dreizehn trobriandischen Monde, die annähernd unserer

Monatseinteilung im Jahr korrespondieren. Da die vorherrschenden Winde (Spalte 4) sich genau in unseren Kalender einfügen lassen, besteht zwischen den Spalten 4 und 5 eine enge Übereinstimmung. Spalte 6 zeigt die trobriandische Unterscheidung zwischen Zeiten des Überflusses und des Hungers (*malia* und *molu*) und zwischen Zeiten reifer und unreifer Gärten (*matuwo* und *geguda*), Begriffe, die auf den Vorrat an Erntefrüchten oder auf deren Wachstumsstadium hinweisen. Somit entsprechen die Tätigkeiten des Gärtners (Spalten 7, 8 und 9) bestimmten Monden und Jahreszeiten, wobei natürlich Variationen um einen oder mehr Monde vorkommen müssen.

Folgen wir dem im einzelnen. Ein Blick auf Spalte 4 unserer Zeitrechnungstabelle zeigt, daß etwa im September oder Oktober die Trockenzeit, die Zeit der Passatwinde, zu Ende geht. In der darauffolgenden windstillen Zeit und während des Monsuns regnet es. Ehe die eigentliche Regenzeit einsetzt, muß das Gestrüpp in den Gärten abgeschnitten und verbrannt, muß der Boden gesäubert werden; Keimen und Wachsen der Pflanzen darf nicht erst in die späte Regenzeit fallen. In unserer Tabelle ist die hinsichtlich ihrer Beziehung zu den Monden und Jahreszeiten typische oder ideale Abfolge dargestellt: Der *Milamala*-Mond deckt sich mit der Arbeitspause in den Hauptgärten (*kaymata*); das Pflanzen beginnt mit den frühen Monsunregen und die Ernte gegen Ende der zweiten windstillen Zeit, bevor die Passatwinde aufkommen; zum trobriandischen Jahresende tritt der Gartenrat (*kayaku*) zusammen. Falls man sich entschließt, die Tanzzeit um den auf *Milamala* folgenden Mond zu verlängern, wie es gelegentlich geschieht, werden die Anfangsarbeiten verschoben, dann aber gemeinschaftlich durchgeführt und auf einen kürzeren Zeitraum zusammengedrängt, so daß sich das Anpflanzen nicht erheblich verzögert.

Eine weitere, in der Tabelle nicht berücksichtigte Komplikation ergibt sich aus der uneinheitlichen Berechnung der Monde, der zufolge vier Regionen zu unterscheiden sind: In Kitava empfängt man den Besuch der Geister im Juni; im Südteil der Hauptinsel, südlich der Linie Okopukopu–Olivilevi, und in den westlichen Provinzen Kuboma und Kulumata im Juli; Kiriwina erwartet sie im August, und Vakuta im September oder gar Oktober. Im zuletzt genannten Distrikt fällt der Mond *Milamala* mit dem Auftreten des gleichfalls *Milamala* genannten *palolo*-Wurms am Saumriff zusammen. Indes glaube ich, daß die Phasen des Gartenbaus trotz der unterschiedlichen Berechnung der Monde zeitlich übereinstimmen. Zwischen den Jahreszeiten, den europäischen Monaten und den ökonomischen und landwirtschaftlichen Phasen müßten dann feste Korrelationen bestehen; einzig in Spalte 5 treten auf Grund distriktspezifischer Namenskonventionen Verschiebungen auf, wobei die differierenden Festzeiten in Spalte 10 vermerkt sind.

Tatsächlich ausschlaggebend und die Zeitenfolge bestimmend sind die Gartenbauphasen, die Monde haben nur sekundäre Bedeutung. Ist für eine zukünftiges Ereignis eine genaue Datierung erforderlich, so beziehen die Trobriander sich im Rahmen ihres Mondkalenders auf einen Mond oder einen Tag innerhalb eines Mondes. Selbst dann müssen sie in der Regel aber erst die Gartenphase nennen, in die der Mond fällt. Dieser dient also nur zur Präzisierung.[2]
Auch die Chronologie der Jahre wird durch den Gartenbau bestimmt. Jedem Feld des Gartenlands, *kwabila,* geben die Trobriander einen Namen (vgl. Kap. X), und da die Gärten auf wechselnden Feldern angelegt werden, kann man ein Ereignis der Vergangenheit mit den zwei, drei Feldern, die damals bestellt wurden, assoziieren. Wenn man die Eingeborenen nach einem vergangenen Datum fragt, zählen sie Namen der Felder auf, die sie in den zurückliegenden Jahren der Reihe nach bearbeitet haben, bis sie bei der richtigen Namenskombination angelangt sind; auf diese Weise können sie mehrere Jahrzehnte zurückrechnen.

## *2. Einzelne Aspekte der trobriandischen Landwirtschaft*

In der Einleitung habe ich zu vergegenwärtigen versucht, wie die Landwirtschaft das Stammesleben durchdringt. Betrachten wir nun umgekehrt, wie andere Momente der trobriandischen Kultur in das System des Gartenbaus eingehen. Jeder, der mit den Trobriandern gelebt, gearbeitet und sich mit ihnen unterhalten hat, ist wohl vom bloßen Umfang, von der Komplexität und den reichen Details ihrer Beschäftigungen im Garten beeindruckt; und das gilt auch für die zahllosen, nicht unmittelbar dazugehörigen und über das Notwendige hinausgehenden Tätigkeiten, die mit den Gärten verknüpft sind.
Der Gartenbau ist mit einer äußerst komplizierten und wichtigen Magie verbunden, die ihrerseits mit einer eigenen Mythologie, traditionalen Charta und Privilegien ausgestattet ist. Sie geht mit der Arbeit einher, nicht zufällig oder sporadisch, weil der Augenblick günstig ist oder die Laune es gebietet, sondern als wesentlicher Bestandteil des Gesamtentwurfs, und in einer Weise, die es keinem aufrichtigen Beobachter gestattete, sie als nur beiläufig abzutun.[3]

[2] Mond- und Jahreszeitenkalender habe ich an anderer Stelle behandelt (*Journal of the Royal Anthropological Institute,* Vol. LVII, 1927). Dort habe ich hervorgehoben, daß Monde in der Kalenderrechnung eine untergeordnete Rolle spielen, den jahreszeitlich gebundenen Gartenaktivitäten dagegen große Bedeutung zukommt. Außerdem habe ich zu erklären versucht, weshalb die Mondnamen und -unterscheidungen für die ersten acht oder neun Monde – zu der Zeit also, da die Gartenarbeit tatsächlich im Gange ist – klarer und eindeutiger festgelegt sind. (Vgl. jedoch *Coral Gardens,* Vol. I, App. II, sec. 4, note 1).
[3] Vgl. *Coral Gardens,* Vol. I, App. I.

Sodann gibt es den rechtlichen Aspekt der Landwirtschaft. Im Zusammenhang mit der Verteilung von Gartenparzellen werden wir auf ein verwickeltes System von Privilegien, Ansprüchen und Pflichten stoßen; es finden quasi-zeremonielle Transaktionen statt, die für die Eingeborenen keineswegs nichtssagend oder belangslos sind.
Vielschichtig ist auch die Soziologie des Gartenbaus. Der Häuptling oder der Vorsteher der Gemeinde, der offizielle Gartenmagier, die Landbesitzer, die Pächter von Gartenparzellen und jene, die aus der Ernte Nutzen ziehen – sie alle spielen ihre spezifischen Rollen, die sich zu einem dichten Netz wirtschaftlicher und sozialer Beziehungen zusammenfügen, das dem trobriandischen Bodenrecht zugrunde liegt (vgl. Kap. VI, IX u. X). Ein weiterer wichtiger kultureller Bereich, in den der Gartenbau unmittelbar eingeht, ist die soziale Organisation, insbesondere das Verwandtschaftssystem und die politische Herrschaft. Gewöhnlich ernten die Trobriander weit mehr, als zu ihrer Ernährung nötig ist; dieses Mehrprodukt tritt in Tributen und Ehegaben in Erscheinung. Im Zusammenhang mit der Yamsverteilung zur Erntezeit (Kap. V bis VIII) wird sich zeigen, daß ein Gärtner die besten Produkte stets seiner Schwester und deren Ehemann übergibt. Da polygame Ehen ausschließlich Notablen und Häuptlingen vorbehalten sind, wandert ein großer Teil dieser Ehegaben in deren Speicher. Die ganze Institution des Häuptlingstums gründet sich auf die umfangreichen Nahrungsmitteltribute, die der Häuptling von den matrilinearen Verwandten seiner Gattinnen erhält (vgl. Einl., Abschn. 10 u. Kap. VI, Abschn. 2). Auf diese Weise steht ihm ein riesiger Vorrat an Yams zur Verfügung, den er seinerseits verteilen muß, teils, indem er Feste und Stammesunternehmungen finanziert, teils, indem er eine Reihe von Handwerkern unterhält, die für ihn Gegenstände von bleibendem Wert herstellen (Einl. Abschn. 4, 6 u. 10). Gartenbau, und obendrein erfolgreicher, also Überschuß produzierender Gartenbau, bildet die Ursache aller Stammesautorität, des Verwandtschaftssystems und der kommunalen Organisation.
Schließlich wird, neben anderen, offenbar äußerlichen Momenten, auf die Ästhetik der Gärten erstaunliche Sorgfalt verwendet. Die Gärten des Dorfes sind ja nicht bloß ein Mittel zur Nahrungsbeschaffung; sie sind eine Quelle des Stolzes und Hauptgegenstand des kollektiven Ehrgeizes.
Viel Mühe widmen die Trobriander den Wirkungen der Schönheit, die Auge und Herz erfreut, der feinen Ausführung der Arbeit, der Vollkommenheit bestimmter Kunstgriffe und der Schaustellung der Erntefrüchte. Auch die Gemeinschaftsarbeit der Familie und die agonale Schaustellung bringen Anreize ins Spiel, die über bloße Habgier oder Angst hinausgehen. Noch verwirrender wird der trobriandische Gartenbau durch die Vielfalt der Gartenfrüchte, durch verschiedene Gartenarten und durch

die Unterscheidung einzelner Gartenabschnitte nach ihrer magischen, ästhetischen und praktischen Funktion.
Die theoretische Synthese all dieser Momente – Bedeutung und Funktion der Magie, die Rolle der Eleganz und ästhetischen Vollkommenheit, die Beziehung zwischen Verwandtschaftsprivilegien und Mythen – werden wir in den folgenden Kapiteln erörtern. Um jedoch in den anschließenden detaillierten Beschreibungen den roten Faden nicht zu verlieren, sollten wir vorläufig einige allgemeine Prinzipien aufzeichnen.

### *3. Ein Gang durch die Gärten*

Bei dem flüchtigen Besuch, von dem in der Einleitung die Rede war, haben wir schon einiges von der Arbeit und Sorgfalt bemerkt, die man den Gärten widmet. Auf den ersten Blick sind die Inseln landschaftlich nicht schön. Wir befinden uns auf einem flachen, platten Korallenfundament, das größtenteils von fruchtbarer, schwarzer Erde bedeckt ist, da und dort mit Sümpfen oder trockenerem, steinigem Boden durchsetzt. Auf der Hauptinsel und auf Vakuta verläuft längs der Nord- und Ostküste ein niedriger, unregelmäßiger Korallenkamm, *rayboag* genannt, auf dem Urwald wächst. Der Rest wird fast gänzlich im Wechselfeldbau genutzt, so daß der Busch, der in Abständen von wenigen Jahren immer wieder gerodet wird, eine gewisse Höhe nirgends überragt. Geht man durch das Land, so bewegt man sich entweder zwischen zwei nicht sehr hohen, grünen Mauern aus dichtem, jüngst gewachsenem Busch, oder man durchquert Gärten. Auf den Abb. 18 und 19 sind Gruppen von Männern und Frauen zu sehen, die Knollenfrüchte tragen – ein in dieser Gegend typischer Anblick zur Erntezeit: Unaufhörlich befördert man Erntefrüchte aus den Gärten in die Dörfer oder zu einer Schaustellung, die als Wettstreit zwischen zwei Dörfern veranstaltet wird (Kap. V, Abschn. 5 u. 6). Die Frauen tragen Lasten in glockenförmigen Körben auf dem Kopf; die Männer benutzen längliche Korbtaschen, die großen, langen Yamsknollen nehmen sie auf die Schulter. Auf der Abb. 18 sehen wir eine Gruppe auf einem Weg durch den niedrigen Busch; die Gruppe auf der Abb. 19 geht durch einen abgeernteten Garten.
Sicherlich sind die Gärten der reizvollere Teil der Landschaft. Wir kommen an vollständig gerodeten Feldern vorüber, die einen Blick in die Ferne freigeben, wo am Horizont gelegentlich eine Baumgruppe hervortritt, die einen geheiligten Hain, *boma,* oder eins der zahlreichen Dörfer anzeigt; sonst gleitet unser Blick zum Dschungel auf dem Korallenkamm oder über die grüne Lagune zwischen den Inseln. Die Abb. 20, die gegen Ende des Rodens und nach der Frühpflanzung aufgenommen ist, zeigt eine solche Ansicht der Gärten. Schon kann man die Frühpflanzen wachsen sehen, die langen Büschel des Zuckerrohrs, die jungen, herzför-

migen Taro-Blätter; hier und da klettert eine junge Yamsranke der großen Art (*kuvi*) um eine der Stangen, die man nach dem Abholzen und Abbrennen stehen ließ (Kap. II, Abschn. 5, Kap. III, Abschn. 1). Im Vordergrund liegen schon die Stäbe, mit denen die Gärten schachbrettartig in Quadrate unterteilt werden. Im Hintergrund, jenseits des Zauns, erhebt sich der Busch, in diesem Fall fast am Fuß des Korallenkamms. Auch eine Gruppe von arbeitenden Männern ist zu entdecken.

Oder wir gehen durch einen Yamsgarten im Stadium seiner vollen Entfaltung; ein wenig erinnert er an die Hopfenfelder Kents und hat doch fraglos mehr Reiz. Die üppigen Ranken klettern um hohe kräftige Stangen, gleich einer Fontäne von Grün steigen die vollen schattigen Laubgirlanden empor und ergießen sich in den Garten; so entsteht der Eindruck des Überflusses und des Dunklen, auf den in den Zaubersprüchen so häufig angespielt wird (Abb. 21). Selbst nach der Ernte, wenn hier und da ein Bananenbaum ungehindert weiterwächst und nur die Ernte von Süßkartoffeln noch andauert, haben die Gärten ihren Zauber, den Zauber eines alten, unordentlichen Obstgartens. In den Sumpfgebieten kommen wir vielleicht an einem Tarogarten vorüber; ein neuer starker Zaun umgibt die gleichmäßig niedrige Fläche von breiten, grünen Blättern, und darüber erheben sich in Reih und Glied Vogelscheuchen und Windrasseln. Ein etwas anderes Bild böte sich uns im Süden, wo fruchtbarer Boden rar ist, und oft kleine Gärten zwischen Dschungel, Mangrovensumpf und Korallengestein gedrängt sind. Einen solchen Tarogarten zeigt die Abb. 22: Die jungen Pflanzen wachsen zwischen großen Steinhaufen; dicht am Zaun steht ein kleines *kamkokola,* und jenseits des Zauns ist ein alter Garten zu sehen. Gingen wir den Korallenkamm entlang, so stießen wir von Zeit zu Zeit auf ein mehr oder weniger tiefes Loch im Korallenfels, das mit schwarzem Humus angefüllt ist; hier pflanzt man die große Yamsart, die in diesem Boden besonders gut gedeiht; die Ranken werden um Stützen gezogen und wuchern über den Rand.

Ich schätze, daß jederzeit etwa ein Fünftel, vielleicht auch ein Viertel der gesamten Bodenfläche bestellt ist. Die Bepflanzung weist in diesem Raum eine große Vielfalt auf, denn erstens gibt es bei den Trobriandern zwei völlig verschiedene Gartenarten: die *tapopu,* in denen ausschließlich Taro angebaut wird, und die Gärten, in denen Yams überwiegt; zweitens unterscheidet man bei diesen letzteren zwischen Frühgärten, *kaymugwa,* und Hauptgärten, *kaymata.* Die *kaymugwa* werden in geringerem Umfang angelegt und mit sehr viel Mischbestand bepflanzt, während die *kaymata* fast gänzlich dem Taytu vorbehalten sind. Berücksichtigen wir dabei die verschiedenen Stadien, Verrotten, Gedeihen und Ernte der Feldfrüchte, ferner die gelegentlichen Bananen- und Zuckerrohrpflanzungen und den Anbau im Korallenfels, so zeigt sich die Komplexität des

Gartenbaus, die Mühe und Aufmerksamkeit, die er den Menschen abverlangt.[4]

Eine genauere Überprüfung der Gärten enthüllt weitere interessante Einzelheiten. So werden z. B. einige Parzellen sehr viel sorgfältiger bearbeitet als die anderen. Sie sind meist am weitesten gediehen, und der sie umgehende Zaun, die Laubstützen und die ausladenden magischen Gestelle, *kamkokola,* sind darin größer und besser ausgeführt. Wenn man vom Dorf in die Gärten geht, stößt man in der Regel zuerst auf diese *leywota* genannten Felder, die wir als »Musterfelder« bezeichnen wollen. Meist werden sie von einer bedeutenden Persönlichkeit bestellt und spielen in der Magie und im Gartenbau eine führende Rolle.[5] Auf diesen Parzellen ist jede Arbeit ästhetisch vollkommen und technisch perfekt auszuführen; kein magisches Ritual dürfte hier je unterlassen werden, und bestimmte Zeremonien veranstaltet man nur hier, obgleich sie mittelbar auch den übrigen Gärten zustatten kommen. Sie sind der Stolz der Gemeinde und Brennpunkt aller magischen Tätigkeiten.

Selbst ein flüchtiger Besucher würde die trobriandischen Gärten wohl nicht nur ansprechend, sondern auch in ihren Einzelheiten fesselnd finden. Für den Ethnographen sind sie schon bei Voruntersuchungen reizvoll und vielversprechend: Im Hinblick auf die gleichsam magische, esoterische Dimension des Gartenbaus scheinen die *kamkokola,* geometrische Gebilde in den Ecken jeder Parzelle und offenbar nicht aus Nützlichkeitserwägungen errichtet, Aufschluß zu verheißen. Wenn man sich die »magische« Ecke, in der das größte *kamkokola* steht, genauer ansieht, entdeckt man ein kleines Gebäude aus Stöcken, *si bwala baloma,* »das Haus der Geister«, eine *kamkokola en miniature* aus dünnen Stäben, Pflanzen, die sich auf das *kamkokola* stützen, Kräuter, die in ihm stecken, und schließlich, das Ganze umgebend, einen festgetretenen, graslosen Saum. Mit der Zeit lernt der Ethnograph, all das als Spuren magischer Handlungen zu deuten; denn dem Magier, der, auf ein *kamkokola* gestützt, seine Zaubersprüche hersagt, kann er alltäglich begegnen. Auf Abb. 23, bei einer solchen Handlung aufgenommen, erblicken wir Pflanzenbüschel in der magischen Ecke, das große *kamkokola* und die Miniaturnachbildung sowie eine Reihe von Pfählen, die man als Yamsstützen aufstellen will (vgl. Kap. III, Abschn. 4). Von diesen sichtbaren Zeichen ausgehend findet der Ethnograph allmählich Zugang zu der Welt der Mythologie und Magie, zu den Wertvorstellungen und soziologisch faßbaren Gefühlen, die den Gartenbau umgeben.

Wandert er in einem Jahr des Überflusses mit Eingeborenen durch einen sorgfältig gepflegten, zu voller Reife gelangten Garten, so wird ihm

[4] Zum Verhältnis von frühen Gärten und Hauptgärten siehe *Coral Gardens,* Vol. I, App. II, sec. 4, note 2.

[5] S. *Coral Gardens,* Vol. I, App. II, sec. 4, note 3.

bewußt, daß für den Trobriander der Garten Glück und Reichtum (*malia*) ausströmt. Beobachtet er, wie die Leute die Gärten in gemeinsamer Arbeit vorsäubern oder anpflanzen, verbringt er in einem anderen Stadium des Gartenbaus den Tag mit einer Familie bei der Arbeit im Freien, so begreift er allmählich, wie sehr das Gesellschaftsleben sich um die Gärten kristallisiert. Das agonale Moment würzt die alltägliche Routine – sei es auf tribaler Ebene, sei es im engeren Rahmen, zwischen Familien oder Individuen.

Einen guten, prachtvollen Garten zu besitzen ist nicht nur eine Sache des Stolzes, sondern auch des Privilegs. Nur Häuptlingen – und Leuten, die ihre Gärten für Häuptlinge bestellen – ist es gestattet, ganz makellose Gärten anzulegen: Zu großer Erfolg zöge für die weniger Vornehmen schwerwiegende Folgen nach sich.

Hätte jemand keine Gärten, so stünde er außerhalb der Gesellschaft; und jemand, der kein guter Gärtner ist, zieht Verachtung auf sich. Gärten muß jeder machen, und je mehr Gartenparzellen ein Mann bestellen kann, desto größer ist sein Ruhm. Im Durchschnitt bewältigt ein kräftiger Mann mit Hilfe seiner Frau drei bis sechs; ein bis zwei schafft ein Junge oder Jugendlicher, und ein außergewöhnlich starker Mann acht bis zehn. Doch auf das Problem der Arbeitsintensität, der geschlechtsspezifischen Arbeitsteilung, des Landbesitzes und des Rechts, so viele Parzellen zu bestellen, wie man benötigt, werden wir noch zurückkommen (vgl. Abschn. 8 dieses Kap. u. Kap. IX u. X).

Außerordentlich früh beginnen die Jungen, ihren eigenen Garten zu bestellen. Bwoysabwoyse, ein kleiner Junge, erwies mir in Omarakana die Ehre seiner Freundschaft und besuchte mich oft; am liebsten richtete er sich auf einer Keksdose, einer Fünf-Pfund-Dose, ein, während er verfolgte, was im Zelt vor sich ging. Selbst auf dieser nicht gerade monumentalen Basis wirkte er winzig, er kann kaum älter als sechs gewesen sein. Bei einem Gang durch die Gärten sagte man mir einmal, daß wir soeben die Parzelle von Bwoysabwoyse durchquerten. Ich hielt es einfach für einen Scherz und erst nach zahlreichen Bekräftigungen und nachdem ich selbst ihn und andere kleine Jungen bei der Gartenarbeit gesehen hatte, war ich überzeugt, daß schon so kleine Kinder wirklich ihre eigenen Gärten bearbeiten. Die Schwerarbeit wird ihnen natürlich von den Eltern abgenommen, aber beim Säubern, Pflanzen und Jäten müssen sie viele Stunden lang ernstlich arbeiten, und das ist für sie keineswegs ein angenehmer Zeitvertreib, sondern harte Pflicht und Sache glühenden Ehrgeizes.

Als zentralem Lebensbereich eignet dem Gartenbau eine spirituelle Dimension, die Magie und die mystischen Kräfte, die der Dorfmagier feierlich und öffentlich entfaltet. Dessen Erbamt wiederum wird durch eine Mythologie gestützt, die eng mit Vorstellungen über das Urbündnis zwischen den Menschen und dem Boden verknüpft ist, dem die Vorfahren entsprungen sind (vgl. Kap. X, bes. Abschn. 1).

### *4. Die praktischen Aufgaben des guten Gärtners,* Tokwaybagula

Wenden wir uns nun von unserem räumlichen Überblick ab, um dem jahreszeitlichen Kreislauf zu folgen. Vier Hauptabschnitte sind darin zu unterscheiden: Zuerst wird der Boden vorbereitet, das Buschwerk geschnitten, und nachdem es getrocknet ist, verbrannt.[6] Im zweiten Abschnitt wird der Boden gesäubert und bepflanzt, Yamsstützen und Zäune werden errichtet.[7] Im dritten bleibt das meiste der Natur überlassen: die Saat geht auf, rings um die Stützen klettern Ranken empor und an den Taropflanzen bilden sich Wurzeln und große Blätter aus. Menschliche Arbeit beschränkt sich jetzt auf das Jäten, das die Frauen, und das Ausdünnen oder Verziehen der Knollen und Aufbinden der Ranken, das die Männer besorgen.[8] Unterdessen geht der Magier an sein Werk, er spricht Zauberformeln, um das Wachstum zu begünstigen. Neben dieser Wachstumsmagie gibt es magische Riten, die jede neue Arbeit einleiten, so daß sie eine Serie bilden, die der Abfolge der praktischen Arbeiten korrespondiert. Sobald die Saat herangereift ist, beginnt als letzter Abschnitt die Ernte.[9]

Bei starkem Regen oder bei stürmischem und für das Empfinden der Eingeborenen kaltem Wetter wird grundsätzlich nicht im Garten gearbeitet. In den unerträglich heißen Mittagsstunden der windstillen Jahreszeiten gehen die Gärtner meist nach Hause oder ruhen sich im Schatten aus. Ob Gemeinschafts-, Einzel- oder Familienarbeit, gewöhnlich gehen sie frühzeitig in die Gärten, kehren zwischen zehn und elf ins Dorf zurück, um gegen drei oder vier, womöglich nach einer leichten Mahlzeit und Siesta, erneut aufzubrechen und die Arbeit bis Sonnenuntergang fortzusetzen. Da manche Gärten unmittelbar an das Dorf angrenzen, keiner

[6] Betrachten wir die Zeitrechnungstabelle (Skizze 3), so sehen wir, daß der erste Abschnitt in Spalte 7 (Hauptgärten) in den dreizehnten Mond fällt, in Spalte 8 (Frühgärten) aber in den elften. Bei Tarogärten ist es etwas komplizierter, da die Zyklen kürzer sind (vgl. *Coral Gardens,* Vol. I, chap. X, sec. 2); es gibt also zwei Perioden des Überflusses und der Vorbereitung, die etwa in den dritten, vierten und in den achten, neunten Mond fallen.

[7] Spalte 7 der Tabelle (Hauptgärten) zeigt, daß dieser Abschnitt den zweiten, dritten und vierten Mond einnimmt, Spalte 8 (Frühgärten) den dreizehnten, ersten und zweiten Mond, und Spalte 9 (Tarogärten) den vierten und neunten Mond.

[8] Spalte 7 (Hauptgärten): fünfter bis achter Mond; Spalte 8 (Frühgärten): dritter bis sechster oder siebter Mond; dieser Abschnitt ist in Spalte 9 nicht verzeichnet, würde aber in den sechsten, siebten und elften, zwölften Mond fallen.

[9] Spalte 7 (Hauptgärten): zehnter bis zwölfter Mond; Spalte 8 (Frühgärten): achter bis zehnter Mond; Spalte 9 (Tarogärten): achter bis dreizehnter Mond. Taro wird außerdem in den Frühgärten im vierten Mond und in den Hauptgärten im sechsten Mond geerntet.

aber mehr als eine Wegstunde davon entfernt ist, kann die Arbeit jederzeit beliebig unterbrochen und wieder aufgenommen werden.
Die technische Effizienz der Arbeit ist um so erstaunlicher, als die Ausrüstung des trobriandischen Gärtners äußerst rudimentär ist, besteht sie doch nur aus einem Grabstock (*dayma*), einer Axt (*kema*), einer Dechsel (*ligogu*) und nicht zuletzt der menschlichen Hand, die bei vielen Tätigkeiten als Werkzeug dient und nicht selten direkt mit dem Boden in Berührung kommt. Den Grabstock benutzt man zum Aufgraben und Lockern des Bodens, beim Pflanzen, Verziehen, Jäten und Ernten. Axt und Dechsel spielen eine wichtige Rolle, wenn Büsche geschnitten, Knollen ausgedünnt bzw. geerntet werden; und eine geschickte Hand ist beim Säubern, Pflanzen, Jäten, Verziehen und Ernten nötig. Das also sind die Aufgaben und Werkzeuge des »guten Gärtners« (*towaybagula*), wie einer der stolzesten Titel lautet, deren ein Trobriander sich erfreuen kann.
Dennoch, neben schwerer Arbeit, neben den technischen Fähigkeiten, der genauen Kenntnis des Bodens und seiner Eigenschaften, des Wetters und seiner Wechselfälle sowie der Natur der Anbaufrüchte, neben der Notwendigkeit kluger Anpassung an den Boden, geht als anderes Element die Magie in den Gartenbau ein, die in den Augen der Trobriander für den Erfolg nicht weniger bestimmend ist.

### 5. *Die Gartenmagie*

Unter den Kräften und Vorstellungen, die auf den Gartenbau einwirken und ihn regulieren, nimmt neben der praktischen Arbeit die Magie die bedeutendste Stelle ein.
Bei den Trobriandern ist die Gartenmagie (*megwa towosi* oder einfach *towosi*) ein allgemeiner und öffentlicher Dienst, den der gleichfalls *towosi* genannte Gartenmagier zum Wohl der Gemeinde durchführt. Jedermann muß an einigen Zeremonien selbst teilnehmen, läßt die übrigen auch um seinetwillen abhalten und hat zur Bezahlung des Magiers seinen Beitrag zu leisten. Die Magie wird jeweils für die ganze Dorfgemeinschaft durchgeführt; jedem Dorf, manchmal auch einem Teildorf, ist ein *towosi* (Gartenmagier) und ein System der *towosi*-Magie zu eigen, und darin äußert sich die Einheit des Dorfes vielleicht am entschiedensten.
Magie und praktische Arbeit sind in der Vorstellungswelt der Eingeborenen untrennbar miteinander verbunden, obschon sie niemals verwechselt werden. Gartenmagie und Gartenarbeit laufen zu *einem* Strang einander folgender Leistungen zusammen, sie bilden *eine* fortlaufende Geschichte und müssen Gegenstand *einer* Erzählung sein.
Für erfolgreiche Ergebnisse im Gartenbau erscheint dem Trobriander die Magie ebenso unerläßlich wie eine kompetente und wirksame Bewirt-

schaftung der Gärten. Unentbehrlich ist sie etwa für die Fruchtbarkeit des Bodens: »Der Gartenmagier veräußert die Magie durch den Mund; die magische Kraft dringt in den Boden ein.«[10] Man betrachtet sie geradezu als natürliches Element im Wachstum der Gärten. Oft wurde ich gefragt: »Welche Magie macht ihr in eurem Land über den Gärten; ist sie wie unsre oder ist sie anders?« Sie schienen unsere Gewohnheiten, wie ich sie beschrieb, keineswegs gutzuheißen. Ich sagte nämlich, daß wir gar keine Magie machen, bzw. die Magie insgesamt durch unsere »misinaris« (Missionare) im *bwala tapwaroro,* dem Haus des Gottesdienstes, praktizieren lassen. Sie bezweifelten, daß Yams bei uns »richtig aufgehen«, »sein Laub hoch aufschießen« und »die Knollen dick werden« können. Bei einem dieser Gespräche, das ich mit Kayla'i und Gatoyawa in Omarakana führte, habe ich die folgende Bemerkung notiert[11]: »Die Missionare behaupten: ›Wir halten Gottesdienst und deshalb gedeihen die Gärten‹. Das ist Lüge.« Dabei ist zu beachten, daß das kiriwinische Wort für »Lüge« seiner Bedeutung nach von rein zufälligem Versehen über den *bona fide* Flug der Einbildungskraft, der anderes nicht vorgibt, bis zur dreistesten Lüge reicht. Die Eingeborenen bezichtigen die Missionare in diesem Fall nicht des Betrugs, sondern eher einer Art Schwachsinns; Lévy-Bruhl würde sagen: einer prälogischen Mentalität.

Ich fürchte, daß die zum Christentum bekehrten Missionslehrer über ihren Gärten heimlich *towosi*-Magie sprechen lassen. Und europäische Händler, die mit einheimischen Frauen verheiratet sind, können unter dem Druck der öffentlichen Meinung und dem Einfluß der Gattin nicht umhin, die Hilfe des ortsansässigen *towosi* in Anspruch zu nehmen und ihn auch in ihren Gärten seine Zauberformeln sprechen zu lassen; so ungeheuerlich erschiene es jedem, daß ein Stück kultivierten Bodens ohne die Wohltat der Magie auskommen sollte.

Der Kreis der Gartenarbeit beginnt mit einer vom Häuptling einberufenen Versammlung, die vor dem Haus des Magiers stattfindet. Hier wird entschieden, wo die Gärten angelegt werden, wer diese oder jene Parzelle bestellen wird, und wann die Arbeit beginnen soll.[12] In unmittelbarem Zusammenhang damit trifft der Magier die Vorbereitungen für die erste große Zeremonie, welche die ganze Folge der Gartenarbeiten eröffnet, während die Angehörigen des Dorfes eine Menge spezieller Nahrungsmittel, meist Fisch, beschaffen, um sie dem Magier als zeremonielle Zahlung zu überreichen. Ein Teil dieser Gabe wird abends mit einem Bittgebet den Ahnengeistern zum Opfer gebracht[13]; der größere Teil aber

[10] *Coral Gardens,* Vol. II, Text 36, Part V, Div. VII, § 2.

[11] Ebda. Text 81, Part V, Div. XI, § 9.

[12] Vgl. *Coral Gardens,* Vol. I, App. I, vergleichende Tabelle: Magie und Arbeit, zum wechselseitigen Verhältnis von praktischer Arbeit und Magie.

[13] S. *Coral Gardens,* Vol. I, App. II, sec. 4, note 8.

kommt dem Magier und seinen Angehörigen zu. Nach dem Essen bespricht der Magier Blätter, die er am folgenden Tag verwenden will, wenn er schon morgens mit den Männern des Dorfes in die Gärten geht, um die Eröffnungszeremonie abzuhalten. Hier schlägt er den Boden an und reibt ihn mit verzauberten Blättern ein – eine Handlung, die in Ausdruck und emotionaler Haltung für die gesamte Gartenmagie symbolisch ist. Damit ist die Gartensaison und zugleich ihre erste Phase, die des Rodens, eröffnet; jede weitere Arbeitsphase wird gleichfalls von spezifischen Zeremonien eingeleitet. Sobald das geschnittene Gestrüpp ausreichend getrocknet ist, verhängt der Magier über die Gartenarbeit ein Tabu; nach der rituellen Verbrennung der Rückstände eröffnet er dann mit mehrtätigen Zeremonien die Zeit des Pflanzens, zunächst für weniger wichtige Feldfrüchte, später für Yams; nach und nach folgen die weiteren Eröffnungsriten: zum Aufstellen der Yamsstützen, zum Jäten, zum Verziehen der Kollen und schließlich zur Ernte. Gleichzeitig fördert der Gartenmagier mit einer parallel verlaufenden Folge von Riten und Zauberformeln das Wachstum der Saat. Er steht den Pflanzen bei, wenn sie keimen, ausschlagen und emporklettern; Wurzeln läßt er sie bilden, die kräftig und dick werden; und er erzielt so auch die schweren Girlanden aus üppigem Laub, die sich zwischen den Yamsstützen umschlingen.

Jeder Ritus wird zuerst auf einer magischen Musterparzelle (*leywota*) durchgeführt. Das ist auch vom praktischen Gesichtspunkt her wichtig, da Männer, die diese Felder bearbeiten, verpflichtet sind, mit dem Rhythmus des magischen Rituals Schritt zu halten. Zugleich müssen die Arbeiten hier besonders sorgfältig verrichtet werden. Mit peinlicher Genauigkeit säubert man den Boden vor, wählt nur ausgezeichnete Saatknollen aus, und da diese Felder immer auf gutem Boden angelegt sind, repräsentieren sie nicht nur in der gärtnerischen Arbeit, sondern auch in den gärtnerischen Erfolgen einen sehr hohen Standard. In bezug auf rechtzeitige Ausführung, besondere Qualität der Arbeit und Vollkommenheit der Ergebnisse ist damit allen anderen ein klares Beispiel gesetzt, das wiederum hauptsächlich dem Einfluß der Magie zugeschrieben wird.

### 6. *Der Gartenmagier*

Der *towosi* (Gartenmagier) ist Träger eines in jeder Dorfgemeinde verankerten, erblichen Amts; dieses und das des Häuptlings oder Vorstehers hat dieselbe Person, mindestens aber dieselbe Lineage inne. Der Mythologie und Rechtstheorie nach sollte nämlich immer das Oberhaupt der Verwandtschaftsgruppe, die Eigentümer des Dorfes ist, das Amt des Magiers ausüben. Das Oberhaupt aber delegiert seine Pflichten häufig an einen jüngeren Bruder, einen matrilinearen Neffen oder an einen Sohn.

Das war vor allem in der Lineage des Oberhäuptlings von Omarakana der Fall, da ihn die Pflichten der Gartenmagie zu schwer belasteten.
Das mythologische System der Trobriander begründet eine sehr enge Beziehung zwischen dem Boden und den Menschen. In der Erde liegen die Ursprünge der Menschheit; die ersten Ahnen jedes Subclans – oder der Lokalgruppe, soweit sie damit identisch ist – sind nach der Überlieferung jeweils an einer bestimmten Stelle aus der Erde heraufgekommen, wobei sie ihre Gartenmagie mitbrachten (vgl. Kap. X, Abschn. 1). Der Ort, an dem ein Subclan entsprungen ist, markiert meist, aber nicht immer, das Gebiet, über das er erbliche Rechte besitzt.[14] Diese liegen in mythologischer, rechtlicher, moralischer und ökonomischer Hinsicht in den Händen des Oberhaupts, dem deshalb das Amt des Gartenmagiers zufällt. »Ich schlage den Boden an«, sagte mir Bagido'u, der stolzeste Gartenmagier der Insel, »weil ich Eigentümer des Bodens bin«. Die erste Person singular soll besagen: »Ich, als der Repräsentant meines Subclans und meiner Lineage«.
Beim Studium der magischen Texte[15] werden wir feststellen, daß die überlieferte Filiation[16] der Gartenmagie von jedem amtierenden Magier vergegenwärtigt wird. In einigen Zaubersprüchen muß er die Namen all derer nennen, die diese Magie vor ihm ausgeübt haben. Bei bestimmten Anlässen bringt er den Geistern seiner Vorgänger Opfergaben dar, winzige Portionen gekochter Kost, die den ansehnlichen Geschenken der Dorfgemeinde an den Magier entstammen. Diese sind nicht kommerzieller Natur, sondern eher Ausdruck der Dankbarkeit und Ergebenheit, der Anerkennung seiner Dienste, und in diesem Geist werden sie ihm und von ihm seinen Vorgängern dargebracht. Sie gehören als wesentlicher Bestandteil zum magischen Verfahren und werden *ula'ula* genannt.
Aber die Angehörigen des Dorfes geben dem Magier auch noch andere Geschenke. Zu Beginn des Gartenzyklus bekommt er in der Regel kleine Nahrungsmittelgaben, wie Kokosnüsse oder Bananen; auch sonst erhält er hie und da ein Bündel Betelnüsse oder Gegenstände für den alltäglichen Gebrauch, Körbe, Äxte, Matten, Speere oder Kochtöpfe. Gaben dieser Art, *sousula,* sollen ihn für die Mühen, die er bei der Ausübung seines Berufs auf sich nimmt, entschädigen. Ein mir befreundeter *towosi* hat mir das so konkret erklärt, wie es für die Trobriander typisch ist: »Wenn ich in den Gärten umhergehe und Magie mache und ich verletze mich am Fuß, dann schreie ich: ›*Wi! Iwoye kaygegu; gala sene si sousula.*‹

[14] Manchmal erhält ein Subclan Eigentumsrechte in einem Gebiet, in das er eingewandert ist. Vgl. Kap. X, Abschn. 3.
[15] Die trobriandischen Versionen der magischen Texte finden sich in *Coral Gardens,* Vol. II, Part VII.
[16] Zur Bedeutung des Begriffs »Filiation« und zur Erläuterung der Erbfolgeregeln siehe Einl., Abschn. 9.

– ›Ach! (dies Ding) hat meinen Fuß getroffen; nicht gerade groß, ihre *sousula*-Zahlung (d. h. sie entschädigen mich nicht ausreichend für alle meine Strapazen).‹«

Von Zeit zu Zeit erhält der Magier auch Wertgegenstände zum Geschenk (*sibugibogi*): eine große Zeremonialaxtklinge, Gürtel oder Schmuckstükke aus Muschelscheiben oder ein Paar Muschelarmreifen. Eine solche Gabe überreicht man ihm meist nach einer schlechten Saison, um ihn zu versöhnen, oder aber nach einer besonders guten Ernte, um sich dankbar zu erweisen.

Bei der Ausübung seiner Pflichten unterstützen den Magier gewöhnlich einige junge Männer. Seine jüngeren Brüder und Schwestersöhne können seine Nachfolger werden, und er muß sie beizeiten in der Magie unterweisen. Er lehrt sie die Zaubersprüche, zeigt ihnen, welche Substanzen verwendet werden, wie ein Ritual durchgeführt wird und welche persönlichen Regeln sie zu beachten haben. Allerdings erfordert selbst der schwierigste Teil, das Erlernen der magischen Formeln, nur wenig an spezieller Unterweisung, da die Gartenmagie eine öffentliche, zeremonielle Angelegenheit ist, so daß jeder die Zaubersprüche oft genug hören, das Ritual gut genug kennen und sagen kann, welche Regeln der Magier zu befolgen hat. Wer die Gartenmagie erben und ausüben soll, wird ihr mehr Interesse entgegenbringen und sie schon in jungen Jahren bis in Einzelheiten hinein kennenlernen: Er wird Gehilfe des Magiers, nimmt an den komplizierteren Zeremonien teil oder wiederholt die Riten, die der Magier auf den Musterfeldern durchgeführt hat, auf anderen Parzellen. Oft ist er ihm auch beim Sammeln der Ingredienzien, bei der Zubereitung magischer Mixturen und beim Aufstellen der magischen Gestelle behilflich.

Daneben hat der Magier unter den jüngeren Leuten und Kindern auch inoffizielle Helfer, die ihm seine Paraphernalien tragen, beim Anbringen magischer Symbole zur Hand gehen oder andere Gefälligkeiten erweisen.

Bei den schon erwähnten Tabus des Magiers geht es fast ausschließlich um die Enthaltung von gewissen Speisen. Er darf unter keinen Umständen mit dem Fleisch bestimmter Säugetiere und Fische oder mit bestimmten Fruchtarten in Berührung kommen. Zwischen diesen und den Substanzen, die er in seinem Ritual verwendet, wie auch den Zielen seiner Magie besteht im allgemeinen ein sympathetischer Zusammenhang. Auch ist es dem Magier nicht gestattet, von den Erstlingsfrüchten zu essen, bevor er nicht in einer speziellen Zeremonie den Ahnen Opfergaben dargebracht hat. Eine dritte Form der Abstinenz sind schließlich die Fasten, die er an allen Tagen einhalten muß, an denen er eine Zeremonie veranstaltet (vgl. Kap. II, Abschn. 4).

Das Amt des Gartenmagiers ist also keineswegs eine Sinekure: Zu den

Aufgaben, die verschiedenen Arbeitsphasen zeremoniell zu eröffnen und die Pflanzen mit Zaubersprüchen zum Wachsen anzuregen, tritt ein System von Enthaltungen und Fastenregeln – und nicht zuletzt ein gehöriges Stück praktische Arbeit und Aufsicht.
Der Gartenmagier gilt nämlich in der Dorfgemeinde auch als Gartenexperte. Er entscheidet, gegebenenfalls im Einvernehmen mit seinem älteren Verwandten, dem Häuptling, welche Felder in einem bestimmten Jahr bebaut werden. Später muß er in jeder Phase feststellen, wie es um die Arbeit in den Gärten steht, wie die Pflanzen keimen, knospen, reifen, und dann jeweils den Anstoß zur nächsten Phase geben. Vor dem Abbrennen etwa sollte er das Wetter beobachten und den Zustand des geschnittenen Gestrüpps. Bevor er mit der Magie des Pflanzens beginnt, muß er sich vergewissern, ob die Gärten entsprechend vorbereitet sind, und ähnliches gilt für jede andere Phase. Bemerkt er, daß Leute zurückbleiben oder daß einige die Interessen der ganzen Gemeinde in Gefahr bringen, indem sie z. B. eine gemeinschaftliche Pflicht, wie das Umzäunen der Gartenparzellen, vernachlässigen, so ist es an ihm, die Schuldigen zu tadeln und sie zur Besserung und zu tatkräftiger Arbeit zu bewegen.
Oft habe ich in meinem Zelt gesessen, lesend, in meinen Notizen blätternd oder im Gespräch mit einheimischen Freunden, als plötzlich die Stimme des Magiers – Bagido'u in Omarakana, Navavile in Oburaku und Motago'i in Sinaketa – von seinem Haus herüberdrang. In öffentlicher Ansprache beschuldigten sie den einen oder anderen, er habe seinen Zaun nicht fertiggestellt und sei damit für das große Loch in der gemeinsamen Umfriedung verantwortlich, durch das Buschschweine und Känguruhs eindringen könnten; nun, da die Saat schon auszuschlagen beginne, könnten die Tiere bald angelockt werden und großen Schaden anrichten. Oder sie kündigten an, das Gestrüpp sei so gut wie trocken und man könne in drei oder vier Tagen mit dem Abbrennen beginnen. Dann wieder verhängten sie ein allgemeines Arbeitstabu; da in wenigen Tagen das große *kamkokola* zu errichten sei, solle jedermann alle anderen Arbeiten einstellen und lange, starke Pfähle herbeibringen, die für das magische Gestell und die letzten Yamsstützen benötigt werden.
Der *towosi* übt also nicht nur indirekten Einfluß auf die Gartenarbeit aus, indem er das Anfangssignal für die jeweils folgenden Phasen setzt, Tabus verhängt und das Tempo angibt, er überwacht auch eine Reihe von Tätigkeiten ganz unmittelbar. Zu diesem Zweck muß er ständig in die Gärten gehen, die Arbeit begutachten, Mängel ausfindig machen und nicht zuletzt auch besonders gute Leistungen hervorheben. Ein öffentliches Lob seitens des *towosi* wird sehr geschätzt und ist für den guten Gärtner, den *tokwaybagula,* ein entscheidender Ansporn.
Man ist der festen Überzeugung, daß der *towosi* mittels seiner Magie die Kräfte der Fruchtbarkeit lenkt, und ist deshalb bereit, ihm auch die

Lenkung menschlicher Arbeit zuzugestehen. Zu der magischen Kraft, dem Fachwissen und der überlieferten Herkunft von Ahnen, die vor ihm diese Magie besaßen, tritt oft hinzu, daß er Dorfvorsteher ist. In ranghohen Gemeinden wird das Amt vom Oberhaupt einer vornehmen Lineage oder von dessen Neffen oder jüngerem Bruder ausgeübt; auch der Häuptlingssohn kann es innehaben, aber auch er nur als Bevollmächtigter des rechtmäßigen Oberhaupts (vgl. Kap. X, Abschn. 2 u. 3). Die magischen Handlungen üben auf das Gemeinschaftsleben eine organisierende Wirkung aus, erstens, weil sie im Verlauf der Arbeit regelmäßig Akzente setzen und eine Reihe von Tabu- oder Ruheperioden auferlegen; und zweitens, weil jedes Ritual auf den Musterfeldern vollständig durchgeführt wird, die dafür makellos vorbereitet sein müssen, womit dem ganzen Dorf ein Beispiel gesetzt ist.[17] Magie ist daher nicht nur eine spirituelle Kraft, die zu einer differenzierteren Geisteshaltung des Individuums beiträgt, sondern auch eine soziale, eng mit der Wirtschaftsorganisation der Gartenarbeit verknüpft. Dabei unterscheiden die Eingeborenen in Theorie und Praxis deutlich zwischen magischen und technischen Tätigkeiten – ein Punkt, auf den wir bald zurückkommen müssen.

### 7. *Der Ruhm der Gärten und sein mythologischer Hintergrund*

Wie bereits angedeutet, betrachtet jede Dorfgemeinde ihre Gartenmagie als einen überaus wertvollen Besitz, als Symbol auch ihres sozialen Zusammenhangs und ihrer Stellung in der Stammeshierarchie. Ein ranghohes Dorf ist im Gartenbau immer führend. Da die vornehmsten Subclans sich im fruchtbarsten Gebiet, in Kiriwina, niedergelassen haben (vgl. Kap. X, Abschn. 3), ist dies durchaus natürlich. Der Ruhm dieses Distrikts, besonders seiner Leistungen im Gartenbau, ist im ganzen Gebiet der nördlichen Massim verbreitet. Bei einem Besuch in Dikoyas auf Woodlark, etwa achtzig Meilen von der Residenz des Oberhäuptlings entfernt, hatte man mir bereits am ersten Abend in glühenden Worten vom Reichtum Kiriwinas erzählt. Ich hatte gehört, daß der Kulturheros Tudava, der allen Menschen von Woodlark und Umgebung Gärten gab und sie im Gartenbau unterwies, in Kiriwina aus der Erde gekommen sei und daß Kiriwina, früher als alle anderen Inseln entstanden, auch die erste gewesen sei, auf der man Gärten anlegte. Schon ein gutes Jahr bevor ich nach meiner alles andere als geradlinigen Fahrt von mehreren tausend Meilen schließlich nach Kiriwina gelangte, hatte man mir also den Eindruck vermittelt, die Landwirtschaft sei auf den Trobriand-Inseln entstanden. Alles schien sich von Kiriwina aus gen Osten und Süden verbreitet zu haben: der Gartenbau, das Wissen, wie man Dinge macht und wie

[17] Vgl. *Coral Gardens,* Vol. I, App. I.

man sich richtig verhält, das Wissen um die Totem-Ursprünge und die Totem-Identität des Menschen. Und Kiriwina war noch immer der fruchtbarste und vornehmste Ort der Welt.

Überall bei den nördlichen Massim ist die Sage von Tudava bekannt: auf Woodlark, im D'Entrecasteaux-Archipel, auf den Amphlett und Marshall-Bennett-Inseln erzählt man sich von dem Kulturheros, der ein Kiriwinier war und Gartenbau und Gartenmagie eingeführt hat. Nach einer auf Woodlark verbreiteten Version war Tudava der erste Mensch, der aus dem Boden heraufkam; allen anderen, die nach ihm kamen, gab Tudava Totems. Am Anfang, als er selbst der Erde entstieg, gab es außer Kiriwina kein Land. Tudava warf einen großen Stein ins Meer, und dort entstand die Insel Kitava. Dann ging er dorthin und warf wieder mit Steinen, und die Inseln Iwa, Kwayawata und Digumenu entstanden. Darauf schuf er den Madava-Distrikt (Teil von Woodlark) und Suloga, wo die großen Steinbrüche sind. Schließlich kam er nach Nada oder Nadili (Laughlan-Inseln), wo schon vor ihm Leute gewesen waren, denn diese Inseln existierten bereits.[18] Die anderen Inseln, die Tudava schuf, wurden alle von Menschen aus Kiriwina bevölkert, die mit ihren Kanus herüberkamen. Auf den Laughlan-Inseln wollten die Leute Tudava töten, deshalb ging er wieder weg.

In einer anderen Version heißt es, daß es damals zwei Männer gab, der eine war Tudava, der andere Gere'u. Gere'u kam vor Tudava in Kiriwina aus dem Boden herauf. Er hatte eine Schwester namens Marita. Sie kamen beide nach Woodlark, Tudava an die Nordküste, in den Wanuma-Distrikt, Gere'u in das Gebiet von Kropan im Süden. Einmal ging Tudava hinüber, um zu sehen, was Gere'u gerade tat. Gere'u hatte einen großen Garten, und Tudava fragte ihn: »Wer macht diesen Garten?« »Ich mache ihn selbst«, antwortete Gere'u. »Du machst einen Garten, der so groß ist, daß nur drei oder vier Männer ihn bestellen könnten?« – »Ja«, sagte Gere'u, »ich mache ihn allein«. »Wie machst du das?« fragte Tudava. »Ich fälle einen kleinen Baum«, erzählte Gere'u, »und alle kleinen Bäume fallen um. Ich fälle einen großen Baum, und alle großen Bäume fallen um. Ich mache ein kleines Feuer, und alles brennt. Ich breche einen Stock, und es kommen eine Menge Stöcke. Ich fange an, den Zaun zu bauen, und der Zaun baut sich von selbst. Ich pflanze eine Taroknolle, und Taro wächst in Fülle. Ich pflanze eine Yamsknolle, und Yams wächst in Fülle.«

Tudava antwortete: »Oh, das ist nicht gut. Diese schnelle Arbeit ist gar nicht gut. Angenommen, wir machen zu viel zu essen, dann wird der Mensch nicht arbeiten. Lieber soll ein starker Mann einen großen Garten

[18] Widersprüche wie der zwischen den Sätzen »es gab kein Land« und »diese Inseln existierten bereits« kommen in allen Mythen vor, einschließlich unserer eigenen, der des Christentums.

machen, der schwache einen kleinen. Ein schwacher Mann wird zum Fischen gehen und den Fisch gegen Taytu eintauschen.«
Dann erklärte Tudava Gere'u, wie man Gärten bestellt, und gab ihm eine Magie. Tudavas Magie war nicht so stark wie Gere'us Magie, da diese aber verlorengegangen ist, kennt man heute nur noch die Magie Tudavas, und kann deshalb heutzutage keine so großen Gärten mehr anlegen.
Gere'u hatte auch einen Herd aus Steinen in der Erde. Tudava sah hinein und entdeckte gebackene Schlangen und Leguane und Opossum und Buschschweine und Ratten und Fisch. Tudava sagte zu Gere'u: »Die Ratte ist nicht gut, wirf sie weg. Die Schlange ist nicht gut, wirf sie weg. Der Leguan ist nicht gut, wirf ihn weg. Schwein und Opossum und Fisch aber behalte.« Und deshalb ißt man heutzutage nur Fisch, Opossum und Schwein, nicht aber Ratten, Schlangen und Leguane.[19]
Gere'u folgte seinem Rat; später ging er nach Misima und hinterließ dort eine Menge Betelnüsse. Darauf ging er nach Du'a'u, wo sein Kanu am Riff zerschellte. Dort ertranken Gere'u und Marita und wurden in Steine verwandelt, aber die große Yamsart kam nach Du'a'u, während der Taytu nach Kiriwina hinübertrieb. Deshalb gibt es im Norden der Fergusson-Insel sehr guten großen Yams und in Kiriwina Taytu in Fülle.
Wir begegnen hier also zwei Kulturheroen, deren einer für ein altes System des Gartenbaus steht, das im Mythos sogar mit einer noch stärkeren Magie ausgestattet war, während der andere, Tudava, als Gesetzgeber in Erinnerung geblieben ist, dessen Wort die noch immer gültige Ordnung geschaffen hat.
Auf Woodlark brachte ich in Erfahrung, daß die Gartenmagie größtenteils aus Zaubersprüchen besteht, die Tudava den Nachkommen übergeben hat; auch wird sein Name in der Magie stets erwähnt. Der erste Gartenmagier empfing die Formeln von Tudava persönlich, und sie werden bis heute als Erbe in der Mutterlinie weitergereicht. Die Namen von Tudava und Gere'us Schwester, Marita, werden wir in einigen Zaubersprüchen der kiriwinischen Gartenmagie wiederfinden.
Eine dritte Version des Mythos konnte ich auf Vakuta, der Südinsel des Trobriand-Archipels, ausfindig machen. Dort erzählte man, Tudava habe als erster den Menschen gezeigt, wie man eigentlich Gärten bestellt, als erster eine Gartenmagie ausgeübt, Gartentabus eingeführt und den Leuten gesagt, was sie anpflanzen sollten und was nicht. Nachdem er sein Werk in Kiriwina vollendet hatte, sei er, gen Osten segelnd, zuerst auf die nächstgelegene Insel, Kitava, gelangt, die von der Ostküste Kiriwinas aus

[19] Ich erwähne diese Episode, obwohl sie sich nicht unmittelbar auf den Gartenbau bezieht, um die Version des Mythos so vollständig wiederzugeben, wie ich sie erhalten habe. Nebenbei deutet die Episode darauf hin, daß Gere'u eine ältere Kulturordnung repräsentiert und daß Tudava ein Reformer war.

klar zu erkennen ist. Ich möchte hier in freier Übersetzung den vollständigen Text des Mythos wiedergeben, wie ich ihn von Mbwasisi, dem Gartenmagier von Vakuta, erhalten habe[20]:

»(I) Kitava wurde von Tudava reich beschenkt; er ging in das Dorf, er pflanzte großen Yams, Taytu, Taro, Arum. Die Gegend wurde freundlich. (II) Er machte Kitava wirklich zu einem sehr guten (Garten)land. Nicht im mindesten bitter (die Fruchtknollen), Yams, rings um das Dorf gepflanzt, sehr groß, auch im Busch und auf dem Korallenkamm, alles sehr gut. Eben die Heimat des großen Yams. (III) Er ging um das Dorf, von einer Seite zur andern. Er hörte auf, schon hatte er die Insel Kitava bestellt. Schon war das Land von Kitava freundlich gemacht, und die Aufgabe erfüllt.

(IV) (Er sagte:) ›Ich werde segeln, ich werde nach Iwa gehen.‹ Dort ankerte er und ging an Land; er pflanzte Yams in dem Dorf, er pflanzte Taytu. Dann ging er an Land, um in den Busch zu gehen und dort zu pflanzen. (V) Sie sagten: ›Tudava, Euer Kanu ist abgetrieben. Schnell, geht zu Eurem Kanu und zieht es an Land.‹ (VI) Und (erläutert der Erzähler) seht ihr, im Busch pflanzte er nicht. Dort ist es bitter. Nur in dem Dorf (pflanzte er, und dort ist es süß). (VII) Er erreichte (sein Kanu). ›O nein, ich werde segeln. Es ist genug, schon habe ich in dem Dorf gepflanzt.‹

(VIII) Er segelte nach Digumenu. Die Leute von Kwaywata kamen, die Herren der Insel. Sie jagten ihn davon (sie riefen): ›Dies ist unsere Insel. Du, du siedelst (hier) nicht, o Tudava.‹ (IX) Sie jagten ihn davon. Er sprach zu ihnen: ›Hier, in Digumenu, dachte ich, sollte ich Yams pflanzen, ich sollte Taytu pflanzen, ich sollte Bananen pflanzen. (Aber) schon habt ihr mich davon gejagt, deshalb gebe ich euch nur Kokosnüsse, ich werde nach Kwaywata segeln.

(X) Er segelte, er ging nach Kwaywata. Er befestigte sein Kanu, er ankerte; er ging an Land und pflanzte Taro, Taytu und Yams in dem Dorf. Als sie ihn aber angriffen, zog er weiter auf die Insel Gawa.

(XI) Er ging an Land in Gawa, er pflanzte Yams in dem Dorf, er pflanzte Bananen, Arum, Taytu; er pflanzte Taro. (XII) Danach vielleicht (versuchte er), in den Busch zu gehen, um wohl zu pflanzen, um wohl die ganze Gegend gut zu machen. Sie griffen ihn an.

(XIII) Er erreichte das Kanu, er segelte, er kam nach Bovagise. Dort, in Bovagise, pflanzte er Taro, er pflanzte Sago und Taytu. Das Dorf Bovagise, es gefiel ihm, er gab Fisch, dann segelte er nach Wamwara.

[20] Vgl. *Coral Gardens,* Vol. II, Text 96, Part V, Div. XII, § 40. Bei einem Vergleich dieser freien Wiedergabe mit der Interlinearübersetzung und dem Kommentar (a. a. O. § 40, 41) kann der Leser feststellen, daß die in Klammern gesetzten Worte und Wendungen sich aus dem Zusammenhang ergeben, aber im Text nicht explizit erwähnt sind.

(XIV) Er kam (dort) an, er blieb, er sprach: ›Männer von Wamwara, ich werde Yams pflanzen, Taytu und Taro; ich werde die ganze Gegend bepflanzen, ohne einen Rest. Ich werde euer ganzes Land in Ordnung bringen.‹ (XV) Sie stimmten zu, und er bepflanzte ihr Land, und als er fertig war, bestieg er sein Kanu und segelte und kam nach Nadili.

(XVI) Er ankerte, wirklich, er ankerte, (aber) sie erhoben sich und griffen ihn an. (Er floh und) er brach ein Stück (der Insel) ab; es blieb eine Insel, (abgetrennt durch) den Rumpf von Tudavas Kanu. (XVII) Er erreichte die offene See, er flüchtete. Sie kamen heran, um ihn töten zu können. Ein Stück Land brach er ab (von) einem anderen, (so machte er) dazwischen eine Durchfahrt. (XVIII) Drei Orte (Inseln) brach er ab: einen mit Namen Obulaku, einen Bukwalangwa, einen Budayuma genannt. (XIX) Er sprach: ›Ihr seid sehr schlecht, Leute von Nadili. Ich sollte Ordnung in eure Ländereien gebracht haben, so daß es gut sein könnte. Ich sollte euch Yams, Taytu, Bananen, Taro gegeben haben. Da ihr mir aber unrecht getan habt, werde ich euch Kokosnüsse geben.‹

(XX) Er segelte, er ging fort in ein fernes Land jenseits von Nadili. Er ging, er siedelte dort. Während er dort war, in dem Land jenseits von Nadili, fischte ein Mann mit einem großen Haifischhaken Haifisch. (XXI) Der Hai, den er gefangen hatte, schwamm und kam in das fremde Land und ging dort an Land. Tudava sprach: ›Wer seid Ihr?‹

(XXII) ›O, ich, ich komme aus Nadili. Ich fische Haie mit Haifischhaken. Er zieht mich. Ich komme in Euer Dorf.‹ Sie setzten sich zusammen nieder. (XXIII) Tudava sprach: ›Du bist mein Freund. Laß uns zwei zusammen den Garten bestellen.‹ Sie bestellten den Garten. (XXIV) Nach einem Mond sprach er (der Mann aus Nadili): ›Ich werde in mein Dorf gehen.‹ Sagte Tudava: ›Laß uns Euer Kanu laschen, so daß Ihr es mit Euren Knollenfrüchten füllen könnt.‹ (XXV) Er (der Mann aus Nadili) sprach: ›Gut, morgen werde ich gehen.‹ Tudava füllte das Kanu und sagte: ›Es ist getan. Komm her, ich werde Euern wilden Ingwer magisch behandeln.‹ (XXVI) Er (Tudava) verzauberte den wilden Ingwer. Er wickelte ihn ein, in zwei Bündel. Er (der Mann aus Nadili) sagte: ›Ihr bleibt und ich werde fortpaddeln.‹ (XXVII) Tudava erhob sich und sagte: ›Während du auf dem Meer paddelst, kaue ein Bündel wilden Ingwer, bespucke dein Dorf rituell, so daß es klar erscheint (am Horizont); drehe dich dann um, kaue das zweite Bündel, bespucke mein Dorf, so daß es verschwinden kann, so daß niemand, obwohl ich hier bliebe, mich sehen kann.‹ (XXVIII) Er (der Mann aus Nadili) paddelte davon; rituell bespuckte er Tudavas Insel, sie verschwand. Rituell bespuckte er Nadili, und es erschien deutlich. (XXIX) Er paddelte, schon war er in seichtem Wasser (nahe seinem Dorf). Sein Kanu kenterte in der Brandung; sein Inhalt ging verloren; alle Nahrungsmittel fielen ins Meer und sein Schmuck aus Ebershauern sank. Es war der Schmuck, den Tudava dem Mann aus

Nadili als Wertgegenstand gegeben hatte. Wir sehen ihn durch das Meer scheinen. (xxxi) Seine ganze persönliche Habe fiel ins Meer hinab. Der Mann ging in das Dorf und blieb dort.«

Der eigentlich wichtige Teil des Mythos endet mit Tudavas Heldentaten auf der Insel Nadili, wie die Trobriander sie nennen, oder Nada – so die einheimische Bezeichnung –, der Laughlan-Insel unserer Karte.

Dieser Mythos begründet, weshalb der beste große Yams (*kuvi*) des ganzen Gebiets auf Kitava wächst, während auf Iwa zwar in der Umgebung des Dorfs gute Erntefrüchte gedeihen, die Insel sonst aber steinig ist und zum Gartenbau nicht genutzt werden kann. Das ist, wie wir jetzt sehen, auf den Zufall zurückzuführen, daß Tudavas Kanu hier abgetrieben wurde. Auf der Insel Digumenu, einer Sandbank, wachsen nur Kokosnüsse und ein paar aromatische Kräuter, wie *kwebila* und *sulumwoya*. Die letzteren erwähnt der Mythos nicht, in einem Kommentar aber wurden sie einzeln aufgeführt. Für die Kargheit des Bodens sowohl der Sandbank als auch der Insel Kwaywata ist die Feindseligkeit der Leute von Kwaywata verantwortlich, die Eigentümer der Sandbank sind und sie von ihrer Insel aus kultivieren. Gleichermaßen läßt sich die landwirtschaftliche Armut der Insel Gawa oder Woodlark (Muruwa, Muyuya) erklären, wo Tudava in einem Distrikt zwar wohlwollend aufgenommen, in einem anderen jedoch davongetrieben wurde. Und auf Laughlan, einem flachen Atoll mit sandigem Boden, wachsen nur Kokosnüsse – wiederum wegen des feindlichen Verhaltens seiner Bewohner.

Die letzte Episode vom freundschaftlichen Umgang des Kulturheroen mit einem Fischer von Laughlan führt uns schließlich gewissermaßen zum Wahrheitsbeweis: das sichtbare Zeichen, das die vergangenen Ereignisse auf dem Meeresgrund zurückgelassen haben. Die zu Stein gewordenen Ebershauer kann man auf einem Riff jenseits der Laughlan-Inseln durch das Wasser hindurch sehen. Und sie erklären auch, weshalb die Leute von Nada keine Gartenfrüchte haben; denn all die Gartenprodukte, die Tudava seinem Freund gegeben hatte, gingen ja wieder verloren, als das Kanu sank. Wie es bei Mythen der Eingeborenen nicht selten ist, mutet uns der unpointierte Schluß seltsam an. (Der vorletzte Vers wurde in anderem Ton gesprochen und war offenbar ein Kommentar des Erzählers). Ein Mythos, den man mir auf dem D'Entrecasteaux-Archipel mitteilte, stellt anscheinend eine Variante der auf Woodlark aufgezeichneten Geschichte von Gere'u und seiner Schwester Marita dar; darin wird berichtet, wie ein mythischer Heros zusammen mit seiner Schwester von Misima nach Du'a'u auf der Insel Normanby segelte. Sie ließen alle Betelnüsse zurück, und deshalb ist Misima so reich an diesem begehrten Stimulans. Nur Taytu (kleinen Yams) und *kuvi* (großen Yams) nahmen sie mit. Als die Schwester aus dem Kanu stieg, verlor sie ihren Rock, und da der Bruder, um ihre Nacktheit nicht zu sehen, sich umdrehen mußte, bemerkte er eine herannahende Bö nicht. Diese warf das Kanu um, so daß der große Yams ins Wasser kippte; der Taytu aber blieb im Kanu, das, von dem Mann verzaubert, nordwärts zu den Trobriand-Inseln trieb. Aus diesem Grund gedeiht *kuvi* auf Normanby, während es auf Trobriand reichlich Taytu gibt.

Eine weitere Sage von Kanus, die vollbeladen mit Gartenfrüchten über das offene Meer segeln, erklärt, weshalb bestimmte Teile der Fergusson-Insel so fruchtbar sind, vor allem die Nordküste im Umkreis der Hänge des Koyatabu. Arme Gegenden des Gebiets sind Dobu, das niemals einen großen Überschuß aufzuweisen hat, die Amphlett-Inseln, die Lusançay-Inseln am Nordwestrand des Gebiets der Nördlichen Massim und die Laughlan-Inseln, Nadili. Sie alle haben in der einen oder anderen Weise das Mißfallen des mythischen Urspenders von Überfluß und Fülle auf sich gezogen und sind deshalb nun auf andere oder auf Kokosnuß, Fisch und wilde Früchte angewiesen.

Der mythische Heros Tudava ist in der ganzen Region wohlbekannt; auch in Kiriwina erzählt man natürlich seine Geschichte – oder besser: seine Geschichten, da es einen ganzen Zyklus von Tudava-Mythen, -Sagen, sogar -Märchen gibt. Erstaunlicherweise ist indes jener Teil der Sage, der die Überlegenheit Kiriwinas im Gartenbau über die umliegenden Distrikte so eindrucksvoll schildert, in Kiriwina selbst unbekannt. Meine Unterlagen stammen, wie ich erwähnt habe, von Woodlark oder der im äußersten Süden gelegenen Insel Vakuta. Auch Bewohner der entlegenen Inseln Kayleula, Simsim und Kitava erzählten mir von der kulturellen Rolle Tudavas als Schöpfer der Gärten und der Gartenmagie. Ich begegnete dieser Erzählung auf den Amphlett-Inseln wieder; bei einer Reise durch den D'Entrecasteaux-Archipel konnte ich feststellen, daß auch die Bewohner von Du'a'u, Dobu und Goodenough damit vertraut sind. Und doch haben die Bewohner der gepriesenen Insel davon nicht einmal gehört. Die Ursache dieser augenfälligen Anomalie ist wohl darin zu suchen, daß die Trobriander besonders in Kiriwina und Tilataula ihre Überlegenheit im Gartenbau für selbstverständlich halten. Sie haben gute Gründe dafür, und kein Mensch stellt ihre Ansprüche in Frage; sind doch die Beweise ihrer Fähigkeiten und ihres Reichtums greifbar. Es liegt für jedermann auf der Hand, ob er nun in Kiriwina heimisch oder nur zu Besuch ist, sei es aus einer der benachbarten Provinzen oder als *kula*-Partner aus Kitava, Woodlark, den Amphlett-Inseln oder Dobu: Kiriwinas Speicher suchen ihresgleichen, seine Gärten sind die größten und besten, und die Gesamtmenge des jährlich geernteten Yams ist unübertroffen. Kurz, ein Kiriwinier hat es nicht nötig, Geschichten über vergangenen Reichtum zu erzählen, da er mit Stolz und Zuversicht auf die Gegenwart verweisen kann. Und seine Armut rechtfertigen, wie andere es müssen, das kommt ihm noch weniger zu.

Daraus folgt aber nicht, daß es dem Gartenbau in Kiriwina an einer mythologischen Begründung mangelt. Erstens gibt es karge, schmucklose Mythen, die geltend machen, daß die Ahnen des in einem Gebiet einheimischen oder eingebürgerten Subclans an einem bestimmten Ort aus der Erde heraufgekommen sind und der Subclan die Magie der Fruchtbarkeit seines Gebiets beherrscht. Diese apodiktische Begründung durch den Mythos legt traditionell die Ansprüche des Subclans auf seine Ländereien fest und sichert sie so rechtlich ab.

Zweitens gibt es eine stets wachsende und fortwährend erneuerte Überlieferung über die Leistungen des Gartenbaus, Geschichten, die man sich über die Leistungen dieses oder jenes Dorfs erzählt, über besonders ruhmreiche Ernten (Kap. V), über einen gezielten Wettstreit um reiche Ernteerträge (*buritila'ulo,* vgl. Kap. V, Abschn. 6), bei dem ein Dorf ein anderes »geschlagen« hat. All das verherrlicht jedoch eher das Gegenwärtige als die Wunder der Vergangenheit. Und in gewisser Weise wirken so auch historische Berichte über Hungersnöte im Wechsel mit Erzählungen von Zeiten der Fülle (Kap. V, Abschn. 1).[21]

Um zu dem weit verbreiteten Mythenzyklus vom Ursprung des Gartenbaus zurückzukehren, so hat dessen Kern sich als Erklärung für die vorzüglichen Leistungen einiger Orte und für die Armut anderer erwiesen; es handelt sich um eine mythische Charta des ganzen Gartenbaus und der lokalen Unterschiede in Fruchtbarkeit und Brauchtum. Meist war es ein moralischer Grund, der Tudava bestimmten Inseln den Vorzug geben ließ: wo immer er freundlich aufgenommen wurde, da blühten die Gärten, da wurde der Yams prall in der fruchtbaren Erde, da gedieh auch Taro, und die Taytugirlanden beschatteten den Boden – und so ist es bis auf den heutigen Tag. Wo ihn die Bewohner bedrohten und davontrieben – in dem trobriandischen Wort *bokavili* ist beides verschmolzen –, da blieb der Boden unfruchtbar oder sumpfig, gut allein für Kokospalmen und wilde Früchte, die auf den Inseln immer und überall gedeihen. Die Hauptinsel der Trobriander, vor allem der Distrikt Kiriwina, wo die Gärten ihren Ursprung haben und Tudavas Wanderschaft begann, ist noch immer das beherrschende Zentrum des Gartenbaus.

### *8. Die Macht der Magie und die Effizienz der Arbeit*

Um diesen Kreis von mythologischen Vorstellungen richtig einzuschätzen, dürfen wir die Beziehung zwischen Magie und Arbeit in der Auffassung der Eingeborenen nicht außer acht lassen. Der kurze Mythos von der ursprünglichen Heraufkunft der Ahnen ist bei den Trobriandern sehr eng mit der Magie verknüpft, welche die Ahnen stets aus dem Unterirdischen

[21] Vgl. *Coral Gardens,* Vol. I, App. II, sec. 4, note 4.

mitgebracht haben (Kap. X, Abschn. 1). Ausnahmslos wird die Gabe der Fruchtbarkeit, von den mythischen Gründern und Inhabern der Magie den reichsten Distrikten der Region verliehen, als doppelte aufgefaßt, als magische und als natürliche. Die Eingeborenen sind sich bewußt, daß auf sandigem, brackigem oder steinigem Boden weder Yams noch Taro und am wenigstens Taytu gedeihen könnte. Fragt man sie, ob man an den steilen Abhängen der Amphlett-Inseln, an den kargen Sandstränden der Laughlan-Inseln oder auf den windgepeitschten, vom Salzwasser durchnäßten Fragmenten des Lusancay-Atolls irgendwelche Pflanzungen oder Gärten anlegen könnte, so verneinen sie es und erklären in einer vollkommen vernünftigen, nahezu wissenschaftlichen Sprache, weshalb dort die meisten Pflanzen nicht gedeihen können.

Gleichzeitig führen sie aber die besondere Fruchtbarkeit einiger Distrikte, den dort anhaltenden Wohlstand und die Schönheit ausgedehnter, erfolgsgekrönter Gärten auf die Überlegenheit eines bestimmten magischen Systems zurück. So besteht, wie die Kommentare der Trobriander zu den oben angeführten Mythen zeigen, die Vorstellung, der Kulturheros vermittle einerseits fruchtbaren Boden, gutes Saatgut, Unterweisung in der Kunst des Gartenbaus, Kenntnisse über die Behandlung der Gartenfrüchte und den Schutz vor Schädlingen und anderen Gefahren, andererseits aber ebenso selbstverständlich ein System wirksamer Magie.

Die beiden Wege, der Weg der Magie und der Weg der Gartenarbeit – *megwa la keda, bagula la keda* – sind nicht voneinander zu trennen. Verwechselt werden sie allerdings nie; nie kann einer den anderen ersetzen, nie versucht man, den Boden mittels Magie zu säubern oder durch ein Ritual Zäune und Yamsstützen aufzustellen. Man weiß sehr wohl, daß man das mit den Händen und im Schweiße des Angesichts tun muß, daß man keine Arbeit zu leicht nehmen darf, ohne die Gartenfrüchte in Gefahr zu bringen. Und nie wiegt man sich in der Annahme, daß eine Überdosis an Magie irgendwelche Mängel an der Arbeit kompensieren könne.

Die Trobriander sind auch imstande, ihr Wissen klar auszudrücken und in einer Reihe von Prinzipien und Kausalbeziehungen darzulegen. Sie verfügen über solide Kenntnisse des Bodens und der Anbaufrüchte, unterscheiden in der Praxis zwischen sechs oder sieben Bodentypen und wissen genau, welche Fruchtart für sumpfigen, für schweren Boden, für schwarzen Humus oder für die leichte, steinige Erde der trockenen Regionen jeweils am besten geeignet ist. Sie haben kein Wort für das, was wir »Ödland« nennen, wissen aber – und zwar auch weshalb –, daß man auf Korallengestein keine Gärten anlegen kann[22], ebensowenig auf Sand, auf

[22] Zur trobriandischen Terminologie, die diese Unterscheidungen zum Ausdruck bringt, vgl. *Coral Gardens,* Vol. II, Part V, Div. I § 11 und 12.

dem weichen Schlick der Sümpfe und Marschen oder auf dem mit Salzwasser getränkten schwarzen Humus, auf dem die Mangroven wachsen. Sie könnten darlegen, daß *pwaypwaya,* echter Boden, Erde, einzig da vorkommt, wo Busch (*odila*) wächst, und daß man, wenn man Bäume und Büsche geordnet hat, dort Gartenfrüchte anpflanzen kann. Der kultivierbare Boden wird unterteilt in schwarzen, schweren, fruchtbaren Humus, der für Taytu, *kuvi* und Taro gleichermaßen geeignet ist; leichten, roten Boden, der, dem Humus unterlegen, für Taro nicht in Frage kommt, auf dem man aber in feuchten Jahren gut Yams ziehen kann; schließlich ein ähnlicher, doch schwererer und weniger trockener Boden im und am *rayboag,* der für großen Yams geeignet ist. Man kennt auch Sumpfböden, auf denen der Anbau von Taro, in sehr trockenen Jahren sogar von Yams, möglich ist, und karge, steinige Böden, die für Taro gänzlich ungeeignet sind, nicht aber für harte Yamssorten, schließlich den schwarzen Humus, der die Löcher im *rayboag* (Korallenkamm) ausfüllt und in dem *kuvi,* großer Yams, besonders gut gedeiht.
Buchstäblich Hunderte von Namen stehen sowohl für Yams-, als auch für Taro- und Taytuarten zur Verfügung.[23] Einige unterscheiden Arten, also echte botanische Varietäten im strengen Sinn, andere beschreiben besondere Merkmale der Größe, Form, Vollkommenheit usw. Mit Sachverstand erklären die Eingeborenen, weshalb der Boden sorgfältig gesäubert und gejätet werden muß. Sie können theoretisch klar begründen, warum man Taytu ziemlich tief einpflanzen und mit einem Hügel bedecken muß. Geschickt wissen sie Schweine fernzuhalten, und wenn ein Zaun vorübergehend schadhaft ist, so stellen sie dahinter Pfähle mit scharfen Spitzen auf, so daß die Schweine in eine Falle geraten, falls sie den Zaun durchbrechen sollten. Auch allerlei Vogelscheuchen und Vogelrasseln verwenden sie. Und alle diese praktischen Vorrichtungen handhabt man rational und nach stichhaltigen, empirischen Regeln.
Es ist auch keineswegs so, daß die Unterscheidung von Arbeit und Magie nur implizit und nicht thematisierbar wäre. Auf die Frage, ob etwas der Weg der Magie oder der Weg der Gartenarbeit sei, erhielt ich schon zu Beginn meiner Arbeit stets unzweideutige Antworten. So hat man mir erzählt, daß die großen, sperrigen Gestelle, *kamkokola,* Dinge der Magie seien: »*Megwa wala; gala tuwayle si koni wa bagula* – nur Magie; keine andere Aufgabe (ist verbunden) mit ihnen im Garten.« Auch die Geisthäuser (*si bwala baloma*), die Miniaturzäune, die um die *kavatam* (Yamsstützen) gebundenen Grasbüschel und gewisse, waagrecht auf die *kamkokola* gelegte Stäbe sind mir als rein magisch vorgestellt worden. Andererseits erklärte man mir, daß Asche den Boden fruchtbar mache, daß es in Trockenperioden ratsam sei, tiefer einzupflanzen, daß Steine vom Boden

[23] Vgl. *Coral Gardens,* Vol. II, Part V, Div. III, § 9-22.

entfernt werden müssen, daß Unkraut die Kulturpflanzen erdrückt usw. Für die Trobriander sind also die Zwecke der Magie andere als die der Arbeit. Sie wissen sehr wohl, welche Erfolge durch sorgfältige Bestellung des Bodens erzielt werden können. Aber sie wissen auch, daß bestimmte Übel, Schädlinge, Knollenfäule, Buschschweine, Dürre und Regen durch menschliche Arbeit, und sei sie noch so hart, nicht abzuwenden sind. Auch das sehen sie: zuweilen gedeihen die Gärten seltsamerweise wider alle Erwartung, zuweilen enttäuschen sie alle Hoffnungen, obwohl doch das Jahr gut war und man gut gearbeitet hat. Und eben das unerklärliche Glück, das Glück, das das gerechte Maß übersteigt, führen die Trobriander auf Magie zurück – genau wie sie unerwartetes und unverdientes Unglück einem Fehler bei der Ausführung von Magie oder schwarzer Magie zuschreiben.

Fassen wir zusammen: Die Magie, unter zeremoniellen Vorkehrungen, mittels Riten und Zaubersprüchen und unter Einhaltung von Tabus vom Gartenmagier offiziell veranstaltet, ist eine Sache für sich; und die landwirtschaftliche Praxis, der jeder mit Hilfe seiner Hände und seines gesunden Menschenverstands nachgeht und die auf die Erkenntnis der Kausalzusammenhänge von Anstrengung und Erfolg gegründet ist, ist eine andere. Die Magie gründet im Mythos, die praktische Arbeit in empirischer Theorie. Erstere zielt darauf ab, unerklärlichen Übeln vorzubeugen und unverdientes Glück zu erlangen, letztere liefert, was gemeinhin menschliche Anstrengung auf natürliche Weise hervorzubringen vermag. Das eine ist ein soziales Vorrecht des Dorfvorstehers, des *towosi*; das andere ist die ökonomische Pflicht jedes Angehörigen der Gemeinde.

Bis jetzt habe ich ausschließlich von der öffentlichen Magie gesprochen und bei der Klärung des Unterschieds von Magie und Arbeit nur auf die Riten und Zaubersprüche des öffentlichen Gartenmagiers Bezug genommen. Es sei angemerkt, daß es bei den Trobriandern auch private Gartenmagie gibt, von der ich aber nur wenig erfahren konnte; einige Formeln sollen zusammen mit einem ausführlicheren Bericht über ihre begrenzte Wirksamkeit und ihr eher dürftiges Ritual in einem der folgenden Kapitel angeführt werden. Private Magie wird hauptsächlich über Saatyams zur Zeit des Pflanzens und vor dem Verziehen über Grabstock und Axt praktiziert. Sie besteht aus einfachen Formeln, mit denen man unmittelbar das Objekt bespricht, auf das die Magie einwirken soll. Anders als die öffentliche Gartenmagie stellt sie kein integrales Moment im Ablauf der Gartenarbeit dar.

Zu erwähnen wäre hier schließlich noch eine ganz andere Gartenmagie, die schwarze, übelwollende, *bulubwalata,* von der man annimmt, Nachbarn betrieben sie, um den Gärten zu schaden. Leider kam ich ihr erst gegen Ende meines Aufenthalts bei den Trobriandern auf die Spur, und es hätte, wie meist, wenn es um schwarze Magie geht, Zeit und Geduld gekostet, sich auch nur zu vergewissern, ob sie realiter existiert; und Details zu erfahren wäre noch schwieriger gewesen. Weder das eine noch das andere ist mir gelungen, aber ich habe den Eindruck, daß *bulubwalata* in den Gärten bloß ein Mythos ist; daß man gewisse Leute zwar verdächtigt, diese aber nie ihrem schlechten Ruf gemäß leben. Ich glaube eher, daß ungeschickte und erfolglose Gärtner Nachbarn und anderen schwarze Magie unterstellen, und diese dann mit Mißtrauen und Mißgunst antworten (vgl. jedoch Kap. III, Abschn. 2).[24]

Die eigentliche schwarze Gartenmagie ist die Regen- und Dürremagie, die die Bedingungen der Fruchtbarkeit regelt. Allerdings handelt es sich dabei nicht um eine unerlaubte, heimliche Form der Zauberei: liegt sie doch in den Händen des Häuptlings. Er benutzt sie offen und offiziell als Ausdruck seines Zorns, als Mittel kollektiver Bestrafung und zur Durchsetzung seines Willens. Die Beherrschung der Regen- und Dürremagie gehört tatsächlich zu den gefürchtetsten und begehrtesten Privilegien des Oberhäuptlings von Omarakana (vgl. Kap. V, Abschn. 1).

Was nun die praktische Seite angeht, so ist niemand von der Gartenarbeit freigestellt, weder Männer noch Frauen, Häuptlinge noch Gemeine, weder eine Hauptfrau oder Schwester des Häuptlings noch eine Ledige niederster Herkunft (vgl. Einl., Abschn. 3); nicht einmal der Gartenmagier (wenn man von Bagido'u absieht, der ja krank ist). Sie alle bebauen mit Energie ihre Parzellen, keine ihrer Bürden können sie auf andere abwälzen. Gerade vom Gartenmagier und vom Häuptling erwartet man, daß sie als Gärtner besonders erfolgreich sind. Stets galten auch die rangniedrigen Häuptlinge von Liluta, Kwaybwaga und Mtawa als gute Gärtner, die miteinander und mit ihren Untertanen wetteiferten. In der Gartenarbeit gibt es keine Spezialisierung und Spezialisten sind nicht von ihr freigestellt, auch dann nicht, wenn sie wie die Magier durch ihr Amt zugunsten der Gemeinde tätig sind.

Der wichtigste Unterschied in der Praxis der Gartenarbeit ergibt sich aus der Arbeitsteilung zwischen Mann und Frau. Eine Frau bestellt den Garten nie in eigener Regie. Nie trägt sie den Titel »Besitzer des Gartens« oder »Besitzer der Parzelle«. Nie arbeitet sie unabhängig, stets braucht sie einen Mann, für den und mit dem sie den Boden bebaut, und das gilt auch für Frauen von höchstem Rang, deren Ehemänner immer von niedrigerem Rang als sie selbst sind. Unverheiratete Mädchen helfen der Mutter, Ehefrauen arbeiten auf dem Gartenland des Gatten. Die kleinste Einheit, die im Gartenbau kooperiert, ist die Familie, Gatte, Gattin und Kinder, die gemeinsam die Parzellen bebauen, die der Gartenrat ihnen zugewiesen hat (vgl. Kap. II, Abschn. 3; Abb. 24 zeigt eine Familie in

[24] S. a. *Coral Gardens,* Vol. I, App. II, sec. 4, note 5.

ihrem schon gesäuberten Garten). Die Gemeinschaftsaufgaben der Familie sind arbeitsteilig geregelt: Der Mann rodet, Mann und Frau säubern den Boden und bereiten ihn zum Pflanzen vor, das Sache des Mannes ist, während der Frau das Jäten obliegt. Der Mann muß die Ranken hochbinden und die Pflanzen verziehen; an der Ernte wiederum beteiligen sich Mann und Frau gleichermaßen. Der Ruhm des guten Gärtners, das Lob und andere Belohnungen des Ehrgeizes fallen nur dem Mann zu, nur stellvertretend hat die Frau daran Anteil. Was aber ihr zur Ehre gereicht, das ist der Yams, den sie von ihrem Bruder erhält.

Anders gestaltet sich die Arbeit von Alleinstehenden; und auch aus der Tatsache, daß die Gartenarbeit zwischen einem Häuptling und einer seiner Gattinnen nicht nach dem gleichen Prinzip aufgeteilt sein kann, wie bei einem monogamen Paar, ergeben sich gewisse Abweichungen von der Regel. Als in alten Tagen der Oberhäuptling an die fünfzig Frauen und eine entsprechende Zahl von Parzellen besaß, konnte er für jede einzelne nur etwa den fünfzigsten Teil der Gartenarbeit leisten, für die er als Ehemann eigentlich zuständig gewesen wäre. Am besten nehmen wir uns die verschiedenen Statusgruppen nacheinander vor und betrachten, wie die Rechte auf Gartenland, wie Bebauung und Kooperation jeweils aussehen:

(1) Ein Junggeselle oder Witwer muß alle Arbeit allein erledigen, einschließlich des Jätens, das ihm allerdings eine Verwandte aus Freundlichkeit abnehmen kann. (2) Ein gewöhnlicher Mann mit einer Ehefrau, vielleicht Kindern, verrichtet nur Männerarbeit, wobei seine Söhne ihm helfen, solange sie klein sind; zusammen mit den Töchtern ist die Gattin für die Frauenarbeiten zuständig. Erwachsene Söhne können im Dorf des Vaters eigene Parzellen bekommen, falls sie noch eine Weile bei ihm wohnen; sind sie ins Dorf des Mutterbruders gezogen, so bestellen sie ihre Gärten dort. (3) Der Dorfvorsteher oder Notable mit zwei oder mehr Ehefrauen verfügt über wesentlich mehr Parzellen, wie es der Anzahl seiner Frauen entspricht. So ist es ihm nicht möglich, seine Arbeit auf allen diesen Parzellen zu bewältigen; kraft seines Rangs kann er aber zum Roden und Pflanzen Gemeinschaftsarbeit anfordern und bezahlen, und in der Regel wird er versuchen, seine Söhne länger im eigenen Dorf zu behalten, die ihm dann ebenfalls eine Hilfe sind, jeder im Garten seiner Mutter. (4) Der Oberhäuptling, dessen Haushalt etwa vierzig bis sechzig Ehefrauen umfaßt (zu meiner Zeit waren es nur noch vierzehn), hätte je Gattin zwei bis drei Parzellen zu bearbeiten. Es liegt auf der Hand, daß er tatsächlich nur einen sehr geringen Teil davon leisten kann. Soweit ich beurteilen kann, arbeitet er im Garten mit ein oder zwei, höchstens mit drei Frauen zusammen. Die übrige Gartenarbeit wird teils jeweils von den Söhnen jeder Frau, teils in Gemeinschaftsarbeit bewältigt; nur Roden und Anpflanzen von Taytu wird in den Häuptlingsgärten immer

Aufgabe der Gärtnergruppe sein (vgl. Kap. IV, Abschn. 5; Abb. 25 zeigt die Männer der Gärtnergruppe bei der Arbeit, im Vordergrund die schrägen Pfähle eines *kamkokola*).

### *9. Die Stellung des Gartenbaus in Wirtschaft und Gesellschaft*

Die grundlegende wirtschaftliche Bedeutung des Gartenbaus war schon in der Einleitung sichtbar geworden; jetzt zeigen sich uns auch seine anderen, außerökonomischen Facetten, die des magischen Überbaus, der Rechtsprinzipien, der ästhetischen Vorstellungen und des technischen Wissens.

Die Gärten sind zugleich Kunstwerke. Wenn der Trobriander ein Kanu oder Haus baut, das in Form, Verzierung und Ausführung vollendet ist – eine Leistung, die die ganze Gemeinde mit Stolz erfüllt –, empfindet er die Befriedigung des Künstlers, und mit der gleichen Einstellung bestellt er seine Gärten. Der Erfolg lohnt seine Mühen mit Stolz, den Verwandte und Dorfangehörige teilen.

Die Energie, die ausschließlich auf den ästhetischen Effekt verwendet wird, daß die Gärten sauber, anziehend und elegant wirken, geht weit über das Maß des technisch Notwendigen hinaus (vgl. Einl., Abschn. 3). So liest man vor dem Pflanzen Steine, Reisig und anderen Unrat sorgfältig auf und teilt dann mit Stangen gleichmäßige, etwa vier bis zehn Meter lange und zwei bis fünf Meter breite Rechteckte ab (vgl. Abb. 26), wobei man auf die Qualität der Markierungsstangen und die Abmessungen der Flächen den größten Wert legt, obwohl ihnen praktischer Nutzen kaum zukommt. Man scheut auch keine Mühe, jenen rein magischen Gestellen, den *kamkokola,* ein imposantes Aussehen zu verleihen, und setzt allen Ehrgeiz daran, möglichst kräftige, dicke und gerade Pfähle als Stützen für das Yamslaub ausfindig zu machen. In jeder Phase finden wechselseitige Besuche statt und Bewunderung und Wertschätzung der Gartenästhetik sind allenthalben Bestandteil des Dorflebens.

Das große Vergnügen am gelungenen Werk und der soziale Druck in Gestalt des Imperativs: »Es ist eine gute, ehrenvolle und beneidenswerte Sache, schöne Gärten und eine reiche Ernte zu haben« – das sind die psychologischen Momente, die wir in vielen Zügen des Gartenbaus, der Ernte und der ökonomischen Verhältnisse überhaupt entdecken können.

Weshalb die Eingeborenen ihren Gärten so viel Arbeit, Aufmerksamkeit und ästhetische Sorgfalt widmen, wird deutlich, sobald wir uns eingehender damit beschäftigen, auf welche Art sie sich die Erträge ihrer Gartenarbeit zunutze machen. Erst wenn wir im einzelnen beobachtet haben, wie die Knollen aus der Erde genommen und gespeichert werden; wie man sie während des Verfahrens mehrere Male säubert, abzählt und geschmückt zur Schau stellt; wie man sie mit einer speziellen Magie umschmeichelt, damit sie gespeichert bleiben und nicht den Appetit gefräßiger Menschenwesen anregen; wie sie neuverteilt, umbenannt und in soziologischen Kategorien klassifiziert werden –, erst wenn wir all das beobachtet haben, werden wir den Wert, den die Gartenfrüchte für den trobriandischen Bauern haben, richtig einzuschätzen verstehen (vgl. Kap. V-VII).

An dieser Stelle möchte ich auch auf die unterschiedlichen ökonomischen Funktionen der einzelnen Feldfrüchte hinweisen. Taro tritt zwar in der Magie fast auffallender auf als Taytu und *kuvi,* aber im Umgang mit ihm und in seiner wirtschaftlichen Bedeutung erweist er sich insgesamt als wesentlich weniger wichtig. Dafür gibt es eine sehr einfache Erklärung: Taro muß man nach dem Ausgraben so bald wie möglich essen, da er leicht verdirbt (vgl. Einl., Abschn. 10). *Kuvi,* die unförmig großen, unhandlichen Yamsknollen, können lange gespeichert werden, aber sie halten sich nie ganz so gut wie die Knollen der kleinen Yamsart, Taytu, und sind viel weniger schmackhaft; als Grundnahrungsmittel wird *kuvi* deshalb weniger geschätzt. Als Schmuck- und Ausstellungsobjekt sind die Knollen wegen ihrer Größe und phantastischen Form allerdings sehr begehrt (vgl. Abb. 63, 65 und 74). Taytu, das Grundnahrungsmittel, ist für die Trobriander *kaulo,* vegetabile Kost *par excellence*; sie tritt vor allem während und nach der Ernte in den Vordergrund. Taytu, das ist die Stütze des Wohlstands, das Symbol der Fülle, *malia,* und die Hauptquelle des trobriandischen Reichtums.

Ist Nahrung vorhanden, so hat man keine Angst; es bedeutet Sicherheit und Vertrauen in die Zukunft. Und noch mehr: Es bedeutet die Möglichkeit, zu tanzen und Feste zu feiern, in Muße zu schnitzen und Kanus zu bauen, die Gelegenheit zu lockenden Meerfahrten, zu Besuchen und geselligem Umgang, über den Alltagsrahmen hinaus. Für die, die sich als Gärtner, Häuptlinge oder Magier besonders hervortun, bedeutet es schließlich auch noch *butura* (Ruhm) und die Befriedigung der Eitelkeit.

Die Einstellung zur Nahrung wird in unserer Schilderung der Ernte deutlich werden, die für die Trobriander eine entschieden festliche Angelegenheit ist, eine Zeit angenehmer, wenn auch schwerer Arbeit. Unaufhörlich werden wir dabei mit der emotionalen Anziehungskraft von Nahrung, oder vielmehr angehäufter Nahrung, konfrontiert sein: in ihrer Art, die Nahrungsmittel zu behandeln und auszustellen, in dem Brauch, Yams und Yamshaufen zu bewundern und abzuzählen, beim Füllen der bemalten Yamshäuser und während der *vilamalia*-Magie, dem Ritual des Wohlstands. Zweimal im Verlauf der Ernte unterbricht man die laufende Arbeit, um die blank geputzten Yamsknollen zu schönen, konischen Haufen zu schichten; dann umgibt man jeden einzelnen mit einer Laube, und so steht er dann Tage, ja Wochen, zur Bewunderung der Einheimischen und der Besucher. Ein solcher Yamshaufen (vgl. Abb. 17) ist ein Zeichen für die Leistung des Gärtners, für den Reichtum der Gemeinde und für die Fruchtbarkeit des Bodens.

Angesammelte Nahrung ist eine gute Sache –, keine zu haben ist nicht nur etwas, wovor man sich sehr fürchtet, sondern auch Grund zur Scham. Bei den Trobriandern gibt es keine größere Beleidigung, als einem Mann zu sagen, er habe nichts zu essen, *gala kam,* »kein Essen dein«; oder er sei hungrig, *kam molu,* »Hunger dein«[25] (vgl. auch Kap. VI, Abschn. 3). Niemals würde jemand um Nahrung bitten oder an einem fremden Ort essen oder Nahrung annehmen, es sei denn gemäß überliefertem Brauch. Nahrungsmittel zu verschenken ist ein Akt der Überlegenheit, Freigebigkeit das höchste aller Privilege und eine hochgeschätzte Tugend.

Bei jeder Gelegenheit stellen die Trobriander Nahrungsmittel zur Schau: anläßlich von Sterbefällen und Tanzfesten, von Hochzeiten und Trauerfeiern. Sie bringen den Ahnengeistern zu ihrer jährlichen Wiederkehr Nahrung dar und erstatten ihnen den zeremoniellen Tribut, der gleichfalls aus Nahrungsmitteln besteht (vgl. Einl. Abschn. 7 und 10).

Die Akkumulation von Lebensmitteln ist durch den Rang bestimmt. Einzig den Vornehmen ist es gestattet, die großen, verzierten Vorratshäuser zu benutzen, durch deren breite Spalten der Yams zu sehen ist. Gemeine müssen ihren Yams in geschlossenen Speichern (*bwayma*) aufbewahren (vgl. Kap. VIII).

Die Komplexität der Soziologie der Nahrungsmittelverteilung, die Verpflichtungen, die mit Verwandtschafts- und Schwagerschaftsbeziehungen einhergehen, und die dem Häuptling zustehenden Tribute – Themen also, die schon angeklungen sind (Einl., Abschn. 9) – werden wir in den Kapiteln VI (Abschn. 1 u. 2) und X (bes. Abschn. 1, 2 u. 3) genauer kennenlernen. Und die zusätzliche Arbeit, die infolge des verwickelten Distributionssystems für Ernteerträge in deren Behandlung und Transport investiert wird, wird der Bericht über die Ernte zu zeigen haben.

Nahrungsmittel werden auch dazu eingesetzt, andere nützliche Dinge herzustellen, und ihre Anhäufung in den Händen des Häuptlings bildet die Voraussetzung für gemeinsame Unternehmungen (Einl., Abschn. 4, 6 u. 10). In diesem Zusammenhang ist festzuhalten, daß der Ruhm des Gärtners, der Ruf, der dem *tokwaybagula* anhaftet, nie das Privileg überspielen darf, dem zufolge die Akkumulation von Nahrungsmitteln nur den Vornehmen gestattet ist. Wohl darf man sich den Ruf erwerben, ein guter Gärtner zu sein, aber seine Kräfte muß man dazu verwenden, das Yamshaus des Häuptlings oder Dorfvorstehers aufzufüllen. Ein Gemeiner, der zu reich wird oder für jemanden arbeitet, der nicht

[25] *Kam* und *kam* sind hier zufällige Homonyme.

wirklich an der Macht ist, erntet nicht Ruhm, sondern Krankheit und sogar Tod durch Zauberei.
Vergegenwärtigt man sich, daß die alljährliche Ernte, besonders die Taytuernte, die ökonomische Grundlage des öffentlichen und privaten Lebens, der meisten Institutionen und Geschäfte auf den Trobriand-Inseln darstellt (vgl. Einl., Abschn. 10), so wird es nicht schwerfallen, all dies zu verstehen: die Mischung aus ästhetischem Genuß und leidenschaftlicher Erregung, aus harter Arbeit und Vergnügen, aus magischem Mystizismus und wirklichem Eifer oder die minuziöse Sorgfalt, mit der die Trobriander den Boden bebauen, starke Laubstützen aufstellen, ihre magischen Gestelle errichten und die Gartenparzellen mit langen, dünnen Stangen schachbrettartig unterteilen. Und schließlich werden wir auch die sympathetische Wirkung zu würdigen wissen, die all diese Mehrarbeit, die auf das Ästhetische abzweckt, auf das Gedeihen der Gärten ausübt – eine Wirkung, die durch die beständige Präsenz der Magie noch an Lebendigkeit gewinnt.
Bei der Erfüllung seiner Pflichten gegenüber dem Häuptling, gegenüber Schwagerschaft und Verwandtschaft, stets auch eifrig besorgt, den eigenen Anteil einzubringen, arbeitet der Gärtner mit Lust und Liebe. Wenn er wirklich tüchtig ist, kann er einbringen, was sein Haushalt benötigt, kann jedem das Seinige zukommen lassen und selbst seinen verdienten Ruhm genießen. Auf keinen Fall darf er sich aber ungestraft vom Ehrgeiz fortreißen lassen, seine Rivalen überflügeln und persönlichen Reichtum anhäufen.
Neben der Leistung des einzelnen zählen andere Kräfte, die Kraft der Gartenmagie, der *vilamalia* (Magie des Wohlstands), und nicht zuletzt *tourikuna,* die höchste magische Macht des Oberhäuptlings. Sie ist es, die letztlich entscheidet, ob übermäßige Sonne das Land ausdörrt, oder ausreichend Regen den Inseln Fruchtbarkeit beschert.

# Kapitel II
# Die Gärten von Omarakana: Frühe Arbeit und Eröffnungsmagie

Im Herzen von Kiriwina, der reichsten und fruchtbarsten Provinz der Trobriander, liegt Omarakana, Kapitale der Tabalu, des höchsten und mächtigsten Subclans im ganzen Volk der nördlichen Massim (vgl. Einl., Abschn. 3). Wie wir bereits wissen, ist Kiriwina mythologisch von einer Glorie der Überlegenheit in Gartenbau und Gartenmagie umgeben; es ist die vornehmste, die reichste und folglich die mächtigste Provinz; ihr Reichtum und ihre Macht liegen in den Händen des Oberhäuptlings, *des* Tabalu von Omarakana.

Der glorreiche Stammbaum dieses Subclans geht zurück auf das Urpaar der Malasi, Bruder und Schwester – in einer matrilinearen Gesellschaft sollte es eigentlich heißen: Schwester und Bruder –, die in den Uranfängen der Menschheit aus dem Boden heraufgekommen sind. An der Nordwestküste, nahe dem Dorf Laba'i, dem mythischen Zentrum des ganzen Gebiets, liegt ihr Ursprung.

Nach der Überlieferung begaben sie sich nach Omarakana, und vor dem Glanz ihres Rangs und der Macht ihres Amts mußten die ursprünglichen Kinder dieses Bodens weichen (vgl. Kap. X, Abschn. 1 und 3).

## *1. Persönlichkeiten der Gartensphäre*

Die Tabalu wurden also schließlich als die Eigentümer des Bodens betrachtet und als solche haben sie das Recht und die Pflicht, das Amt des Gartenmagiers auszuüben. *Kaylu'ebila,* das System der Gartenmagie, die öffentlich und offiziell über den Gärten durchgeführt wird, liegt in den Händen des Oberhäuptlings. Zu der Zeit, als ich das Gebiet besuchte (1915-18), war To'uluwa, der letzte Häuptling, der je die volle Häuptlingsmacht ausüben durfte, noch am Leben. Ob er nun vor seiner Hütte oder vor seinem Vorratshaus auf der Erde hockte und hoch oben auf der *kubudoga* (erhöhten Plattform) saß (vgl. Abb. 27), damit seine Untertanen sich frei bewegen konnten: Seine Gegenwart war unübersehbar (vgl. Einl., Abschn. 9). Er war ein kluger, ausgeglichener Mensch, aber sein Stolz war durch das Eindringen der Europäer gebrochen, aus den meisten seiner Ämter hatte er sich zurückgezogen. Überdies hatte er ein schlechtes Gedächtnis und war in der überlieferten Magie nicht sehr bewandert.

Deshalb hatte er die Gartenmagie seinem matrilinearen Neffen, Bagido'u, dem rechtmäßigen Erben des Häuptlingtums, übertragen.
Das Amt des Gartenmagiers, dem Häuptlingstum oder der Dorfvorsteherschaft zugehörig, wird wie alle anderen Auszeichnungen und Ämter in weiblicher Linie vererbt: vom älteren auf den jüngeren Bruder oder vom Mutterbruder auf den Neffen (vgl. Einl., Abschn. 9). Es ist indes nicht selten, daß ein Häuptling das Amt seinem Sohn überträgt, besonders wenn dieser einem ranghohen Subclan angehört. Die Tabalu gehen bevorzugt Ehen mit den Kwoynama ein, einem Subclan der Lukwasisiga im Dorf Osapola. Söhne aus einer solchen Ehe genießen in Omarakana oft besonderes Ansehen und üben neben anderen Ämtern oft auch das des Gartenmagiers aus. Bagido'us Vorgänger etwa war sein Vater, Yowana, Sohn von Purayasi, einem Tabalu-Häuptling, und Vise'u, einer Frau aus dem Kwoynama-Subclan, zu dem er folglich selbst gehörte. Er hatte seinerseits Kadubulami, eine Tabalu-Frau, geheiratet, so daß seine Söhne Anwärter auf die Häuptlingsschaft wurden. Bagido'u hatte er in der Gartenmagie unterwiesen, die dieser nun mit Zustimmung seines Mutterbruders in Omarakana ausübte.
Bagido'u war ein Mann von hervorragender Begabung und Intelligenz (vgl. Abb. 28). Wie die meisten trobriandischen Aristokraten verfügte er über persönliche Würde und ungewöhnlich gute, zurückhaltende Umgangsformen; er war als Person leichter zu gewinnen als durch Tabak, und selbst einem Weißen konnte er, wenn er sich einmal für ihn interessierte, wie ein Freund zugetan sein. Auf Grund seines unglücklichen Schicksals – offenbar litt er damals an fortgeschrittener Schwindsucht und mußte meist in seinem Haus oder in der Nähe bleiben – war er stets zu Gesprächen bereit, ein aufgeschlossener und tüchtiger Gewährsmann. Da er ein Kenner der Tradition war, intelligent und mit einem ausgezeichneten Gedächtnis begabt, sollte er sich als eine der Hauptquellen für meine Kenntnis der Magie erweisen. Trotz seiner Krankheit hatte er übrigens die gesamte Leitung des Gartenbaus und der Gartenmagie inne und führte die wichtigeren Zeremonien selbst durch (Abb. 29).
Wir werden auch die wichtigsten Helfer Bagido'us kennenlernen: Towese'i und Mitakata, seine jüngeren Brüder, waren mit den meisten Zauberformeln vertraut und als Akolythen tätig, ebenso Yobukwa'u vom Kwoynama-Subclan, ein Sohn des Oberhäuptlings und Freund des Gartenmagiers, von dem er Zaubersprüche und Einzelheiten des Rituals gelernt hatte.
Darüber hinaus bestand die Gemeinde aus den für alle vornehmen Dörfer typischen Schichten (vgl. Einl., Abschn. 9): Erstens aus Vornehmen, den matrilinearen Verwandten des Häuptlings; zweitens aus den ehemaligen Eigentümern – und zwar dem vornehmen Subclan Burayama vom Lukwasisiga-Clan, der jetzt einen Teil von Kwaybwaga regiert, und dem

gemeinen Subclan Kaluva'u vom Malasi-Clan; drittens aus *vilomugwa,* Leuten niedrigeren Rangs, die dort kein Bürgerrecht haben, sondern als Gefolgsleute und Diener des Häuptlings im Dorf leben dürfen. Zu den letzteren gehörten auch drei, vier Männer, die sich durch Leistungen im Gartenbau auszeichneten und *tokwaybagula,* vollendete Gärtner, genannt wurden.

Es liegt auf der Hand, daß dank der guten Dienste Bagido'us Gartenmagie und Gartenarbeit von Omarakana Hauptgegenstand unserer Untersuchung sein werden. Bagido'u erlaubte mir nämlich, bei allen Ritualen, von denen er mich meist einige Tage vorher unterrichtete, in den Gärten anwesend zu sein, er erläuterte mir die Grundprinzipien seiner Vorbereitungen und lud mich in sein Haus ein, wenn er bei der tatsächlichen zeremoniellen Ausführung Zaubersprüche rezitierte. Mit ungewöhnlicher Geduld und großem Geschick diktierte er mir diese Formeln und half, sie zu übersetzen – für ihn wie für mich eine keineswegs leichte Aufgabe. So können wir jeder Zeremonie im einzelnen folgen, alle Zaubersprüche anhören, und die Kommentare nutzen, die Bagido'u als einer der besten Köpfe der Trobriander dazu gegeben hat.

## *2. Zur exemplarischen Darstellung der trobriandischen Agrikultur*

Gartenmagie und Gartenarbeit von Omarakana gelten als das komplizierteste und wohl berühmteste aller Systeme den übrigen Gemeinden als Vorbild, so daß dem folgenden Bericht ein exemplarischer Wert zukommt. Von Dorf zu Dorf unterscheiden sich die verschiedenen Systeme nur geringfügig.[1] Die Details, in die wir uns sogleich begeben müssen, verdanken sich nicht allein der Pedanterie oder einer Vorliebe für umfangreiche Stoffsammlungen. Nur wenn wir den Eingeborenen bei ihrer Arbeit folgen und alles, was sie tun, in ihrer Sicht sehen – also alles, was für sie wesentlich ist, ebenso genau verfolgen, wie sie es ausführen – nur dann können wir wirklich das Verhalten der Eingeborenen in ihren Sinnhorizont integrieren und die Werte schätzen, von denen für sie die Gärten umgeben sind.

Das alljährliche *Milamala*-Fest, das trobriandische Neujahr, steht in klarer Beziehung zur Gartenarbeit und findet im Mond *Milamala* statt, der etwa unserem August entspricht (Zeitrechnungstabelle, Skizze 3). Ernte und Einweihung der neuen Gärten gehen ihm voran, Abbrennen, Säubern und Bepflanzen der Hauptgärten (*kaymata*) folgen ihm. Die Frühgärten (*kaymugwa*) können ein bis zwei Monate vor den Hauptgärten angelegt werden: Als ich 1915 in Omarakama war, hatte man das Buschwerk der Frühgärten bereits im Juni gerodet, während die Ernte noch im Gange war.

[1] Vgl. *Coral Gardens,* Vol. I, Chap. IX, X; Doc. V-VII.

Die Frühgärten werden in einer gesonderten Umfriedung angelegt, in der Regel auf Feldern, die an die Siedlung angrenzen. Oft schmiegen sie sich in eine Nische des Dorfhains (vgl. Abb. 30, wo einige Palmen erkennen lassen, daß die Parzelle auf einen Hain übergreift). In den Frühgärten bestellt man nur ein oder zwei Parzellen, gegenüber drei bis sechs in den Hauptgärten (*kaymata*). In Gärten beider Art werden grundsätzlich die gleichen Früchte angebaut, in den Hauptgärten überwiegt aber Taytu, während die Frühgärten eine größere Vielfalt aufweisen. Auch die Magie ist für beide Arten gleich, aber nur in den Hauptgärten entfaltet sich die Reihe der Zeremonien vollständig.
Ein Unterschied besteht hauptsächlich hinsichtlich der Jahreszeit ihrer Anlage. Mein Bericht (Kap. II-VII) wird sich folglich auf beide Arten beziehen, da es ebenso verwirrend wie langweilig wäre, ihn zu verdoppeln und durch Sprünge zwischen den beiden Typen ständig zu unterbrechen, hier eine Einschränkung zu machen und dort eine Parallele zu ziehen.[2]

### *3.* Kayaku – *Häuptling und Magier im Gartenrat*

Irgendwann im Mond *Yakoki* wartet Bagido'u auf schönes Wetter und legt, als Meister angewandter Meteorologie, zusammen mit To'uluwa, dem Häuptling, einen Tag für die zeremoniellen Beratungen fest. An einem schönen Abend erhebt er sich am Feuerplatz vor seinem Haus und wendet sich mit einer kurzen Rede an die Gemeinde, wobei er ankündigt, daß morgen der Gartenrat (*kayaku*) stattfindet.
»Gut! Morgen wird To'uluwa *kayaku* halten. Es ist Zeit, unsere Gärten anzulegen. Letztes Jahr war die Ernte gut, wir haben unsere *bwayma* (Yamshäuser) gefüllt, wir haben unser *kaulo* (Yams) gegessen und große *sagali* (zeremonielle Verteilungen) veranstaltet; alle Dörfer haben von uns Essen in Fülle bekommen. Dieses Jahr werden wir die Gartenarbeit noch besser machen; die *bwayma* müssen voll werden. Ihr, alte Männer, sollt morgen alle kommen. Wir setzen uns auf den *baku* (Dorfplatz) und reden miteinander; wir werden herausfinden, in welchem *kwabila* (Landabschnitt) wir unsere Gärten anlegen; wir werden alle *baleko* (Parzellen) aufzählen, wer die eine *baleko* bestellt, und wer die andere. Gut, kommt morgen zu meinem Haus, morgen kauen wir Betelnuß, wir trinken frische Kokosnußmilch, lutschen Zuckerrohr und reden miteinander. Morgen zählen wir unsere Gärten auf.«[3]

[2] Ein Blick auf die Zeitrechnungstabelle zeigt die jahreszeitlichen Differenzen zwischen den beiden Gartenarten.

[3] Bei dieser und der folgenden Rede handelt es sich nicht um eine freie Übersetzung des trobriandischen Wortlauts. Während des frühen Stadiums meiner Feldforschung war ich nicht imstande, Reden in der einheimischen Sprache rasch zu notieren. Die hier zitierte Rede hat mir mein erster Gewährsmann, Gumigawaya, in Pidgin-Englisch vorgetragen. Wie

*Kayaku*[4] ist der Name für jede Art gesellschaftlicher Veranstaltung, Unterhaltung oder Versammlung, in der die Eingeborenen beisammen sitzen, Geschäfte erörtern oder einfach miteinander plaudern. Aber dasjenige *kayaku,* das zur Abgrenzung einer bestimmten Periode dient – man bezieht sich auf eine Zeitspanne *o kayaku* (»zur Zeit der Ratsversammlung«) – ist der Dorfrat, der die Probleme des Gartenbaus diskutiert, bevor neue Gärten angelegt werden. Er findet im elften Mond statt (vgl. Zeitrechnungstabelle) und wird stets vor dem Haus des *towosi* (Gartenmagiers) abgehalten. In Omarakana treffen sich die Männer zunächst vor dem großen, privaten Wohnhaus des Häuptlings (*lisiga*), mit dem sie dann die wenigen Schritte zu Bagido'us Haus gehen, um dort, im Halbkreis sitzend, darauf zu warten, daß der Häuptling und der Gartenmagier die Verhandlungen eröffnen. Dagiribu'a, Bagido'us Frau, reicht grüne Kokosnüsse herum, manchmal auch etwas gekochten Yams auf Holztellern, während der Häuptling Betelnußbüschel verteilt. Schließlich beginnt To'uluwa zu sprechen, indem er ihnen in der gewohnt umständlichen Art mitteilt, sie seien hier versammelt, um alles, was die Gärten angeht, zu regeln.
»Letztes Jahr haben wir unsre Gärten auf Ibutaku und Lomilawayla angelegt. Vor zwei Jahren war Duguvayusi, unser größtes *kwabila* (Landabschnitt), an der Reihe. Auf Sakapu und Obwabi'u haben wir schon lange keine Gärten mehr gemacht, aber die sind zu weit entfernt. Sollen wir dieses Jahr Tubuloma, Kavakaylige und Ovabodu anschlagen?«[5]
Darauf erwidert Bagido'u, der die Sache im voraus mit dem Häuptling entschieden hat, und um dessentwillen – aus Rücksicht auf seine Krankheit – ein besonders nahe gelegener Landstrich ausgewählt wurde:
»Ja, mein Häuptling, ich möchte Tubuloma, Kavakaylige und Ovabodu anschlagen. Das *odila* (Buschwerk) ist dort gut nachgewachsen; es ist ein feuchtes Jahr, und das ist für diese Ländereien und ihre Böden, *galaluwa* (schwarze, schwere, doch trockene Erde) und *butuma* (leichte, rote Erde), gerade günstig. Laßt uns unsere Gärten dort anlegen.«
Solche Ansprachen, in denen man nur sagt, was jeder weiß, und denen

stets, habe ich »unübersetzbare« (vgl. *Coral Gardens,* Vol. II, Part IV, Div. 2), einheimische Begriffe im Trobriandischen notiert, so wie sie hier wiedergegeben sind. In den folgenden Kapiteln sind alle Texte, die eine freie Übersetzung eines aufgezeichneten, trobriandischen Originals darstellen, numeriert. Die Nummern beziehen sich auf *Coral Gardens,* Vol. II, Part V, wo eine Interlinearübersetzung und ein Kommentar zu finden sind.

[4] Zur linguistischen Analyse dieses Begriffs und einiger verwandter Wörter sowie für Texte über *kayaku* in der Originalsprache, siehe *Coral Gardens,* Vol. II, Part V, Div. V, § 17-24.

[5] Zu den Eigennamen der Felder vgl. *Coral Gardens,* Vol. I, Doc. VIII. Der rechtliche Charakter der *kayaku*- Verhandlungen ist besser zu verstehen, wenn man die Kap. IX und X und Doc. VIII (a.a.O.) zu Rate zieht.

man nur zustimmen kann, sind für das öffentliche Leben der Trobriander charakteristisch.[6]

Nach der Wahl der Landabschnitte folgt die sog. Zählung (*kalawa*) der Gartenparzellen. Wenn wir später das Bodenrecht untersuchen (Kap. IX und X), werden wir feststellen, daß jeder Abschnitt bzw. jedes Feld (*kwabila*) in kleinere Parzellen (*baleko*) unterteilt ist. In gewisser Weise sind sie persönliches Eigentum und die meisten haben wie die Felder besondere Namen. Die Zählung der Parzellen obliegt dem Häuptling oder dem Gartenmagier. Sie ist auch dann möglich, wenn die Parzellennamen nicht mehr bekannt sind, da man der typischen Anordnung eines Gartenfeldes folgen kann, wie sie aus dem Diagramm (Skizze 4) ersichtlich wird.

Auch bei diesem Diagramm ist allerdings in Rechnung zu stellen, daß es eine schematische Anordnung zeigt, der eine komplexe Wirklichkeit entspricht: Viele der großen Felder sind eindeutig rechteckig, andere teils abgerundet, teils trapezförmig.[7] In keinem Fall aber fehlen die wichtigsten Orientierungspunkte: die beiden Zauntritte, die vier Ecken und die Seitengrenzen.

Große Felder, wie Duguvayusi, Opikwakula und Waribu werden von einer Straße durchschnitten, andere, aneinander angrenzende Felder, wie Kavakaylige und Ovabodu oder Ibutaku und Sakapu, liegen symmetrisch beiderseits der Straße, die meist auf gleicher Höhe von den Feldergrenzen geschnitten wird, also zwischen Feldern verläuft. An der Stelle, an der die Straße einen Garten berührt (*kalapisila o valu*) ist im Zaun ein Übertritt angebracht (vgl. Skizze 4). Hier liegen die vier oder sechs Musterparzellen (*leywota*) und Häuptling oder Gartenmagier fragen, wer die wichtigste, nämlich die rechter Hand, bearbeiten wird. »Ich«, antwortet der, dem diese Ehre zugefallen ist.[8] Dann nimmt der Häuptling die zeremonielle Zuteilung der übrigen *leywota* vor, deren jede einen eigenen Namen hat.[9]

Nachdem alle Musterparzellen verteilt sind, meist an Vornehme oder an berühmte Gärtner, geht der Häuptling in gleicher Weise an die Vergabe der übrigen Parzellen.

Die Zahl der Parzellen, die einem Mann zufallen, hängt von seinem Status, seinen Verpflichtungen, seiner Kraft und seinem Fleiß ab: Durchschnittlich sind es drei bis sechs, aber ein besonders leistungsfähiger Gärtner kann bis zu zehn bestellen, selbst wenn er soviel nicht unbedingt

[6] Vgl. auch den Bericht über *kayaku* in Vakuta und Teyava, *Coral Gardens,* Vol. I, Docs. VI, VII, bes. letzteres und App. II, Sec. 4, note 6.

[7] Vgl. *Coral Gardens,* Vol. I, Doc. VIII, Fig. 13.

[8] Vgl. ebda., App. II, Sec. 4, note 3.

[9] Diese Namen und ihre linguistische Analyse sind in *Coral Gardens,* Vol. II, Part V, Div. VI, § 29 wiedergegeben.

Grundriß eines Feldes (*Kwabila*)

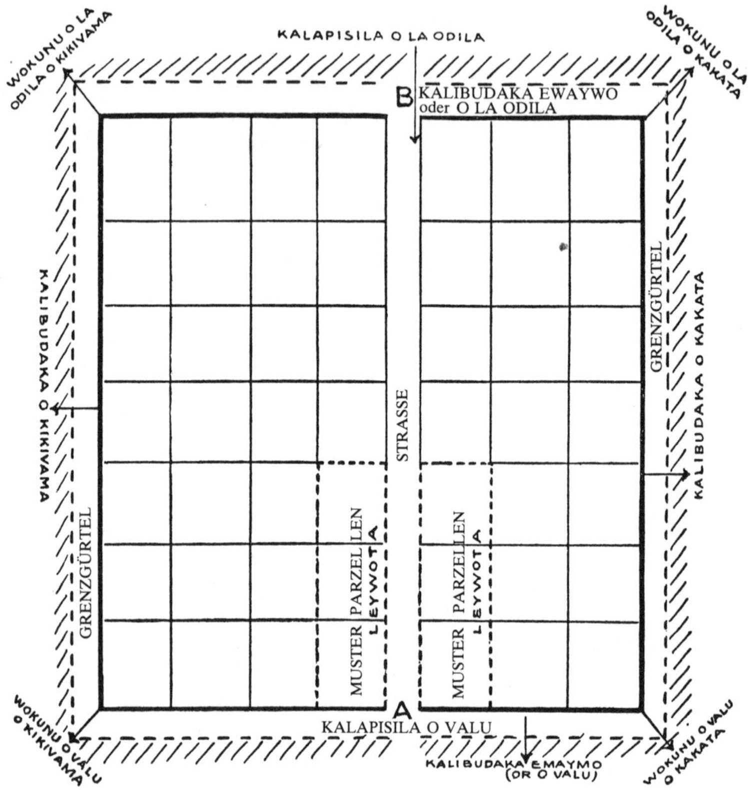


Skizze 4.

| | |
|---|---|
| ▬▬ | Feldgrenze |
| —— | Parzellengrenze |
| ------ | Musterparzellengrenze |
| /////// | Busch oder Gestrüpp |

A. Zauntritt Dorfseite
B. Zauntritt Buschseite

benötigt. Mitayuwo von Omarakana z. B. bearbeitete normalerweise acht, da er außergewöhnlich kräftig und begabt war und viele Stunden ohne zu ermüden arbeiten und sich lange andauernd konzentrieren konnte, wie ich aus seinen Diensten als Träger und Gewährsmann wohl weiß. Ein Mann namens Kalumwaywo war ebenfalls *tokwaybagula* und wetteiferte mit Mitayuwo an Tüchtigkeit; und Kawatalu, den ich nie kennengelernt habe, soll mit Hilfe seiner Frau jährlich zwölf *baleko* bewältigt haben – freilich gilt er als der schlechthin größte Gärtner.[10] Die schlichte Notwendigkeit gebietet indes, daß man zur Deckung des eigenen Haushalts eine, möglichst zwei Parzellen bearbeitet und mindestens eine weitere, um den *urigubu*-Verpflichtungen nachzukommen, der Pflicht also, das Yamshaus des Gatten der Schwester zu füllen. Für den Eigenbedarf bestimmte Parzellen werden *gubakayeki,* die für den Gatten der Schwester werden *urigubu* genannt. In der Regel liegen alle Parzellen eines Mannes beisammen.

Einem topographischen Schema folgend, zählt nun der Häuptling oder der Gartenmagier die Parzellen der Reihe nach auf, indem er entweder ihre Namen nennt oder ihre Lage im Feld angibt – mit »rechts« oder »links« oder auch relativ zum Dorf bzw. Busch oder zur Straße. Ein überaus klares Bezugssystem ergibt sich, wenn man sich längst einer Seite des Gartens (*kalibudaka*) auf eine Ecke (*wokunu*) hin orientiert, dann längs der folgenden auf die nächste Ecke usw. Die Trobriander sprechen von »*dieser* Gartenseite«, *kalibudaka emaymo,* – das ist die Gartenseite, auf die man vom Dorf kommend stößt – oder einfach von der »Dorf-Gartenseite«, *kalibudaka o valu;* folgt man ihr (nach rechts), so gelangt man zur »Ecke der Dorfseite rechter Hand«, *wokunu o valu o kakata*; dann kommt die rechte Gartenseite, *kalibudaka o kakata,* schließlich »*jene* Ecke«, *wokunu ewaywo,* auch *wokunu o la odila o kakata,* »der Buschwinkel rechter Hand« genannt. »Jene Gartenseite«, *kalibudaka ewaywo* oder auch *kalibudaka o la odila,* die »Busch-Gartenseite«, führt zum »Busch-Zauntritt«, *kalapisila o la odila,* und zur »Buschecke linker Hand«, *wokunu o la odila o kikivama*; bleibt noch die linke Gartenseite, *kalibudaka o kikivama,* und die »Ecke der Dorfseite linker Hand«, *wokunu o valu o kikivama* (vgl. Skizze 4).

Das Gartenterrain ist somit eindeutig gegliedert, man kann die Lage fast aller Parzellen in bezug auf die Seiten, Ecken, Zauntritte und die Mittelstraße bestimmen. Im übrigen kennt man die Parzellen, die alle paar Jahre bearbeitet werden, gut, und das »Zählen im Dorf« beim *kayaku* ermöglicht im allgemeinen, jede Parzelle klar und eindeutig zuzuweisen.[11]

[10] Vgl. *Coral Gardens,* Vol. I, App. II, sec. 4, note 7.

[11] Vgl. auch Kap. IX (bes. Abschn. 4) und Kap. X, wo die rechtliche und ökonomische Seite dieser Details klarer herausgearbeitet ist.

Bei sehr unregelmäßig geformten Feldern, die im Süden häufiger sind als in Omarakana, besonders in Dörfern, die am Korallenkamm oder an Mangrovensümpfen liegen und nur über wenig fruchtbaren Boden in kleinen Flächen verfügen, ist das Orientierungsschema allerdings nicht anwendbar. Orientierungspunkte bieten hier die Parzellen mit Eigennamen und topographische Besonderheiten. Exemplarisch mag dazu ein *kayaku* von Interesse sein, das ich in Sinaketa aufgenommen habe.[12] Die Leitung hatte To'udawada, der Häuptling und Magier:

(I) *Häuptling:* »Wer will die Parzelle am Zauntritt machen?«
*Sein Sohn:* »Ich.«
*Häuptling:* »Und die nächste?«
*Ein Gemeiner:* »Ich.«
Nachdem drei oder vier Parzellen der Reihe nach aufgezählt sind, fährt der Häuptling fort:
(II) *Häuptling:* »Gut. Kommen wir zum Mangrovensumpf. Wer ist der Nächste?«
*Einige Gemeine:* »Ich . . .« (Sie fordern nacheinander die Parzellen, die an den Sumpf angrenzen)
(III) *Häuptling:* »Schon sind wir bei der Gartenecke angelangt. Wer will die Parzelle in der Ecke bearbeiten?«
*Ein Gemeiner:* »Ich«.
(IV) *Häuptling:* »Wer übernimmt die Parzellen an der Gartenecke?«
*Einige Gemeine:* »Ich . . .«
(V) *Häuptling:* »Und das Stück, das von Bwadela aus hierher zurückführt?«
*Ein Gemeiner:* »Ich.«
(VI) *Häuptling:* »Wer will die Parzelle Ogayasu bestellen?«
*Ein Gemeiner:* »Ich.«

Die letzte Frage wurde dann für eine Reihe von Parzellen mit Eigennamen wiederholt: Ogayasu, »wo die *gayasu*-Pflanze wächst«; Okaybu'a, »wo die Korallen zutage treten«; Wabusa, »wo der *busa*-Baum wächst«; Omwaydogu, »wo der Mangrovenbaum steht«.
Später bin ich selbst über das betreffende Feld gegangen: Es war schmal und von unregelmäßiger Form, hatte aber unübersehbare Ecken, deren eine am entferntesten Ende, an der Straße zum Nachbarort Bwadela lag.[13]
Nach der Versammlung gilt es, die Gärten für eine nun bevorstehende magische Zeremonie vorzubereiten und an Ort und Stelle zu überprüfen, ob die Zuteilung korrekt und zur Zufriedenheit aller ausgefallen ist. Dazu

[12] *Coral Gardens,* Vol. II, Text 28c, Part V, Div. V, § 21.
[13] Andere *kayaku*-Texte s. a. *Coral Gardens,* Vol. I, Doc. VII.

gehen die Männer noch am selben oder am nächsten Tag auf die Felder, um rund um ihren zukünftigen Garten einen schmalen Streifen freizulegen und so die Grenzen eindeutig zu markieren.
Danach schneidet man in die eingefaßten Bezirke kleine Stichwege, so daß jede Parzelle freien Zugang erhält. Das impliziert zugleich die Anerkennung der *baleko,* die man bestellen wird, und die Trobriander sagen deshalb: *takalawa baleko o buyagu, takalawa mokita,* »wir zählen die Parzellen im Gartenland, wir zählen sie wirklich« – *sunini,* das Eindringen, besiegelt also die im Gartenrat getroffenen Vereinbarungen und macht die Parzellen für die magischen Akte zugänglich.
Wie die Analyse des Bodenrechts zeigen wird, gibt es wenig Grund, um Land zu streiten: Es ist im Überfluß vorhanden, und jeder kann so viel kultivieren, wie er mag. Da allerdings bestimmte Gärten bevorzugt werden, sind Streitigkeiten dennoch nicht selten, und die trobriandische Tradition hat ihre Spuren aufbewahrt (s. u., Abschn. 5). Nie streitet man jedoch im Gartenrat, in Anwesenheit des Häuptlings und Magiers, oder überhaupt in der soeben beschriebenen Phase, sondern nur, wenn das Gestrüpp abgeholzt wird (*takaywa*), denn dabei kann strittig werden, wem die Arbeit auf dieser oder jener Parzelle zufallen soll.

### *4. Der große Eröffnungsritus: Anschlagen des Bodens*

Auf die rechtskräftige Zuteilung folgt der magische Ritus (*yowota*), der den Gartenzyklus eröffnet. To'uluwa, der Häuptling, der bisher im Vordergrund stand, überläßt jetzt Bagido'u, seinem matrilinearen Neffen, dem er die Pflichten des Gartenmagiers übertragen hat, den Vortritt. Von nun an ist es Bagido'u, der das Wort an die Gemeinde richtet, dessen Aufgabe es ist, Termine festzulegen und die wichtigeren rituellen Handlungen zu vollziehen.
Die erste Zeremonie umfaßt eine Opfergabe an die Ahnengeister, verschiedene Zaubersprüche und einen äußerst komplizierten Ritus, das »Anschlagen« und »Reiben« des Gartenbodens. Sie leitet die Beseitigung des Buschwerks und damit die eigentliche Inangriffnahme der Gärten und die Arbeit des Gartenjahres im ganzen ein. Die beiden letzten Riten, und besonders das »Anschlagen« mit dem *kaylepa,* dem Zauberstab, sind in einem so ausgezeichneten Sinn Handlungen der Gartenmagie, daß der allgemeine Sprachgebrauch durch sie die Funktionen des Gartenmagiers bestimmt: Statt etwa zu sagen, »So-und-so ist unser *towosi,* unser Gartenmagier« oder »So-und-so bezaubert unsere Gärten« sagen die Trobriander meist »er *schlägt* unseren Boden *an*«, *iwoye da pwaypwaya,* oder »er *schlägt* unseren Garten *an*«, *iwoye da buyagu.*
Kurze Zeit nach dem Gartenrat und wenige Tage bevor die magischen

Zeremonien beginnen, wendet sich Bagido'u zur Stunde der Abendmahlzeit, also bald nach Sonnenuntergang, an die Dorfbewohner:
»Bald werden wir unseren Boden anschlagen, alte Männer. Morgen sollt ihr nach Kavataria (oder in ein anderes Küstendorf) gehen. Kümmert euch um den Fisch. Übermorgen werden unsere Partner zum Fischen hinausfahren und ihr werdet unseren Ahnengeistern die zeremoniellen Opfergaben darbringen. Ich aber gehe Kräuter sammeln. Am nächsten Tag werden wir dann den Boden anschlagen. Es ist Zeit, die Gärten anzulegen, auf daß sie hoch hinauf wachsen und prall werden unter der Erde.«[14]
Da für das *wasi,* den Tausch von Gemüse und Fisch, Vereinbarungen mit den Küstendörfern zu treffen sind (vgl. Einl., Abschn. 10), muß der Gartenmagier die Zeremonie zwei, drei Tage vorher in dieser Weise ankündigen.
Am Morgen des Vortages schließlich sind die Leute früh auf den Beinen. Zwei Gruppen brechen zu einer Tagesreise auf. Fast alle jungen Männer des Dorfs bereiten ihre Körbe vor, füllen sie mit Yams, stecken wohlriechende Kräuter in ihre Armreifen und salben und bemalen ihren Körper. Dann machen sie sich auf den Weg zu dem Küstendorf, mit dem sie zuvor das Datum für den Tausch vereinbart haben. Auch die Fischer haben in der Hoffnung auf Fang früh ihre Segel gesetzt.
Unterdessen bricht Bagido'u, meist von seinen beiden Brüdern und dem einen oder anderen Freund begleitet, in entgegengesetzter Richtung auf, zur Ostküste, um am *rayboag* (Korallenkamm) magische Kräuter und Ingredienzien für die komplizierte Mixtur zu sammeln, die für den folgenden Tag zubereitet wird. Auch sie müssen Körbe mitnehmen, da zu den dreizehn notwendigen Grundstoffen stattliche Blätterbüschel, Erdklumpen aus dem Nest der Buschhenne, Teile eines Hornissennests und aus einem gedrungenen Block geschabte Korallenstückchen gehören. Gewöhnlich ist der *towosi* mit seinen Gefährten als erster im Dorf zurück, wo man sich nun vor sein Haus setzt und ohne weitere Umstände mit der Zubereitung der Mixtur beginnt. Ich habe es mehrmals beobachten und sogar selbst dabei mithelfen können: Man breitet zwei Matten aus, legt die Rohmaterialien zur Vorbereitung auf die eine, dann auf die andere Matte. Alle Blätter müssen in kleine Stücke zerrissen werden; die Erde, die zerstoßene Kreide und die Teile des Hornissennests werden getrennt gemischt und über die zerkleinerten Blätter gestreut, die nun aussehen wie leicht gepfefferter Salat, bevor er mit Öl und Essig angemacht ist.
Gegen Ende dieser Arbeit sind meist aus der westlichen Umgebung des Dorfes schrille, abgehackte Schreie (*tilaykiki*) zu vernehmen; keuchend, kreischend und um die Wette laufend, stürzen die Männer dann ins Dorf,

[14] Vgl. Anm. 3 (Kap. II).

um die aufgeschnürten Fische vor dem Magier abzuwerfen – mit den Worten *kam ula'ula da towosi,* »Gartenmagier, eure Opfergabe«. Und oft setzen sie noch hinzu: »Mach unsere Gärten gut«, oder »bringe es den Geistern dar – mögen sie unserem Dorf Glück bescheren« o. ä.
Kurz darauf versammeln sich die Frauen beim Haus des Magiers, der den Fisch sogleich verteilt, so daß jeder im Dorf ein festliches Abendessen hat. Die Männer ruhen sich nach diesem sehr anstrengenden Tag aus, mußten sie doch den ganzen Rückweg laufen, und fast alle bringen sich mit Pfeil und Bogen *en miniature, gipita* genannt, die Beine zum Bluten. Geschwindigkeit ist in diesem Ritual ein wesentliches Element und überdies notwendig, damit der Fisch nicht schon unterwegs verdirbt. Dennoch dampft das Dorf an einem solchen Festabend geradezu von faulendem Fisch, so daß man als Weißer seine Schwierigkeiten hat. Die Ahnengeister aber sind ganz begeistert davon – und ihre lebenden Nachkommen auch.
Nachdem der Magier seinen Anteil am Fisch bekommen hat und die Männer ausgeruht sind und ihr Essen zu sich genommen haben, findet die erste magische Handlung des gesamten Systems statt. Alle Männer bringen dem Magier ihre Axt. Die Äxte werden auf eine Matte gelegt, die man dem Feuerplatz gegenüber (vgl. Einl., Abschn. 8) auf einer Bank ausgebreitet hat. An jede Axt ist ein etwa 10 auf 15 cm großes Stück getrocknetes Bananenblatt gebunden, dessen größerer Teil flach auf der Klinge aufliegt. Wenn der Spruch rezitiert ist, wird man das freie Ende zufalten; zuvor hat man nämlich etwas von der magischen Mixtur zwischen Blatt und Schnittfläche der Axt eingeführt, so daß die Stimme des *towosi* und die darin enthaltene magische Kraft frei in Klinge und Mixtur eindringen konnten. Wenn aber nun die Äxte auf der Matte liegen, tut der Magier etwas gekochten Fisch auf einen der drei Herdsteine seines Hauses und sagt:

*Formel 1*

Hier ist die Opfergabe für uns, ihr Alten, ihr Ahnengeister! Ich lege sie nieder, seht!
Hier ist die Opfergabe für uns beide, Yowana, mein Vater, seht!
Morgen laßt uns in unsere Gärten gehen, seht!
Vikita! Iyavata! Urquell unsres Mythos[15], unsrer Magie, fegt fort die Schädlinge, die Insekten, die Maden.
Schädlinge! Für euch werde ich öffnen die Seestraße von Kaulokoki,
die Seestraße von Kiya'u.
Ertrinkt, fort mit euch!

[15] Der Begriff »Mythos« wird hier in der Bedeutung des einheimischen Worts *libogwo* verwendet, d. h. »heilige Überlieferung«, »Charta des magischen Rituals und der sozialen Ordnung«. Vgl. auch *Der Mythos in der Psychologie der Primitiven* in: B. Malinowski, *Magie, Wissenschaft und Religion; und andere Schriften.* (Frankfurt, 1973). Zu den Schwierigkeiten, die sich bei der Übersetzung dieser Zaubersprüche ergaben, und zur Rechtferti-

Diese Handlung und die dabei rezitierte Ermahnung bezeichnet man als »das Zerreißen des Ahnenopfers«, und zwar deshalb, weil hier kleine Fischstückchen abgerissen und auf den Herdstein gelegt werden. Der Magier spricht langsam, seine Stimme klingt feierlich und beschwörend. Es handelt sich nicht um einen Zauberspruch (*yopa*), und so fehlt der gewöhnliche Singsang der magischen Formeln. Die Trobriander haben die Vorstellung, der *towosi* spreche direkt mit den Ahnengeistern, so wie von Mensch zu Mensch.[16]

Nachdem nun der Segen der Geister erfleht und auf eine vage, mystische Weise ihre Gegenwart herbeigeführt ist, geht der Magier daran, die Äxte zu verzaubern. Er legt eine zweite Matte darüber, läßt aber eine kleine Öffnung, durch die mit dem Atem seine Worte zwischen die beiden Matten eindringen können, und dann rezitiert er in dem klaren, melodischen Singsang, der für magische Beschwörungen charakteristisch ist, die wohl bedeutendste Formel im ganzen System der Gartenmagie Omarakanas, den *vatuvi*-Zauberspruch: –

*Formel 2*

I

Weise den Weg, weise den Weg,
Weise den Weg, weise den Weg,
Weise den Weg abwärts, tief in den Grund,
Weise den Weg, weise den Weg,
Weise den Weg, weise den Weg,
Weise sicher den Weg zu festen Ankergründen.
Großvater mit Namen Polu, Großvater mit Namen Koleko, . . . Takikila, . . . Mulabwoyta, . . . Kwayudila, . . . Katupwala, . . . Bugwabwaga, . . . Purayasi, . . . Numakala; und du, neuer Geist, mein Großvater Mwakenuwa, und du mein Vater Yowana.
Der Bauch meines Gartens hebt sich,
Der Bauch meines Gartens steigt an,
Der Bauch meines Gartens neigt sich,
Der Bauch meines Gartens wächst, groß wie ein Buschhennennest,
Der Bauch meines Gartens wächst, groß wie ein Ameisenhügel;
Der Bauch meines Gartens steigt an und wird niedergedrückt,
Der Bauch meines Gartens steigt an wie der Eisenholzbaum,
Der Bauch meines Gartens legt sich nieder,
Der Bauch meines Gartens schwillt an,
Der Bauch meines Gartens schwillt wie mit einem Kind.
Ich fege hinweg.

gung meiner Art der Übersetzung siehe *Coral Gardens,* Vol. II, Part VI. Ausführlichere Erläuterungen der Zaubersprüche – ihr soziologischer und dogmatischer Hintergrund, die Vortragsweise etc. – und ihre linguistische Analyse findet man in den Kommentaren, die sich *Coral Gardens,* Vol. II, Part VII an die Originaltexte anschließen. Die Zaubersprüche sind dort in der gleichen Reihenfolge und unter derselben Ziffer aufgeführt wie hier.

[16] Vgl. auch *Coral Gardens,* Vol. I, App. II, Sec. 4, note 8.

II

Ich fege, ich fege, ich fege weg. Die Maden fege, fege ich weg; die Knollenfäule fege, fege ich weg; Insekten fege, fege ich weg; den Käfer mit dem scharfen Zahn fege, fege ich weg; den Käfer, der bohrt, fege, fege ich weg; den Käfer, der den Taro im Boden zerstört, fege, fege ich weg; die Blattmuster-Fäule fege, fege ich weg; den weißen Mehltau am Taroblatt fege, fege ich weg; den Mehltau, der glänzt, fege, fege ich weg.
Ich blase, ich blase, ich blase weg. Die Maden blase, blase ich weg; die Knollenfäule blase, blase ich weg; Insekten blase, blase ich weg; den Käfer mit dem scharfen Zahn blase, blase ich weg; den Käfer, der bohrt, blase, blase ich weg; den Käfer, der den Taro im Boden zerstört, blase, blase ich weg; den weißen Mehltau am Taroblatt blase, blase ich weg; die Blattmuster-Fäule blase, blase ich weg; den Mehltau, der glänzt, blase, blase ich weg.
Ich treibe euch, ich treibe euch davon, fort! Die Maden treibe, treibe ich davon, fort! Die Knollenfäule treibe, treibe ich davon, fort! Insekten treibe, treibe ich davon, fort! Den Käfer mit dem scharfen Zahn treibe, treibe ich davon, fort! Den Käfer, der bohrt, treibe, treibe ich davon, fort. Den Käfer, der den Taro im Boden zerstört, treibe, treibe ich davon, fort! Die Blattmuster-Fäule treibe, treibe ich davon, fort! Den weißen Mehltau treibe, treibe ich davon, fort! Den Mehltau, der glänzt, treibe, treibe ich davon, fort!
Ich stoße euch, ich stoße euch hinaus, fort! Die Maden stoße, stoße ich hinaus, fort! Die Knollenfäule stoße, stoße ich hinaus, fort! Insekten stoße, stoße ich hinaus, fort! Den Käfer mit dem scharfen Zahn stoße, stoße ich hinaus, fort! Den Käfer, der bohrt, stoße, stoße ich hinaus, fort! Der Käfer, der den Taro im Boden zerstört, stoße, stoße ich hinaus, fort! Den weißen Mehltau am Taroblatt stoße, stoße ich hinaus, fort! Die Blattmuster-Fäule stoße, stoße ich hinaus, fort! Den Mehltau, der glänzt, stoße, stoße ich hinaus, fort!
Ich jage euch, ich jage euch davon, fort! Die Maden jage, jage ich davon, fort! Die Knollenfäule jage, jage ich davon, fort! Insekten jage, jage ich davon, fort! Den Käfer mit dem scharfen Zahn jage, jage ich davon, fort! Den Käfer, der bohrt, jage, jage ich davon, fort! Den Käfer, der den Taro im Boden zerstört, jage, jage ich davon, fort! Den weißen Mehltau am Taroblatt jage, jage ich davon, fort! Die Blattmuster-Fäule jage, jage ich davon, fort! Den Mehltau, der glänzt, jage, jage ich davon, fort!

III

Mehltau des Gartens, für dich werde ich öffnen die Seestraße von Kadilaboma.
Laba'i ist dein Dorf, Ituloma ist dein Korallenfels. Segle auf einem *de'u*-Blatt, das ist dein Boot. Paddle mit einer Rippe aus dem Kokosnußblatt.
Dorthin stecke ich dich, fort mit dir! Löse dich auf, fort! Verschwinde wie ein Wirbelwind, fort! Sei unauffindbar, fort mit dir! Meine Schwester bist du, halte dich fern von mir! Schäme dich vor mir, gehe mir aus dem Weg! Fort mit dir, stehle dich davon! Stehle dich gebeugt davon.
Weise den Weg, weise den Weg.
Weise den Weg abwärts, tief in den Grund.
Weise den Weg, weise den Weg,
Weise sicher den Weg zu festen Ankergründen.
Großvater mit Namen Polu, Großvater mit Namen Koleko, . . . Takikila, . . . Mulabwoyta, . . . Kwayudila, . . . Katupwala, . . . Bubwabwaga, . . . Purayasi, . . . Numakala; und du neuer Geist, mein Großvater Mwakenuwa, und du mein Vater Yowana.
Der Bauch meines Gartens hebt sich,
Der Bauch meines Gartens steigt an,
Der Bauch meines Gartens neigt sich,

Der Bauch meines Gartens wächst, groß wie ein Buschhennennest,
Der Bauch meines Gartens wächst, groß wie ein Ameisenhügel;
Der Bauch meines Gartens steigt an und wird niedergedrückt,
Der Bauch meines Gartens steigt an wie ein Eisenholzbaum,
Der Bauch meines Gartens legt sich nieder,
Der Bauch meines Gartens schwillt,
Der Bauch meines Gartens schwillt wie mit einem Kind.
Ich fege, ich fege, ich fege hinweg!«

So also rezitiert der Magier, im Beisein aller Ahnengeister, den langen, heiligen Spruch über den Äxten. Ich habe ihn hier vollständig wiedergegeben, ohne jedoch alle Wiederholungen zu berücksichtigen; vor allem im Mittelteil wiederholt der Magier seine Aussagen und Beschwörungen nämlich immer und immer wieder, »ich blase weg, ich treibe davon, ich fege weg« – jeweils mit einem anderen Schädling, einer anderen Krankheit, nicht immer in der gleichen Reihenfolge, sondern ziemlich aufs Geratewohl. Je wichtiger der Anlaß, desto häufiger sind die Wiederholungen. Im Kreis der Gartenmagie wird dieser Zauberspruch einige Male aufgesagt. Als ich ihn in Bagido'us Hütte hörte, dauerte es insgesamt eine gute Dreiviertelstunde – von der ersten Ermahnung an die Geister bis zum Festbinden der magischen Kraft an den Axtklingen, das den Ritus beschließt.

Während des Rituals ist kein besonderes Tabu zu beachten. Mir wurde ohne weiteres gestattet, dabei zu sein, als ich darum bat. Allerdings verbieten es die Anstandsregeln ganz allgemein, ohne triftigen Grund ein Haus zu betreten, besonders das des Häuptlings oder Gartenmagiers, so daß nur ein sehr kleiner Kreis den Zauberspruch wirklich hört; den übrigen Dorfbewohnern, die draußen beim festlichen Fisch- und Taromahl sitzen, ist jedoch gegenwärtig, *daß* rezitiert wird. Tatsächlich hören die nächsten Nachbarn und alle, die an der Hütte vorbeikommen, den Spruch, der ja im üblichen, lauten Singsang der Magie vorgetragen wird.[17]

Nun, da er die Zauberformel aufgesagt hat, entfernt der Magier die obere Matte und beginnt sogleich, das freie Ende des Blattes an den Axtklingen festzubinden. Auf diese Weise wird die magische Kraft um die Klinge herum eingeschlossen. Um ganz sicherzugehen, deckt man die Äxte sorgfältig mit der Matte wieder ab, und so bleiben sie bis zum folgenden Morgen auf einer hohen Bank oder einem Bord liegen.

Am nächsten Tag versammeln sich alle Männer des Dorfes frühmorgens vor dem Haus des Magiers, der vor Aufregung über das Ereignis und die

[17] Vgl. Anm. 15. Der soziologische, rituelle und dogmatische Kontext dieses bedeutenden Zauberspruchs wird in *Coral Gardens,* Vol. II, Part VII (M. F. 2, A, B u. D) ausführlich behandelt, ebenso seine Struktur und Rezitationsweise (C u. E), die für eine voll ausgebildete trobriandische Zauberformel charakteristisch sind.

ihm bevorstehenden Aufgaben nicht zu schlafen vermochte und sehr früh aufgestanden ist. Er hat jedoch noch kein Essen angerührt, denn an diesem Tag muß er fasten, bis alle magischen Handlungen vorüber sind. Jeder Mann erhält seine Axt und hängt sie in der dort üblichen Manier über die Schulter. Angeführt von Häuptling und Magier zieht dann die ganze Gesellschaft im Gänsemarsch, langsam und mit der gebührenden Feierlichkeit, in die Gärten hinaus. Alle sind in gewissermaßen halbfestlichem Aufzug erschienen: ein oder zwei Hibiskusblüten im Haar, im Armreif Pandanusblütenblätter oder grüne, duftende Kräuter, eine Gesichtshälfte schwarz bemalt oder mit roten Linien verziert, einer Art Karmesinrot, das aus einer Mischung von zerstoßenen Betelnüssen und Kalk gewonnen wird. Alle haben sich an einem Wasserloch gewaschen und mit Kokosnußfett eingerieben. Nun gehen sie die Straße entlang bis zu dem Punkt, an dem man später über einen Zauntritt in den Garten gelangen wird – den ganzen Jahreszyklus hindurch ist diese Stelle der Mittelpunkt fast aller magischen Handlungen. Vorläufig freilich gibt es keinen Zauntritt und keinen Garten, einzig die schmale, grenzmarkierende Schneise schneidet an dieser Stelle die Straße. Der Magier tritt mit seinem *kaylepa* vor; dieser Zauberstab ist in Omarakana ein kurzer Stock ohne besondere Verzierungen, aber er ist heilig, da er mit dem Amt des Gartenmagiers vererbt wird. Den Zauberstab in der linken, die Axt in der rechten Hand, schreitet Bagido'u in die nahegelegene Ecke der Hauptparzelle des Gartens, jener also, die rechter Hand, dem Dorf am nächsten und unmittelbar am dorfseitigen Zauntritt gelegen ist (*kalapisila o valu* – vgl. Skizze 5). Mit einem kräftigen Hieb schneidet er einen kleinen Schößling ab, hebt ihn mit der rechten Hand hoch und rezitiert über ihm und gewissermaßen in ihn hinein folgenden Zauberspruch, *kaygaga:* –

*Formel 3*

I

Hier ist unser schlechtes Holz, ihr Ahnengeister!

Du kämpfst, Buschschwein, Buschschwein des großen Steins im *rayboag*, Buschschwein der Gartenpfähle, Buschschwein, angezogen von üblen Gerüchen, Buschschwein von schmalem Gesicht, Buschschwein von häßlichem Gesicht, du wildes Buschschwein.

Dein Segel, Buschschwein, ist in deinem Ohr, dein Steuerruder ist in deinem Schwanz.

II

Ich gebe dir einen Tritt, ich verabschiede dich. Geh weg. Geh nach Ulawola. Geh dorthin, von wo du gekommen bist. Es verbrennt dir die Augen, es wendet dir den Magen um.

Dann wirft man das »schlechte Holz«, den Schößling, an den der Zauberspruch gerichtet war, über die schmale Schneise hinweg in den Dschungel (*yosewo*). Es steht stellvertretend für das Buschschwein und alle anderen Übel und überbringt ihnen, wie ich gehört habe, eine magische Botschaft (vgl. Kap. III, Abschn. 2).

Die beiden Hauptmusterparzellen *(Leywota)*

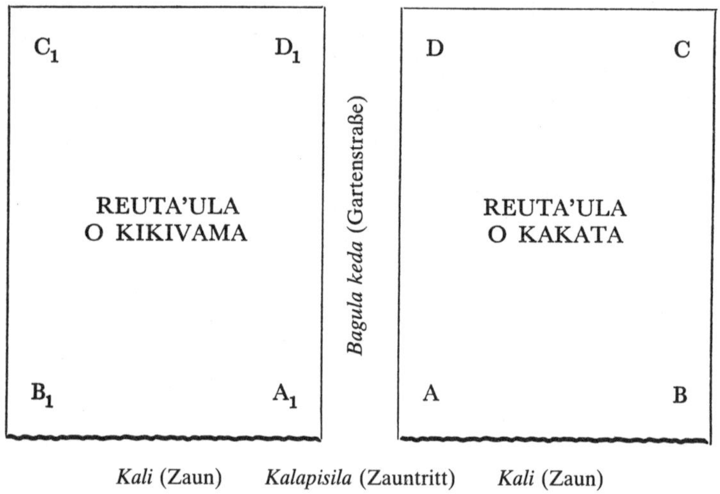


Alle Ecken heißen *nukula.*
$AA_1$ = *nukuvalu* – die »Dorfecken«. A ist *die* magische Ecke des gesamten Gartens.
$B, B_1$
$C, C_1$ } = *nukulaodila* – die »Buschecken«.
$D, D_1$

Skizze 5

Nun schneidet Bagido'u gleich neben dem ersten einen zweiten Schößling (*kayowota*), steckt ihn in die Erde und hockt oder setzt sich neben ihm nieder – eine Haltung, der rituelle und mythologische Bedeutung zukommt. Der Überlieferung zufolge wurde nämlich die Kaylu'ebila-Gartenmagie von Omarakana von zwei Frauen heraufgebracht, von Iyavata und Vikita (vgl. o., Formel 1), und um ihnen eine Ehre zu erweisen, läßt Bagido'u sich jetzt nach Frauenart auf dem Boden nieder. Denn kein Mann würde sich je direkt auf die Erde setzen, sondern nur ohne den Boden zu berühren hocken.

Der Magier schwingt mit dem ganzen Körper, das Holz nach rechts und links biegend, hin und her, während er einen weiteren, kurzen Zauberspruch, *kayowota,* rezitiert: –

*Formel 4*

Ich schneide meinen Garten, mit meiner verzauberten Axt, lasse ich den Bauch meines Gartens erblühen. Auf jener Seite erhebt sich mein Garten, steht aufrecht; auf dieser Seite erhebt er sich, steht aufrecht.

Ohne aufzustehen reißt der *towosi* eine Handvoll Unkraut aus und rezitiert, während er schwingend den Boden reibt, den *yowota*-Spruch: –

*Formel 5*

Wer sitzt da und gibt Segen nach allen Seiten im verbotenen Hain von Yema?
Ich selbst bin es, Yayabwa, mit meinem Gefährten Gagabwa – wir sitzen und geben Segen nach allen Seiten, wir salben es mit Kokosnußöl, wir lassen das Taytulaub geschwind und aufrecht wachsen, im verbotenen Hain von Yema.
Der Bauch meines Gartens hebt sich,
Der Bauch meines Gartens steigt an,
Der Bauch meines Gartens neigt sich,
Der Bauch meines Gartens wächst, groß wie ein Buschhennennest,
Der Bauch meines Gartens wächst, groß wie ein Ameisenhügel,
Der Bauch meines Gartens steigt an und wird niedergedrückt,
Der Bauch meines Gartens steigt an wie der Eisenholzbaum,
Der Bauch meines Gartens legt sich nieder,
Der Bauch meines Gartens schwillt,
Der Bauch meines Gartens schwillt wie mit einem Kind.

Dieser Ritus, beschrieben als *talala,* »wir lassen erblühen«, soll dem Boden Fruchtbarkeit verleihen und bewirken, daß der Garten mit reichlicher Ernte gesegnet sei. »Nachdem ich den Boden rituell gerieben habe, wird er weich und fruchtbar wie das Moor«[18], erklärte mir Bagido'u. War der *kaygaga*-Spruch negativ, so ist dies der positive Spruch, der das ganze Jahr hindurch das Wachstum der Gärten begünstigen wird. Das Pflanzen des *yowota*-Schößlings bewirkt dabei, daß die Feldfrüchte sprießen und gedeihen, das Reiben macht den Boden weich und gut.
Noch ist die Zeremonie nicht ganz zu Ende; Bagido'u erhebt sich, schlägt mit seinem Zauberstab den Boden an und sagt den *kaylepa*-Spruch: –

*Formel 6*

Ich schlage dich an, Boden, öffne dich und laß die Pflanzen hindurch. Rüttle, Boden, schwill, schwill wie mit einem Kind.

Schweigend haben die Männer die Zeremonie verfolgt; sie stehen dichtgedrängt auf einer kleinen Lichtung, die stets am Schnittpunkt von Straße und Grenzschneise (*kalapisila*) angelegt wird. Nachdem der Magier nun seinen Teil beendet hat, werden sie aktiv: Mit einem langgezogenen Schrei, *tilaykiki,* läuft jeder zur eigenen Gartenparzelle, die magisch behandelte Axt in der rechten Hand. Dort wird die Zeremonie *en miniature* wiederholt. Nicht der Magier, sondern seine Gehilfen, seine jüngeren Brüder und Helfer folgen den Männern. Zunächst schneidet jeder auf seiner Parzelle zwei Schößlinge ab, deren einer in den Busch geworfen, bzw. zur Grenzschneise getragen und von dort hinübergewor-

[18] *Coral Gardens,* Vol. II, Text 41, Part V, Div. VIII, § 9.

fen werden muß, falls die Parzelle nicht an den Busch angrenzt. Den anderen, *kayowota,* pflanzt man wiederum in die Erde. Darauf muß jeder einen Fleck seiner Parzelle kahl schlagen und zwar dort, wo später das *kamkokola* errichtet wird. Nun rezitiert einer der Gehilfen auf jeder Parzelle die *yowota*-Formel, wobei er den Boden mit Unkraut reibt. Dieser Zeremonialkomplex inauguriert die Rodung, der sich die Männer alsbald energisch zuwenden – jeder auf seiner Parzelle, allein oder in Gruppen (vgl. Kap. IV, Abschn. 5).

### 5. *Das Roden der Brachfelder*

Zuerst werden die Musterparzellen (*leywota*) in Angriff genommen. Wenn der Häuptling selbst sie bearbeitet oder für sich bearbeiten läßt, wie es häufig der Fall ist, so ergeht ein Aufruf zur Gemeinschaftsarbeit. Es gilt jetzt, die kleinen Bäume zu fällen, größere Unkrautgewächse mit der Wurzel auszugraben und Bäume zurechtzuschneiden, die später als Laubstützen genutzt werden können. Gute, gerade Stämme legt man beiseite, um sie als Grenzstäbe (*tula*) und Zaunpflöcke zu verwenden (vgl. Kap. III, Abschn. 3). Das Buschwerk wuchert schon nach drei bis vier Jahren so üppig, daß es nur mit beträchtlicher Geschicklichkeit zu schneiden ist – um so schwieriger übrigens mit den Steinwerkzeugen, die man vor Ankunft der Europäer benutzt hatte. Daher wird gemeinschaftliche Arbeit hier besonders geschätzt; Wettstreit und andere herkömmliche Anreize sorgen dafür, die Eintönigkeit der Arbeit aufzulockern. So versammeln sich die daran beteiligten Männer zunächst im Dorf, wo sie kleine Erfrischungen erhalten – grüne Kokosnüsse, Betelnüsse und gebackenen Yams –, die sie teils an Ort und Stelle, teils im Garten zu sich nehmen (vgl. Kap. IV, Abschn. 5). Alle beginnen gleichzeitig zu arbeiten; in einer Reihe stehend, rücken sie beim Schneiden in den Busch vor. Dann und wann stoßen sie den *ta'ukuwakula*-Schrei aus, um mit erneuter Energie wieder ans Werk zu gehen.

Läßt die Leistung spürbar nach, ist die Hitze zu groß oder der Busch dichter und schwerer zu bewältigen als gewöhnlich, dann ruft einer der Männer, meist ein Notabler: *uri yakala towamata,* »heute bewirte ich euch mit Tarokuchen« (oder etwas anderem, manchmal sogar mit einem Schwein). Dann wird die Arbeit sofort unterbrochen, und die Männer antworten im Chor *o yakala, o yakala, o yakala, o, o, o . . .*, und alle gehen ins Dorf zurück, essen Tarokuchen oder Kokosnüsse, oder sie hocken beisammen, kauen Betelnuß und unterhalten sich.

So wird bei der Gemeinschaftsarbeit auf einer Parzelle des Häuptlings auch für Spaß gesorgt. – Eine gewöhnliche Parzelle rodet jeder für sich, unterstützt vielleicht vom Sohn oder Neffen; und hier kann heftiger Streit ausbrechen, wenn zwei Leute dieselbe Parzelle roden wollen oder wenn

sie sich über die Grenzlinie nicht einig sind, obwohl diese meist recht klar bestimmbar ist. Einer mag etwa bedauern, daß er beim Gartenrat eine schlechte Parzelle gewählt hat. Er tut dann so, als habe er sich damals für eine andere entschieden und beginnt die Parzelle zu roden, nach der ihm jetzt der Sinn steht.
Was auch immer die Gründe sind, Streitigkeiten kommen häufig vor. Auch während meines Aufenthalts auf den Trobriand-Inseln gab es lange *yakala,* trobriandische Gerichtsverfahren, die sich aus Kontroversen beim Roden ergeben hatten. Heute werden solche Fälle nicht selten vor den weißen Bezirksamtmann gebracht. Dr. Bellamy, lange Stellvertretender Bezirksamtmann auf den Trobriand-Inseln, die er leider kurz nach meiner Ankunft verließ, um an die Front zu gehen, hat, wie ich mir habe sagen lassen, sich grundsätzlich geweigert, in derartigen Fällen ein Urteil zu sprechen. Sein in Verwaltungsarbeiten unerfahrener Nachfolger dagegen bediente sich einer Methode, die dem Europäer zwar natürlich dünkt, einer matrilinearen Gesellschaft aber zum Verhängnis wird: Er pflegte sich nämlich danach zu erkundigen, wessen Vater in der Vergangenheit die fragliche Parzelle gerodet habe – unter den Bedingungen der Matrilinearität eine abwegige Frage, die in der Regel gar keine Antwort zuläßt, da die Väter der Kontrahenten normalerweise anderen Gemeinden angehören müßten (vgl. Kap. X).
Hinweise auf Gartenstreitigkeiten gibt es in der trobriandischen Folklore verschiedentlich. Ein Abnehmspiel oder eine Fadenfigur stellt zwei beim Roden streitende Männer dar, und auch in dem einen oder anderen Märchen erscheint dieses Motiv.
In einem Kommentar zum Mythos von Kudayuri heißt es, daß der Streit, der zum Mord am älteren Bruder, Mokatuboda, führte, beim Roden einer Parzelle entstand[19]: »(I) Leute kamen und sagten zu Mokatuboda: ›Dein jüngerer Bruder rodet eine Gartenparzelle.‹ (II) ›Wirklich. Ich werde gehen und nachsehen.‹ Er ging. (III) ›Was machst du da?‹ Sein jüngerer Bruder antwortete: ›Das hat schon seine Ordnung; bleib weg; laß mich meine eigene Gartenparzelle roden!‹ (IV) ›Nein wirklich, du bist noch zu klein; ich bin der Ältere, und das ist meine Parzelle.‹ (V) Sie stritten: schon packt den jüngeren die Wut; er schlägt auf den Bruder ein und tötet ihn.«[20]

[19] Ebda. Text 97, Part V, Div. XII, § 42.

[20] Zum Kudayuri-Mythos vgl. *Argonauten des westlichen Pazifik,* S. 351-354. In der Erzählung heißt es, daß die Brüder Mokatuboda töteten, als er im Dorf saß. Aber als ich nach dem Grund fragte, erhielt ich den hier wiedergegebenen Kommentar. An einem anderen Ort erzählte man mir, daß Mokatuboda in Wirklichkeit deshalb getötet wurde, weil er Regenmagie machte, so daß sich über seinem Garten eine kleine Wolke bildete, die diesem Regen und Fruchtbarkeit brachte, während die umliegenden Parzellen, einschließlich der seiner jüngeren Brüder und matrilinearen Neffen, trocken blieben.

Wirklich gute Gärtner sind mit ihrer Arbeit niemals in Verzug. Ihre Parzellen sind wenige Tage nach der Eröffnungszeremonie gerodet und das Gestrüpp liegt zum Trocknen in der Sonne; andere sind langsamer, aber auf jeder Parzelle muß mindestens ein kleines Stück gerodet sein, so daß alle an der Zeremonie des Abbrennens teilnehmen können. Auf das Roden folgt stets eine lange Arbeitspause, da das Holz vor dem Brand möglichst trocken sein muß, und in dieser Zeit beginnt *milamala,* eine Reihe von Festen, die auf die Ernte folgen.

Im ganzen Zyklus des Gartenbaus ist eine bestimmte Koordination der Arbeiten üblich, über die hier einige Bemerkungen einzuschalten sind. Unmittelbar im Anschluß an jede Eröffnungszeremonie beginnt die Arbeit auf den Musterparzellen und auf den Parzellen der wirklich guten Gärtner. Bevor der nächste Ritus den folgenden Abschnitt einleitet, müssen auf den Musterparzellen alle einzelnen Arbeitsgänge – Rodung, Säuberung, Setzen der Frühpflanzen usw. – abgeschlossen sein. Auf allen übrigen Parzellen muß man mit der zeremoniell jeweils eröffneten Arbeit wenigstens begonnen haben, so daß es vorkommen kann, daß der Magier eine der späteren Riten in einem Garten durchführt, in dem die eine oder andere Parzelle noch nicht ganz gerodet ist. Über die Faulen, die nachhinken, sagte ein Gewährsmann[21]: »Nie erfassen sie die Zeitrechnung! Dieser hier (er meinte einen guten Gärtner, dessen Parzellen auf dem laufenden waren) ist immer ein ganzes Stück voraus, immer hat er seine Parzellen schon bepflanzt, immer hält er mit der Zeit Schritt, immer sind seine Pflanzen schon aufgegangen.« Die Redewendung »die Zeitrechnung erfassen« bedeutet: mit der Zeit Schritt halten.

## *6. Exkurs über magische Ingredienzien*

Wir wollen hier mit den Gärtnern innehalten, und uns Fragen zuwenden, die ich bislang zurückgehalten habe, um den Fluß der Ereignisse nicht zu stören.

Führen wir zunächst die Ingredienzien der magischen Mixtur an. Die prosaische, pseudowissenschaftliche Seite, die dabei zum Vorschein kommt, ist zwar etwas langweilig, sie wirft aber ein helles Licht auf die Struktur des magischen Glaubens.

Die folgenden Erläuterungen zu den Substanzen stützen sich auf die Informationen des Gartenmagiers, seiner Gehilfen und anderer; die Substanzen sind in Verwendung und Bedeutung ebensowenig geheim wie die Zaubersprüche, die ja hinreichend laut im Haus und noch lauter im Garten rezitiert werden, so daß alle sie gehört haben und die meisten sie auswendig kennen. Außer dem Gartenmagier und seinen anerkannten

[21] *Coral Gardens,* Vol. II, Text 28a, Part V, Div. V, § 18.

Gehilfen würde aber niemand es wagen, sie auszusprechen, und unberechtigte Leute habe ich nicht einmal dazu bringen können, sie mit mir durchzugehen oder mir bei ihrer Übersetzung zu helfen.
Bei der Vorstellung seiner Materialien hat Bagido'u jedesmal als erste jene recht gewöhnliche Substanz, *yoyu,* Kokosblätter, genannt. Das hat sich mir 1915 und 1918 mehrfach bestätigt, wann immer ich die Liste mit ihm überprüfte, um sicherzugehen, daß sie keine Gedächtnislücken enthielt. Kokosblätter haben die dunkelgrüne Farbe, die Taytublätter zeigen, wenn sie stark und gesund sind.
Aus dem gleichen Grund verwendet man auch die zweite Ingredienz, das Arecablatt. Die folgenden drei Substanzen, die auf meiner Liste einen prominenten Platz einnehmen, sind wegen ihrer Größe und Form in Gebrauch. *Ge'u* ist das trobriandische Wort für die erstaunlich großen Erdwälle, welche die Buschhühner zum Brüten zusammenkratzen. Davon nimmt man ein Stück geknetete Erde, trägt es in einem *vataga*-Korb ins Dorf, um es dann zwischen den Fingern zu zerkrümeln; es dient dazu, den Taytu wie einen solchen Erdwall wachsen und schwellen zu lassen. Zum gleichen Zweck schabt man auch Kreide von den Muschelschalen (*kaybomatu*), die auf den großen Korallenblöcken des *rayboag* zu finden sind. Letztere heißen *kaybu'a,* ein Name, der sich auf die massive, runde Form bezieht, die auch der reifende Taytu haben sollte; auch wachsen diese Korallenblöcke, wie die Eingeborenen sagen, »wie guter Taytu tief in den Boden«. *Kabwaku* schließlich sind die großen runden Nester, die Hornissen auf dem Boden bauen, und Taytu sollte so bauchig und groß wie diese Nester sein.
Einige Ranken, deren Blätter man abreißt und mischt, finden Verwendung, weil sie üppig und sehr hoch wachsen und ihr Laubwerk dem des Taytu sehr ähnlich ist (Abb. 32); und Taytu mit reichem Laub hat auch gute Knollen. Ich kenne die trobriandischen Bezeichnungen für diese Ranken, war aber nicht imstande, sie botanisch zu identifizieren: *youla'ula* (eine Ranke mit weißen Blüten), *yokwa'oma, ipikwanada* und *yokunukwanada,* die beiden letzteren wahrscheinlich wilde Yamsarten.
*Ubwara* ist eine kleine, im Busch wachsende Pflanze mit langen, weißen Knollen, von denen die Trobriander sagen, sie seien schön anzuschauen. Ihre Blätter gibt man zu der Mixtur, in der Hoffnung, daß auch der Taytu im Garten schöne, weiße Knollen hervorbringt. Die weißen Blütenblätter einer besonders wohlriechenden Pandanusart, *kaybwibwi,* verwendet man wegen ihres Dufts: – »der Taytu soll, wenn wir ihn aus der Erde nehmen, so angenehm riechen wie *kaybwibwi*« –; ferner sollen seine Knollenbüschel dadurch dick, groß und lang werden, wie die Luftwurzeln des Pandanus. Auch *kubila,* eine Pflanze mit lieblich duftenden Blüten, wird benutzt, um ihren angenehmen Geruch auf den Taytu zu übertragen.

Und um den Taytu groß zu machen, setzt man *sasoka* ein, einen Baum mit mächtigen, runden Früchten, und die Blätter der *wakaya*-Palme, welche die größten Bananen auf den Trobriand-Inseln trägt und deren massiver Stamm oberhalb des Bodens verdickt ist. Die *wakaya*-Blätter werden nicht mit den übrigen Ingredienzien vermischt, sondern um die Axtscheide gewickelt, wie um die Mixtur dort einzuschließen.
Die peinliche Sorgfalt, mit der all diese Substanzen gesammelt und zubereitet werden, die klare, fest verankerte Doktrin, die ihren Gebrauch rechtfertigt, und das rationale Interesse an ihrer Anwendung sind für die trobriandische Magie sehr charakteristisch.

### *7. Die Tabus des Magiers*

Eine ähnliche Doktrin unterliegt auch den Tabus, die Bagido'u einzuhalten hat. Ich habe schon erwähnt, daß er an Tagen, an denen eine Zeremonie stattfindet, streng fasten muß und sich erst danach satt essen kann. Auch muß er sich bestimmter Speisen ständig enthalten, deren einige mit den Substanzen seiner Magie assoziiert werden. So darf Bagido'u niemals das Fleisch der gewöhnlichen Buschhenne (*kwaroto*) oder deren Eier berühren. Er darf weder *mulubida,* die kleinere Buschhennenart, noch *wakaya*-Bananen, noch *ubwara*-Knollen essen. Kokosnuß und Betelnuß sind ihm dagegen nicht verboten. Würde er eins der Tabus, die mit der Magie verbunden sind, brechen, so würde seine Magie »stumpf« werden und der Taytu nicht gedeihen.
*Sina,* ein schwarz gefiederter Vogel, darf nicht gegessen werden, weil sonst der Regen erschrickt. Die Magie könnte dann kein feuchtes Wetter erzeugen, das doch ausnahmslos jede wichtige Zeremonie zu begleiten hat, nicht weil es zu ihren unmittelbaren Zielen gehörte, sondern weil es als Teil ihres *kariyala,* ihrer sichtbaren Zeichen gilt. Den Tintenfisch, *kwita,* zu essen hätte die gleichen unerwünschten Folgen, da er, der eine schwarze Flüssigkeit in die See spritzt, mit den Regenwolken mystisch assoziiert wird. Als Grund (*u'ula*) für dieses Tabu führte Bagido'u an, daß die Tiere schwarz sind. Nähme er von ihrem Fleisch, so würden die Regenwolken (*bwabwa'u,* wörtl.: die schwarzen Dinge) die Magie nicht befolgen, es gäbe kein *kariyala* und die Gärten müßten sterben.
Auch eine Reihe anderer Fische sind dem Magier nicht erlaubt, einige, weil sie von dunkler oder schwarzer Farbe sind, andere, weil sie im Korallenriff leben (weshalb letztere tabuisiert sind, konnte ich nicht in Erfahrung bringen). Die trobriandischen Bezeichnungen für die verbotenen Fische sind folgende: *yabwa'u, milabwaka, mamila, sekela, siga'u, mawa, bayba'i, madolu,* und *lum'gwa.*
Schließlich darf Bagido'u nicht von dem neuen Taytu essen, der beim Verziehen der Beete (*basi*) vorab geerntet wird, und im Unterschied zu

den *taytuva'u*, dem eigentlich geernteten Taytu, *bwanawa* heißt. Bei Erörterung der Ernte werden wir auf dieses Tabu noch zurückkommen.

*8. Variationen im Eröffnungsritus*

Ein technisches Detail ist hier noch anzumerken: In der Beschreibung der Eröffnungszeremonie (s. o., Abschn. 4) ist der vereinfachte Ritus nachgezeichnet, so wie ich ihn 1918 in Omarakana selbst miterlebt habe. Bagido'u, damals ein schwerkranker Mann, führte stets nur das verkürzte *yowota* durch, während in anderen Dörfern eine komplexere Form üblich war. Der vereinfachte Ritus wird *burakema,* der komplexe *bulukaylepa* genannt.

Über letzteren, der vier Tage dauert, schließe ich hier einen Überblick an: Einen Tag nach dem Opfer an die Ahnen geht der Magier allein in die Gärten und reibt mit einer Handvoll Unkraut in jeder Parzelle den Boden, während er gleichzeitig den *yowota*-Spruch rezitiert. *Vapopula digadaga* heißt diese Zeremonie. Von Gehilfen begleitet begibt sich der *towosi* tags darauf zur wichtigsten der Musterparzellen, um mit einer gewöhnlichen, unbehandelten Axt in der magischen Ecke (*o nunula*) einige Bäume zu fällen. Am dritten Tag widmen sich die Gehilfen der gleichen Aufgabe auf den übrigen Musterparzellen, während der *towosi* die magischen Ingredienzien sammelt und ins Dorf bringt. Abends werden die Äxte verzaubert, wie oben beschrieben. Am vierten Tag schließlich ziehen alle Männer des Dorfs mit dem Magier und dem Häuptling in die Gärten hinaus. Dort findet nun die schon beschriebene Zeremonie statt: *Kaygaga,* das schlechte Holz, wird geschnitten und weggeworfen; dann wird das *kayowota* geschnitten, in die Erde gesteckt, hin und her bewegt und verzaubert. Der einzige Unterschied besteht darin, daß der Boden jetzt nicht mehr gerieben wird, da das bereits am ersten Tag geschehen ist. Der Magier schlägt mit dem *kaylepa*-Zauberstab den Boden an und rezitiert den üblichen Zauberspruch; dann geht er durch die Gärten und wiederholt dies auf jeder einzelnen Parzelle.

Es ist mir nicht gelungen, genau zu ermitteln, wann der einfache und wann der komplexe Ritus durchgeführt wird. Soweit ich es beurteilen kann, bedient man sich des einfacheren immer dann, wenn der Magier sich nicht ganz wohl fühlt oder wenn bezüglich der Gärten keine besonderen Ängste vorhanden sind, also nach einer längeren Serie erfolgreicher Ernten.

Die Unterscheidung zwischen *burakema* und *kaylepa* als zwei Arten der Magie kommt auch in dem folgenden Text zum Ausdruck, den ich gegen Ende meiner Feldforschung von Modulabu, dem Gartenmagier von Obweria, erhielt, als ich dort am Gartenrat und an den Eröffnungsriten teilnahm.[22] »(I) Wir versammeln uns im Rat – sie (die Frau des Magiers) bäckt Yams und bringt ihn uns, damit wir ihn während der Versammlung essen können. (II) Wir gehen die Einzäunungen (d. h. die Parzellen) durch; wir gehen sie im Kreis durch, bis sie aufeinandertreffen, wir vertagen es. (III) (Am nächsten Tag) eröffnen wir den Rat von neuem; wir zählen (die Parzellen) innerhalb der Gärten, bis wir fertig sind. (IV) Wir opfern (den Geistern); – der Gartenmagier führt (dann) den Ritus durch, der ›das Aufsprießen des Farnkrauts verursachen‹ heißt. (V) Ob er den *burakema*-Ritus durchführt, der auch ›die Gärten zum Blühen bringen‹ heißt; ob er mit dem Zauberstab herumgeht – beide Riten sind *yowota* (Einweihungsmagie der Gärten). (VI) Das hängt von der Neigung des Gartenmagiers ab, ob er den *burakema*-Ritus oder das Anschlagen (des Gartens durchführen will.«

Das entspricht einer deutlichen Differenzierung, von der mir in Vakuta berichtet wurde.[23] Die Unterbrechung der Ratssitzung ist dabei wahrscheinlich zufällig, die Verhandlungen hatten am ersten Tag einfach zu lang gedauert.

Wie der Text zeigt, können *ula'ula,* das Opfer an die Geister, und der Teilritus, »das Aufsprießen des Farnkrauts verursachen«, an ein und demselben Tag abgehalten werden; wichtig ist auch, daß die persönliche Neigung des Gartenmagiers bei der Entscheidung zwischen zwei Riten ausschlaggebend sein kann.

Damit beenden wir den Exkurs über die eher beiläufigen Einzelheiten der Einweihungsmagie in Omarakana und wenden uns wieder den laufenden Ereignissen zu.

[22] Ebda., Text 28d, Part V, Div. V, § 23.
[23] Vgl. *Coral Gardens,* Vol. I, Doc. VI.

# Kapitel III
# Die Gärten von Omarakana: Vorbereiten und Pflanzen

Gehen wir eine gute Woche nach der ersten zeremoniellen Einweihung durch die Gärten, so sehen wir die meisten Parzellen mit gejätetem Unkraut, abgeschlagenen Ästen und kleinen Bäumen übersät; nur wo hie und da eine Parzelle noch unberührt geblieben ist, erhebt sich eine dichte Wand verschlungenen Laubs. Es ist die Zeit im Mond *Milamala,* da die Geister im Dorf empfangen, bewirtet und dann wieder vertrieben werden, damit das Laub trocken wird. Bald nach *yoba,* dem Vertreiben der Geister, in der zweiten Hälfte des Mondes *Milamala* oder im frühen Mond *Yakosi* sind die Gärten zum Abbrennen bereit. Dem Abbrennen der Gärten (*gabu*) kommt eine doppelte Funktion zu: Einmal wird so das welke, trockene Laub am besten beseitigt, und zum anderen ergibt die Asche einen ausgezeichneten Dünger, wenn sie vom Regen in den Boden gespült wird. Dazu sagte Motago'i, einer meiner besten Gewährsleute[1]: »Wenn wir die Blätter nicht verbrennen, wird der Boden öde und unfruchtbar.« Oft bin ich nicht auf diese Einsicht in den Düngewert der Asche gestoßen, aber neben Motago'i wollten auch Bagido'u und einige andere einräumen, daß Asche für den Pflanzenwuchs günstig sei.
Die Vorbereitung der Gärten ist mit dem Abbrennen freilich noch nicht abgeschlossen. Manches Unkraut brennt schwer, anderes schießt sofort wieder auf, wenn auch nur der geringste Schößling von den Flammen verschont bleibt. Die Reste müssen deshalb unverzüglich weggeräumt werden (*koumwala*); erst dann kann man ohne weiteres damit beginnen, Taro, Zuckerrohr, Erbsen, Kürbisse, großen Yams und Bananen zu pflanzen, während dem Taytu als dem Hauptprodukt auch beim Anpflanzen eine gewisse Sonderstellung zukommt.

## *1. Der zweite große Einweihungsakt: das magische Feuer in den Gärten*

Der Komplex, dem wir uns nun zuwenden und in dem wahrscheinlich mehr noch als in den übrigen Phasen die praktischen und magischen Handlungen innig verbunden und verwoben sind, wird mit einer vierfachen, magischen Zeremonie eingeleitet.
Das große Feuer selbst ist ein magischer Akt, den der Magier mit seinen Gehilfen am ersten Tag dieser Sequenz von Zeremonien vollziehen wird.

[1] *Coral Gardens,* Vol. II, Text 29, Div. 6, § 14.

Am zweiten Tag gibt er dann den rituellen Auftakt zum Abbrennen des kleineren Unkrauts und der Abfallhaufen, das in praktischer Hinsicht noch wirksamer ist; und am dritten und vierten Tag leitet er das magische, zeremonielle Anpflanzen von Taro und Yams. So ist jede der vier Eröffnungsriten auf eine der Tätigkeiten bezogen, welche die Gärtner jetzt in Angriff nehmen.

Im allgemeinen kann man sich zu dieser Jahreszeit darauf verlassen, daß das gute Wetter anhält, da es vom Südostpassat bestimmt wird – es ist Trockenzeit. Mit seinem feinen meteorologischen Gespür setzt Bagido'u ein Datum fest, das ihn zur Hoffnung auf eine Reihe von Schönwettertagen berechtigt – eine wünschenswerte, wenn auch nicht unerläßliche Bedingung. Dann wendet er sich eines Abends an das Dorf:

»Morgen werde ich auf unsere Felder das Gartentabu (*kaboma*) legen. Bleibt im Dorf; ich werde mit meinen Brüdern zum großen Brand (*vakavayla'u*) hinausgehen. Bleibt im Dorf. Macht keinerlei Gartenarbeit. Bleibt nur hier und ruht euch aus.[2] Ich aber gehe, ich entfache das Feuer in den Gärten.«[3]

Am anderen Morgen holt Bagido'u die magischen Fackeln (*kaykapola*) hervor, die in eine Matte eingeschlagen seit der letzten Ernte auf einem Sims in seinem Haus, unterhalb des Strohdachs lagen. Damals hatte er sie für den jetzigen Gebrauch mit der schon zitierten magischen Formel *Vatuvi, vatuvi* (»Weise den Weg, weise den Weg«) vorbereitet. Er nimmt also die Matte mit den Fackeln und begibt sich mit einigen Gehilfen in den Garten.

Als ich am 11. September 1915 mit Bagido'u zur *vakavayla'u*-Zeremonie ging, war neben dem Häuptling selbst, der allerdings wohl eher mir als den Gärten aufwarten wollte, und Bukoyba, seiner ältesten Gattin, etwa ein halbes Dutzend Männer dabei, unter ihnen Towese'i und Mitakata, Bagido'us jüngere Brüder. (Zu anderen Malen sah ich den Gartenmagier bei ähnlichen Anlässen lediglich mit zwei, drei Gehilfen hinausziehen.) Der Häuptling, seine Frau, Molubabeba, ein mutterseitiger Vetter To'uluwas, und Bagido'u zündeten mit ihren Fackeln von der Windseite des Gartens aus das dürre Zeug wie mit einer einzigen Bewegung an (Abb. 34 und 29). Es ging schnell in Flammen auf. Towese'i und Mitakata nahmen je eine Fackel, gingen rund um die Grenzschneise, und legten dann und wann Feuer, auf jeder Parzelle mindestens einmal. Bei aller Größe der Magie und bei aller Würde des Rituals wurden die Fackeln in Omarakana mit profanen Streichhölzern angesteckt, während man in anderen Dörfern in den Gärten Feuer reibt oder brennende Scheite mitbringt, die man am Herd des Magiers entzündet hat.

[2] Vgl. auch *Coral Gardens,* Vol. I, App. II, Sec. 4 note 9.

[3] Vgl. Kap. II Anm. 3.

Bei der Rückkehr ins Dorf bemerken wir eine Atmosphäre, die zwar etwas Festliches, aber durchaus nichts Hochzeremonielles oder Weihevolles hat; die meisten sind hier geblieben und haben einfach herumgesessen und geschwatzt. Doch kein Tabu hindert an der Teilnahme – auch Frauen können ja zugegen sein und die magischen Fackeln handhaben, wenn auch nur dann, wenn sie dazu autorisiert sind.
Aber obschon um diese Zeremonie so wenig Aufhebens gemacht wird, betrachtet man sie als heilig und bedeutsam, und sogar als unerläßlich. Es mag etwa zehn Jahre vor meiner Ankunft auf den Inseln gewesen sein, als ein Bezirksamtmann, der nichts von der Notwendigkeit des magischen Feuers wußte, im Vorbeigehen plötzlich die Neigung verspürte, an das gerodete, dürre Zeug ein Streichholz anzulegen. Wie ich mir habe sagen lassen, ist es ein besonders trockenes Jahr gewesen, der Busch hoch und üppig, so daß die Vorstellung eines gigantischen Feuers ihn wohl faszinieren mochte. Als bald die Nacht von hoch aufflackernden Flammen erleuchtet war, sah er sich wenige Minuten später von einer Menge umringt, die ihm, halb verzweifelt, halb wütend, zum ersten Mal die magische Theorie des Gartenbaus erklärte, ihn anflehte, es nie wieder zu tun, und prophezeite, daß die Gärten leiden müßten. Es war wirklich ein Dürrejahr – daher das schöne Freudenfeuer; und indem die Prophezeiung sich erfüllte, hatte für diesmal der Weiße dazu beigetragen, die Eingeborenen in ihrem Glauben zu bestärken. Denn obwohl es vor vielen Jahren und in einem ganz anderen Distrikt passiert war, erzählte man mir in Omarakana davon, um die Wahrheit der Theorie und die Gefährlichkeit europäischer Einmischung in einheimische Bräuche zu erweisen.
Zu Hause angelangt, setzt Bagido'u sich mit seinen Gehilfen nieder, um erst jetzt zu essen. Bald darauf bereitet er die nächste Handlung der Sequenz vor: den zweiten Brand, *gibuviyaka,* wörtlich, »der große Brand«, obgleich es sich dabei in Wirklichkeit um die Detailarbeit handelt. Er geht auf die Suche nach zwei Arten von Blättern: An der Küste sammelt er Akazienblätter (*vayoulo*) und dann in den moorigen Grenzgebieten (*dumya*) Lalanggras (*gipware'i*). Getrocknete Kokostriebe, die gut anbrennen, liefern das Material für die Fackeln.
Am nächsten Morgen legt der Magier die Akazienblätter, das Lalanggras und die Fackeln nebeneinander auf eine Matte und deckt sie mit einer zweiten Matte zu. Um das Ende jeder Fackel ist mit Lalanggras ein Stück trockenes Bananenblatt gebunden, wobei eine Lasche lose bleibt, die erst umgeschlagen und festgebunden wird, nachdem die Zauberformel gesprochen worden ist. Dieses Verfahren hatten wir schon bei der Zurichtung der Äxte beobachten können (vgl. Kap. II, Abschn. 4). Auch jetzt dient das Blatt dazu, die magische Kraft des *vatuvi*-Spruchs (M. F. 2) aufzufangen und einzuschließen.
Unmittelbar nach der Rezitation begibt der Magier sich mit seinen

Gehilfen in die Gärten, um den eigentlichen *gibuviyaka*-Ritus auszuführen. Als ich dabei zusah und photographierte, war Bagido'u persönlich nur auf der Musterparzelle am Werk, während die übrigen Mitakata oblagen, dem Molubabeba, Gumguya'u und Ka'ututa'u assistierten.
Sie trugen die Akazienblätter bei sich, die mit Lalanggras in eine der Parzellen entsprechende Anzahl von Bündeln zusammengefaßt und in eine große, gefaltete Matte eingewickelt waren. Zuerst gingen sie auf die Musterparzelle, wo die Gehilfe ein *koumwala* andeuteten, indem sie Reisig und Unkraut auflasen und vor Bagido'u aufhäuften, der dem noch ein Bündel Akazienblätter aus der Matte zusetzte. Dasselbe wiederholte sich unter Mitakatas Leitung auf den übrigen Parzellen (vgl. Abb. 35, s. a. Abb. 33). Die Haufen nennt man *lumlum,* ein Wort, das meines Wissens nur in bezug auf diese magischen Haufen verwendet wird.[4]
Auch nach seiner Rückkehr kann Bagido'u sich noch nicht zu einer morgendlichen Mahlzeit niederlassen. Noch einmal rufen seine Pflichten ihn in die Gärten. Diesmal tragen die Helfer eine Matte mit verzauberten Fackeln nach der Musterparzelle. Ohne weiteren Zauberspruch entzündet hier der Magier die Fackel an einem Streichholz und steckt das *lumlum* in Brand, was wiederum auf den übrigen Parzellen von Mitakata wiederholt wird. Gegen Nachmittag sind alle wieder im Dorf, und jetzt darf der Magier etwas zu sich nehmen, da die Zeremonien des Tages beendet sind.
Der Ritus des dritten Tages, das Pflanzen von Taro, trägt den seltsamen Namen *pelaka'ukwa,* wörtlich »Hundekot«. Bagido'us Gehilfen bringen große Bündel von Tarospitzen, Blätter, die am oberen Ende der Wurzel sitzen, deren eßbaren, knolligen Teil man abgeschnitten hat, nach der Musterparzelle. Taro wird gepflanzt, indem man eine solche Tarospitze in die Erde setzt. Die größte erfolgversprechendste nimmt nun Bagido'u in die rechte Hand, er führt sein Gesicht dicht an die Schnittfläche und spricht die folgende Zauberformel gleichsam in sie hinein: –

*Formel 7*

Hier ist unser Hundedung, ihr Ahnengeister!
Du kämpfst, Buschschwein, Buschschwein des großen Steins im *rayboag,* Buschschwein der Gartenpfähle, Buschschwein, angezogen von üblen Gerüchen, Buschschwein von schmalem Gesicht, Buschschwein von häßlichem Gesicht, wildes Buschschwein.
Dein Segel, Buschschwein, ist in deinem Ohr, dein Steuerruder ist in deinem Schwanz.
Ich gebe dir einen Tritt, ich verabschiede dich.
Geh weg. Geh nach Ulawola. Geh dorthin, von wo du gekommen bist. Es verbrennt dir die Augen, es wendet dir den Magen um.

Bei einem Vergleich mit der magischen Formel 3, der Formel vom schlechten Holz, zeigt sich, daß mit Ausnahme der ersten Zeile beide

[4] Vgl. *Coral Gardens,* Vol. II, Part V, Div. VII, § 26.

identisch sind. Gemäß der magischen Überlieferung von Omarakana wird auch er in sanftem, überredendem Ton in die Schnittfläche des Taro hineingesprochen, nicht rezitiert.
Anschließend pflanzt Bagido'u den besprochenen Taro in die an den »dorfseitigen Zauntritt« angrenzende Ecke der Musterparzelle – dort also, wo nun nach und nach *die* »magische Ecke« des Gartens entsteht (Abb. 23 und 31).
Dasselbe wird auf den übrigen Parzellen von Bagido's jüngeren Brüdern wiederholt.
Am vierten Tag hält man an eben der Stelle, an der am Vortag der erste Taro gepflanzt wurde, einen Doppelritus ab. In seinem ersten Teil, *kalimamata* genannt, pflanzt Bagido'u die Saatknolle einer besonderen Yamsart, *kwanada.* Wieder hockt er sich in der magischen Ecke nieder, nimmt die *kwanada*-Knolle in die rechte Hand, hält sie dicht an den Mund und spricht in sie hinein: –

*Formel 8*

Leuchte auf, auflodern sollst du, hinüber, ins Dorf!
Schnell, breite dich aus, bewegen sollst du dich, hinüber, in den Busch!

Diese Formel spricht der Magier nicht sanft überredend, sondern laut wie einen Befehl oder Aufruf. Offenkundig soll der Zauberspruch die Feldfrüchte dazu ermahnen, zu wachsen und sich gegen beide Seiten des Gartens hin auszubreiten.
Unmittelbar danach nimmt der Magier eine Tarospitze aus den Händen eines seiner Gehilfen und rezitiert darüber (diesmal im gewöhnlichen Singsang magischer Formeln) den folgenden Zauberspruch: –

*Formel 9*

Taro, werde hier prall, werde hier prall, Taro. Taro werde dort prall, werde dort prall, Taro, stattlicher Taro. Er geht schnell auf, der unerschütterliche Taro.

Die Worte des Zauberspruchs verraten die Absicht des Rituals: Der Taro soll an Größe und Qualität zunehmen.
Bagido'u sammelt nun ein paar Zweige, etwa einen halben bis einen ganzen Meter lang, und errichtet eine Miniaturhütte oder deutet eine solche wenigstens an, indem er vier an der Spitze gegabelte Zweige senkrecht in die Erde steckt, in die Gabeln vier weitere Zweige legt und das ganze dann mit mehreren horizontalen Stäben überdacht. Um dieses Häuschen baut er einen Miniaturzaun aus senkrechten, gegabelten Zweigen, die horizontal miteinander verbunden werden.
Dieses Gebilde wird *si bwala baloma* genannt, das Geisterhaus. Seine Bedeutung konnte Bagido'u mir nicht erklären. Er war aber ganz sicher, daß die Geister damit eigentlich nichts zu tun hätten, da, wie er mir sagte, die *milamala*-Festlichkeiten vorüber und die Geister ins Geisterland

Tuma zurückgekehrt seien.[5] Man glaubt, das kleine Gebäude würde die Solidität und Wirksamkeit des zukünftigen Zauns positiv beeinflussen. Die Zeremonie heißt *bisikola.*

Diese vier Riten, die des zweiten und dritten Tages sowie die beiden Riten des vierten Tages, sollten auf jeder Gartenparzelle ausgeführt werden. Da der Magier von Omarakana aber schwer krank war und ihn jede Anstrengung ermüdete, war er dazu nicht imstande. Tatsächlich praktizierte er *gibuviyaka* wohl auf allen sechs Musterzellen, die Pflanzriten dagegen nur auf einer einzigen; und alle übrigen überließ er seinen jüngeren Brüdern. In anderen Dörfern verrichtet der Gartenmagier sein Amt auf allen Parzellen selbst, was nicht allzu lange dauert, da die Zaubersprüche sehr kurz und die Riten einfach sind.

Nach dem vierten Tag wird das Arbeitstabu aufgehoben, und jeder geht mit seiner Familie auf die eigene Parzelle, um sie zu säubern (*koumwala*) und anschließend zu bepflanzen (*sopu*).

## *2. Exkurs: Trobriandische Vorstellungen von dieser Magie und eine theoretische Interpretation*

Hier sollten wir innehalten, uns vor Bagido'us Hütte setzen und hören, was er über seine Magie zu sagen weiß. Wenn der Ethnograph eine Zeremonie verfolgt und aufgenommen hat, bleibt ihm meist nichts anderes übrig, als seine Gehilfen oder andere aufgeschlossene Gewährsleute zum Zelt zu rufen, um mit ihnen seine Beobachtungen durchzugehen und ihre Erläuterungen zu hören und aufzuzeichnen.

Ohne Zögern bestätigt Bagido'u die allgemeinen Schlüsse, die wir aus der Beobachtung der Riten und der Übersetzung der Zaubersprüche gezogen haben: Daß nämlich die mehrteilige Zeremonie *gabu* die Eröffnungsmagie für das Feuerlegen, Säubern und Pflanzen darstellt; daß kein Mensch, wie er sagt, es wagen würde, die gerodeten Gärten abzubrennen, bevor nicht der Magier sie angezündet hat; daß der Pflanzung der zweitrangigen Gartenfrüchte drei Pflanzriten vorangehen müssen, während Taytu in Omarakana erst nach einem weiteren großen Ritual, dem *kamkokola,* gepflanzt werden darf.

Auch über die Magie der Fackeln kann Bagido'u uns ausführlicher unterrichten. Er trägt einem kleinen Jungen auf, in den Wipfel einer Kokospalme zu klettern und einen jungen Blattsprößling herunterzuholen, einen jener *kaykapola,* die ganz besonders gut trocknen, brennen und ausgezeichnete Fackeln abgeben. Die Fackeln für den ersten Brand werden ja nicht unmittelbar vor dem ersten Gebrauch präpariert, sondern schon während der vorhergehenden Ernte. Bagido'u benutzt dazu junge

[5] Vgl. *Coral Gardens,* Vol. I, App. II, Sec. 4, note 8.

Kokosblätter und Lalanggras; erstere, so sagt er, weil die Taytublätter das dunkle Grün und die glänzende Oberfläche von Kokosblättern haben sollten; Lalanggras aber wegen seiner scharfen Spitzen, die an die Stacheln gemahnen, die an guten Taytuknollen sitzen: Je mehr sie stechen, desto besser ist die Knolle.

Da er die Frage, weshalb die *vakavayla'u*-Fackeln für den ersten Ritus schon zur Erntezeit, drei oder vier Monde bevor man sie braucht, verzaubert werden, nicht *ex officio* beantworten kann, läßt er der Spekulation freien Lauf: »Zur Ernte gibt es Taytu in Fülle. Ich mache *vilamalia*-Magie, der Taytu ist kräftig und gut, ich verzaubere die *kaykapola*. Reichlich und kräftig werden die Gartenfrüchte des nächsten Jahren sein.«[6] Das vermittelt den Eindruck, als solle der zur Erntezeit herrschende Wohlstand auf das nächste Jahr überführt werden – eine Erklärung, in die allerdings bereits die Schlußfolgerungen des Ethnographen eingegangen sind.

Aber soviel ist klar: die vorwiegend im Zauberspruch selbst enthaltene magische Kraft muß geradewegs in die zu beeinflussenden Substanzen gelangen, und falls diese nicht sofort verwendet werden, muß man sie einschließen, indem man die verzauberten Gegenstände fest einwickelt und mit Matten bedeckt. In allen bislang beschriebenen Riten richtet der Magier seinen Mund direkt auf den Gegenstand und spricht die Formel aus nächster Nähe; wenn möglich konstruiert er eine Art Gefäß – etwa den Hohlraum zwischen zwei übereinanderliegenden Matten oder ein aufgeklapptes Blatt –, durch das sein Atem Richtung erhält und am Entweichen gehindert wird (vgl. auch Kap. VII, Abschn. 6).

Zwei Zaubersprüche waren mit Ausnahme der ersten Zeilen identisch und stimmten auch darin überein, daß sie sich auf Gegenstände bezogen, die im rituellen Akt selbst verunglimpft wurden. Es sind die Zaubersprüche vom »schlechten Holz« und vom »Hundekot«. Ob hier die Gärten und der Taro gerade durch Fluchen geschützt werden sollen, ist aus einheimischen Zeugnissen nicht zu beantworten, aber es scheint nicht unwahrscheinlich, daß eine »bäuerliche« Vorstellung dieser Art mitspielt.[7]

Ich schalte hier eine einschlägige Parallele aus einem anderen Teil der Insel ein, weil sie diese Erklärung zu bestätigen scheint. Der *pelaka'ukwa*-Ritus, den man überall im Gebiet der Trobriander praktiziert, gilt im Süden der Insel als der zentrale Ritus der Tarogärten, die er vor Busch-

[6] S. Kap. II, Anm. 3.

[7] Diesen Hinweis verdanke ich meinem Freund Dr. Obreski, der mir auf Grund seiner umfassenden Kenntnisse slavischer Zaubersprüche mitteilte, daß solche Ausdrücke für unsere eigene, die polnische und slavische Magie charakteristisch seien und dort die Funktion hätten, die ich hier den trobriandischen Zaubersprüchen zugeschrieben habe. S. a. J. G. Frazer, *The Golden Bough*.

schweinen schützen soll. Im vorliegenden Zusammenhang ist es von höchstem Interesse, daß in Sinaketa, dem Hauptort des Südens, wo man mir von dieser Magie berichtet hat, nicht eine Tarospitze, sondern ein Stein das Objekt des *pelaka'ukwa*-Ritus darstellt. Der Magier verzaubert den Stein und zwar offenbar mit einer Formel, in der Buschschweine erwähnt und gebannt werden, und wirft ihn über den Zaun in den Busch (*yosewo*). Hier ist es also ein Stein, der »Hundekot« genannt und den Buschschweinen vorgeworfen wird, damit sie sich vor den Gärten ekeln. Motago'i, mein bester Gewährsmann in Sinaketa, erklärte mir die Sache folgendermaßen:[8]

(I) »Wenn sie den Stein sehen, gehen (sie) nach Tepila, dem Dorf der Schweine. (II) Wenn die Magier das Gartenland (mit diesem Spruch) verzaubern, treiben sie die Buschschweine fort nach Tepila. (III) Das eine Dorf der Schweine ist Tepila, das andere Lukubwaku, ein Ort diesseits der Giribwa (der Wasserstraße, welche die Hauptinsel der Trobriander von der zweitgrößten Insel, Vakuta, trennt, und das an dieser Straße gelegene Dorf). (IV) Wenn die Magier die Schweine davontreiben, gehen diese nach Lukubwaku; (V) Schon kommt das Schwein des Zaunpfahls, das Schwein mit vier Ohren und zwei Schwänzen. Sie schicken sie fort, alle anderen Schweine gehen nach Lukubwaku. Dieses aber (das Schwein des Zaunpfahls) bewacht den Zaun, denn es ist das Schwein des Pfahls. (VII) Die *towosi* kennen diese Magie, weil es (das Schwein des Pfahls) ihr Schwein ist. (VIII) Sie (die Schweine) leben wirklich in ihrem Dorf, das wissen die Alten seit langer, langer Zeit.«[9]

Leider erhielt ich diesen Bericht erst wenige Wochen vor meiner Abreise, als andere Ereignisse in meiner unmittelbaren Umgebung mein Interesse zu sehr in Anspruch nahmen, als daß ich den Glauben an das Buschschwein des Zaunpfahls im Norden der Insel noch hätte untersuchen können.[10] Trotzdem möchte ich diesen Glauben ohne weiteres als im Süden allgemein verbreitet anführen, da Motago'is Informationen in der Regel so zuverlässig waren wie die zwanzig anderer. Neben der Vorstellung vom *bulukwa gado'i,* »dem Buschschwein des Zaunpfahls« mit vier Ohren und zwei Schwänzen, interessiert die von den beiden Dörfern der Buschschweine: Daß es irgendwo im dichtesten und unzugänglichsten Teil des *rayboag* ein Dorf gebe, in das man die Buschschweine mittels Magie zurücktreiben oder aus dem man sie mittels schwarzer Magie hervorlocken könne, wird allgemein geglaubt. Tepila muß irgendwo im Norden liegen, denn dort ist dieser Name überall bekannt. Lukubwaku ist

[8] *Coral Gardens,* Vol. II, Text 78, Part V, Div. XI, § 2.

[9] Der linguistische Kommentar zu diesem Text enthält weitere Informationen von ethnographischem Interesse.

[10] S. *Coral Gardens,* Vol. I, App. II, sec. 4, note 10.

laut Motago'i ein realer Ort, den er und viele andere durchquert haben, obgleich Buschschweine sich niemals blicken lassen, wenn menschliche Wesen dorthin gehen. Der Ort liegt offenbar in dem langgezogenen *rayboag*-Streifen am Südwestende, wo die Insel sich keulenförmig verbreitert und gänzlich von unbebaubarem, unwirtlichem Fels bedeckt ist, eine Gegend, die von Menschen kaum jemals aufgesucht wird. Die schwarze Magie, die Buschschweine anlockt, gilt augenscheinlich als die wichtigste schwarze Magie überhaupt. Motago'i sagte bei der gleichen Gelegenheit[11]:

(I) »Angenommen die Leute streiten: ›Paßt auf, ich werde eure Gärten verhexen.‹ (II) Er (der die Drohung ausstößt) verhext dann einen Stein und wirft ihn über den Zaun. Schweine kommen in großer Zahl aus Lukubwaku. Sie fressen den Yams, bis zum letzten Rest. So ist es, wenn einer die Gärten verhext. (III) Wenn niemand die Gärten verhext, kommen keine Buschschweine.«

Auch in diesem Ritual geht es bezeichnender Weise darum, einen Stein zu werfen; nur wird diesmal der Stein nicht aus dem Garten heraus, sondern in ihn hinein geworfen, wie den Kommentaren zu entnehmen war. Motago'i kannte die Formel nicht und hatte nicht einmal die leiseste Ahnung von ihrem Inhalt. Der Umstand, daß man einen Stein aus dem Garten in den Busch wirft, um die Schweine fortzutreiben, umgekehrt aber, den Stein vom Busch her in den Garten werfen muß, wenn man sie herbeilocken möchte, legt die Vermutung nahe, daß die Formel der schwarzen Magie so etwas wie eine Umkehrung der weißen Magie und der Stein die magische Repräsentation einer besonders reizvollen Taroknolle sein könnte.

Der Glaube, einzig Zauberei könne die Seuchen und Plagen auslösen, die den Menschen peinigen, ist tief verwurzelt. Parallel dazu besteht die Vorstellung, daß Zauberei und nur Zauberei die letztliche Ursache für all das sei, was die Gesundheit und das Wohlergehen des Menschen bedroht und die Unfälle im menschlichen Leben hervorruft. Tod durch Ertrinken, unversehens auftauchende Krokodile oder umstürzende Bäume – all das kommt niemals von selbst, stets ist es durch schwarze Magie verursacht.

Da es hier um verschiedene Vorstellungen, Meinungen und den »Aberglauben« im Zusammenhang mit Sicherheit und Sauberkeit der Gärten geht, sollten zwei bedeutende Tabus nicht unerwähnt bleiben. Das erste verbietet jeglichen Geschlechtsverkehr in den Gärten oder in ihrer Nähe. Im Anschluß an den oben zitierten Text[12] sagte Motago'i folgendes: »Die Leute fragen sich manchmal: ›Warum kommen in diesen Garten Tag für Tag Schweine?‹ Und die Antwort wäre: ›In der Nähe des Gartens ist

[11] *Coral Gardens,* Vol. II, Text 79, Part V, Div. XI, § 4.
[12] Ebd., § 5.

herumgehurt worden.‹« Wie ich an anderer Stelle[13] erwähnt habe, müssen Gärten und Gartenarbeit vom Geschlechtsleben streng getrennt werden. Unter keinen Umständen darf man innerhalb der Einzäunung den Geschlechtsakt vollziehen. In den Gärten oder in der Umgebung des Gartenlandes geschlechtlich verkehren heißt bei den Eingeborenen gewöhnlich *isikayse tokeda,* »sie setzen sich in den Buschgürtel in der Nähe der Gärten«. Im folgenden Kommentar zu diesem Tabu wird jedoch die spezifischere Wendung »sich auf der Grenzstange niedersetzen« gebraucht[14]: »Es ist Tabu, sich auf der Grenzstange niederzusetzen. Wenn ein Mann das tut, bekommt er Elephantiasis (der Hoden). Auch die Frau bekommt Elephantiasis (der Schamlippen).« Ein besonderes Tabu verbietet den Männern, sich Frauen zu nähern, während sie jäten oder den Boden säubern.

Das zweite Tabu betrifft die menschlichen Exkremente; die Gärten müssen von all diesen Dingen freigehalten werden. Man darf dort auf keinen Fall seinen Darm entleeren oder Wasser lassen, sonst würde der Boden entweiht und die Ernte verdorben. Auch dem Defäkieren in der Umgebung menschlicher Behausungen wird eine starke Abneigung entgegengebracht.[15]

Wenden wir uns nun aber wieder dem magischen System von Omarakana zu; denn auf die Fragen: Warum wird auf den Taro soviel, auf den Taytu, die Hauptanbaufrucht, so wenig Magie verwendet? Welche Bedeutung hat dieser oder jener Vers in der Magie? Weshalb wird der eine Zauberspruch gesungen und ein anderer gesprochen? –, die sich dem Leser wohl ebenso wie mir aufgedrängt haben, als ich die Zeremonien in Kiriwina mit eigenen Augen sah, lautete die einzige, die immerwährend gleiche Antwort: *tokunabogwo ayguri,* »es ist so bestimmt seit alters her«, »wir können kein *u'ula* (keinen Grund oder Anfang) dafür angeben.[16]

### *3.* Koumwala, *die abschließende Reinigung*

Unsere Erzählung setzt nun mit dem *koumwala,* der »Reinigung des Bodens von Abfällen«, wieder ein, mit dem neuen Arbeitsstadium also, das mit dem *gabu,* dem zeremoniellen Feuer, eröffnet ist. In dieser Phase sind auch die letzten trockenen und teilweise verkohlten Hölzer zu verbrennen, die ersten Pflanzungen vorzubereiten und die Zäune zu errichten. Mit letzten ist unverzüglich zu beginnen, da das Saatgut sofort vor Buschschweinen und Wallabys zu schützen ist.

Auch nach dem zweimaligen magischen Feuer liegen noch immer Blätter

[13] *Das Geschlechtsleben der Wilden,* S. 242, 353, 382.
[14] *Coral Gardens,* Vol. II, Text 34, Part V, Div. VI, § 47.
[15] Vgl. ebd., § 15 u. § 29; und *Das Geschlechtsleben der Wilden,* S. 357f. und 382.
[16] S. a. *Coral Gardens,* Vol. I, App. II, Sec. 4, note 11.

und Reisig auf dem Boden verstreut (vgl. Abb. 43, vor der letzten Reinigung aufgenommen, mit Abb. 26 u. 38, wo der Boden endgültig gesäubert ist). All das gilt es nun wegzuräumen, indes die Wurzeln, der gefährlichste Teil des alten Gestrüpps, auszugraben oder aus der Erde zu ziehen sind, da der alte Busch nachwachsen könnte und die wirklich geeigneten Flecken fruchtbaren Bodens unter dem Unrat schwer zu entdecken wären.

Die Reinigung erfolgt mit geradezu pedantischer Perfektion, vor allem auf den Musterparzellen (*leywota*). Zweifellos spielen bei dieser Arbeit ästhetische Motive eine wichtige Rolle; die säuberlich freigelegten, sorgfältig gefegten und verzierten sowie dekorativ unterteilten Parzellen zeigen es (vgl. Abb. 26, 36, 38). Grabstock und Axt werden gelegentlich herangezogen, um Wurzeln auszugraben oder auszuschneiden, doch das Hauptwerkzeug ist in diesem Arbeitsstadium die menschliche Hand (vgl. Abb. 36, die zeigt, wie eine Familie das restliche Laub und Gehölz von ihrer Parzelle aufliest).

Wurzeln, Blätter und Reisig werden zu Haufen gesammelt und angezündet. An windstillen Tagen häufen die Gärtner die Abfälle oftmals bis gegen Sonnenuntergang an und stecken dann alle Haufen gleichzeitig in Brand. Das meist noch grüne und etwas feuchte Zeug schwelt lang in die Nacht hinein. Geht man zu dieser Zeit durch die Gärten, so gewinnt man den Eindruck eines gigantischen, verlassenen Lagers, mit all seinen winzigen Feuern, die gleichmäßig über das weite Land verstreut sind.

Alljährlich werden während des *koumwala* die Felder auch von kleinen Steinen befreit, die sich stets auf fruchtbaren Boden verirren. Man legt sie auf den flachen Wall, *kakulumwala* genannt, der die Gartenparzellen voneinander abgrenzt (Abb. 25, im Vordergrund, Abb. 40 u. 44, von links unten nach rechts oben).[17] In Gegenden, in denen der Boden sehr steinig ist, müssen überall im Feld große Steinhaufen (*tuwaga*) errichtet werden. In Kiriwina kommen sie fast gar nicht vor (Abb. 20, 23 u. 26), oder sie sind klein und nur in weiten Abständen voneinander angelegt. In den westlichen Distrikten, in Kuboma und Kulumata, und im Süden erheben sie sich jedoch zu großen, konischen Hügeln, die dicht beieinander stehen, so daß der bebaubare Boden gewissermaßen auf die dazwischenliegenden Täler beschränkt ist (vgl. Abb. 37).

In dieser Phase erfolgt die Quadratierung, die für trobriandische Gärten so charakteristisch ist: Gerade gewachsene Stöcke werden so auf die Erde gelegt, daß sie die Parzellen in kleine Quadrate unterteilen. (Ihre ungefähre Größe ist auf den Abb. 26, 36 und 38 zu sehen; die besonders kleinen Quadrate auf den Abb. 26 und 38 befanden sich auf einer sehr

[17] Eine Ecke, in der zwei Gartengrenzen aufeinanderstoßen, ist auf Abb. 48 deutlich zu sehen.

fruchtbaren *kaymugwa*-Parzelle in der Nähe des Dorfes.) Der Leser wird sich daran erinnern, daß bei der Rodung alle guten, geraden Hölzer beiseitegelegt werden, damit das magische Feuer sie verschont; jetzt dienen sie als *tula,* als die Grenzlinien der Quadrate, die selbst *gubwatala* heißen. Sind bei der Rodung nicht genügend Stöcke übriggeblieben, so versorgt man sich aus dem Busch mit Nachschub. Wie sich noch zeigen wird, ist das Netzwerk der *tula* mit dem System der hohen Pfähle verbunden, welche die Ecken und Grenzen der Gartenparzellen markieren.

Auf den Musterparzellen bemüht man sich auch bei dieser Arbeit wieder um größte Sorgfalt und Eleganz, indem man die geradesten Stöcke auswählt und die Quadrate besonders genau, klein und zierlich absteckt. Parzellen, die, von Steinen und Unrat gänzlich befreit, schwarze Erde zeigen und exakt mit *tula* ausgelegt sind, bieten dem Trobriander einen höchst erfreulichen Anblick, den er auch mit Freude und gebührendem Stolz vorweist.

Tragen so die *tula* zweifellos zur Verschönerung der Gärten bei, so ist doch die ihnen sicher auch zukommende ökonomische oder technische Funktion auf den ersten Blick nur schwer zu erkennen: Die Quadratierung gestattet schon bei der Arbeit in den Frühgärten eine Unterteilung hinsichtlich verschiedener Verwendungszwecke, indem etwa ein Teil der erwarteten Ernte für den Gärtner selbst, ein anderer für seine Schwester und ein dritter für seine Mutter reserviert wird. Bei meinem ersten Besuch in Omarakana hatte der Oberhäuptling, To'uluwa, weniger Parzellen bebaut, als er Frauen besaß, und um die Erzeugnisse unter ihnen gerecht verteilen zu können, hatte er jeder von ihnen eine bestimmte Anzahl *gubwatala*-Quadrate zugeteilt.

Auch beim Pflanzen spielen die Unterteilungen eine wichtige Rolle, da der Gärtner mit ihrer Hilfe die Entfernungen zu kalkulieren und seine Zeit besser einzuteilen weiß. Zu Beginn seiner Arbeit verteilt er auf jedes Quadrat einige Handvoll Saatyams. »Wie sollten wir ordentlich pflanzen«, sagt man, »wenn wir keine *tula* hätten?« »In Gärten, in denen es keine *tula* gibt, ist das Arbeitsresultat schlecht, wo die Gärten in *gubwatala* unterteilt sind, ist es gut.«[18] Oder[19]: »Wir legen die Grenzstäbe hin, damit die Arbeit schnell vorangeht. Wir pflanzen ein Gartenquadrat, bis es fertig ist. Wir nehmen uns ein anderes Quadrat vor – wir pflanzen und pflanzen, schon ist es fertig.« Auch beim Jäten, das die Frauen oft gemeinsam ausführen, übt die Unterteilung ihren psychologischen Einfluß auf die Leistung aus. Jede Frau wird ihren Ehrgeiz dareinsetzen, daß ihr Quadrat schließlich besser gejätet ist als das ihrer Nachbarin. »Mit den

[18] Vgl. Kap. II, Anm. 3.
[19] *Coral Gardens,* Vol. II, Text 33, Part V, Div. VI, § 45.

*tula* geht die Arbeit schnell voran, sie macht Spaß; wenn keine *tula* da sind, oder wenn sie krumm liegen, dann zieht sich die Arbeit in die Länge, und wir haben keine Lust dazu.«

Die Quadrate gestatten also kraft Aufgliederung der Aufgaben in einzelne Abschnitte, die Arbeit zu messen und systematisch zu unterscheiden zwischen dem, was bereits getan, und dem, was noch zu tun ist, so daß der Gärtner keine lange, undifferenzierte Arbeitstrecke vor sich hat, sondern immer eine Serie von Etappen, deren Ende jeweils bereits zu Beginn abzusehen ist.[20]

Sobald die *tula* fertig sind, wird vorgepflanzt. In jedes Quadrat kommen ein, zwei Bananensämlinge, ein paar Tarospitzen, zwei, drei Zuckerrohrstangen und einige Knollen der großen Yamsart, *kuvi* (vgl. Abb. 25 und 38). Die quadratischen Abteilungen helfen dabei, die Arbeit zu gliedern und die richtige Aufteilung der Anbaufrüchte sicherzustellen; Mischkulturen sind zwar in den Hauptgärten (*kaymata*) von geringer Bedeutung, nehmen aber in den Frühgärten (*kaymugwa*) einen beträchtlichen Teil des Bodens in Anspruch.[21]

Beim *koumwala* gibt es keine Gemeinschaftsarbeit; es ist Sache des Eigentümers, dem nur seine Gattin und seine Kinder helfen, oder falls er ledig ist, seine Mutter oder andere weibliche Verwandte (vgl. Abb. 24, 36, 37). Ein Häuptling kann zwar Verwandte oder Abhängige bitten, auf seinen Parzellen Grenzstäbe auszulegen oder sich am Vorpflanzen zu beteiligen (vgl. Abb. 25 u. 38); aber soziologisch gesehen handelt es sich dabei nicht um Gemeinschaftsarbeit, nicht einmal um die, die man *kabutu* nennt (vgl. Kap. IV, Abschn. 5), sondern eher um einen milden Frondienst, wie ihn Untertanen dem Häuptling schuldig sind.

In der Regel geht die ganze Familie in den Garten, um dort tagsüber zu kampieren. Man zündet ein Feuer an, breitet Matten auf dem Boden aus, und rund um dieses Lager spielen die kleinen Kinder, während die größeren bei der Arbeit behilflich sind. Gilt das Säubern des Bodens eher als Frauenarbeit, so sind in der Hauptsache die Männer dafür zuständig, die *tula* auszulegen und zu pflanzen; eine geschlechtsspezifische Arbeitsteilung im strikten Sinn findet dabei aber nicht statt.

Die Stöcke für den Zaun, der errichtet werden muß, sobald die Saat in der Erde ist, können jederzeit im nahen Busch besorgt werden, falls vom Roden nicht genug übrig sind. Zunächst sind in zwei parallelen Reihen, etwa fünf bis sieben Zentimeter auseinander, senkrechte Pfähle (*gado'i*) zu setzen, deren Zwischenräume dann mit waagrechten Stäben geschlossen werden, wobei man in mittlerer Höhe die Pfähle mit Bast verbindet, darauf wieder waagrechte Stäbe legt, und schließlich alles am oberen

[20] Vgl. *Coral Gardens*, Vol. I, App. II, Sec. 4, note 12.

[21] Vgl. ebd., note 13.

Ende nocheinmal verschnürt. Der Zaun ist dann durchschnittlich etwa ein bis ein Meter zwanzig hoch. Wo ein Weg auf den Garten stößt, ist ein Zauntritt (*pisila* oder *kalapisila kali*) angebracht (siehe Abb. 32 und 39; auf der Abb. 22 ist die Struktur eines Zauns deutlich zu erkennen, der Zauntritt befindet sich hier auf der linken Seite). Zum gemeinsamen Zaun tragen alle ihren Teil bei, indem jedermann den Abschnitt übernimmt, der längs der Außengrenze seiner Parzelle verläuft; die beieinander liegenden Stücke sind ja von einem einzigen Zaun umschlossen, der dem ganzen Garten vor Buschschweinen und Wallabys Schutz bietet (vgl. Skizze 4 und Abb. 20, wo im Hintergrund ein Zaun die Garteneinheit vom Busch trennt).

### *4. Die vier Eckpfeiler der magischen Wand*

Nachdem die Gärten gesäubert, von einem Netz von Quadraten überzogen und teilweise bepflanzt sind, folgt als nächstes eine der wichtigsten Gartenzeremonien, eine Serie von Riten, die insgesamt zwei bis drei Tage dauern und von Tabus begleitet sind. Für die Gärtner wie auch für den Magier selbst bringt sie viel Handarbeit mit sich; und sie verändert das Gesicht der Gärten: Die magischen Prismen, die *kamkokola,* Gestelle, die jetzt in allen vier Ecken jeder Parzelle errichtet werden, haben für den Trobriander ästhetischen Wert, ihr Anblick erfreut sein Herz – und vielleicht ebenso das des Kubisten (s. Abb. 23, 40 und 41). Sie sind mit der Quadratierung und mit weiteren geometrischen Gebilden an der Parzellengrenze verbunden. Das Haupt-*kamkokola* steht an der Stelle, die wir als »magische Ecke« des Gartens bereits kennengelernt haben, dort nämlich, wo der Magier anläßlich des magischen Feuers eine Tarospitze und *kwanada*-Yams gepflanzt und das kleine Geisterhaus errichtet hat, und wohin er übrigens zu den Erntezeremonien noch einmal zurückkehren wird.

Die Zeremonie, die zu beschreiben wir im Begriff sind, ist vielleicht weniger eindeutig eine *Eröffnungs*zeremonie, als das bei den vorangegangenen der Fall war. Zwar besteht zweifellos ein Zusammenhang zwischen dem Bau der magischen Prismen (*kamkokola*) und dem Aufstellen der Yamsstützen (*kavatam*), an denen bald die Tayturanken emporklettern werden; zwar bringt man auch das Anpflanzen des Taytu mit dem *kamkokola* in Verbindung, wenngleich nur unbestimmt, aber die Ergänzungsfrüchte sind bereits in der Erde, und ob die Hauptfrucht, Taytu, wirklich erst nach Errichtung der *kamkokola*-Gestelle gepflanzt werden darf, das habe ich auf Grund der ungleichzeitigen Entwicklung in den verschiedenen Dörfern durch persönliche Beobachtung nie sicher in Erfahrung bringen können.[22] In Omarakana hat Bagido'u mir wiederholt

[22] Vgl. ebd., note 14.

versichert, daß das eigentliche *sopu, sopu malaga,* das Pflanzen von Taytu, erst beginnen dürfe, wenn alle vier Ecken jeder Parzelle, mindestens aber der Musterparzellen, mit dem magischen Prisma ausgeschmückt seien; in anderen Dörfern wiederum habe ich selbst gesehen, daß vor der *kamkokola*-Zeremonie Taytu gepflanzt wurde.

Außer Frage steht allerdings, daß erstens die *kamkokola*-Zeremonie an das Pflanzen von Taytu gebunden, daß sie ein Pflanzritual ist – ob sie nun ganz als Eröffnungsmagie gilt, wie wohl im System von Omarakana, oder nur gleichsam als Weihe der vor der Vollendung stehenden Aussaat. Meine Gewährsleute jedenfalls haben den Zusammenhang zwischen der Zeremonie und dem Pflanzen betont, indem sie sagten, wo die Zeremonie ausgelassen werde, müsse die Pflanzung erfolglos bleiben. Aber die Zaubersprüche, das Ritual und das Gestell selbst verweisen weit eher auf die Yamsstützen.

Und zweitens ist das Pflanzen von Taytu, obwohl es wie jedes andere Pflanzen *sopu* genannt wird, in den Augen der Trobriander eine Tätigkeit *sui generis.* Wird das Wort *sopu* zur Bestimmung eines Stadiums im Gartenbau verwendet, so bezieht es sich niemals auf die erste Frühpflanzung, sondern ausschließlich auf die Hauptpflanzung. Ob diese nun unmittelbar vor oder erst nach der *kamkokola*-Zeremonie stattfindet, man bedient sich dabei einer anderen Arbeitsweise, nämlich der Gemeinschaftsarbeit, während ja Vorpflanzen ausnahmslos Sache der Einzelfamilie, wenn nicht der Fron für den Häuptling ist. Beim Pflanzen von Taytu sind, selbst wenn es einmal in Einzelarbeit besorgt wird, verschiedene Bräuche üblich, etwa traditionelle Rufe und Gesänge, die während jeder anderen Gartenarbeit verboten sind, Wetten und kleinere Tabus.

Wenn die Musterparzellen und mehrere andere ordentlich gesäubert sind, entscheidet Bagido'u, daß nun die Zeit für diese Magie gekommen sei. Eines Abends wendet er sich an die Bewohner seines Dorfes: – »Das *koumwala* ist jetzt abgeschlossen. Die Zäune sind gebaut. Noch gibt es ein paar Stellen, wo das Buschschwein hineinspringen kann. Setukwa sollte seinen Zaun höher machen, und Gumigawaya muß immer noch sein Stück fertigstellen. Wir wollen nicht, daß Buschschweine und Wallabys unser Zuckerrohr fressen und unsere Tarospitzen anknabbern. Jetzt ist die Zeit gekommen, Taytu zu pflanzen. Wir müssen *sopu* machen. Unser Taytu wird hochschießen, er wird emporklettern; wir wollen große Stützen, die *kavatam.* Ihr, Freunde, müßt die *lapu* (Pfähle) bringen, damit wir die *kavatam* und *kamkokola* aufstellen können. Ich stecke morgen *kayluvalova* (Tabustäbe) in den Boden, in jeder *baleko* einen. Eure Gärten sind dann tabu (*kaboma*). Ihr dürft nicht arbeiten. Ihr, Männer, geht alle zum *rayboag,* zur *momola* (Küste), bringt lange, gerade Stämme, auf daß unsere Gärten schön aussehen und unser Taytu groß und kräftig wird.«[23]

[23] Vgl. Kap. II, Anm. 3.

So etwa mag die Rede ausfallen, mit welcher der Gartenmagier von Omarakana einige wegen ihrer Faulheit und Nachlässigkeit tadelt, auf das augenblickliche Stadium der Gärten hinweist, zu guter Arbeit ermahnt und schließlich seine Absicht kundtut, die neue Serie, die *kamkokola*-Riten, zu eröffnen.

Am nächsten Tag begibt sich Bagido'u auf einen ersten Rundgang und steckt in jede *baleko* einen dünnen, knapp eineinhalb Meter langen Stock, der *kayluvalova* genannt wird und anzeigt, daß hier fortan ein Tabu verhängt ist und daß nun alle Energie einzig und allein darauf zu verwenden ist, starke Pfähle (*lapu*) herbeizuschaffen. Kein Zauberspruch, kein Ritual wird an die *kayluvalova* gesetzt, da sie nicht Träger magischer Kraft, sondern Tabuzeichen sind.

Auf den Musterparzellen wird das *kayluvalova* mit besonderer Sorgfalt aufgestellt, meist lehnt man zwei Stöcke schräg dagegen, so daß eine *kamkokola en miniature* entsteht (s. Abb. 23 u. 41), *si kamkokola baloma,* »die *kamkokola* der Geister«, wie die Trobriander gelegentlich sagen. An dem Tag, an dem ich Bagido'u auf seinem ersten Rundgang begleitete, ließ er keine Parzelle aus. Zuerst ging es nach den *leywota,* die alle gesäubert und bepflanzt waren; durch das grüne Laubwerk von Taro, Zuckerrohr und Bananen, die bereits Wurzel geschlagen hatten und heranwuchsen, schimmerte der blanke, rotbraune Boden. Apart hob der Zaun sich gegen das frische Grün und die braune Erde ab; mit seinem neuen Holz schien er wie Goldbarren zu glänzen. Auch gewöhnliche Parzellen waren bereits gesäubert und unterteilt, andere hatten das *koumwala* halbwegs hinter sich, und wieder andere waren noch von Gestrüpp überwuchert. Aber selbst in diese steckte Bagido'u einen dünnen Stock, genau in den Schnittpunkt der magischen Ecke, wo wenigstens eine kleine Stelle vom Gestrüpp befreit worden war, an der alle vorangegangenen Zeremonien ihren Ort gefunden hatten.[24]

Nach der Rückkehr ins Dorf verkündet der Magier, daß er über alle Parzellen das Tabu verhängt habe und daß es nun an der Zeit sei, *lapu* zu sammeln. Folgen wir den Männern, die in allen Himmelsrichtungen aus dem Dorf strömen, meist zu dritt, viert oder fünft. Die trägeren, schwächeren oder weniger ehrgeizigen gehen nur in den nächsten Busch, wählen die besten, möglichst kräftigen, jungen Stämme aus, fällen sie und bringen sie ins Dorf. Doch die meisten, allen voran die Besitzer der *leywota* und echte *tokwaybagula,* die sich ihrer Gärten rühmen, setzen sich eine anstrengendere Aufgabe: Sie überqueren die Ebene, klettern auf den Korallenwall und suchen den Dschungel nach geeigneten Bäumen ab. Aus eigener Erfahrung weiß ich, daß das einige Zeit in Anspruch nimmt; denn der *rayboag* ist von hohem Dschungel bestanden, von

[24] S. a. *Coral Gardens,* Vol. I, App. II, Sec. 4, note 15.

indischen Feigenbäumen, Eisenholz, wildem Mango, Malay-Apfel und Pandanus, zwischen denen oft dicht verschlungene Ranken wachsen, während gerade, leichte Bäume, die einfach zu fällen wären, dort selten sind.

Hat man einen Baum entdeckt, so muß er gefällt, ausgeastet und ins Dorf getragen werden. Durchschnittlich sind *lapu* etwa drei bis fünf, gelegentlich mehr als sechs Meter lang, so daß der Transport nun schwierig ist. Man muß die Männer gesehen haben, wie sie unter einem übertrieben großen Stamm keuchen, ausruhen und sich abermals abmühen – zuweilen genötigt, ihre Last im Busch zu verstecken und ins Dorf zurückzukehren, um zu essen oder zu übernachten –, um zu ermessen, wie hoch Ästhetik, Magie und Ruhm hier geschätzt werden. Nicht weniger als drei bis fünf Tage dauert es, bis genügend Stämme zusammenkommen, um die Gärten mit magischen Prismen (*kamkokola*), Yamsstützen (*kavatam*) und Seitendreiecken (*karivisi*) zu schmücken, so daß die eigentliche Zeremonie beginnen kann.

Im Dorf hält Bagido'u dann eines Abends wieder eine Rede: Der Bedarf an Pfählen sei nun gedeckt; ein guter Garten – das setzt er in moralisierendem Ton hinzu – bedürfe guter und starker *lapu*; und schließlich kündet er nun, das Arbeitstabu noch einmal bekräftigend, den Beginn einer weiteren Magie für den kommenden Morgen an. Drei Tage dauern ja die Zeremonien in Omarakana wie in den meisten anderen Gemeinden:

Der erste Tag ist den Vorbereitungen und der Vorbereitungsmagie gewidmet. Die tatsächlichen Vorgänge erscheinen fast als Wiederholung der Magie, die schon dem allerersten Gartenritual vorangegangen war. Wieder sammelt Bagido'u morgens die dreizehn magischen Ingredienzien, die, zerpflückt und zerstoßen, die Standardmixtur der Gartenmagie von Omarakana abgeben. Ein Teil der Mixtur wird um die Schnittflächen von ein paar Axtklingen gebunden (vgl. Kap. II, Abschn. 4), dann zusammen mit dem Rest der Mixtur zwischen zwei Matten gelegt und in der Hütte des Magiers mit den gleichen Formeln verzaubert, die schon bei der ersten Eröffnungszeremonie zur Anwendung gelangt waren (*vatuvi*-Zauberspruch, M. F. 2)

Der zweite Tag ist dem zeremoniellen Bau der magischen Prismen (*kamkokola*) vorbehalten – ein Akt, der in der Regel nicht mit Festlichkeiten verbunden ist und an dem nur wenige Leute teilnehmen, so daß der unkundige Beobachter, von Details abgesehen, wohl gar nicht ohne weiteres erkennen könnte, daß es sich hier keineswegs um eine rein technische Tätigkeit handelt.

Ich selbst habe den *kamkokola*-Bau in Omarakana und in anderen Dörfern beobachtet und dabei keine wesentlichen Unterschiede festgestellt. Da Bagido'u, geschwächt und müde wie er stets war, seine Kräfte für den kommenden Tag schonen wollte, oblag die Ausführung diesmal

Towese'i und Mitakata, denen drei andere Männer helfen sollten. In Anbetracht des technischen Vorgangs ist es ratsam, den magischen Hintergrund, den strukturellen Aspekt und das, was man seine Soziologie nennen könnte, nicht aus den Augen zu verlieren.

Das schwere und unhandliche Gestell aufzubauen ist wie jede andere damit verbundene Arbeit Aufgabe des Magiers oder der unmittelbar von ihm delegierten Stellvertreter. In unserem Fall mußten also Towese'i und Mitakata ein Loch ausheben, das zuletzt 75 bis 100 cm tief war; dabei benutzten sie einen Grabstock und schaufelten die Erde mit den Händen heraus. Dann verrieben sie die tags zuvor verzauberte Mixtur auf dem vertikalen *lapu* – jenem Pfahl also, der, sobald er aufgerichtet ist, *kamkokola* genannt wird. Die Prozedur ging ohne Zauberformeln vor sich. Anschließend legten sie etwas Mixtur in das Loch und setzten den Pfahl ein, indem sie ihn hochhoben, in den Boden rammten, ringsum Erde auffüllten und feststampften. Die beiden anderen Pfähle, die meist leichter, nicht aber kürzer sind, brachten sie in ihre charakteristische Stellung, so nämlich, daß sie, zueinander im rechten Winkel stehend, mit den oberen Enden in einer Gabel des senkrechten Pfahls lagen und mit den unteren Enden auf dem Boden ruhten (vgl. Abb. 40). Von welcher Seite auch immer man das *kamkokola* betrachtet, stets sind ein oder zwei Dreiecke zu sehen; der Umriß des Gestells gleicht einem Prisma, das von der Spitze des Hauptpfahls überragt wird. Das Wort *kamkokola,* im weiteren Sinn auf das ganze Gestell anwendbar, bezeichnet in seiner spezielleren Bedeutung den senkrechten Pfahl, während die schrägen *kaybaba* genannt werden.

Die Zeremonie war damit beendet, doch nun mußten Towese'i und Mitakata zu den übrigen Parzellen gehen und in der magischen Ecke jeder *baleko* ein *kamkokola* errichten. Hier wird deutlich, daß wir das Amt des Magiers schon im Hinblick auf die rein manuelle Arbeit nicht als Sinekure ansehen dürfen. Die drei anderen Prismen jeder *baleko* muß der Besitzer selbst bauen, ebenso die *karivisi,* jene dekorativen Dreiecke, die sich längs der Parzellenränder hinziehen.

Auch das *karivisi* besteht aus einem senkrechten Pfahl, gegen den ein, zwei oder drei Schrägpfeiler (*kaybaba*) gelehnt sind (vgl. Abb. 42 und 103-108). In der Magie spielen diese Dreiecke keine Rolle, aber sie erfüllen eine ästhetische Funktion und dienen zudem als Yamsstützen. Wo die *kaybaba* eines *karivisi* den Boden berühren, grenzen sie an *tula* (vgl. Abb. 42). In gleicher Weise stoßen auch die *kaybaba* eines *kamkokola* häufig an *tula,* welche die Parzelle abgrenzen und ihrerseits mit einem *kaybaba* des benachbarten *karivisi* verbunden sind usw. *Tula,* die quer über die *baleko* verlaufen, enden jeweils an einem *kaybaba,* das seinerseits auf ein *karivisi* zuläuft. So sind *tula, karivisi* und *kamkokola* zu einem umfassenden System verknüpft; sie unterteilen die Parzelle und umgeben sie mit einem geschlossenen, magischen Gerüst. Jede der Senkrechten dient als Stütze für eine Yamsranke; der *kamkokola*-Pfahl selbst trägt das Laub jener Knolle, die während der *bisikola*-Zeremonie feierlich gepflanzt worden war.

So ist der Garten nun auch in der dritten, vertikalen Dimension strukturiert. Was einige Tage zuvor den Eindruck eines platten, nackten Stück Bodens machte, ist nun eingeschlossen in ein glänzendes Fachwerk, das stark und erhaben wirkt, da man die *lapu* fast ausnahmslos aus ihrer Rinde geschält hat. Der ästhetische Reiz, der darin für die Eingeborenen liegt, zeigt sich in ihrem Arbeitseifer, im Stolz auf das Geleistete und in den Erläuterungen des *towosi*. Mir schien, als hätten sie selbst das Gefühl, den Garten mit einer magischen Wand befestigt zu haben, deren Eckpfeiler die *kamkokola* waren. Auch wenn meine Ausdrucksweise und meine »Einfühlung« in dieser Sache rein subjektiv sein sollte: die trobriandische Einstellung zu dieser Seite des Gartenbaus zeigt eine aufschlußreiche Verbindung des Praktischen mit den Mystischen. Empirisch kennen sie den Wert hoher, stabiler Stützen; je höher und üppiger der Taytu rankt, desto reicher entwickelt er sich unter der Erde, und diese Tatsache führt zu einer ästhetischen Wertschätzung der Höhe und Stärke um ihrer selbst willen, die in der sorgfältigen Auswahl der Stützpfähle zum Ausdruck kommt. Und schließlich zweifle ich nicht daran, daß diese ästhetische Wertschätzung sich mit der mystischen Auffassung verbindet, die Höhe und Stärke des vertikalen Systems, vor allem der *kamkokola,* wirke auf die jungen Pflanzen stimulierend ein.

Nach diesem eher theoretischen Exkurs wenden wir uns dem magischen Schlußakt der *kamkokola*-Zeremonie zu, der am dritten Tag stattfindet. Trotz seiner Krankheit begibt sich Bagido'u nun selbst nach den Garten, begleitet von Towesi'i, Mitakata und einigen anderen Männern, die ihm die verzauberten Äxte und mehrere mit am Morgen gesammelten Kräutern gefüllte Körbe tragen. Das Gemisch enthält diesmal Blätter der Kasuarine (*yayu*), die das tiefe Grün und die Üppigkeit, die das Laub dieses Baums kennzeichnen, auf den Taytu übertragen sollen; dazu Blätter der *youlumwala,* einer Buschpflanze mit Knollen, deren Größe man auch vom Taytu erhofft.

Auf der *leywota* angekommen, muß Bagido'u sich dicht am *kamkokola* niederhocken. Er legt je ein Bündel der genannten Blätter vor sich auf den Boden und rezitiert – das Gesicht dem *kamkokola,* den Rücken dem Busch zugewandt – mit lauter Stimme einen Zauberspruch, und zwar so, daß sein Atem sich frei über den Garten ausbreiten kann. Zwei Tage zuvor hatte er die Magie auf den behandelten Substanzen gewissermaßen kondensiert und zwischen zwei Matten eingeschlossen. Jetzt aber soll seine Stimme und die darin enthaltene magische Kraft sich über die Felder ergießen und in die Erde eindringen. Das ist charakteristisch für alle Zaubersprüche, die im Garten rezitiert werden, für die Formeln des *gabu*-Rituals, das wir bereits kennengelernt haben, wie auch für die folgenden Zaubersprüche der Wachstumsmagie. Hier ist der Spruch, den Bagido'u über den »Blättern der Abdeckung«, über der Mischung von *yayu* und *youlumwala,* rezitiert: –

*Formel 10*

I

Verankernd, meinen Garten verankernd,
Tief verwurzelnd in meinem Garten, tief verwurzelnd,
Verankernd im Namen Tudavas,
Tief verwurzelnd im Namen Malitas.
Tudava wird klettern, er wird sich auf dem hohen Podest niederlassen.
Was schlage ich dann an?
Ich schlage die fest verankerte Wurzel meines Taytu an.
Sei verankert.

II

Sei verankert, sei verankert!
Mein Boden ist verankert.
Mein *kamkokola,* magisches Prisma, sei verankert,
Mein *kavatam,* starke Yamsstütze, sei verankert,
Mein *kaysalu,* gegabelter Pfosten, sei verankert,
Mein *kamtuya,* Stamm, beim Boden verschont, sei verankert,
Mein *kaybudi,* Spalierstock, an die große Yamsstütze gelehnt, sei verankert,
Mein *kaynutatala, kamkokola,* nicht verzaubert, sei verankert,
Mein *tula,* Grenzstab, sei verankert,
Mein *yeye'i,* kleine, schlanke Stütze, sei verankert,
Mein *tukulumwala,* Grenzlinie, sei verankert,
Mein *karivisi,* Grenzdreieck, sei verankert,
Mein *tamkwaluma,* leichte Yamsstütze, sei verankert,
Mein *kayluvalova,* Tabustab, sei verankert,
Mein *kayvaliluwa,* große Yamsstütze, sei verankert.

III

Verankert, mein Garten ist verankert,
Wie ein unverrückbarer Stein ist mein Garten.
Wie Muttergestein ist mein Garten.
Wie ein tiefverwurzelter Stein ist mein Garten.
Mein Garten ist verankert, fest verankert.
Tudududu. . .. . ..
Wie Donner rollt das Magie-Zeichen meines Dorfes im Nordostwind.

Das Magie-Zeichen (*kariyala*), das am Schluß dieses Spruchs erwähnt wird, verweist auf das Naturereignis, das dem Glauben der Trobriander zufolge als Nebenprodukt der Magie gilt: meist Blitz und Donner, manchmal ein Sturm oder leichtes Erdbeben. Im allgemeinen tritt bei sämtlichen Riten eines Magietyps das gleiche *kariyala* in Erscheinung; so sind etwa die Handlungen der Gartenmagie durchweg von Blitz und Donner begleitet. Bedenkt man, daß der Beginn dieser Magie auf den Jahreszeitenwechsel von Passat- zu Monsumwinden fällt und daß die Zeremonien größtenteils in der frühen Zeit des Monsuns stattfinden, wenn Gewitter ganz alltäglich sind, so ist das Wunder nicht schwer zu erklären. Die Trobriander führen jedes gelegentliche Ausbleiben des Magie-Zeichens darauf zurück, daß in der Magie Fehler unterlaufen seien. Das eine oder andere Mal hörte ich sagen, es habe schon ein Gewitter gegeben, nur sehr weit entfernt, oder auch mitten in der Nacht, als alle schliefen.

Nachdem nun Bagido'u über den »Abdeckungsblättern« (*kavapatu*) die Zauberformel gesprochen hat, steckt er sie unmittelbar am *kamkokola*-Pfahl in die Erde. Hierauf erhebt er sich, nimmt seine am Vorabend verzauberte Axt von der Schulter und schlägt mit den folgenden Worten den Pfahl an: –

*Formel 11*

Unser *kamkokola,* das unsrige, das des Gartenmagiers. Es ist fest und stark.
Unser *kaybaba,* das unsrige, das des Häuptlings. . . . . .

Dieser Ritus wird auf jeder Parzelle durchgeführt, aber nur auf den vier bis sechs Musterparzellen muß der Magier persönlich in Aktion treten. Damit ist die *kamkokola*-Zeremonie beendet; es ist eine der wichtigsten magischen Handlungen im Gartenbau und unter allen gewiß die mysteriöseste und verschwommenste. Die magische Funktion dieses Rituals scheint mir aber ganz klar darin zu bestehen, daß sie den Bau der Laubstützen inauguriert. Das *kamkokola* ist selbst eine solche Stütze, verbunden mit dem System der *tula* und *karivisi,* wobei auch letztere dem rankenden Taytulaub als Stütze dienen. Tatsächlich ist das *kamkokola* der erste große, vertikale Pfahl, der im Garten aufgestellt wird, wiewohl die Überbleibsel des gerodeten Dschungels schon einige vertikale Akzente setzen. Überdies stellt die Zeremonie sozusagen den Abschluß der Oberflächenarbeit in den Gärten dar; sie gibt der magischen Ecke eine letzte, dekorative Note und vollendet das *tula*-System auch in künstlerischer Hinsicht (vgl. Abb. 105 und 108).

Auf der anderen Seite beginnt das gemeinschaftliche Pflanzen erst nach der *kamkokola,* mindestens in einigen Dörfern darf vorher, wie gesagt, gar kein Taytu angepflanzt werden; jedenfalls waren kompetente Gewährsleute dieser Meinung. Folgende Erklärung findet sich in meinen Notizen: –

»Das große *kamkokola* macht, daß der Taytu hoch aufschießt und stark wird. Ohne *kamkokola* können wir nicht Taytu pflanzen.«[25]

Wenn das *kamkokola* schlecht sei, hörte ich ferner, werde der ganze

[25] Vgl. Kap. II, Anm. 3.

Garten nichts taugen. Verschiedene Gewährsleute versicherten mir, daß die *kamkokola* Buschschweine abzuschrecken vermögen und den Zaun verstärken. »Wenn wir keine *kamkokola* im Garten aufstellen, kommen die Buschschweine, sie zerstören alle Früchte.«[26]

Kurz nach der *kamkokola*-Zeremonie findet der kleine *vakalova*-Ritus statt. Meines Wissens wird er ein oder zwei Tage nach dem Anschlagen des *kamkokola* veranstaltet, doch bin ich mir dessen nicht sicher, da ich nie persönlich daran teilgenommen habe. Etwas *kotila,* eine Pflanze aus dem *rayboag,* wird mit Erde aus dem Nest der Buschhenne (*ge'u*) gemischt, in der magischen Ecke zu einem kleinen Haufen geformt und dort verbrannt. Zuvor verzaubert man die Mixtur mit folgender Formel: –

*Formel 12*

*O nabugwa* Taytu
*O nakoya* Taytu,
*O teyo'u* Taytu.
Koche im Bauch meines Gartens,
Koche, koche in der Erde meines Gartens.

Dieser Ritus, der speziell dazu dient, *leria,* Schädlinge, von den Gärten fernzuhalten, ist ein Akt des Exorzismus und der Ausräucherung.

Am besten betrachtet man die *kamkokola* wohl als eine Zeremonie, die den Wendepunkt im Gartenbau kennzeichnet, den Punkt, an dem die meisten Vorbereitungsarbeiten abgeschlossen sind. Der Zaun ist fertiggestellt, das Netz von Stäben auf dem Boden ausgelegt, die Frühpflanzung beendet; die eigentliche Pflanzung hat ihren Anfang genommen und wird in Kürze vollendet sein – und damit kann das Wachstum der Gärten beginnen. So gesehen, bringt die *kamkokola*-Zeremonie alle vorbereitenden Tätigkeiten zum Abschluß und leitet nun den tatsächlichen Wachstums- und Entwicklungsprozeß der Gärten ein.

## 5. *Das Taytupflanzen*

Die gesamte Tätigkeit, die der Trobriander *sopu* nennt, dauert pro Pflanze nur ein paar Minuten und umfaßt den ganzen, komplexen Vorgang der Bodenbestellung: in einem Arbeitsgang durchbricht man die Krume, lockert die Erde, pflanzt die Saatknolle und bedeckt sie mit einem kleinen Erdhügel. Trotz der ungewöhnlichen Entwicklung des trobriandischen Gartenbaus, trotz der relativen Effizienz ihrer landwirtschaftlichen Arbeit und trotz der darauf verwendeten Zeit und Mühe, ist dieser zentrale Akt der Bodenbestellung bemerkenswert einfach.

Äußerst primitiv sind auch die Werkzeuge, die dabei benutzt werden, und

[26] Vgl. ebd.

die ich an anderer Stelle (Kap. I, Abschn. 4) bereits aufgezählt habe: der Grabstock (*dayma*), die Axt (*kema*), die Dechsel (*ligogu*) und die Hand.
Die Länge des Grabstocks variiert mit der Größe des Benutzers. Ein starker Mann benutzt einen schweren, kräftigen Stock von 1,60 bis 2 m Länge; Frauen begnügen sich meist mit einem schlanken, bis etwa 1,50 m langen *dayma* und Kinder verwenden einen kurzen Stock. Stets ist der Grabstock an einem Ende zugespitzt und kann, falls die Spitze abbricht, leicht nachgespitzt werden.
Als *kema* dienen heutzutage gewöhnliche Industrieäxte, früher verwendete man leichte Äxte, deren Steinklingen in Hiebebene am Holm befestigt waren. Mit der *kema* werden die noch im Boden befindlichen Wurzeln ausgeschnitten. Die Dechsel (*ligogu*), deren Klinge im rechten Winkel zur Hiebebene angebracht ist, dient zum Spitzen des Grabstocks. Nun, da die modernen Stahlwerkzeuge zu Verfügung stehen, werden sowohl Axt als auch Dechsel manchmal durch ein großes Industriemesser ersetzt (vgl. Abb. 43, im Vordergrund). Die Industrieaxt kann auch anstelle der Dechsel zum Spitzen des Grabstocks verwendet werden, was mit den alten Steinklingen nicht möglich war. Gegenwärtig sind diese Werkzeuge also nicht ganz einheitlich, es läßt sich aber eine Tendenz zur Vereinfachung feststellen.
Ein paar Jahre hindurch habe ich Tag für Tag gesehen, wie die Leute in die Gärten gehen, um zu pflanzen, und oftmals habe ich die Werkzeuge untersucht, die sie bei sich trugen. Immer hatten sie das eine oder andere Gerät zum Schneiden dabei, aber die *dayma* brachten sie nie aus dem Dorf mit. Jeder gerade, kräftige und leichte Stock, der in den Feldern zu finden, ist, tut es und wenn er verlorengeht oder gestohlen wird, ist schnell ein neuer hergestellt. So ist das wichtigste Gartengerät dieser enthusiastischen und äußerst tüchtigen Gärtner noch nicht einmal zu Rang eines permanenten Besitzes aufgestiegen. Man kann es überall auflesen, und es ist nicht so viel wert, daß man es vom einen auf den anderen Tag aufbewahren würde.[27]
Beginnt der Gärtner zu pflanzen, so muß er zunächst nach geeigneten Bodenstellen Ausschau halten; denn da die Erde in verschieden dicker Schicht auf dem Korallenfundament verteilt ist, gibt es auf jeder Parzelle mehr und weniger fruchtbare Stellen. Dann nimmt er sein *dayma* in beide Hände und stößt, indem er sich aufrichtet, mit einigen Schlägen die Krume auf, jeweils im Umkreis von 25 bis 30 cm und etwa einen halben bis einen Meter tief (vgl. Abb. 43). Wenn dabei das *dayma* etwa gegen größere Steine schlägt, so entfernt man sie, indem man den Stock als Hebel nutzt, und wirft sie auf einen Steinhaufen oder über den Zaun.

[27] Auf Grund von Untersuchungen über die Effizienz der alten Steinwerkzeuge bin ich ganz überzeugt, daß die *dayma* auch, ehe Axt und Dechsel aus Stahl bekannt wurden, ein ephemerer Besitz waren.

Hockend nimmt dann der Gärtner das *dayma* nahe der Spitze in die rechte Hand, um die Erdklumpen zu zerbröckeln (vgl. Abb. 44). Gleichzeitig durchtastet er mit der linken Hand die Erde, wobei das *dayma* ihm behilflich ist, kleine Steine, Wurzeln und Erdbrocken ausfindig zu machen. Vermutlich ist das der insgesamt schwierigste Arbeitsgang im Gartenbau; und die Geschwindigkeit, mit der die Trobriander ein Pflanzloch graben und gründlich säubern, ist erstaunlich. Die Hand eines Meistergärtners scheint mit einer flinken, tätschelnden Bewegung durch die Erde zu gleiten, wobei sie rasch Steine und Wurzelteilchen herauswirft und dem *dayma* Klumpen zum Zerbröckeln zuschiebt. Wie die Arbeit in die Tiefe fortschreitet, wird die Erde um das Loch herum aufgeworfen.
Des öfteren habe ich selbst mich im Taytupflanzen versucht, und obwohl es mir theoretisch erläutert und praktisch demonstriert worden war, fiel es mir schwer, die Bewegungen des *dayma* mit denen meiner Finger zu koordinieren, ständig mußte ich befürchten, mir die scharfe Spitze in die Hand zu stoßen; der Schnelligkeit der Eingeborenen gilt deshalb meine volle Bewunderung.
Die kleinen Wurzeln müssen entwirrt, freigelegt und mit der Axt ausgeschnitten werden. Und auch das ist keine leichte Aufgabe, da sie zur Hälfte im Boden stecken, so daß man Gefahr läuft, das Axtblatt an einem Stein zu zerbrechen, zumal man ja im Hocken arbeiten muß.
Wenn nun das Loch gereinigt ist, wird eine Knolle horizontal hineingelegt, und zwar nur so tief, daß noch lose Erde darunter bleibt. Saattaytu besteht aus kleinen, aber gesunden Knollen, *yagogu* genannt, die bei Ernte und Speicherung gesondert behandelt werden, wenn sie auch nicht den Ehrenplatz einnehmen. In einem früheren Kapitel habe ich schon die private Magie erwähnt, welche die Güte der *yagogu* steigern soll; rezitiert wird sie meist an Ort und Stelle und unmittelbar bevor man ans Pflanzen geht.
Die Männer leisten jetzt den bei weitem größeren Teil der Arbeit, die ihnen sogar ausschließlich obliegt, wenn sie sie als Gemeinschaftsarbeit angehen, was nicht selten der Fall ist (vgl. Kap. IV, Abschn. 5). Gemeinschaftliches Pflanzen wird durch Herausforderung zum Wettstreit belebt und angefeuert; für die Arbeitenden hat es besonderen Reiz. Überdies gehören zum Pflanzen melodische Schreie: Den typischsten, den *kabwaku*-Schrei, kann man hören, wo immer gepflanzt wird, einzeln oder in Gemeinschaft; andere, etwa kunstvollere Liedchen singen die Trobriander dagegen nur, wenn sie gemeinschaftlich pflanzen. Der Schrei, der zum Roden gehört, ist schon erwähnt worden, und die Erntelieder werden noch darzustellen sein. Hier sei indessen eingeschaltet, daß die Trobriander Lieder im engeren Sinn unterscheiden – Tanzlieder, die wie der Tanz selbst *wosi* heißen – und melodische Schreie, für die sie keinen

Oberbegriff kennen; die zum Pflanzen gehörigen nennt man einfach *tadodo'usi taytu* – »wir rufen aus zum Taytu«.
Der *kabwaku*-Schrei ist der wichtigste: –

*»Kabwaku E-E-E-E-E-E!*
*Ula'i taytu wakoya*
*Wawawawawawa. . .. «*

Der *kabwaku* ist ein Vogel, dessen Schrei ausnehmend melodisch ist; ihn imitieren die Trobriander im ersten Vers des Lieds mit einer absteigenden Passage auf dem Vokal E in hohem Falsett. Zur Zeit des Pflanzens ertönt der Ruf »*kabwaku E. . .*« von nah und fern, und manche wissen diesen Vogel so wunderbar zu imitieren, daß ich lauschend oft Original und Imitation kaum zu unterscheiden vermochte. Der nächste Vers, *»ula'i taytu wakoya*«, bedeutet: »Du, Taytu, Sproß in den Bergen (der D'Entrecasteaux-Inseln)«. Der Yams bestimmter Regionen des *koya* ist nämlich berühmt (vgl. Kap. I, Abschn. 7, Mythos vom umgeschlagenen Kanu); und wenn die Trobriander vom Taytu des *koya* sprechen, meinen sie meist den des *koyatabu*, des hohen, schmalen Bergs auf der Insel Fergusson, dessen wasserreiche Hänge wohl wirklich sehr fruchtbar sind.
Ich habe mir sagen lassen, daß das *kabwaku*-Lied keine Magie (*megwa*) trägt, obzwar es unzweifelhaft »etwas Magisches« an sich hat, und nicht nur erlaubt ist, sondern in gewisser Hinsicht als für das Gedeihen der gepflanzten Knollen unerläßlich gilt. Es »macht den Taytu gut wachsen«. Derartige Schreie sind zudem vor dem Pflanzen tabu und würden auch danach nicht ausgestoßen.
Wenn die Männer gemeinschaftlich pflanzen, tragen sie nach Beendigung der Arbeit eine Art antiphonischen Gesang vor, indem einer den eigentlichen Text angibt und die anderen im Chor antworten, und zwar deshalb, weil dann »die Leute im Dorf erfahren, daß die Arbeit vorüber ist«. Der Text lautet folgendermaßen: –

| Solo | Chor |
|---|---|
| »Kalupegovay!« | »Yohohohoho« |
| »Tapuropuro, tavayavayo, | |
| Tabesabeyso; ya, beyso, ya.« | »Yohohohoho« |
| »Nuwam, porobuyo; buyo, ya.« | »Yohohohoho« |
| »Taytu gayewo.« | »Yohohohoho« |

Es ist mir nicht gelungen, das zu übersetzen; anscheinend handelt es sich um Worte einer fremden Sprache, womöglich um einen Dialekt des D'Entrecasteaux-Archipels; nur vom letzten Vers, *taytu gayewo,* liegt die Bedeutung auf der Hand: »Taytu (weiß wie) die Blütenblätter des Pandanus«.
Richtig vorgetragen, werden die letzten Vokale jedes Worts in ein

langgezogenes O umgelautet, und die Antwort des Chors klingt etwa wie das Wiehern eines Pferdegespanns.
Ein anderer Text heißt:

Solo: *»Tamtala kwanada sapusi otuwaga; tapuropuro, tavayavayo, tabesabeso, beso, ya.«*
*Chor: »Yohohohoho.«*

Der erste Teil bedeutet: »Ein *kwanada* (eine Yamssorte) ist auf einen *tuwaga* (Steinhaufen) gepflanzt worden«; alles übrige ist mit dem vorhergehenden Text identisch.
Etwas obszön lautet der folgende Wechselgesang:

Solo: *»Kwaywa'u kibariri Bogina'i.«*
Chor: *»Yohohohoho.«*
Solo: *»Mitaga kwaybogwa bulubolela wim Bomigawaga owokulu.«*
Chor: *»Yohohohoho.«*

In freier Übersetzung bedeutet das: »Bogina'i (Name einer Frau, von der nichts weiter bekannt ist) ist neulich entjungfert worden«; darauf versetzt der nächste Vers: »Doch deine Vulva, Bomigawaga (eine gleichfalls unbekannte Frau), dort drüben in der Ecke des Zauns, ist schon lange ansehnlich groß.« Die obszönen Anspielungen in diesem Spruch sind auf das Pflanzen bezogen: Je tiefer die Erde im Pflanzloch gelockert ist, je gründlicher einer gearbeitet hat, desto besser gedeiht der Taytu. Daher die Parallele zum Geschlechtsverkehr – eine Information, die ich einem einheimischen Gewährsmann verdanke. Obwohl also die Trobriander derartige Lieder (*vinavina*) nicht als Magie (*megwa*) im strikten Sinn des Worts auffassen, besteht ein Zusammenhang zwischen den Texten und dem, was man für die Gärten als gut erachtet.
Da auf den Musterparzellen meist gemeinschaftlich gepflanzt wird, sind sie schnell fertig; bis aber die übrigen Parzellen auch so weit sind, vergeht noch Zeit: Gepflanzt wird in den Monden *Yavatakulu* und *Toliyavata* (vgl. Zeitrechnungstabelle, Skizze 3). Gegen Ende des *Milamala* legt man das große Feuer (*gabu*); nach etwa einem Mond, der dem Säubern und Vorpflanzen (*koumwala*) vorbehalten ist, wird dann zu Beginn des *Yavatakulu* schließlich die Hauptpflanzung mit der *kamkokola*-Zeremonie eingeleitet.

# Kapitel IV
# Die Gärten von Omarakana: Wachstumsmagie

Jetzt können wir in ein neues Stadium der Gartenarbeit und Gartenmagie eintreten. Der Gärtner hat soweit fast alles getan, was in seiner Macht steht: Er hat den Busch gerodet, Wildwuchs und Abfälle entfernt, den Boden mit Asche gedüngt und gelockert, die Saat in die Erde gebracht; nach oben ist der Garten mit dem Überbau der geometrischen Figuren und der vier Eckprismen geschmückt; er ist zu einer abgeschlossenen Einheit eingezäunt, innerhalb deren mindestens die Musterparzellen ganz auf der Höhe der Zeit sind, während andere mehr oder weniger in Verzug liegen, was indessen den Spielregeln des Magiesystems zufolge den rituellen und zeremoniellen Fortgang nicht hindert.

## *1. Der Wendepunkt der Gartenarbeit*

Im großen und ganzen ist es jetzt an der Natur, das Werk zu vollenden. Die Saat muß sprießen, wachsen, neue Wurzeln, Knollen und Laub ansetzen und schließlich reifen. Unterdessen richtet die Aufmerksamkeit der Trobriander sich auf den Taytu. In den folgenden Zauberformeln werden wir zwar hier und da auch Hinweise auf Taro und *kuvi* (großen Yams) finden, im Mittelpunkt der magischen Bemühungen aber steht Taytu, das Hauptnahrungsmittel, das die größte Sorgfalt erfordert und für Mehltau und anderen Schaden besonders anfällig ist. Auf den Taytu wird die Wachstumsmagie gerichtet und das Taytulaub erfüllt das Herz mit Freude: je prächtiger es gedeiht, sagt man, desto voller die Knollen. Die Girlanden der Tayturanken sollen dunkelgrün, die Blätter üppig sein, und es darf sich darauf kein Mehltau zeigen. Die den Männern obliegende Arbeit, sie an den Stützen hochzuziehen, ist vielleicht das schwierigste Werk, das noch ansteht.
Zunächst gibt es eine Reihe von Stützen, *kamtuya* genannt, Stämme, die samt ihrer Wurzeln beim Roden verschont wurden (vgl. Ab. 20, 23, 25 und 26). Wenn der Yams aufgeht, steckt man dünne Stöcke in die Erde, die *kaygum,* und wenn sie sehr dünn sind, *yeye'i* heißen, um welche die Schößlinge sich winden können; steht in der Nähe ein größerer Baum, so lehnt man einen kleinen Stock (*kaybudi*) dagegen, der als vorläufige Stütze dient, von der aus die Ranke auf den großen Baum (*kaysalu*) überspringen, und an dessen Ästen sie emporklettern kann. Andernfalls

muß die Ranke an einem *kavatam* hochgezogen werden, sobald sie sich entwickelt hat. Die größten *kavatam* heißen *kayvaliluwa.* In meinen Notizen finde ich folgende Mitteilungen zur Funktion der verschiedenen Stützpfeiler[1]: »Die *kamtuya*-Stützen sind schon vom Roden an da; danach pflanzen wir Taytu, er klettert an ihnen empor. Wir pflanzen Taytu, wo es kein *kamtuya* gibt; dann schneiden wir ein kleines Holz, mit Namen *kaygum,* um das wir den Taytu winden. Später fällen wir einen Baum (*kavatam*), wir stellen ihn auf, rundherum winden wir den Taytu.« – »Erst klettert die Ranke an einem kleinen Stock (*kaygum*) empor. Dann stellen wir die eigentliche Yamsstütze (*kavatam*) auf, auf die der Taytu dann überspringt.« Die Arbeit besteht letztlich darin, jede Pflanze im Auge zu behalten, die Ranke um den Pfahl zu drehen, sobald sie lang genug ist, und sie mit einem Stück Bast festzubinden (Abb. 45).

Auf diese linguistisch-deskriptiven Details bin ich eingegangen, um zu zeigen, daß das Interesse des Trobrianders an Technik in dieser Gartenbauphase sehr ausgeprägt ist, wie es sich im Vokabular spiegelt; zugleich kann der Leser sich so von der nun zu leistenden Arbeit ein genaueres Bild machen.[2]

Jetzt müssen die Männer die Gärten auch vor Schädlingen schützen, die Zäune ausbessern, Rasseln und Vogelscheuchen aufstellen und Käfer und andere Insekten vernichten. Soweit ich feststellen konnte, werden dabei keinerlei chemische Mittel eingesetzt, nicht einmal Ausräuchern. Und wenn die Wurzeln Knollen ausbilden – ein Vorgang, der mit dem Wort *puri* umschrieben wird, und »in eine Vielheit von Dingen zerplatzen«, »ausbrechen«, »Trauben bilden« bedeutet –, dann müssen die Männer die Knollen verziehen, so daß also schwächere vor der Ernte entfernt werden, um den besseren Platz zu geben.

Mittlerweile obliegt den Frauen die weniger anstrengende, doch stetige Arbeit des Jätens. Am wichtigsten ist sie zu der Zeit, in der die Saat zu sprießen beginnt, aber auch nachdem die Blätter der Tayturanken sich gebildet haben, muß man damit noch eine Weile fortfahren.

Wie dann die Knollen heranreifen, setzt die Ernte ein. Da dabei phasenverschoben zuerst Taro, später *kuvi* (großer Yams) und zuletzt Taytu eingebracht werden, sollte man strenggenommen von drei Ernten sprechen, deren jede einen besonderen Namen hat und durch spezifische Zeremonien und Bräuche gekennzeichnet ist.

Wenn also die wirklich anstrengende Arbeit mit dem Taytupflanzen zu Ende gegangen ist, ist man in den Gärten noch beschäftigt, man ist aber nicht mehr an sie gefesselt. Die Männer der Distrikte, die große Übersee-

[1] *Coral Gardens,* Vol. II, Text 31 und 32, Part V, Div. VI, § 42 und 44.

[2] Vgl. ebd. Part V, Div. II, § 5, wo die Wechselbeziehung zwischen dem Interesse der Eingeborenen und dem Grad der terminologischen Differenzierung eingehender erläutert ist.

reisen unternehmen, können zu dieser Zeit wochenlang unterwegs sein, wenn nur einige von ihnen zu Hause bleiben, um nach den Gärten zu sehen. In anderen Dörfern ist nun die Zeit für ausgedehnte Fischzüge gekommen, für Festlichkeiten und sportliche Wettkämpfe (vgl. Zeitrechnungstabelle, Skizze 3).

Unterdessen hat aber der Magier in seinem spezifischen Bereich menschlichen Strebens gleichsam schwere Arbeit zu leisten. In einer raschen Folge von Riten muß er jedes Wachstumsstadium der Gärten vorwegnehmen und die entscheidenden Entwicklungsphasen der Pflanzen stimulieren; so unterstützt er die Natur mit Wachstumsmagie, die einen Sonderzweig der Gartenmagie darstellt. Er »weckt den Keim auf«, »treibt den Schößling bis über die Erde empor«, er »wirft die Kopfbedeckung« des Taytu, »macht einzelne Äste« des Taytu, er »verschließt das Dach« des Taytu. Dann, läßt er wiederum zu den Wurzen hinabsteigend, die »Vielzahl der Bündel hervorbrechen« und »treibt die Taytuknollen in die Erde«.[3] In enger Anlehnung an die bekannte Entwicklung der Pflanze, spornt er sie in ihrem Lauf an und fügt der natürlichen Kraft des Bodens die begünstigende Kraft der Magie hinzu.

Neben diesen Unterstützungsriten führt der Magier allerdings auch Einweihungsriten durch, die eher denen entsprechen, die wir in den vorangegangenen Kapiteln kennengelernt haben. Es gibt eine Eröffnungszeremonie zum Jäten und eine zum Verziehen der unreifen Knollen; mindestens eine Eröffnungszeremonie markiert den Wechsel vom kleinen zum großen *kavatam* (Stützpfeiler) und schließlich werden die verschiedenen Ernten jeweils durch Eröffnungsrituale eingeleitet.

## 2. *Wachstumsmagie – Stimulierung der Schößlinge und Blätter*

Wenden wir unsere Aufmerksamkeit nun auf das, was unter der Erde geschieht, wo die Taytuknolle zu neuem Leben erwacht und ihren Zyklus von neuem beginnt. Wir werden ihre Entwicklung mit den Augen der Trobriander zu betrachten haben, denn einerseits bin ich mit der Botanik trobriandischer Nutzpflanzen nicht genügend vertraut, um objektive Gegebenheiten darzulegen, und andererseits kommt es uns ja tatsächlich auf die Sichtweise der Eingeborenen an.[4] Ich möchte daher die Aussagen meiner Gewährsleute, eigene Beobachtungen unter ihrer Anleitung und das Ergebnis mancher analytischen Diskussion magischer Texte hier kurz zusammenfassen.[5]

[3] *Coral Gardens,* Vol. I, Doc. IV, Growth, Magic in Vakuta.

[4] Vgl. ebd. App. II, Sec. 4, note 16.

[5] Vgl. auch *Coral Gardens,* Vol. II, Part V, Div. III, § 2-8. Zu beachten ist, daß in dem häufig vorkommenden Possessivsuffix *-la* das *l* mit *n* austauschbar ist. *mata-la* = *mata-na.* Im Norden überwiegt das *l,* im Süden *n.*

Die schematische Darstellung (Skizze 6) vermittelt uns das trobriandische Bild dessen, was mit dem gepflanzten Saatyams, *yagogu*, geschieht. Man pflanzt ihn stets horizontal in die Erde. Das dicke, abgerundete Ende wird *matala* (Auge), der Yamskörper *tapwala* (Rumpf) genannt. Am *matala*-Ende beginnt die Pflanze zu keimen. Der Schößling (*sobula*) bahnt sich allmählich den Weg durch den Boden, kommt hervor (*isakapu*), bildet sich dann, um die Stütze kletternd, zum Hauptstiel (*tamna*) aus und verzweigt sich in die verschiedenen Seitentriebe (*yosila, kari salala* und *yawila*). Unterirdisch hat sich der Stiel – der als dünner Schößling *sobula*, später, wenn er jung und biegsam ist, *silisilata* genannt wird – nun zu einer starken Hauptwurzel, *gedena*, ausgewachsen. An der *gedena* bilden sich neue Wurzeln, wiederum *silisilata*, und an diesen schließlich die jungen Knollen (vgl. Skizze 7).

Nun wissen die Trobriander sehr gut, daß alle diese Prozesse ein Werk der Natur sind, im Garten nicht weniger als bei den wilden Pflanzen im Busch; spielen sie sich aber im Garten ab, so muß der Gartenmagier seinen Teil dazu beitragen.[6] Towese'i, Bagido'us jüngerer Bruder sagt:[7] –

»(I) Wir pflanzen Taytu, schon liegt er (im Boden). (II) Später hört er die Magie dort oben; schon keimt er. (III) Wir gehen in den Garten, wir gehen umher, wir sprechen die Magie – (wir verzaubern) den ganzen Garten. (IV) Einen Tag nur geht der Magier allein und macht Magie. (V) Dann bleibt er zurück, er ruht sich aus, am dritten Tag geht er wieder und spricht die Magie, er bewirkt, daß der Schößling aus der Erde kommt. (VI). Er geht umher, er spricht die Magie.«

Kurz und bündig bringt diese Aussage die einheimischen Ansichten über die Wachstumsmagie zum Ausdruck. Schon die Namen des ersten Zauberspruchs, »das Erwecken des Keims« (*vaguri sobula*) oder auch »das Durchstoßen des Schößlings« (*tavisi sobula*), weisen auf seine magische Funktion hin, und der Wortlaut steht mit diesem Ziel durchgehend in vollem Einklang. In der Einleitung (*u'ula*) des Spruchs wird das Wort »stoße durch« (*tavisi*) fortwährend wiederholt. Der magische Refrain oder der Leitbegriff des Hauptteils (*tapwala*) heißt: *dadeda tavisima. Dadeda* ist der Name einer Pflanze, die ich leider nicht botanisch identifizieren konnte, wiewohl sie mir gezeigt wurde. Es ist ein kräftiges, dicht belaubtes Rankengewächs; die Ranke wächst und sprießt ohne weiteres aus Schößlingen, und so sehr man sie auch beschneidet, sie wächst immer wieder nach: »*Dadeda* ist eine Pflanze von außergewöhnlichem Rankenwuchs (*kaysususine*); wir schneiden sie, schon hat sie getrieben. Wir schneiden sie und sie treibt wieder.«[8] Sehr interessant ist, daß der Magier

[6] S. a. *Coral Gardens*, Vol. I, App. II, Sec. 4, note 17.

[7] *Coral Gardens*, Vol. II, Text 98, Part V, Div. XII, § 44.

[8] Es handelt sich hier um die freie Übersetzung des Originaltexts; dieser ist mit wörtlicher Übersetzung im Commentary D zu M. F. 13, *Coral Gardens*, Vol. II, Part V wiedergegeben.

im Hauptteil des Zauberspruchs ausschließlich solchen Taytu anruft, der Mängel aufweist – Taytu etwa, der zögernd ausschlägt, der krank ist usw. Einer meiner Gewährsleute erzählte mir dazu folgendes: »Der schlechte Taytu hört die Magie, der gute Taytu hört sie auch; der gute Taytu weiß, daß der schlechte mit der Magie wachsen wird, er wächst schneller, daß er sich nicht schämen muß.«[9] Das Wettbewerbsprinzip dringt auf den Trobriand-Inseln also nicht allein in menschliche Aktivitäten ein, es wird auch in den Boden unter die Saatpflanzen gebracht.
Die Magie, *vaguri sobula,* das Erwecken des Keims, oder *vavisi*, auch *tavisi sobula,* das Durchstoßen des Schößlings, lautet: –

*Formel 13*

I
Stoße durch, stoße durch, stoße durch.
Stoße von neuem durch, stoße durch, stoße durch.
Stoße durch wie früher, stoße durch, stoße durch.
Stoße abends durch, stoße durch, stoße durch.
Stoße mittags durch, stoße durch, stoße durch.
Stoße bei Anbruch des Tages durch, stoße durch, stoße durch.
Stoße morgens durch, stoße durch, stoße durch.
O *dadeda*-Baum, der wieder und wieder sprießt.

II
O *dadeda*-Baum, der wieder und wieder sprießt.
O alte Hülse, stoße durch, o *dadeda*-Baum, der wieder und wieder sprießt.
O langsam sprießender *imkwitala*-Taytu, stoße durch, o *dadeda*-Baum, der wieder und wieder sprießt.
O langsam sprießender *katumyogila*-Taytu, stoße durch, o *dadeda*-Baum, der wieder und wieder sprießt.
O *taboula*-Taytu mit dem Fäulnisfleck, stoße durch, o *dadeda*-Baum, der wieder und wieder sprießt.
O verfaulter Taytu, stoße durch, o *dadeda*-Baum, der wieder und wieder sprießt.
O von Mehltau befallener Taytu, stoße durch, o *dadeda*-Baum, der wieder und wieder sprießt.
O *tirimwamwa'u*-Taytu von schwerem Wuchs, stoße durch, o *dadeda*-Baum, der wieder und wieder sprießt.

III
Deine Schößlinge sind flink wie die Augen des *kapapita,* des flinken Vogels.
Deine Schößlinge sind flink wie die *kababasi'a,* die flinken Ameisen.
Deine Schößlinge sind flink wie *ginausi,* das flinke Ding.
Schieße empor, schieße empor, schieße empor, Taytu.

Diesen Zauberspruch rezitiert der Magier, während er gemessenen Schritts die Gärten durchquert, sich nach und nach jeder einzelnen Parzelle zuwendet und auf jeder die Worte der Kraft in den Boden

[9] Vgl. Kap. II, Anm. 3.

Wachstum des Taytu: Das Keimen der Saatknollen

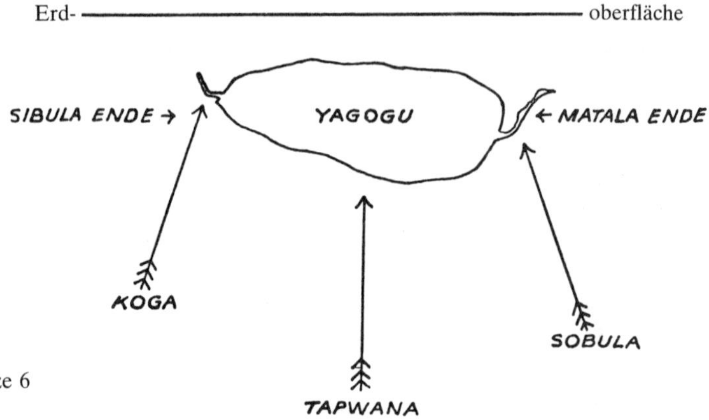


Skizze 6

Wachstum des Taytu: Die neuen Ranken

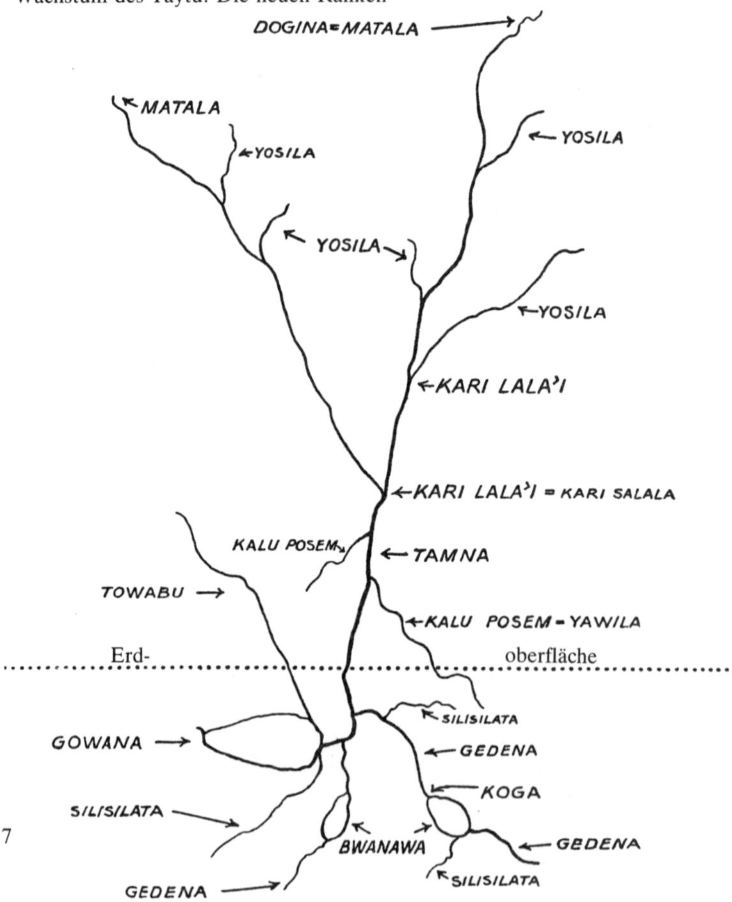


Skizze 7

eindringen läßt, wobei seine kräftige, klare und schallende Stimme die ganzen Gärten erfüllt.

Während der Magier diesen und den folgenden Spruch rezitiert, bereiten die Gärtner die kleinen Stützen vor, die sie alsbald zu den mit der Wurzel stehen gelassenen Baumstämmen (*kamtuya*) hinzustellen müssen, damit für die Schößlinge je eine Stütze vorhanden ist, wenn sie aus dem Boden kommen. Doch zuerst ist es notwendig, dem jungen Schößling beim Herauskommen behilflich zu sein. Man bedient sich dazu der *katusakapu*- oder *vasakapu sobula*-Magie, wörtlich: »den Schößling veranlassen herauszukommen« (*sakapu* ist mit »hervorkommen«, »herauskommen«, beinahe adäquat übersetzt). Dieser Zauberspruch stimmt mit dem vorangegangenen gänzlich überein, beide entsprechen sich fast Wort für Wort, nur ist das Wort »durchstoßen« durch das Wort »herauskommen« oder »hervorkommen« ersetzt. Auch hier wird sympathetisch der *dadeda*-Baum beschworen. In freier Übersetzung kann man diesen Spruch folgendermaßen wiedergeben: –

*Formel 14*

I

Komme heraus, komme heraus, komme heraus, komme heraus.
Komme heraus, komme von neuem heraus, komme heraus, komme heraus.
Komme heraus wie früher, komme heraus, komme heraus.
Komme abends heraus, komme heraus, komme heraus.
Komme mittags heraus, komme heraus, komme heraus.
Komme bei Anbruch des Tages heraus, komme heraus, komme heraus.
Komme morgens heraus, komme heraus, komme heraus.
O *dadeda*-Baum, der herauskommt, hindurchkommt.

II

O *dadeda*-Baum, der herauskommt, hindurchkommt.
O alte Hülse, komme heraus, o *dadeda*-Baum, der herauskommt, hindurchkommt.
O langsam sprießender *imkwitala*-Taytu, komme heraus, o *dadeda*-Baum, der herauskommt, hindurchkommt.
O langsam sprießender *katumyogila*-Taytu, komme heraus, o *dadeda*-Baum, der herauskommt, hindurchkommt.
O *taboula*-Taytu mit dem Fäulnisfleck, komme heraus, o *dadeda*-Baum, der herauskommt, hindurchkommt.
O verfaulter Taytu, komme heraus, o *dadeda*-Baum, der herauskommt, hindurchkommt.
O von Mehltau befallener Taytu, komme heraus, o *dadeda*-Baum, der herauskommt, hindurchkommt.
O *tirimwamwa'u*-Taytu von schwerem Wuchs, komme heraus, o *dadeda*-Baum, der herauskommt, hindurchkommt.

III

Deine Schößlinge sind flink wie die Augen des *kapapita,* des flinken Vogels.
Deine Schößlinge sind flink wie die *kababasi'a,* die flinken Ameisen.
Deine Schößlinge sind flink wie *ginausi*, das flinke Ding.
Schieße empor, schieße empor, schieße empor. Taytu.

Auch diese Magie ist ausschließlich »Mundmagie«, *megwa wala o wadola* (Magie nur des Mundes), ein Zauberspruch also ohne begleitenden Ritus; danach kommen die ersten Schößlinge aus der Erde und winden sich um die dünnen Stützen, die *yeye'i, kamtuya* und *kaytusobula.* Dies ist die Zeit, da die Pflanzen am meisten durch Unkräuter gefährdet sind, tatkräftig müssen jetzt die Frauen ans Werk gehen. Das Unkraut wird entweder einfach mit der Hand herausgezogen oder mit einem kleinen Grabstock entwurzelt, falls es sich wegen einer Nachlässigkeit bereits zu stark entwickelt hat. Bei den regelmäßigen Regenfällen und der schweren, schwülen Hitze dieser Jahreszeit wächst auf fruchtbarem Boden alles mit unglaublicher Geschwindigkeit, die Arbeit des Jätens ist deshalb keineswegs leicht. Oft jäten die Frauen in Gemeinschaftsarbeit, mit der wie üblich Herausforderung zum Wettbewerb, Gemeinschaftsessen und vor allem gemeinsamer Schwatz verbunden sind. Für die Dauer einer derartigen Arbeit genießen die Frauen besondere Privilegien. Es wird erwartet, daß Männer sich niemals einer Gruppe jätender Frauen nähern; in einigen Dörfern im Süden der Insel gestattet der *yausa*-Brauch den Frauen sogar, jeden Mann, der ihnen zu Gesicht kommt, zu vergewaltigen und zu mißhandeln. Einen Mann aus der eigenen Gemeinde würden sie bloß verbal beleidigen; aber einem Fremden könnte in sexuell herabwürdigender Weise wirklich übel mitgespielt werden.[10]
Auch Männer können jäten; Junggesellen etwa, die ihre Gärten allein bearbeiten. Es ist für einen Mann keine Schande, sein *pwakova* selbst machen zu müssen, aber wenn es eine Frau gibt, so ist es ihre Arbeit.
Das Jäten (*pwakova*), auch Sauberfegen (*sapi*) genannt, wird mit einem einfachen magischen Ritual, dem *kariyayeli sapi,* eröffnet. Es besteht aus einem konventionell dargestellten, mimischen Akt des Jätens: der Magier scharrt mit einem symbolischen *dayma* im Boden, entwurzelt womöglich ein paar Unkräuter und rezitiert, die Worte gewissermaßen über den Garten ausstreuend, folgenden Spruch:

*Formel 15*

Ich fege fort, ich fege fort.
Ich fege fort, ich fege fort.

Zerschneide deine Spitze, Tarowurzel; zerteile dein Blatt, Taro.
Dein Stengel verneigt sich.

O Taro von *kalakayguya*-Art; o Taro, so rot wie Blut; o Taro von *kalipadaka*-Art; o Taro von *namtamata*-Art.

Einigermaßen erstaunlich ist, daß hier wieder der Taro in den Vordergrund tritt, der schon in manchen früheren Eröffnungsriten der Gartenmagie von Omarakana eine besonders wichtige Rolle gespielt hatte. Bei

[10] Vgl. *Das Geschlechtsleben der Wilden,* Kap. IX, Abschn. 8.

meinen Gewährsleuten vermochte ich keine Erklärung dafür zu erfragen. Vielleicht wird Taro von Unkraut unmittelbarer in Mitleidenschaft gezogen, oder der Spruch stammt aus einem anderen Magiesystem, in dem Taro wichtiger war, als er es jetzt in Kiriwina ist. Mein Material reicht zur Beantwortung dieser Frage nicht aus.
Die Zeremonie des Jätens, den kurzen Zauberspruch und das einfache Ritual führt man auf jeder Gartenparzelle durch, so daß anschließend dann überall in den Gärten gejätet werden kann.
Wenden wir uns nun wieder dem Zyklus der Wachstumsmagie, und zwar der dritten, etwas komplizierteren Zeremonie zu: Sie umfaßt ein kleines rituelles Vorspiel, den Hauptritus mit dem Zauberspruch und wird von einem Tabu begleitet. Der Spruch *kaydabala,* »Kopfstab« genannt, bezieht sich nicht auf die Wurzeln, sondern auf das Laub. »Er ruft viele, viele Blätter hervor«, wie die Trobriander sagen. Nach der in den Anfangsversen beschworenen Bambuspflanze bezeichnet man den Zauberspruch auch als *siribwobwa'u.* Obgleich er in den Taytugärten rezitiert wird, geht es in seinem Text vornehmlich um *kuvi,* die große Yamsart, und da diese sich durch besonders üppiges Laub auszeichnet, könnte man annehmen, daß es sich hier eher um sympathetische Magie handelt als um eine direkte Anrufung zur Förderung des Yams. Das ist freilich nur eine Vermutung; die Erklärung, daß der *kuvi*-Spruch durch irgendeinen historischen Prozeß in die Magie der Taytugärten geraten sei, ist meines Erachtens nicht minder plausibel. Die Eingeborenen versichern, daß dieser Ritus für Taytu und *kuvi* gleichermaßen gilt.
Sobald die Ranken sich entwickelt und eben Blattknospen gebildet haben, macht der Magier einen Rundgang durch die Gärten und bindet auf jeder Parzelle etwas Lalanggras (*gipware'i*) um ein *kamkokola* oder *kavatam.* Am nächsten Morgen wiederholt er seinen Gang und rezitiert wiederum auf jeder einzelnen Parzelle einen Zauberspruch und bringt unmittelbar danach den Kopfstab (*kaydabala*) an – einen kleinen Stab, der meist irgendwo am *kamkokola* oder in dessen Nähe waagrecht zwischen zwei senkrechte Pflöcke gelegt wird. Das signalisiert den Männern, daß es an der Zeit ist, die großen Stützen (*kayvaliluwa*) vorzubereiten, die jeweils neben den kleinen (*kaytusobula*) aufzustellen sind. Ein inaugurätives Moment findet sich also auch in dieser Magie, wiewohl sie in erster Linie Wachstumsmagie ist und ihr Ziel darin besteht, den Blättern zu üppigem Wuchs zu verhelfen. Hier der *kaydabala*-Spruch: –

*Formel 16*

I

Bambus, o vielblättriger Bambus,
Mangrove, o vielblättrige Mangrove,
O Hügel-Taytu, o Berg-Taytu.
Erhebe deinen Stengel, Taytu. Laß ihn sich ausbreiten, laß ihn sich querlegen.

II
Der Yams geht auf, der Yams geht auf, der Yams geht auf.
Der Yams geht auf und schwillt wie ein Buschhennennest.
Der Yams geht auf und schwillt wie ein Erdofen.
Der Yams geht auf und schwillt wie der Wall um einen entwurzelten Baum.
Der Yams wird einem Ameisenhügel gleich.
Der Yams wird wie eine Höhle.
Der Yams wird wie ein Korallenblock.
Wie der Flug des grünen Papageis dein Wuchs,
Wie das Nagen von Ratten das Bohren deiner Wurzeln,
Weit dein Griff wie der Griff des Diebs.

III
Denn es ist mein Yams, und meine Verwandten werden ihn essen. Meine Mutter wird an Übersättigung sterben. Ich selbst werde an Übersättigung sterben. Der Mann, der den Yams trägt flucht: ›Er schände seine Mutter.‹

Er klagt: ›Die Yamsknollen drücken meinen Kopf nieder, sie zermalmen mir die Schultern‹. Er stöhnt ›Yakakakaka‹. . .

Der Zauberspruch erweist sich durch seinen Wortlaut als allgemeine Fruchtbarkeitsmagie. Offenkundig ist er teils als direkter Wachstumsstimulus zu verstehen und teils als optimistische Vorhersage der kommenden Ernte.
Hinsichtlich seiner Zielsetzung unterscheidet sich der folgende Zauberspruch kaum von dem vorhergehenden. Er soll »noch reichlicher Blätter hervorbringen«. »Er läßt viele Schößlinge (*silisilata*) im Boden entstehen«. »Wo ein Zweig war, kommen jetzt mehrere; wo eine Wurzel war, da kommen viele« (vgl. Abb. 45). Diese Magie wird gesprochen, wenn etwa acht bis zehn Tage nach dem vorhergehenden Ritus die großen Yamsstützen aufgestellt sind; er wird ohne weiteres rituelle Beiwerk auf jeder der Parzellen rezitiert.
Hier also der Spruch *kaylavala dabana taytu* – den Schopf (oder Kopf) des Taytu hervorbringen: –

*Formel 17*

I
Tausendfuß jetzt, Tausendfuß allezeit!
Tausendfuß vom Vorgebirge Kabulukwaywaya, schnelle vor, schnelle vor, schnelle vor nach Kabulukwaywaya, schnelle vor nach Dulata. Tausendfuß von Dulata, schnelle vor, schnelle vor, schnelle vor nach Dulata, schnelle vor und schnelle zurück nach Kabulukwaywaya. Tausendfuß, schnelle vor.

II
Der Tausendfuß schnellt vor, schnellt vor.
Dein Kopf, Taytu, schnellt empor wie der Tausendfuß.
Deine Blätter, Taytu, schnellen empor wie der Tausendfuß.
Deine Seitentriebe, Taytu, schnellen empor wie der Tausendfuß.

Deine Nebenstiele, Taytu, schnellen empor wie der Tausendfuß.
Deine Schößlinge, Taytu, schnellen empor wie der Tausendfuß.
Deine Wurzeln über dem Boden, Taytu, schnellen empor wie der Tausendfuß.
Dein Luftwurzeln, Taytu, schnellen empor wie der Tausendfuß.

III
Schieße empor, Kopf meines Taytu,
Richte dich hoch auf, Kopf meines Taytu.
Bilde Büschel über Büschel, Kopf meines Taytu.
Wuchere, breite dich aus, Kopf meines Taytu.
Werde dicht wie die *yokulukwala*-Ranke, Kopf meines Taytu.

In diesem schönen und verständlichen Zauberspruch steht seiner schnellen Bewegungen wegen der Tausendfuß als Leitbegriff. Da er Regenschauer ankündigt, ist er überdies mit dem magischen und mythologischen Vorstellungskreis um Regen und Wolken verknüpft. Der Tausendfuß kann daher auch als Fruchtbarkeitssymbol gelten.
Im Mittelteil kommt das unmittelbare Ziel dieser Magie – die Entwicklung der Taytupflanze in und über der Erde – deutlich zum Ausdruck. Im Schlußteil liegt der Akzent auf den Zweigen.
Wiederum in enger Verbindung dazu treibt der folgende Zauberspruch den Wachstumsprozeß noch einen Schritt weiter. Zweige und Blätter haben sich bereits ausgebildet; nun muß man auf die ganzen Blattbüschel einwirken, damit sie sich in Wogen ausbreiten und von Stütze zu Stütze springen, bis sie sich über dem Garten zu einem Baldachin verdichten. Zu diesem Zweck spricht der Magier die *sayboda*-(die verschließende) Magie. »Der Taytu schließt sich, er bildet einen, einen zweiten, einen dritten Ast, er hängt über, der Garten verdunkelt sich« (vgl. Abb. 46). Auch diese Magie ist reine »Mundmagie« (*o wadola*), von keinem Ritus, keinem Beiwerk begleitet.
*Kasayboda* – das Verschließen, Verhüllen des Taytu: –

*Formel 18*

I
Spinne jetzt, Spinne allezeit!
Spinne von Kabulukwaywaya, verdecke Kabulukwaywaya, verschließe den heiligen Hain von Lu'ebila, verdecke den heiligen Hain von Lu'ebila, verschließe Kabulukwaywaya. Spinne verdecke.

II
Die Spinne verdeckt, die Spinne verdeckt.
Die Spinne deckt den Taytu zu.
Deinen freien Raum, den Raum zwischen deinen Ästen, Taytu, deckt die Spinne zu.
Deinen Boden, Taytu, den Boden zwischen deinen Ranken, deckt die Spinne zu.
Deine dürren Äste, Taytu, die dürren Äste der Bäume, beim Roden verschont, deckt die Spinne zu.
Dein *kamkokola,* Taytu, das magische Prisma, deckt die Spinne zu.

Dein *kavatam,* Taytu, die starke Yamsstütze, deckt die Spinne zu.
Dein *kaysalu,* Taytu, den gegabelten Pfosten, deckt die Spinne zu.
Dein *kamtuya,* Taytu, den beim Roden verschonten Stamm, deckt die Spinne zu.
Dein *kaybudi,* Taytu, den Spalierstock, an die große Yamsstütze gelehnt, deckt die Spinne zu.
Dein *kaynutatala,* Taytu, das Prisma, nicht verzaubert, deckt die Spinne zu.
Dein *tula,* Taytu, den Grenzstab, deckt die Spinne zu.
Dein *yeye'i,* Taytu, die kleine, schlanke Stütze, deckt die Spinne zu.
Dein *tukulumwala,* Taytu, die Grenzlinie, deckt die Spinne zu.
Dein *karivisi,* Taytu, das Grenzdreieck, deckt die Spinne zu.
Dein *tamkwaluma,* Taytu, die leichte Yamsstütze, deckt die Spinne zu.
Dein *kayluvalova,* Taytu, den Tabu-Stab, deckt die Spinne zu.
Dein *kayvaliluwa,* Taytu, die große Yamsstütze, deckt die Spinne zu.

III
Schieße empor, Kopf meines Taytu.
Richte dich hoch auf, Kopf meines Taytu.
Bilde Büschel über Büschel, Kopf meines Taytu.
Wuchere, breite dich aus, Kopf meines Taytu.
Werde dicht wie die *yokulukwala*-Ranke, Kopf meines Taytu.

Zur Erläuterung dieses Zauberspruchs, der dem vorigen formal gleicht, sagte man mir, daß so, wie die Spinne ihr Netz spinnt, der Taytu eine Vielzahl von Ästen hervorbringen sollte. Er sollte die Zwischenräume bedecken und ein grünes Dach bilden, er sollte die Freiräume zwischen den Stauden ausfüllen und das ganze Stützgerüst der Pflanze verhüllen. Wir haben nun die ersten fünf Riten der Wachstumsmagie verfolgt (der Eröffnungsritus des Jätens ist diesem Kreis freilich nicht zuzurechnen). Die ersten fünf Wachstumsrituale werden *megwa geguda,* die Magie der unreifen Früchte, genannt. Darauf folgt ein weiterer Kreis der Wachstumsmagie, *megwa matuwo,* die Magie der reifen Früchte, der richtiger die Magie der reifenden Früchte heißen sollte, denn die Entwicklung der Knollen steht auch jetzt noch bevor: Ziel dieser zweiten Wachstumsmagie ist es, die Ausbildung der Knollen zu stimulieren.

### *3. Die Wachstumsmagie – Stimulierung der Wurzeln und Knollen*

Ordnen wir die in den letzten beiden Abschnitten beschriebenen Ereignisse in den trobriandischen Kalender ein, wie wir es zuletzt mit der *kamkokola*-Zeremonie getan haben, die Anfang des Mondes *Yavatakulu* anzusetzen war, worauf dann unmittelbar das Pflanzen einsetzt, das auf den Musterparzellen dann etwa eine Woche später beendet ist. In den Monden *Toliyavata* und *Yavatam* geht die Saat auf, die Ranken klettern allmählich empor, und irgendwann im zweiten dieser Monde, der ungefähr unserem Dezember entspricht, findet die Wachstumsmagie der »unreifen Früchte« (*megwa geguda*) statt. Gegen Anfang dieser Periode

begeht man die Eröffnungsmagie des Jätens, das zu dieser Zeit am wichtigsten ist, aber noch bis zur Ernte fortgesetzt wird.
Damit sind wir bei den Monden *Gelivilavi* und *Bulumaduku,* etwa Januar und Februar, angelangt. Wie uns ein Blick auf die Zeitrechnungstabelle (Skizze 3) zeigt, fällt in den ersten *isunapulo* und in den zweiten die Wachstumsmagie »der reifen Früchte«, deren drei Riten auf die Wurzeln und Knollen bezogen sind. Im ersten wird in den Gärten der *vapuri*-Zauberspruch rezitiert. *Va-* ist ein Kausativpräfix, das Verb *puri* bedeutet hier »traubenartig hervorquellen«. Die Trobriander sagen nämlich, der *vapuri*-Spruch lasse die *bwanawa* (die jungen Knollen) traubenartig hervorbrechen. Auch diese Magie beschränkt sich auf die magischen Worte, die über die Gartenparzelle hinweg rezitiert werden: –

*Formel 19*

I
Ein Kanu, vollbelanden,
Ein zweites Kanu, vollbeladen,
Ein drittes Kanu, vollbeladen,
Ein viertes (usw. bis zum zehnten. Manchmal geht der Magier
bis fünfzig, indem er nach dem zehnten das zwanzigste,
dreißigste, vierzigste und fünfzigste aufzählt).
Brich hervor, Taytu, bei Tage.
Brich hervor, Taytu, bei Nacht.
Brich hervor, Taytu, bis all deine Fülle hervorgebracht ist.
Deine Wiederkehr, Taytu, kehre zu uns zurück.
Deine Eile, Taytu, eile zu uns zurück.
Dein rasches Hervorbrechen in ungezählte Bündel, brich hervor.
Wieder und wieder hervorbrechender Taytu,
Wieder und wieder hervorbrechender Taytu.

II
Wieder und wieder hervorbrechend, o *nakoya* Taytu.
Wieder und wieder hervorbrechend, o *sakaya* Taytu.
Wieder und wieder hervorbrechend, o *nabugwa* Taytu.
Wieder und wieder hervorbrechend, o *kwoyma* Taytu.

III
Mein Großvater Tokuwabu wird dich umarmen, Taytu,
Er wird auf der Wegkreuzung mit dir tanzen.

Die hier genannten Taytuarten, *nakoya, sakaya* usw. zeichnen sich alle durch gute, schmackhafte Knollen aus, die aber schwer zu ziehen sind. Befragt, weshalb der Magier nur Arten erwähne, bei deren Wachstum Schwierigkeiten auftreten, gab mir ein Gewährsmann zur Antwort: »Später, wenn der *lupilakum* (der beste und leichtwüchsigste Taytu) hört, daß der Magier an die wilden (nicht ganz domestizierten, daher schwer gedeihenden) Arten appelliert, stürmt er vor, der *lupilakum,* und läßt alle

anderen hinter sich.« (Diese Antwort ist der in Abschnitt 2 wiedergegebenen ähnlich).
In der letzten Strophe ist der Name Tokuwabus erwähnt, eines Ahnen, vielleicht auch eines Vorgängers in Bagido'us Amt. Sein Geist wird die *bwanawa* liebkosen, d. h. er wird sich an der Fülle der neuen Früchte erfreuen und an der Wegkreuzung tanzen.
Lediglich eine Verstärkung der eben beschriebenen Magie stellt die folgende Magie dar, auch sie ein einfacher Zauberspruch, der direkt über die Parzelle hinweg zu rezitieren ist. Er wird *kammamala* genannt, was soviel wie »zurückholen«, »zurückbringen« bedeutet. Ob dieses Wort, das auch im Text selbst erscheint, den Glauben an eine Wiederkehr der Feldfrüchte einschließt, im Sinne etwa eines Wiederauflebens des neuen aus dem alten Taytu, konnte ich nicht ermitteln: –

*Formel 20*

Taytu, komm zurück, komm zurück, gewiß.
Taytu von *nakoya*-Art, komm zurück, komm zurück, gewiß.
Taytu von *nabugwa*-Art, komm zurück, komm zurück, gewiß.
Taytu von *sakaya*-Art, komm zurück, komm zurück, gewiß.
Taytu von *nonoma*-Art, komm zurück, komm zurück, gewiß.
Taytu von *kwoyma*-Art, komm zurück, komm zurück, gewiß.

Dieser Zauberspruch läßt, wie man sagt, von neuem Knollen aufbrechen. – Der dritte und letzte Spruch der Wachstumsmagie ist auf die neuen Wurzeln gerichtet und wird *kasaylola* (Spruch des Verankerns) oder *talola silisilata* (Verankern der Wurzeln) genannt.

*Formel 21*

I
Buschhenne jetzt! Buschhenne allezeit!
Buschhenne aus dem Nordosten, ankere im Nordostwind,
Ankere im Südwestwind.
Buschhenne jetzt! Buschhenne allezeit!
Buschhenne aus dem Südwesten, ankere im Südwestwind,
Ankere im Nordostwind.
Die Buschhenne ankert!

II
Die Buschhenne ankert!
Mein Taytu, die Buschhenne ankert.
Deine Schößlinge, Taytu, die Buschhenne ankert.
Dein neues Würzelchen, Taytu, die Buschhenne ankert.
Deine Hauptwurzel, Taytu, die Buschhenne ankert.
Deine Wurzeln, Taytu, die Buschhenne ankert.
Dein schwarzer Mehltau, Taytu, die Buschhenne ankert.
Deine Wundstellen, Taytu, die Buschhenne ankert.

III
Der Taytu ist verankert, er ist verankert, er ist ganz verankert.

Diese Formel beschließt mit den auf die Entwicklung der Knollen gerichteten Zaubersprüchen zugleich die Wachstumsmagie im ganzen, alle Zaubersprüche also, die unmittelbar darauf abzielen, das Wachstum und die Entwicklung der Pflanze zu fördern.

In unmittelbarer Verbindung mit dieser letzten Zauberformel steht ein Ritus, der als Eröffnungsmagie fungiert. Da nun dank des gemeinsamen Werks von Natur und Magie reiche Bündel neuer Knollen entstanden sind, wird eine weitere Gartenarbeit erforderlich. Wenden wir unsere Aufmerksamkeit noch einmal dem zu, was unter der Erde geschehen ist. Auf den Skizzen 6 und 7 sehen wir die Saatknolle horizontal in der Erde liegen. Mittlerweile hat diese Knolle einen Wurzelsproß getrieben, der sich über- und unterirdisch weiterentwickelt hat: Während oben die Ranke in die Höhe schießt, entstehen unten mehrere neue Seitenwurzeln, an denen sich neue Knollen (*bwanawa*) gebildet haben. Die alte Saatknolle ist jetzt verbraucht und verdorben und muß ebenso wie einige der neuen Knollen herausgenommen werden. Wenn die Knollen nämlich zu dicht nebeneinander liegen, kann keine richtig gedeihen; wie alle mir versicherten, ist ein Ausdünnen (*basi*) daher unerläßlich.[11] Und zwar werden nun all diejenigen Knollen entfernt, die Zeichen der Unvollkommenheit wie Mehltau oder anderes zeigen, ferner zu dicht sitzende und besonders kleine, die keine gute Entwicklung versprechen. Der schlechte Taytu wird als »schwarz« (*bwabwa'u*), der gute als »weiß« (*pupwaka'u*) beschrieben. Die Arbeit obliegt fast ausnahmslos den Männern, die ringsum die Tayturanke den Boden mit Hilfe eines Grabstocks (*dayma*) lockern, die Erde wegscharren, die Wurzeln inspizieren und die schlechten Knollen und die verbrauchte Saatknolle mit der Axt abschneiden, und, sofern sie nicht gänzlich verdorben sind, zum Verzehr ins Dorf bringen, wie ich mir folgendermaßen habe beschreiben lassen[12]: »Wir graben, bis die Wurzeln freiliegen; dann lesen wir sie auf und pflücken sie. Die unreifen Knollen essen wir. Wir bringen sie ins Dorf und essen sie. Den guten Taytu lassen wir da, damit er reifen kann.« Für den Gartenmagier sind diese frühen Knollen tabu. Man betrachtet sie nicht eigentlich als geerntete Früchte, es gibt für sie keine Erstlingszeremonie, und sie werden nie im offenen Zeremonialspeicher (*bwayma*) gelagert, sondern gegessen, sowie sie ausgegraben sind.

Allerdings gibt es eine Zeremonie, *momla* genannt, die das Verziehen (*basi*) einleitet. Erneut stoßen wir hier auf den oft beanspruchten *vatuvi*-Spruch (M. F. 2), der bereits im ersten Eröffnungsritual, später beim

[11] *Coral Gardens,* Vol. II, Part V, Div. III, § 2-8.
[12] Ebd. Text 30, Part V, Div. VI, § 22.

rituellen Feuer und zuletzt im Rahmen der *kamkokola*-Zeremonie in Aktion trat und der nun über den Äxten und Grabstöcken zu rezitieren ist; wie stets kommt im Zusammenhang mit dem *vatuvi*-Spruch die magische Standardmixtur zur Anwendung. Bagido'u macht sich also eines Morgen auf, um die Ingredienzien zu sammeln, die er dann nachmittags zwischen zwei Matten verzaubert und an den Grabstöcken und Äxten anbringt, die ihm die Männer gebracht haben. Am nächsten Morgen versammeln sich alle Männer vor seinem Haus, um ihre Geräte zu holen und sich nach den Gärten zu begeben. Dort schlägt der Magier das *kamkokola* seines eigenen Gartens an, er gräbt mit dem verzauberten *dayma* an einer Ranke den Boden auf und führt gewissermaßen stellvertretend an einer Pflanze die *basi*-Arbeiten aus. Ebenso verfahren dann alle übrigen, jeder auf seiner Parzelle, während die tatsächliche Arbeit erst am folgenden Tag beginnt.
Die gesamte Folge der Gartenriten vor der Ernte ist damit abgeschlossen; bevor ich aber auf die verwickelten und vielseitigen Ereignisse der Ernte eingehe, möchte ich noch einiges über die private Gartenmagie einschalten, die unabhängig von den öffentlichen Zeremonien und in allen Phasen praktiziert wird.

### *4. Private Gartenmagie*

Neben der offiziellen Magie, die der *towosi* im Namen der ganzen Gemeinde praktiziert und die die verschiedenen Stadien der Gartenarbeit notwendig begleitet – zur Integration der Arbeit und zum Nutzen aller –, gibt es die private Gartenmagie, deren Formeln Privatbesitz sind; der Eigentümer wendet sie auf seiner eigenen Parzelle oder als Experte gegen Bezahlung auch auf fremden an. Diese Magie begründet Unterschiede in den Fruchtbarkeitserwartungen einzelner Gärtner. Häufig ist es der Gartenmagier selbst, der gegen Gebühr bereit ist, einzelnen Gärten besonderes Gedeihen zukommen zu lassen. Neben den Diensten, die er ohnehin jedem gewährt, wendet er dann entweder die Formel des Gartenbesitzers an, verwertet seinen eigenen Schatz privater Magie, oder er veranstaltet einen öffentlichen Ritus privat. Wenn private Magie auf den Trobriand-Inseln äußerst unauffällig praktiziert wird[13], so mag das daran liegen, daß die Gartenarbeit eine so wichtige Tätigkeit ist, derart schwer mit Neid und Eifersüchteleien beladen, daß man nicht ohne Gefahr behaupten kann, durch Privatmagie könne das allgemeine Niveau individuell übertroffen werden. Überdies müssen ja Häuptlinge und Dorfvorsteher stets ihre eigenen Gärten als die besten darstellen und zu diesem Zweck die besten Böden auswählen können; gewöhnlich behaupten sie

[13] S. a. *Coral Gardens,* Vol. I, App. II, Sec. 4, note 19.

aber auch, über die beste Privatmagie zu verfügen, und andere werden sich hüten, sich mit dem Besitz einer besseren Magie zu brüsten.
Anscheinend besteht generell das Gefühl, daß die öffentliche Magie alles Menschenmögliche tue und daß es nicht rechtens sei, Privatmagie anzuwenden. Nur wenige haben mir gegenüber je damit geprahlt, und zwar strikt vertraulich, daß sie mächtige Privatmagie besäßen und daß die Qualität ihrer Gärten auf die Überlegenheit ihrer Zauberformeln zurückzuführen sei. So versicherte mir 1915 Namwana Guya'u, der rebellische, selbständige und hemmungslose Lieblingssohn To'uluwas, seine Privatmagie sei wirksamer als die öffentliche Magie seines Vetters Bagido'u. Er erzählte mir, daß er seinen eigenen großen Yams (*kuvi*) mit einer Magie namens *bisikola* behandle (vgl. a. Kap. III, Abschn. 1), ebenso *kema, dayma* und *yagogu.* Die *yagogu*-Magie beschrieb er mit dem Satz: *ayuvi kakavala,* »ich hauche auf meinen kleinen Yams«; das Wort *kakavala* ist ein Synonym für *yagogu* (Saatyams).
Die meisten mir bekannten Formeln dieser Art hat Bagido'u mir mitgeteilt. Privatmagie kann man über dem Saatyams, über den *tula* (den Stäben, die die Parzelle in kleine Quadrate unterteilen) und über Grabstock (*dayma*) und Axt (*kema*) rezitieren. Nur ein einziges Mal bin ich Zeuge einer privaten Zeremonie geworden: Ich begleitete damals Nasibowa'i, den Gartenmagier von Kurokaywa, den wir noch näher kennenlernen werden. Er war, glaube ich, damit beschäftigt, eine der öffentlichen *kamkokola*-Zeremonien durchzuführen. Als er von einer Parzelle zu einer anderen überging, brachte ihm ein Mann einen Korb mit Saatyams. Nasibowa'i brach ein paar Zweige von einem in der Nähe stehenden Mimosenbaum und sprach, während er die Yamsknollen mit den Zweigen schlug, eine Zauberformel, deren Wortlaut ich nicht aufzeichnen konnte. Ich kenne jedoch einen vergleichbaren Spruch, der aus Bagido' us Repertoire stammt:

*Formel 22*

Tudava, o Tudava.
Malita, o Malita.
Über Muyuva geht die Sonne auf.
Ich sitze, ich wende dich um.
Ich sitze, ich fege dich blank,
Den Taro meines Gartens rufe ich auf; den Taytu meines Gartens rufe ich auf.
O Fischadler, schwebe über meinem Garten.

Diese Zauberformel wird unmittelbar in einen Korb mit Saatyams hineingesprochen.
Den folgenden Spruch, der ebenfalls zu einem privaten Pflanzritual gehört, muß man laut Bagido'u dagegen über dem in den Parzellenquadraten bereitliegenden Saatyams rezitieren; er wird *tula*-Magie genannt: –

*Formel 23*

I

O Saat, den Boden durchbrechend – brich durch!
O Saat, aus dem Boden wiederkehrend, komm zurück!
O Saatyams, durchbrechend,
O Taytu, wiederkehrend!

II

Der Taytu erhebt sich, der Taytu dreht sich im Boden um, der Taytu wölbt den Grund.
Dein Stengel erhebt sich, deine Wurzel wirft die Erde auf.
Treibe deine junge Knolle hoch im Bauch meines Gartens.
Der Bauch meines Gartens wird blank wie das Mahlbrett.
Der Bauch meines Gartens wird blank wie das Brett zum Bastrockmachen.
Die Löcher im Bauch meines Gartens sind wie die Löcher der Mangrovenmolluske im Schlick.

III

Ich werde ins Dorf gehen, beladen mit Taytu.

Dieser Spruch soll offenkundig den Taytu zum Wachsen anregen. Auf dem Mahlbrett zerstampft man Taro, um *mona,* Taropudding, herzustellen, der bei Festlichkeiten besonders beliebt ist. Auf dem Grasrockbrett fertigen die trobriandischen Frauen ihre Grasröcke. Beide Bretter sind vollkommen glatt. Die Molluske (*ginuvavarya*) ist eins der Seeschalentiere; bei Ebbe bohrt sie viele kleine Löcher in den Schlick des Mangrovensumpfs.

Die Privatmagie, die über der Axt gesprochen wird, soll deren Wirksamkeit beim Pflanzen wie später bei der Ernte erhöhen. Bagido'u verwendet dafür gegen Bezahlung den *vatuvi*-Spruch, der ja auch in seiner offiziellen Magie eine überaus wichtige Rolle spielt; gleichzeitig behandelt er die Axt mit den Ingredienzien, die im Rahmen dieser Magie stets zur Anwendung kommen.

Ebenfalls aus Bagido'us Besitz stammt die folgende Formel privater Magie für den Grabstock, der dann zum Verziehen der Knollen benutzt wird. Manchmal spricht Bagido'u diese Magie auch über einem Grabstock, der zum Pflanzen verwendet werden soll: –

*Formel 24*

I

O auszugrabender Taytu,
O herauszuziehender Taytu,
Aufgebläht, wie ein Erdhügel, wie die *sasoka*-Frucht.

II

Der Stamm des Feigenbaum ist nicht groß, – es ist der Leib meines Taytu, der groß ist.
Der Stamm einer hohen Mangrove ist nicht groß, – es ist der Leib meines Taytu, der groß ist.
Der Stamm des *bwabwaga*-Baums ist nicht groß, – es ist der Leib meines Taytu, der groß ist.
Der Stamm des stattlichen Pandanus ist nicht groß, – es ist der Leib meines Taytu, der groß ist.

Der Korallenblock ist nicht groß, – es ist der Leib meines Taytu, der groß ist.
Der Stamm der Akazie ist nicht groß, – es ist der Leib meines Taytu, der groß ist.
Dies ist nicht dein Auge, dein Auge ist der Morgenstern.
Dies ist nicht dein Auge, dein Auge ist die weiße Blüte der *Youla'ula*-Ranke.
Dein Stengel erhebt sich, deine Wurzel wirft die Erde auf.
Treibe deine junge Knolle hoch im Bauch meines Gartens.
Der Bauch meines Gartens wird blank wie ein Mahlbrett.
Der Bauch meines Gartens wird blank wie das Brett zum Bastrockmachen.
Die Löcher im Bauch meines Gartens sind wie die Löcher der Mangrovenmolluske im Schlick.

III
Ich werde ins Dorf gehen, beladen mit Taytu.

Ich habe hier die wörtliche Übersetzung, »Leib meines Taytu« beibehalten, anstatt diese figurative Wendung auf ihre exakte Bedeutung »Taytuknolle« zu reduzieren, teils um den trobriandischen Ausdruck möglichst wortgetreu wiederzugeben, teils um zu unterstreichen, daß die eßbaren Wurzeln für die Trobriander den Hauptteil oder Leib ihrer Hauptanbaufrüchte darstellen.
Die folgende kurze Formel wird über einem Grenzstab (*tula*) gesprochen. Man scharrt dabei einfach rituell mit dem Stab in der Erde. Die Stimme muß direkt auf den Stab gerichtet sein, so daß die magische Kraft in die beim Scharren entstehende Mulde eindringen kann: –

*Formel 24a*

Geh dorthin, geh dorthin; komm hierher, komm hierher;
Ich werde ergreifen, ich werde festhalten.
Er gräbt sich ein, die Mulde meines Grenzstabs;
Er gräbt sich ein, und die Mulde meines Taytu.
Der Bauch meines Gartens wird sich neigen.

Ich möchte abschließend noch einmal darauf hinweisen, daß meine Kenntnisse der privaten Gartenmagie denjenigen des offiziellen Systems qualitativ nicht gleichwertig sind. Ich war derart in das Studium der öffentlichen Gartenmagie vertieft, daß ich zunächst gar nicht gefragt habe, ob es auch private Magie gibt, und da diese ja keineswegs auffällt, bin ich nur zufällig darauf gestoßen, als ich Nasibowa'i den Saatyams im Korb anschlagen sah.

Einen vagen Einfluß magischer Natur übt auch das Erzählen von Märchen (*kukwanebu*) aus. Die Zeit dazu erstreckt sich von Dezember bis März, wenn der Nordwestmonsun vorherrscht. Auf der Zeitrechnungstabelle sehen wir, daß zu dieser Zeit bereits der Boden gesäubert, die Saat gepflanzt und Zäune wie magische Wände errichtet sind; nun müssen die Mächte der Fruchtbarkeit ihr Werk hervorbringen. Zugleich fesselt das schlechte Wetter die Leute häufig ans Haus. Sie erzählen sich dann gegenseitig die wohlbekannten, endlosen, meist schlüpfrigen Geschichten, und jeder Erzähler schließt mit dem folgenden, stereotypen Vierzeiler[14]:

»Der *kasiyena*-Yams bricht zu Bündeln hervor; jetzt ist die Zeit, da die Saat ausschlägt und prall wird. Ich koche Taropudding; so-und-so (eine bedeutende Person unter den Anwesenden wird in scherzhaftem Ton genannt) wird ihn essen. Ich werde die Betelnuß abbrechen; so-und-so (hier wird ein anderer Notabler genannt) wird sie essen. Deine Gegengabe, so-und-so (der nächste Erzähler).«

Das Liedchen, *katulogusa* genannt, wird in einem genau festgelegten Rhythmus angestimmt. Ein Gewährsmann sagte mir: »Das Märchenerzählen übt einen magischen Einfluß auf die neuen Pflanzen aus. Es läßt den *kasiyena*-Yams zu Bündeln hervorbrechen. Sowie dieser Yams zu Bündeln hervorbricht, so reift unser Grundnahrungsmittel.«[15]

### 5. *Gemeinschaftsarbeit*

Daß die Agrikultur eine organisierte ökonomische Tätigkeit darstellt, sollte mittlerweile klargeworden sein. Leute, die ihre Gärten innerhalb der selben Umfriedung haben, sind voneinander nicht unabhängig. Sie folgen der Initiative, den Entscheidungen und den Geboten des Häuptlings. Sie müssen sich dem Rhythmus anpassen, der ihnen durch die Folge magischer Riten vorgegeben ist, und sie stehen unter der Aufsicht des selben Magiers. Innerhalb der recht weiten, aber doch verbindlichen Grenzen muß der Gärtner mit der Zeit Schritt halten und einen gewissen Arbeitsstandard erreichen. Insbesondere bei der Errichtung des Zauns und beim Jäten ist jeder auf die Sorgfalt des anderen angewiesen.

In der Gemeinschaftsarbeit zeigt sich eine andere Form der Kooperation, und darüber sei hier noch einiges eingeschoben. Unentbehrlich ist die Gemeinschaftsarbeit für den Häuptling, der in seinem ausgedehnten Gartenareal die Männerarbeit gar nicht selbst versehen könnte (vgl. Kap. I, Abschn. 8). Sodann gibt man der Gemeinschaftsarbeit den Vorzug, wenn die Gemeinde sich entschließt, die Tanz- oder Festzeit zu verlängern und deshalb spät mit der Gartenarbeit beginnt; in diesem Fall müssen die frühen Stadien durch erhöhte Anstrengungen nämlich besonders schnell bewältigt werden. Ob in der Gemeinschaftsarbeit beim Roden und Pflanzen irgendein technischer Vorteil liegt oder ob diese Methode aus psychologischen Gründen effektiver ist, vermag ich nicht mit Sicherheit zu sagen. Die Eingeborenen sind jedenfalls zutiefst davon überzeugt, daß sie in den frühen Phasen mit Gemeinschaftsarbeit viel

[14] *Coral Gardens,* Vol. II, Text 82, Part V, Div. XI, § 11.
[15] Ebd. Text 83 Part V, Div. XI, § 13.

schneller vorankommen als mit individueller. Sie sind bei der Gartenarbeit indessen nie ganz und gar darauf angewiesen, wie beim Bau eines Kanus, eines großen Vorratshauses oder beim Nähen eines Segels.

Und doch ist Gemeinschaftsarbeit im Gartenbau häufiger als sonst. Die Trobriander unterscheiden nicht weniger als fünf verschiedene Typen der Gemeinschaftsarbeit, deren jeder einen eigenen Namen und einen eigenen soziologischen Charakter hat[16], der ihn von individueller Arbeit auf der eigenen Parzelle (*tavile'i*) unterscheidet.

Sind die Angehörigen eines Dorfs vom Häuptling oder Vorsteher zu gemeinschaftlicher Arbeit in den Gärten aufgerufen, so spricht man von *tamgogula. Tamgogula* ist eine allgemein verbreitete Einrichtung, die im Namen der ganzen Gemeinschaft vom Häuptling eingesetzt wird, geeignete Aufgaben auszuführen. Ist sie beabsichtigt, so ruft der Häuptling alle Männer zu einem Festessen auf dem Dorfplatz zusammen, sobald die Zeit zum Roden gekommen ist (vgl. Einl., Abschn. 7); anschließend rodet man die Parzelle des Häuptlings und dann reihum alle übrigen, wobei die Gruppe Tag für Tag vom Besitzer des jeweiligen Gartens bewirtet wird. Des gleichen Verfahrens bedient man sich auch in jedem der folgenden Stadien: beim Errichten des Zauns, beim Pflanzen, beim Aufstellen der Stützpfeiler und schließlich auch beim Jäten, das den Frauen obliegt. Jedesmal dienen dabei alle jedem einzelnen Gärtner. Die Säuberung des Bodens nach dem großen Brand, das Verziehen der Knollen und die Ernte sind dagegen Arbeiten, die man stets individuell ausführt. Mehrere Gemeinschaftsfeste begleiten und beschließen eine *tamgogula*-Periode.

Wenn statt eines allgemeinen Übereinkommens zur Gemeinschaftsarbeit, an der unter der Leitung des Häuptlings das ganze Dorf beteiligt ist, nur eine begrenzte Zahl von Gärtnern verabredet, gemeinsam zu arbeiten, alle für jeden einzelnen, so liegt ein anderer und anders genannter Typ der Gemeinschaftsarbeit vor: Erstreckt sich das Abkommen auf den gesamten Zyklus (Säubern, Verziehen und Ernte ausgenommen), so spricht man von *kari'ula;* ist nur eine einzige Phase gemeint, von *ta'ula*. Soweit ich weiß, finden in diesen Fällen kaum, womöglich gar keine Gemeinschaftsfeste statt. Jeder wird durch die reziproken Dienste belohnt. Wenn mehrere Dörfer übereinkommen, ihre Gärten in Gemeinschaftsarbeit zu bestellen, so ist die Rede von *lubalabisa*. Rechtlich und organisatorisch ist dies dem *tamgogula* vergleichbar: Es wird von einem Häuptling oder Dorfvorsteher geleitet, ist allerdings auf Großgemeinden (vgl. Kap. X, Abschn. 2) oder dicht benachbarte Dörfer beschränkt. Das Übereinkommen impliziert dabei nicht, daß man einen gemeinsamen

[16] Ich beschränke mich hier auf das Wesentliche; eine Erörterung der Gemeinschaftsarbeit findet sich in dem Kapitel »Stammesökonomie auf den Trobriand-Inseln«, *Argonauten des westlichen Pazifik,* S. 196ff.

Garten innerhalb einer Umfriedung bestellt, sondern nur, daß alle reihum für jeden einzelnen arbeiten.
Wenn ein Häuptling, ein Dorfvorsteher oder ein anderer wohlhabender und einflußreicher Mann seine Gefolgschaft oder Schwagerschaft aufruft, für ihn und nur für ihn zu arbeiten, heißt das *kabutu*. Der Besitzer muß die Arbeiter mit Nahrung versorgen (vgl. Einl., Abschn. 3), ein Verfahren, das in einzelnen Arbeitsphasen zum Zug kommt, etwa wenn ein Vorsteher die Angehörigen seines Dorfs auffordert, für ihn zu roden, zu pflanzen oder einen Zaun zu errichten, sich aber auch über den ganzen Zyklus erstrecken kann. Von *kabutu* ist übrigens nicht nur in bezug auf die Gartenarbeit die Rede, sondern auch immer dann, wenn jemand zu einem Unternehmen zahlreiche Helfer benötigt, sei es nun beim Bau eines Kanus, eines Speichers oder eines Wohnhauses.

# Kapitel V
# Ernte

Die Ernte ist in Kiriwina die freudigste und farbigste Periode des Gartenbaus. Schon das Ausgraben der Knollen selbst fasziniert die Eingeborenen; es wird von Bräuchen und Zeremonien belebt, um die Freude an der Jahreszeit zu steigern; und wenn das Beiwerk womöglich mehr Zeit und Mühe in Anspruch nimmt als die Arbeit selbst, so verleiht es dieser doch den Anstrich eines vergnüglichen Zeitvertreibs, der die technische Effizienz zu steigern vermag. Die Ernte ist schließlich das Ziel aller Landwirtschaft und wird bei den Trobriandern wie anderswo als solches betont und in einen festlichen Rahmen gestellt.

Die zusätzliche Arbeit besteht darin, daß man die Taytuknollen reinigt, sie im Garten zur Schau stellt und sie dann öffentlich und prunkvoll vor die Speicher trägt, um sie dort zeremoniell aufzustapeln. Der Trobriander liebt es, die Knollen anzufassen, sie zu zählen und zu hohen, wohlgeformten Haufen anzuordnen (Abb. 48). Es gefällt ihm, wenn andere seine Produkte bewundern und mit denen wieder anderer vergleichen. Er spricht gern davon und hört auch andere gern darüber reden. Sein Freude an dem vollbrachten Werk entspricht mit einem Wort der des Handwerkers oder Künstlers.

Um so den einzelnen Abschnitten der Ernte einen sozialen Rahmen zu verleihen, stellt man den Taytu zu Haufen geordnet im Garten zur Schau; Angehörige und Nachbarn gehen dann durch die Gärten und bewundern die Ernte, bis ein Teil von ihr in ein oft beträchtlich weit entferntes Dorf verbracht wird, meist zum Gatten der Schwester des Gärtners.

Zum Transport der Knollen ruft man eine Gruppe von bis zu vierzig jungen Männern und Frauen zusammen, da man Wert darauf legt, daß die ganze Gabe gleichzeitig eintrifft, um durch Quantität zu beeindrucken und dem Akt der Übergabe einen festlichen Anstrich zu sichern. Manchmal bemalen die Träger ihr Gesicht und schmücken sich mit Blättern, Federn und Blüten. In Begleitung des Besitzers und einiger alter Männer und Frauen bringen sie den in Körbe geschichteten Taytu in das Dorf. Zu dieser Jahreszeit sind die Gärten von Lachen und Geschwätz erfüllt. Allenthalben sieht man Scharen von Trägern von Dorf zu Dorf ziehen oder am Wegrand sitzen, zu Rast, Klatsch und Erfrischung, die beladenen Körbe neben sich; oder sie rennen mit den lauten, charakteristischen Schreien in ein Dorf, stellen ihre Gabe auf dem Dorfplatz ab und setzen sich dann, um mit den Gastgebern zu plaudern. Garten und Dorf, Wege und Haine warten mit einem bunten und festlichen Anblick auf.

*1. Mangel und Fülle*

Die Ernte lohnt die Mühen und erfreut das Herz des Gärtners mit der immer wiederkehrenden Entdeckung seines unterirdischen, lebendigen Schatzes. »Der Bauch meines Gartens«, *lopoula ula buyagu* (M. F. 2), wie Bagido'u den von ihm verzauberten Boden in seinen magischen Sprüchen nennt, hat zu guter Letzt seine Früchte und die Früchte der menschlichen Arbeit hervorgebracht.

Ob es sich aber um ein Jahr des Hungers (*molu*) oder der Fülle (*malia*) handelt, macht allerdings im sozialen Ton der Vorgänge und in der Geistesverfassung der Gärtner einen großen Unterschied. In Hungerszeiten besteht ein eher noch stärkeres Interesse am Ernten, aber Freude ist dabei wohl kaum im Spiel. Nach einer Dürre wird für die Eingeborenen die Not etwa im vierten Mond ihres Jahres, *Tòliyavata,* spürbar, der die Monde der Knappheit (*tubukona molu*) einleitet.[1] Dann sieht man Frauen, die Hain und Dschungel nach Blättern, Wurzeln und wilden Früchten absuchen, um damit ihren Haushalt zu versorgen. Zunächst werden sie die beliebteren Früchte (*kavaylu'a*) sammeln – Mango, Malayäpfel, *Menoni*-Früchte, *Gwadila* oder *Kum* (Brotfrüchte) –, und wenn diese die Dürre nicht überdauert haben, ist man auf die gar nicht geschätzten, fast ungenießbaren Früchte des *Noku*-Baumes angewiesen, die einen selten im Stich lassen. Erst nach einer zweijährigen Dürre sehen die Trobriander sich mit akuter Hungersnot konfrontiert.

Ein Blick auf die Zeitrechnungstabelle läßt die möglichen Hungerperioden erkennen. Stellen wir uns vor, daß auf ein gutes oder wenigstens normales Jahr ein schlechtes folgt. Nennen wir sie beispielsweise »1914« und »1915«, obwohl die Ernten dieser Jahre tatsächlich mehr oder weniger normal waren. »1914« gestattete eine Durchschnittsernte, die Yamshäuser mit einer für das ganze Jahr hinreichenden Menge zu füllen; Taytu hält sich nämlich ein ganzes Jahr, wenn er gesund und richtig gespeichert ist. Danach beginnen die Knollen zu verderben, nur ein Teil bleibt noch eßbar. Die Frage, ob man sie länger als ein Jahr aufbewahren soll, stellt sich allerdings selten, da selbst eine gute Ernte ohnehin kaum länger reicht.

Wir beginnen also mit normal gefüllten Speichern im »Juli 1914« (annähernd im 13. Mond unserer Tabelle), in der Mitte der Trockenzeit. Falls es im Oktober, November und Dezember wider Erwarten trocken bleibt, wäre die Versorgung mit wilden Früchten und anderen Produkten des Dschungels unzureichend. Zugleich fiele der neue Taro, Yams und Taytu, die, wie wir auf der Tabelle (Spalte 7, 8, 9) sehen, im sechsten

[1] Auf unserer Zeitrechnungstabelle sind die »Hungermonde« auf fünf geschätzt. Das ist natürlich nur ein grober Durchschnittswert, der weniger eine Zeitspanne als die Jahreszeit angibt, in der Hunger vorkommen kann.

Mond, *Gelivilavi,* zu reifen beginnen sollten, nun vollständig aus. Man muß sich also auf den gespeicherten Taytu beschränken, der selbst sparsam gebraucht kaum länger als bis »Juli 1915« reicht, damit aber das Überleben sichert. Soweit ich diese Dinge rekonstruieren konnte, würde ein einziges schlechtes Jahr noch keine akute Hungersnot heraufbeschwören. »Juli 1915«, um in unserem hypothetischen Modell fortzufahren, sind die Vorräte erschöpft, da im letzten Viertel von »1914« und Anfang »1915« außer dem gespeicherten Taytu nahezu nichts zur Verfügung stand und die neue Ernte so unzulänglich war, daß sie nicht die erwartete Fülle bringt. Ist die Dürre so schlimm gewesen, daß in den Gärten so gut wie nichts gedeihen konnte, wird der Hunger womöglich sofort spürbar. Das ist allerdings selten, da meist noch Reste der vorigen Ernte vorhanden sind. Ist die Ernte dagegen lediglich so knapp ausgefallen, daß sie für zwei bis drei Monate reicht, hängt alles von der Folgezeit ab. Setzt im September, Oktober oder November Regen ein, so kann man sich bis zum vierten oder fünften Mond, wenn in den Frühgärten neuer Yams reift, von Baumfrüchten ernähren. Herrscht aber weiterhin Dürre – nun bei leeren Speichern und Bäumen, die nicht tragen, bei ausgedörrten Dschungel und Sümpfen, »hart wie Stein und von Rissen durchzogen«, bei braunem, totem Lalanggras und nun sogar unzureichenden *Noku*-Früchten –, dann ist das gefürchtete Unheil unabwendbar.
1918 waren solche Fälle von großem, akutem Hunger schon seit 25 Jahren nicht mehr vorgekommen. Die Reisvorräte der Weißen haben wahrscheinlich die schlimmsten Hungerkatastrophen abgewendet, seit sie dort als Händler und Walfänger, als Perlenkäufer und Pflanzer aufgetaucht sind. Und die Eingeborenen selbst haben gelernt, die Süßkartoffel zu kultivieren, die unempfindlicher und fruchtbarer ist als die einheimischen Nutzpflanzen.[2] Um die Dörfer herum wächst jetzt auch überall Papaya (*carica papaia*), die Dürren besser gewachsen zu sein scheint als die meisten einheimischen Fruchtbäume. Was auch die europäische Okkupation den Trobriandern sonst beschert hat, die wirklichen Hungersnöte hat sie tatsächlich von ihnen abwenden können. Es liegen mir jedoch Berichte darüber vor, was in schlimmen Hungerszeiten geschah. Am schwersten waren natürlich die bäuerlichen Gemeinden der Zentral- und Ostprovinzen betroffen, da sie keinen unmittelbaren Zugang zu den Ressourcen der Lagune hatten; in normalen Jahren konnten sie durch die üblichen »Tauschgeschäfte« (*wasi* und *vava;* vgl. Einl., Abschn. 10) so viel Fisch einhandeln, wie sie wollten. An der Ostküste ist es während der Trockenzeit, der Zeit der Passatwinde von März bis Oktober, nicht möglich zu

[2] Meine Kenntnisse der Geobotanik sind mangelhaft; meine Gewährsleute versicherten mir aber immer wieder, daß die Süßkartoffel vor der Ankunft des weißen Mannes auf der Insel nicht bekannt war (s. Abschn. 5, unten).

fischen, da diese Küste dem unaufhörlichen Ansturm der steifen Südostbrise voll ausgesetzt ist. Hunger war zu dieser Jahreszeit, da wilde Früchte und auch die Früchte des Hains knapp sind, am schmerzlichsten zu spüren.

In Hungerszeiten pflegten die Bewohner der fruchtbaren, dann jedoch verdorrten Ebenen von Zentralkiriwina sich in der Hoffnung auf Fisch an die Westküste zu stehlen. Sie verbargen sich in kleinen Lagern in den entlegensten Dschungelflecken, um nachts herauszukriechen und heimlich zu fischen. Die Bewohner der Lagunendörfer kämmten, um ihre, in Hungerjahren kaum für sie selbst reichenden Fischressourcen besorgt, den Dschungel nach Lagern ab und richteten unter den ausgezehrten, gehetzten und erschöpften Inländern Massaker an. In der Nähe von Oburaku im Süden sowie an der Nordwestküste gibt es Höhlen, die voll von Gebeinen sind; und Sagen berichten, dies seien die Überreste solcher Massenmorde. Tatsächlich schilderten mir meine Gewährsleute auf Grund dessen, was sie von ihren Großvätern gehört hatten, wie und wann solche Gemetzel stattgefunden haben: wie etwa eine große Gruppe von Männern aus Tilataula (dem Distrikt rund um Kabwaku) in der Umgebung der Mangrovensümpfe, nördlich von Oburaku, Schutz zu finden und zu fischen versuchten, wie es auf dem Sumpfweg zwischen Oburaku und Kwabulo zu einem Kampf kam, und wie schließlich alle Männer aus Tilataula getötet, ihre Leichen gegessen und ihre Gebeine in eine Höhle geworfen wurden.

Diese Geschichte könnte einen wahren Kern enthalten. Es ist nicht unwahrscheinlich, daß in schweren Hungersnöten eine Art Endokannibalismus praktiziert wurde. Die Trobriander leben an der Peripherie des Kannibalismus, und obwohl sie diesen in normalen Zeiten verachten und moralisch mißbilligen, könnten sie in Hungerszeiten versucht sein (wie manche Leute im Europa der Nachkriegszeit es waren), sich so kurzerhand ein Mahl zu verschaffen. Doch die Gebeine in den von mir besichtigten Höhlen waren bestimmt nicht die Überreste von derartigen endokannibalistischen Festen; auch konnten sie nicht erst einige Generationen alt sein, da die meisten mit Erde bedeckt und einige sogar von Stalagmiten umwachsen waren. Daß indes blutige Schlachten geschlagen wurden, ist gewiß; auch, daß sie außerhalb der üblichen Feindseligkeiten lagen, da sie keine Blutrache und keinen Krieg nach sich zogen.

Der folgende Bericht, der die Erinnerungen meines Freundes Molubabeba mit den Worten seines Sohns Tokulubakiki wiedergibt, veranschaulicht einige Momente von *molu*[3]: –

»(I) Molubabeba war in seiner Kindheit Zeuge einer Hungersnot. (II) Damals bekamen die Leute zuerst eine Hautkrankheit. (III) Manche

[3] *Coral Gardens,* Vol. II, Text 24, Part V, Div. V, § 6.

starben im Busch, einige in den Sümpfen, einige im *rayboag,* einige an den Wasserlöchern. (IV) Sie gingen zu den Wasserlöchern, um sich Hände und Füße naß zu machen, dann starben sie. (V) Alles wegen des Hungers; es gab nichts zu essen.

(VI) Später, als die Hungersnot vorüber war, verzauberten sie wilden Ingwer, um das Dorf damit zu bespucken. (VII) Dann machten sie Regenmagie und Regen fiel herab.

(VIII) So groß, lang wie ein Unterarm, waren die Wertgegenstände, mit denen sie sich Saatyams eintauschten: (IX) ein schöner Wertgegenstand für zehn Körbe Saatyams; ein kleiner Wertgegenstand für fünf Körbe Saatyams. (X) (Mit diesem Saatyams) pflanzten und pflanzten sie: eine einzige Parzelle, zwanzig Mann; jeder ein Quadrat. (XI) Danach, als der Saatyams etwas reichlicher wurde, bepflanzten zwei Mann eine Parzelle. (XII) Noch später, als es wieder mehr Saatyams gab, machte ein Mann eine Parzelle, ein anderer eine andere.

(XIII) In Kulumata, im Westdistrikt, sind die Leute verschwunden, umgekommen. Kein Kanu konnte in die See auslaufen, um zu fischen. (XIV) Wäre ein Kanu hinausgesegelt, hätten sie uns gesehen, sie hätten uns sofort getötet. (XV) Sollten sie uns töten – unsere Verwandten wären nicht zornig, denn es war eine Zeit des Hungers. (XVI) Wir verstecken uns im Busch, wir finden ein Kanu, wir wagen nicht zum Fischen auszulaufen.

(XVII) Der Grund für all das ist der Trockenheitszauber; schon wird das Land von den Häuptlingen verhext, weil wir ihre Verwandten durch Zauberei getötet haben. (XVIII) Als Mwakenuva, als Purayasi starb, verhängte Numakala seinen Schadzauber. (XIX) Wenn immer ein Häuptling starb, wurde das Land verhext.«

Diese Beschreibung einer Hungersnot ist lebhaft und konkret wie alle Erzählungen der Eingeborenen: die Hautkrankheit als erste der Hungerfolgen; Verhungernde, welche die Wasserlöcher belagern und dort sterben; die Durchführung der *vilamalia*-Magie, das Bespucken des Dorfs mit wildem Ingwer (vgl. Kap. VII, Abschn. 6 u. 3); die Größe des Wertgegenstands, hier einer Steinaxt, als Tauschwert für zehn Körbe Saatyams, wo doch normaler Weise hundert Körbe dafür einzuhandeln wären; die Zahl der auf einer einzigen *baleko* arbeitenden Männer; die Aufhebung der Blutrache; und schließlich der tief verwurzelte Glaube, eine Hungersnot sei in gewisser Weise immer Ausdruck dessen, daß die Untertanen das Mißfallen des Häuptlings erregt haben (vgl. Kap. I, Abschn. 8).

Ähnliche Geschichten aus alter Zeit erzählen, wie ganze Inlanddörfer sich zur Küste begaben und dort im dichten Buschland und Dschungel lagerten.[4] Die Eindringlinge durchsuchten die Mangrovensümpfe, schlichen nachts heimlich hinaus, um in den seichten Gewässern Schalentiere

[4] Vgl. auch *Coral Gardens,* Vol. I, App. II, Sec. 4, note 20.

zu fangen und mußten dabei ständig gegeneinander und gegen die kämpfen, die sie vom Wildern in der Lagune abzuhalten versuchten – derartige Geschichten hörte ich abends am Feuer häufig, ohne sie alle wörtlich zu notieren. Die Eingeborenen brachten die Not des Hungers zum Ausdruck, indem sie auf die geringen Taytumengen hinwiesen, von denen sie nach und nach satt werden mußten; und dann maßen sie, wie in der eben erzählten Geschichte, den Mangel an Saatyams an dem Preis, den sie dafür zu zahlen hatten. Die Häuptlinge übertraten in Zeiten der Hungersnot ihre Tabus und aßen zumindest heimlich Buschschwein und Wallaby, die verachtete Frucht des *Noku*-Baums und andere Scheußlichkeiten. Der Oberhäuptling litt nicht im selben Maß wie Leute niederen Rangs. Dürre und Hungersnot pflegte er sich selbst als Verdienst, als Manifestationen seiner übernatürlichen Kräfte anzurechnen, die durch irgendein Vergehen seiner Untertanen zu feindseliger Tat erwacht waren. Während weder er noch seine Verwandten so viel zu leiden hatten wie das niedere Volk, weil sie ihren Tribut an Fisch beanspruchten und erhielten, auch Pflanzenkost, soweit sie aufzutreiben war, wurden andere von Krankheit heimgesucht und starben. Selbst heute noch kann man in Stimme und Gesicht einen Schatten des Unheils wahrnehmen, wenn ein Trobriander von großem *molu* erzählt.

Schon gewöhnlicher *molu,* unzureichend Nahrung, ist schlimm genug. Bevor der Organismus unmittelbar angegriffen wird, zieht *molu* den Stolz des Gärtners in Mitleidenschaft und gibt ihm das Gefühl der Enttäuschung und der Unzufriedenheit mit seiner Arbeit. In solchen Situationen weichen die Trobriander auf unreifen Taytu aus, beginnen wesentlich früher mit dem Verziehen der Knollen (*basi*), essen »schwarze« und »weiße« Knollen gleichermaßen und setzen sich folglich Durchfallepidemien aus, da unreifer Yams schwer zu verdauen ist. Auf Sumpfböden legen sie größere Tarogärten an, sie pflanzen mehr großen Yams (*kuvi*) im *rayboag* und beuten die Dorfhaine und den Dschungel systematisch aus – mühsame und unbeliebte Arbeiten; denn schließlich sind sie ja Gärtner und nicht Beerensammler. Für den Gartenmagier, der bei jeder Gartenfrucht warten muß, bis sie richtig reif und zeremoniell geerntet ist, kann dies Tabu in solchen Jahren ziemlich beschwerlich werden.[5]

## *2. Erstes Speichern*

Die große, zeremonielle Haupternte von Taytu, *tayoyuwa,* ist von allen übrigen Formen der Einbringung aus den Gärten abgehoben. *Basi* (vgl. Kap. IV, Abschn. 3) ist in keinem Sinn des Worts Teil der Ernte, sondern lediglich das Verziehen der Knollen, ob sie nun weggeworfen oder

[5] Für die Konzepte *molu* und *malia* ist neben der ethnographischen auch die linguistische Analyse aufschlußreich; s. *Coral Gardens,* Vol. II, Part V, Div. V, § 3-5.

gegessen werden. Verzogene Knollen heißen nicht Taytu, sondern *bwanawa*; sie werden nicht geröstet, sondern gekocht oder im Erdofen gebacken. Für den Magier sind sie tabu, und auch die Vornehmen essen sie nur bei quälendem Hunger. Die Speicherung von Taro und *kuvi* ist der des Taytu vorgängig und wird durch eine magische Zeremonie eingeleitet; für den Magier impliziert sie ein Tabu, das durch einen Zauberspruch rituell aufzuheben ist.

Die Magie der frühen Ernte wird wie diese selbst *isunapulo* genannt. Mit den folgenden Worten verzaubert Bagido'u in seinem Haus eine Perlmuschelschale: –

*Formel 25*

I

Vollmond hier! Vollmond dann, Vollmond hier allezeit.
Runde dich im Norden, runde dich hier im Süden.
Runde dich im Süden, runde dich hier im Norden.
Taro, runde dich.

II

Taro, runde dich, Taro, runde dich . . .
Der Bauch meines Taro – Taro, runde dich, Taro, runde dich –
Der Fuß meines Tarostengels – Taro, runde dich, Taro, runde dich –
Die Spitze meines Taro – Taro, runde dich, Taro, runde dich –
Der Ansatz meiner Taroknolle – Taro, runde dich, Taro, runde dich –
Die Blätter meines Taro – Taro, runde dich, Taro, runde dich.
Sie essen Taro.
Sie kotzen Taro.
Sie ekeln sich vor Taro.
Ihre Augen brennen vom übermäßigen Taroessen.
Sie wenden ihren Sinn vom Taro ab.
Das *tuvata'u*-Kraut wächst aus dem verrottenden Taro im Garten.
Das *puputuma*-Kraut trägt Früchte darauf.
Der Bauch meines Gartens wird blank wie das Brett zum Bastrockmachen.
Der Bauch meines Gartens wird blank wie ein Mahlbrett.
Die Löcher im Bauch meines Gartens sind wie die Löcher der Mangrovenmolluske im Schlick.

III

Ich werde zum Dorf gehen, beladen mit Taytu.

Wenn die Muschelschale mit dieser Formel verzaubert ist, wickelt der Magier sie in ein Bananenblatt, um die magische Kraft zu konservieren. Am nächsten Morgen geht er in den Garten und schneidet mit der Muschel in jeder *baleko* die Spitze einer Taropflanze ab. Die Taroblätter aus der ersten Musterparzelle bringt er nach Haus, um sie dort auf einen Dachsparren zu legen. Es ist eine Opfergabe an die Ahnengeister, von denen man annimmt, daß sie – bei dieser wie bei anderen Gelegenheiten –

über Bagido'us Herd schweben.[6] Den großen Yams (*kuvi*), den Bagido'u ausgräbt, bringt einer seiner Gehilfen später ebenfalls ins Haus, auf ein Bord unter dem Dach, um die Ahnengeister zu erfreuen.
Zur Bezeichnung des Tabus, das jetzt über die Arbeit verhängt ist, legt man am nächsten Tag auf jeder Parzelle einen kleinen gespalteten Stock und *sasari*-Blätter auf die *kamkokola.*
Nach drei Tagen gehen die Männer in die Gärten; auf der eigenen *baleko* reißt nun jeder einige Taropflanzen aus und gräbt ein paar Yamsknollen aus. Diese werden als Erstlingsfrüchte ins Dorf gebracht und zum Teil auf dem Dorfplatz (*baku*) zur Schau gestellt (Abb. 49, 50). Den anderen Teil bringt man als Opfergabe an die Gräber kürzlich verstorbener Verwandter.[7] Früher wurden auf der einen Seite des Dorfplatzes die Toten bestattet, während auf der anderen Seite Zeremonien, Verteilungen und, falls nicht Trauer herrschte, Tänze stattfanden. Es handelte sich gewissermaßen um eine einheitliche Aktion, wenn trauernde Familien Taro und *kuvi* auf der einen Seite des Platzes ablegten, während jene, die in jüngster Zeit keinen Todesfall zu beklagen hatten, ihre Erstlingsfrüchte auf der anderen Seite zur Schau stellten. Seit die Regierung angeordnet hat, die Toten außerhalb des Dorfs zu bestatten, müssen die Erstlingsfrüchte an zwei verschiedenen Orten ausgestellt werden: auf dem *baku* oder draußen, an den Gräbern. Die in der Öffentlichkeit ausgestellten Nahrungsmittel werden nicht von den Besitzern, sondern von ihren Freunden oder Verwandten gegessen, vorzugsweise aber von den Schwägern, denen die Erntegabe zukommt. Die Verwandten eines kürzlich Verstorbenen teilen sich ihre Opfergabe stets mit der Witwe bzw. dem Witwer und denen, die mit dem Verstorbenen verschwägert sind und beim Ausheben des Grabs, an der Beerdigung und den Bestattungsritualen mitgewirkt haben.[8] Oft wird bei solchen Anlässen ein Schwein geschlachtet und zum Festmahl verteilt, zuvor aber auf dem Dorfplatz neben den Erstlingsfrüchten zur Schau gestellt (Abb. 49, vgl. a. Einl., Abschn. 7). In einigen Dörfern bringt man Erstlingsfrüchte an Taro und *kuvi* an einem einzigen Tag ein, in anderen dehnt man diesen Prozeß samt Schaustellung und Darbietung auf zwei Tage aus, so z. B. in Kulumata (Abb. 49 und 50).
Mit der Ernte der Erstlingsfrüchte ist auch ein Akt verbunden, der das dem Gartenmagier auferlegte Tabu aufhebt. Personen, die mit Bagido'u verschwägert sind – matrilineare Verwandte seiner Frau, meist ihr Bruder oder ihre Brüder –, bieten ihm ein Bündel Taro und zwei, drei Yamsknol-

[6] Vgl. auch *Coral Gardens,* Vol. I, App. II, Sec. 4, note 8.
[7] Selbstverständlich kann man Taro und *kuvi* nur auf den Parzellen ernten, wo sie reif sind. Vgl. dazu, was oben über das Mit-der-Arbeit-auf-dem-Laufenden-Sein gesagt wurde (Kap. II, Abschn. 5).
[8] S. a. *Coral Gardens,* Vol. I, App. II, Sec. 4, note 21.

len an. Aus einem Teil davon bereitet seine Frau ein Mahl und trägt es ins Haus. Bagido'u bricht ein Stückchen Yams ab, schneidet mit einer Muschelschale etwas Taro ab und legt es als Opfergabe auf die Herdsteine. Dann ruft er mit dem folgenden kurzen Spruch die Ahnengeister an: –

*Formel 26*

»Laßt uns die Kost des letzten Jahres aufgeben, alte Männer; laßt uns nun die neue essen.

Mit dieser Handlung, *vakam kuvi, vakam uri,* wörtlich: »zum Yamsessen veranlassen, zum Taroessen veranlassen«, ist das Tabu in bezug auf Taro und Yams aufgehoben; von nun an darf der Magier umgekehrt keine vorjährigen Produkte dieser Art mehr zu sich nehmen. Lästig ist dies Tabu nur in knappen Jahren, wenn die anderen auch ohne die *isunapulo*-Magie unreifen Yams oder Taro aus dem Garten holen können, während der Magier warten muß, bis die Ernte reif und die Magie vollbracht ist.
Zur rein technischen Seite der Taro- und Yamsernte ist zu sagen, daß man Taro einfach aus dem Boden zieht, die Erde abschüttelt und die ganze Pflanze nach Hause trägt. Das Ausgraben der *kuvi*-Knollen gilt dagegen als der komplizierteste Erntevorgang, da die Wurzeln groß und stark verästelt oder auch sehr lang sind (vgl. Abb. 19, 63-65 u. 68-71), so daß man die Erde in einem größeren Umkreis mit dem Grabstock lockern muß. Daneben benutzt man Axt (*kema*), Dechsel oder Messer, um Triebe und Würzelchen abzuschneiden, und eine Perlmuttscheibe (*kayeki*), um Erde und Fasern von den Knollen zu kratzen. Letztere wird schließlich auch dazu verwendet, die Tarospitze, die zum Wiedereinpflanzen aufbewahrt wird, von der eßbaren Wurzel zu trennen.

### *3. Das Ritual der Haupternte*

Die Taytu- oder Haupternte, *tayoyuwa*, spielt in Zeremonialleben und Psychologie der Trobriander eine Rolle für sich. Sie wird durch die letzte Folge magischer Handlungen, eigentlich durch zwei Riten, eröffnet und beschließt den Zyklus der Gartenarbeit. Wenn die Ranken zu welken beginnen – ein Zeichen, daß die Knollen reif sind –, hält der *towosi* die *okwala*-Zeremonie ab, die eine zwei bis vier Tage dauernde Tabuzeit einleitet, an deren Ende eine weitere Zeremonie, *tum* genannt, die eigentliche Ernte eröffnet. In beiden Zeremonien zielt die Magie auf die Knollen im Boden. Die Trobriander sagen: »*okwala* wird gemacht, damit der Taytu wirklich wachsen, damit er reifen kann.« »*Tum* wird gemacht, damit die Oberfläche des Taytu dunkel, damit der Taytu rundum schwarz werden kann.«[9] Beide Zeremonien sind der Wachstumsmagie zuzurechnen, weil sie auf das Reifen der Knollen gerichtet sind.

[9] Vgl. *Coral Gardens,* Vol. II, Texts 66 u. 68, Part V, Div. X, § 4 u. 6.

Als unerläßliche Voraussetzung und Signal zur Eröffnung der Haupternte sind sie aber zugleich auch Eröffnungszeremonien. Ich möchte noch einmal betonen, daß der Begriff »Wachstumsmagie« nicht auf einer trobriandischen Definition beruht, sondern nur eine ethnographische Unterscheidung darstellt, die ich auf Grund der soziologischen Differenzierung zweier Ritenfolgen vorgenommen haben. Riten mit einer eindeutigen Eröffnungsfunktion, die eine neue Gartenbauphase einleiten, sind als solche Teil einer wirtschaftlichen oder gesellschaftlichen Handlungskette, welche die menschliche Arbeit organisiert. Andere Riten beziehen sich ausschließlich auf natürliche Prozesse und sind allein Sache des Magiers; sie besitzen keine primär organisierende Funktion, und werden hier deshalb im Interesse einer pragmatischen Klassifikation *Wachstumsmagie* genannt.[10] Zweifellos weisen die meisten Riten dabei beide Momente auf. Im Hinblick auf die magische Zielsetzung und im Verständnis der Trobriander beziehen sie sich auf die Pflanzen und begünstigen deren Wachstum. Im Hinblick auf die soziologische Funktion und im Verständnis des Ethnologen organisieren und koordinieren sie die Tätigkeiten der Menschen. In den *okwala-* und *tum-*Zeremonien kommen beide Momente deutlich zur Geltung.

Das *okwala*-Ritual ist einfach: Unterstützt von seinen Gehilfen und anderen Männern des Dorfs, bestreut der *towosi* den Boden mit je nach Dorf verschiedenen Blättern. In Omarakana benutzt man die Blätter der widerstandsfähigen *Noku*-Pflanze (s. Abschn. 1 dieses Kapitels). Die Musterparzellen werden besonders dicht bestreut; dort steckt man die *Noku*-Blätter auch in die Gabeln der *kamkokola* und der *kaybaba* (Schrägpfeiler) und befestigt sie an den *kavatam* (Laubstützen). Vor dem Laubwerk des Yams, gelb und bronzen verfärbt, ist das kräftige Grün dieser Blätter schön anzusehen. Wiewohl sie zuvor nicht magisch behandelt werden, nimmt man an, daß sie die Taytublätter zum Welken bringen; das muß etwa zur Erntezeit eintreten, wenn die Wurzeln richtig reif sein sollen. Zugleich sind die *Noku*-Blätter ein Zeichen dafür, daß die Gärten unter einem Tabu stehen und jegliche Arbeit verboten ist. Das Hauptziel des Rituals besteht darin, dem Reifeprozeß der Knollen einen letzten Impuls zu geben.

In Omarakana sendet Bagido'u seine Gehilfen, meist seine jüngeren Brüder und deren Freunde, stets früh in die Gärten, um sie mit *Noku* auszuschmücken. Kurz vor Mittag folgt er selbst mit seinem *kaytukwa* (einem Zierstab, der nicht mit dem *kaylepa,* dem Zauberstab, zu verwechseln ist). Im Garten angekommen, rezitiert er zunächst über der *leywota,* dann über allen übrigen Parzellen den folgenden *okwala*-Spruch: –

[10] Vgl. *Argonauten des westlichen Pazifik,* Kap. XVII; und *Coral Gardens,* vol. I, App. I.

*Formel 27*

I

Delphin jetzt, Delphin allezeit!
Delphin jetzt, Delphin allezeit!
Delphin aus dem Südosten, Delphin aus dem Nordwesten.
Spiele im Südosten, spiele dort im Nordwesten, der Delphin spielt,
Der Delphin spielt!

II

Der Delphin spielt!
Mein *kaysalu,* meinen gegabelten Pfosten, umspielt der Delphin.
Mein *kaybudi,* meinen angelehnten Spalierstock, umspielt der Delphin.
Mein *kamtuya,* meinen Stamm, beim Roden verschont, umspielt der Delphin.
Mein *tula,* meinen Grenzstab, umspielt der Delphin.
Mein *yeye'i,* meine kleine, schlanke Stütze, umspielt der Delphin
Mein *tamkwaluma,* meine leichte Yamsstütze, umspielt der Delphin.
Mein *kavatam,* meine starke Yamsstütze, umspielt der Delphin.
Mein *kayvaliluwa,* meine große Yamsstütze, umspielt der Delphin.
Mein *tukulumwala,* meine Grenzlinie, umspielt der Delphin.
Mein *karivisi,* mein Grenzdreieck, umspielt der Delphin.
Mein *kamkokola,* mein magisches Prisma, umspielt der Delphin.
Mein *kaynutatala,* mein nicht verzaubertes Prisma, umspielt der Delphin.

III

Der Bauch meines Gartens hebt sich,
Der Bauch meines Gartens steigt an,
Der Bauch meines Gartens neigt sich,
Der Bauch meines Gartens wächst, groß wie ein Buschhennennest,
Der Bauch meines Gartens wächst, groß wie ein Ameisenhügel,
Der Bauch meines Gartens steigt an und wird niedergedrückt,
Der Bauch meines Gartens steigt an wie der Eisenholzbaum,
Der Bauch meines Gartens legt sich nieder,
Der Bauch meines Gartens schwillt an,
Der Bauch meines Gartens schwillt wie mit einem Kind.

In dieser Übersetzung habe ich es vorgezogen, so dicht wie es im Interesse der Lesbarkeit möglich ist, am ursprünglichen Text zu bleiben, um die Stimmung des trobriandischen Zauberspruchs, so gut es geht, zu erhalten. Der Sinn der Metapher »Der Delphin spielt« würde dem europäischen Leser wohl allerdings verständlicher, wenn ich die mystischen Assoziationen zwischen den wogenden Bewegungen des Delphins und dem Winden und Weben der Ranken herausgestellt hätte, wie Bagido'u sie in seinem Kommentar zum Ausdruck brachte und wie sie in der Vorstellung aller einheimischen Zuhörer gegenwärtig sind. Demnach müßte eine ausführlichere Übersetzung lauten: »Um meinen gegabelten Pfosten windet sich der Taytu, spielt der Delphin. Um meinen angelehnten Spalierstock windet sich der Taytu, spielt der Delphin.« usw.

Nachdem der *towosi* diese magische Formel auf allen Parzellen gesprochen hat, ist die *okwala*-Zeremonie beendet. Die Gärten liegen still, ungestört durch die menschliche Hand oder den Grabstock, bedeckt von Blättern, die zum Zeichen des Tabu darüber ausgebreitet sind, während unter dem Einfluß der Magie die Knollen im Boden rasch reifen. Einige Tage danach – die Zeitspanne hängt vom Wetter und von der geistigen und körperlichen Verfassung des Magiers ab – folgt die nächste Zeremonie, *tum*. Noch einmal rezitiert Bagido'u den *vatuvi*-Spruch, die Standardformel der Gartenmagie Omarakanas; er spricht sie über einer Dechsel (*ligogu*), an deren Schneide wohlriechende *lileykova*-Blätter festgebunden sind. Die Umhüllung besteht aus festen Bananenblättern der *wakaya*, einer Bananenpalme mit langem, dickem Stamm, der sich gegen den Boden hin ausbuchtet. *Lileykova*-Blätter verwendet man wegen ihres feinen Geruchs: »sie machen, daß der Taytu süß riecht«. Die *wakaya*-Blätter werden hier wie in fast allen Zeremonien auf Grund der Größe und Form des Stammes eingesetzt. Man benutzt zu diesem Ritual heute eine gewöhnliche Dechsel mit Stahlblatt; früher war es eine Steinklinge, wie sie bei der Arbeit verwendet wurde (*kasivi*), keine Zeremonialklinge.

Die Rezitation des *vatuvi*-Zauberspruchs ist als Hauptakt der Ernteeröffnungszeremonie, *tum,* ohnehin von großer Bedeutung, aber auch insofern bemerkenswert, als bei dieser Gelegenheit neben der Dechsel auch die *kaykapola,* die Kokosnußfackeln, verzaubert werden, die zum ersten Abbrennen der neuen Gärten dienen sollen. Jede Fackel wurde in der in Kap. III (Abschn. 2) beschriebenen Art und Weise vorbereitet. Sorgfältig in mehrere Matten gehüllt, um die magische Kraft zu erhalten, legt man die Fackeln auf ein Bord im Haus des Magiers, wo sie liegenbleiben, bis sie vier Monde später zum *vakavayla'u,* dem ersten großen Feuer in den Gärten, entzündet werden. Am Morgen geht der Magier mit der am Vortag verzauberten Dechsel auf die Hauptmusterparzelle, wobei eine kleine Gruppe von Männern, Frauen und Jungen ihn begleitet. Oft laufen kleine Jungen voraus, um die zu erntenden Pflanzen ausfindig zu machen und sie dem Magier und seinen Gehilfen zu zeigen (vgl. Abb. 51, aufgenommen in Teyava) – eine Gefälligkeit, die eher der Befriedigung ihres Ehrgeizes dient als dem Magier, da diese Pflanzen auf der *leywota* wie auf anderen Parzellen am *kamkokola* wachsen und leicht auszumachen sind. Bei der *leywota* angekommen, schneidet der Magier den Stengel des *kwanada*-Yams ab, den er im Rahmen der *kalimamata*-Zeremonie gepflanzt hat (Kap. III, Abschn. 1), und bricht mit einem Grabstock die Krume auf, um die Wurzeln herauszunehmen. Dann schneidet er den Stengel einer gewöhnlichen Taytupflanze ab, meist einen, der sich ums *kamkokola* windet, hockt sich über den zu Boden gefallenen unteren Teil des Stengels, reißt eine Handvoll Unkraut aus, um es darauf zu legen, und

drückt das ganze Häufchen mit einem Stein nach unten.[11] Die erste Ranke muß also zeremoniell geschnitten werden; damit ist die Haupternte, die Ernte des Hauptnahrungsmittels, *tayoyuwa,* eröffnet. In einigen Dörfern ist es üblich, die erste Knolle am Pfahl des *kamkokola* zu zerspalten.[12] Und wie bei der Ernte von Taro und *kuvi* muß der Magier sein Tabu zeremoniell aufheben. Im Dorf lebende Clangenossen seiner Gattin bringen ihm selbst geerntete Knollen als Opfergabe. Seine Frau röstet sie und er opfert wiederum einen Teil davon den Ahnengeistern, indem er ausruft: »Laßt uns die Kost des letzten Jahres aufgeben, alte Männer, laßt uns nun die neue essen«; dann nimmt er selbst etwas von dem neuen Taytu zu sich. Die Zeremonie heißt *vakam taytu,* »zum Taytuessen veranlassen«.
Der aus dem Boden genommene Taytu wird *taytuva'u* oder *kalava'u* genannt, und es ist *kalava'u,* von dem der Magier zu sich nimmt. (Gespeicherter Taytu dagegen heißt *taytuwala).*
Wir sind jetzt am letzten Wendepunkt, wenn auch noch nicht am Ende des Erntezyklus angelangt, irgendwann in den Monden *Utokakana* oder eher *Ilaybisila,* also im April oder Mai.

### 4. *Arbeit und Ansehen bei der Ernte*

Kommen wir nun also zur Erntearbeit, die stets der Familiengruppe obliegt. Manchmal bleibt der Mann mit Frau und Kindern den ganzen Tag über im Garten, manchmal kehren sie alle zum Essen und zur Siesta ins Dorf zurück, um am Nachmittag die Arbeit wiederaufzunehmen. Sie müssen den Stengel der Ranke knapp über dem Boden abtrennen, die Wurzeln ausgraben, säubern und aufstapeln. Früher wurde die Pflanze mit einer Dechsel geschnitten, indem man den biegsamen Stengel gegen den *kavatam*-Pfahl hielt und dann zuschlug; heute wird ebensooft das Messer benutzt, da es die Arbeit erleichtert. Man lockert die Erde mit dem Grabstock, legt die Wurzeln frei und zieht sie heraus. Noch kleben schwere Erdklumpen an den Knollen, die mit Blättern blankgerieben werden, nachdem man sie eine Weile in der Sonne hat trocknen lassen. Zudem sind die Knollen mit faserigen Haaren bedeckt, die wie die Körperhaare von Mann und Frau *unu'unu* heißen und nun ausgezupft oder mit einer Muschelschale (*kaniku*) abrasiert werden (vgl. Abb. 53: die Frau in der Mitte schabt die *unu'unu* mit einer Muschelschale ab, der Mann rechts zupft sie mit den Fingern aus, und das Mädchen zur Linken verwendet ein Messer, um die Knollen zu säubern). Man schabt, indem man wie stets bei derlei Vorgängen die Hand vom Körper weg bewegt.

[11] Vgl. ebd. App. II, Sec. 4, Note 22.
[12] Vgl. ebd. Doc. VII.

Die Muschel liegt zwischen Zeigefinger und Daumen der rechten Hand, deren übrige Finger längs der Knollenoberfläche und der Muschel vorausarbeiten. Dieser Teil der Arbeit, der, wie ich glaube, ausschließlich ästhetischen Wert hat, dauert länger als die meisten eigentlich nützlichen Tätigkeiten. Den Männern obliegt es, die Wurzeln auszugraben, den Frauen, sie zu säubern und in die Erntelaube (*kalimomyo*) einzubringen; allerdings wird diese Arbeitsteilung keineswegs streng eingehalten.
Wenn der Boden um die Stauden gelockert wird, verliert der Garten sein Kleid: Die Yamsstützen fallen um oder werden herausgenommen und auf die Erde geworfen, Laubgirlanden, schon welk und braun, bedecken den Boden. Oft werden die jetzt unnützen *kamkokola* in Stücke zerlegt; aus ihnen und den *kavatam* baut man kleine Lauben (Abb. 1, 48 und 54-56), indem man einige starke Pfähle senkrecht in den Boden setzt, in ihren Gabeln Querstangen festbindet und das ganze mit einem Dach aus dünnen Stäben abdeckt. An diesem Gerüst werden ringsum Girlanden aus Taytulaub angebracht. Die Zahl der Erntelauben eines Mannes hängt von der Zahl der *urigubu*-Gaben ab, für die er zuständig ist (siehe unten, Kap. VI): Für jeden *urigubu*-Haufen (*gugula*) wird eine Laube gebaut.
Alle, die im Garten umhergehen, können durch drapierte Ranken hindurch oder unter dem grünen Dach von Kokosblättern die Ernte begutachten und bewundern. Freunde und Bekannte aus dem Dorf des Gärtners oder aus benachbarten Gemeinden statten ihren Besuch ab, setzen sich nieder und beobachten die Arbeit; sie zeigen reges Interesse an den neuen Früchten und geizen nicht mit Lob, wie es der gute Ton gebietet.
Bevor die Ernte den Garten verläßt, wird sie klassifiziert. Den besseren Teil des Ertrags legt man für das *urigubu* beiseite, um ihm später einem oder mehreren anderen Haushalten zeremoniell zu überreichen. Der *urigubu*-Haufen steht immer in der Mitte der Laube und wird sorgfältig zu einem Kegel aufgetürmt; dabei kommen die besten Knollen an die Oberfläche, die Kegelform wird genau eingehalten, so daß der Haufen nicht zusammenbrechen kann. Ist er sehr groß, so muß man die Basis zusätzlich mit einem Rahmen umgeben, der einem Miniaturzaun gleicht und *lolewo* genannt wird.
Den guten, doch kleinen Taytuknollen (*yagogu*), die im nächsten Jahr zur Aussaat dienen sollen, kommt der zweite Ehrenplatz zu: In einer Ecke werden sie zu einem drei- oder viereckigen Haufen aufgeschichtet. Beschädigter oder minderwertiger Taytu, der nicht zeremoniell gespeichert, sondern einfach verzehrt wird, heißt *unasu*; man wirft ihn meist zu kleineren Häufchen rund um das *urigubu* auf (Abb. 1 und 48). Daneben finden wir manchmal noch ein, zwei weitere Haufen guten Taytu, der für den Gärtner selbst oder für die kleinen, bei der Ernte zu überreichenden Gaben bestimmt ist. Der freilich selten verwendete Begriff *taytukulu* schließt allen Taytu ein, der rings um den zentralen Haufen zur Schau

gestellt wird: Saatyams, minderwertigen Taytu und die guten Knollen, sofern sie nicht dem *urigubu* zugeschlagen werden.
Um die Aufzählung der verschiedenen Taytukategorien abzuschließen: Knollen, die man im Garten findet, nachdem der Hauptertrag aus der Laube entfernt ist, werden *ulumdala* genannt. Dazu gehören sowohl gute Knollen, die sehr spät im Jahr reif geworden sind, als auch minderwertige und vergessene oder übersehene.
Deutlicher wird die Anordnung des Taytu, wenn wir die Grundrisse (Skizze 8) der drei charakteristischen Erntelauben (Abb. 54-57) miteinander vergleichen. Die Abb. 56 und 57 geben zwei verschiedene Ansichten desselben *kalimomyo* wieder. Die erste Skizze und Abb. 54 zeigen eine sehr kleine Erntelaube, die von Gumigawaya, einem Gemeinen, auf seiner Parzelle errichtet worden war. Sie maß im Grundriß etwa zwei auf drei Meter und war für To'uluwa bestimmt. Die zweite Skizze und Abb. 55 zeigen eine größere Laube und die dritte Skizze und Abb. 1, 56 und 57 eine wirklich stattliche.
Die Aufschichtung der Knollen geht langsam Schritt für Schritt mit der Ernte voran. Die Knollen bleiben einige Tage oder gar Wochen in der Laube, die währenddessen immer einen Mittelpunkt des Gesellschaftslebens darstellt. Besucher sind, wie wir wissen, traditionell verpflichtet, dem Eigentümer zu schmeicheln und sich jeglicher Kritik zu enthalten. Es wäre ein sehr ernsthafter Verstoß gegen die Wohlanständigkeit, fast könnte man sagen, gegen die Moral, wollte jemand auf Faulheit, Inkompetenz oder Pech eines Gärtners anspielen. Fragt man einen Trobriander, was geschähe, wenn ein Mann seiner armseligen Ernte wegen öffentlich kritisiert, verspottet oder ausgelacht würde, so lautet die Antwort: »Er würde auf einen Baum klettern und *lo'u* (Selbstmord durch einen Sprung in die Tiefe) begehen« – eine Antwort, die man nicht wörtlich nehmen muß, die aber doch die tiefe, gefühlsmäßige Bindung an die Gärten zu erkennen gibt.
Dabei gibt es unterschwellig in dieser Arbeitsphase Neid, Eifersucht und Mißgunst, und hinter dem Rücken der Betroffenen nicht wenig Klatsch und üble Nachrede: An einigen tadelt man Faulheit und mangelndes Interesse als Ursache für den schlechten Zustand ihrer Gärten, und da umgekehrt gute Gärten an sich schon als Zeichen von Tugend und als Pflicht gegenüber Schwagerschaft und Häuptling gelten, ist diese Kritik nicht ohne Tücke. Ein Mann, der in den Ruf gerät, ein schlechter Gärtner zu sein, sinkt auch in der öffentlichen Wertschätzung im Ganzen, so daß sein Ansehen ernsthaft Schaden nimmt, während dem wirklich erfolgreichen und fleißigen Gärtner keine böse Zunge etwas anhaben kann.
Allerdings kann andererseits jemand auch deshalb Angriffen ausgesetzt sein, weil seine Gärten zu gut sind: Womöglich wird er beschuldigt, den Vornehmen nachzueifern oder dem Häuptling und den Schwägern einen

Grundriß der Erntelauben

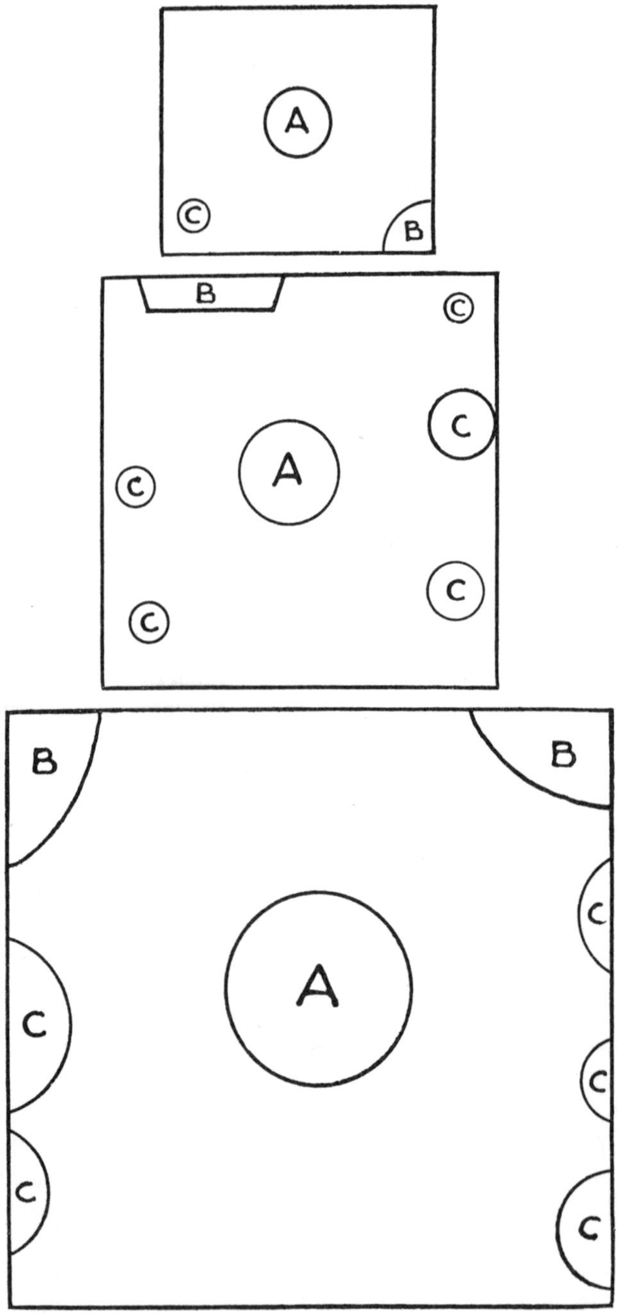


Skizze 8

Teil der ihnen zustehenden Ernte vorzuenthalten, also unloyal zu handeln und nur der eigenen Eitelkeit zu frönen. Auch diese Kritik entbehrt nicht der Spitze; Tod wird stets auf Zauberei zurückgeführt, und diese nicht selten darauf, daß einer zu gute Gärten hatte. Kurz nach der ersten Bestattung wird die Leiche exhumiert und unter den dabei gefundenen *wabu,* den Zeichen für die Todesursache, sind nicht wenige, von denen man glaubt, daß sie auf exzessiven Ehrgeiz und Erfolg im Gartenbau schließen lassen. Taroförmige Tumore oder ein zügelloses Verlangen nach Taro kurz vor dem Tod zeigen an, daß die Tarogärten des Verstorbenen zu prächtig waren oder daß er davon dem Häuptling einen unzureichenden Tribut geliefert hat. Bananen, Kokosnüsse und Zuckerrohr rufen *mutatis mutandis* ähnliche Symptome hervor, während Betelnuß den Mund des Leichnams rotfärbt. Stellt man fest, daß der Mund einer Leiche schäumt, so war der Verstorbene dem opulenten und prahlerischen Essen offenbar zu stark zugeneigt, oder er hatte sich allzusehr mit Ernteerträgen gebrüstet.

Kurz vor meiner Ankunft wurden mindetens zwei Männer auf diese Weise »getötet«. Einer war Yogaru, der Gatte von Ibo'una, einer Großnichte mütterlicherseits des Häuptlings To'uluwa. Yogaru hatte schöne, große Gärten, und da der Häuptling und die Verwandten seiner Frau ihn ebenfalls mit Taytu versorgen mußten, weil er der Gatte ihrer Schwester[13] war, hatte er zuviel angehäuft. Als er starb, sagte man zwar nicht offen, daß er auf Geheiß To'uluwas durch Zauberei getötet worden war, aber einige Gewährsleute gaben mir das im stillen zu verstehen. Ein anderer Mann, der mit Mitakatas Schwester verheiratet war – nicht Mitakata aus Omarakana, sondern sein Verwandter, der Häuptling von Gumilababa – und der damals als Eingeborenenpolizist dem britischen Amtmann unterstand, wurde ebenfalls »durch Zauberei getötet«, weil er auf Grund seines Reichtums an Gartenprodukten zu einflußreich zu werden begann. Wenn man einen Trobriander zu diesem heiklen Thema befragt, so kommt eine lange Reihe von Namen zum Vorschein. Viele sind gestorben, weil sie als Gärtner zu erfolgreich waren oder weil sie ihren Verpflichtungen nicht genügend nachkamen. Die soziologische Funktion dieses Glaubens werden wir besser verstehen, wenn wir das Prinzip des *urigubu* kennen.

Spricht man in Gegenwart ranghöherer Personen von seiner *urigubu*-Gabe, so ist es geradezu obligatorisch, sich selbst herabzusetzen. Das veranschaulicht recht gut der folgende Vorfall: Als ich einmal einen Gemeinen aus Yourawotu, Tovakakita, im Beisein einer Reihe anderer Leute nach der Höhe seines *urigubu* fragte, antwortete er[14]: »Nein, ich

[13] *Schwester* muß hier in der erweiterten oder »klassifikatorischen« Bedeutung verstanden werden: Frau, in der weiblichen Linie verwandt.

[14] *Coral Gardens,* Vol. II, Text 93, Part V, Div. XII, § 34. Vgl. auch Vol. I, Doc. IV.

habe keine Yamskost; für mich macht keiner Gärten. Sie sind alle schon damit beschäftigt, Vorräte für To'uluwa herzustellen«. »Sie« – das sind natürlich die matrilinearen Verwandten seiner Frau. Er kannte mich persönlich und wollte mir die gewünschte Auskunft geben, aber erst, nachdem er betont hatte, daß seine Erntegabe wirklich nicht der Rede wert sei, da es als Affront gilt, wenn ein Gemeiner im Dorf des Häuptlings, in dessen Gegenwart oder in Gegenwart eines Vornehmen mit seinen Schätzen prahlt.
Bricht in den Gärten offener Streit aus, so trägt man ihn oft durch ein feindseliges, agonales Tauschgeschäft aus (*buritila'ulo*), das häufig schwerwiegende Konsequenzen nach sich zieht, in alter Zeit sogar zum Krieg führen konnte (s. u. Abschn. 6).

### *5. Einbringen der Ernte*

Sobald die Mehrheit der Parzellen abgeerntet und der Taytu zur Zufriedenheit seiner stolzen Besitzer ausgestellt ist, beginnt man die Knollen festlich in ihre jeweiligen Bestimmungsdörfer zu verbringen. Der Gärtner stellt aus den ihm zur Hilfeleistung verpflichteten Verwandten eine Gruppe zusammen (vgl. Kap. VI, Abschn. 2), meist jüngere Leute zum Tragen und ältere zur Beaufsichtigung und Begleitung. Die Träger erhalten eine kleine Zahlung, *vakapula* (seine Gekocht-Essen-Zahlung) oder *vakapwasi* (ihre Gekocht-Essen-Zahlung) genannt, die meist aus Fisch oder Yams besteht und im Dorf noch vor dem Aufbruch zubereitet verteilt wird. Während die Teilnehmer im Garten die Körbe beladen, erhalten sie auch Betelnüsse, Tabak und Zuckerrohr, Pausenerfrischungen, die *puwaya* heißen. Bei besonders großartigen Anlässen wird manchmal auch ein Schwein geschlachtet, das dann ebenfalls unter den Begriff *puwaya* fällt. Man schlachtet, zerlegt, kocht und ißt es, wenn die Gebergruppe nach Hause zurückkehrt. Aus meinen Aufzeichnungen über tatsächliche Zahlungen ersehe ich, daß einmal zwei Bündel Bananen, ein Bündel Betelnüsse und fünf Stangen Tabak unter etwa fünfzehn Personen verteilt wurden. Ein anderes Mal wurde den Trägern vor der Arbeit Taropudding gereicht, und wieder ein anderes Mal hatte der Besitzer von der Küste Fisch geholt, gebraten und unter eine Gruppe von etwa zwanzig Leuten verteilt. Im nächsten Kapitel werden wir diese Gruppen bei einem *kayasa* begleiten können (Kap. VI, Abschn. 3).
Manchmal schmücken die Träger sich mit Blättern und wohlriechenden Kräutern und bemalen ihr Gesicht. Sie verlassen das Dorf gleichzeitig und begeben sich in die Gärten, um sich dort ihrem Gastgeber anzuschließen, sich in einer seiner Erntelauben niederzulassen, miteinander zu plaudern und Betelnuß zu kauen. Nicht selten aber zerstreuen sie sich zunächst, um die übrige Ernte noch einmal zu begutachten und schließlich das *kalimo-*

*myo* ihres Gastgebers über alles zu loben. Ich erinnere mich, einmal eine solche Gruppe von Liluta aus begleitet zu haben. Als wir in den Gärten anlangten, machten wir halt, um Früchte (vermutlich Malayäpfel) von einem großen Baum zu pflücken, und gingen dann, da es heiß war, in die mythische Grotte von Dokonikan, um auszuruhen und die Früchte zu essen. Gruppen aus Omarakana pflegen an einem der Wasserlöcher zu baden oder sie überqueren den *rayboag* und baden im Meer: Auch das gehört eben gewissermaßen zum Tagwerk, da der Taytutransport spielerisch und festlich vonstatten gehen soll.

Zuletzt versammeln sich alle an der Erntelaube, wo der Besitzer und einige Dorfälteste, die der Vorbereitungen wegen voran geeilt waren, mehr oder weniger geduldig gewartet hatten. Ein älterer Mann, der den Empfänger der Erntegabe vertritt, nimmt einen runden Maßkorb (vgl. Abb. 18 und 39), in den der Taytu zuerst gelegt wird, um dann in die Tragekörbe umgefüllt zu werden. Für jeden Maßkorb, der vom *urigubu*-Haufen genommen wurde, reißt man von einem Blattwedel der Sagopalme ein Blatt ab (vgl. Abb. 65). Bei jedem zehnten Blatt wird nur die Spitze abgezupft, so daß man auf den ersten Blick sehen kann, wieviele Dezimalzahlen und -einheiten bereits ausgeteilt sind, ein Meßvorgang, der *kalawa* heißt. Die Zählpalmwedel werden in das Empfängerdorf gebracht und dort vor dem neu errichteten Taytuhaufen aufgestellt. Nachdem der Taytu gezählt und unter den Trägern verteilt ist, begibt sich die ganze Gruppe nach dem Dorf des Mannes, dem der Ertrag der betreffenden *baleko* zusteht. Alle bleiben beieinander, da sie das Dorf gemeinsam betreten müssen (Abb. 59). Meist sind Leute aus dem Empfängerdorf dabei, von denen jedoch nicht erwartet wird, daß sie beim Tragen helfen.

Sobald die Träger sich dem Dorf nähern, reihen sie sich zum Gänsemarsch auf; wenn sie sehr zahlreich sind, bilden sie eine Kolonne; ihr Tempo beschleunigen sie mehr und mehr, bis sie schließlich, eine Art Litanei ausrufend, im Laufschritt eintreffen (Abb. 60). Einer ruft eine Reihe von Worten aus und die anderen antworten im Chor mit einem hohen, gellenden »*Wi*. . .«: –

| | |
|---|---|
| Vorsänger: | *Osibwani-bwaniyoyo!* |
| | *Sidagu-dagurina!* |
| | *Yakikoi!* |
| *Chor:* | *Wi!* |
| Vorsänger: | *Yakikoi!* (vier- bis sechsmal wiederholt) |
| Chor: | *Wi!* |
| Vorsänger: | *Siyaloi!* (wiederholt wie oben) |
| Chor: | *Wi!* |
| Vorsänger: | *Iyonoi!* (wiederholt) |
| Chor: | *Wi!* |

| | |
|---|---|
| Vorsänger: | *Sayseloi!* (wiederholt) |
| Chor: | *Wi!* |
| Vorsänger: | *Bom'goi!* (wiederholt) |
| Chor: | *Wi!* |
| Vorsänger: | *Yonakoi!* (wiederholt) |
| Chor: | *Wi!* |
| Vorsänger: | *Woekayoysa taytu!* |
| Chor: | *Yuhuhuhuhu. . .!* |

Den Sinn dieser Worte konnte ich nicht in Erfahrung bringen. Der Chorrefrain *wi* wird heftig hervorgestoßen und klingt aus einiger Entfernung wie das Knallen einer Riesenpeitsche. Diese Ernterufe heißen *sawili*; sie sollen dem Einbringen der Ernte einen eindrucksvollen und freudigen Klang verleihen und die Aufmerksamkeit der Dörfler auf die Ankunft der Trägergruppe lenken. Wenn eine wirklich große agonale Ernte zelebriert wird, wird man neben den Ernterufen das Muschelhorn blasen und das Dorf langsam, meist singend, betreten. Ein Fall dieser Art, den ich 1918 in Omarakana erlebte, wird noch zu beschreiben sein (vgl. Kap. VI, Abschn. 3). Aber auch bei einer gewöhnlichen Ernte sind in diesen geschäftigen Tagen Erwartungen und Spannungen deutlich spürbar: Oft habe ich früh morgens in den Dörfern aus der Ferne leise *sawili* gehört; dann, als die Träger näher kamen, die Litanei, wobei zunehmend der Chor in festen Intervallen stark und rhythmisch zu vernehmen war, bis schließlich das *sawili* ganz in der Nähe gellte und die Träger, keuchend und unter ihrer dunklen Haut errötet, ins Dorf stürmten.

Nachdem sie ihre Körbe auf der Erde abgestellt haben, setzen sie sich zu einer kurzen Rast nieder (Abb. 64). Dann gehen die Männer der Gruppe daran, den Taytu vor dem Yamshaus des Empfängers aufzuschichten. Der Haufen muß nun wieder die Größe und Form annehmen, die er in der Erntelaube hatte. (Die Konstruktion ist auf den Abb. 62-65 deutlich zu sehen: Die kleineren werden einfach auf dem Boden aufgestapelt (Abb.62); größere sind von einem niedrigen, runden Rahmen umgeben.) Die kleinen Knollen kommen in die Mitte, die großen an die Außenseite – ein »schönendes« Verfahren, das bei diesen Anlässen akzeptiert wird (s. Abb. 63 u. 64). Gibt es viel Taytu, so muß er in mehreren Lieferungen überbracht werden, deren letzte *yaya'i* heißt. Bei wichtigen Gelegenheiten, wie beim *kayasa* eines Häuptlings oder Dorfvorstehers, ist das Ende des Aufschichtens mit einer kleinen Zeremonie verbunden. Ist dem ganzen der letzte Schliff gegeben – über dem Taytu eine Laube errichtet und die eine oder andere besonders schöne Knolle an dem Gerüst befestigt –, so bläst man ein Muschelhorn, und der Geber hockt sich, die Zählblätter zeigend, vor die Laube. Dann wendet er sich an den Empfänger und übergibt ihm zeremoniell den Haufen, etwa mit der Bemerkung:

»Dein Haufen, So-und-so, es ist die *urigubu*-Gabe für Die-und-die.« (An dieser Stelle wird der Name der Frau genannt, für die das *urigubu* überreicht wird.) Damit ist die Übergabe rechtskräftig. In normalen Fällen dagegen wird das Muschelhorn nicht geblasen, und die Zählblätter werden nicht ausgestellt; die Übergabe vollzieht sich automatisch, wenn der Haufen fertig ist.

In den geschäftigen Tagen einer normal guten Ernte hat eine Gruppe kaum ihr Werk vollendet, wenn in der Ferne wieder das *sawili* ertönt, und eine andere Gruppe mit der üblichen Eile eintrifft – die Männer mit Tragstangen (*katekewa*) auf der Schulter, die Frauen mit runden Körben (*peta*) auf dem Kopf.

Die Schnelligkeit, mit der die Gruppen einander folgen, hängt wie deren Zahl vom Umfang der Ernte und von der Bedeutung des Dorfes ab. In einem kleinen Dorf, wo auf dem Dorfplatz insgesamt sechs bis zehn Haufen zusammenkommen mögen und die Übergabe nicht mehr als zwei Tage dauert, finden sich pro Tag durchschnittlich fünf Gruppen ein. In einem größeren Dorf, in Yalumugwa z. B., das aus mehreren Weilern besteht, einige unter der Herrschaft eines *gumguya'u* (eines Häuptlings niederen Rangs), werden in einem Durchschnittsjahr täglich an die zwanzig Haufen zusammengetragen; 1915 waren es in einem der Weiler allein letztlich 32[15], was, einen Tagesdurchschnitt von zehn Gruppen angenommen, etwa drei Tage gedauert haben müßte. Die übrigen Weiler zusammen erhalten meist ungefähr die gleiche Menge, im Gesamtdorf müßten also täglich zwanzig Gruppen eingetroffen sein. Während der großen agonalen Ernte 1918 in Omarakana[16] gab es dort 76 zum Teil außerordentlich große Taytuhaufen, deren Überbringung etwa zehn Tage in Anspruch nahm und deren Aufschichtung – wie immer vor dem Yamshaus des Empfängers – langwierig war. Auf dem Dorfplatz, der von solchen Bergen voll war, drängten sich Männer und Frauen.

Sobald ein Haufen fertig ist, deckt man ihn mit Kokosblättern ab, um ihn nicht der Sonne auszusetzen. Sehr große oder aus einem besonderen Anlaß länger ausgestellte Haufen werden vor ihrer Speicherung im Yamshaus durch Lauben geschützt, die den Erntelauben ähneln (s. Abb. 64 u. 65).

Die Geber, ihre Helfer und fast alle anderen Träger kehren nämlich später in das Empfängerdorf zurück – ist es ein kleines, unbedeutendes, schon nach wenigen Tagen, ist es ein bedeutender Ort wie Omarakana, erst nach ein oder zwei Wochen –, um dort mit denselben Händen, mit denen sie den *urigubu*-Haufen in der Erntelaube errichtet, dann in Körbe verpackt und schließlich im Dorf wiederaufgebaut haben, den Yams im

[15] S. *Coral Gardens,* Vol. I, Doc. I.

[16] S. ebd. Doc. II.

Speicher (*bwayma*) seines endgültigen Besitzers zu verstauen – ein Vorgang, auf den wir noch zurückkommen werden (Kap. VII).
Die Taytuernte ist zwar gewissermaßen der Schlußakt im Gartenzyklus, kehren wir jedoch in den jetzt entkleideten, zerzaust und unordentlich wirkenden Garten zurück, so wird er sich keineswegs als gänzlich öde und nutzlos erweisen. Zunächst sind die *ulumdala,* die restlichen Knollen, nachzulesen – eine oft erhebliche Mühe, die den Haushalt nicht unwesentlich bereichert. Daneben gibt es nun doch noch eine weitere Anbaufrucht, deren Ernte aussteht: Süßkartoffeln (*simsimwaya*), die eine längere Reifezeit brauchen und, soviel ich weiß, während der Taytuernte auch nachgepflanzt werden. Sie sind widerstandskräftig und da sie sich nicht leicht vom Unkraut verdrängen lassen, können sie, ohne gejätet oder sonst gepflegt zu werden, in abgeernteten Gärten gedeihen. Solche Gärten heißen *ligabe* (Abb. 58 und 59); abgesehen von gelegentlichen Besuchen, bei denen man so viel Süßkartoffeln ausgräbt, wie man gerade braucht, wird darin nicht gearbeitet. Bald beginnt das Unkraut zu wuchern, es bildet den Anfang neuen Buschwerks, so daß ein *ligabe* zwei bis drei Jahre nach der Ernte kaum mehr vom Busch (*odila*) zu unterscheiden ist.
Inzwischen ist die Süßkartoffel in ökonomischer Hinsicht wahrscheinlich wichtig geworden. Ich habe mir aber sagen lassen, daß es sich um eine europäische Innovation handelt, die auf der zeremoniellen Bühne des trobriandischen Wirtschaftslebens eine untergeordnete Rolle spielt: Niemals tritt sie bei öffentlichen Verteilungen oder beim rituellen Gabentausch in Erscheinung; in der Magie und in trobriandischen Kommentaren zur Magie wird sie nicht einmal erwähnt. Herrscht Überfluß, so verwendet man sie hauptsächlich als Schweinefutter; denn die Trobriander schätzen sie nicht. Nur in Zeiten der Knappheit greift man darauf zurück.
Falls ein Garten auf feuchtem, fruchtbarem Boden angelegt war, pflanzt man im *ligabe* ein paar Bananenbäume[17], die man zwei, drei Jahre von Unkraut freihalten muß, bis sie herangewachsen sind.

### *6.* Buritila'ulo – *der gezielte Wettstreit um reiche Ernteerträge*

Bosheit, Mißtrauen und Neid, die unterschwellig der Schaustellung der Nahrungsmittel, dem Lob und der demonstrativen Bewunderung beigemischt sind, können zu bitterem, persönlichem Haß führen, der auf den Trobriand-Inseln meist mit dem Versuch endet, durch Zauberei zu töten. Geschieht das zwischen Personen, die verschiedenen Gemeinden angehören, so weitet sich der Streit womöglich auch auf ihre Verwandten und

[17] Vgl. ebd. Chap. X, Sec. 5.

Dorfgenossen aus. Und dann kommt es zum Wettstreit um Reichtum, zum Vergleich der Ernteerträge – zum *buritila'ulo.*[18]

Nirgends offenbart sich das zwiespältige Wesen der Gabe bei den Trobriandern besser als hier. Es handelt sich um ein Geschenk, dargeboten mit der hochtrabenden, aber berechnenden Großzügigkeit, die man in diesen Fällen gern an den Tag legt, und empfangen mit dem wachsamen, unwillig prüfenden Blick, der stets auf die Kleinlichkeit des Gebers lauert. Zugleich geht es beim *buritila'ulo* darum, die ökonomischen Ressourcen gegeneinander auszuspielen, wobei jede Seite auftrumpfen und zeigen will, daß sie die überlegene, die reichere und mächtigere ist. Das Geschenk muß nämlich unverzüglich erwidert werden, in exakt gleicher Menge und Qualität. Ist die Rückzahlung zu gering, so schleudert man den Gebern diese Unzulänglichkeit ins Gesicht; sollte die Gegengabe zu großzügig sein, sähe man auch darin eine Beleidigung der Empfänger.

Zum *buritila'ulo* kommt es nur zur Erntezeit und nur im Zusammenhang mit Streitigkeiten um Nahrungsmittel. Wollte jemand, gegen die gültigen Umgangsformen verstoßend, die Qualität des Ernteertrags eines anderen kritisieren, so würde ihm mit Schmähungen entgegnet. Ein Trobriander, dem man sagt, er habe schlechten Yams, antwortet geradezu automatisch: »*Du* hast den schlechten Yams.« Ist dieses Thema erst einmal aufgeworfen, so ist völlig klar, wo es hinführt. Früher oder später läßt sich die Beleidigung: *gala kam,* »du hast nichts zu essen«, nicht mehr vermeiden, und das löst eine Flut jener gegenseitigen Beschimpfungen aus, die ohne schwerwiegende Konsequenzen kein Ende nehmen können. Meist artet der Streit gleich an Ort und Stelle in einen Kampf aus. Anwesende Autoritätspersonen, ein Dorfvorsteher oder ein Mann von Rang, können allerdings dagegen einschreiten, und dann wird die Sache über kurz oder lang der Entscheidung durch ein *buritila'ulo* anheimgestellt.

Zur Illustration ließe sich hier anführen, was im Juni 1918 geschah: Kalaviya Kalasia, ein Gemeiner aus Kabwaku, hatte im Garten mit Mweyoyu, einem Gemeinen aus Wakayse, gestritten. Beide dicht benachbarte Dörfer gehören zum Tilataula-Distrikt, der vom Häuptling Kabwakus, Moliasi, regiert wird. Da sie dem selben Häuptling Gefolgschaft schulden, könnte es zwischen diesen Gemeinden niemals Krieg geben; Streitereien sind dagegen häufig, und kleine Kämpfe (*pulukuvalu*) kommen durchaus vor. Wie üblich stritten die beiden Männer über Menge und Qualität ihrer Ernteprodukte. Im Verlauf der Auseinandersetzung zerstörte der Mann aus Kabwaku Mweyoyus Erntelaube; es kam auf der Stelle zu einem Kampf, der allerdings abgebrochen wurde. Später ging der Vorsteher von Wakayse zum Häuptling von Kabwaku, um gegen

[18] S. a. ebd. App. II, Sec. 4, Note 23.

die Beschädigung des Gartens zu protestieren. Moliasi unterstützte seinen Untertanen aus Kabwaku und sagte sinngemäß etwa, daß die Leute von Wakayse, wenn sie schon keine anständigen Gärten hätten und keinen geziemenden Tribut leisten könnten, wenigstens nicht mit ihrem Essen prahlen sollten. Auf diese Herausforderung hin bot der Vorsteher von Wakayse an, Kabwaku allen Yams, der in seinem Dorf geerntet wurde, zum Geschenk zu machen. Das war die Ankündigung des *buritila'ulo,* die von Moliasi, dem Häuptling von Kabwaku, angenommen und die sogleich in die Tat umgesetzt wurde.

Die Gesetze des *buritila'ulo* sind in Kürze folgende: Herausforderer ist eine Gemeinde A, die etwa, wie Wakayse, im Streit geschädigt wurde, die eine Verletzung einstecken mußte oder sich als erste ernsthaft beleidigt sieht. Diese Gemeinde muß dann allen verfügbaren Yams aufbringen; im *buritila'ulo* geht es grundsätzlich um *kuvi,* die große Yamsart, nicht um Taytu. Aller Yams, den die Gemeinde A aufbringen kann, wird gesammelt, zur Gemeinde B gebracht, dort zur Schau gestellt und zeremoniell übergeben. Daraufhin macht die Gemeinde B ein Gegengeschenk. Ist es genau gleich groß, so kommt alles zu einem glücklichen Abschluß; sonst treten Schwierigkeiten auf.

Der folgende Text, Auszug aus meinem Gespräch mit mehreren Gewährsleuten und während des *buritila'ulo* aufgezeichnet, belegt einige der hier vorgelegten Thesen[19]: »(I) Es gibt vielleicht Streit im Garten. Unser Gefährte mag sagen: ›Du, hast du überhaupt etwas zu essen? Du hast nichts zu essen!‹ (II) Er sagt: ›Komm jetzt. Laß uns *buritila'ulo* machen.‹ (III) (Hier geht die Erzählung in die konkreten Ereignisse der Gegenwart über:) Es war der Mann aus Kabwaku, der mit dem Streit begann, als er sagte: ›Du hast nichts zu essen.‹ (IV) Die Leute von Wakayse sagten dann: ›Warte, laß uns den Yams bringen und zur Schau stellen. Oder wollt ihr ihn zuerst bringen?‹ (V) Dann sagten die Leute von Kabwaku: ›Gut!‹, worauf die Leute von Wakayse sofort Yams holten. (VI) Gestern brachten die Leute von Wakayse den Yams. Heute zahlten die Leute von Kabwaku das volle Maß zurück und brachten obendrein einen Überschuß und gaben ihn den Leuten von Wakayse. (VII) In früheren Zeiten wären die Leute von Wakayse sofort wütend geworden, wenn man ihnen einen Überschuß gegeben hätte und es wäre zum Krieg gekommen.«

In dem Text tauchen einige interessante Details auf: Da die Kabwaku-Leute im Streit die Initiative ergriffen hatten, kam die Aufforderung zum *buritila'ulo* von den Wakayse-Leuten, die beleidigt worden waren. Der letzte Satz ist vielleicht insofern korrekt, als es früher zwischen Kabwaku und Wakayse zu Kämpfen gekommen wäre. Es handelte sich dabei aber nicht wirklich um Krieg, sondern nur um *pulukuvalu,* einen Kampf

[19] *Coral Gardens,* Vol. II, Text 88, Part V, Div. XII, § 24.

zwischen zwei normalerweise befreundeten Dörfern, bei dem womöglich Blut floß, aber selten jemand getötet wurde. Ferner vermittelt der Text auch einen guten Begriff davon, wie spontane Auskünfte oft ausfallen. Wäre ich nicht zur Stelle gewesen, hätte ich die Einzelheiten des Streits und des Gabentauschs nicht beobachtet und durch gezielte Fragen die konkreten Umstände erfahren, so hätte es mich viel Zeit gekostet, diesen Brauch wirklich von innen heraus zu verstehen.

Wenden wir uns nun der Vorbereitung des *buritila'ulo* zu. Aller Yams (*kuvi*) muß aus dem Speicher genommen und aufgetürmt im Dorf ausgestellt werden. Den langen Yams, *kwibanena,* klemmt man zwischen zwei Stöcke und verziert ihn mit Pandanusbändern und weißen Farbklecksen. (Diese merkwürdigen Gebilde, *kaydavi* genannt, sind auf den Abb. 68 und 69, oben auf dem Lattenverschlag liegend, und weniger deutlich auch im Vordergrund der Abb. 71 zu sehen. Abb. 70 zeigt die größten Yamsknollen, aus jedem der beiden Dörfer eine.) Gesammelt wird ferner eine möglichst große Menge Zuckerrohr und Betelnüsse, den beiden einzigen Produkten, die neben *kuvi* verwendet werden dürfen. Der zusammengetragene Yams muß ausnahmslos von den Dorfbewohnern selbst produziert sein. Es ist keinem Außenstehenden gestattet, etwas zum Sammelspeicher beizusteuern; und auch *dodige bwala,* eine Unterstützung seitens Verschwägerter, ist hier nicht wie bei anderen Schaustellungen und Verteilungen zugelassen. Andererseits muß jedermann alles hergeben, was er an Yams besitzt. Man zählt seinen Beitrag sorgfältig ab und bewahrt für jede Knolle ein Größenmaß auf: für den runden Yams Schnüre, an denen Knoten den jeweiligen Umfang anzeigen. Diese privaten »Duplikate« der Yamsknollen behält jeder bei sich, damit er aus dem Gesamtbestand der Gegengabe seinen Anteil genau zurückfordern kann.

Als nächstes müssen die Herausforderer annähernd den Raum berechnen, der nötig ist, um den angehäuften Yams zu fassen. Sie sammeln im Busch starke Pfähle und Stöcke und bauen damit provisorisch eine Lattenkiste (*liku*), die sie mit dem Yams füllen, um ihr Fassungsvermögen zu überprüfen. Nachdem die Lattenkiste wieder zerlegt ist, geht das ganze Dorf (A) daran, den Yams und die Einzelteile der Kiste in das geforderte Dorf (B) zu transportieren. Hier legt man den Yams auf dem *baku* nieder und setzt die Kiste wieder zusammen, solider nun, da die Männer des Dorfs B sie als ganze ins Dorf A zurücktragen müssen.

Sobald die Kiste fertig ist, legt jeder seinen Beitrag hinein. Zuoberst kommen die langen Knollen, jede zwischen zwei Stöcke gebunden, die Zuckerrohrstücke und die Betelnußbündel. (Die Abb. 68 und 69 zeigen das gefüllte und geschmückte *liku,* wie es als endgültige Herausforderung bereitsteht.[20] Manchmal errichtet man daneben mehrere *pwata'i,* prisma-

[20] Diese Photos sind nicht im Dorf B aufgenommen (Die Platten von dort waren leider

tische Behälter, die mit den kleineren *kuvi*-Knollen und oben mit Betelnuß und Zuckerrohr gefüllt werden; und wenn der Yams besonders reichlich ist, stellt man hohe Gerüste (*lalogwa*) auf und schmückt sie mit Yams, Bananen und Betelnuß.

Nun folgt die eigentliche Transaktion. Zuerst wird die Lattenkiste genau gemessen; Gemeinde B muß Gemeinde A dieselbe Kiste, unverändert und gleich hoch gefüllt zurückgeben. Um sich gegen jeden Betrug abzusichern und über eindeutige Meßwerte zu verfügen, schneidet man eine Reihe von Stöcken ein, an denen Länge, Breite und Höhe des *liku* festgehalten werden. Dann geht man daran, Größe und Qualität der wichtigsten Gaben, der langen Yamsknollen, zu vergleichen. Inzwischen hat Gemeinde B ihre eigenen *kaydavi* vorbereitet, d. h. sie hat ihre langen Yamsknollen ebenfalls zwischen Stöcke gebunden, und zählt nun für jedes von A gegebene *kaydavi* ein vergleichbares aus den eigenen Beständen ab, ohne es jedoch vorerst zu überreichen (Abb. 70). Auch die Betelnußbündel werden gezählt, nach ihrer Größe beurteilt und registriert. Und nun wird der Inhalt des *liku* verteilt: jeder Mann der Gemeinde B erhält genau den Anteil, den er selbst aus seinem eigenen Speicher zur Gegengabe beisteuern kann. Am nächsten Tag bringt man das *liku* als ganzes in das Dorf A zurück. In dem Fall, den ich selbst miterlebt habe, brauchte man dazu etwa zwanig Mann; die übrigen Dorfbewohner, Männer, Frauen und Kinder, trugen den Yams. Dort wiederholen sich dann die Vorgänge vom Vortag auf das genaueste, nur ist jetzt B der Geber und A der Empfänger.

Dann aber kommt der dramatische Augenblick. Die Leute von B haben all ihre Ressourcen zusammengekratzt, um nicht nur die Yamsmenge vollständig zurückzuzahlen, sondern sie noch zu übertreffen. Die Menge, die man zurückerstatten muß, heißt *kalamelu,* was mit »Äquivalent« zu übersetzen wäre. Kann eine Gemeinde mehr bieten, so legt sie diesen Überschuß auf den Boden und erklärt ihn zum *kalamata,* ein Wort, das »Auge« bedeutet, und hier im übertragenen Sinn verwendet wird: etwas, das voraus ist, überholt oder darüber hinausgeht.

Nun wird eine derartige Zusatzgabe freilich nicht eben in der freundschaftlichsten Haltung dargeboten: Die Leute von B prahlen damit und fordern gleich auch lautstark eine Rückzahlung. Da die Gemeinde A all ihren Yams in die erste Gabe gesteckt hat, ist sie dazu nicht in der Lage. Sie müßte zu dem Argument Zuflucht nehmen, daß der Überschuß gar kein Überschuß, daß das *kalamelu* nicht ehrlich und ausreichend bemessen sei. Darauf würde wieder ein Streit ausbrechen und als Folge des *buritila'ulo* käme es erneut zum Kampf.

unterbelichtet); sie zeigen die Gegengabe der Kabwaku-Leute, wie sie in Wakayse zur Schau gestellt wurde.

Angenommen B sei die reichere und deshalb auch stärkere Partei, so würde A auf der ganzen Linie geschlagen werden. Zwei Gemeinden, die ein *buritila'ulo* austragen, sind indes nie ernsthaft verfeindet, so daß der Kampf keine sehr schlimmen Folgen haben kann. Früher, so habe ich mir sagen lassen, hätten schwere, regelrechte Kämpfe daraus erwachsen können, besonders dann, wenn es nicht um zwei benachbarte und normalerweise befreundete Gemeinden ging, sondern um solche, die sich zwar nicht ständig, aber doch gelegentlich bekriegten.

Diesen allgemeinen Bericht möchte ich abschließend noch mit den Vorgängen illustrieren, die zwischen Wakayse (Gemeinde A) und Kabwaku (Gemeinde B) stattfanden. Die Wakayse-Leute waren offenbar die schwächeren; sie waren beleidigt worden, man hatte ihnen gesagt, daß sie nichts zu essen hätten; sie waren also die Herausforderer. (Auf Abb. 66 und 67 sieht man, wie sie auf dem Dorfplatz von Kabwaku das *liku* bauen.) Die Erregung schlug hohe Wogen. Zwischen Moliasi, obschon anerkannter Häuptling des gesamte Distrikts, und Kulubwaga, dem Vorsteher von Wakayse, und zwischen ihren Untertanen hatte es verschiedentlich Streit gegeben. (Abb. 70 zeigt die beiden Kontrahenten; Moliasi steht in der Mitte, einen Turban auf dem Kopf; Kulubwaga, mit einem Gürtel aus Kaurimuscheln geschmückt, steht rechts, hinter der riesigen, fast 1,80 m langen Yamsknolle, die von zwei Gefolgsleuten getragen wird.)

Hin und wieder hielten die Häuptlinge feurige Regen, in denen sie sich scheinbar an ihre eigenen Untertanen wandten, deren bissige Bemerkungen aber in Wirklichkeit die Gegenseite treffen sollten. Als die Wakayse-Leute in größter Eile mit Pfählen und Yams in Kabwaku eintrafen, ihr *liku* schnell und mit Erfolg zusammensetzten, nörgelte Moliasi z. B., daß alles so langsam voranginge. Ohne Umschweife verhöhnte er die Gegner, sie hätten doch gar keine eigenen Betelnüsse, sie müßten sie in anderen Dörfern leihen.[21]

»Warum bringt ihr Betelnüsse aus Kaybola und Kwaybwaga? Nehmt diese Betelnüsse aus anderen Dörfern, aus Kwaybwaga und Kaybola zurück. Ich mag sie nicht. Bringt uns eure eigenen Betelnüsse aus Wakayse.«

Die Beleidigungen wurden nicht sogleich erwidert, weil der Trobriander in einem fremden Dorf stets unterlegen ist; am nächsten Tag bekam ich in Wakayse dann freilich ziemlich viel Schmähreden zu hören, die gegen die Kabwaku-Männer gerichtet waren.

Als die nämlich, vom Tragen der schweren Kiste und der Yamsknollen noch außer Atem, fast wie in Trance und eifrig erregt, sich ihrer Aufgabe widmeten, mußten sie sich verhöhnen lassen, wie langsam sie doch seien,

[21] *Coral Gardens,* Vol. II, Text 89, Part V, Div. XII, § 26.

man sähe ja auf den ersten Blick, daß die Gegengabe nicht hinreiche und daß die Form des *liku* beim Tragen arg gelitten habe.
Ich konnte diese Ereignisse auch mit einigen Männern aus Omarakana diskutieren, die selbst anwesend waren; einer wiederholte mir die Prahlerei der Kabwaku-Leute folgendermaßen:[22]
»Manche sagten: ›Werfen wir diese Lattenkiste doch weg. Nehmen wir lieber eine andere. Wir werden die Leute von Wakayse übertreffen.‹«
Diese Worte sind offenbar reine Prahlerei; es wäre nicht nur ganz und gar ungehörig, es kommt auch tatsächlich nie vor, daß während des *buritila'ulo* eine größere Kiste gebaut wird: Jeder Überschuß muß neben der Kiste auf den Boden gelegt werden.
Die Leute von Wakayse versetzten dann, das *liku* sei von Anfang an zu klein gewesen, sie hätten für ihre Gabe wirklich eine viel größere Kiste bauen wollen.
Auch das Vergleichen der langen Yamsknollen ging keineswegs so friedvoll und freundlich vor sich, wie es auf Abb. 70 den Anschein hat, da dort die Beteiligten gerade einen Moment innehalten, um sich vor der Kamera in Positur zu stellen. Voll Streit und wechselseitigen Androhungen wirkte es im ganzen fast wie ein Aufruhr.
Ernsthaftes geschah allerdings nicht; die Kabwaku-Leute sahen letztlich davon ab, ihre Gegengabe durch einen beleidigenden Überschuß zu ergänzen. Heute scheuen die Trobriander den Kampf und vermeiden Situationen, die sie unweigerlich in Versuchung führen, Speer und Wurfholz zu benutzen. Wie ich erfahren habe, war Moliasi sogar so weit gegangen, den stellvertretenden Amtmann zu fragen, ob er ein *kalamata* (Zusatzgabe) geben dürfe. Da die Beamten von den Bräuchen der Eingeborenen damals nicht die geringste Ahnung hatten, gab er die Erlaubnis, ohne zu wissen, wohin das führen konnte. Als der kritische Augenblick schließlich gekommen war, fürchtete sich Moliasi vor den möglichen Konsequenzen allerdings selbst.
Die bei diesem *buritila'ulo* verwendete Lattenkiste war 4,60 m lang, 1,85 m breit und 1,70 m hoch. Das längste *kaydavi* maß etwa 2,40 m, die Knolle selbst 1,80 m. Wenn all das Abmessen, Diskutieren und Streiten vorüber ist, wird den unbeteiligten Zuschauern aus anderen Dörfern ein Imbiß gereicht: Man ordnet am Boden Zuckerrohrstücke und Betelnuß zu kleinen Häufchen und teilt sie zu – eine Gabe, die *kokouyo* heißt.
Schließlich kommt es auch anläßlich der Rückverteilung des Yams innerhalb des Dorfs immer wieder zu Unzufriedenheit und Streit. Nicht eigentliche Habgier, sondern persönlicher Ehrgeiz und Eitelkeit sind der Grund: Hat doch jeder den Wunsch, als jemand dazustehen, der mehr gegeben als empfangen hat.

[22] Ebd. Text 90, Part V, Div. XII, § 28.

# Abbildungen

2. Die polygame Familie des Häuptlings.

3. Kanu unter Segel.

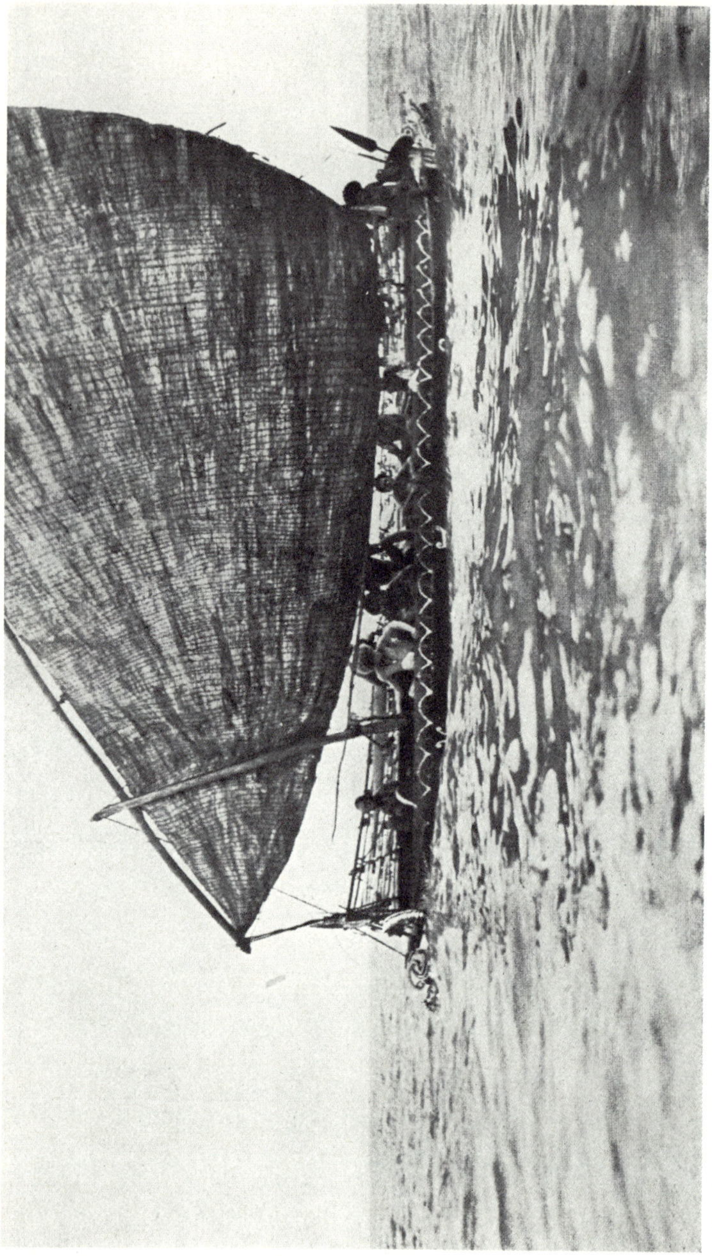

4. Fischerkanu auf der Lagune.

5. Fischen aus der Luft.

6. Szene in einem Lagunendorf.

7. Der Strand von Teyava.

8. Fischerkanus in der Bucht von Tukwa'ukwa.

9. Männer beim Tanz.

10. Dorfstraße in der *Milamala*-Zeit.

11. Kleine Yamsverteilung anläßlich einer Totenfeier.

12. Räuchern von Fisch für ein Festessen.

13. Handwerker bei der Arbeit.

14. Eine zeremonielle Darbierung von Knollenfrüchten im Tausch gegen Fisch.

15. Ankunft einer Fischerflotte.

16. Darbietung von landwirtschaftlichen Produkten in der *Milamala*-Zeit.

17. Die Früchte der Gartenarbeit.

18. Auf der Straße durch den Dschungel.

19. Auf der Straße durch einen abgeernteten Garten.

20. Blick auf einen neuen Garten.

21. Ein Yamsgarten in voller Entfaltung.

22. Ein Tarogarten.

23. Die magische Ecke.

24. Eine Familie im Garten.

25. Die Männer der Gärtnergruppe beim Taytupflanzen.

26. Ästhetik im Gartenbau.

27. Der Oberhäuptling überwacht seinen Erntetribut.

28. Bagido'u vor seinem Yamshaus.

29. Bagido'u beim rituellen Feuer.

30. Lage eines Frühgartens.

31. Der Mittelpunkt zeremonieller Handlungen.

32. Ein Stück üppige Vegetation.

33. Ansicht eines Gartens nach dem rituellen Feuer.

34. Entzünden des Feuers.

35. Das zweite Feuer.

36. Familie bei der Reinigung ihres Gartens.

37. Ein steiniger Garten im Süden.

38. Eine in Quadrate unterteilte Parzelle.

39. Gartenzaun mit Zauntritt.

40. *Kamkokola.*

41. Große *Kamkokola* und *Kamkokola en miniature.*

42. *Karivisi.*

43. Gemeinschaftliches Anpflanzen.

44. Der wichtigste Handgriff des Gärtners.

45. Das Hochziehen der Ranken.

46. Tayturanken.

47. Garten in voller Reife.

48. Der zur Schau gestellte Teil der Ernte.

49. Darbietung der Erstlingsfrüchte: Nach dem Eröffnungsritus geernterer Taro.

50. Darbietung der Erstlingsfrüchte: Nach dem Eröffnungsritus geernteter Yams.

51. In Erwartung des Magiers, vor der zeremoniellen Taytuernte.

52. Eröffnungszeremonie zur Taytuernte in Teyava.

53. Abschaben der Taytuknollen.

54. Sehr kleine Erntelaube.

55. Erntelaube mittlerer Größe.

56. Große Erntelaube.

57. Details der großen Erntelaube.

58. Trägergruppe auf dem Weg in die Gärten.

59. Trägergruppe auf dem Weg ins Dorf.

60. Große Trägergruppe bei der Ankunft im Dorf.

61. Trägergruppe bei der Rast.

62. Errichtung eines kleinen Haufens vor dem Speicher des neuen Eigentümers.

63. Errichtung eines großen Haufens.

64. Errichtung eines sehr großen Haufens.

65. Großer dekorierter Haufen.

66. Herstellung eines *Liku.*

67. Nahaufnahme des auf Abb. 66 gezeigten *Liku.*

68. Die Buritila'ulo-Herausforderung.

69. Seitenansicht des auf Abb. 68 gezeigten *Liku.*

70. Konkurrierende Dörfer bieten ihre größten Yamsknollen dar.

71. Füllen des *Liku* in Wakayse.

72. To'uluwas *bwayma*, der Hauptspeicher der Trobriander.

73. Speicherhäuser in Omarakana während einer Überschwemmung.

74. Leere und zum Füllen vorbereitete Speicher.

75. Das zeremonielle Füllen des *Bwayma* in Yalumugwa.

76. Beim Füllen der Speicher.

77. Beim Anordnen der Knollen im Speicher.

78. Hier trifft die von der Küste kommende Straße auf das Dorf Omarakana.

79. Der gefüllte Hauptspeicher von Kasana'i.

80. Ein baufälliger *Bwayma*.

81. Fast ausgeräumte Speicher.

82. Gefüllte Speicherhäuser.

83. Das Yamshaus und Schutzdach des Häuptlings in Omarakana.

84. Große überdachte Plattform in Bwoytalu.

85. Auf der Plattform vor dem Hauptspeicher in Tukwa'ukwa.

86. Ruhepause auf der *Bwayma*plattform.

87. Der Hauptspeicher der Trobriander, leer.

88. Der Häuptlings*bwayma* ohne Dach, vor der Instandsetzung.

89. Dachstuhl.

90. Errichtung eines kleinen *Bwayma*.

91. Drei kleine *Bwayma*, einer davon im Bau.

92. Technik des Dachdeckens.

93. Yamshaus auf hölzernen Grundstützen.

94. Charakteristische Dorfstraße.

95. *Bwayma* mit geräumiger vorderer Plattform.

96. Häuser und *Bwayma* in Oburaku.

97. Eine Dorfstraße und zwei verschiedene Speichertypen.

98. Große Sitzplattform und Speicherhaus in Bwoytalu.

99. Spielzeug*bwayma* samt Besitzer.

100. Bwaydeda, der Gartenmagier von Obowada.

101. Nasibowa'i mit einer Zeremonialaxt.

102. Magische Rezitation über dem *Kamkokola*.

103. Versammlung am Zauntritt zur *Kamkokola*-Zeremonie.

104. Substanzen für eine magisch-religiöse Zeremonie.

105. Schaustellung von Nahrungsmitteln für die Geister.

106. Rezitation des Zauberspruchs.

107. Männer mit magischen Blättern.

108. Rituelle Handlung auf dem *Kamkokola*.

109. Navavile, der Gartenmagier von Oburaku.

110. Zwei Gartenmagier von Sinaketa auf ihrer Runde.

111. Motago'i an der magischen Ecke eines Tarogartens.

112. Ansicht eines neuen Tarogartens.

113. Beim Taropflanzen.

114. Tarogarten auf steinigem Grund.

115. Magischer Ritus in einem Tarogarten.

116. Kleine Bananenpflanzung an der Ostküste.

# Kapitel VI
# Die Erntegaben im Stammesrecht

Bis jetzt haben wir lediglich beobachtet, wie Leute in Scharen zusammenkommen, die Früchte ihrer Arbeit ins Dorf tragen – nicht in ihr eigenes –, sie dort zur Schau stellen und – selbst nur stellvertretend – jemand anderem anbieten. In dieser offenkundigen Verwirrung haben wir so etwas wie ein System vermutet, daß nämlich der Gebende und der Empfangende, die Träger und Helfer, die Messenden und die Bewundernden aufgrund von sozialen Beziehungen zwei unterschiedlichen Gruppen angehören. Aber um welche Beziehungen handelt es sich, welche Kräfte bewegen diese Leute, was treibt sie, sich zu placken und zu keuchen und in ihrer Arbeit Befriedigung zu finden? Vor allem: welches Motiv bringt den Mann dazu, den besten Teil seiner Ernte einem anderen anzubieten? Diese Fragen bleiben noch ohne Antwort. Und wirklich ist die Antwort weder einfach, noch liegt sie auf der Hand. Die Vorschriften der Tradition bilden den Rahmen eines komplexen Systems ökonomischer, rechtlicher und soziologischer Regeln, die uns in ihrer Vielfalt und Abwegigkeit zuerst fast widernatürlich anmuten. Die meisten Weißen, die schon lange auf den Trobriand-Inseln ansässig und zum Teil mit Eingeborenenfrauen verheiratet sind, so daß sie selbst von dem trobriandischen Erntesystem profitieren, sind angesichts seiner Komplexität unfähig, es zu verstehen, geschweige denn zu erklären. Wir werden uns diesen Regeln deshalb sorgfältig und minuziös zuwenden müssen. Wir werden auch fragen müssen, ob man sie auf die Hauptquellen menschlichen Handelns zurückführen kann: auf Hunger, Liebe und Eitelkeit.

### *1. Verpflichtungen zur Füllung des Speichers*

Die ökonomische Seite ist wirklich überraschend und paradox – schlicht gesagt: jedermann arbeitet für einen anderen und jedermann erhält für den Unterhalt seines Haushalts einen großen Beitrag von einem anderen; oder – vielleicht genauer: nie wird ein Haushalt ausschließlich von dem Ehemann und Vater versorgt, der ihm vorsteht und in dem wir den natürlichen Brotverdiener sehen würden, sondern immer wesentlich auch von einem anderen, der in diesem Haus kaum jemals sein Mahl einnimmt und darin in der Regel auch selten zu Gast ist. Der solchermaßen unterstützte Haushalt erarbeitet und pflegt wiederum Anbaufrüchte,

deren besten Teil er bei der Ernte einem Dritten überreicht, der ebenfalls in einem anderen Dorf lebt und fast nie zu Besuch kommt.
Das zentrale soziologische Prinzip, das der Transaktion zwischen Erntegeber und -nehmer zugrunde liegt, ließe sich etwa so formulieren: Ich, ein Trobriander, muß für den Haushalt meiner Schwester arbeiten, den ich mit Taytu versorgen muß, und zwar dem besten, den ich erzeuge, und in einer Quantität, die nicht weniger als etwa 50% seines jährlichen Gesamtverbrauchs ausmachen darf.[1] Der Teil der Ernte, den einer dem Ehemann seiner Schwester zumißt, heißt *urigubu.* Der Bruder meiner Frau wiederum muß für *meinen* Haushalt arbeiten. So ist die Regel selbst also einfach genug, auch wenn sie uns nicht vernünftig scheint; kompliziert ist dagegen ihre praktische Anwendung, bei der die Wechselfälle des wirklichen Lebens und Zusatzregeln zur Geltung kommen.
Wenn ich z. B. eine Schwester und mehrere Brüder habe, so müssen die jüngeren Brüder mir helfen, wobei allerdings nominell ich als Geber auftrete. Wenn ich mehrere Schwestern habe, einige älter, andere jünger, und die älteren verheiratet sind und Kinder haben, dann werden einige dieser Schwestersöhne mit mir arbeiten und mir helfen, nicht nur die Haushalte ihre Mütter, sondern auch die von deren jüngeren, verheirateten Schwestern zu unterstützen. Wenn ich der älteste der Familie bin und mehrere jüngere Schwestern habe, muß ich womöglich sehr hart arbeiten und meine Ernte so verteilen, daß jede meiner Schwestern etwas erhält. So zeigt sich, wie wichtig sich der relative Anteil von Brüdern und Schwestern für die Trobriander darstellt: Je mehr Brüder eine Frau hat, desto besser, je mehr Schwestern, desto schlechter ist sie ausgestattet.
Das System erfährt eine weitere Komplikation durch die Pflicht, einen Teil der Erntegabe, die man empfangen hat, an die Verwandtschaftsgruppe und an die nächsten Verwandten weiterzuverteilen. Etwa fünf bis zwanzig Körbe des Taytu, den man zunächst als *urigubu* angenommen hat, werden also weitergereicht, und zwar als *kovisi.*[2] Und nicht nur das: Der Geber muß noch eine Reihe kleinerer Gaben, *taytupeta,* verteilen, nachdem er bereits den besten Teil seiner Ernte der Schwester oder einer anderen Verwandten mütterlicherseits als *urigubu* dargebracht hat.
Noch komplizierter ist der Brauch *liluka bwayma,* »das Yamshaus aufbinden«. Wenn die Verwandten der Frau den Speicher ihres Mannes besonders üppig gefüllt haben, so können seine Schwester und ihr Mann beschließen, einen Teil davon für sich und ihren Haushalt zu beanspruchen. Der Mann würde seiner Frau dann einen Wertgegenstand, etwa eine Axtklinge geben, und sagen: »Nimm diesen Wertgegenstand und

[1] Vgl. auch *Coral Gardens . . .,* Vol. I, App. II, Sec. 4, Note 24.
[2] Dieses Wort enthält eine Komplikation, insofern als es eine Gabe bezeichnet, die in ökonomischer Hinsicht dem *urigubu* analog, wenn nicht mit ihm identisch ist, sich in soziologischer Hinsicht jedoch unterscheidet (s. u.).

binde das Yamshaus deines Bruders auf.« Der Besitzer des übervollen Yamshauses muß auf eine solche Gabe hin eine Speicherabteilung, *kabisitala,* leeren und ihren Inhalt dem Schwestermann abtreten. Ein in Sinaketa lebender Missionslehrer aus Vakuta, den ich unter dem päpstlichen Namen Leo kannte und der mit den Bräuchen der Trobriander recht gut vertraut war – besser als mit denen der Kirche, fürchte ich – hat mir den genannten Brauch folgendermaßen erläutert:[3]

»(I) Schon ist mein Yamshaus von meinen Schwägern (den Verwandten meiner Frau) bis zum Bersten gefüllt. (II) Dann kommt meine Schwester und sieht, mein *bwayma* ist bis zum Bersten gefüllt. (III) So geht sie zu ihrem Mann und spricht mit ihm darüber; und er sagt: (IV) ›Nimm diesen Wertgegenstand und binde das Yamshaus deines Bruders auf.‹ (V) Dann bringt sie den Wertgegenstand und gibt ihn uns; daraufhin leeren wir eine Abteilung unseres Yamshauses. (VI) Gäbe sie uns zwei Wertgegenstände, so würden wir eine zweite Abteilung leeren. (VII) Das nennen wir ›das Yamshaus aufbinden‹ oder ›das Seil zerreißen‹ – das Seil wird zerrissen, das Yamshaus wird geöffnet.«

Dieser Text, der zu den besten Definitionstexten[4] meiner Sammlung gehört, nennt die Voraussetzungen, unter denen der Brauch zur Anwendung gelangt, aber auch die Ökonomie der Transaktion: für jeden Wertgegenstand wird eine Abteilung des Yamshauses geleert. Der Ehemann spricht einen semi-legalen, semi-zeremoniellen Satz, den man wahrscheinlich bei allen Gelegenheiten dieser Art verwendet. Die Ausdrücke ›das Yamshaus aufbinden‹, ›das Seil zerreißen‹, sind figurativ, sie bezeichnen lediglich die Öffnung des Speichers; denn beim Bau der Yamshäuser wird kein Seil verwendet, es wird nichts zusammengeschnürt (vgl. Kap. VIII).

Auf subtile Weise kann den Europäer die Tatsache beirren, daß sich nicht leicht und exakt sagen läßt, ob die Erntegabe dem Oberhaupt des Haushalts dargebracht wird, oder seiner Frau, die gewöhnlich eine Schwester oder eine matrilineare Verwandte des Gebers ist. Nominell und dem Rechtsprinzip nach wird die Gabe dem Ehemann überreicht: er ist der Besitzer des zu füllenden Yamshauses, in seine Dorfgemeinschaft wird die Gabe gebracht und er wird der Besitzer der Früchte. Er ist es auch, der die Erntegabe von Zeit zu Zeit mit Wertgegenständen, *youlo* und *takola* genannt, erwidern muß. Tatsächlich wird das *urigubu* formell dem Ehemann übergeben, damit er den Haushalt seiner Frau unterhalten kann, nach deren Tod man folglich damit aufhört.[5] Um ihretwillen und für

[3] *Coral Gardens* . . ., Vol. II, Text 92, Part V, Div. XII, § 32.

[4] Was ich unter Definitionstexten verstehe, wird in *Coral Gardens* . . ., Vol. II, Part IV, Div. IV erläutert.

[5] S. *Coral Gardens* . . ., Vol. I, App. II, Sec. 4, Note 25.

ihren und ihrer Kinder Unterhalt wird die jährliche Erntegabe dargebracht.
Nicht weniger undurchsichtig ist für den Europäer die Rolle, welche die Kinder, oder genauer die Söhne bei dieser Transaktion spielen. In der Regel nämlich füllen die Söhne das Yamshaus ihres Vaters, wenn sie jedoch die Reife erreichen, schließen sie sich dem Stammesrecht zufolge ihrem Mutterbruder an, und dann werden sie den väterlichen Speicher nicht mehr unmittelbar füllen, sondern indem sie ihren Taytu dem Mutterbruder übergeben, der ihn dann zusammen mit seinen Erzeugnissen dem Gatten seiner Schwester vermitteln wird. Nominell arbeiten sie dabei für den Mutterbruder, und wenn diese Beschreibung dem Europäer auch abwegig und verkehrt anmutet, so entspricht sie für den Trobriander doch genau der sozialen Realität.
Folglich kann es vorkommen, daß jemand von einer bestimmten Parzelle an einem Tag sagt, er bearbeite sie für seinen Vater, an einem anderen, er bearbeite sie für den Mutterbruder. Beide Aussagen sind korrekt, sie betonen nur verschiedene Aspekte der Transaktion, und es dauert einige Zeit, bis man die wirklichen Verhältnisse herausfindet.
Noch ein weiteres Moment trägt zur terminologischen und tatsächlichen Komplexität bei: die Erntegabe, die ein Armer erhält, ist klein und in ihrer Herkunft einfach, die eines Häuptlings ist reich und in ihrer Herkunft sozial und ökonomisch vielfältig. Den Ethnographen kann es leicht verwirren, wenn das Wort *urigubu* nicht nur die Erntegabe an den Häuptling bezeichnet, sondern oft auch den Tribut. Tatsächlich erhält der Häuptling den größten Teil des Tributs als *die* Gabe des Bruders der Ehefrau an den Ehemann der Schwester; für die Frau eines Häuptlings allerdings arbeiten nicht nur ihre unmittelbaren Verwandten, sondern ihr gesamter Subclan. Folglich bringt eine Frau viel mehr ein (etwa fünfmal soviel, schätze ich), wenn sie mit einem Häuptling verheiratet ist, als sonst; ihre Taytugaben sind feiner und werden mit mehr Prunk dargebracht. Die Häuptlinge haben das Privileg der Polygamie; vor dem Niedergang ihrer Macht hatte jeder etwa achtzig Frauen, To'uluwa zu Beginn seiner Regierungszeit immerhin noch ein paar Dutzend; selbst 1918, als es nur noch zwölf waren, war sein *urigubu* schätzungsweise noch sechzigmal höher als das des Gemeinen, und zuvor muß es mindestens doppelt so hoch gewesen sein, da die Macht des Häuptlings zu jener Zeit fraglos größer war.[6] Als ein Häuptling mindestens sechzig Frauen hatte, dürfte seine Erntegabe vierhundertmal so hoch gewesen sein wie die des Gemeinen. – Auch der Kreis der Dienste, die der Bruder einer Häuptlingsfrau und seine Verwandten mütterlicherseits zu leisten haben, ist größer als gewöhnlich.

[6] Vgl. *Coral Gardens . . .*, Vol. I, Doc. III,

So ist das Häuptlings*urigubu* zu einem Tribut geworden, der in einer Reihe von Dörfern erhoben wird, allerdings jedoch kraft der Stellung des Häuptlings als *des* Schwagers der gesamten Gemeinschaft. Ein Teil des Häuptlings*urigubu* lief zwar ebenfalls unter diesem Namen, wurde aber nicht kraft Schwagerschaft geleistet, sondern von Vasallen, kraft ihrer Residenz im Dorf des Häuptlings, und wieder ein anderer Teil des Tributs fiel überhaupt nicht unter den Titel *urigubu,* sondern unter den des *pokala* oder *tabubula.*
Bisher habe ich mich mit dem Wort *Häuptling* primär auf den Oberhäuptling von Omarakana bezogen, aber zwischen dessen *urigubu* und dem eines Armen oder eines gewöhnlichen Stammesgenossen mit gut fünfzig Körben im Jahr gibt es eine Skala von Abstufungen: der Unterhäuptling (*gumguya'u*) mit etwa sechs Frauen und – niedriger im Rang, aber eher noch mächtiger – der *toliwaga* von Kabwaku[7]; dann der kleinere Häuptling mit zwei Frauen und schließlich der Dorfvorsteher, im allgemeinen zwar monogam, aber besser ausgestattet als der gewöhnliche Bürger. So fächert sich das Bild abermals auf.[8]
Jemand, dessen Frau ohne männliche Nachkommen gestorben ist, kann kein *urigubu* empfangen.[9] Sind hingegen Söhne vorhanden, so überreichen sie als Angehörige der Verwandtschaftsgruppe ihrer Mutter und zugleich als Söhne ihres Vaters alljährlich ihre Erntegabe, die den Eingeborenen als reguläres *urigubu* gelten, die der Ethnologe aber von den Gaben unterscheiden muß, die man einem Mann für seine Gattin darbringt.
Andererseits wird der Speicher eines Witwers, auch wenn er aus irgendeinem Grund nicht wieder geheiratet hat, doch von jemand anderem gefüllt, denn für einen erwachsenen Mann von Rang und Ansehen ist es eine Schande, seinen *bwayma* selbst zu füllen. In einer solchen Lage erhält man seine Erntegaben nicht mehr vom Bruder der verstorbenen Frau, sondern von den eigenen Verwandten mütterlicherseits, in erster Linie von jüngeren Brüdern und Schwestersöhnen. Eine Gabe dieser Art kann *kovisi* genannt werden, aber in dieser Bedeutung ist der Ausdruck selten. Gebräuchlicher ist die Wendung: der-und-der füllt meinen Speicher – *bwadagu idodige ulu bwayma,* »mein jüngerer Bruder füllt meinen Speicher«.[10]

[7] Vgl. Einl., Abschn. 9 und Kap. X, Abschn. 3.
[8] Beispiele für solche Transaktionen finden sich in *Coral Gardens,* Vol. I, Doc.I-IV; s. a. die Hinweise in Anm. 7.
[9] In *Coral Gardens,* Vol. I, Doc. II wird indes deutlich, daß die allgemeine Regel im Fall ranghoher Personen stets außer Kraft gesetzt wird. Der Oberhäuptling erhält auch Erntegaben (No. 2, 36 u. 37) für verstorbene Ehefrauen, wiewohl sie einer lebenden Frau überreicht und in deren Speicher verstaut werden. Vgl. a. *Coral Gardens . . .,* Vol. I, App. II, Sec. 4, Note 25.
[10] Der Kürze halber verwende ich jedoch für die soziologische Analyse in Docs. I-IV (*Coral Gardens . . .,* Vol. I) den Begriff *kovisi.*

Wenn eine Häuptlingsfrau keine nahen Verwandten hat, oder diese nicht hinreichend bedeutend oder tüchtig sind, um ihr Yamshaus zu füllen, so kann ihr Vater dafür einspringen. In einer Reihe von Fällen werden Yamshäuser, besonders solche von Frauen des Oberhäuptlings, auch vom Vater der Frau gefüllt.[11]
Zur Komplexität des Systems trägt weiterhin bei, daß die Füllung des Speichers mit der Erntegabe, *dodige bwayma,* nur einen Teil der Schwagerschaftspflichten ausmacht, daß aber alle diese Pflichten unter den Titel *urigubu* fallen. Wenn jemand vor einer der großen zeremoniellen Verteilungen (*sagali*) dem Mann seiner Schwester Yams oder Taytu bringt, so wird dies *dodige bwala,* die Füllung des Hauses, genannt, und ist Teil der *urigubu*-Pflichten, obwohl es nicht üblich ist, die Gabe selbst *urigubu* zu nennen.
Es ist, wie schon erwähnt, Sitte, dem Bruder der Gattin für das *urigubu* durch ein *youlo*-Geschenk Dank zu bezeugen, und zwar in Form eines Schweins oder eines Wertgegenstands. Zum Entgelt wird der Bruder der Gattin über zwanzig Körbe Taytu als *vewoulo* darbieten, die theoretisch rechtmäßiger Teil des *urigubu* sind und als solcher angenommen werden, auch wenn man sie üblicherweise nicht als *urigubu* darstellt.
Bei der Ernte ist schließlich ausschlaggebend – die Sache wird dadurch nicht eben vereinfacht –, daß jeder mit der nicht unwesentlichen Menge Taytu rechnet, die er für sich selbst, bzw. für seinen Haushalt erzeugt. Dieser selbsterzeugte und selbstkonsumierte Teil wird bis zu einem gewissen Grad heruntergespielt, stillschweigend transportiert und *sub rosa* verstaut. Es ist *taytumwala,* der eigene Taytu, der weniger ansehnliche und ruhmreiche Teil der Ernte; niemand wird damit prahlen, und im allgemeinen wird man ihn in abgedeckten Hütten oder in den abgedeckten Teilen eines offenen *bwayma* unterbringen.
Dieser *taytumwala* besteht aus Saatgut, *yagogu,* das im nächsten Jahr ausgepflanzt (und solchermaßen »konsumiert«) werden soll; dem minderwertigen Taytu, *unasu*; der Nachlese, *ulumdala*; aber auch aus gutem Taytu – soviel man nach der ehrenhaften Erfüllung der *urigubu*-Pflichten noch mit Anstand behalten kann.
Eine Anmerkung verdient, daß alle Produkte, die in der vorstehenden Beschreibung des Gartenbaus als Zusatzprodukte bezeichnet wurden, im Erzeugerhaushalt verbleiben: der große, lagerungsfähige Yams (*kuvi*), Taro, Zuckerrohr, Erbsen und Kürbisse. Diese Dinge heißen nicht *taytumwala,* sind ihm aber ökonomisch äquivalent, insofern sie von den Erzeugern selbst konsumiert werden. In diese Kategorie fallen auch die meisten Früchte der Frühgärten (*kaymugwa*), lediglich die besten Taytuknollen dieser Ernte kann man für das *urigubu* zurückhalten.

[11] Beispiele dafür s. *Coral Gardens . . .,* Vol. I, Doc. II.

*Taytumwala* und *urigubu* sind schon in den Gärten unterschieden, indem einige Parzellen *gubakayeki,* andere *urigubu* genannt werden. Der Ertrag der ersteren gehört dem eigenen Haushalt, der der letzteren wird zum größten Teil abgegeben. In den Erntelauben setzt sich die Unterscheidung fort: Der *urigubu*-Taytu bildet den großen Haufen in der Mitte, um ihn herum liegen Haufen von Saattaytu (*yagogu*), minderwertigem Taytu (*unasu*) und gutem Taytu, der für den Eigengebrauch und für *taytupeta*-Gaben bestimmt ist (vgl. Kap. V und Skizze 8).[12] Die kleineren Haufen fallen unter die Sammelbezeichnung *taytukulu,* sie bilden den unauffälligen Teil der Ernte, mit dem man nicht prahlt und von dem kaum je die Rede ist. Ich hatte den Eindruck, daß einige Leute den geernteten Taytu direkt nach Hause bringen und ihn unauffällig in einer kleinen, völlig abgedeckten Hütte oder im nicht einsehbaren Teil ihres Hauptspeichers unterbringen, da es sich schickt, höchstens eine kleine Menge *taytukulu* sehen zu lassen, um dem *urigubu* den Anschein zu geben, es mache 90% des Gesamtertrags aus, während es in Wirklichkeit eher etwa 50% sind. Bei der Ernte mag es auch vorkommen, daß man nicht wenige Knollen »übersieht«, die dann als *ulumdala* zum Selbstverbrauch nachzulesen sind.[13]

Nur die ausgewählten *urigubu*-Knollen werden in der Laube und im Dorf zu konischen Haufen aufgeschichtet, zeremoniell in den offenen Behältern des Yamshauses untergebracht, und nur über sie wird die Magie der Prosperität und der Dauer, *vilamalia,* gesprochen; nur sie heißen – im Gegensatz zu *taytumwala* – *taytuwala,* wirklicher Taytu, und nur sie darf der Gartenmagier nehmen, wenn das Tabu über der neuen Ernte für ihn aufgehoben wird (den Taytu, den er dann ißt, muß er folglich vom Bruder seiner Frau erhalten; vgl. Kap. V, Abschn. 2).

Soweit habe ich die Erntegaben in ihrer Vielfalt dargestellt, und zwar so, wie sie dem verblüfften Ethnographen erscheinen, wie sie ihn zunehmend in einem dichten Netz terminologischer, soziologischer und ökonomischer Probleme und augenscheinlicher Widersprüche einfangen. Der Leser wird unschwer einschätzen können, wie schwierig die Linien des Systems zu entwirren sind und wie schnell man sich in nahezu unlösbare Antinomien verstricken kann; denn die Terminologie ist unklar, und kaum eine Regel scheint ohne Ausnahme zu sein.

Fassen wir also so einfach wie möglich die Grundregeln positiv zusammen: Der durchschnittliche Trobriander legt einen Garten an; er besitzt einen Hauptspeicher und den einen oder anderen kleineren Speicher; er teilt seine Erzeugnisse, indem er die besten und besonders gereinigten Knollen zur Schau stellt und zeremoniell dem Gatten der Schwester oder

[12] Vgl. a. *Coral Gardens . . .*, Vol. I, App. II, Sec. 4, Note 26.

[13] Zu den Schwierigkeiten, den Ernteanteil zu ermitteln, den jemand zum Eigenverbrauch behält, zumal bei Gemeinen, vgl. Kap. VII, Abschn. 5.

dem einer anderen Verwandten überbringt, während er den Rest seiner Ernte für sich selbst behält und in geschlossenen Speicherräumen aufbewahrt.

Der freiliegende Behälter des Hauptspeichers dagegen muß von mindestens einem der Verwandten seiner eigenen Frau gefüllt werden – mit der *urigubu*-Gabe, die ihm seinerseits alljährlich zusteht. Die nächsten matrilinearen Verwandten seiner Frau, ihr Bruder, ihr Mutterbruder, später ihr Sohn oder Schwestersohn sind die Gebenden; stirbt die Frau kinderlos, so werden es seine eigenen Verwandten sein[14]; handelt es sich um die Frau eines Häuptlings, so kann auch ihr Vater einspringen (was ein Vater, dessen Tochter einen Gemeinen geheiratet hat, nicht tun würde, da es nicht zu seinen Pflichten gehört) oder Untertanen des Häuptlings, die aber auf Grund einer Rechtsfiktion ihre Pflicht als »Schwäger« erfüllen, nachdem man eine Verwandtschaftsbeziehung zwischen ihnen und einer der Häuptlingsfrauen fingiert hat.[15]

Der Status eines Mannes, dessen Speicher nicht jährlich von einem anderen gefüllt wird, leidet; denn wohl kann und muß er sich selbst und seine Familie mit Saatgut und täglicher Nahrung versorgen, aber die Früchte, die er zur Schaustellung braucht und so lange wie möglich für festliche Anlässe, Gaben und Tauschgeschäfte aufbewahrt[16], muß er *via dodige bwayma* von anderen erhalten.

Die terminologischen Unterscheidungen, die bei der Verteilung der Erntefrüchte getroffen werden, sind folgendermaßen zusammenzufassen: Der allgemeinste Begriff ist *dodige bwayma,* die Füllung des Speichers. »So-und-so füllt den Speicher« ist eine Redewendung, die auf Schwäger und eigene Verwandte gleichermaßen anwendbar ist. *Urigubu* bezeichnet im strengen Sinn diese Pflicht nur dann, wenn sie vom Bruder der Gattin ausgefüllt wird. Unter Gemeinen besteht die Erntegabe fast ganz aus *urigubu,* im Fall des Oberhäuptlings, strenggenommen, nur zur Hälfte.[17]

Das Wort *urigubu* hat jedoch noch zwei weitere Bedeutungen, die von der ursprünglichen abgeleitet sind. Einerseits deckt es nämlich verschiedene Tribute an den Häuptling[18], andererseits bezeichnet es verschiedene andere Pflichten, die mit der Schwagerschaft zusammenhängen (s. u. Abschn. 2). Der Ausdruck *urigubu* kann auf Gartenparzellen bezogen werden, die man für den Gatten der Schwester bearbeitet[19], auf Früchte,

[14] S. a. *Coral Gardens . . .,* Vol. I, App. II, Sec. 4, Note 25.

[15] Vgl. ebd. Note 27 und Doc. II.

[16] Zur verschiedenen Verwendung von *taytumwala* (eigener Taytu) und *urigubu* s. Kap. VII, Abschn. 5.

[17] Vgl. *Coral Gardens,* Vol. I, Doc. I-IV.

[18] Vgl. a.a.O., Doc. I.

[19] Im Süden ist dies sogar die einzige Bedeutung; vgl. *Coral Gardens . . .,* Vol. I, Ch. X, Sec. 2.

die für ihn bestimmt sind, auf die Gabe und auf das Rechtsprinzip. Nur bei familiärer Redeweise, die sehr häufig ist, kann der Ausdruck *urigubu* sich auf Gaben von Verwandten und Angehörigen beziehen.
Mit dieser Einschaltung will ich weniger die Pedanterie auf die Spitze treiben, als die Schwierigkeiten des Ethnographen illustrieren, die nur durch das Studium konkreter Fälle und des wirklichen Sprachgebrauchs zu überwinden sind; gleichzeitig habe ich damit Beispiele für die Rechtstradition der Eingeborenen angeführt. Natürlich gibt es darüber hinaus noch regionale und dialektmäßige Unterschiede. So heißt die Haupterntegabe im Süden der Insel *taytumwaydona,* »ganzer Taytu«. Dort bezieht sich der Begriff *urigubu* primär nicht auf Taytu-, sondern auf Tarogaben, da das Hauptnahrungsmittel im Süden ja Taro ist. Auch alles, was das Häuptlingstum betrifft, ist ganz anders als im Norden – Olivilevi ausgenommen, wo die kiriwinische Terminologie eingeführt wurde, nachdem man vor einer Generation Häuptlinge eingesetzt hat, die der herrschenden Familie von Omarkana angehören. Aber ich will die Sache hier nicht durch weitere Varianten verwirren.
Das folgende Schema soll die Verhältnisse in Kiriwina und die dort übliche Terminologie darstellen.

### *2. Hunger, Liebe und Eitelkeit als Triebkräfte bei der Erntegabe der Trobriander*

Die Umstände der Ernteverteilung auf den Trobriand-Inseln sind uns jetzt im wesentlichen bekannt. Wir sind auf eine Reihe von Fragen gestoßen, wer eigentlich die Gabe empfängt – der Ehemann, seine Frau oder der Haushalt im ganzen? Welche Rolle spielt in diesem Haushalt der Bruder der Ehefrau? Weshalb muß er den Haushalt seiner Schwester unterstützen, obwohl er von jedem familiären Umgang mit ihr und ihrer Familie praktisch ausgeschlossen ist und sich mit ihr nicht einmal persönlich und ungezwungen unterhalten kann? Wo liegen die Gründe für die zwiespältige und komplexe Rolle von Söhnen und für den nicht weniger verwickelten und umständlichen Umgang mit verheirateten und unverheirateten Töchtern?
Die gesamte Ernteordnung ist ökonomisch schwerfällig und muß dem europäischen Leser absurd erscheinen: Der Transport, die Schaustellung, das Säubern und der übrige kunstvolle Prunk, der offensichtlich mit dem zeremoniellen Charakter des *dodige bwayma* zusammenhängt, kostet Zeit und Arbeit. Die Virilokalität der Ehe (die Frau lebt in der Gemeinde ihres Mannes) bedingt zusammen mit der Matrilokalität der Haushaltsökonomie die Notwendigkeit des Transports, indem der Bruder die Ernte in seinem eigenen Dorf einbringt und sie dann in das des Schwagers überführen muß. Wäre das *urigubu* eine kommerzielle Transaktion, so

könnte dieser Vorgang vereinfacht werden; für die Schwester könnte jemand sorgen, der in ihrer Gemeinde lebt, wenn ihr Bruder im Ausgleich dafür jemanden in seiner eigenen Gemeinde unterstützten würde. Das läßt indessen das Stammesrecht der Trobriander nicht zu: jeder Mann muß seiner Schwester Taytu geben, den er selbst auf seinem eigenen Land gezogen hat, und seine eigenen Verwandten und Schwäger müssen ihn ihr überbringen.

Nur wenn wir verstehen, wie sehr es für einen Mann eine Sache persönlichen Stolzes und moralischer Pflicht ist, einen großzügigen Beitrag zum Haushalt seiner Schwester zu leisten, wie sehr er sich mit seiner Ernte – vor allem mit der *urigubu*-Gabe – identifiziert, nur dann sehen wir, weshalb hier nicht wie in so vielen anderen Transaktionen ein einfaches Tauschgeschäft möglich ist.

Vom europäischen Standpunkt aus ist das Schema nicht nur unökonomisch, sondern auch ungerecht; denn wenn ich ein fleißiger, geschickter Gärtner bin und alle Kräfte anstrenge, so ist es ein anderer, der davon profitiert; und wenn ein Schwager faul, unfähig oder nicht ganz gesund ist, so bin ich der Leidtragende. Dieses Argument ist zwar nicht falsch, aber für den Trobriander zählt es nicht, weil er, wie wir noch sehen werden, in soziologischer Hinsicht ein gespaltenes Bewußtsein hat: während er nämlich einerseits mit Herz und Interesse im eigenen Haushalt lebt, legt er andererseits seinen Stolz und seine moralische Pflicht in den Haushalt der Schwester.

Die Frage nach dem Motiv hat mich lange gequält: Was spornt ihn an, bei der Arbeit für einen anderen mit Eifer so außerordentlich viel Zeit und Energie aufzuwenden? Die Antwort liegt in der Aufspaltung der Interessen, Ambitionen und emotionalen Antriebe.

Um diese Schwierigkeiten zu lösen, muß ich hier eine längere soziologische Erörterung einschalten. Pflicht des Ethnographen ist nicht nur die Feststellung der offenkundigen Tatsachen, sondern auch die Interpretation der Ideen, Motive und Gefühle, der emotionalen Reaktionen und der unterdrückten Wünsche. Sozialstruktur, Rechtsprinzipien und moralische Zwänge formen Fühlen, Denken und Verlangen, die folglich bei einem Trobriander und bei einem Europäer verschieden sind, und nur im Hinblick auf diese Unterschiede wird uns die Welt trobriandischer Ideen verständlich.

Das *urigubu*-Prinzip bildet den eigentlichen Kern des sozialen und ökonomischen Lebens. Um es in ökonomischer Hinsicht zu verstehen, muß man sich einen Begriff von Eherecht, Zeugungsvorstellungen und Verwandtschaftssystem machen, die ich teilweise zwar schon in anderen Publikationen behandelt habe, die hier aber in bezug auf die Ernte neu zusammenzustellen sind. Auf Grund des Eherechts nämlich werden die matrilinearen Verwandten einer Frau für die Dauer der Ehe verpflichtet, ihrem

## DER WEG DES *URIBUBU*

(Die Ausdrücke *bomaliku* und *sokwaypa* werden in Kap. VII erläutert.)

| | | | |
|---|---|---|---|
| Im Boden: | *Urigubu* (Parzellen für die Erntegabe) | | *Gubakayeki* (Parzellen zum eigenen Gebrauch) |
| Im *Kalimomyo*: | *Urigubu* (Haufen für die Erntegabe) | *Yagogu* (Saatknollen) | *Taytukulu* (Taytu, der im eigenen Haushalt und für kleinere Gaben verwendet wird; manchmal schließt dieser Begriff die Saatknollen mit ein) |
| Im Dorf: | *Urigubu* (derselbe Haufen, in das Empfängerdorf befördert) | *Yagogu* (Saatknollen, nun im *sokwaypa* des Gärtners) | *Taytumwala* (eigener Anteil, im geschlossenen oder im abgedeckten Teil des offenen Speichers) |
| | | | *Taytupeta* (Gabe an bestimmte Verwandte) |
| Im Dorf: beim *Dodige Bwayma* | *Urigubu* (nun im *bomaliku* des Empfängers; sein Eigentum geworden) | | |
| Im Dorf: nach *Dodige Bwayma* | *Urigubu* (Hauptanteil, verbleibt im Speicher des Empfängers) | | *Kovisi* (einige Körbe, die an die nächsten Verwandten des Empfängers verteilt werden) |

Schwager den jährlichen *urigubu*-Tribut zu zahlen. Der Heiratskontrakt wird auf Grund eines reziproken Gabentauschs wirksam, der im ganzen allerdings eher zugunsten des Ehemanns, bzw. des neuen Haushalts ausschlägt, und zwar wesentlich dank der großen Taytugabe, die ihm bei der ersten Ernte nach der Heirat in dekorativen, länglich-prismatischen Behältern dargebracht wird, welche der Bruder der Braut vor dem neuen Yamshaus seines Schwagers aufstellt. Diese Gabe heißt *vilakuria* und leitet die *urigubu*-Leistungen ein, die an eben dieser Stelle Jahr für Jahr eintreffen werden, wenn auch kleiner und nur zu einfachen Haufen aufgeschichtet. Der Ehemann wird dafür alle paar Jahre an den Bruder seiner Frau Wertgegenstände abgeben, die indes nie den Gesamtwert des *urigubu* erreichen.

Kinder gehören, da Abstammung in der mütterlichen Linie gezählt wird, nicht zur Verwandtschaftsgruppe (*veyola*) oder Lineage ihres Vaters. Sie sind eines Leibs mit ihrer Mutter, die sie aus ihrem eigenen Blut gebildet hat und zu deren Clan, Subclan und Dorfgemeinde sie gehören. Die Söhne einer Frau sind die Nachfolger ihres Bruders in Amt, Stellung und Status, ihre Töchter werden die Lineage fortsetzen, denn *ihre* Kinder werden wiederum derselben Verwandtschaftsgruppe angehören. Die Filiationseinheit, d. h. die Gruppe, die sukzessive Generationen auf Grund der Identität des Fleisches umfaßt, besteht also nicht, aus einem Mann, seiner Frau und ihren Kindern, sondern aus einem Mann, seiner Schwester und deren Nachkommen[20] – wohlgemerkt, *der* Bruder und *seine* Schwester, denn wenn es sich um mehrere Geschwister handelt, werden mehrere Bruder-Schwester-Paare gebildet.

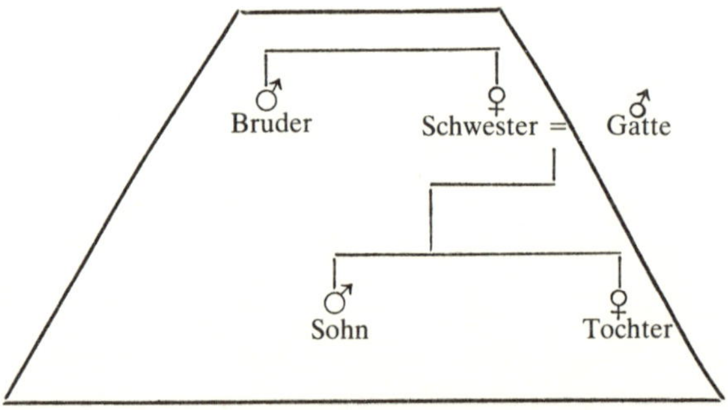


Unser Diagramm mag diese Verhältnisse veranschaulichen: Der Ehemann, der doch dem Haushalt vorsteht, steht für die Trobriander im rechtlichen Sinn des Wortes außerhalb der »Verwandtschaftsgruppe«. Ein Bruder bildet mit seiner Schwester und ihren Kindern die wirkliche, genealogische Abstammungseinheit. Wie das Diagramm zeigt, gibt es

[20] Zu den trobriandischen Filiationsprinzipien, vgl. Einl., Abschn. 9.

hier folglich zwei Einheiten, die der »Familie« in unserem Sinn entsprechen. Die eine – Mann, Frau und Nachkommen – pflanzt sich physiologisch gesehen fort, sie wird vereint durch die Familiarität des Alltagslebens, durch die wirtschaftlichen Belange der Haushaltsführung und durch die Gefühlsbindungen, die sich aus dem täglichen Umgang auf Grund angeborener emotionaler Neigungen ergeben. Das trobriandische Eherecht definiert diese Gruppe zwar genau, es darf aber nicht übersehen werden, daß die Rede von ihrer physiologischen Grundlage, von Fortpflanzung und Blutsbanden, die sie vereinen, im soziologischen Sinn gilt, nicht in der Sicht der Eingeborenen. Denn deren Theorie der Fortpflanzung, die den Anteil des Vaters ignoriert und die Schwangerschaft den Vorfahren der Frau zuschreibt, liefert die dogmatische Begründung für die Matrilinearitätslehre von der Ausschließlichkeit der Identität des Leibes in der mütterlichen Linie. Der Ehemann, der als *tomkava,* Fremder, Außenseiter, dargestellt wird, steht als solcher also außerhalb aller Belange rechtmäßiger Verwandtschaft; nur kraft Ehekontrakt ist er mit seiner Frau verbunden, durch die allein er in mittelbarer Beziehung zu ihren Kindern und zu ihrem Bruder steht.

Die andere Einheit, die nur in *einem* Sinn dem entspricht, was wir »Familie« nennen, ist die genealogische oder Filiationsgruppe – eine Frau, ihre Kinder und ihr Bruder; sie umfaßt die Männer und Knaben zweier Generationen, die einander ablösen, und die Lineage-Stolz, Ehrgeiz und jener Sinn für Kontinuität eint, der ihnen als sukzessiven Gliedern einer Abstammungskette eignet; sie umfaßt auch die Frauen, die die Lineage fortzusetzen vermögen. So seltsam es für einen Europäer und für alle ist, die in einer patrilinearen Kultur aufgewachsen sind: auf den Trobriand-Inseln und in jeder anderen matrilinearen Gesellschaft ist ein Mann wie ein dürrer Zweig am Baum der Genealogie. Und in Gemeinschaften, die wie die Trobriander oder die Zentralaustralier physiologische Paternität nicht eingestehen, hat ein Mann keinen physiologischen Anteil an seinen leiblichen Nachfahren, die einzigen blutsverwandten Kinder sind für ihn die seiner Schwester; in allen matrilinearen Gesellschaften sind sie es, die ihm rechtlich nachfolgen, selbst dort, wo die Physiologie der Zeugung nicht unbekannt ist.

Den väterlichen Haushalt auf den Trobriand-Inseln möchte ich »Familie« nennen, die andere Gruppe »genealogische Einheit«, besser noch »Filiationseinheit«. Eherecht und Ehekontrakt sind es, die beide Gruppen zusammenhalten.

Wozu braucht nun die Trobrianderin, die doch durch das Einwirken ihrer weiblichen Ahnen empfängt und für ihre Verwandten, speziell für einen ihrer Brüder gebiert, einen Ehemann? Ist er nur eine Drohne, die von den Gaben ihrer Brüder lebt? – Biologisch und psychologisch gesehen lebt ein Mann mit seiner Frau, weil er ihr zugetan ist; er hat sie geheiratet, weil er sie einmal geliebt hat und durch die Ehe einen höheren Status und ein bequemes Heim erhielt: er kümmert sich um die Kinder, weil er sie mag und sich wie seine Frau nach ihnen gesehnt hat. Für Männer und Frauen ist das die Wirklichkeit des Lebens, auf den Trobriand-Inseln wie anderswo – eine Wirklichkeit allerdings, die nur der Außenstehende feststellen und formulieren kann, den Betroffenen selbst ist sie nicht bewußt, und sie könnten sie nicht in Worte fassen.

Untersucht man indes die Theorie der Eingeborenen und sammelt ihre Ansichten, so erhält man eine Antwort, die in gewisser Weise zwar weniger wahr, die aber aufschlußreicher und soziologisch relevanter ist. Der Ehemann, so sagen sie, hat geheiratet, weil ein Mann ohne Haushalt nicht wirklich erwachsen ist, und auch, weil ein Erwachsener eine Frau haben muß, die sexuell ausschließlich mit ihm lebt, während es für junge Leute gut ist, alle möglichen Liebschaften zu haben. Die Trobrianderin aber heiratet ebensogut selbst, wie sie geheiratet wird, und die Gründe, die sie dafür angeben kann, erhellen die Sache noch besser: Einen Ehemann braucht sie nicht als Vertreter ihrer Rechte, denn das ist ihr Bruder, unverändert auch nach ihrer Heirat; auf Grund des äußerst strengen und allumfassenden Tabus aber, das dem Bruder alle Intimität und alle Anteilnahme an den sexuellen und reproduktiven Angelegenheiten der Schwester verbietet, ihn also von einer ganzen Seite ihres Lebens ausschließt, wird ein Ehemann notwendig. Durch ihn allein werden ihre reproduktiven Funktionen ehrbar, erhalten ihre Nachkommen in der Gemeinschaft vollen Status; denn obwohl das Geschlechtsleben der Trobriander sehr offen ist und unverheiratete Mädchen so viele Liebhaber haben können, wie sie wollen, so erwartet man doch nicht, daß sie vor der Ehe schwanger werden.[21]

Maternität, Rechtsstatus der Nachkommen und folglich ehrenhafte Kontinuität der Lineage sind also ohne Ehe ganz unmöglich. Weil ein Mann ein unmittelbares Interesse an der ehrsamen Fortsetzung seiner Lineage hat und wirkliche junge Männer, *to'ulatile,* nicht Bastarde, *tokubukwabuya,* zu Neffen haben will, ist er unmittelbar daran interessiert, daß seine Schwester heiratet.

Ein Bruder kontrolliert nie die intimen Angelegenheiten der Schwester und zu einer gewissen Zeit begibt er sich auch – zugunsten der direkten und intimen Aufsicht durch einen anderen – der Rechte zu ihrer Behütung. Vor der Ehe war dem Vater als dem Vertreter ihrer Verwandtschaft mütterlicherseits die geringe Verantwortung für ihr persönliches Leben zusammen mit den Vorbereitungen zu ihrer Heirat zugefallen; jetzt ist der Ehemann für ihre sexuellen und reproduktiven Prozesse zuständig. Das Mädchen zieht in das Dorf und das Haus ihres Mannes und aus der gemein-

[21] In *Das Geschlechtsleben der Wilden in Nordwest-Melanesien,* bes. Kap. III-VII u. X., habe ich das ausführlich begründet.

samen Haushaltsführung entwickelt sich eine Gemeinsamkeit der Interessen und wirtschaftlichen Pflichten. Der Mann wacht über vielen Belangen seiner Frau, übernimmt den Kindern, besonders den Söhnen gegenüber Erziehungsaufgaben, er berät und schützt seine Töchter vor ihrer Ehe; wenn indes diese Töchter schwanger werden, so sind es seine Schwestern, die sich darum kümmern und die Zeremonien in die Hand nehmen.

Wir sehen, daß aus diesem Ehebegriff sich allmählich die Vorstellung der Paternität entwickelt, daß die Rolle des Vaters sich aus der persönlichen Beziehung zur Gattin ergibt und auf ihr basiert. Wenden wir uns dieser Beziehung näher zu.

Auf den Trobriand-Inseln steht die Ehe am Ende einer Serie von Liebschaften. Sie ist die Liebschaft, die überdauert, die die Familie des Mädchens als ständige Beziehung anerkannt hat und die mit einer Reihe von Gaben sowie durch das öffentliche gemeinsame Mahl und den unverheimlichten Beischlaf der beiden rechtskräftig geworden ist. Da es hier um die ökonomische Seite von Rechtsbeziehungen geht, müssen wir auch die Geschlechtsverbindung in ökonomischer Hinsicht betrachten. Der Trobriander vergilt alle sexuellen Dienste mit Gaben, *buwana* oder *sebuwana* genannt. Das bedeutet nicht, daß sexuelle Lust als einseitig gilt oder daß Frauen beim Geschlechtsverkehr eine passive oder zurückhaltende Rolle spielen – im Gegenteil, praktisch und theoretisch sind Initiative und Anteil bei Mann und Frau gleich –, aber mit der eigentümlichen Inkonsistenz einer traditionalen Bestimmung will es der Brauch, daß der Mann für fast jeden Geschlechtsverkehr, bestimmt aber für jede feste Beziehung der Frau Gaben überreichen sollte – »für ihr Scharlachrotes«, wie die weiblichen Genitalien allgemein genannt werden.[22]

Im Unterschied zur sexuellen Liaison ist die Ehe zunächst ein Vertrag, der die Gründung eines Haushalts und einer Familie impliziert, eine vollständigere und vielschichtigere Beziehung, öffentlich anerkannt und von der Familie des Mädchens, die sich damit rechtsgültig zu wirtschaftlichen Abgaben (*prestations*)[23] verpflichtet, gutgeheißen. In ökonomischer Hinsicht bedeutet sie, daß einerseits die Frau ihren Körper nicht mehr geben kann, wem sie will, sondern durch schwere Sanktionen daran gebunden ist, für die sexuelle Lust ausschließlich des Gatten dazusein, und daß andererseits vom Mann erwartet wird, die Zahlungen für die sexuellen Gaben der Gattin fortzusetzen. Letzteres geschieht jedoch nicht mehr durch gelegentliche Geschenke, sondern durch ständige Dienste, besonders durch Dienste an ihren Kindern, die ja rechtlich nur als die

[22] Vgl. *Das Geschlechtsleben . . .*, Kap. X, Abschn. 7, »Die kommerzielle Seite der Liebe«.

[23] Da hier in der englischen Sprache eine wirklich unerfindliche Defizienz vorliegt, mit der ich mich nicht abfinden kann, führe ich mit Bedacht das französische Wort *prestation* ein, das rechtlich definierte Dienstleistungen bezeichnet, die eine Person oder Gruppe einer anderen abstattet.

ihren gelten, so daß die Konvention die Liebe, die Sorge und die Dinge, die er ihnen schenkt, als Rückzahlung ansieht: »die Zahlung für den Beischlaf mit der Mutter«, »die Zahlung für das Scharlachrote der Mutter« und ähnliche Wendungen, die man regelmäßig als Antwort auf die Frage erhält, weshalb der Vater für die Kinder sorge.

Neben den erotischen Diensten obliegt der Gattin, das Essen zuzubereiten, Wasser zu holen, für den Mann zu sorgen, wenn er krank ist, und um ihn zu trauern, wenn er stirbt. Ihre Brüder stehen ihr in der Sorge um den Kranken bei; sie verteidigen die Interessen ihres Schwagers, sie stehen ihm zu Gemeinschaftsarbeiten zur Verfügung – und sie bringen das *urigubu*. Erntegaben und andere Pflichten der Schwagerschaft[24] gründen also als zentrale Momente des Ehekontrakts in der Fortpflanzungsdoktrin und der Verwandtschaftslehre, in der moralischen Pflicht, die Schwester zu meiden, für sie und ihre Nachkommen aber zu sorgen.

In Anbetracht dieser Verhältnise soll aber noch einmal die Rolle des Vaters unterstrichen werden, der die Kinder liebt, sie emotional braucht, dessen Status durch sie erhöht wird. Er ist ihre Hilfsamme und später ihr Gefährte, denn frei von rigider Rechtsvormundschaft, die ja dem Mutterbruder zufällt, wird die Vaterschaft zu lebendiger Kameradschaft und wirklicher Freundschaft. Tatsächlich versucht der Vater auf Kosten der rechtmäßigen Erben, seiner Schwestersöhne, den eigenen Söhnen soviel wie möglich zu übertragen. Und die herkömmliche Gewohnheit sekundiert, dem strengen Recht der Matrilinearität geradezu trotzend, mindestens es umgehend, seinen natürlichen Neigungen, indem sie ihm einige Gelegenheit bietet, die Rechte matrilinearer Neffen zugunsten der Söhne zu beschneiden.

Besonders in Form bestimmter Arten der Magie wird Söhnen so ein gut Teil als freie Gabe des Vaters zugewendet, was Neffen vom Mutterbruder gleichsam kaufen müssen. Gewöhnlich versucht der Vater, eine Ehe zwischen seinem Sohn und dessen Kreuzkusine, seiner Schwestertochter, zu arrangieren, um ihm so eine Position als Zwischenglied im Erbprozeß zu sichern. Kreuzkusinenehen sind überdies im Gegensatz zu anderen uxorilokal: der Sohn bleibt in der Gemeinde des Vaters, dessen matrilaterale Nichte ihr ebenfalls angehört.[25]

[24] Gemeinschaftsarbeit (vgl. Kap. IV, Abschn. 5) gibt es nicht nur im Gartenbau, sondern auch in vielen anderen Arbeitsbereichen. Die von den Brüdern und Verwandten der Ehefrau zu leistende Gemeinschaftsarbeit bezieht sich eher auf das Tragen schwerer Lasten, auf das Fischen und den Bau von Kanus, Speichern oder Wohnhäusern etc.

[25] Vgl. *Das Geschlechtsleben der Wilden,* Kap. IV, Abschn. 4. Leser, die durch dieses Buch mit der trobriandischen Gesellschaft vertraut sind, werden sich vergegenwärtigen, daß uxorilokale Ehe bei den Trobriandern paradoxer Weise oft bedeutet, daß der Gatte in dem Dorf, in dem er geboren und aufgewachsen ist, bleibt und dort mit seiner Frau lebt. Wie in den Kap. IX und X deutlich werden wird, kann man die Bürgerschaftsrechte in der Regel nicht in der Gemeinde ausüben, in der man geboren ist.

So folgt die Haltung, die der Vater den Kindern gegenüber einnimmt, weitgehend dem Muster, das auch die patriarchalische Einstellung bestimmt, unterscheidet sich aber von dieser in wichtigen Momenten: Da der Vater keine Rechtsgewalt über die Kinder und offiziell kein Recht hat, die Geschicke der Söhne und verheirateten Töchter zu überwachen, die, mit 18 bis 22 Jahren volljährig geworden, sein Haus und seine Gemeinde verlassen, steht er ihnen emotional viel näher und versucht – meist mit Erfolg – ihre Zuneigung zu gewinnen.

Im Rahmen der Gegenseitigkeit kann der Vater auch bestimmte Dienste von seinen Kindern beanspruchen, besonders von den Söhnen, die, wenn sie jung sind, zur Yamsversorgung seines Haushalts beitragen, indem sie sowohl *seine* Parzelle bestellen, als auch mit *dem* Mutterbruder, dessen Gemeinde sie sich anschließen müssen, für das *urigubu* ihrer Mutter arbeiten. Als Nachfolger und Hilfskräfte des Mutterbruders stehen sie ebenfalls dem Vater zu Diensten. Die Differenz, die theoretisch auf Grund der Rechtsbindung an den Onkel zu der Art von Vater-Sohn-Beziehung besteht, wie sie uns aus unserer Vertrautheit mit patrilinearen Gesellschaften als normal erscheint, ist also in der Praxis selten augenfällig. Allerdings muß man in allen wichtigen Dingen den Rat des Onkels einholen, bevor man auf die Wünsche des Vaters eingeht.

Auch erwachsene Söhne helfen dem Vater, indem sie entweder ohnehin in seiner Gemeinde leben und arbeiten – durch Kreuzkusinenheirat oder durch willkürliche Entscheidung, wenn es sich um Söhne eines Häuptlings oder eines Mächtigen handelt – oder indem sie ihrem eigenen Dorf Gärten bestellen, d. h. mit dem Onkel das *urigubu* für die Eltern erwirtschaften.

Wenn der Vater stirbt, so fallen die meisten Trauerdienste den Söhnen zu: Waschen, Schmücken und Bestatten des Leichnams – und einige abstoßende Pflichten; so müssen sie das Fleisch des Verstorbenen schmecken, gewisse Knochenstücke als Kalkspatel und den Schädel als Kalktopf verwenden. Das ist nicht nur für den Missionar und den Ethnographen abstoßend, sondern eingestandenermaßen auch für die Eingeborenen selbst, die darin eher schwere und drückende Pflichten sehen. Noch einmal beobachten wir hier das Spiel des Gebens und Nehmens, der Entgeltung von Diensten, die man empfangen hat. Auf die Frage nämlich, weshalb man dem Vater solche Trauerdienste abstattet, wird wiederum auf die Beziehung des Vaters zur Mutter und auf seine Ammen- und Erziehertätigkeit für die Kinder verwiesen: »Es ist die Entgeltung für die Hand des Vaters, die das Kind mit Exkrement beschmutzt hat, für seine Haut, die das Kind mit Urin genäßt hat.« »Der Vater hat das Kind in seinem Arm empfangen und es gepflegt, jetzt pflegt das Kind den Leib des Vaters.«

So gründet die Beziehung zwischen Vätern und Kindern in natürlicher

Zuneigung, in einer Gefühlshaltung, die aus Intimität und Liebe erwachsen ist. Ihren rechtlichen Rahmen bildet ein künstliches, elegant ausgewogenes System reziproker Pflichten, in deren Mittelpunkt die Erntegabe steht.

Erinnern wir uns nun noch einmal an die Gruppe, die aus der Mutter, ihren Kindern und deren Mutterbruder besteht und die in der trobriandischen Theorie die eigentliche Verwandtschaftseinheit darstellt: Generation für Generation setzen die Frauen die Linien fort, während die Männer sie repräsentieren; und während dabei das Eigentum auf Männer vererbt wird, partizipieren die Frauen an diesem Verwalteramt der Männer durch die *urigubu*-Gaben; die männliche Hilfe der jeweils lebenden Generation arbeitet für die weibliche, und die Frauen führen, die Lineage fortsetzend, ihr sexuelles und reproduktives Leben, von Vätern oder Gatten behütet.

Im Hinblick auf diese Aufteilung komplementärer Funktionen muß betont werden, daß hier nicht der »Clan«, sondern eine Frau, ihre Nachkommen und ihr Bruder als Handlungseinheit auftreten.

In keiner Weise, auch nicht indirekt oder aus der Ferne, kann ein Mann in das Geschlechtsleben der Schwester eingreifen, die rechtlich in seiner Hut steht. Ihr Reproduktionsvermögen und ihre Nachkommen überläßt er dem Gatten, wie sein Mutterbruder die reproduktiven Prozesse seiner Mutter seinem Vater überlassen hat. Da er physisch und moralisch Distanz halten muß, ist die Ehe virilokal. Der weiteren Entwicklung eines patrilokalen oder patrilinearen Familienlebens widerstehen indes die Grundprinzipien der Matrilinearität: Die matrilaterale, d. h. für den Trobriander die allein wirkliche Verwandtschaftsgruppe des Gatten wünscht nicht, daß dieser seine Kinder mit allzuviel Aufmerksamkeit, Privilegien und Gaben bedenkt, da Nutzen und Besitz innerhalb der matrilinearen Gruppe verbleiben sollen. Zugleich wünschen die wirklichen, mutterseitigen Verwandten der Kinder diese als Hilfskräfte und rechtmäßige Nachfolger für ihre eigene Gemeinde zurück. In der Regel wird deshalb der patrilokale Haushalt aufgebrochen: die Mädchen verlassen ihn, um zu heiraten, die Jungen, um zu ihrem Mutterbruder zurückzukehren; alt, gebrechlich und abhängig bleiben die Eltern allein zurück, immer noch von den Söhnen und Verwandten der Frau unterstützt.

Dieser Exkurs über Verwandtschaft war notwendig, um das Wesen der *urigubu*-Gaben verständlich zu machen. Die Fragen nach den Motiven und der Großzügigkeit des Gebens, nach dem Grund für die kunstvolle, agonale Schaustellung der Gaben und nach der Funktion der Undurchsichtigkeit, die bei der Erfüllung ökonomischer Pflichten obwaltet – diese Fragen können wir jetzt beantworten.

Das *urigubu* ist die Ausstattung der matrilinearen Filiationseinheit durch ihr eigentliches Oberhaupt, das nicht innerhalb des somit ausgestatteten

virilokalen Haushalts lebt. Dieser hat sein eigenes Oberhaupt in sich selbst, das seinerseits für ebendiesen Haushalt einen ökonomischen Beitrag leistet, aber in Verwandtschaftsdingen als Fremder gilt und dessen Position nur durch eine Reihe von Reziprozitäten legalisiert wird, die ihn an seine Gattin und deren Bruder und Nachkommen binden.
Das *urigubu* ist demnach Ausdruck der wirklichen Konstitution trobriandischer Verwandtschaftsgruppen, der Filiationseinheit und des Haushalts, wobei Haushalt, Familie und Filiationseinheit nicht wie bei uns zusammenfallen. Die Familie, die immer den Kern des Haushalts bildet, ist für den Soziologen die Reproduktionseinheit, Mann, Frau und Kinder, für den Trobriander die matrimoniale Verbindung, auf den Ehekontrakt gegründet, der den Mann zum stellvertretenden Hüter seiner Gattin und ihrer noch nicht herangereiften Kinder bestimmt. Das *urigubu* ist Ergebnis und ökonomischer Ausdruck der Anpassung oder des Kompromisses zwischen den Prinzipien des virilokalen Haushalts und der matrilinearen Filiation – unter den Bedingungen des Bruder-Schwester-Tabus, des Prinzips der Legitimität, dem zufolge alle Kinder einen Vater haben müssen, und der herkömmlichen Regel, der zufolge erwachsene Männer und Frauen dauerhafte und umfassende sexuelle Partnerschaften einzugehen haben.
Nicht nur die rechtlichen Sanktionen, auch die persönlichen Motive für das *urigubu* ergeben jetzt einen Sinn: Das *urigubu* ist, als Gabe eines Außenseiters an einen Haushalt, den er kaum je auch nur besuchen darf, betrachtet, widersinnig, unbillig und lästig, als Ausstattung der Verwandtschaftsgruppe durch ihr Oberhaupt betrachtet, natürlich und fast einleuchtend. Wie in der patriarchalischen Gesellschaft der *pater familias* sein Haus ernährt und ihm eine seinen Tod überdauernde ökonomische Grundlage zu sichern sucht, so sorgt in der matrilinearen Gesellschaft der Trobriander der matrilaterale Onkel großzügig und willentlich für seine Deszendenten. Wenn er dabei zugleich den Schwestermann ernährt, so entgilt dieser seinen Anteil am *urigubu* doch mit reziproken Gaben und trägt zum Haushalt seiner Gattin und ihrer Kinder bei, zum Unterhalt einer Filiationsgruppe also, der er als solcher selbst nicht angehört. So spiegelt die ökonomische Ordnung des Haushalts elegant soziale, rechtliche, moralische und persönliche Neigungen, Interessen und Gegenseitigkeitspflichten.
Auch erkennen wir jetzt, weshalb ein Mann sich den Taytu für den Haushalt der Schwester nicht einfach an Ort und Stelle besorgt, und dafür mit Diensten in seiner eigenen Gemeinde zahlt: Da Recht, Sitte und Moral ihn an den Haushalt der Schwester als den Ort seiner eigentlichen Pflichten verweisen, zieht und erntet er den wesentlichen Taytu, *taytuwala, taytumwaydona,* grundsätzlich für diesen anderen Haushalt. Von den Ergebnissen seiner Mühen ist es dieser Teil, dessen Überreichung seine

Gefühle und seine Eitelkeit befriedigt. Denn in gewisser Hinsicht gilt seine Gabe einem Fremden, dem Schwestermann, der qua Definition einem anderen Clan angehört, und eben einer Gabe an einen Fremden darf man sich rühmen; zugleich gilt die Gabe der Schwester und den eigenen Deszendenten, die künftig für ihn und zum Ruhm seiner Lineage arbeiten werden – und deshalb ist sein Herz bei der Sache.

So eignet die *urigubu*-Gabe sich zu Prahlerei, Schaustellung und Wettbewerb – zu jener laufenden mythologischen Ausschmückung[26], die dem Herzen des Melanesiers so lieb ist.

Die zeremonielle Seite der Transaktion, die wir im vorhergehenden Kapitel verfolgt haben, ist nicht nur Ausdruck einer starken individuellen Neigung; hinter ihr steht auch eine wirksame Sanktion. Schaustellung und öffentliche Abmessung und Auflistung stacheln den Geber psychologisch an, der Gemeinde aber geben sie eine Gelegenheit, über Lob und Tadel zu befinden. Erfolgreiche und effiziente Arbeit und die großzügige Gabe werden geschätzt, sie erhöhen den Ruhm des Gebers und seiner Lineage und finden den moralischen Zuspruch der Gemeinde – und für einen Trobriander ist das eine große Befriedigung und eine wirkliche Belohnung.

Ihn muß deshalb die Vorstellung, *urigubu*-Verpflichtungen durch einfache kommerzielle Transaktion nachzukommen, grotesk und abstoßend anmuten. Jedesmal wenn ich meinen Gewährsleuten einen solchen Vorschlag machte, oder sie fragte, weshalb sie die Erntegabe nicht einfach aushandelten (*gimwali*), faßten sie das als schlechten Witz auf und gaben ihre Ungehaltenheit deutlich zu erkennen. Wir haben hier zugleich ein Beispiel dafür, daß ein besseres Verständnis des sozialen Rahmens und der Psychologie der Eingeborenen den Europäer instandsetzt, die Funktion und den tatsächlichen Wert bestimmter Bräuche für eine Gemeinschaft einzusehen. Soweit die auf den Trobriand-Inseln ansässigen Weißen auch nur eine leise Ahnung vom *urigubu* hatten, fanden sie nur die äußerste Verachtung für eine so sinnlose Zeitverschwendung; sie waren erpicht auf ihre Abschaffung durch eine Regierungsverordnung. Wie uns nun wohl deutlich geworden ist, würde der halbe Arbeitsanreiz der Trobriander zerstört –, und mehr als die Hälfte seines Sinns für Moral und Verantwortlichkeit wäre vernichtet, wollte man in irgendeiner Weise in den *urigubu*-Brauch eingreifen.

Auch zeigt sich jetzt, weshalb einer ein guter Gärtner sein kann, solange es um die Erfüllung der grundlegenden *urigubu*-Verpflichtungen geht, während es gefährlich ist, ein guter Gärtner in eigener Sache zu sein. Große Gärten zur Selbstversorgung anzulegen widerspricht offenkundig

[26] Mit »laufender mythologischer Ausschmückung« sind die Geschichten gemeint, die sich um gegenwärtige Ereignisse des Stammeslebens ranken, sich nach und nach zu Legenden auswachsen und zum festen Bestandteil der Volksmeinung werden.

einem Grundsatz der trobriandischen Soziologie, und die Gemeinschaft reagiert hier wie anderswo auf jede Verletzung ihrer herkömmlichen Vorstellungen mit Grund konservativ und zutiefst feindselig.
Die Funktion des *urigubu,* d. h. sein Einfluß auf das Gesellschaftsleben der Trobriander, läßt sich nun knapp umreißen. Aus unseren Untersuchungen ergibt sich insgesamt, daß es ein Hauptmoment für die Stabilisierung der Ehe ist; es ist eng mit der Stellung des Vaters und mit der Beziehung der Kinder zu ihm und ihrem Onkel mütterlicherseits verbunden. Aber eins der wichtigsten Momente des *urigubu* liegt darin, daß es den Weg öffnet, auf dem die Dorfvorsteher, die Distrikthäuptlinge und der Oberhäuptling von Omarakana Tribut erheben.

### *3. Die Erntegabe in Theorie und Praxis*

Die *urigubu*-Prinzipien sollen jetzt an Beispielen vergegenwärtigt werden. Besuchen wir zur Erntezeit eins der Teildörfer von Yalumugwa, eine typische Gemeinde von mittlerem Rang, die einem Subclan kleinerer Häuptlinge (*gumguya'u*) untersteht. Elf zeremoniell zu füllende Speicher sind Besitz der Angehörigen dreier verschiedener Subclans (vgl. Kap. X, Abschn. 3).[27] Die Leute, denen die Füllung dieser Speicher obliegt, sind unter sich eng verwandt und leben alle im selben Dorfverband oder doch in der Nähe. In einem Dorf dieser Art ist es leicht, die Geber zu erreichen und ein Datum für den Beginn der Ernteübergabe zu verabreden. Dann werden Scharen von Trägern in kurzen Abständen eintreffen, in der üblichen zeremoniellen Weise (Kap. V, Abschn. 5), und an den entsprechenden Stellen ihren Taytu aufschichten. Das kann sich über zwei bis drei Tage hinziehen, wenn einige im Verzug sind. In unserem Teildorf brauchte man 1915, soweit ich mich erinnere, drei Tage.[28] Die Schaustellung dauert dann drei bis fünf Tage, höchstens eine Woche. Schließlich wird ein Tag vereinbart, an dem die Geber und Träger zurückkehren, um alle *bwayma* zugleich, etwa binnen einer Stunde, zu füllen (vgl. Abb. 75–77).
Als ich die Füllung der *bwayma* in Yalumugwa miterlebte und photographierte, war das Dorf belebt, aber nicht überfüllt. Einheimische und Träger waren halbfestlich geschmückt und wohleingeölt, alle trugen neue Schamblätter bzw. Baströcke. Ähnlich wie in Yalumugwa war es in Kwaybwaga, Liluta, M'tawa, Kabwaku und anderen *gumguya'u*-Dörfern; die Zahl der Haufen bewegte sich zwischen fünfundzwanzig und fünfzig, die Verwandtschafts- und Rechtsverhältnisse waren mehr oder weniger die gleichen.

[27] Vgl. a. *Coral Gardens . . .*, Vol. I, Doc. I.
[28] Ebd.; s. a. ebd., App. II, Sec. 4, Note 28.

In Tilakayva, Wakaysi, Yourawotu und anderen, wesentlich kleineren Dörfern, wo sich derselbe Vorgang wiederholt, finden wir die Zahl der Haufen auf ein Drittel oder Viertel reduziert: bei einer Ernte habe ich in Kupwakopula fünf gezählt, in Tilakayva sieben, in Yourawotu sechs. Während in vornehmen Dörfern ein Gemeiner bis zu drei Haufen erhalten kann, sind es in einem kleinen Dorf oft nicht mehr als einer.[29]
Auch fällt die Zeremonie in den kleineren Dörfern kürzer aus: binnen eines Tags werden die Haufen eingebracht; 24 Stunden werden sie zur Schau gestellt, bis man sie verstaut.
Weit größere Ausmaße haben die Erntegaben in den Dörfern von Häuptlingen hohen Rangs und stattlichen Reichtums, besonders in Omarakana, aber auch in Kasana'i, Gumilababa, Kavataria, Olivilevi oder Vakuta. Was in Omarakana während des außergewöhnlich großen *urigubu* von 1918 geschah, möchte ich hier näher darstellen.[30]
In jenem Jahr war To'uluwas verfallener Hauptspeicher zu erneuern und einige seiner kleineren, je einer Gattin zugeordneten Nebenspeicher instand zu setzen. Die Leute von Kiriwina wollten damals dem Häuptling ihre Loyalität bezeugen, vor allem wohl, um die Spannungen und Feindseligkeiten abzubauen, die 1915 nach der Vertreibung des ältesten Häuptlingssohns zwischen den Dörfern aufgekommen waren. Zugleich hatte das Dorf Kwaybwaga mit den Dörfern Liluta und M'tawa eine Privatfehde auszutragen. Diese hing zwar wohl ebenfalls mit den Streitigkeiten in der Häuptlingsfamilie zusammen, den letzten Schlag versetzte jedoch – wenn es nicht nur vorgeschoben war – eine der neuen Segnungen der Zivilisation und des Christentums – ein Kricketspiel, bei dem es über ein paar Punkte Meinungsverschiedenheiten gegeben hatte.
Einen Bericht über diesen Streit möchte ich anführen, da er über die Motive für ein *kayasa* Aufschluß gibt[31], und zugleich ein gutes Beispiel für die Schwierigkeiten echter Diffusion liefert. Kricket, für den Engländer gleichbedeutend mit Ehre und Sportlichkeit, ist in Kiriwina Quelle heißer Leidenschaften und gewalttätiger Auseinandersetzungen, zudem ein neues System des Glücksspiels; während es einen anderen Typus des Wilden, einen Polen, kalt läßt – eine langweilige Zeitverschwendung.
»(I) Als du das letzte Mal hier warst, gab es kein *kayasa,* weil es keinen Streit gab. (II) Gegenwärtig gibt es ein *kayasa,* weil es Streit gibt. (III) Die

[29] Vgl. hierzu ebd., Doc. IV. Hier handelt es sich zwar nur um wenige Beispiele; bei meinen Gängen durch die Dörfer, auf denen ich zur Erntezeit immer wieder nach dem *urigubu* fragte, hat sich mir indes das allgemeine Muster in jedem Fall bestätigt, so daß meine Induktionen auf einem weit umfangreicheren Material basieren, als ich es in den *Documents* anführen kann.
[30] Vgl. a. *Coral Gardens . . .*, Vol. I, Doc. II.
[31] Vgl. *Argonauten des westlichen Pazifik,* Kap. VIII, wo ich einen Typ des *kayasa, walaku* genannt, beschrieben habe; desgl. *Das Geschlechtsleben der Wilden . . .*, Sachverzeichnis, s. v. *kayasa.*

Leute von Kwaybwaga und die Leute von Liluta und M'tawa haben gestritten. (IV) Als der Streit vorüber war, sagten sie: ›Gut, warten wir ab. Wir wollen die Ernte in einem Wettbewerb zur Schau stellen, mit einem Einweihungsfest in Omarakana wollen wir das *kayasa* eröffnen.‹ (V) Nach der Verteilung für To'uluwa gingen sie in ihre Dörfer. Sie führten ein zweites Einweihungsfest und eine zweite Verteilung in ihren eigenen Dörfern durch. (VI) Die Leute von Liluta für sich, die Leute von Kwaybwaga für sich. Sie aßen sich satt, bis zu Ende. (VII) Der Sinn der *kayasa*-Sitte ist, sichtbar zu machen, daß ein Mann der Stärkere ist, daß seine Magie scharf ist. (VIII) Denn wenn die Ernte eingebracht ist, wissen wir (d. h. finden wir heraus): ›Ihr, wieviel zeigt euer Zählblatt?‹ und beim Ablesen des Zählblatts wird uns klar: ›Ihr Zählblatt zeigt dies.‹ (IX) In der kommenden Zeit, wenn der Taytu eingebracht ist, wenn das *kayasa* vorüber ist, wird auch der Streit beigelegt sein. (X) Angenommen, ein anderer Streit bricht aus, dann wird ein anderes *kayasa* vereinbart. (XI) Diese Leute stritten sich wegen eines Kricketspiels. (XII) Die Leute von Kwaybwaga gingen nach M'tawa und spielten Kricket. (XIII) Sie spielten Kricket, sie waren fertig, sie zählten; sie zählten ab und sagten: ›Wer hat gewonnen?‹ (XIV) Die Leute von Kwaybwaga sprachen, sie wendeten sich an die Leute von M'tawa: ›Ihr lügt, wir sind es, die gewonnen haben.‹ Die Leute von M'tawa antworteten: ›Nein, ihr habt nicht richtig gewonnen.‹ (XV) Sie stritten: ›Gut, wir werden euch verprügeln.‹ Sie schlugen mit Wurfstöcken aufeinander ein. Die Leute von M'tawa vertrieben die Leute von Kwaybwaga, die, auf dem Rückzug in ihr Dorf, riefen: (XVI) ›Gut, ihr habt uns vertrieben; aber kommt ihr morgen nur nach Omarakana, da werden wir euch verprügeln.‹ (XVII) Später kamen sie nach Omarakana, die Leute von Kwaybwaga behaupteten sich gegen die Leute von M'tawa, sie rächten sich, sie kämpften mit Schild und Speer. (XVIII) Die Leute von M'tawa und Liluta liefen davon. Sie kamen in ihre Dörfer und sagten: ›Wir haben gestritten, laßt uns aber ein *kayasa* machen und abwarten, wer bei der Gartenarbeit mehr zustande bringt.‹ (XIX) Der Meister des *kayasa* war Kwoyavila aus Liluta. (XX) In alten Zeiten war es so: Sie stritten, sie kämpften, und dann vereinbarten sie ein *kayasa*. (XXI) Der Streit ging um Frauen, Gartenparzellen oder Lebensmittel.«

Wenn der Bericht auch stellenweise etwas dunkel wirkt[32], so zeigt er doch, wie man aus einer Reihe von Gründen beschlossen hatte, eine kompetitive, zeremonielle Ernte nach dem *kayasa*-Prinzip zu organisieren. *Kayasa* ist die Gattungsbezeichnung für alle Zeiten obligatorischer Wettbewerbe, die organisatorisch alle einem feststehenden Muster folgen, bindenden Gesetzen unterliegen, in zeremonieller Hinsicht jedoch je nach Art verschieden sind. Es mag um festliche Angelegenheiten wie Tänze, Spiele

[32] Zur Erläuterung s. *Coral Gardens . . .*, Vol. II, Text 85, Div. XII, §§ 18-20.

o. ä. gehen oder wie im vorliegenden Fall um eine wirtschaftliche, sei es nun Gartenbau, Fischfang oder die Herstellung von Muschelschmuck. Organisator ist immer ein Vornehmer, dem das *kayasa*-Prinzip gestattet, für die Ausführung des jeweiligen Unternehmens eine Reihe von Leuten an sich zu ziehen. Einleitend führt er eine Nahrungsverteilung durch, welche den Empfängern auch noch angesichts aller möglichen Hindernisse und Schwierigkeiten die Verwirklichung des Plans zur Pflicht macht. So hatte man 1917 ein Ernte-*kayasa* beschlossen und erwartete ein gutes Jahr mit ergiebigem Regen zur rechten Zeit. Das Gegenteil trat ein, und im ganzen Distrikt fiel die Ernte sehr schlecht aus. Dennoch strengten sich alle *kayasa*-Teilnehmer bis zum äußersten an, und der Ertrag, der schließlich dem Häuptling überreicht wurde, war außergewöhnlich. Der Rest der Insel hatte einen deutlichen Mangel an Taytu, aber das war nicht sehr gravierend, da Obst und sekundäre Anbaufrüchte ausgezeichnet gediehen. Das illustriert das Prinzip, daß starker Ehrgeiz und Pflichtgefühl die Leute bei der Stange halten, sobald ein *kayasa* einmal begonnen hat.

Ich lebte in Omarakana, als in Kiriwina die Ernte begann. Auf den Parzellen hatte man ungewöhnlich große Lauben (*kalimomyo*) errichtet (s. Abb. 1, 48, 56 und 57), in denen zum Teil wohl je die Ernteerträge mehrerer Männer gestapelt waren. Einige der Haufen hatte die seltene Größe von fast zweitausend Körben erreicht.[33] Auch Besichtigung, Bewunderung, Prahlerei, Kritik und Gerüchte erreichten ganz ungewöhnliche Dimensionen. Zufällig war auch noch eine kompetitive Nahrungsmittelschaustellung, *buritila'ulo,* zweier Dörfer des Tilataula-Distrikts damit verbunden. In jeder Gemeinde leitete und organisierte das Oberhaupt die Ernte, wobei Kwoyavila von Liluta, Simdarise Wawa von M'tawa, Kumatala von Kwaybwaga, Kaniyu von Liluta und Tokunasa'i von Kaytagava (Hauptweiler von Kwaybwaga) am meisten auffielen, da sie als Führer der beiden Fraktionen des Kricketstreits den größten Beitrag lieferten.[34]

Die Ernte blieb noch eine Weile in den Gärten, bis ihre Einbringung begann, die nun nicht in ein, zwei Tagen zu bewerkstelligen war, wie in den kleineren Dörfern, auch nicht, wie sonst in Omarakana, in ein bis zwei Wochen; es dauerte einen vollen Monat, und jedesmal, wenn ein *gugula* (Haufen) von einer der mehr oder weniger weit entfernten Parzellen nach Omarakana gebracht wurde, gab es dort und ebenso im Dorf des Gebers ein großes Gedränge. Hunderte halfen beim Tragen, und das volle Zeremonial begleitete jede eintreffende Gruppe: Muschelhörner bliesen, Trägerrufe erschallten, Lieder und Gesänge. Die Männer hatten sich herausgeputzt, und zwar nicht mit all dem Schmuck, der den Tänzen vorbehalten ist, sondern mit phantastischem Zierat und Bemalung aller

[33] Vgl. *Coral Gardens. . .*, Vol. I, Doc..II.
[34] Ebd.

Art. Palmblätter hielten sie in Händen, Paddel, die als Trägerstangen dienten, verzierte Stäbe, Laubwerk und Federn hatten sie ins Haar gesteckt, große Hornissennester trugen sie als Helme. In den unkonventionellen, grotesken Zügen dieser Maskerade gab sich jener Sinn für rauhe Spaßhaftigkeit zu erkennen, der bei einem *kayasa* als angebracht gilt. Tag für Tag hörte ich den düsteren, meist dissonanten Ton der Muschelhörner, erst weit entfernt, dann allmählich herannahend, zusammen mit Stimmen, die langsam lauter wurden: ein getragenes Marschlied, von Zeit zu Zeit von abrupten *sawili*-Rufen unterbrochen. Dann wieder, nun in Dorfnähe, bliesen die Muschelhörner mit erneuter Vehemenz, das *sawili* erschallte, bis schließlich die Reihen der Träger mit überfüllten Körben eintrafen, nicht im Laufschritt wie sonst, sondern im zeremoniellen Schritt ihres getragenen Gesangs.

Auf dem Dorfplatz legten alle ihre Lasten ab und stimmten dann, im Kreis stehend, ein letzten *sawili* an. Keuchend, mit glänzenden Augen, erhitzten und aufgeregten Gesichtern setzten sie sich, um auszuruhen und den Bau der Laube und die Aufschichtung des Haufens zu besprechen. Einige Männer, meist Gemeine aus dem Häuptlingsdorf, reichten eifrig Erfrischungen herum, redend und arrangierend. Der *tolitaytu,* »der Meister des Taytu« - ein Titel, der in diesem Kontext immer dem Geber zukommt –, blieb würdevoll sitzen. Weder arbeitete er, noch leitete er die verschiedenen Tätigkeiten, manchmal aber, wenn etwas nicht ordentlich vonstatten ging oder seinen Ärger erregte, sprang er auf, um in kurzen, abrupten Sätzen die Leute seines oder eines anderen Dorfs, niemals natürlich Angehörige der Häuptlingsgemeinde, anzureden.

Dabei saß wie bei ähnlichen Anläßen To'uluwa auf einer hohen Plattform (*kubodoga,* vgl. Abb. 27), wo er, nie tätig oder offenkundig an den Vorgängen interessiert, die ganze Zeit zu sitzen pflegte, und im Kreis seines Gefolges und der ebenso ruhigen und unbeteiligten ortsansässigen Aristokraten friedlich Betelnuß kaute. Die weniger Vornehmen sind es, die arbeiten, herumlaufen, reden und scherzen, kurz alles mit Leben erfüllen.

Auf ein Zeichen hin springen die Träger auf und beginnen, die Haufen aufzuschichten und eine kleine Umzäunung (*lolewo*) zu errichten. Sorgsam schichten sie die Taytuknollen, wohlweislich so, daß die besten ihren Platz an der Außenseite erhalten; und dann bauen sie eine Laube, ähnlich der Gartenlaube, *kalimonyo* (vgl. Abb. 64, 65).

Schließlich wird die Laube noch auf vielfältige Weise geschmückt, die Zählblätter (*kalawa*) werden an ihr befestigt, bis die Gruppe, nach einer kurzen Rast und zum Abschied noch einmal das Muschelhorn blasend, heimwärts zieht.

An dieser Stelle sei ein Zwischenfall beschrieben, den ich bei diesem *kayasa* beobachten konnte und den Tokulubakiki, der ebenfalls dabei war, für mich in seiner Sprache dargestellt hat. Der Streit ging um das ewige Thema der verhältnismäßigen Großzügigkeit der Gaben; beide Parteien stellten sich prahlerisch als potente Gönner dar, denn in solchen Fällen ist immer das Vermögen des Hergebenden gemeint, die Verschwendung, die nicht der Gutwilligkeit entspringt, sondern der affektierten Nonchalance des Besitzens. Den Anstoß gaben die Leute von Kwaybwaga mit einer Bemerkung über die Erntefrüchte, welche die Leute von Liluta heranbrachten. Gleichzeitig erinnerten sie die Liluta-Leute auch an ihr Versprechen, ihnen Yams, Arecanüsse und ein Schwein zu geben. Kaniyu, das Oberhaupt von Liluta, nahm die Herausforderung an. Tokulubakiki stellt die Sache folgendermaßen dar[35]:

»(I) Zuerst bot Kaniyu sich an: er sprach und sagte den Leuten von Kwaybwaga: (II) ›Ich würde euch Yams, Arecanuß und Schwein geben, aber ihr würdet es nicht entgelten. (III) Da das so ist, kommt nicht zu oft nach Liluta‹. (IV) Tokunasa'i wurde zornig, er zog nach, er erwiderte die Worte Kaniyus: ›Kaniyu, du redest über Arecanuß, Schwein und Yams. (V) Füll morgen zwei Holzkisten mit Yams; bring ein Schwein und Bündel Arecanuß. Bring das, und wir werden sehen.‹«

Tokunasa'i war wirklich zornig, und er schrie seine Herausforderung in kurzen, halb verschluckten Sätzen heraus. In hinreichendem Abstand voneinander gingen die beiden Oberhäupter auf und ab, hinter sich ihre jeweiligen Gruppen, die sitzend zuhörten, bereit ihre Führer zu unterstützen. Wie man mir sagte, wäre es in früherer Zeit bestimmt zum Kampf gekommen. Hatte Kaniyu doch wirklich gesagt: »Ich würde euch massenhaft Sachen geben, wenn ich nicht wüßte, daß ich nichts zurückbekomme«; er hatte sie gebeten, sich Besuche zu ersparen – eine Bitte mit dem beleidigenden Hintersinn, ihre Besuche seien Bettelei; dann wieder Tokunasa'is Zumutung, sie sollten ihre Sachen bringen und abwarten, ob sie dafür etwas bekommen würden.

Die Worte, die wohl wirklich in der angeführten Form gewechselt wurden, waren des Pudels Kern. Weitere Worte fielen, aber das Entscheidende war, daß die Opponenten sich wirklicher Beleidigungen, wie *gala kam,* kein Essen habt ihr, enthielten. Schließlich intervenierten ein paar Leute aus Omarakana und der Streit wurde abgebrochen.

Das folgende Gespräch zwischen Kumatala, Oberhaupt von Kwaybwaga, und seinen Helfern hörte ich beim selben *kayasa*[36]: »(I) ›Ist der ganze Taytu schon hier?‹ – ›Nein, es gibt noch etwas.‹ (II) ›Dann geht schnell zurück, tragt es her, damit wir fertig werden. Nach der Arbeit wartet zur Stärkung ein Schwein auf euch.‹«

[35] *Coral Gardens . . .*, Vol. II, Text 86, Part V, Div. XII, § 21.

[36] Ebd., Text 87, § 23.

Frage und Antwort waren rhetorisch; Kumatala wußte natürlich, daß man noch eine Menge Taytu bringen würde; es ging ihm lediglich um die Betonung der Überfülle.

In Kwaybwaga ging dann die Verteilung von *puwaya* (Erfrischungen bei der Arbeit) durch lautes Aufrufen der Empfänger (*kolova*) vonstatten[37]: »(I) Leute von Omarakana, Kokosnüsse zur Erfrischung bei der Arbeit! (II) Leute von Tilakayva, Arecanüsse zur Erfrischung bei der Arbeit! (III) Ihr alle, ein Schwein zu schlachten, zur Erfrischung bei der Arbeit!« Wie bei solchen Gelegenheiten üblich, erfolgte die Verteilung nach Dorfgemeinden. Alle Anwesenden hatten dem Meister der Übergabe – hier Kumatala – geholfen, dem Häuptling Taytu zu bringen.

Mehrmals habe ich solche Gruppen von den Gärten nach Omarakana und zurück begleitet. Auf dem Rückweg rasteten sie regelmäßig im Dschungel, um die empfangenen Erfrischungen zu verzehren. In ihr Ausgangsdorf zurückgekehrt, würden sie essen und trinken und kauen und sich ergötzen. Manchmal bekamen sie ein Schwein, das ihnen mit den Worten *mi bulamata* (»Schwein zu schlachten und zu essen«) zeremoniell überreicht wurde. Das würden sie dann gleich bei ihrer Rückkehr lebendig rösten, zerlegen und essen. Als ich einmal an einem solchen Tag mit einer Gruppe nach Kwaybwaga gekommen war, brachte mein junger Freund Toyagwa, der sich eben mit Fleisch und Taro vollstopfte, alles im Leben Wünschenwerte auf die Formel: »Wir kauen, wir essen: wir kotzen tags, wir kotzen nachts – so viel Fett um uns.«[38] Unterdessen wurde der Rest des Schweins weiter zerlegt und seine grausig fetten Eingeweide über den Boden ausgebreitet.

Als alle ihren Teil Erntegaben herbeigebracht hatten, ließ man die Haufen noch ein paar Tage ausgestellt, so daß ich To'uluwas Erntegabe auflisten konnte, indem ich jeden Haufen abschätzte und Mengenangaben, Stammbäume und Traditionen sammelte.[39] Dabei kam ich mehr als bei irgendeiner anderen Gelegenheiten zu der Einsicht in die Unauflöslichkeit der Verbindung zwischen der Ökonomie und der politischen Macht des Häuptlingstums, in die Sanktionen und in den Gebrauch der Tribute (vgl. Einl., Abschn. 9).

Dann allerdings mußte ich Omarakana verlassen – zu meinem Unglück und viellleicht auch zum Schaden des vorliegenden Buchs –, weil ich krank geworden war und einige Tage bei meinem Freund Billy Hancock an der Lagune verbringen mußte, während im Dorf das neue Yamshaus gebaut und Taytu gelagert wurde. Daß man mir später begeistert berichtete, wie die Leute auf dem *baku* kaum Platz gefunden hatten, wie einige

[37] Ebd. § 24.

[38] Die Vorstellung, daß Sichüberessen großen Überfluß symbolisiert, finden wir auch in den Magischen Formeln 16 und 25.

[39] *Coral Gardens . . .*, Vol. I, Doc. II.

sich gegenseitig fast mit Speeren durchbohrt hätten, und wie es zu Streitigkeiten gekommen war, die in alten Zeiten Grund genug zum Krieg gewesen wären –, das entschädigte mich nicht dafür, daß ich versäumt hatte, die zeremonielle Technologie und die ökonomischen Transaktionen zu photographieren und zu beobachten.
Daß es indes im Zusammenhang mit der Errichtung eines neuen *bwayma* keine eigene Magie gibt – abgesehen von der *vilamalia*-Magie, von der das nächste Kapitel handeln soll –, das kann ich mit Bestimmtheit sagen. Auch konnte ich das fertige Yamshaus besichtigen und die meisten technologischen Probleme besprechen. Deren Lösung habe ich mehrmals beim Bau kleinerer Speicher auch selbst gesehen, und in den Kapiteln VII und VIII werde ich, da der *bwayma* besondere Aufmerksamkeit verdient, darauf näher eingehen können.[40]

[40] S. a. ebd., App. II, Sec. 4, Note 29.

# Kapitel VII
# Magie der Prosperität

Nachdem wir nun die soziologischen Prinzipien des *dodige bwayma,* der Füllung des Speichers, verstanden haben, müssen wir den Faden unserer Erzählung wiederaufnehmen. Wir kehren also zum Taytu zurück, der zu Haufen geordnet vor den Speichern liegt, zu denen man ihn mit soviel Pomp und Getue getragen hatte. Der Taytu muß jetzt in den Speicher gepackt werden – eine Arbeit, die schnell getan, aber von größter Bedeutung ist, handelt es sich doch um das Grundnahrungsmittel und die Grundlage der Stammeswirtschaft, da man Taytu zur Speisung von Arbeitern einsetzen und so in Gegenstände dauerhaften Reichtums verwandeln und zur Entlohnung von Dienstleistungen aufbewahren kann, die einfachste Form der Kapitalisierung, die dem Besitzer zugleich Macht verleiht (vgl. Einl., Abschn. 10). Wenn also der Speicher gefüllt wird, so liegt darin alles, was an Zugewinn möglich ist, aller Reichtum, alle Macht, die Chance der Akkumulation oder der Wahrung des Besitzes. Der *bwayma,* der im Zentrum des jetzt zu beobachtenden Geschehens steht, bildet deshalb zugleich also das Zentrum *beständigen* Interesses.

Die überragende Bedeutung, die dem *bwayma* im Erscheinungsbild trobriandischer Dörfer zukommt, wird jeden Reisenden beeindrucken: Er ist höher und imposanter als das Wohnhaus, üppiger verziert, sorgfältiger instand gehalten und von mehr Tabus und Verhaltensregeln umgeben (vgl. Ab. 72, 73, 75 und 49). Wie der irische und polnische Bauer eher seine Schweine zählt als seine Kinder und sich mehr um sein Vieh kümmert als um seine Frau, so interessiert sich der Trobriander mehr für die Behausung seiner Yamsknollen als für die seiner Familie. Denn wenn das Speicherhaus zerfällt, so zerfällt auch sein Vermögen; indessen geht die Sorgfalt, mit der er es hütet, wieder weit über das hinaus, was praktisch notwendig wäre, sieht er darin doch mehr als lediglich eine mechanische Vorrichtung zur Aufbewahrung von Taytu. Wir werden die Magie der Prosperität verfolgen, die Zeremonie des Füllens und die Sorgfalt, die dabei obwaltet; wir werden sehen, wie der *bwayma* mit Knollen geschmückt wird, und wie selbst bei seiner Leerung genaue Regeln beachtet werden. Den verschiedenen Funktionen von Taytu – Nahrungsmittel, Mittel für die Durchführung ökonomischer Vorhaben, Symbol und Träger von Wert, Gegenstand ästhetischer Befriedigung

(vgl. Einl., Abschn. 6) – entsprechen unterschiedliche Formen des *bwayma*. Der große, offene *bwayma*, in dessen Inneres man teilweise hineinsehen kann, dient ebensosehr der Schaustellung wie der Speicherung, welche den einzigen Zweck der kleinen, bedeckten Speicher darstellt. Die Differenzierung dieser Funktionen wiederholt sich in der Bauweise, dem Standort, der sozialen Rolle und der magischen Behandlung ebenso wie in den Vorstellungen und Gefühlen, die daran geknüpft sind.
Nur die Beziehungen zwischen all diesen Elementen verleihen unserem Gegenstand seine wirkliche Bedeutung – der Speicher als Mittelpunkt der Interessen und als Grundlage des Wirtschaftslebens.
Ich hatte das Glück, eine äußerst interessante Form der magischen Induktion, die *vilamalia*-Magie zu beobachten, die sich auf den Ernährungsprozeß und den Appetit bezieht. Die trobriandische Fehlauffassung der Prinzipien menschlicher Fortpflanzung[1] findet hier ihr Gegenstück in der Mißdeutung der Prozesse der Ernährung und des Stoffwechsels.

## *1. Die magische Weihe des Speicherhauses*

Wir erinnern uns, daß alle *bwayma,* sei es in einem großen oder in einem kleinen Dorf, zu einem vereinbarten Termin sehr schnell, innerhalb eines Morgens, gefüllt werden. Dabei sind alle Geber mit ihrem Gefolge von Helfern und die Empfänger anwesend. Niemand darf seinen eigenen *bwayma* füllen, es ist Aufgabe der Geber und ihrer Helfer.
Bevor jedoch die Arbeit beginnt, muß der Gartenmagier (*towosi*) noch eine äußerst wichtige Magie, die vorletzte in der Reihe der Garten- und Nahrungsmagie, durchführen. Da diese *vilamalia* heißt, tritt er jetzt unter einem anderen Titel auf, als *tovilamalia.* Beide Arten der Magie, *towosi* und *vilamalia,* sind immer Aufgabe einer einzigen Person. In Omarakana ist dies Bagido'u, dessen System der Magie wir bis jetzt am genauesten verfolgt haben und dem wir uns nun wieder zuwenden, da die Formeln, die ich aufgenommen habe, von ihm stammen.
Magisch umschließt *vilamalia* das Auffüllen des *bwayma,* indem sie es durch die erste Zeremonie eröffnet und durch die zweite beschließt, in Omarakana wie überall sonst. In der ganzen Region ist die Magie nämlich in ihren Grundzügen dieselbe, ebenso die Vorstellungen, auf denen sie basiert, und überall finden wir auch dieselbe merkwürdige Diskrepanz zwischen der Symbolik des Ritus und der Formel einerseits und der trobriandischen Theorie dieser Magie andererseits. Trotz dieser Diskrepanz stimmen allerdings Ritual und Interpretation darin überein, daß die Magie den Taytu bewegen soll, zu reichen, übrigzubleiben; sie soll das

[1] Vgl. *Geschlechtsleben der Wilden,* Kap. VII, »Zeugung und Schwangerschaft in Glauben und Sitte des Stammes«.

Dorf mit *malia,* Prosperität, erfüllen (*vila-,* Präfix zu *valu,* Dorf; daher *vilamalia*).

Den Gegensatz von *molu* (Hunger) und *malia* (Fülle, Prosperität, Sättigung), haben wir bereits kennengelernt. *Malia* bedeutet erweitert auch »Reichtum« und »Abwesenheit von Krankheit, gefährlichen Einflüssen und Unglück.«[2]

Am Vorabend des Tages, an dem die Speicher gefüllt werden sollen, geht Bagido'u in den Busch, um drei Bündel magische Kräuter zu sammeln, *setagava, kakema* und *kayaulo. Setagava* ist ein zähes Unkraut mit sehr starken Wurzeln und schwer auszureißen; *kakema* ein Zwergbaum, ebenfalls mit mächtigen Wurzeln und nur mit größter Anstrengung zu bewegen; auch *kayaulo,* der Totembaum des Malasi-Clans, ist äußerst zäh, sein Holz kann mit einer Axt oder einem Messer geschnitten werden, es zu brechen ist jedoch unmöglich. So erinnern alle magischen Substanzen des Rituals an Hartnäckigkeit, Zähigkeit und Festigkeit.

Am nächsten Morgen begibt sich der Magier noch vor Sonnenaufgang, zu der Zeit, in welcher der erste melodische Klagelaut des *saka'u*-Vogels zu hören ist, nach den Speichern, und zwar zuerst nach dem großen *bwayma* des Häuptlings, der in der Mitte des Dorfs steht und einen Eigennamen, *Dudubile Kwaya'i,* hat. Dieser Name, »Abendliche Finsternis«, wird mit dem finsteren Eindruck assoziiert, den die Reichtümer seines Inhalts hervorrufen. Die Unterscheidung von Licht und Finsternis wird verständlich, wenn man die leeren Speicher, die das Licht durchlassen und transparent wirken (vgl. Abb. 74, 81, 87 und 91), mit den gefüllten vergleicht, die einen Eindruck von Finsternis und Festigkeit hervorrufen (vgl. Abb. 72, 79, 82 und 83). Bevor man die Speicher wiederauffüllt, werden sie vollständig gereinigt; unnütze Knollen wirft man weg, die guten werden ins Wohnhaus gebracht (vgl. Abb. 81; der linke *bwayma* ist vollständig geleert, in dem rechten sind noch einige Knollen zwischen den Balken zu erkennen –, daß diese äußere Schicht, Schatten des Reichtums, übriggelassen wurde, um einen Eindruck von Fülle zu erwecken, obwohl der Raum dahinter leer ist, ist für die trobriandische Liebe zur Schaustellung bezeichnend). Bagido'u erklimmt die Balkenwand wie eine Leiter und läßt sich auf den Boden (*bubukwa*) des Schachts nieder. Dort kauert er, legt eins der Blätterbündel vor sich und nimmt einen Stein auf, der sich hier seit der Errichtung des *bwayma* befindet. Diesen hält er dicht vor seinen Mund, um ihn mit der folgenden Formel zu verzaubern: –

[2] Ob das Wort *malia* dem polynesischen und melanesischen Wort *mana* (magische Kraft) entspricht, kann ich nicht entscheiden; allerdings gibt es etymologische Hinweise darauf (vgl. *Coral Gardens,* Vol. II, Part V, Div. V, §§ 4 u. 5; und Vol. I, App. II, Sec. 4, Note 30).

*Formel 28*

I

Rattan jetzt, Rattan allezeit, Rattan im Nordostwind!
Komm, anker im Nordostwind.
Ich komme, ich mache fest im Südwestwind.
Komm, anker im Südwestwind.
Ich komme, ich mache fest im Nordostwind.
Mein Unteres ist gleich dem *binabina*-Stein, gleich alten Staub, gleich Ruß.

II

Mein Yamshaus ist verankert; mein Yamshaus ist gleich einem unbeweglichen Fels; mein Yamshaus ist gleich Muttergestein; mein Yamshaus ist verfinstert; mein Yamshaus ist verdüstert; mein Yamshaus ist geschwärzt; mein Yamshaus ist fest verankert . . .
Es geht, es ist vollkommen verankert.

III

Tudududu . . .
Wie Donner rollt das Magie-Zeichen meines Yamshauses im Nordostwind.

Formel und Ritus, am Boden des Speichers durchgeführt, heißen »das Pressen des Bodens«, *tum bubukwa* oder *kaytumla bubukwa.* Vor allem finden wir hier das Rattansymbol, mit dem eine widerspenstige Zähigkeit und Hartnäckigkeit assoziiert wird, welche die aller anderen Vegetation übertrifft. Das Rattanrohr wird aufgefordert, Nordost und Südwest zu umgreifen und fest zu sein. Dann wird die Unterseite des Taytu mit dem *binabina*-Stein identifiziert, dem Stein, über dem die Magie gesprochen wird. Weiter wird der Taytu mit altem Staub identifiziert und mit Ruß, wie dem auf dem *kuroroba,* dem Bord im Haus, auf dem die Tontöpfe (*kuria*) stehen. Dem liegt die Vorstellung zugrunde, der Taytu möge so lange im Speicher bleiben, bis dessen Boden mit schwarzem Staub bedeckt ist. Dann wird direkt gesagt, daß der Speicher verankert sei, wie ein Korallenfels, der sich nicht vom Muttergestein gelöst hat, ja wie das Muttergestein selbst. Und am Ende tritt wieder die Vorstellung der Finsternis hervor, die hier Taytu in Hülle und Fülle meint.
Diese Formel vermittelt uns also einen entschiedenen Eindruck von dem Verlangen, den angehäuften Erntefrüchten Stabilität zu verleihen: Ebendiese Vorstellung sahen wir bereits in magischen Kräutern verkörpert, die in diesem Ritus verwendet werden, und auch in dem Stein, den der Magier vom Boden des *bwayma* aufhebt. Solche Steine heißen *binabina,* eine Gattungsbezeichnung, die allen vulkanischen und basaltischen Felsen und Steinen zukommt, die man im D'Entrecasteaux-Archipel findet. Da es auf den Trobriand-Inseln selbst nur Korallengestein (*dakuna*) gibt, sind alle *binabina*-Steine, die immer am Boden der Hauptspeicher liegen, aus dem Süden importiert. In dieser Eigenschaft heißen sie *kaytumla bubukwa,* »die, die den Boden pressen«. Sie haben die Aufgabe, ihre

Eigenschaften auf die gespeicherten Nahrungsmittel zu übertragen; sie sind schwerer, widerstandsfähiger und weniger spröde als Korallenstein.[3]
Wenn der Magier die Formel über dem Stein rezitiert, die magischen Kräuter gepreßt hat und so mit dem Hauptspeicher fertig ist, besucht er die anderen offenen *bwayma.* Falls es in diesen keine Steine gibt, nimmt er in der gleichen Weise eine feste Taytuknolle von der vorigen Ernte, die man für diesen Zweck zurückgelassen hat.

## *2. Das Füllen des* bwayma

Der Magier hat seine Tätigkeit schon bei Tagesanbruch aufgenommen, und mit dem Füllen des Speichers muß man beginnen, sobald er fertig ist; denn seine Aufgabe ist keineswegs leicht oder schnell zu lösen: In einem großen Dorf muß er die Runde machen und in ein Speicherhaus nach dem anderen hineinklettern. Da die *bwayma* an einem einzigen Morgen gefüllt werden sollen, beginnt man damit deshalb früh, etwa um acht Uhr. In Omarakana habe ich diesen Vorgang nur einmal beobachtet, ohne ihn photographieren zu können, da es heftig regnete. Aber die Photos, die ich in Yalumugwa machen konnte, illustrieren das *dodige bwayma* (Abb. 75-77). Ein Junge oder ein junger Mann steht innerhalb des Speichers und ein anderer reicht ihm die Yamsknollen durch die Zwischenräume der Balken, so daß er sie aufschichten kann. Handelt es sich um mehrere Geber, so hat jeder von ihnen einen eigenen Delegierten und eine eigene Abteilung innerhalb des Speichers; auch wenn ein Geber mehrere Haufen überreicht, hat er nie mehr als eine Abteilung zur Verfügung (vgl. Kap. VIII, Abschn. 4).
Wie bei der Errichtung der Haufen legt man auch im *bwayma* die besten Taytuknollen an die Außenseite: Zuerst werden einige der schönsten hineingereicht, um die Räume zwischen den untersten Balken zu füllen; schlechtere aus dem Inneren des Haufens folgen, um den Boden zu bedecken; dann wieder bessere Knollen für die höheren Zwischenräume usw. Da die meisten der großen Zeremonien des Stammes, zu denen man guten Taytu braucht, fast unmittelbar nach der Ernte stattfinden, neigt man dazu, die besseren Knollen im oberen Teil zu deponieren, dem man sie leicht wieder entnehmen kann.
Eine gute Ernte füllt nicht allein den Speicher selbst, sondern auch den Raum unter seinem Dach. Die senkrechten Stäbe, die den Schacht in Abteilungen gliedern, reichen bis dicht unter das Dach, so daß auch in diesem Fall die Allokation von Speicherraum für die verschiedenen Geber feststeht (vgl. Kap. VIII, Abschn. 4). All das bezieht sich nur auf

[3] S. a. ebd., Note 31.

die offenen, verzierten Häuser, in denen die Schaustücke gespeichert werden, die Knollen, deren Hauptfunktion in der Darstellung von Reichtum liegt.
Nach Erledigung ihrer Arbeit sitzen die Speicherarbeiter in Gruppen zusammen und nehmen Erfrischungen zu sich. Jeder Geber hat auf Grund des *urigubu*-Prinzips im Dorf eine nahe Verwandte, vor deren Haus er sich nun mit seinem Gefolge niederläßt, um die bereitgestellten grünen Kokosnüsse zu öffnen und zu trinken, Betel zu kauen und gekochten Yams, Taro und Bananen zu essen. Handelt es sich um das Dorf eines Häuptlings, so wird man oft auch ein, zwei Schweine schlachten und an sie verteilen.
Wenn die Fremden sich schließlich zurückgezogen haben, findet innerhalb des Dorfs eine weitere Verteilung statt: Zur Verteilung von *kovisi*- und *taytupeta*--Gaben nimmt man einen Teil des Yams, der soeben verstaut wurde, wieder heraus. *Kovisi* nimmt man dabei von dem empfangenen *urigubu,* die kleineren Gaben von der eigenen Ernte.

### *3. Der zweite Teil der* vilamalia-*Magie*

Am nächsten Tag – wenn das Wetter schlecht ist, vielleicht zwei, drei Tage später – vollzieht der *tovilamalia* seinen zweiten und abschließenden Ritus: *basi valu,* »die Durchbohrung des Dorfs«. Am Morgen geht er in den Busch, um vom *lewo*-Baum, der in einem Streifen in Küstennähe wächst, und vom *kayaulo*-Baum Blätter zu sammeln, sowie *leya,* die Wurzel des wilden Ingwer. *Lewo* ist ein widerstandsfähiger, aber verkrüppelter Baum, der, wie es heißt, eine sehr lange Lebensdauer hat; *kayaulo* ist, wie wir wissen, ein Baum mit starkem Holz, das man nicht brechen kann, und *leya* wird in der Magie stets mit Ungestüm und Zähigkeit assoziiert. Um Mittag rezitiert der Magier in seinem Haus über *lewo, kayaulo* und *leya* die folgende Formel: –

*Formel 29*

I
Verankernd, mein Dorf verankernd,
Tief verwurzelnd mein Dorf, tief verwurzelnd,
Verankernd im Namen Tudavas,
Tief verwurzelnd im Namen Malitas.
Tudava wird klettern, er wird sich auf dem hohen Podest niederlassen.
Was schlage ich dann an?
Ich schlage die fest verankerte Wurzel meines Taytu an.
Sei verankert!

II
Sei verankert, sei verankert . . .
Mein Boden sei verankert.

Mein *ulilaguva,* mein Eckstein, sei verankert.
Mein *bubukwa,* mein Boden, sei verankert.
Mein *liku,* mein Blockhaus, sei verankert.
Meine *kabisivisi,* meine Abteilungen, seid verankert.
Mein *sobula,* junger Sproß meines Taytu, sei verankert.
Meine *teta,* Stäbe, die meinen Speicher unterteilen, seid verankert.
Mein *bisiya'i,* mein verziertes Giebelbrett, sei verankert.
Meine *kavalapu,* meine Giebelbretter, seid verankert.
Meine *kiluma,* Stützen meines Dachs, seid verankert.
Mein *kavala,* meine Dachleiste, sei verankert.
Meine *kaliguvasi,* meine Sparren, seid verankert.
Meine *kivi,* meine Dachlatten, seid verankert.
Mein *katuva,* mein Faserdach, sei verankert.
Mein *kakulumwala,* mein unterer Firstbalken, sei verankert.
Mein *vataulo,* mein oberer Firstbalken, sei verankert.
Mein *mwamwala,* verziertes Ende meines Firstbalken, sei verankert.

III
Sei verankert,
Mein Dorf ist verankert.
Wie ein unverrückbarer Stein ist mein Dorf.
Wie Muttergestein ist mein Dorf.
Wie ein tiefverwurzelter Stein ist mein Dorf.
Mein Dorf ist verankert, fest verankert.
Tudududu . . .
Wie Donner rollte das Magie-Zeichen meines Dorfes im Nordostwind.

Mit dieser Formel ist der Magier am Ende aller Zaubersprüche angelangt, die sich auf Gartenbau, Ernte und Erntefrüchte beziehen. Ein Vergleich mit der Hauptformel der *kamkokola*-Magie (M. F. 10, Kap. III, Abschn. 4) zeigt, daß beide demselben Muster folgen, in das jetzt lediglich statt der Teile des *kamkokola* und der verschiedenen Rankenstützen die Teile des *bwayma* eingesetzt sind. Vergleicht man den trobriandischen Text dieser Formel[4] mit der Strukturbeschreibung des *bwayma,* so kann man sich ein Bild von der außerordentlichen Genauigkeit und Sorgfalt machen, mit der die Trobriander technische Details in der Magie wiedergeben.

Ein Vergleich der beiden *vilamalia*-Zaubersprüche mit den magischen Formeln, die im Kreis des Gartenbaus benutzt werden, läßt erkennen, daß es sich hier tatsächlich um einen Teil der Gartenmagie handelt: Sie drücken entschieden das Verlangen aus, die Nahrungsmittel stark und haltbar zu machen, so daß sie allen Kräften des Verfalls und der Vernichtung widerstehen.

Die Kräuter bleiben nach ihrer Verzauberung bis kurz vor Sonnenuntergang zwischen zwei Matten. Wenn nun der Magier zu seiner letzten

[4] *Coral Gardens,* Vol. II, Part VII, M. F. 29.

Runde durch das Dorf aufbricht, so beginnt er wiederum mit dem Hauptspeicher, indem er vor diesem mit einem kleinen Stock, *dimkubukubu* oder *katakudu* genannt, aus *kayaulo*-Holz und mit bestimmten Substanzen verzaubert, ein Loch in den Boden bohrt, um *lewo*-Blätter und einen *kayaulo*-Zweig hineinzulegen. Nachdem er darüber hockend die soeben angeführte Formel rezitiert hat, wirft er einige *lewo*-Blätter durch die Zwischenräume der Balken unter die Knollen, kaut etwas wilde Ingwerwurzel und spuckt dann rituell in den *bwayma.* Vor allen anderen Schauspeichern wiederholt sich dieser Vorgang, die Rezitation des Zauberspruchs ausgenommen; und vor den kleineren Speichern außerhalb des inneren Rings wird nicht einmal ein Loch gebohrt, doch werden die *lewo*-Blätter eingeführt und die Yamsknollen rituell bespuckt.

Der Magier passiert die *kadumilagala valu,* die Stellen – in Omarakana sieben –, an denen eine Straße auf das Dorf trifft (vgl. Abb. 78), kaut Ingwer und spuckt zu Boden. An der breiten Stelle, die sich gegenüber dem Zwillingsdorf Kasana'i öffnet, macht Bagido'u ein weiteres Loch, um die Formel zu sprechen und abermals Ingwer auszuspucken.

*Basi valu,* die Durchbohrung des Dorfs, habe ich an einem feuchten, schwülen Nachmittag, tief im südlichen Winter des Jahres 1915 (Juni oder Juli), beobachtet. Es war überhaupt das erste Mal, daß es mir gestattet wurde, einer größeren magischen Zeremonie der Trobriander beizuwohnen. Bagido'u wurde nur von seinem jüngeren Bruder Towese'i begleitet, der über ihn und seine Paraphernalien eine Matte hielt. Ohne weitere Umstände gingen sie zu dem großen *bwayma.* Aus einiger Entfernung hätte man meinen können, die beiden seien mit irgendwelchen Reparaturen an den Speichern beschäftigt. Pathos, Feierlichkeit, Schaustellung transzendenter oder esoterischer Momente gab es nicht. Das ganze wurde geschäftsmäßig, ruhig und geschickt abgewickelt. Auch trug das Fehlen einer Zuschauermenge dazu bei, der Prozedur jeglichen feierlichen, zeremoniellen Charakter zu nehmen; nicht einmal die Dörfler, die sonst wohl im Schutz ihrer Häuser und Speicher sitzen, bekundeten irgendein Interesse. Obwohl es kein einschlägiges, explizites Tabu gibt, gilt es als ungehörig, sich um den Magier zu drängen, ihn anzustarren oder sich interessiert zu zeigen; die Kinder hält man deshalb bei solchen Gelegenheiten zurück. Dieser Grundsatz erklärt den allgemeinen Mangel an Zeremonialität der trobriandischen Magie, wenige Fälle ausgenommen.[5]

[5] Z. B. die in *Coral Gardens,* Vol. I, Ch. 9 (Sec. 2) beschriebene Zeremonie, an der mehr Leute teilnehmen müssen.

## *4. Ziel und Funktion von* vilamalia

Der vielleicht bemerkenswerteste Zug dieser Magie ist, wie schon angekündigt, die Diskrepanz zwischen der Bedeutung, die sich bei einer objektiven Analyse der Formel, des Ritus und ihres Kontexts enthüllt, und dem Zweck, den die Betroffenen, einschließlich des Magiers selbst, ihr kommentierend beimessen.

Beides stimmt freilich darin überein, daß es sich um eine Magie der Prosperität handelt, um eine Magie, die dem Hunger vorbeugen soll. Während indes die objektiven Tatsachen zeigen, daß das Ganze auf das Yamshaus abzielt, auf die dort gespeicherten Nahrungsmittel, erscheint in trobriandischen Deutungen der menschliche Organismus als das eigentliche Ziel der magischen Beeinflussung.

Überblicken wir noch einmal die Tatsachen: Der Ort beider Riten sind die Speicher; im ersten preßt der Magier den Boden, wie es auch im Titel der Zeremonie, *tum bubukwa,* angezeigt ist. Die verwendeten Substanzen symbolisieren allesamt Hartnäckigkeit und Kraft. Sie sind es, die auf den Boden gepreßt werden, und zwar mittels eines Steins, der wiederum Stabilität symbolisiert. Der Wortlaut der ersten Formel – Metaphern der Verankerung, der Einschließung des Speichers durch das Rattanrohr, Vergleiche mit Muttergestein und Korallenfels, Beschwörung der Finsternis und Fülle – läßt nicht den geringsten Zweifel daran, daß das Yamshaus gemeint ist, das samt seines Inhalts widerstandsfähig, hartnäkkig und haltbar gemacht werden soll. Auch der zweite Ritus wird über den Speichern abgehalten; vor diesen wird das Loch gebohrt, in das die resistenten Substanzen eingeführt werden und dieselben Substanzen werden zwischen die gespeicherten Nahrungsmittel geworfen, die man zudem rituell bespuckt. Auch die Formel erzählt hier wieder die gleiche Geschichte, Verankerung und Anhäufung verweisen wieder auf Stabilität und Fülle. Die Teile des Speichers, einzeln aufgeführt, das ganze Dorf, eigentlich die Menge der im Dorf gespeicherten Nahrungsmittel, sind beschworen, unbeweglich zu sein und nicht dahinzuschwinden. Magische Isolierung und Verschanzung sind bedeutet, wenn man den Boden durchbohrt, auf dem das Dorf steht. Wie solide Blöcke der Prosperität und Fülle stehen die großen *bwayma* in der Mitte der Dörfer (s. Abb. 72 und 79; schon ein Blick auf die Photographien zeigt, wie der optische Eindruck, den die ästhetische Anordnung der Nahrungsmittel hervorruft, der Absicht der *vilamalia*-Magie entspricht).

Worin besteht nun andererseits der Kern der trobriandischen Interpretation? Die Eingeborenen zweifeln nicht im mindesten daran, daß die Magie nicht unmittelbar auf die Nahrungsmittel selbst wirkt, sondern auf den menschlichen Organismus, genauer auf den Bauch, in unserer Ausdrucksweise auf den Appetit. Nicht die Kost wird resistent gemacht, sondern der Mund, der sie ißt, und die Speiseröhre, die sie verschlingt; sie sind es, die träge und abgeneigt sein sollen. »Angenommen, *vilamalia* würde nicht gemacht«, erklärte mir Bagido'u, »Männer und Frauen würden dann ständig essen wollen, morgens, mittags und abends. Ihre Bäuche würden dick werden, sie würden schwellen – allezeit würden sie mehr und mehr essen wollen. Ich mache die Magie, der Bauch ist befriedigt, umstellt. Ein Mann nimmt eine halbe Taytuknolle und läßt die andere Hälfte übrig. Eine Frau kocht das Essen; sie ruft ihren Gatten und ihre Kinder – sie kommen nicht. Sie wollen Schwein essen, Dinge aus dem Busch, Baumfrüchte. *Kaulo* (Yamskost) wollen sie nicht. Im *bwayma* verrotten die gespeicherten Knollen bis zur nächsten Ernte. Nichts wird gegessen.«

Diese Bemerkung, die ich seinerzeit auf Englisch notierte, teilte mir Bagido'u bei verschiedenen Gelegenheiten mit. Seine Ansicht wurde mir jedesmal bestätigt, wenn ich das Thema mit anderen besprach, wie in der folgenden, knappen Formulierung[6]: »Führen wir die Magie der Prosperität nicht durch, so ist der Bauch wie ein ganz großes Loch – ständig verlangt er Essen. Nachdem wir das Dorf durchbohrt haben, ist der Bauch schon zufrieden.«

Die Theorie ist an sich nicht verblüffend. Die Eingeborenen sind sich des Bedürfnisses, den Organismus mit Zufuhr zu versorgen, nicht bewußt, und ihre Vorstellungen von Verdauung und Ernährungsphysiologie sind rudimentär. Sie glauben, daß sich das Essen im Bauch (*lulo*) in Exkrement (*popu*) verwandelt. Ihrer Meinung nach ißt man, um den Appetit zufriedenzustellen, und zum Vergnügen. Sie haben eine vage Ahnung vom Zusammenhang zwischen Kost und Leben. Sie wissen, daß eine Hungersnot alle möglichen Krankheiten hervorruft und daß man schließlich dabei umkommen kann. Sie sagen auch, daß der Bauch sich im hohen Alter verschließt, wenn jemand sehr alt geworden ist und stirbt. Dennoch gilt es ihnen als tugendhaft, sich der Nahrung zu enthalten, und als beschämend, hungrig zu sein oder auch nur einen gesunden Appetit zu haben. Folglich darf man über den Hunger nicht sprechen, am wenigsten in einem fremden Dorf. Das Verlangen nach Nahrung auf ein Minimum zu reduzieren, jemanden dazu zu bringen, sich soviel als möglich des Essens zu enthalten, muß ihnen deshalb als erstrebenswertes Ziel erscheinen. Im übrigen ist *kaulo,* das mehlige Grundnahrungsmittel, für die Eingeborenen täglich Brot, keine besondere Delikatesse.[7] Täglich etwas weniger *kaulo* zu essen, wird sie nicht einmal ernsthaft belasten. Diese Betrachtungsweise hat mich verwirrt und amüsiert, und oft habe ich darüber mit verschiedenen Gewährsleuten gesprochen. Bagido'us magi-

[6] *Coral Gardens,* Vol. II, Text 72, Part V, Div. X, § 12.

[7] Vgl. ebd., Div. II, § 12.

sche Behandlung Omarakanas preisend, pflegten sie mir zu versichern, seine *vilamalia*-Magie sei die beste.

Er selbst brüstete sich oft damit, indem er mir erklärte, daß viele gute *towosi,* Gartenmagie, machen können, daß ihm aber niemand in *vilamalia* gleichkomme. »Und wozu wäre eine hervorragende Ernte gut, wenn sie eilends verzehrt wird, weil die Leute zuviel Lust aufs Essen haben?«

1915, als ich das erste Mal in Omarakana war, hatte ich noch nicht, wie später, den Geschmack von Taytu schätzen gelernt. Bagido'u wies mich zum Beweis für die Wirksamkeit seiner Magie darauf hin, daß ich selbst es vorziehe, statt Taytu Mango, Brotfrucht und Bananen zu essen, sogar Ananas und eine Menge Taro und Dinge aus Büchsen – auf Grund seiner *vilamalia.* Und daß der *bwayma,* wie er betonte, trotz der sehr mageren Taytuernte 1915 lange Zeit voll blieb, traf ebenfalls zu. Allerdings vergaß er dabei zu erwähnen, daß auf die schlechte Ernte eine außerordentlich gute Zeit für Obst und Taro gefolgt war.

So glauben die Eingeborenen, daß die Magie auf den menschlichen Organismus wirkt, während die Magie selbst ebenso deutlich und konsistent sagt, sie sei auf die Speicher gerichtet. Der Widerspruch muß hier bestehen bleiben, da dies nicht der Ort ist, die möglichen Erklärungen zu erörtern.[8]

### 5. *Die Funktion des Speicherhauses*[9]

Unser Bericht über das zeremonielle Füllen der Speicher und die Magie, die über ihnen durchgeführt wird, bezieht sich nur auf die offenen Schauspeicher, die, genaugenommen, Rangprivileg sind. Sie sind nicht zahlreich, aber groß, da Größe für den Trobriander allein schon einen ästhetischen Wert darstellt; ihre Balkenwände sind durchsichtig, um die ostentative Darstellung des Inhalts zu ermöglichen; und sie sind auffällig plaziert, meist im inneren Ring um den *baku.* Einige – nämlich die von Omarakana, Kasana'i, Olivilevi und Kabwaku (Abb. 72 und 79) – stehen sogar mitten auf dem Dorfplatz. Sie dürfen mit Schnitzwerk, weißer, schwarzer und roter Bemalung geschmückt sein, und häufig sind sie es auch heute (1918) noch; eine stattliche Reihe Pandanuswimpel, Muscheln, Maiskolben, große, bemalte Yamsknollen, Kokosnüsse und Schweinekiefer wird an ihnen aufgehängt, um so mehr, wenn sie erst kürzlich instand gesetzt wurden.[10] In Dörfern mit einem doppelten Ring

[8] Vgl. a. *Coral Gardens,* Vol. I, App. II, Sec. 4, Note 32.

[9] Funktion und Struktur des Speichers werden in Kap. VIII behandelt, wo aus dort dargelegten methodologischen Gründen Technologie und Funktion in einem erörtert werden. Ich berühre hier deshalb nur solche Aspekte des *bwayma,* die dem Verständnis der Kapitel V und VI und der ersten drei Abschnitte dieses Kapitels dienlich sind.

[10] Pandanuswimpel sieht man auf Abb. 72; bemalte Giebelbretter auf Abb. 75 u. 76; und eine Einfassung aus Kokosnüssen auf Abb. 79.

von Häusern ist also der *baku* – der Mittelpunkt des Dorflebens, der Tanz- und Festplatz – von einem eindrucksvollen Kreis von *bwayma* umgeben, durch deren Ritzen der Trobriander seine angehäuften Taytu-Reichtümer sehen und sich daran weiden kann.

Daß die höchsten und besten Gebäude nicht Wohnhäuser, sondern Speicher sind, beeindruckt den Fremden, der den Distrikt durchquert. In vornehmen Dörfern ist selbst die Residenz des Häuptlings nicht so groß und wohlgebaut wie sein Speicher (vgl. Abb. 72); denn dieser ist ja als Quelle und Symbol der Macht weit wichtiger. Fügen wir hinzu, daß alle Behausungen zu ebener Erde und dicht gedrängt gebaut werden – aus Angst vor Zauberei, die sonst unter oder zwischen ihnen hereinkriechen könnte –, so wissen wir, weshalb die *bwayma* sie in den Schatten stellen.

Neben den Schauspeichern gibt es jedoch auch kleine, geschlossene *bwayma,* bescheiden im äußeren Ring zwischen den Wohnhäusern gelegen, aber so, daß der Besitzer und die Gemeinschaft sie im Auge haben, um Diebereien möglichst auszuschalten (vgl. Abb. 77). Zeitweise wirken sie recht baufällig (vgl. Abb. 80 – ein krasses Beispiel). Kein Tabu schränkt ihre Nutzung ein, sie sind leicht zugänglich, da der Besitzer oder seine Frau ihnen täglich ihren Yams entnehmen.

Der Häuptling besitzt keinen dieser kleineren, häuslichen Speicher; *urigubu* und *taytumwala* werden gleichermaßen arrogant zur Schau gestellt. Umgekehrt hat der Gemeine keinen Schauspeicher, gespeicherte Nahrungsmittel stellt er überhaupt nicht aus; sein *urigubu* wird zwar gesondert für zeremonielle Anlässe und Tauschakte aufbewahrt, aber ebenso wie sein *taytumwala* in geschlossenem Speicher.

Verschiedene Ränge vermitteln zwischen den beiden Extremen, dem Häuptling und den armen Gemeinen. Die Größe der Schauspeicher richtet sich nach Rang und Reichtum.

Die kleineren Speicher sind zwar unansehnlicher, aber wichtiger, da sie neben der täglichen Kost auch die Saatknollen enthalten.

Das Füllen dieser *bwayma* kann ich leider nicht mit der gleichen Genauigkeit beschreiben und dokumentieren wie das der Zeremonialspeicher, obwohl ich es unzählige Male gesehen und mich sogar daran beteiligt habe. Ich kann nicht einmal mit annähernder Präzision angeben, welcher Anteil der Ernte in ihnen gelagert wird. Das liegt an einem Mangel meiner Methode, die mich dazu verleitet hat, den zeremoniellen und dramatischen Ereignissen mehr Aufmerksamkeit zuzuwenden, als den alltäglichen (vgl. die einführenden Bemerkungen zum nächsten Kapitel).[11]

Allerdings wäre eine genaue Schätzung des *taytumwala* im Vergleich zum *urigubu* auch ohne diesen methodischen Fehler sehr schwer gewesen. Das

[11] S. a. *Coral Gardens,* Vol. I, App. II, Sec. 4, Note 33.

*urigubu* wird gezählt und mit *kalawa*-Blättern registriert; man stellt es aus, prahlt damit und merkt es sich gut. Das Gegenteil gilt für die Knollen, die man für sich selbst behält. Tag für Tag werden sie unauffällig hereingeholt und verstaut; weit davon entfernt, damit zu prahlen, wird ihre Quantität womöglich sogar verborgen. Es gilt als beschämend, wenn jemand, der aus irgendwelchen Gründen ein kleines *urigubu* erhält, einen großen Teil seiner Ernte zur Versorgung seines eigenen Haushalts zurückhalten muß. Der Betreffende würde das verheimlichen, und es wäre äußerst unhöflich, wenn andere darüber sprächen. Rechnet man hinzu, daß ein solches Mißgeschick am ehesten die Gemeinen treffen kann, die auch ihr *urigubu* nicht ausstellen, so werden die Schwierigkeiten bei der Beschaffung zuverlässiger Daten offenkundig.

Auf Grund unzähliger, wenn auch unbelegbarer Beobachtungen würde ich jedoch sagen, daß etwa die Hälfte der Yamsernte Ausstellungstaytu ist, während die andere Hälfte dem täglichen Verzehr und der Aussaat dient.[12]

Vom ersten Verziehen (*basi*) an werden Knollen eingebracht. Mir ist nicht ganz klar, ob die *bwanawa,* die verzogenen Knollen, gespeichert werden können oder ob sie unmittelbar zu verzehren sind, aber ich glaube, daß letzeres zutrifft. Bestimmt werden sie nie in einen Schauspeicher gelegt, allenfalls ins Wohnhaus oder in einen kleineren *bwayma.*

Bei der eigentlichen Ernte wird minderwertiger Taytu (*unasu*) direkt in die häuslichen Speicher gebracht und nur ein Teil in der Erntelaube ausgestellt. In dieser wird immer der Saattaytu als Gegenstand des Stolzes dargeboten, bis er vom Besitzer und seiner Familie ohne Prunk in den einfachen Speicher überführt wird, in dem übrigens auch die Nachlese landet.

Schauspeicher und geschlossene Speicher werden nicht nur unterschiedlich gefüllt, sondern auch verschieden geleert. Letztere sucht man täglich auf, und dem ist ihre Bauweise angemessen: man braucht nur hineinzugehen und die Hand nach dem Taytu auszustrecken. Auf die anderen dagegen greift man nur gelegentlich zurück, dann aber braucht man viel größere Mengen. Zu einer zeremoniellen Verteilung (*sagali*), anläßlich der Überreichung großer Geschenke – *vewoulo, dodige bwala* oder *yaulo* – oder zu einem *vava* oder *wasi* – wenn man große Mengen Yams in die Küstendörfer schickt, um sie gegen Fisch einzutauschen –, nur dann klettern Männer und Frauen in den *liku,* um ihm mehrere Körbe Taytu zu entnehmen, die, bevor sie ihrer Bestimmung zugeführt werden, noch einige Stunden vor den Speichern zu bewundern sind (vgl. Abb. 81). Die Knollen werden dabei sortiert: die wirklich vollkommenen, die an der Außenseite oder obenauf lagen, werden zur Abdeckung der Körbe

[12] S. a. ebd., Note 24.

verwendet, bei allen folgenden Umverteilungen bleiben sie stets in dieser Lage. Handelt es sich um einen Tausch von Taytu gegen Fisch, pflegen auch die Gemeinen einen Teil ihres *urigubu* beizusteuern.[13]

Ein Schauspeicher wird nie vor der folgenden Ernte nachgefüllt, Knollen, die man ihm einmal entnommen hat, werden nie zurückgetan – außer in den Küstendörfern, wo es üblich ist, die Speicher mit dem Taytu nachzufüllen, den man im Austausch gegen Fisch erhalten hat.

In guten Jahren kommt es manchmal vor, daß man die besten Knollen, die in den Zwischenräumen des *liku* liegen, überhaupt nicht ißt. Sonne und Regen ausgesetzt, setzen sie lange Keime an, und laden zunehmend weniger zum Essen ein (vgl. Abb. 81; die Schößlinge kriechen aus dem *bwayma* und den Körben). Da dies ein Zeichen für *malia* ist, wird es nicht bedauert, sondern begrüßt.

Die Speicher beider Arten dienen auch sekundären Zwecken. Die großen *bwayma* verleihen dem Dorfplatz eine schmucke Erscheinung. Tänze, Spiele, sportliche Wettkämpfe, gesellschaftliche und öffentliche Versammlungen finden auf dem *baku* statt, und die ihn säumenden *bwayma* erzählen, bis zum Rand mit Taytu gefüllt, den Dörflern von Prosperität, Festessen und Sattsein (vgl. Abb. 82). Fremden zeigen sie den Wohlstand des Dorfs, preisen seinen Reichtum, liefern den erforderlichen Ruhm (*butura*). In Dörfern, in denen es nicht eigens Lauben und Sitzbühnen zur Bequemlichkeit der Gäste und Einheimischen gibt, sei es in Omarakana (Abb. 83) oder in Bwoytalu, dem Pariadorf (Abb. 84, 98), kann man ersatzweise die Vorderseite der Schauspeicher nutzen (vgl. Abb. 85, 86), obwohl sich das genaugenommen nicht gehört. Ist keine Plattform vorhanden, so wird nur der Besitzer es wagen, zusammen mit den wenigen Privilegierten, die er dazu einlädt, auf den vorstehenden Enden der Grundbalken seines Speichers Platz zu nehmen.

Die kleineren Speicherhäuser spielen ihrerseits im täglichen sozialen Leben des Dorfs eine wichtige Rolle. Auf den offenen, erhöhten und trockenen Podesten sitzen die Männer (vgl. Abb. 95-97). Das Innere des Speichers selbst bietet, wenn er nicht zu voll ist, Jungen und Mädchen für Flirts und Liebesspiele ungestörte Zuflucht, um so mehr als der gute Geschmack nur dem Besitzer und seinen Verwandten den Zutritt gestattet, so daß kein Verdacht auf *vaylu'u* (Nahrungsmitteldiebstahl) aufkommt, der als besonders verächtlich gilt. Für private Verabredungen sind die Speicher auch auf Grund ihrer verschwiegenen Lage im äußeren Ring, zwischen den Wohnhäusern, geeignet, und weil man sie unauffällig von der Rückseite betreten kann.

An Rang und Lage der Speicher knüpft sich die Idee, das Taytu gegen Küchengerüche empfindlich sei: der Dampf der Kochtöpfe darf ihn

[13] S. a. ebd., Note 34.

ebensowenig durchdringen wie der Rauch von backenden Knollen. Die Yamshäuser des inneren Rings, die offen und deshalb für Geruch und Rauch besonders anfällig sind, schützt ein Tabu, welches das Kochen in Wohnhäusern, die möglicherweise im inneren Ring stehen, verbietet, so in der persönlichen Hütte des Häuptlings (*lisiga*) (vgl. Abb. 72) und im Ledigenhaus (*bukumatula*).[14] Für die kleinen Speicher, die ja neben den Wohnhäusern stehen, in denen die Mahlzeiten zubereitet werden, genügt ein konventioneller, symbolischer Schutz: ihre Wände aus geflochtenen Kokosblättern schirmen den Taytu gegen menschliche Blicke und zugleich gegen den unangenehmen Küchengeruch ab.

Die Speicher gehören nominell immer dem Ehemann, der in der Regel Bürger der Gemeinschaft ist, in der der Haushalt liegt; aber auch dann, wenn er ein Fremder ist, der dort lebt, weil er eine Kreuzkusine geheiratet hat oder der Sohn des Häuptlings ist. In polygamen, und d. h. aristokratischen Haushalten ist jeder Gattin ein offener *bwayma* eigens zugeordnet, der von ihren Verwandten gefüllt wird. Der kleine, geschlossene *bwayma,* den der Mann besitzt und der von der Frau benutzt wird, ist überhaupt Teil des Haushalts.

Ein anziehender Zug trobriandischer Dörfer sind die Minispeicher auf hohen Stützen, die kleinen Jungen gehören (vgl. Abb. 75, Hintergrund Mitte, Abb. 99). Ihr Inhalt wird von der Mutter genutzt, aber das Eigentumsrecht ist – samt allem, was darin an Stolz und Eitelkeit liegt – dem Jungen verliehen.

### 6. *Magie der Gesundheit, des Reichtums und der Prosperität in Oburaku*

Der *vilamalia*-Magie von Omarakana, um die es bis jetzt ging, werde ich hier einen kurzen Bericht über ein anderes System folgen lassen, das ich im Süden, in Oburaku, aufgenommen habe, um dann die beiden zu vergleichen und noch einmal die trobriandische Theorie der Wirkungen und des *modus agendi* dieser Magie zu erörtern.

Wie in Omarakana umrahmt auch in Oburaku *vilamalia* die Ernte, ist jedoch nicht so eng an das Füllen der *bwayma* gebunden. Tatsächlich handelt es sich hier weit weniger um eine Magie des Yamshauses und der Knollen als um eine Magie des Dorfes, der Gemeinschaft und ihres Wohlergehens. Die erste Zeremonie wird so weder unmittelbar vor dem *dodige bwayma* durchgeführt, noch trägt sie einen Namen, der sich auf das Speicherhaus bezieht, wie in Omarakana, wo dieser Teil »das Pressen des Bodens« heißt.

[14] Vgl. Abb. 19 und 21 in *Das Geschlechtsleben der Wilden;* in Kap. III, Abschn. 4 wird dort die Institution des Ledigenhauses beschrieben.

Auch in Oburaku besteht die *vilamalia* aus zwei Riten, deren erste an dem Neumond vor der Hauptyamsernte (*tayoyuwa*) statthat. Der Magier, der wie immer sowohl *towosi* als auch *tovilamalia* ist, zieht sich in seine Hütte zurück – mit einer Muscheltrompete (*ta'uya*), die Jahr für Jahr eigens dieser Magie geweiht ist, mit trockenen Bananenblättern und der Wurzel des wilden Ingwers. Zuerst stopft er die Muscheltrompete, eine *cassis cornuta,* mit Bananenblättern, um dann die folgende Formel hineinzusprechen:

*Formel 30*

I
Heile es, heile . . .
Heile hier, heile da.
Muschelhorn, heile es, heile.

II
Muschelhorn, heile es, heile.
Bauch, vom Hunger geschwollen, Muschelhorn, heile ihn, heile.
Erschöpfung durch Hunger, Muschelhorn, heile sie, heile.
Schwäche durch Hunger, Muschelhorn, heile sie, heile.
Entkräftung durch Hunger, Muschelhorn, heile sie, heile.
Niedergeschlagenheit durch Hunger, Muschelhorn, heile sie, heile.
Ermattung durch Hunger, Muschelhorn, heile sie, heile.
Pochende Hungersnot, Muschelhorn, heile sie, heile.
Äußerste Hungersnot, Muschelhorn, heile sie, heile.
Ermattende Hungersnot, Muschelhorn, heile sie, heile.
*Tatum* des Hauses, Muschelhorn, heile es, heile.
*Kaykatiga* des Hauses, Muschelhorn, heile es, heile.
Erdofen, Muschelhorn, heile ihn, heile.
Herdsteine, Muschelhorn, heile sie, heile.
Grundbalken, Muschelhorn, heile sie, heile.
Sparren, Muschelhorn, heile sie, heile.
Firstbalken, Muschelhorn, heile sie, heile.
Giebelrahmen meines Daches, Muschelhorn, heile sie, heile.
Bretter meines Hauses, Muschelhorn, heile sie, heile.
Schwellenbretter meines Hauses, Muschelhorn heile sie, heile.
Schwelle meines Hauses, Muschelhorn, heile sie, heile.
Boden vor meinem Haus, Muschelhorn, heile ihn, heile.
Dorfplatz, Muschelhorn, heile ihn, heile.
Festgetretener Boden, Muschelhorn heile ihn, heile.
*Yagesi,* Muschelhorn, heile es, heile.
Anfang der Straße, Muschelhorn, heile ihn, heile.
Straßen, Muschelhorn, heile sie, heile.
Strand, Muschelhorn, heile ihn, heile.
Strand, bei Ebbe frei, Muschelhorn, heile ihn, heile.
Seichtes Wasser, Muschelhorn, heile es, heile.
Heile hier, heile da.

III
Hunger, dies ist nicht dein Wind, dein Wind weht von Nordwest.
Dies ist nicht deine Durchfahrt, deine Durchfahrt ist Kadinaka.
Dies ist nicht dein Berg, dein Berg ist Kuyaluya.
Dies ist nicht dein Vorgebirge, dein Vorgebirge ist Silawotu.
Dies ist nicht deine Fahrrinne, deine Fahrrinne ist Kalubaku.
Dies ist nicht dein Meerarm, dein Meerarm ist Kaulokoki.
Begib dich in die Seestraße zwischen Tuma und Buriwada.
Begib dich nach Tuma.
Verschwinde, fort.
Grau dein Haar, fort.
Fort mit dir, fort.
Stirb, fort.
Verschüttet, fort.
Ich fege dich, Bauch meines Dorfes.
Der Bauch meines Dorfes wird von Fülle verdunkelt.
Der Bauch meines Dorfes ist voll starker Yamsstützen.
Der Bauch meines Dorfes ist voll Schweiß.
Der Bauch meines Dorfes trieft von Schweiß.

Nach der Rezitation bläst der Magier ein stark guttural aspiriertes »Ha« in das Muschelhorn, das er dann mit der Öffnung nach unten auf eine Matte stellt, so daß die Kraft nicht entweicht. Jetzt nimmt er ein trockenes Bananenblatt, faltet es tütenförmig zusammen, legt ein Stück Ingwerwurzel hinein, um es mit der soeben angeführten Formel zu verzaubern.
Ende März 1918 wohnte ich diesem Ritus im Haus Navaviles bei, der in Oburaku *tovilamalia* war. Unmittelbar nach der Rezitation begab er sich mit einigen seiner nächsten Verwandten nach dem nördlichen Ende des Dorfes, wo die Straße von Kiriwina mündet. Dort wurde ein langer Ton auf dem Muschelhorn geblasen, Navavile kaute Ingwer und spuckte mehrmals rituell nach West, Nord und Ost. Dann gingen wir an die Südseite des Dorfes, wo sich dasselbe wiederholte. Schließlich brachte man das Muschelhorn an den Strand, ein Mann watete in die Lagune und ließ es an einer gut markierten Stelle ins Wasser fallen. Einige Monate später wird man es dort wieder herausfischen, um es erneut in Gebrauch zu nehmen.
Ob das Untertauchen des Muschelhorns bedeutet, daß am Ankerplatz von Oburaku Prosperität festmachen soll, oder ob mit dem Muschelhorn die verschiedenen Übel des Hungers, die die Formel bannt, ertränkt werden sollen – das habe ich nicht festgestellt. All das geschieht vor Erntebeginn. Nach der Ernte, wenn die Speicher gefüllt sind, führt der Magier die zweite Zeremonie durch. Er zieht sich in den Dschungel zurück, um eine umfangreiche Blättersammlung zusammenzutragen, zum größten Teil an der Ostküste. Darunter sind auch *lewo*-Blätter, die im *vilamalia*-System von Omarakana ebenfalls eine Rolle spielen. Der

*lewo*-Baum wächst auf dem Korallenkamm und unten an der offenen See. Er ist langlebig, hat einen kräftigen, dicken Stamm, der nie sehr hoch wird, aber seine Wurzeln in den Korallenfels oder ins Muttergestein treibt und es fest umschlingt. Man sagte mir, daß der Taytu in eben dieser Weise in den Speichern verankert sein sollte.
Mit der gleichen Absicht verwendet man den *bulabula,* einen Baum, der ebenfalls klein, aber kräftig, langlebig und tief verwurzelt ist. Der *kavega'i*-Baum wächst verkrüppelt, seine Zweige erstrecken sich weit, knapp oberhalb des Bodens. Der uns schon bekannte *kayaulo* hat sehr hartes Holz. Der Krotonölbaum wird mit den heiligen Steinen auf dem Dorfplatz von Oburaku assoziiert, welche die Stabilität und Beständigkeit des Dorfs symbolisieren, und die Blätter der Kasuarine verwendet man wegen der Dichte und Undurchlässigkeit ihres Laubwerks, während die Hibiskusblüten den Eingeborenen Freude und Festlichkeit anzeigen, wie sie Folge der Fülle sind. Außerdem sammelt Navavile die Blätter bestimmter Obst- und Nußbäume: des Brotfruchtbaums, des *menoni,* des *gwadila,* des *saysuya,* des *sayda,* des *gegeku* und des Malayapfels. Merkwürdigerweise sind auch die Blätter der Papaya dabei, die die Weißen importiert haben.
Der Magier zerreißt und vermischt die Blätter und legt dann die Masse in eine große, gefaltete Matte. Inzwischen haben sich die Männer des Dorfs, jeder mit einem kleinen *vataga*-Korb und einem Grabstock, vor seinem Haus versammelt. Die Grabstöcke werden dem Magier überreicht, der sie zusammen mit der gefalteten Matte auf das Podest vor seinem Haus legt (vgl. Abb. 109; dort handelt es sich allerdings um eine andere Magie). In Anwesenheit der Männer rezititert der Magier dann die folgende Formel: –

*Formel 31*

I
Padudu, Pawoya,
Botagara'i ist deine Mutter,
Tomgwara'i ist dein Vater.
. . . . . . . . . .
. . . . . . . . . .[15]

II
Ich banne, ich banne, ich banne.
Ich banne seine Krankheit.
Ich banne seine Schwäche.
Ich banne seine Schwarze Magie.
Ich banne die Grundsteine meines Dorfes.
Ich banne die Grundbalken meines Hauses.

[15] Hier sind einige Zeilen ausgelassen, weil sie nicht zufriedenstellend zu übersetzen waren.

Ich banne die großen Balken meines Yamshauses,
Ich banne die Sparren,
Ich banne den Firstbalken,
Ich banne den Boden meines Yamshauses,
Ich banne die Stäbe, die meinen Speicher teilen,
Ich banne die Sparren meines Giebels,
Ich banne die Sprößlinge meines Taytu,
Ich banne meine Giebelwand,
Ich banne den festgetretenen Boden,
Ich banne den Bauch meines Dorfes.

III
Ich fege den Bauch meines Dorfes.
Der Bauch meines Dorfes kocht.
Der Bauch meines Dorfes wird von Fülle verdunkelt.
Der Bauch meines Dorfes ist voll starker Yamsstützen.
Der Bauch meines Dorfes ist voll Schweiß.
Der Bauch meines Dorfes trieft von Schweiß.

Nach der Rezitation verteilt der Magier die magische Mixtur. Jeder legt seinen Anteil in seinen *vataga*-Korb, begibt sich an die Stelle am Dorfrand, die seinem Haus am nächsten liegt, und bohrt mit dem imprägnierten Grabstock ein kleines Loch, um die Blätter darin zu vergraben. Dann kehrt er nach Hause zurück, legt einen Teil der restlichen Mixtur in den Speicher zwischen den Taytu, den anderen zwischen die drei *urinagula*-Steine, die seinen häuslichen Herd bilden. Dieser Ritus heißt, genau wie in Omarakana, *basi valu,* »Durchbohrung des Dorfes«.
Soweit besteht also eine enge Parallele zwischen der Magie von Omarakana und der von Oburaku. In beiden Dörfern handelt es sich um eine Magie, die mit der Ernte und der Speicherung der Knollen zusammenhängt. In beiden Dörfern – wenn auch in Oburaku weniger deutlich – richtet die Magie sich auf das Speicherhaus. Die magischen Substanzen sind in beiden Systemen teilweise die gleichen und sicher genau vom gleichen Typ magischer Symbolik: verkrüppelter Wuchs über dem Boden, fest verankerte Wurzeln, Langlebigkeit und Dauerhaftigkeit.
In einem Moment gibt es allerdings einen grundsätzlichen Unterschied: In Omarakana wird diese Magie nur nach der Taytuernte praktiziert, in Oburaku dagegen auch anläßlich der Ernte des großen Yams, *kuvi,* der ja überall ein eigener Name und ein eigenes Eröffnungsritual zukommt. Außerdem kann die *vilamalia*-Magie in Oburaku auch in Zeiten des Hungers und des Unglücks praktiziert werden.
Zur Ernte von *kuvi* und Taro sammelt der *tovilamalia* von Oburaku Blätter der aromatischen Minze *sulumwoya,* und der *tuvata'u,* die wie eine Ringelblume aussieht. Er imprägniert sie durch die Rezitation der Formel »Heile . . .« (M. F. 30), und verteilt sie dann an die Männer.

Jeder legt etwas davon unter das Podest vor seinem Haus und etwas an die Stelle, wo die nächste Straße auf das Dorf trifft. Das heißt »Verschließung der Vorderseite« (*vaboda kaukweda*) und »Verschließung der Straßen« (*vaboda kadumalaga*). Diese Magie versperrt Hunger und Unglück den Weg ins Dorf und in die Häuser.

Noch aufschlußreicher ist der Gebrauch von *vilamalia* außerhalb der Ernte und der Speicherung. Wenn Krankheit oder Hunger die Dorfgemeinde bedroht, sogar, sagte man mir, wenn im Dorf oder in seiner Nähe eine Sternschnuppe niedergeht, kann der Magier geholt werden, um *vilamalia* zu praktizieren, und zwar beide Riten, genau wie hier beschrieben. Hungersnöte, die vor allem Anlaß für *vilamalia* sind, sind in Oburaku nicht selten. Im Oktober oder November, wenn der gespeicherte Taytu verbraucht ist, und viel Yams als *yagogu* in den neuen Gärten ausgepflanzt wurde, macht sich hier, wo man zwar im wesentlichen von Fisch lebt, aber immer auch pflanzliche Nahrung braucht, *molu* oft bemerkbar. Wird der Hunger so schlimm, daß die Frauen im Dschungel nach Eßbarem suchen müssen, pflegt man dem Magier zu sagen: *Kuyavilaki m'malu; boge ilousi vivila, ikalipoulasi o la odila,* »wende dein Dorf (wende das Glück deines Dorfes); schon sind die Frauen gegangen, sie durchstreifen den Busch«. Dann wird der Magier wieder das Muschelhorn und die Ingwerwurzel imprägnieren und die erste Zeremonie abhalten, wieder wird er Wurzeln sammeln und die zweite Magie auf sie anwenden.

Von Navavile und seinen Gehilfen erhielt ich auch einen interessanten topographischen Kommentar. Wenn im April oder Mai der Passat einsetzt, trägt er die Magie von der Insel Kitava herüber, wo man *vilamalia* praktiziert und das Übel bannt, indem man es bittet, mit dem Wind fortzuziehen. Die schlechten Einflüsse werden, von Kitava vertrieben, auf Oburaku treffen und Krankheit, Hunger und Tod bringen. Bei anhaltendem Wind treffen mehr und mehr schlechte Einflüsse ein, bis gegen Ende dieser Jahreszeit womöglich Hunger, Krankheit und Tod ernstlich um sich greifen. Der Wechsel der Jahreszeiten vollzieht sich etwa im November, wenn der Nordwestwind einsetzt. Dies ist die Zeit der Vergeltung. Navavile verweist Mangel und Unglück von seiner Insel, der Wind trägt sie in Richtung Kitava. So wenden sich die Gezeiten des menschlichen Geschicks mit dem wechselnden Wind.

Die Logik des Zaubers ist bei dieser magischen Deutung der Naturereignisse wie immer elastisch: sie kann in beiden Richtungen operieren. Die Zeit der Windstille, die den Wechsel der Jahreszeiten ankündigt, ist wohl im allgemeinen die Periode, in der Krankheiten auftreten, und zwar aus mehreren Gründen: Zu dieser Zeit herrscht in Oburaku mit seiner Fischwirtschaft kein Hunger, im Gegenteil, man wird eher krank, weil man sich überißt. Im April, ebenfalls zur Zeit der Windstille, hat man

gerade mit der Ernte von Yams und Taytu begonnen, was oft Durchfall und Ruhr nach sich zieht. Auch das wird Schwarzer Magie zugeschrieben, die fürs erste mit dem Gegenmittel *vilamalia* vergolten wird.[16] Des weiteren kommt es darauf an, ob in den nächsten Monaten Nahrungsmittelmangel herrscht oder nicht. Wenn die Ernte gut ausfällt und man nicht zu fischen braucht, so ist die Schwarze Magie vergessen; aber in einem schlechten Jahr, wenn die ohnehin kümmerlichen Gärten ganz unzureichend gedeihen und auch der Fischfang noch nicht möglich ist, macht sich gegen Oktober der Hunger schmerzlich bemerkbar. Der Fischreichtum, welcher der Zeit der Windstille folgt, kann ebenfalls eine zweifelhafte Segnung darstellen, da er Überdruß und Krankheit zur Folge hat. Da in einem Fischerdorf der Hunger jedoch mit der Windstille verschwindet, kann die jetzt praktizierte *vilamalia* wirklich wohltuend erscheinen. In Kitava andererseits, wo der große Yams das Hauptnahrungsmittel und die Fischerei ganz unbedeutend ist, steht eher zu erwarten, daß ab Anfang November Hunger einsetzt, wie unsere Zeitrechnungstabelle es als normal angibt. Und das entspricht wieder ungefähr der magischen Theorie.
Im Süden der Trobriand-Inseln ist *vilamalia* entschieden eine Magie des Mangels und der Krankheit; positiv gesehen dient sie der Bannung schlechter Einflüsse im eigenen Dorf, negativ gesehen ist sie als Schwarze Magie gegen eine andere Gemeinde gerichtet.
Zur Erntezeit dient die Magie in Oburaku genau den gleichen Zielen wie in Omarakana; sie soll die Knollen in den Yamshäusern überdauern lassen. Wie in Omarakana so wirkt sie auch hier primär nicht auf die Nahrungsmittel selbst, sondern auf das Verdauungssystem und den Appetit ein. »Sie sind im Geist angeekelt (*iminayne ninasi*); sie weigern sich zu essen, so daß die Nahrungsmittel in den Speicherhäusern bleiben (*ipakayse kaulo, bisisu wabwayma*)«. »Fisch mögen sie, die Früchte mögen sie, aber nicht Yamskost« (*magisi yena, magisi kavaylua, kaulo gala*).

[16] Zur selben Jahreszeit sollen auch die bösen Geister, *tauva'u,* vom Süden kommend den Distrikt heimsuchen, während fliegende Hexen für ihre Luftreisen die windstille Zeit vorziehen. Vgl. *Argonauten des westlichen Pazifik,* Kap. X u. *Das Geschlechtsleben,* S. 48f., 116, 339f.

# Kapitel VIII
# Bau und Struktur des *Bwayma*

Technologie interessiert mich persönlich nur insofern, als sie Einblick in die traditionellen Mittel und Wege, in die Kenntnisse und Fertigkeiten gewährt, kraft deren eine Reihe von durch eine bestimmte Kultur gestellten Aufgaben gelöst wird. Wie wir gesehen haben, dient der Speicher den Trobriandern zur Verwirklichung wirtschaftlicher Ziele, die mit der Stammesordnung notwendig gesetzt sind: Neben der Akkumulation von Nahrungsmitteln gestattet er in einigen Fällen auch ihre Schaustellung, in anderen dagegen ihre bescheidene Verheimlichung. Im Wissen davon, wie die Architektur des *bwayma* von der trobriandischen Kultur erzeugte Bedürfnisse befriedigt, scheint mir der wirkliche Wert dieser Studien zu liegen.

Mit diesem Kapitel möchte ich deshalb weniger einen Bericht über bloße Technologie vorlegen, als versuchen – soweit mein Material es zuläßt –, die Technologie auf soziale und ökonomische Erfordernisse und auf trobriandische Vorstellungen von Werten und magischen Einflüssen zu beziehen.

Allerdings habe ich mich zugleich verpflichtet gefühlt, alle von mir festgehaltenen technischen Details in meinen Bericht aufzunehmen. Mag man das rein technologische Interesse, das sich um die kulturellen Bedingungen nicht kümmert, auch noch so geringschätzen, die Einzelheiten der Konstruktion und der manuellen Fertigkeiten bleiben doch Tatsachen der Kultur, die wir nicht vernachlässigen dürfen.

So wird mein Bericht den Soziologen vielleicht stören, weil er übertrieben technisch ist, den Technologen, weil er mit Bemerkungen zur Soziologie, Ökonomie und Magie beladen ist. Beide würden indes ihre eigenen Interessen verkürzen, wollten sie die beiden Seiten streng voneinander getrennt halten.

Bei all dem möchte ich nachdrücklich darauf hinweisen, daß meine Darstellung lediglich Ausdruck guter Absichten ist, daß sie auf ein methodologisch klar ins Auge gefaßtes Ziel zugeht, ohne ihm doch gerecht zu werden. Ich hatte das Glück, in Verhältnissen zu arbeiten, in denen die Beziehungen zwischen Soziologie, Wirtschaft, Magie und Technik so augenfällig waren, daß ich schon im Feld hinsichtlich des vorliegenden Problems zur Annahme des Funktionalansatzes getrieben

wurde. Ich hatte aber meine Arbeit ohne hinlängliche Vorbereitung aufgenommen. Fast bis zum Ende meines Aufenthalts auf den Trobriand-Inseln habe ich jeden der verschiedenen Aspekte der Kultur gleichsam in einem eigenen Fach geführt, und zwar nicht nur in meinem Kopf, sondern auch bei der Notierung. So trug ich bei Aufnahme der Technologie die Diagramme und architektonischen Bemerkungen in eine andere Serie von Notizbüchern ein als die entsprechenden soziologischen Beobachtungen. Indem ich die Struktur des *bwayma* für sich betrachtete und nicht als Mittel zu einem anderen Zweck, habe ich es unterlassen, die trobriandische Theorie über die Einhaltung bestimmter Proportionen zu untersuchen und aufzuzeichnen; ich bin auch nicht hinreichend auf Ventilationsvorstellungen eingegangen, obgleich doch die Trobriander, wie ich mich sehr wohl erinnern kann, unter sich darüber diskutierten. Sogar in meinen rein technologischen Daten fehlt ein wichtiger Punkt: Ich weiß zwar, daß die Trobriander eine Theorie über die Notwendigkeit eines soliden Fundaments haben und daß sie die Größe der Grundsteine schätzen können, die für einen *bwayma* von bestimmter Größe erforderlich sind, denn darüber habe ich sie oft sprechen hören; aber diese Dinge habe ich nicht genau genug aufgezeichnet, um sie dokumentieren zu können.
Andererseits ist mein Material ironischerweise gerade in dem Punkt vollständig, den ich jetzt als irrelevant betrachte, wenn er nicht auf seinen Kontext bezogen ist – ich meine das Moment der Technologie und Architektur des Speicherhauses. Da ich jedoch die Nutzungsweisen des Speichers ziemlich umfassend studiert und die an sie gebundenen Vorstellungen aufgezeichnet habe, bin ich in gewissem Maße imstande, die Mängel auszugleichen, die auf Grund meiner methodischen Fehler im Feld entstanden sind. Eben weil ich die Funktionalmethode für so wichtig halte, möchte ich unterstreichen, daß sie an sich viel ergiebiger ist, als die hier vorgelegten Daten vermuten lassen. Die Anthropologie und die ihr dienende Feldforschung haben erst noch zu lernen, daß die Beziehungen zwischen den verschiedenen Aspekten der Kultur nicht weniger wichtig sind als diese Aspekte selbst.
Ein falscher theoretischer Ansatz, der mich ebenfalls arg behindert hat, liegt darin, daß ich bei meiner ganzen Feldforschung auf sensationelle Großereignisse allzu großen Wert gelegt habe. So habe ich die Füllung des großen *bwayma* verschiedentlich wohl dokumentiert[1], weit weniger aber die des kleinen, die ich doch öfter beobachtet und an der ich mich auch selbst beteiligt habe, die ich jetzt aber aus der Erinnerung rekonstruieren muß. So mangelt es meiner Dokumentation an Ausgewogenheit und »funktionaler Gründlichkeit«, da ich die kleinen Vorkommnisse des monotonen Alltagslebens nicht mit der gleichen Liebe und dem gleichen

[1] *Coral Gardens,* Vol. I, Docs. I-IV.

Interesse betrachtet habe wie die Zeremonien und das Sensationelle; auch habe ich den Gebrauch der Gegenstände im Hinblick auf ihre Struktur und Form nicht dauerhaft genug verfolgt. Den gleichen Mangel an Ausgewogenheit weist das vorliegende Kapitel auf, indem darin die Schauspeicher detailliert betrachtet werden, während die Darstellung der kleinen *bwayma* (Abschn. 6) weder vollständig noch zuverlässig ist.[2]

### *1. Die Form des* bwayma *in ihrer Funktionsbedingtheit*

Erinnern wir uns noch einmal an das strukturelle Problem, das die trobriandische Soziologie und Ökonomie dem Handwerker stellt. Ökonomisch gesehen ist die trobriandische Kultur durch die Fähigkeit zu Akkumulation, Kontrolle und Distribution großer Lebensmittelvorräte bestimmt. Dies wiederum wird durch den *bwayma,* das Speicherhaus, ermöglicht, der einen trockenen, gut ventilierten Innenraum bietet, gegen Regen und Sonne gleichermaßen schützt und genügend hoch über dem Erdboden liegt, um für Schädlinge unzugänglich zu sein. Da Reichtum, und besonders Reichtum an Pflanzenkost, nicht allein den praktischen Bedürfnissen der Ernährung dient, sondern auch als Index und Symbol der Macht fungiert, müssen die Schauspeicher eben diese Funktion auch zum Ausdruck bringen – durch Höhe, eindrucksvolle Proportion, Verzierung, elegante Form und auffällige Lage. Und da der unmittelbare Anblick von Nahrung das Auge des Trobrianders ästhetisch *und* praktisch fasziniert, muß wenigstens etwas vom Inhalt des Speichers sichtbar sein. Andererseits müssen die *bwayma* der Gemeinen und die, die nur den bescheidenen, alltäglichen Yams wohl verwahrt halten sollen, ihren Besitzern leicht zugänglich sein und gut genug in seinem Blickfeld und dem der Gemeinde liegen, um gegen Mausereien geschützt zu sein. Daher sind alle Speicher erhöht gebaut und sorgfältig bedacht und ventiliert; einige sind groß, auffällig plaziert und gestatten die partielle Schaustellung ihres Inhalts, während andere klein, niedrig und abgedeckt sind und etwas zurückgezogen beim Haus ihres Eigentümers stehen.
Da die Dörfer im allgemeinen kreisförmig um einen Mittelplatz herum angelegt sind, können die Schauspeicher durch Plazierung im inneren Ring akzentuiert werden. In einigen Dörfern ist der Mittelplatz von *bwayma* umgeben und das Yamshaus des Häuptlings steht gelegentlich mitten auf dem Platz (Abb. 72 und 87; vgl. a. Skizze 2). Die Yamshäuser der Gemeinen liegen meist unauffällig im äußeren Kreis bei den entsprechenden Wohnhäusern (vgl. Abb. 73, 75, 77, 80, 90 und 93), und ihr Inhalt ist von außen nicht sichtbar, da die Wände geschlossen sind. Die Unterscheidung von geschlossenen und offenen Speichern gilt strikt allerdings nur für vornehme Dörfer und für solche, die in unmittelbarer

[2] Vgl. a. ebd. App. II, Sec. 4, Note 35.

Nachbarschaft einer Kapitale liegen. In entfernteren Dörfern wurde, auch in alten Zeiten, die Regel weniger streng gehandhabt (vgl. Abb. 62). Einige parvenühafte Dörfer sind heute nach dem vornehmen Muster angelegt, besonders Teyava (Abb. 50), wo ein geschlossener Ring offener *bwayma* den Mittelplatz säumt, obwohl soziologisch gesehen hier alle Speicher geschlossen und diskret zwischen den Behausungen versteckt sein sollten (vgl. u., Abschn. 6).

Als Material stehen Steine zur Verfügung, die das Fundament der größeren Häuser bilden, Holz für schwere Balken, Pfähle, Stangen, Stäbe, Stöcke und Bretter zum Bau, Bast und zähe, geschmeidige Ranken zur Verlaschung und Lalanggras, Sago- und Kokosblätter für das Dach.

Wie die folgende Darstellung des Baus zeigen wird, verwendet man für die Speicher stabilere und vielfältigere Materialien als für die Wohnhäuser, legt solidere Fundamente und bringt im ganzen mehr Arbeit auf. Der Bau ist schwieriger und die an Reparaturen gesetzte Sorgfalt beträchtlicher. Die Wohnhäuser stehen gewöhnlich aneinander gedrängt, damit an den Seitenwänden keine Zauberer herumschleichen können. Aus dem gleichen Grund sind sie auch kein bißchen über den Boden erhöht; sie haben weder Blockhüttenstruktur noch Grundsteine (vgl. Abb. 89)

Der zunächst vielleicht paradox anmutende Umstand, daß der Yams besser untergebracht ist als die Menschen, korreliert also mit auffälligen Momenten des Glaubens und der Sitten der Trobriander: mit der Angst vor Zauberei, dem Wunsch nach Schaustellung von Reichtum und natürlich auch mit den oben erwähnten praktischen Erfordernissen.

Bevor ich nun zum Bau des Yamshauses komme, möchte ich noch auf die Illustration und Dokumentation der technologischen Beschreibungen hinweisen. Ich habe mich bemüht, weder zu knapp noch zu wortreich zu berichten und mehr die Handlungen als die Teile des Baus herauszustellen. Die architektonischen Einzelheiten sind im wesentlichen den Diagrammen und Abbildungen zu entnehmen. Dem Technologen werden vielleicht die Skizzen (I-XII) genügen. Jedes Strukturelement wird in der ganzen Serie immer mit der gleichen Zahl gekennzeichnet: (3) z. B. bezieht sich immer auf den Boden (*bubukwa*). Um Querverweise und das Auffinden der Bedeutung der einzelnen Strukturelemente zu erleichtern, habe ich am Ende des Kapitels eine Liste mit den trobriandischen Bezeichnungen angefügt, in welche die Verweiszahlen und Hinweise auf die entsprechenden Diagramme eingetragen sind.

## 2. *Die Vorbereitung der Materialien*

Der Trobriander muß die Strukturelemente zubereiten, bevor er sie zusammenfügt, sei es zur Errichtung eines Gebäudes oder zum Bau eines Kanus. Bei der gegebenen Arbeitsform und den verfügbaren Werkzeugen geht die Arbeit langsam vonstatten. Die Balken, Pfähle, Stangen,

Stäbe und Stöcke werden mit Axt (*kema*) und Dechsel (*ligogu*) bearbeitet, heute auch mit Messern, und in geringerem Ausmaß mit Schleifmaterial, *kisi,* aus Haifisch- oder Stachelrochenhaut. Die Zierbretter werden mit eingefaßten Haifischzähnen, Wallabyknochen und einem Hammer geschnitzt. Die Bäume werden im Wald mit Axt und Dechsel gefällt, abgeästet und gestutzt, ins Dorf gezogen und dort mit der Dechsel fast vollkommen zylindrisch zugehauen und manchmal als *liku*-Balken (5) auch beschnitzt (vgl. Abb. 87).
Die Teile, die wirklich sorgfältig geglättet und abgeschmirgelt und gegebenenfalls beschnitzt werden, sind die *liku,* die Balken des Blockhüttenteils (5), die ihnen fast form- und funktionsgleichen *po'u,* die obersten und untersten Querbalken des Blockhüttenteils (4), die *kavalapu,* die dekorativen, aber nicht immer mit Schnitzwerk versehenen Bretter, die an der Front- und Rückseite die Giebelwand rahmen (12) und die *bisiya'i*-Bretter, die die Basis der Giebelwand bilden (20), sie manchmal aber auch zusätzlich etwa auf halber Höhe kreuzen.
Die mächtigen Längsbalken, die unmittelbar auf den Grundsteinen aufruhen, *kaytaulo* (2), werden dagegen meist nur sehr roh behauen (vgl. Abb. 87, 88, 90 und 91), ebenso die *bubukwa* (3), die plumpen Bohlen, gelegentlich nichts als rohe Balken, die den (ebenfalls *bubukwa* genannten) Fußboden bilden.
Einige Dachteile müssen in die elegante Form eines gotischen Fenstergewölbes gebogen werden, und Holz, das dazu geeignet ist, ist nicht leicht zu finden; in der Regel wird das Brett gebogen, indem man es über einem Feuer erhitzt, nachdem man ein Ende zwischen zwei Balken geklemmt hat und das andere dann allmählich krümmt. So behandelt man die *kavalapu* (12), die Giebelbretter der Vorder- und Rückseite (vgl. Abb. 90 und 91), und die *kavilaga* (11), die im Dach zu ihnen parallel verlaufen, und die gleiche Krümmung und beträchtliche Tragfähigkeit haben müssen. In alten Zeiten sind wohl alle Giebelbretter (12, *kavalapu*), die *bisiya'i* (20) der Vorderseite und die meisten *liku*-Balken (5) mit Schnitzwerk verziert gewesen. Dies oblag dem *tokabitam,* dem Meisterschnitzer, der Tage und Wochen mit Holzhammer und Meißel aus Wallabyknochen über ihnen zu verbringen pflegte. Mit einem eingefaßten Haifischzahn gab er dem Brett den letzten Schliff, um es dann mit rotem Ocker, Holzkohle und kalkhaltiger Erde schwarz, rot und weiß zu bemalen. Auch heute noch werden viele Bauelemente geschnitzt und bemalt (vgl. Abb. 75 und 76); allerdings sind einige der Haupt*bwayma* – sogar *der* Haupt*bwayma* der Insel – nur in wenigen Teilen mit Schnitzereien und überhaupt nicht mit Farbe verziert (vgl. Abb. 72 und 87).
Weniger Zeit erfordert die Zurichtung der starken Firstbalken (9 und 10), der beiden Längsbalken, auf denen das Dach ruht (8), der Stützpfähle für die Firstbalken (23), die bei sehr großen Speichern zur Abstützung des

Dachs erforderlich sind, und der übrigen Materialien für das Gerüst. Auch eine Anzahl langer Längs- und gebogener Querstangen für den Dachstuhl und kurzer, schmaler Stöcke zur Verschalung sind schnell fertig. Gegen Ende sammelt man Lalanggras für das Dach. Kokosnuß wird zur Abdichtung von Löchern und Rissen in alten Dächern verwendet; es liefert auch das Material für die Flechtmatten, die den Fußboden, manchmal die Giebelwände, vor allem aber die Wände der gemeinen Speicher decken. Sagoblätter werden dazu seltener verwendet, außer ganz im Süden, wo man sie manchmal vom Koya der D'Entrecasteaux-Gruppe importiert. (Der linke Speicher auf Abb.86 hat eine Giebelwand aus Sago, der rechte aus Kokosmatten). Die Giebelwände eleganterer Speicher bestehen aus Pandanusblättern.

### *3. Der Bau des Speicherhauses*

Es ist wohl im allgemeinen die Schwagerschaft des künftigen Eigentümers, die, und zwar bei sich zu Hause, die Bauelemente zurichtet; handelt es sich um den Speicher eines Häuptlings, so obliegt diese Arbeit den tributpflichtigen Dörfern. – 1918, als das Dach des Häuptlingsspeichers neu gebaut wurde (vgl. Abb. 88), bin ich leider kurz vor seiner Zusammensetzung erkrankt, so daß meine zwei Wochen später gemachten Aufzeichnungen darüber zu wünschen übriglassen. Ich weiß aber, daß es damals in Omarakana selbst keine größeren Mengen Baumaterial gegeben hatte, und ich weiß auch, daß einige größere Teile in Kasana'i, Kwaybwaga und Tilakayva gefertigt wurden.
Die *liku,* deren Bearbeitung viel Zeit und Sorgfalt erfordert, sind in alten Zeiten von tributpflichtigen Dörfern geliefert worden, und zwar in der Regel von jedem Dorf einer. Der Meisterschnitzer bearbeitete die geschnitzten Zierbretter bei sich zu Hause. Gelegentlich ist der Häuptling selbst Meisterschnitzer, so Numakala, der Vorgänger To'uluwas, der alle Verzierungen an seinen Häusern und Speichern selbst besorgt hat. Diese sind allerdings im letzten Krieg abgebrannt, als Omarakana von Kabwaku zerstört wurde.
Häuptlinge und Dorfvorsteher, die einen großen Speicher bauen wollten und nicht selbst Meisterschnitzer, *tokabitam,* waren, mußten sich an einen Spezialisten wenden und eine Transaktion einleiten, die auf den für die Anwerbung von Spezialisten allgemein gültigen Prinzipien basierte.[3]

[3] Vgl. Einl., Abschn. 10. Ich habe diese Frage auch in *Argonauten des westlichen Pazifik* (a.a.O., S. 224) kurz behandelt: »Die Gaben für die Spezialisten heißen *vewoulo* – die Eingangsgabe; *yomelu* – eine Lebensmittelgabe, die überreicht wird, nachdem der Gegenstand zeremoniell an den Eigentümer übergeben worden ist; *karibudaboda* – eine große Gabe Yams, die bei der nächsten Ernte dargeboten wird. Die Lebensmittelgaben, die im Verlauf der Arbeit überreicht werden, heißen *vakapula.* Dieser Ausdruck wird aber noch in viel weiterem Sinn verwendet, da er alle Geschenke von gekochten und rohen Lebensmitteln umfaßt, die den Arbeitern von dem Mann gebracht werden, für den sie arbeiten.«

Die Arbeitsorganisation beim Bau des *bwayma* folgt den folgenden Prinzipien: Der künftige Eigentümer – gegebenenfalls der Häuptling – veranlaßt seine Schwagerschaft, die Leute, die seinen Speicher mit *urigubu* füllen, für ihn zu arbeiten. Diese bereiten dann in ihren Dörfern das Baumaterial vor. Jedes Dorf fertigt, wie ich gehört habe, einen *liku*-Balken und einige weniger wichtige Bauteile, während der Häuptling einen Handwerker auswählt, den er dann mit einer Serie regelmäßiger Lebensmittelgaben unterhält. Nach Errichtung des Yamshauses findet eine große Kostverteilung, *sagali,* statt, bei der neben Schweinen und *kaulo* meist auch Wertgegenstände an diejenigen verteilt werden, die am meisten zur Arbeit beigetragen haben.

Ein Blick auf die Diagramme I, II und III und auf die meisten der in diesem und im vorigen Kapitel angeführten Abbildungen zeigt, daß die Bauelemente des *bwayma* sich in drei Gruppen gliedern lassen, in das Fundament, den Blockhüttenteil und das Dach. Demgemäß gibt es drei große Bauaufgaben, die bis zu einem gewissen Maß voneinander unabhängig sind: Das Legen der Fundamente, das schon beim Bau eines Dorfs erfolgt; der Bau des Blockhüttenteils, der wohl, von Kriegs- und Unglücksfällen abgesehen, innerhalb eines Jahrhunderts nur zwei- bis dreimal nötig wird; und die Errichtung des Dachs. In Omarakana z. B. haben die Fundamente des Hauptspeichers und sogar die der kleineren Schauspeicher selbst den letzten Brand überdauert; der 1899 errichtete Blockhüttenteil wurde 1918 nicht erneuert, nicht einmal überarbeitet, und wird, wie ich mir habe sagen lassen, noch weitere zwanzig, dreißig Jahre seine Dienste tun. Aber das Dach muß alle zehn bis fünfzehn Jahre erneuert werden.

Den Leuten, die den Speicher füllen, obliegt auch gegebenfalls seine Instandsetzung sowie die Hilfe beim Wiederaufbau kleinerer Speicher. Ein Schauspeicher wird in jedem Fall zwischen Einbringung und Verstauung der Taytuernte repariert. Tatsächlich erfolgt die Speicherung unmittelbar im Anschluß an Reparatur und erste *vilamalia*-Magie. Ein kleiner *bwayma* kann von ein paar Männern in ein, zwei Tagen instand gesetzt werden, für den großen Speicher eines Häuptlings oder Dorfvorstehers bedarf es der drei- bis viertägigen Arbeit einer oder mehrerer Gemeinden.

Bei Bau und Reparatur der Speicherhäuser gibt es keine Magie und, soweit ich ermitteln konnte, auch nicht beim Setzen der Grundsteine. Die erste *vilamalia*-Magie wäre also das einzige Ritual, das diese Arbeit begleitet. In der Regel finden Architekten und Handwerker die Fundamente für einen Schauspeicher *in situ,* so daß die Länge der Grundbalken, der *kaytaulo* (2), die Länge des Blockhüttenteils und, da bestimmte Proportionen einzuhalten sind, damit auch die Höhe des Gebäudes schon feststehen.

Das Setzen der Fundamente ist offenbar eine mühevolle Aufgabe. Man muß auf Muttergestein heruntergehen, dort große Steine setzen und auf diese dann die *ulilaguva,* die sichtbaren Grundsteine (1), deren Form annähernd pyramidisch ist; einige laufen spitz zu, andere sind fast würfelförmig.

Auf ihnen ruhen die beiden Grundbalken (2), die wie das Dach beträchtlich länger sind als der Abstand zwischen den Ecksteinen, wobei die überstehenden Enden manchmal quer mit Brettern überdeckt sind, so daß jene überdachte Plattform entsteht, der eine so wichtige Rolle im gesellschaftlichen Leben des Dorfs zukommt. Merkwürdigerweise hat diese Plattform keinen Namen; man spricht von Leuten, die »im Speicher sitzen«, *isisusi wa bwayma.* (Die Abb. 85, 86, 95, 96 und 97 zeigen Leute auf der Plattform; Abb. 94 zeigt Leute, die einfach auf den überstehenden Balkenenden sitzen.) Es ist bezeichnend, daß die größten und besten *bwayma* keine ausgearbeiteten Plattformen aufweisen: es würde sich nicht gehören, dort zu sitzen; nur besonders Privilegierten ist es erlaubt, sich so intim an einen Speicher zu lehnen, meist nur dem Eigentümer selbst (vgl. Abb. 28, Bagido'u vor seinem *bwayma,* und Abb. 94). Wenn man einen *bwayma* aufgegeben hat und seinen oberen Gebäudeteile abgebrannt oder anderweitig verwendet sind, deckt man die beiden Grundbalken mit ein paar Brettern, die dann als Plattform dienen (vgl. Abb. 79, im Vordergrund ganz rechts).

Diagramm I zeigt die vier Grundsteine, *ulilaguva* (1), II bietet eine Vorderansicht und III und IV zeigen den Ausnahmefall, sechs Grundsteine (vgl. a. Abb. 72, 73, 75, 76, 77, 79, 81, 82 und 87).[4] Es handelt sich um etwa 50 cm hohe Korallenblöcke, deren Höhe nicht wesentlich mit der Größe des Gebäudes variiert, so daß etwa To'uluwas großer Speicher ein verhältnismäßig niedrigeres Fundament hat als die kleineren (vgl. Abb. 75, wo das große Gebäude links im Verhältnis zu dem kleinen rechts wie abgesunken wirkt; vgl. a. die großen Speicherhäuser Abb. 72, 74 und 87, die gleichsam über dem Boden kauern, mit den kleineren, Abb. 28, 73 und 77, die gut in die Höhe gestellt sind).

Die Grundbalken, *kaytaulo* (2), sind aus hartem Holz und etwa 20-30 cm im Durchmesser, in sehr kleinen *bwayma* dünner (vgl. Diagramm I-IV, Abb. 28, 72, 76 und beinah alle folgenden Abb. mit einem *bwayma*).

[4] Nur wenige *bwayma,* und nicht unbedingt die größten, stehen auf sechs Grundsteinen, wie man sie deutlich auf Abb. 28 und, dank Photopannen, weniger deutlich auf Abb. 60, 72 und 87 sehen kann. Der große *bwayma* von Kasana'i hat ebenfalls sechs Grundsteine, wenngleich diese auf dem Photo (Abb. 79) nicht sichtbar sind.

*4. Die Blockhütte*

Die Lage der Grundsteine bestimmt die Ausmaße des *liku* (5); die vier Seiten des von ihnen gebildeten Rechtecks werden auf den Standardlängen zweier Ranken gemessen und festgehalten, die dann das Maß für den Zuschnitt der Längs- und Querbalken abgeben. Die vier Ecken der Blockhütte müssen direkt über den entsprechenden Grundsteinen stehen (vgl. die Diagramme und besonders Abb. 90, mit Steinen und Blockhütte).

Unmittelbar auf die *kaytaulo,* die Grundbalken (2), kommen die beiden untersten Querbalken (4), die sich zwar von den übrigen weder in Form noch Funktion unterscheiden, aber einen eigenen Namen, *po'u,* haben, und mitunter länger und ornamentiert sind (vgl. Abb. 75, 77, 81, 82 usw.) *Po'u* heißt auch das oberste Querbalkenpaar (4b). Auf die unteren *po'u* kommt das erste Längspaar der *liku,* der Blockhüttenbalken, die, wenn sie längs verlaufen, *kaybudaka* heißen (5b), im Gegensatz zu den querstehenden *liku,* den *kaylagim* (5a).

In dieser Terminologie taucht eine Analogie zwischen Speicher und Kanu auf, denn die Längsbretter des Kanus heißen *budaka* und die zwei verzierten Querbretter, die es an beiden Enden abschließen, *lagim.* Diese Analogie durchzieht auch eine Reihe von magischen Formeln. In Formel 19 (*vapuri*) z. B. wird eine üppige Entfaltung der Knollen durch den direkten Vergleich mit einem reich beladenen Kanu beschworen; in Formel 29, der zweiten der *vilamalia*-Magie, die ja, wie wir bei ihrer Übersetzung und Analyse im vorigen Kapitel gesehen haben, auf den Speicher zielt, ist das leitende Wort *kaylola lola,* Vertäuungsstange, und der Schlüsselbegriff *bilalola,* von »vertäuen«, »verankern« abgeleitet – beides aus dem Vokabular der Seefahrt; und in Formel 28, die unter dem Boden des *bwayma* rezitiert wird, taucht wieder die Metapher der Verankerung des Speicherhauses mittels Rattan auf.

Auch in noch weiterem Sinn findet sich diese Analogie in den magischen und mythischen Vorstellungen. In mehreren Zaubersprüchen, deutlich in Formel 2, werden die schädlichen Einflüsse, Mehltau und Ungeziefer, magisch in ein imaginäres Kanu geladen und fortgeschickt, während der Rest in das »fest verankerte Kanu« des Speicherhauses kommt. Mir ist nicht bekannt, ob diese Metaphorik den Eingeborenen bewußt ist. Weist man sie darauf hin, so stimmen sie bereitwillig zu, aber spontan haben sie sich mir gegenüber darüber nie geäußert. Eine Untersuchung der Zaubersprüche wird jedoch den Leser wohl von der Plausibilität meiner Deutung überzeugen.[5]

[5] Besonders bei Hinzuziehung der Interlinearübersetzung und der Kommentare in *Coral Gardens*, Vol. II, Part VII.

Kehren wir aber zum Bau der Blockhütte zurück: Die Balken werden einfach aufeinander geschichtet, wobei jeder in einer breiten, flachen Verjüngung an den Enden des jeweils unteren Balkenpaares ruht (vgl. Diagramme und Abb.). Beim Bau gibt es wohl immer noch einiges zu schneiden und zu glätten; allerdings habe ich dies nur einmal beobachten können, und zwar im Fall eines kleinen *bwayma* (wie ihn etwa Abb. 73 zeigt), wo die Arbeit leicht vonstatten ging und kaum mehr als eine Stunde in Anspruch nahm. Bei großen, schweren Balken ist die Arbeit natürlich schwieriger. Niedrige Blockhütten (vgl. etwa Abb. 73) und mittlere (vgl. Bagido'us *bwayma,* Abb. 28), aber auch die noch etwas größeren von Yalumugwa (Abb. 75-77) können ohne Gerüst gebaut werden; aber die großen, drei oder mehr Meter hohen, zu denen man schwere, sperrige Balken hochreichen muß (vgl. Abb. 72, 97 und 81), erfordern die Errichtung von Eckgerüsten, deren Plattformen etwa in Schulter- oder Kopfhöhe liegen; und bei einem ganz großen Speicher, wie bei dem, der mitten in Omarakana steht, müssen auch längs der Seiten Gerüste gebaut werden (vgl. a. die kleine Leiter seitlich des *liku,* Diagramm XI). Den auf den Gerüsten stehenden Männern werden dann die Balken zum Auflegen von unten hochgereicht.

Der *liku* von To'uluwas großem Speicherhaus besteht aus zehn Paaren von Längsbalken (5b), acht oder neun findet man meist an den großen Speichern, die den *baku* der Kapitale säumen, während die kleineren nur fünf oder sechs aufweisen. Die Zahl der *kaylagim,* der Querbalken (5a), ist jeweils um eins und das *po'u*-Paar kleiner.

Die oberen *po'u* (4b) sind die höchsten Quer*liku* und ruhen ebenfalls in Verjüngungen. Parallel zu ihnen liegt auf den obersten *kaybudaka* (5b) eine Reihe weiterer *po'u*, die den *liku* gleichsam abdecken und die Basis des Dachs bilden (s. Diagramm I, III, IV, V, VIII und X).

So baut man noch vor dem Boden die Wände und Bedeckung der Hütte. *Bubukwa,* der Boden (3), entsteht, indem man eine Reihe Bretter oder Stangen in den Schlitz zwischen den Grundbalken (2) und dem untersten Paar *kaybudaka* (5b) schiebt, so daß die Bodenelemente neben den unteren *po'u* zu liegen kommen. Der Boden ist vielleicht der heiligste Teil des *bwayma,* da hier die *binabina*-Steine aufbewahrt werden, über denen die *vilamalia*-Magie praktiziert wird. Vom Boden leitet sich auch ein Titel der Fülle-Magie her: Der erste *vilamalia*-Ritus heißt *tum bubukwa* oder *kaytumla bubukwa,* »das Pressen des Speicherhausbodens«. Die zugehörige Formel 28 verweist auf die *binabina*-Steine, auf Staub und schwarzes Pulver, die sich auf dem Boden ansammeln sollten. Jahr für Jahr wird der *bubukwa* peinlich genau gefegt und gereinigt, damit keine faulenden Reste der vorjährigen Ernte unter den frischen Taytu geraten, der hier dann behutsam aufgelegt wird.

Der Boden ist dennoch der am wenigsten sorgfältig gebaute Speicherteil,

aus irgendeinem eben brauchbaren Material hastig und nachlässig zusammengesteckt – aus langen, plumpen Brettern, schlecht geschnittenen Stangen und gebrochenen Pfählen. Abb. 90 zeigt den Boden eines neuen, kleinen Speichers in Teyava: Etwa acht, zum Teil nicht einmal behauene Pfähle ragen mit ihren abgebrochenen Enden ziemlich schlampig nach außen. Auch ein Blick auf Abb. 87, mit dem größten bwayma, zeigt, wie roh das verwendete Material ist, wie wahllos zusammengestoppelt. Diese als Aufbewahrungsort des Taytuschatzes so überraschend unvollkommenen Unterlagen vermögen ihre Dienste überhaupt nur zu leisten, weil sie alljährlich mit neu geflochtenen Kokosmatten überdeckt werden. Diese Mangelhaftigkeit an einem Gegenstand, der doch für Magie, Glauben und Speichertechnik so wichtig ist, gehört zu den Wunderlichkeiten der trobriandischen Kultur, ob man den Grund dafür nun in Belüftungszwekken suchen will oder in der Vorstellung, das Unterste sei unwichtig (vgl. Diagramm I und III-VI, *bubukwa* (3)).
Damit ist der äußere Rahmen des *liku* beschrieben, der den Hauptteil des großen *bwayma* ausmacht, den Stolz des Eigentümers, den Teil, der auf Grund seiner Bauweise die Schaustellung seines Inhalts gewährt. Es ist bezeichnend, daß in Formel 29 (*vilamalia*-Magie) unter den Teilen des *bwayma* allein der *liku* mit dem persönlichen Besitz anzeigenden Präfix aufgeführt wird, als *agu liku,* womit dann weniger die Blockhütte selbst als ihr Inhalt bezeichnet wird.
Betreten wir nun das Innere. Es besteht aus mehreren Abteilungen, *kabisitala* (28) oder *kalikutala* genannt (vgl. Diagramme IV und IX), deren Bedeutung wir schon aus der soziologischen Analyse kennen, da jede einzelne von ihnen alljährlich von je einem der *urigubu*-Geber gefüllt wird (vgl. Kap. VII, Abschn. 2). Sie werden folgendermaßen gebaut: Zwei lange Stangen (gleichsam die Halbierstangen), *teta* oder *katuveyteta* (6), werden über die *po'u* (4b), die obersten Querbalken gelegt und verlascht, so daß sie die Blockhütte längs halbieren (in den Diagrammen sind die Verlaschungen der Übersichtlichkeit wegen weggelassen). Zwischen die *teta* steckt man eine Reihe langer Stäbe, *kabisivisi* (7), deren untere Enden in Lücken zwischen Bodenplanken (3) eingeführt und so befestigt werden, während ihre oberen Enden hoch über die *po'u,* fast bis an den unteren Firstbalken aufragen; andere *kabisivisi* (7) werden längs der Querbalken (4b) verlascht; sie sind so zugeschnitten, daß sie – allerdings ziemlich ungenau – der Neigung des Daches vom Firstbalken zur Blockhüttenwand folgen. So wird das Innere der Blockhütte in sechs, acht oder zehn Abteilungen gegliedert, im Fall des Haupt*bwayma* des Häuptlings sogar in sechzehn, von denen heute dreizehn mit *urigubu* und drei mit von den Häuptlingsfrauen und -söhnen selbstproduziertem *taytumwala* gefüllt werden. In alten Zeiten hatte der Häuptling in seinem *bwayma* zwar ein paar Abteilungen mehr, aber nie so

viel, wie er Frauen hatte; nur Vorsteher der bedeutendsten, Frauen gebenden und tributpflichtigen Gemeinden durften zum Hauptspeicher beitragen. (Auf einigen Abb. ist die Binnenteilung sichtbar; auf Abb. 81 sind zwischen den Balken *kabisivisi* zu erkennen; auf Abb. 60 und 88 ragen sie über den unbedachten *bwayma* hinaus).
Da die *kabisivisi* (7) auf den Photographien nicht gut zu sehen sind, habe ich ihnen mehr Diagramme gewidmet (IV-IX). Diagramm III zeigt die *teta* (6) und *po'u* (4b), IV die *kabisivisi*, V einen Längsschnitt, um etwa ein Drittel der Breite von einer Seitenwand entfernt, der die relative Lage von Boden, Vorder- und Rückwand, *kabisivisi* und oberen *po'u* zu erkennen gibt; VI zeigt im Querschnitt Dach und Halbierung, VII ebenfalls im Querschnitt auf der Höhe einer Abteilungswand die Stellung der Stäbe, VIII einen Längsschnitt in der Mitte, und IX vermittelt einen Einblick von oben. Als Beispiel ist ein *bwayma* mittlerer Größe mit acht Abteilungen gewählt; einen solchen habe ich auch genau vermessen (vgl. Abb. 81, Mitte links, und 82, Mitte).

## 5. *Das Dach*

Wir klettern jetzt über die Blockhütte in das Dach. Kein Boden trennt diesen Teil vom darunter liegenden, so daß der Yams, wenn die Blockhütte überquillt, bis hierher reicht, da die *kabisivisi* in der Regel bis unmittelbar unter das Dach aufragen. Aber eine ideelle, über den *po'u* (4b) verlaufende Fläche teilt den unteren und oberen Teil des *bwayma*. Zwei auf den *po'u* ruhende Balken, die *kiluma* (8), bilden die Basis des Dachstuhls, der im übrigen aus einem System von Rahmenbrettern und zwei Firstbalken besteht. Die großen, gewölbten Rahmenbretter lasten auf den *kiluma*, die entweder durch Löcher oder Einkerbungen an den unteren Enden der Rahmenbretter gezogen oder mit ihnen verlascht sind. Die oberen Enden der Rahmenbretter sind mit dem Firstbalken (10) verbunden, so daß, von der Wölbung abgesehen, ein dreieckiges Prisma entsteht, das durch eine doppelte Schicht von horizontalen Längsstäben (13 und 15) und – parallel zu den gewölbten Rahmenbrettern – gebogenen Querstäben (14) vervollständigt wird (vgl. Diagramm X und Abb. 89).
Einige Bemerkungen zu den von den Eingeborenen zu lösenden Problemen sind unerläßlich. Es gibt drei Möglichkeiten, das Dach in Position zu bringen.
(1) Wenn es unten am Boden zusammengesetzt wird, errichtet man ein kleines vorläufiges Gerüst aus vier Trägern, den *kokola* (27), auf die dann die *kiluma* (8) kommen. Der Firstbalken (10) wird über zwei gegabelte Stützen, *tutuya* (23), gelegt, und über diesen Rahmen baut man das Dach – genau wie das auf den Boden gebaute gewöhnliche Haus (vgl. Abb. 89). Ist der Dachstuhl fertig und mit Blättern abgedeckt, so wird das Ganze auf

die Blockhütte gehoben. Da die *kiluma* meist einfach auf die Einkerbungen an den *po'u*-Enden aufgelegt werden, ist das Dach eines kleinen *bwayma* tatsächlich mit leichter Mühe auf- und abzusetzen, als vorübergehendes Schutzdach auf den Boden zu stellen und dann wieder in seine eigentliche Lage zu bringen.

(2) Eine andere Möglichkeit habe ich in Teyava beobachtet (Abb. 90 und 91): Das Dach wird gleich oben auf der Blockhütte zusammengesetzt, wobei man als Gerüst nichts als die beiden *tutuya*-Sützen (23) braucht, die den unteren Firstbalken (10) in die richtige Lage bringen, so daß die Rahmenbretter (11) an ihm festgebunden werden können. Abb. 90 und 91 zeigen die Anbringung der Giebelbretter, *kavalapu* (12) am Firstbalken; das Übrige wird dem Technologen offenkundig sein.

(3) Bei sehr großen Speichern, bei denen man das Dach weder hochheben noch auf dem Boden oder auf dem *liku* stehend oben bauen kann, braucht man ein zusätzliches Gerüst. Da ich den Bau eines solchen *bwayma* nie gesehen habe, muß ich mich auf die Schilderungen von Gewährsleuten verlassen, die in technologischen Dingen immer etwas unbefriedigend sind. Beim Bau eines so großen Dachs oben über der Blockhütte stellt man zwei starke *tutuya* (23) auf, die im Fall des großen *bwayma* von Omarakana stehengeblieben sind (vgl. Abb. 80, ohne Dach, und Abb. 72, mit Dach). Auf diese beiden Stützen kommt der Firstbalken (wahrscheinlich der untere), indem dessen eines Ende in die gegabelte Spitze des einen *tutuya* gelegt wird, worauf man das andere Ende dann mittels eines durch die Gabel des anderen *tutuya* geführten Seils hochziehen kann. Das Gerüst, das man schon für den Bau der höheren Teile des *liku* errichtet hat, dient nun auch dazu, die *kiluma* (8) an ihren Platz zu bringen und die unteren Enden der gewölbten Rahmenbretter, der *kavilaga* (11), festzumachen. Um ihre oberen Enden an den Firstbalken zu binden, braucht man nun eine rohe Leiter, *daga* (24), die an den oberen Rand des *liku* gelehnt wird und ihn noch um einige Sprossen überragt; dort können die Männer stehen, um die oberen Enden der Rahmenbretter zu verarbeiten. Danach wird die Leiter wieder entfernt, damit man von den Plattformen der Gerüste aus die unteren Teile der Dachflächen anbringen kann. Dann wird eine Leiter (vgl. Abb. 72, wo sie nach beendigter Arbeit zu sehen ist) an diesen unteren Teil gelehnt, so daß man auch an den oberen Teil des Daches und an die Abdeckung mit Blattwerk gehen kann.

Speicherhäuser werden genauso gedeckt wie Wohnhäuser, indem man nämlich das breite Ende eines Lalangbüschels oder eines Palmblatts durch die Spalte zwischen zwei *kivi* (15) zieht, es dann zurückfaltet und durch die nächst niedrige Spalte steckt, so daß es festsitzt (vgl. Abb. 92). Man beginnt dabei an den untersten Sprossen des Dachrahmens, so daß alle folgenden Schichten auf die je unteren drücken, sie so sichern, und

insgesamt eine wasserfeste und relativ ebene Oberfläche entsteht, die nach mehreren schweren Regen glatt und kompakt wird.
Anders als der Hauptteil des Dachstuhls haben die beiden Abschnitte zwischen dem *liku* und den beiderseits überstehenden Giebelenden einen festen Boden, *bomakayva* (17) genannt, wie die Stöcke, aus denen er besteht. Diese Stöcke liegen zwischen den beiden *po'u* des *liku* einerseits und den beiden äußeren *po'u* andererseits ((19), vgl. Diagr. I), die in großen *bwayma* auf eigenen Stützen, den *kaynubilum* (18) ruhen, in kleineren lediglich mit den *kiluma* (8) verlascht sind. Die Giebelflächen füllt ein offenes Gitterwerk aus vertikalen und horizontalen Stäben (21 und 22), *bisiboda* oder *kavituvata,* bzw. *yobilabala* genannt. Manchmal wird das Gitterwerk mit Kokosmatten oder breiten Pandanusblättern bedeckt, die zierlich und elegant wirken (vgl. Abb. 75 und 86), aber in den vornehmsten *bwayma* ist es offengelassen, damit man die gespeicherte Ernte sehen kann (Abb. 79 und 82).
Ein Blick auf die Formeln der *vilamalia*-Magie gestattet einen interessanten Vergleich mit den Bezeichnungen für die Bauelemente, deren technischen Sinn wir jetzt kennengelernt haben. Es zeigt sich, daß die meisten der strukturellen Grundelemente in allen Formeln aufgeführt werden: *ulilaguva,* die Grundsteine (1), die in Oburaku die Gattungsbezeichnung *kaylagila,* Basis, tragen, *bubukwa* (3) und *liku* (5). In meiner Fassung der *kaylola*-Formel von Omarakana (M. F. 29) fehlt das Wort *kaytaulo*; man darf aber nicht vergessen, daß im *tapwana,* d. h. in der Litanei des Zauberspruchs, der Magier nicht immer das ganze Inventar aufführen muß, obzwar er selten sehr wichtige Elemente ausläßt.
Absolut vollständig ist das *tapwana* deshalb in keiner Rezitation, und das Fehlen eines Worts bedeutet nicht viel mehr als einen Lapsus in Gedächtnis oder Aufmerksamkeit des Magiers – etwa bei den ein, zwei Rezitationen, die er dem Ethnographen widmet. Mindestens in einer der Formeln entdecken wir auch Worte wie *kiluma, kakulumwala, vataulo, kavala, kaliguvase, kivi, katuva. Kavalupu, bisiya'i* und *mwamwala,* die Ornamentalteile, sind bezeichnender Weise in allen Formeln aufgeführt. Auch die Binnenteile *kabisivisi* und *teta* tauchen in Bagido'us Zauberspruch auf.

### 6. *Die Struktur des kleineren* bwayma

Der Hauptunterschied zwischen den Schau*bwayma* und den anderen, meist kleineren liegt in dem Teil zwischen Fundament und Dach, der zugleich der Teil ist, in dem die kleineren in ihrer Bauweise unter sich am meisten variieren.
Auch die gewöhnlichen Speicher durchschnittlicher Größe ruhen auf Grundsteinen, nur die ganz kleinen stehen, besonders wenn sie keinen

Mittelteil haben, auf kurzen, senkrechten Holzstützen, *kokola* ((27), vgl. Abb. 93), die am oberen Ende gegabelt sind, um die beiden längslaufenden Grundbalken aufnehmen zu können. Wegen der Unterschiede zwischen den gewöhnlichen *bwayma* wird es am bequemsten sein, sie hier in Typen aufzugliedern.

(a) Zunächst gibt es die kleinen Speicherhäuser, die den größeren insofern gleichen, als sie einen Blockhüttenteil aus mehr oder minder wohlbearbeiteten Balken aufweisen (vgl. Abb. 90, dort im Bau, und Abb. 91); *bwayma* dieser Art findet man in allen Dörfern in großer Zahl. Wenn sie Gemeinen gehören, die im Einflußbereich eines Häuptlings leben, ist ihr Blockhüttenteil mit Kokosblättern mehr oder weniger sorgfältig abgedeckt (vgl. Abb. 73, 77, 84 und 86). In unabhängigeren und entfernteren Dörfern waren sie dagegen auch schon in alter Zeit offen, vor allem wenn sie einem Dorfvorsteher gehörten (vgl. Abb. 97). Heute, da der Einfluß der Häuptlinge unterminiert ist, stellen viele, die noch vor fünfzig Jahren nicht gewagt hätten, offene *bwayma* zu besitzen, ihren Taytu arrogant zur Schau, wenngleich auch jetzt zahlreiche, genau nach dem Muster des großen Yamshauses mit *liku* gebaute Speicher mit Kokosblättern verschalt sind (vgl. Abb. 98, in Bwoytalu aufgenommen, wo der »Minderwertigkeitskomplex« noch stark genug ist; Abb. 77, in Yalumugwa aufgenommen, zeigt zwei gleiche Speicher, deren einer sorgfältig verschalt ist).

(b) Ein anderer Typus des gemeinen *bwayma* liegt vor, wenn der Blockhüttenteil, von den recht niedrigen Grundsteinen bis an die Basis des Daches, zwar die reguläre Höhe aufweist, aber nur halb so lang ist wie die Grundbalken (2), bzw. das Dach, wodurch vorne eine lange, überdachte Plattform entsteht (vgl. Abb. 93, 95 und 96). Diese Konstruktion wird durch zwei starke Stützpfeiler unter dem vorderen Giebel ermöglicht, die den *kaynubilum* (18) der Schau*bwayma* entsprechen und wohl auch so genannt werden. Meist sind dann auch die vorderen Enden der Grundbalken (2) abgestützt. Der Blockhüttenteil kann wiederum offen oder geschlossen sein, je nach dem Status des Eigentümers.

(c) Anstatt den Blockhüttenteil längs zu verkürzen, seine reguläre Höhe aber beizubehalten, kann man auch Länge und Breite beibehalten, die Höhe aber um mindestens die Hälfte kürzen, indem man ihn höher auf Pfähle setzt (vgl. Abb. 94). Dieser Typ steht gelegentlich unmittelbar neben den Wohnhäusern und könnte Haushaltsspeicher genannt werden. Statt auf einem Steinsockel steht er auf Holzstützen; er kann unten eine offene oder geschlossene Plattform haben.

(d) Am häufigsten ist der Typ, bei dem der *liku* ganz verschwindet, so daß der Speicher nur aus einer erhöhten, überdachten Plattform besteht (vgl. Abb. 96 und 97). Gelegentlich, vor allem bei den größeren, wird zusätzlich eine niedrige Plattform eingezogen (vgl. Abb. 97, links vorn) und oft mit Kokosmatten umschlossen – eine Konstruktion, die bei geschlossenen Speichern häufig vorkommt, da so ein bequemes Plätzchen entsteht, wo man tags schlafen und sich nachts zum Flirt treffen kann.

(e) In der Einfriedung aus Kokosblättern ist auch die Konstruktion üblich, die Diagramm XII darstellt. Sie unterscheidet sich wenig von den beiden vorstehenden Typen und bildet gewissermaßen eine Zwischenform. Diese *bwayma* haben einen rudimentären, sehr flachen Blockhüttenteil aus meist nur einem Balkenpaar und eine um die Hälfte kürzere, niedrige Plattform. Der obere Teil dient der Aufbewahrung von Saattaytu, da er, wie man sagt, besser belüftet ist als eine Plattform an der Basis des Dachs. Auf der unteren Ebene wird minderwertiger Taytu gespeichert. Wie ich gehört habe, ist dies das klassische Modell eines *sokwaypa,* eines Saatgutspeichers.

(f) Schließlich gibt es noch schlecht gebaute Behelfs*bwayma,* die in den Fischerdistrikten der Küste nicht selten sind, wo dem Yams keine so absolute Bedeutung zukommt. Sie bestehen einfach aus einer roh überdachten, erhöhten Plattform (vgl. Abb. 80).

(g) Am Ende sollte auch nicht der Spielzeug*bwayma* vergessen werden, den man für Jungen baut, wenn sie, erst fast nur zum Schein, dann aber ernsthafter, mit dem Gärtnern beginnen. Hübsch anzuschauen, steht er meist hoch über dem Erdboden (vgl. Abb. 99).

Hinsichtlich der Unterschiede zwischen den gemeinen und den großen Speicherhäusern lassen sich noch einige allgemeine Beobachtungen anschließen. Die bestgebauten *bwayma* der vornehmen Dörfer dienen fast ausschließlich dem Doppelwerk der Speicherung und Schaustellung. Kaum je bieten sie eine Plattform als bequemen Aufenthalt, indem gerade bei den besten nur je eine Person auf den Enden der Grundbalken sitzen kann. Je geringer ein *bwayma* ist, könnte man beinah sagen, desto mehr lädt er zum Aufenthalt bei Tag und Nacht ein.

Zugleich sind die anspruchsloseren Speicherhäuser viel leichter zugänglich und für den alltäglichen Gebrauch bequemer. Dem großen Häuptlingsspeicher etwas zu entnehmen erfordert eine Kletterleistung von beträchtlicher Schwierigkeit, wie sie zudem die Hausfrau und Gattin des Häuptlings aus Gründen des Takts nicht allein unternehmen darf; denn man muß alle Sprossen des *liku* erklimmen und, wenn er voll ist, auf dem oberen Rand hockend, die Knollen aussuchen. Für die barfüßigen und im Bäumeklettern ungemein erfahrenen Eingeborenen ist das zwar weniger schwer als für einen Europäer, erfordert aber immer seine Zeit.

Bei den anspruchslosen *bwayma* dagegen können Mann und Frau auf der Plattform stehend einfach von unten in die Speicherfächer hineingreifen, deren Boden in der Regel aus kleinen, mit Kokosmatten bedeckten Stöcken besteht, so daß man nur eine Matte ein Stück beiseite schieben muß, um an den Yams zu kommen.

### 7. *Terminologie und Zusammenfassung der architektonischen, soziologischen und ökonomischen Aspekte des* bwayma

Ich komme jetzt zu einer kurzen Zusammenfassung der Struktur- und Funktionstypen des Speicherhauses. Der *bwayma*, auch *bomaliku* und in bescheidener Form *bwayma goregore* genannt, ist Lebensmittelbehälter und Darstellungsmittel. Architektonisch gesehen besteht er aus einem starken Fundament, einem gut gebauten Blockhüttenteil und einem eleganten, gegiebelten Dach. Soziologisch gesehen dürfen nur Häuptlinge, Unterhäuptlinge (*gumguya'u* oder *toliwaga*), Vornehme und Vorsteher wichtiger Dörfer ihn besitzen. Ökonomisch gesehen muß er zum größeren Teil von einem anderen als seinem Eigentümer gefüllt werden; und ein beträchtlicher Teil seines Inhalts wird zu Gaben verwendet, zu zeremoniellen Verteilungen, zum Tausch und zur Finanzierung größerer Vorhaben. Ästhetisch gesehen ist er häufig mit geschnitzten Brettern, Muscheln und Wimpeln geschmückt. Sein Ort ist der innere Ring, weshalb er auch *bomisisunu* heißt; in einigen Kapitalen, in Omarakana, Kasana'i, Kabwaku und Sinaketa, steht der Häuptlings*bwayma* mitten auf dem Dorfplatz, wo ihm dann der Titel *bomilala* zukommt. An seine Lage im inneren Ring knüpft sich das Tabu, dort zu kochen. In den Zeremonialspeichern liegen meist *binabina*-Steine, in jedem Fall wird aber über ihnen die *vilamalia*-Magie praktiziert.
Die gewöhnlichen Speicher sind architektonisch gesehen kleiner, brauchen weniger starke Fundamente und haben oft keinen Blockhüttenteil. In soziologischer Hinsicht: Jedermann kann sie besitzen; ihre Sitzplattform bildet ein Zentrum des sozialen Lebens, vor allem für die Männer. Ökonomisch: Soweit sie Vornehmen gehören, füllen diese sie gänzlich mit selbsterzeugtem *taytumwala* und Saatyams, sonst enthalten sie außerdem auch das *urigubu*. Ästhetisch gesehen streben sie geradezu nach Bescheidenheit und Unauffälligkeit. Weil sie den Betrachter nicht beeindrucken sollen – aber auch wegen des Koch-Tabus –, sind sie ganz abgedeckt (abgesehen von durch Abnutzung entstandenen Löchern). Keine Magie ist an sie geknüpft, keine Tabus schränken ihre Nutzung ein, auch für Schlaf und Beischlaf können sie benutzt werden.
Im Hinblick auf Funktion und Bauweise ist die Klassifikation also klar. Die Terminologie ist dagegen an sich verwirrend, inkonsistent und unbestimmt; untersuchen wir die einschlägigen Ausdrücke aber in ihrem jeweiligen Verwendungszusammenhang, so erweisen sie sich als klare Benennungen. *Bwayma* ist sowohl die Gattungsbezeichnung für Speicherhäuser im allgemeinen als auch speziell der Ausdruck für Schauspeicher: Spricht jemand von »seinen Speichern«, so benutzt er das Wort *bwayma,* will er aber hervorheben, daß einige davon einen offenen, andere einen geschlossenen *liku* haben, so wird er die ersteren *bwayma*

nennen, die anderen *bwaymaya* oder *sokwaypa.* Allerdings sind dabei die *sokwaypa* nicht unbedingt geschlossen: Die beiden schönen Schauspeicher auf Abb. 81 gehören offensichtlich in die höchste Klasse von offenen *bwayma,* aber der obere Teil des einen (rechts, mit geflochtenen Kokosmatten) dient der Verwahrung von Saatyams und würde im Hinblick auf seine Funktion *sokwaypa* genannt, obwohl er architektonisch mit dem *bwayma* identisch ist.

Die Worte *bwayma, bwaymaya* und *sokwaypa* können architektonisch gesehen also fast unterschiedslos gebraucht werden; genauere Bedeutung erhalten sie nur im Kontrast zueinander, und dann meint *sokwaypa* einen Saatgutspeicher, *bwayma* einen Schauspeicher, während alles andere *bwaymaya* heißt. Weithin und am häufigsten hört man aber das Wort *bwayma,* sehr selten *bwaymaya,* das doch in den meisten Fällen zutreffender wäre.

## *8. Eine Notiz über Proportionen*

Die Proportionen der Speicherbauten wechseln mit Typus und Größe. Die Abb. 75, 77, 80 und 93 bieten Beispiele für alle Grundformen, gedrungene, schlanke und geradezu ungestalte. Die großen *bwayma* sind es, die einem mehr oder minder festgelegten Proportionsmuster folgen. Wie weit dies von praktischen Erfordernissen bestimmt ist und wie weit es sich der Konvention oder dem Streben nach Eleganz verdankt, weiß ich nicht mit Bestimmtheit zu sagen.

Veranschlagen wir die Länge des Dachs (A bis B in Diagr. I) und die meist etwa gleiche Länge der Grundbalken (A' bis B') mit 5, so wäre das Dach an der Basis (C bis D in Diagr. II) 2,5 breit, ebenso sehr häufig die Entfernung zwischen den äußeren Kanten der Grundsteine in der Breite (C' bis D'); und die Gesamthöhe vom Erdboden zum oberen Firstbalken (E bis F in Diagr. I und II) betrüge 5,5; der Abstand vom Erdboden zum oberen Rand des Blockhüttenteils (E bis G) wäre 3, der Blockhüttenteil (G bis H) wäre 2,3 hoch, der Abstand zwischen Erdboden und Blockhüttenboden (E bis H) 0,7, die Länge der Blockhütte (I bis J) 2,8, ihre Breite (K bis L) 1,6. Diese Zahlen beziehen sich eigentlich auf die Abmessungen eines *bwayma* im inneren Ring von Omarakana (Abb. 82, Mitte, Abb. 81, links), den ich genau vermessen habe, aber im Hinblick auf die Proportionen stimmen die angeführten Zahlen im wesentlichen mit anderen von mir vorgenommenen Messungen überein. Die folgende Tabelle gibt deshalb zugleich die durchschnittlichen Proportionen eines guten *bwayma* wieder:

*Meter*

5,5 vom Erdboden zur Spitze des Firstbalkens.
0,7 vom Erdboden zur Oberseite der Grundbalken (*kaytaulo*); (Grundsteine 0,5; Durchmesser der *kaytaulo* 0,2).
3,0 vom Erdboden bis zum oberen Rand der Blockhütte (Oberseite der *po'u*).
2,3 Höhe des *liku*.
1,6 Breite des *liku*.
2,8 Länge der *liku*-Längsbalken.
5,0 Länge des Dachfirsts und der Grundbalken (an der Basis ist das Dach meist 10 bis 20 cm kürzer).
2,5 Höhe des Dachs (von den oberen *po'u* zum oberen Firstbalken).
2,5 Maximale Breite des Dachs.
2,3 Innenbreite des Dachs an der Basis.
3,9 Entfernung zwischen den Giebelflächen

Zur Berechnung des *liku*-Innenraums können wir von folgenden Zahlen ausgehen: Binnenhöhe ebenfalls 2,3; Balkendurchmesser etwa 0,15 – daher Binnenlänge 2,5, Breite 1,3. Das ergibt einen Inhalt von 7,475 $m^3$; für das Dach ergibt sich annähernd: 11,2125 $m^3$.
Im übrigen sind die Maße des *bwayma* den im Maßstab 1:50 gezeichneten Diagrammen zu entnehmen; die dort angegebenen Verweisziffern liegen auch der folgenden Liste zugrunde.

## 9. *Das technische Vokabular des* bwayma

1. *Ulilaguva* – der Grundstein; vier oder sechs Korallenblöcke, die den ganzen Bau tragen und meist auf dem Muttergestein ruhen (I-IV, VI).
2. *Kaytaulo* – die Grundbalken; sie liegen längs über den Grundsteinen (I-IV, VI, VII).
3. *Bubukwa* – der Boden und die Bodenelemente: Bretter und Stangen, die den Boden des Blockhüttenteils bilden (I, III-VIII).
4. *Po'u* – die Rahmenbalken, die unteren und oberen Querhölzer (I-X).
4a. *Po'u* – die Rahmenbalken unten.
4b. *Po'u* – die Rahmenbalken am oberen Rand, zugleich Basis des Dachs.
5. *Liku* – der Blockhüttenteil, zugleich die ihn bildenden Balken (I-IX).
5a. *Kaylagim* (*liku*) – die die Vorder- und Rückwand bildenden Querbalken (I-V, VIII).
5b. *Kaybudaka* (*liku*) – die die Seitenwände bildenden Längsbalken (I-IV, VI, VII, IX).
6. *Teta* (oder *katuveyteta*) – die Halbierstangen; zwei Stangen, die längs über die oberen *po'u* gelegt werden und so die Blockhütte im Grundriß halbieren (III, IV, VI-IX).
7. *Kabisivisi* – die Abteilungsstangen; Stangen, die senkrecht und in Reihen zwischen die *teta*, an *po'u* und zwischen Bodenbretter gesteckt werden, so daß sie die Abteilungswände bilden (IV-IX).
*Kabisivisi* – die Speicherabteilungen selbst, als *kabisi* – oder *kaliku* – beim Zählen: *Kabisitala* oder *kalikutala* – eine Abteilung; *kabisiyu* oder *kalikayu* – zwei Abteilungen; *kabisitolu* oder *kalikutolu* – drei Abteilungen usw.
8. *Kiluma* – die Grundbalken des Dachstuhls; zwei Längsbalken über den oberen *po'u*, die das Dach tragen(II-IV, VI, VII, IX).

9. *Vataulo* – der obere Firstbalken, der (neben den *kiluma*) dritte, für die Konstruktion des Dachs wesentliche Balken (I, II, VI-VIII, X).

9a. *Mwamwala* – das Ornament am Firstbalken; ein Ring oder ein Schnitzwerk, das einen Vogel darstellt, am Ende des oberen Firstbalkens befestigt (I, II, VIII).

10. *Kakulumwala* – der untere Firstbalken (II, VI-VIII, X).

11. *Kavilaga* – das Rahmenbrett des Dachstuhls; die Rahmenbretter bestimmen die Form des Dachs und tragen es – zusammen mit den äußeren Stützen und den Firstbalken (VII, X).

12. *Kavalapu* – das Giebelbrett; die beiden äußersten Rahmenbretter, die in der Giebelfläche liegen und von der Vorder- und Rückseite des Gebäudes sichtbar sind. An vornehmen *bwayma* waren die vorderen *kavalapu* früher immer verziert; auch heute sind sie es noch oft (II, X).

13. *Kavala* – die inneren Dachstangen; horizontale, längs verlaufende Stangen, die von außen an die Rahmenbretter gelascht sind (II, VI, VII, X).

14. *Kariguvase* – die gekrümmten Dachstangen; die seitwärts von oben nach unten über die *kavala* gekrümmten und mit ihnen verlaschten Dachstangen, die unter der Oberfläche des Dachs parallel zur Fläche der Rahmenbretter (11) verlaufen (II, VI, VII, X).

15. *Kivi* – die äußeren Dachstangen; die horizontal und längs verlaufenden Stangen, die in kurzen Abständen voneinander und quer zu den *kariguvase* (14) die äußerste Fläche des Dachstuhls bilden, und an denen das Gras- oder Blattwerk befestigt wird (II, VI, VII, X).

16. *Katuva* – das Gras- oder Blattwerk des Dachs (I, II, VI, VII).

17. *Bomakayva* – der Giebelboden und die Stöcke, die ihn bilden (I, II).

18. *Kaynubilum* – die Giebelstütze; lange Pfähle, die bei besonders langen oder leicht baufälligen Speicherhäusern aufgestellt werden, um die vorstehenden unteren Giebelenden abzustützen (I).

19. (*Bomakayva*) *po'u* – die Querhölzer am Giebelende; die Stütze – bei einem großen *bwayma* ein Balken –, die von unten an die *kiluma,* die Grundbalken des Dachstuhls (8), gebunden wird, um die *bomakayva*-Stöcke (17) zu halten (I).

20. *Bisiya'i* – das Giebelbasisbrett; gelegentlich verziertes Querbrett am unteren Ende des Vordergiebels; manchmal auch zwei Bretter übereinander (II, VIII).

21. *Bisiboda* – die vertikalen Giebelstangen, einen Teil der Giebelfläche bildend (II).

22. *Yobilabala* – die horizontalen Giebelstangen, quer zu den *bisiboda,* in der Giebelfläche (II).

23. *Tutuya* – die Firstbalkenstütze; lange, starke Pfähle, die beim Bau verwendet und manchmal stehen gelassen werden (XI).

24. *Daga* – die Leiter, zum Bau der oberen Teile des Speichers, des Dachstuhls und des Gras- oder Laubwerks (XI).

25. *Unawana* (auch *daga* im engeren Sinn) – die Leiterstange (XI).

26. *Getana* (auch *yobilabala* genannt) – die Leitersprosse (ein allgemeiner Ausdruck) (XI).

27. *Kokola* – Pfeiler; ein starker Holzpfosten, in der Regel am oberen Ende gegabelt, der bei kleineren Speichern die Grundbalken, *kaytaulo* (2), trägt; im übrigen jeder gegabelte Pfosten, der als Stütze für eine Plattform oder eine Bettstätte dient (XII).

28. *Kabisitala* – das Speicherfach, die Speicherabteilung (IV).

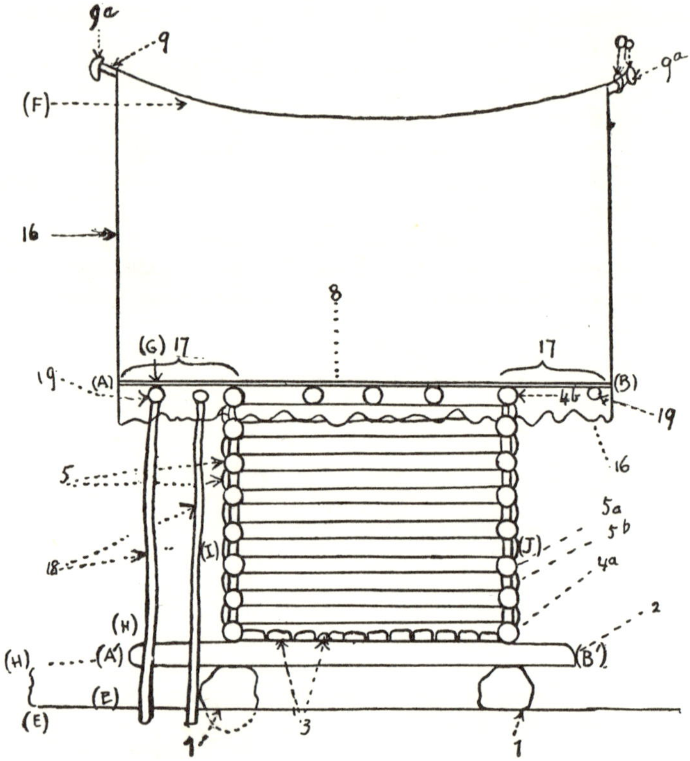


*Diagramm I.* Seitenansicht des Yamshauses

1. Grundstein.
2. Grundbalken.
3. Bodenbrett.
4. Rahmenbalken; a. unten.
   b. oben.
5. Blockhüttenteil;
   a. Querbalken.
   b. Längsbalken.

8. Grundbalken des Dachstuhls.
9. Oberer Firstbalken.
9a. Ornament am Firstbalken.
16. Gras- oder Blattwerk des Dachs.
17. Giebelboden.
18. Giebelstütze.
19. Querhölzer am Giebelende.

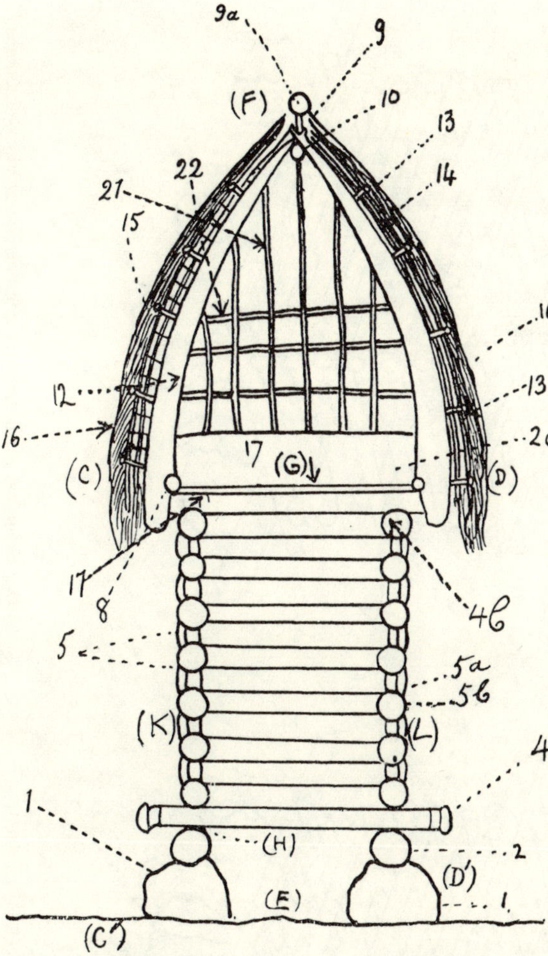


*Diagramm II.* Vorderansicht des Yamshauses

1. Grundstein.
2. Grundbalken.
4. Rahmenbalken; a. unten.
   b. oben.
5. Blockhüttenteil;
   a. Querbalken.
   b. Längsbalken.
8. Grundbalken des Dachstuhls.
9. Oberer Firstbalken.
10. Unterer Firstbalken.
12. Giebelbrett.
13. Innere Dachstange.
14. Gekrümmte Dachstange.
15. Äußere Dachstange.
16. Gras- oder Blattwerk des Dachs.
17. Giebelboden.
20. Giebelbasisbrett.
21. Vertikale Giebelstange.
22. Horizontale Giebelstange.

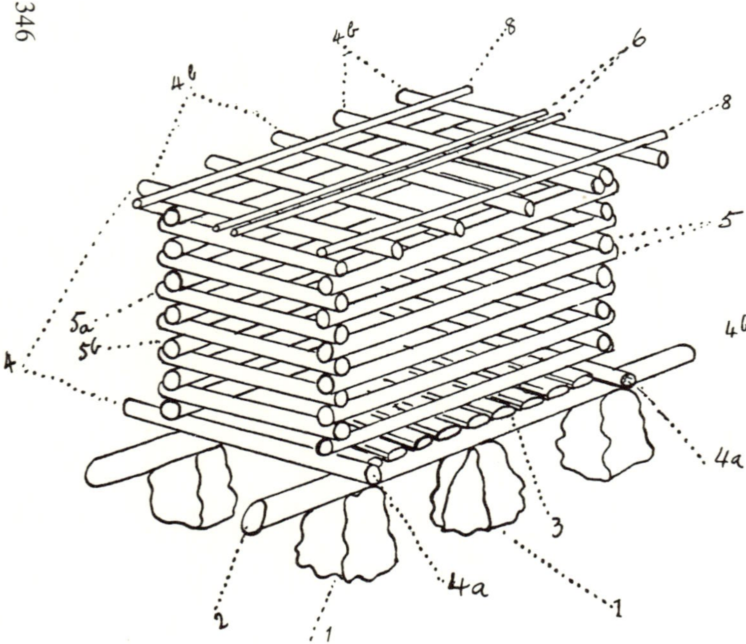


*Diagramm III.* Struktur des Blockhüttenanteils

1. Grundstein.
2. Grundbalken.
3. Bodenbrett.
4. Rahmenbalken.
5. Blockhüttenbalken; a. quer. b. längs.
6. Halbierstange.
8. Grundbalken des Dachstuhls.

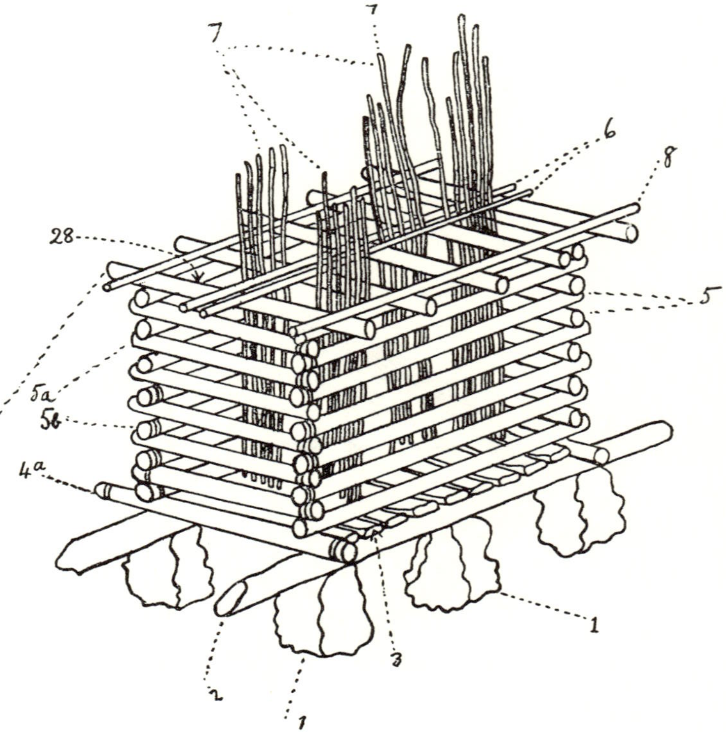


*Diagramm IV.* Struktur und Abteilungen des Blockhüttenteils

1. Grundstein.
2. Grundbalken.
3. Bodenbrett.
4. Rahmenbalken; a. oben. b. unten.
5. Blockhüttenbalken; a. quer. b. längs.
6. Halbierstange.
7. Abteilungsstangen.
8. Grundbalken des Dachstuhls.
28. Speicherfach

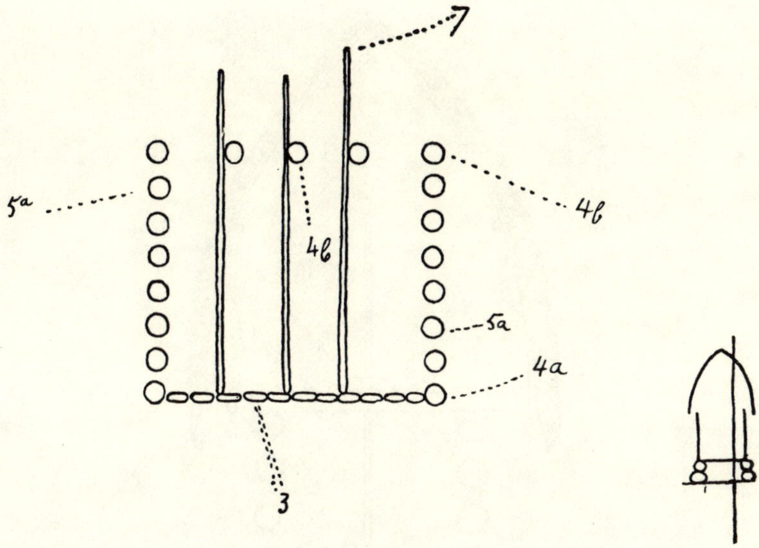


*Diagramm V.* Längsschnitt des Blockhüttenteils

3. Bodenbrett.
4. Rahmenbalken; a. oben.
   b. unten.
5. Blockhüttenbalken; a. quer.
7. Abteilungsstange.

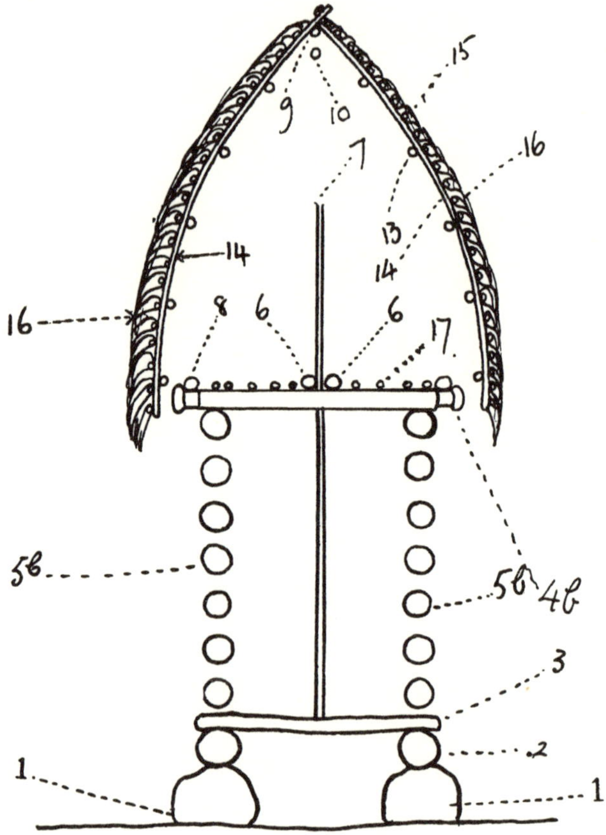


*Diagramm VI.* Querschnitt des Yamshauses

1. Grundstein.
2. Grundbalken.
3. Bodenbrett.
4b. Oberer Rahmenbalken.
5b. Blockhüttenlängsbalken.
6. Halbierstange.
7. Abteilungsstange.
8. Grundbalken des Dachstuhls.
9. Oberer Firstbalken.
10. Unterer Firstbalken.
13. Innere Dachstange.
14. Gekrümmte Dachstange.
15. Äußere Dachstange.
16. Gras- oder Blattwerk des Dachs.
17. Giebelboden.

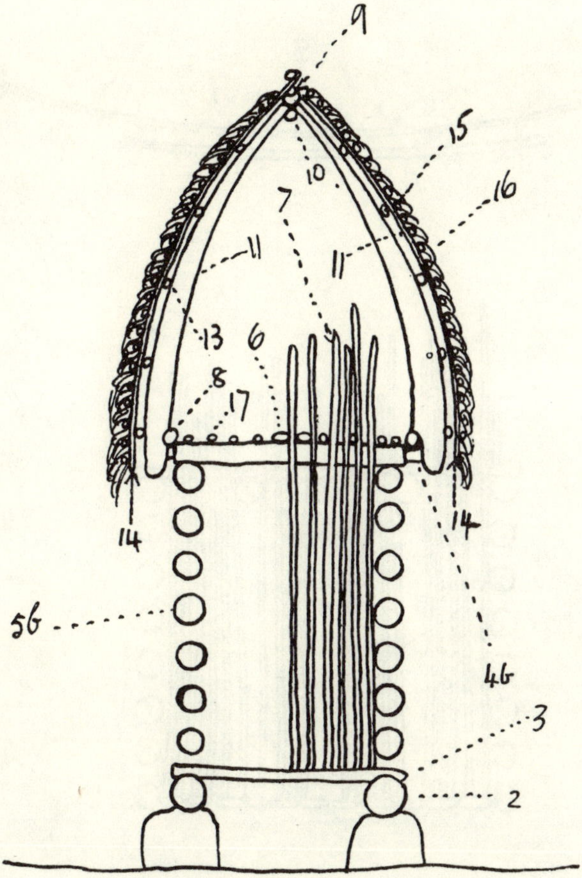


*Diagramm VII.* Querschnitt des Yamshauses
(zeigt den Aufbau der Querwand der Abteilungen)

2. Grundbalken.
3. Bodenbrett.
4b. Oberer Rahmenbalken.
5b. Blockhüttenlängsbalken.
6. Halbierstange.
7. Abteilungsstange.
8. Grundbalken des Dachstuhls.
9. Oberer Firstbalken.
10. Unterer Firstbalken.
11. Rahmenbrett des Dachstuhls.
13. Innere Dachstange.
14. Gekrümmte Dachstange.
15. Äußere Dachstange.
16. Gras- oder Blattwerk des Dachs.
17. Giebelboden.

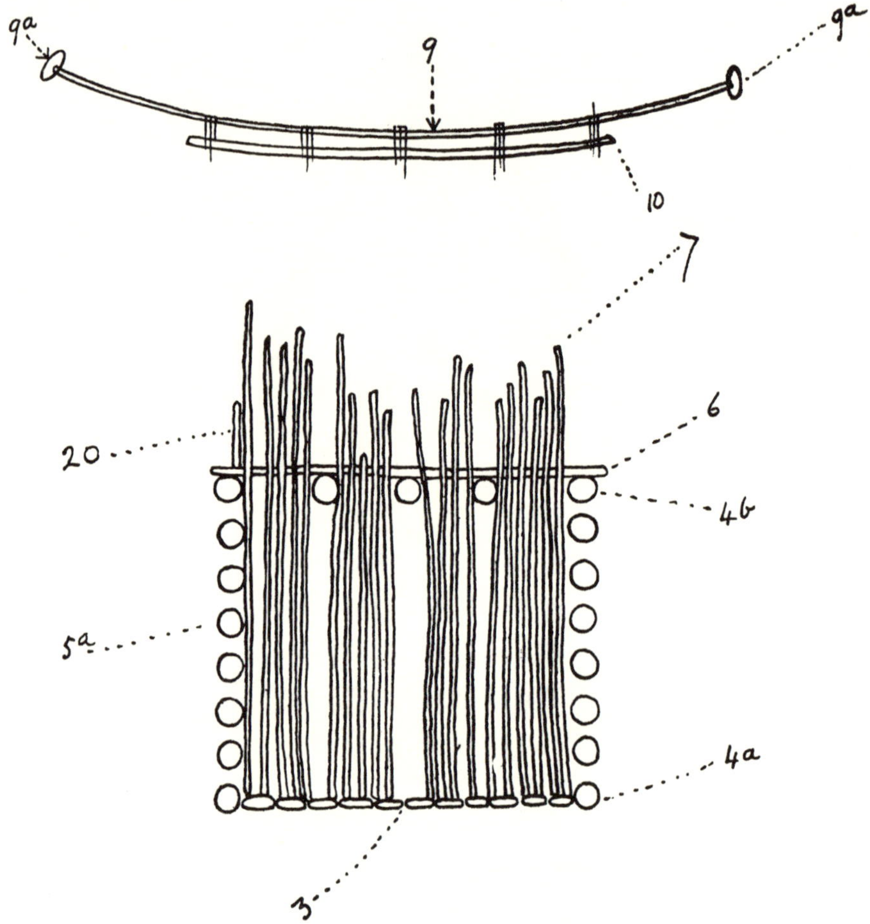


*Diagramm VIII.* Längsschnitt des Yamshauses
(zeigt den Aufbau der Längswand der Abteilungen)

3. Bodenbrett.
4. Rahmenbalken; a. unten.
b. oben.
5a. Blockhüttenquerbalken.
6. Halbierstange.
7. Abteilungsstange.
9. Oberer Firstbalken.
9a. Ornament am Firstbalken.
10. Unterer Firstbalken.
20. Giebelbasisbrett.

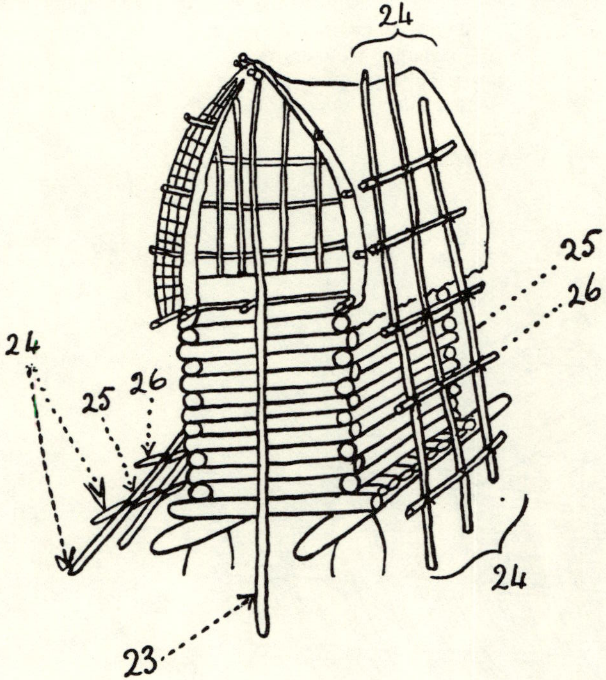


*Diagramm XI.* Baugerüst am Yamshaus

23. Firstbalkenstütze.
24. Leiter.
25. Leiterstange.
26. Leitersprosse.

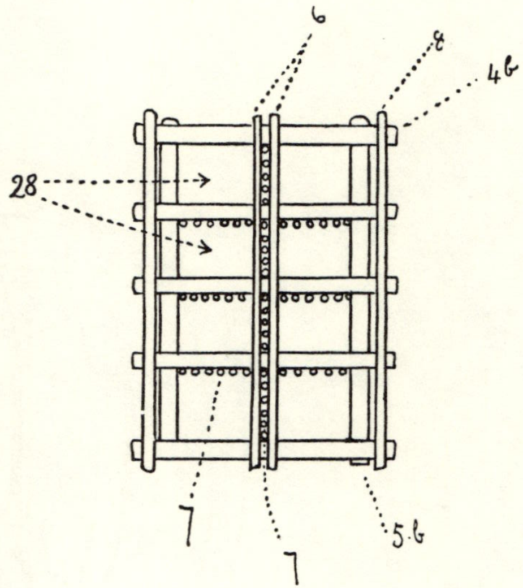


*Diagramm IX.* Horizontalschnitt des Blockhüttenteils, oben (zeigt die Abteilungen im Grundriß)

4b. Rahmenbalken oben.
5b. Blockhüttenlängsbalken.
6. Halbierstange.
7. Abteilungsstange.
8. Grundbalken des Dachstuhls.
28. Speicherabteilung.

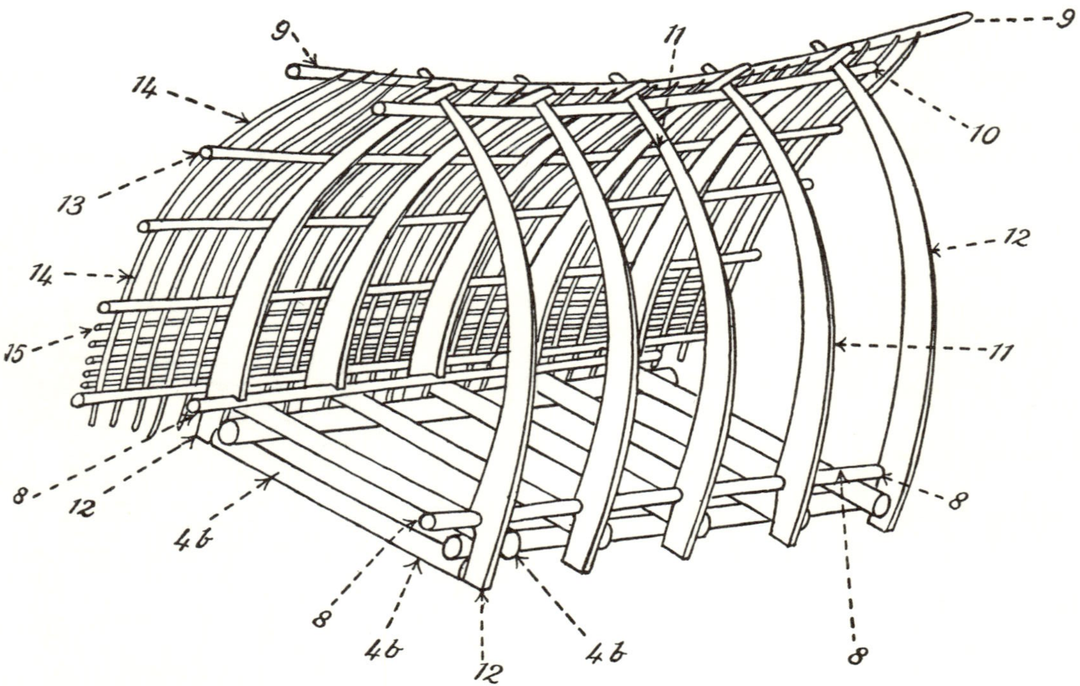


*Diagramm X.* Dachkonstruktion des Yamshauses

4b. Oberer Rahmenbalken.
8. Grundbalken des Dachstuhls.
9. Oberer Firstbalken.
10. Unterer Firstbalken.
11. Rahmenbrett des Dachstuhls.
12. Giebelbrett.
13. Innere Dachstange.
14. Gekrümmte Dachstange.
15. Äußere Dachstange.

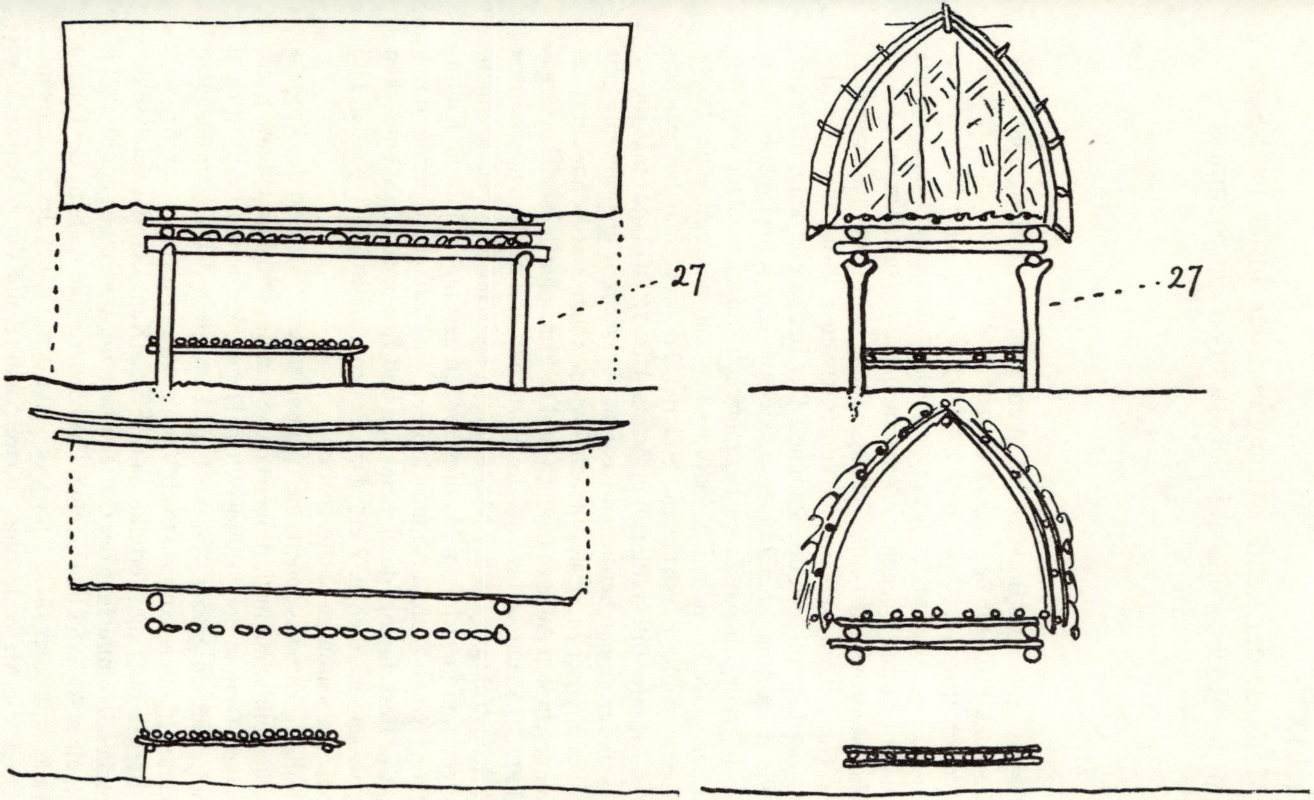


*Diagramm XII. Sokwaypa*

27. Holzpfeiler.

# Kapitel IX
## Die Methode der Feldforschung und der unsichtbare Sachverhalt im Rechts- und Wirtschaftsleben des Stammes

Die Untersuchung des Bodenrechts ist ein ziemlich schwieriges und sehr interessantes Problem der soziologischen Synthese. Nirgends enthüllt sich der konstruktive, schöpferische Aspekt soziologischer Beobachtungen unter Eingeborenen deutlicher als bei der Analyse der Frage, wie das Bodenrecht zu untersuchen, aufzunehmen und darzustellen sei.

Die Hauptleistung der Feldforschung besteht nicht in der passiven Aufnahme von Fakten, sondern im konstruktiven Entwurf gleichsam der Charta der Institutionen des Stammes. Der Beobachter kann nicht einfach wie ein Automat funktionieren, wie etwa eine Kamera, kombiniert mit phonographischen oder stenographischen Aufzeichnungen von Aussagen der Eingeborenen. Der Feldforscher muß während seiner Beobachtungen ständig konstruieren, isolierte Daten aufeinander beziehen und die Art ihrer Integration untersuchen. Überspitzt könnte man sagen, daß es in der gesellschaftlichen Realität »Tatsachen« ebensowenig gibt wie in der physischen; sie liegen nicht in dem Raum-Zeit-Kontinuum, das dem ungeschulten Auge zugänglich ist. Die Prinzipien der sozialen Organisation, der Rechtsverfassung, der Wirtschaft und der Religion werden durch Konstruktion aus der Masse ihrer unterschiedlich bedeutsamen, wichtigen und unwichtigen Manifestationen gewonnen. Für die Kulturforschung haben allein diese unsichtbaren Wirklichkeiten, die nur durch induktive Berechnung, durch Selektion und Konstruktion zu entdecken sind, wissenschaftlichen Wert. Das Bodenrecht ist ein typischer Fall solcher »unsichtbaren Sachverhalte«.

Auch die Rechtssanktionen, die ökonomischen Prinzipien der Produktion, die politischen Institutionen eines Stammes sind »unsichtbare Sachverhalte«. Dem in der soziologischen Theorie versierten Leser ist wohl bewußt, daß ein großer Teil der Erörterungen in den vorhergehenden Kapiteln Ergebnis konstruktiver Verallgemeinerungen dieser Art war. Der Bericht über die Verteilung der Ernte (Kap. VI), die Analyse der magischen Beeinflussung der Gartenarbeit, der Bedeutung der Mythologie als eines Anreizes und als einer Grundcharta, die Ästhetik der Gärten – all das fällt unter diese Kategorie. Auf dem Gebiet des Bodenrechts zeigt sich die Methode, unsichtbare Sachverhalte durch konstruktive Schlüsse zu entdecken, indessen am deutlichsten.

Die Frage des Bodenrechts verdient auch deshalb einige Aufmerksamkeit, weil sie bei der praktischen Anwendung der Anthropologie von höchster Bedeutung ist. Ohne Übertreibung kann man nämlich den größeren Teil der Kolonialprobleme auf Fehler in der Landpolitik zurückführen. Ob es sich um Irland gestern oder um Indien heute handelt, um Schutzgebiete in Ostafrika oder um die Südafrikanische Union – in nationalen und Rassenkonflikten spielen immer Fragen des Bodenrechts eine Rolle, sei es nun auf Grund willkürlicher Expropriation oder ungeschickter Verteilung, auf Grund überflüssiger, reiner Schikane oder gut gemeinter, aber allzu radikaler Reformen. Und doch wird das Thema in anthropologischen Feldberichten kaum je auch nur erwähnt; die wenigen Bücher, in denen es überhaupt erörtert wird, kann man an fünf Fingern abzählen. All das sollte hier einen längeren Exkurs über Methode und Theorie der Feldforschung rechtfertigen sowie den Versuch, die Grundlagen für eine ergiebigere Untersuchung des Bodenrechts darzulegen.[1]

## *1. Eine vorläufige Definition des Bodenrechts*

Das Studium des Bodenrechts löst sich unvermeidlich in eine Reihe von Fragen zur Nutzung des Landes durch die Gemeinschaft und ihre Angehörigen auf. Obwohl das Problem so einfach zu sein scheint, sieht man sich deshalb bald mit Komplikationen und Schwierigkeiten konfrontiert. Der direkte Zugang – ein paar Fragen, wie: wer ist der Eigentümer dieser oder jener Parzelle, wer übt die Kontrolle aus, wer hat Rechtsansprüche – führt bald in eine Sackgasse. Bestenfalls enthüllt sich dabei das traditionale oder rechtliche Titelsystem – d. h. das System mit dem Boden verbundener Rechte, Privilegien und Verantwortlichkeiten. Dies aber erwächst aus den Weisen der Bodennutzung und aus den ökonomischen Werten, die den Boden umgeben: Grundbesitz ist ein wirtschaftlicher Sachverhalt, ebensogut wie ein Rechtssystem.

Als Regel können wir sofort festhalten, daß jeder Versuch, das Bodenrecht vom ausschließlich rechtlichen Standpunkt zu untersuchen, zu nur unbefriedigenden Resultaten führen kann. Ohne erschöpfende Kenntnis des Wirtschaftslebens der Eingeborenen läßt sich ihr Bodenrecht weder definieren noch beschreiben. Das ist keineswegs eine Binsenwahrheit, denn den meisten Untersuchungen, besonders den offiziellen, liegt der Trugschluß zugrunde, das Bodenrecht sei mit einer Salve von Fragen zu

[1] Dem Leser, der nicht primär an Methodenfragen und einer gründlichen theoretischen Analyse der Prinzipien des Bodenrechts interessiert ist, mag die folgende Erörterung ein wenig verwirrend und abstrus erscheinen. Im Schlußkapitel wird alles Beweismaterial, das Bodenrecht betreffend, Schritt für Schritt dargelegt, so daß es womöglich leichter ist, zunächst dies zu lesen und auf die hier vorliegende methodologische Einschaltung erst zurückzukommen, wenn die Lösung der Schwierigkeiten schon auf der Hand liegt.

ermitteln, die sich allein auf den Rechtsaspekt konzentrieren. Wenn eine Kommission damit beauftragt wird, in zwei, drei Wochen das System des Grundbesitzes bei einem ostafrikanischen Stamm festzustellen und das mittels Einberufung einiger *barazas* absolviert; wenn in Westafrika eine Gruppe berühmter englischer Juristen, die weder mit afrikanischen Kulturen noch Sprachen vertraut sind, das Bodenrecht untersucht; wenn in einer Südseekolonie nach der anderen den Beamten empfohlen wird, über Grundbesitz zu berichten, und zwar so, daß sie hier Gemein- und da Privatbesitz ermitteln, im ersten Stamm »Claneigentum«, im zweiten eine »Häuptlingsdomäne«, im dritten »Verteilung in der Familie« –, dann ist nicht mehr als eine sehr grobe Annäherung an die Realität zu erwarten. Tatsächlich ist eine durchschnittliche Untersuchung dieser Art jedoch schlimmer: sie stützt sich auf einen Fragebogen, der entweder von festgelegten und spezialisierten europäischen Begriffen inspiriert ist oder von *a priori* ausgedachten Unterscheidungen, etwa von der unausrottbaren anthropologischen Annahme einer Opposition zwischen Kommunismus und Individualismus. Jede so gewonnene Beobachtung wird dann sofort verstümmelt oder in eine falsche Perspektive gerückt, und das Resultat verschleiert uns das wirkliche Problem mit einer vermeintlichen Lösung.

Ich möchte sogleich hinzufügen, daß ich als Anthropologe keineswegs selbstgerecht auftreten kann, wenn ich hier den »Ansatz des Praktikers« kritisiere. Bis jetzt hat es die Anthropologie nämlich auffällig versäumt, brauchbare Informationen zu diesem Grundproblem ihres Gebiets beizusteuern, und ich selbst kann aus meinem eigenen Material, veröffentlicht oder dem Manuskript anvertraut, einige besonders eklatante Fehler anführen. Und die Fehler seines Metiers geißelt man immer am besten an sich selbst. Mit dem Bodenrecht verhält es sich indessen noch komplizierter.

Die rein ökonomische Nutzung von Land kann nämlich nicht von Siedlungsrechten, politischen Ansprüchen, Kommunikations- und Verkehrsfreiheit getrennt werden; ebensowenig von territorialen Vorrechten hinsichtlich des zeremoniellen, magischen und religiösen Lebens. Gewiß, der ökonomische Nutzen des Bodens bildet den harten Kern all dieser Privilegien und Ansprüche. Grundbesitz ist aber umfassender zu konzipieren: im weitesten Sinn als die Beziehung des Menschen zum Boden; insofern nämlich als diese im Stammesrecht und im Brauch formuliert ist, und das politische Leben, die öffentlichen Zeremonien und Erholung und Sport beeinflußt. Das jemand zugewiesene und kulturell bestimmte Stück Erde, die Bürgerschaft auf abgegrenztem Territorium, die Art der Wohnsitzbestimmung und die Rechte, die den verschiedenen Arten der Bodennutzung zugrunde liegen – all das bildet ein organisches Ganzes; ökonomische Ausbeutung ist nur ein Teil davon, wenn auch der wichtigste.

Dieser unabweisbare Blick auf die Komplexität und Mannigfaltigkeit des Bodenrechts läßt unsere Aufgabe nun eher unklar und unzugänglich erscheinen. Sie führt uns tief in alle Aspekte des menschlichen Lebens, handelt es sich doch um den gesammelten Ausdruck aller Formen der Nutzung von Land, umgeben von Wertsetzungen – von Habsucht, von Gefühlshaltungen, von Mystik und Tradition. Müssen wir uns also zur Untersuchung von allem und jedem verleiten lassen, zu endlosen Verwikkelungen, Neuformulierungen und Reinterpretationen? Hier liegt wirklich eine Schwierigkeit und sie erklärt, weshalb Anthropologen und Verwaltungsbeamte bisher eine angemessene Behandlung der Frage nach dem Bodenrecht verfehlt haben. Bei fundamentaler theoretischer und praktischer Relevanz ist der Gegenstand komplex und schwer faßbar, eben deshalb aber für mich auch ein geeignetes Beispiel, um einige prinzipielle Momente der Funktionalmethode herauszustellen.
Das Wesen dieser Methode liegt in der Maxime, daß man die Spielregeln nicht verstehen kann, ohne etwas vom Spiel selbst zu wissen. Zuerst muß man wissen, wie der Mensch seinen Boden nutzt, wie er ihn mit Sagen, Glaubensvorstellungen und mystischen Werten umgibt, um ihn kämpft und ihn verteidigt; dann und nur dann wird man das System gesetzlicher und gewohnheitsmäßiger Rechte begreifen, welche die Beziehung zwischen Mensch und Land festlegen. Jetzt, da wir wissen, wie die Trobriander mit ihrem Boden umgehen, wie sie über ihm ihre Magie ausführen, wie ihr Stolz auf Lineage und Bürgerschaft, ihre Gefühlshaltungen hinsichtlich ihrer Verwandtschaft und ihre Familiengefühle an ihre Gärten und Gartenerzeugnisse gebunden sind, ist das Bodenrecht für uns lebendig und real geworden; die Verwicklungen des Themas sind nun zu meistern.
Es wird sich zeigen, daß die organische Darstellung des Gegenstands weder zum Chaos noch zu endlosen Wiederholungen führt. Darin liegt ein zweites Moment der Funktionalmethode: Nach einem zweifellos mühsamen Prozeß, in dem Widersprüche zu entwirren und Einzelheiten in ihren lebendigen Zusammenhang zu rücken waren, gewinnen wir innerhalb eines komplexen Gesamtbilds Einfachheit und Einheit.

## 2. *Ein anthropologisches Ermittlungsexperiment*

Der vorige Abschnitt führt uns zu dem Schluß, daß es jetzt unsere Aufgabe ist, die Zeugnisse über den Grundbesitz bei den Trobriandern wissenschaftlich zu organisieren. Das »Spiel« der trobriandischen Landwirtschaft kennen wir schon. Auch über ihre anderen »Territorialspiele« wissen wir auf Grund der vorliegenden und früherer Publikationen über Leben und Kultur der Trobriander recht gut Bescheid: Wir kennen Siedlungsweise, Wege und Pfade, Wasserlöcher und Erholungsplätze, mythische Orte und magische Zentren. Es bleibt wenig, was ich an reiner Information noch hinzuzufügen hätte. Dennoch steht die Definition der Grundbesitzverhältnisse noch aus.

Diese irgendwie paradoxe Situation, in der wir alle Stücke unseres Puzzles in der Hand haben, das Rätsel aber noch zu lösen ist, habe ich absichtlich herbeigeführt; und zwar nicht nur, um den beiden letzten Kapiteln etwas von der Spannung eines Ermittlungsverfahrens zu verleihen, sondern eher noch, um den Prozeß der Anordnung des Beweismaterials vorzuführen, und so Einblick in den konstruktiven Aspekt der Feldforschung zu gewähren. Der Feldforscher muß bei der Sammlung des Materials ständig um eine klare Vorstellung von dem, was er wissen will, bemüht sein; in unserem Fall um eine klare Vorstellung von dem, was Grundbesitz eigentlich ist. Und da diese Vorstellung sich nur allmählich aus den gesammelten Daten ergeben kann, muß er ständig zwischen Beobachtung und theoretischer Ausarbeitung wechseln.

Der Leser, der sich auf eigene Kosten von der Notwendigkeit dieses Vorgehens zu überzeugen wünscht, kann an dieser Stelle ein kleines Experiment anstellen, indem er das Buch für einen Augenblick schließt, und die vorstehenden Kapitel in Gedanken noch einmal durchgeht, um alle für unser gegenwärtiges Thema einschlägigen Daten zusammenzustellen und so anzuordnen, daß sie einen kohärenten Bericht über die Beziehungen des Trobrianders zum Boden ergeben. Man muß dabei von einer Vorstellung von Bodenrecht ausgehen, die dann nach und nach, gemäß den Daten, auf die man stößt, und gemäß dem organisierten Geschehen, das an einem vorüberzieht, Modifikationen zu unterwerfen ist. Die Vorstellungen müssen also äußerst plastisch und anpassungsfähig sein, denn die konkreten Daten darf man natürlich nicht »anpassen«.

Ein solches Experiment zeigt am besten, was wirkliche Feldforschung ausmacht; und es vermittelt am ehesten einen Begriff davon, daß Beobachtungen ohne Theorie unmöglich sind, daß Theorien vorgängig aufzustellen sind, daß man sie aber im Verlauf der Beobachtungen und Konstruktionen bereitwillig aufgeben oder zumindest reformulieren muß. Feldforschung erweist sich dabei als hartes, beharrliches Ringen um das Gesamtbild einer Rechts- oder Wirtschaftsinstitution, um die Integration von Verhaltensweisen und ihre Übereinstimmung mit Magie und praktischer Arbeit. Diese Schau der klaren, festen Umrisse von Institutionen ist das, was in das Chaos unbedeutender Vorfälle und unterschiedlich relevanter Details Ordnung bringt.

Ich möchte ein paar Hinweise geben. Die Terminologie der Landunterteilungen liegt vor.[2] Wendet man sich nun der Beschreibung des Gartenrats

[2] S. Kap. II, Abschn. 3, ferner *Coral Gardens,* Vol. I, Docs. VII u. VIII und Vol. II, Part V, Div. I (bes. §§ 13-27), Div. V (bes. § 7-24) u. Div. XII (bes. § 8-13, 36-37).

und der Aufzählung der Parzellen im Dorf und im Garten zu, so sind im Hinblick auf Teilung, Zuteilung und Nutzung des Bodens alle erforderlichen Daten beisammen. Die Analyse der Erntegaben (vgl. Kap. VI, Abschn. 1 und 2) liefert eine weitere Reihe von Informationen über Grundbesitz, während der Bericht über Erntebräuche, Gartenarbeit und magische Zeremonien so oft durch die Gärten und ihre Umgebung geführt hat, daß die topographische Seite des Problems uns gründlich vertraut sein sollte. Die matrilinearen Rechte der Bürgerschaft und der Vererbung, das Eherecht, die reziproken Pflichten von Eltern und Kindern, das Verhältnis zwischen Bruder und Schwester und zwischen Mutterbruder und Schwesterkindern – all das wurde im Zusammenhang mit den Pflichten und Ansprüchen dargelegt, die im Anschluß an die Ernte zur Geltung kommen (Kap. VI). Bei Untersuchung des Magieramts und seiner Beziehungen zu Häuptlingstum und Gemeinschaft sind wir schließlich auf noch eine weitere Reihe von Ansprüchen und Pflichten gestoßen, die sich alle auf Land beziehen.[3]

Obwohl damit alles Wesentliche über Bodenrecht und -nutzung gesagt ist, bin ich sicher, daß der Leser nicht viel mehr darüber weiß als ich zu der Zeit, als ich mit der Gartenarbeit der Trobriander, den meisten ihrer mythologischen Vorstellungen und ihrer Sozialorganisation bereits recht gut vertraut war. Die eigentliche intellektuelle Anstrengung, die wirklich schwere Arbeit, liegt nicht so sehr im Sammeln von »Tatsachen« als darin, ihnen ihre Bedeutung zu entlocken und sie zu einem organischen Ganzen zu systematisieren.[4]

[3] Einige einschlägige Informationen findet man in meinem Aufsatz *Der Mythos in der Psychologie der Primitiven* (in: B. Malinowski, *Magie, Wissenschaft und Religion. Und andere Schriften.* Frankfurt a. Main, 1973), in dem ich die Ursprungsmythen vollständiger beschrieben habe. Hier mußte ich mich auf eine kurze Erwähnung in Kap. I, Abschn. 7 sowie Kap. X, Abschn. 1 beschränken. In *Argonauten des westlichen Pazifik,* Kap. III, findet man einen allgemeinen Abriß der Sozialorganisation der Trobriander; die Beziehung zwischen Matrilinearität und Einfluß des Vaters bei den Trobriandern wird ausführlicher behandelt in *Crime and Custom,* Part II, Ch. III und in *Das Geschlechtsleben der Wilden,* Kap. VII. In der systematischen Darstellung des Bodenrechts im Schlußkapitel mußte ich allerdings die einschlägigen Daten, die in meinen übrigen Schriften vorliegen, noch einmal anführen, wie kursorisch auch immer.

[4] Die Unterscheidung zwischen »Tatsachen« oder »Daten« einerseits und »Verallgemeinerungen« und »Konstruktionen« andererseits ist besonders schwierig zu definieren und für den epistemologisch versierten Leser leicht angreifbar. Wer sie mit der Einstellung des Scholastikers betrachtet, wird einwenden: Auch die in den vorangehenden Kapiteln dargelegten Daten waren nicht »nackte Tatsachen«, sondern bereits »Konstruktionen«. Darauf ist zu erwidern, daß es »nackte Tatsachen« nicht gibt, und jede relevante ethnographische Beobachtung deshalb schon voraussetzt, daß man Verhaltensweisen, technische Erfindungen und Umweltelemente aufeinander bezieht. Die Daten, die ich in den vorstehenden Kapiteln erörtert habe, sind allerdings in verschiedenen Kontexten ausgearbeitet worden. Denn dort hatten wir uns auf den charakteristischen Kreis der trobriandischen Landwirtschaft zu konzentrieren, auf die zeremonielle Zuweisung der Felder oder auf mythologische

Da es in diesem Kapitel in gewissem Maß um eine Aufzeichnung der Fehler und Mißerfolge in meiner Feldforschung geht, darf ich hier vielleicht einfügen, daß ich im Hinblick auf das Problem des Bodenrechts nicht unvorbereitet auf die Trobriand-Inseln gekommen war, hatte ich doch an der Südküste von Neuguinea einige Erfahrungen gesammelt.[5] Dort war ich auf die große Bedeutung gestoßen, die der Beziehung des Menschen zum Boden im Stammesleben wie in Auseinandersetzung mit Siedlern, Missionaren und Verwaltungsbeamten zukommt; dort hatte ich gelernt, daß mehr als die Hälfte der Schwierigkeiten zwischen den Rassen aus der Ignoranz resultiert, mit der die Weißen dem Bodenrecht gegenüberstehen.[6] Dörfern und Stämmen war schweres Unrecht widerfahren, indem man ihnen – und zwar in besonders kränkender Weise – Land geraubt hatte, das in der einen oder anderen Hinsicht unentbehrlich war. So kam ich bei meiner ersten Feldforschung zu der Einsicht, daß »Eigentum« keineswegs eine »schlichte Tatsache« ist, sondern nur zu verstehen, wenn man seine Nutzung und Wertschätzung kennt. In der groben Entgegensetzung von »privat« und »kommunal« war ich allerdings immer noch befangen; ich glaubte noch an das Dogma des Clans und konnte noch glatt sagen, der Clan sei der eigentliche Besitzer des Landes. Was ich dabei mit »Clan«, »Besitzer« und »Land« meinte, das habe ich im Grunde genommen nicht gewußt.

»Der einzig richtige Weg ist, hinsichtlich eines Grundstücks alle Rechte zu untersuchen, die ausschließlich bei einem *Individuum* oder bei einer sozialen Gruppe liegen.«[7] – »Das Recht, Gärten anzulegen, *liegt beim Clan.* Innerhalb einer Umgrenzung *legt jeder Clan seine Gärten kollek-*

Vorstellungen, insofern sie für das agrikulturelle Interesse aufschlußreich sind. Und wenn es nun um das Bodenrecht geht, so müssen wir dasselbe Material in diesem neuen Kontext – der Beziehung des Menschen zum Boden – reorganisieren. In diesem und im Schlußkapitel wird deutlich werden, daß diese Konstruktion komplexer, verzweigter ist und eine größere geistige Anstrengung erfordert als die bloße Darstellung der aufeinander folgenden Handlungen bei der Gartenbestellung.

[5] *The Natives of Mailu,* Transactions of the Royal Society of South Australia, Vol. XXXIX, 1915, S. 592-594.

[6] Viele meiner Leser werden ganz zu Recht darauf bestehen, daß dies ebenso oft auf organisierte Feindseligkeit, Gier und Unehrlichkeit zurückzuführen ist. Der kürzliche Bruch der feierlichen Versprechungen, die die Regierung von Kenya den Eingeborenen gemacht hatte, und die Parallelen, die es dazu in der Geschichte der Indianerpolitik der Vereinigten Staaten gibt, oder die Politik der Union von Südafrika – all das sind Fälle, die den Vertretern des Standpunkts der Eingeborenen leicht Angriffsflächen zu heftiger Kritik bieten. Ich bin trotzdem noch davon überzeugt, daß die Verantwortlichen und Machthaber, hätten sie eine klare Kenntnis der Tatsachen, ihr Gewissen nicht so leicht in dem Glauben beruhigen könnten, daß man Land versprechen und wegnehmen, garantieren und seinen rechtmäßigen Besitzern entfremden könne, wie sie es durchgehend und systematisch getan haben – mit beträchtlicher Gefahr für den guten Namen der weißen Rasse und ihre weniger spirituellen Interessen.

[7] *The Natives of Mailu,* a.a.O., S. 592.

*tiv (!) an*; jeder Clan *hat* sein eigenes Territorium, auf dem er seine Gärten anlegt, und von dem andere Clans ausgeschlossen sind. Dies scheint die allgemeine Form des Grundbesitzes bei Gartenland zu sein«. (Die Hervorhebungen sind die Früchte späterer Weisheit.)

Nach einem kurzen Aufenthalt in Dikoyas auf Muru'a verstieg ich mich sogar dazu zu sagen: »Bei den nördlichen Massim, auf Woodlark konnte ich ein System des Bodenrechts ermitteln, das mit dem der Koita und der Mailu des Festlands nahezu identisch ist.«[8]

Der Leser wird erkennen, wie leer diese drei Behauptungen sind, und wie übereilt vor allem mein Urteil über die Nördlichen Massim war, zu denen hauptsächlich die Trobriander gehören.

Meine Bemerkungen über Mailu scheinen hinreichend plausibel, knapp, aber genau. Neben der Versicherung: »der Clan ist Eigentümer des Landes und bestellt die Gärten«, wäre allerdings immer noch eine sehr lange Geschichte über das *Wie* dieser »Nutzung« durch den »Clan« zu erzählen gewesen. Allein schon die Personifizierung des Clans ist ein unverzeihlicher Fehler, und zwar nicht nur des Ausdrucks, sondern auch des Denkens. Der Clan hat ja weder Arme noch Beine, noch einen Bauch. Der Clan ist eine soziale Gruppe, und meine Aufgabe wäre zu zeigen gewesen, wie die Individuen innerhalb des Clans in Produktion und Distribution kooperieren, wie sie bei der Arbeit und beim Konsum ihrer Produkte organisiert sind. Und was den Grundbesitz angeht, so wäre zu zeigen gewesen, wie Rechtsansprüche auf Land als aktive Kräfte im System der Produktion und Konsumtion wirksam werden. So aber habe ich mich bei der Untersuchung des Grundbesitzes der Mailu mit einer Fiktion und einer Metapher begnügt –, statt ein ehrliches Stück soziologischer Analyse vorzulegen. Als Kollektivwesen existiert der »Clan« weder in der gesellschaftlichen Wirklichkeit noch in der Vorstellung der Eingeborenen.

Zweitens habe ich nicht untersucht, wie Rechtsansprüche genutzt, aufgegeben oder getauscht werden, wie die nominellen Grundeigentümer kraft ihrer Ansprüche ökonomische Entschädigungen oder Ehrentitel erhalten. Nicht einmal die Grundvorstellungen der Eingeborenen über Land habe ich entdeckt. Jetzt jedenfalls bin ich nicht im mindesten im Zweifel darüber, daß die Mailu nicht anders als die übrigen melanesischen Stämme Neuguineas über eine halb mythologische, halb juristische Theorie verfügen.

[8] Ebd., S. 593n.

## 3. *Odyssee eines irrenden Feldforschers*

Der Leser, der inzwischen vielleicht den vorgeschlagenen Versuch zur Konstruktion der Grundbesitzverhältnisse bei den Trobriandern angestellt hat, sei nun eingeladen, mir durch die Wechselfälle meiner Feldforschung zu folgen. Wie alle begann ich mit der oberflächlichsten Methode, der des Interviews, das ich anfangs zudem in Pidgin zu führen hatte, da man das Trobriandische nur an Ort und Stelle erlernen kann. Ich stellte also Fragen wie: »*What man belong him this fellow garden?*« – d. h.: »Wer ist Eigentümer dieser Parzelle?« Dabei mußte ich meine Nachforschungen auch noch auf die ganz wenigen Eingeborenen begrenzen, die über wenigstens oberflächliche Pidgin-Kenntnisse verfügten. Der daraus resultierende Mangel an Präzision und Einsichtsmöglichkeit war mir durchaus bewußt, so daß die Widersprüchlichkeit und Verschwommenheit meiner Ergebnisse mich nicht überraschte. In Gegenwart des Häuptlings erhielt ich andere Antworten als in seiner Abwesenheit: Denn einmal erklärte man *ihn* ostentativ zum Eigentümer des Landes, zu anderen Malen dagegen Bagido'u, den wir ja nun kennen. Waren Häuptling und Gartenmagier abwesend, die Oberhäupter örtlicher Subclans jedoch zugegen, so wurden *sie* als die eigentlichen Eigentümer des Bodens hingestellt. Manchmal beanspruchte auch mein Dolmetscher Tom, *recte* Gumigawaya, ein Schelm, mit dem ich meist arbeitete, eine Parzelle, die er, wie er sagte, gerade bebaute, als sein eigen. Oder er gab mir auf unseren Gängen durch die Gärten zur Aufnahme der Parzellen eines Feldes eine ganze Kette von Namen an. Ich erinnere mich, daß ich bald nach Beginn meiner Feldforschung einen vorläufigen Bericht über das Bodenrecht schrieb, den ich leider nie veröffentlicht habe – leider, sage ich, es wäre nämlich ein interessantes Dokument für mein fehlerhaftes Vorgehen. Ich habe darin die Auffassung vertreten, die Trobriander wüßten eigentlich nicht, wem das Land gehöre, der Häuptling habe ein übergreifendes Recht auf das gesamte Territorium, das ihm, wenn er nicht zugegen ist, nur vage zugesprochen wird, das er selbst aber entschieden beansprucht, mit Recht, wie die Eingeborenen, da sie ihn fürchten, auch einräumen; ich war auch der Meinung, die Bodenbestellung folge dem bloßen Zufall, da es keine klaren Regeln der Zuteilung von Parzellen gebe. Der Bericht enthielt Elemente der Wahrheit; falsch war aber die Perspektive, in die diese Elemente gerückt waren.

Den erwähnten Bericht habe ich allerdings erst geschrieben, als ich schon Kiriwinisch gelernt hatte. Ich wußte, daß Besitzbeziehungen durch das Nominalpräfix *toli-* ausgedrückt werden, oder durch die Possessivpronomen, die »mein«, »dein«, »sein« entsprechen. Ich erwähne das, um zu betonen, daß die Eingeborenensprache zwar einen unvergleichlich besseren Zugang eröffnet als Englisch, aber nicht deshalb, weil ihre Begriffe an sich schon eine Abkürzung auf dem Weg zu den »Kategorien ihres Denkens« oder »ihren Klassifikationen« darstellten.[9] Kaum ein anderes Wortpaar in Kiriwinisch und Pidgin weist nämlich eine genauere Entsprechung auf als *toli-* und *belong him.* Beide Ausdrücke sind umfassend, beide erstrecken sich über ein außerordentliches Feld von Homonymen, beide sind nur aus der näheren Bestimmung durch den Rede- und Situationszusammenhang zu verstehen.[10] Das soll hier lediglich zeigen, daß das eigentliche Problem des sprachlichen Zugangs nicht in der Verwendung von Pidgin liegt, daß es durch die Präzision nicht gelöst wird, die man beim Übergang von Pidginworten auf Worte der Eingeborenensprache erhält. Der Wert des Zugangs durch die Eingeborenensprache liegt vielmehr darin, daß diese uns ein besseres Verständnis ermöglicht, erstens dessen, was die Eingeborenen in Unterhaltungen und Debatten unter sich reden, zweitens ihres Gesamtverhaltens, das sich aus sprachlichen und körperlichen Akten zusammensetzt. So vertraut man auch mit dem Eingeborenen, seiner Gesellschaft und seiner Sprache sein mag, so wird man doch die abstrakten, theoretischen Probleme seiner Kultur nicht verstehen, wenn man ihre Grundzüge nicht erfaßt hat. Einige meiner Freunde unter den ansässigen Händlern sprachen Trobriandisch besser als irgendeine europäische Sprache, sie waren aber als Gewährsleute ganz unnütz, unfähig, die Grundlinien des Stammesrechts auch nur partiell und oberflächlich zu entwerfen, obwohl sie sich doch bei Bestattungszeremonien, *kayaku* und dörflichen Streitigkeiten wie Eingeborene verhalten konnten. So war es denn allein das Verständnis der wirtschaftlichen, rechtlichen und mythologischen Kontexte, das mir die Wirklichkeit der Grundbesitzverhältnisse erschloß.

Zuvor möchte ich jedoch dem Leser noch eine weitere vermeintliche Abkürzung zeigen, die sich mir ebenfalls als Sackgasse erwiesen hat. Damals war ich vom Glauben an unfehlbare Methoden der Feldforschung besessen. Ich bildete mir nämlich ein, die »genealogische Methode« könnte in wenigen Tagen, ja Stunden, narrensicher zur Kenntnis des Verwandtschaftssystems hinführen. Und ich hatte den Ehrgeiz, ihr Prinzip zu einem Schema zu verallgemeinern, das den Titel »Methode der objektiven Dokumentation« tragen sollte. Nach dem Reinfall in Mailu – es war mir bewußt, daß ich dort nichts wirklich Wichtiges über das Bodenrecht herausbekommen hatte – hatte ich eine Strategie des Frontalangriffs entwickelt: So legte ich in Omarakana bald eine Landkarte an[11],

[9] Diese bedeutende Tatsache zieht sich als eines der Leitmotive durch *Coral Gardens,* Vol. II, Part V.

[10] Was das eigentlich bedeutet, habe ich dargelegt in: *Coral Gardens,* Vol. II, Part V; dort wird die Theorie der kontextuellen Differenzierung von Bedeutungen vorgestellt und ein linguistischer Zugang zum Bodenrecht entwickelt (ebd. Div. XII, bes. § 8-13).

[11] Vgl. *Coral Gardens,* Vol. I, Doc. VIII, Fig. 13.

in die ich die Parzellen, grob vermessen, eintrug und in mehreren Fällen verzeichnete, wer sie bewirtschaftete und wer sie besaß. Diese Unterlagen waren wertvoll. Die Karte, die Bezeichnungen der Felder und Feldgrenzen, der Parzellen und Parzellenabschnitte, die Prinzipien der Erbfolge, das *pokala*-System, die mannigfaltigen Rechtsansprüche – all das ist dem vorliegenden Buch zugute gekommen. Doch der Frontalangriff endete bei einer Masse unzusammenhängender und eigentlich unbegründeter Ansprüche. Meine Unterlagen erlaubten zwar die Aufstellung einer Liste von Rechtstiteln (die ich sogleich vorlegen werde), und es zeigte sich auch, daß diese Liste mit der übereinstimmte, die ich auf Grund der Interviewmethode erhalten hatte, aber all das kann das hier anstehende Problem nicht lösen.

Tatsächlich habe ich eben zu der Zeit, als ich diese gezielten Versuche anstellte, die wertvollsten Kenntnisse gesammelt, wie sie sich nur stückweise aus Einzelbeobachtungen gewinnen lassen. Beim Durchblättern meiner frühen Feldnotizen finde ich jetzt eine Reihe verstreuter Bemerkungen (etwa aus dem Juli 1915), die indirekt über Grundbesitzverhältnisse Aufschluß geben, da sie von der Verteilung der Gartenprodukte handeln: das »eigene« Produkt (s. u., Anspruch 8), das der Gärtner nutzt, weil die entsprechende Parzelle ihm in dieser Anbauperiode »gehört hat«; der Tribut an den Häuptling als den Eigentümer des Bodens (s. u., Anspruch 1); der Beitrag zum Haushalt der Schwester (Anspruch 9); die Gaben an das Oberhaupt des örtlichen Subclans (Anspruch 4), an die Verwandtschaftsgruppe des gleichen Subclans (Anspruch 5) und an Verwandte, die im selben Dorf leben. All diese Daten konnte ich indessen nicht mit dem Bodenrecht in Beziehung setzen.

Bald darauf konnte ich an einer Sitzung des Gartenrats teilnehmen, dabei zwar den Vorgängen sprachlich nicht folgen, aber mir ihren Kern von Gewährsleuten auseinandersetzen lassen. Ich bemerkte damals, daß der Häuptling als Zeremonienmeister auftrat und bei der Verteilung der Ländereien des Dorfs, die ohne seine Zustimmung nicht genutzt werden konnten (Anspruch 1), in gewisser Weise das letzte Wort hatte. Ich sah auch, daß die Oberhäupter bestimmter Subclans »zustimmen mußten« (*tagwala,* Anspruch 4), daß es einzelne Eigentümer gab, die aktiv an den Beratungen beteiligt waren (Anspruch 5, 6 und 7 kombiniert), und natürlich auch, daß in sämtlichen Diskussionen eine bestimmte Person sehr im Vordergrund stand: der Magier, der hier, in Omarakana, mit dem Häuptling nicht identisch war (Anspruch 3). Weitere Details erübrigen sich. Überblickt man die vorhergehenden Kapitel hinsichtlich des hier behandelten Problems, so wird man sehen, daß meine späteren Erfahrungen mit der Gartenwirtschaft der Trobriander mir einen kleinen Perspektivenwechsel nahegelegt haben: Während Magier (Anspruch 3) und Gärtner (Anspruch 8) sehr viel größere Bedeutung erhielten, trat der

Häuptling, da er sich in Omarakana seiner Funktion als Magier und Organisator begeben hatte, für eine Weile in den Hintergrund; die Oberhäupter der nicht ortsansässigen Subclans verschwanden gänzlich (Anspruch 4) und als unabhängige Einheiten auch die Privateigentümer (Anspruch 7) und die ortsansässigen Subclans selbst (Anspruch 5).

Die folgende Liste von Ansprüchen habe ich aus allen meinen Daten zusammengestellt, ob diese nun aus Interviews in Pidgin oder Trobriandisch stammen, aus »objektiver Dokumentation« oder aus eigener Beobachtung. Zwischen meiner zweiten und dritten Expedition entworfen, gibt sie mein damaliges Wissen fast exakt wieder. Die Lücken sind nicht zu übersehen.[12]

1. *Der Distrikthäuptling.* – In diese Kategorie fallen politische Führer, wie der Oberhäuptling von Omarakana, sein Rivale auf dem Gebiet der Kriegsführung, der Toliwaga von Kabwaku, der den Distrikt Tilataula regiert, der Häuptling von Gumilababa, der zu den Tabalu gehört und Kuboma regiert, der Tabalu von Kavataria usw. (vgl. Einl., Abschn. 4, 5 und 9). Er wird als »Herr des Bodens« (*tolipwaypwaya*) seines Distrikts dargestellt und beansprucht bei der Ernte gewisse Tribute, im wesentlichen in Form von Ehegaben (*urigubu*).[13]

Über das Land übt er auch in dem Sinn eine gewisse politische Kontrolle aus, als man in Kriegsfällen, bei öffentlichen Zeremonien und Stammesversammlungen seinen Aufrufen Folge leistet.

2. *Das Oberhaupt der Dorfgemeinde.* – Im Hauptdorf eines Distrikts ist der Häuptling zugleich der Dorfvorsteher (vgl. Einl., Abschn. 9). Kraft dessen tritt er dort im Rat als Zeremonienmeister auf und hat das Recht, Gartenmagie auszuüben oder sie einem seiner Nachfolger zu übertragen, in Ausnahmefällen auch einem seiner Söhne. Sonst ist das Oberhaupt des dominanten Subclans Dorfvorstand (vgl. Kap. X, Abschn. 3). Dieser wird als »Herr des Bodens« (*tolipwaypwaya*) sämtlicher Ländereien des Dorfs dargestellt, tritt im Gartenrat seines Dorfs als Zeremonienmeister auf, führt meist die Gartenmagie durch, verteilt Land und erhält in Form von kleinen Gaben und *urigubu* einen Tribut, der indessen sehr viel kleiner ist als der des Häuptlings.[14]

3. *Der Gartenmagier.* – Er kann mit 2 identisch sein; ist er ein anderer, so entweder deshalb, weil Häuptling oder Dorfvorsteher ihre Vorrechte übertragen haben oder weil das Amt des politischen Führers noch von

[12] Die hier angegebenen Hinweise auf Kapitel des vorliegenden Buches sollen einen Textvergleich erleichtern.

[13] Vgl. die Hinweise auf den Gartenrat (*kayaku*) in Kap. II, Abschn. 3, Kap. X, Abschn. 4 und *Coral Gardens,* Vol. II, Doc. VII. Zur Beziehung zwischen Häuptling und Magier vgl. Kap. I, Abschn. 6 und Kap. II, Abschn. 1; zum politischen Aspekt des *urigubu* s. a. Kap. VI, Abschn. 1 und Einl., Abschn. 9 und 10.

[14] Vgl. Kap. VI, Abschn. 1 und bes. *Coral Gardens,* Vol. I, Docs. II-IV.

dem des Gartenmagiers getrennt gehalten wird, wie es in einigen Dörfern der Fall ist (vgl. Kap. X, Abschn. 3). Auch er wird als *tolipwaypwaya* dargestellt. Tätigkeiten, Einfluß und Entlohnung des Gartenmagiers sind in den vorangegangenen Kapiteln ausführlich behandelt worden. Zusammenfassend läßt sich sagen, daß er als »Herr des Bodens« sehr wenig direkten materiellen Nutzen aus seinen Diensten zieht, aber viel Einfluß und Ansehen (*butura*) durch sie gewinnt.

4. *Das Oberhaupt eines Subclans.* – In den meisten Dörfern gibt es neben dem dominanten Subclan ein oder zwei weitere, deren Oberhäupter hinsichtlich ihrer besonderen Felder als *tolipwaypwaya* dargestellt werden. Beim Gartenrat wird ihre Zustimmung formell eingeholt, wenn eines der ihnen »gehörenden« Felder kultiviert werden soll (Kap X, Abschn. 4).

5. *Der nicht-dominante Subclan im ganzen.* – Eine solche Gruppe und jeder ihrer Angehörigen kann in bezug auf die Felder, die als ihr Eigentum gelten, als »Herr des Bodens« dargestellt werden. Es sei angemerkt, daß in den Fällen 4 und 5 der ganze Subclan oder sein Oberhaupt nichtortsansässige Eigentümer sein können. In diesem Fall bewahren sie noch ein vages Bürgerschaftsrecht in dem Dorf, aus dem sie emigriert sind; allerdings werden sie nur selten davon Gebrauch machen.

6. *Die Dorfgemeinde im ganzen.* – Im allgemeinen beanspruchen alle Angehörigen einer Gemeinde unabhängig von ihrer Subclanzugehörigkeit das gesamte Territorium ihres Dorfs. Diese Ansprüche sind keineswegs gegenstandslos. Alle Angehörigen einer Gemeinde haben das Recht, ihre öffentlichen Zugangswege zu nutzen, ihre Wasserlöcher und den größten Teil ihres Territoriums, sei es zur Suche wilder Früchte, zur Jagd oder zu Bodenbestellung.

7. *Die Angehörigen der Gemeinde im einzelnen.* – Jede Parzelle eines Feldes ist einem Individuum zugeteilt. Manchmal mag ein einflußreiches Oberhaupt oder ein Häuptling sämtliche Parzellen in allen seinen Feldern besitzen, ein anderes Mal sind die Eigentumstitel der verschiedenen Parzellen auf die Angehörigen eines Subclans verteilt. Der Einzeleigentümer muß seine Zustimmung geben, wenn seine Parzelle von einem anderen bestellt werden soll; er besitzt das unzweifelhafte Recht, sie selbst zu kultivieren.

8. *Der eigentliche Gärtner.* – Jeder erwachsene Mann, der in einer Gemeinde lebt, hat, auch wenn er nicht ihr Bürger ist, das Recht, um eine oder mehrere Parzellen auf den Feldern zu bitten, die für den kommenden Zyklus zu Gärten bestimmt sind. Hat er einmal die Erlaubnis des Eigentümers, vom Magier und Häuptling bestätigt, so ist er ganz und gar »Herr des Bodens« der Parzellen, die er in diesem Zyklus bestellt.

9. *Die Schwester oder sonstige weibliche Verwandte des Gärtners.* – Eine Frau wird sehr häufig von einer Parzelle als »meiner« sprechen, wenn ihr

*urigubu* auf ihr angebaut wird – und dieser Anspruch basiert indirekt auf den recht komplizierten Prinzipien des trobriandischen Bodenrechts. Erinnern wir uns daran, daß es in diesem Kapitel nicht um eine Darstellung des Bodenrechts geht, sondern um eine Rekonstruktion der Schritte, die mich auf Um- und Irrwegen schließlich zu einer adäquaten theoretischen Erfassung des Problems geführt haben, so daß ich dann das Beweismaterial auf befriedigende Weise sammeln und ordnen konnte. Wie erwähnt, gibt die obige Liste mit ihren offenkundigen Lücken meine damaligen Kenntnisse recht genau wieder. Sollte ich sie jetzt mit der Absicht zusammenstellen, alle anerkannten Ansprüche zu erfassen, so würde ich »die Gartenbaugruppe« als einen und zwar vielleicht als den wichtigsten Punkt einführen, während wir hier (unter 8) nur den einzelnen Gärtner finden. Führen wir jetzt deshalb einen Anspruch 8a ein, um uns im folgenden darauf beziehen zu können. Auch unter 9 sollten Unterabteilungen eingeführt werden, um die Liste der Personen komplett zu machen, die indirekt von einer Parzelle profitieren.

Die Analyse dieser Liste hat mich im Feld ziemlich lange beschäftigt; aber an sich lieferte sie mir nicht den Schlüssel zum vorliegenden Problem. Es wäre sinnlos, einen solchen Entwurf lediglich zu durchdenken. Die Lösung meiner Schwierigkeiten lag vielmehr darin, ihn auf wirtschaftliches Handeln zu beziehen, auf Rechtsansprüche und mythologische Vorstellungen – das Beweismaterial umzuordnen, und zwar im Zusammenhang mit der Landwirtschaft, den Residenzregeln, den Tributen und den Pflichten gegen Verwandte und Verschwägerte. Der Leser weiß, daß alle angeführten Ansprüche anerkannt sind; im Licht unserer Kenntnis der trobriandischen Landwirtschaft kann nicht einer von ihnen als irrelevant ausgeschieden werden. Zugleich wird dem Leser nicht entgehen, wie unbefriedigend die Liste ist: Sie präsentiert eine Mannigfaltigkeit von Ansprüchen, die – ohne weiteres Material – sowohl widersprüchlich und unzusammenhängend sein könnte als auch wohlgeordnet und harmonisch. Daß letzteres zutrifft, mag der Leser erraten, weiß er doch, daß es ernsthafte Streitigkeiten um Land, spektakuläre Unruhen oder gewaltsame Grenzverschiebungen nicht gibt. Das Land wird bearbeitet, und zwar in Gruppen, deren Organisation in gewissem Ausmaß auf territorialen Rechten basiert. Die territoriale Einheit des Gartenbaus wird durch eine Einfriedung markiert. Die soziale Einheit der Arbeit wird einerseits von der Gruppe gebildet, die innerhalb einer solchen Einfriedung tätig ist, andererseits von der Familie des Gärtners, die gemeinsam eine oder mehrere Parzellen bestellt. Im Licht dieser Kenntnis kann sicher eine weitreichende Ordnung und Harmonie als Grundlage der Mannigfaltigkeit der Ansprüche angenommen werden. Wie diese indes in Theorie und Praxis der Trobriander angelegt ist, bleibt noch Aufgabe einer detaillierteren Analyse unserer Daten.

### *4. Eine Funktionsanalyse der Landbesitztitel*

Die Landbesitztitel sind nun also gemäß ihrer Relevanz und Korreliertheit zu ordnen. Auf den Trobriand-Inseln gewinnt der Mensch wie in allen agrikulturellen Gemeinschaften seinen Lebensunterhalt aus der Bearbeitung des Bodens. Unter den Beziehungen zwischen Mensch und Erde ist hier deshalb die Nutzung des Bodens durch Gartenbau die offenkundig wichtigste. Land ist wert, was es leistet – und hier trägt es Yams, Taytu, Taro. Kokosnüsse und Bananen. Als Produzent – und Konsument – ist der Trobriander daran interessiert. Als Produzent schätzt er seinen Boden, (1) weil er ihm einen Teil der Nahrungsmittel für seinen eigenen Haushalt und Saatgut liefert; (2) weil er aus ihm zusammen mit seinen Dorfgenossen Prosperität (*malia*) für das ganze Dorf gewinnt, und so Hunger (*molu*) abwendet; (3) weil er das *urigubu* erbringt, das dem Haushalt der Schwester oder einer anderen Verwandten mütterlicherseits zusteht; (4) weil er ihm ermöglicht, dem Häuptling Tribut zu zahlen; (5) weil er ihn mit den Mitteln versieht, Handel zu treiben und zu den Stammeszeremonien beizutragen; und (6) weil gute Gartenarbeit sein Ansehen (*butura*) mehrt, Stolz und Freude an der Quantität des Ertrags und an der Schönheit seiner Gärten.

In dieser Perspektive nun erweist sich eine Eintragung in unserer Liste von Ansprüchen als grundlegend wichtig: der Anspruch des einzelnen Gärtners (8), dem so viele Parzellen zustehen, wie er mit seiner Familie bearbeiten kann; denn dieser Titel erlaubt ihm zugleich Ernte, Schaustellung und Distribution des Ertrags.

Gerade diese Eintragung war um den Anspruch der Gärtnergruppe (8a) zu ergänzen, da die Nutzung im vollen Sinn nicht Sache von Individuen oder Familien ist, sondern – gemäß einem der Grundprinzipien des trobriandischen Gartenbaus – Sache der kooperierenden Gruppe.

Um die Beziehung dieser Gruppe zum Boden zu verstehen, müssen wir uns an die ständige Unterteilung und Nutzung des Landes erinnern. Die Teilung des Dorfterritoriums in Felder (*kwabila*) und Parzellen (*baleko*): die Klassifikation der Gärten als *kaymata, kaymugwa* und *tapopu*[15] – all das muß nun auf unsere Kenntnis der Sozialorganisation bezogen werden, damit wir uns einen Begriff von der Funktion der Landbesitztitel bei der tatsächlichen Nutzung machen können. Die Untersuchung der Bodennutzung führt also einerseits zur Analyse der Unterteilungen und Klassifikationen von Land, andererseits zum Studium der sozialen Organisation im Hinblick auf die Gartenarbeit, und deshalb sind die Ansprüche 8 und 8a die wichtigsten. Wird die Bodenbestellung grundsätzlich als ökonomische Tätigkeit betrachtet, so ist entscheidend, daß die Bewohner eines

[15] Vgl. Kap. I, Abschn. 3, Kap. II, Abschn. 3 und *Coral Gardens*, Vol. II, Part V, Div. I, § 14, 19 und 27.

Dorfteils, eines Dorfs oder einer Gruppe von Dörfern das Recht haben, ein Stück Land gemeinsam zu nutzen. Eine Gärtnergruppe kann mit einer Dorfgemeinde identisch sein; da sich ein Dorf aber auch in mehrere Gärtnergruppen teilen kann, wie umgekehrt mehrere kleinere Dörfer zu einer Gärtnergruppe zusammentreten können, ist die Betrachtung der Gärtnergruppe (8a) von der der Dorfgemeinde (6) zu trennen, obwohl beide deutlich aufeinander bezogen sind. Wir stoßen hier auf die ziemlich verwickelten Verhältnisse, die zwischen Subclan, Dorfgemeinde und Gärtnergruppe obwalten. Das Material liegt uns im wesentlichen bereits vor: Die Dorfgemeinde besteht aus mehreren Subclans (vgl. Einl., Abschn. 9); diese variieren in Rang, Prestige und Macht; einer von ihnen führt, besonders in Dingen des Gartenbaus. Aber auch hier müssen wir die Daten noch systematisch durchgehen, sie integrieren und ihren Einfluß auf den Grundbesitz prüfen (Kap. X, Abschn. 2, 3 und 4).

Ein Blick auf die Beziehungen zwischen den Eintragungen in unserer Liste zeigt, daß der Anspruch des einzelnen Eigentümers (7) sich ebenfalls auf Anspruch 8 bezieht: Beim Gartenrat bringt der einzelne Eigentümer seinen Titel ins Spiel, indem er seine Parzellen beansprucht oder überträgt (Kap. X, Abschn. 4).

Mit der ökonomisch relevanten Eintragung (8 und 8a) korrelieren drei weitere Ansprüche: der des Häuptlings (1) als des politischen Führers in der Gartenwirtschaft, der des Vorstehers (2), der manchmal den Häuptling ersetzt, und der des Magiers (3), der mit 1 oder 2 identisch sein kann. Der Magier ist, wie wir wissen, die eigentlich organisierende Kraft, der Leiter der Gärtnergruppe. Politische Macht und Führerschaft der Häuptlinge und Vorsteher stellen, soweit sie mit dem Magier nicht identisch sind, im Gartenbau einen zusätzlich bestimmenden Faktor dar. Da also diese Ansprüche durch die Gärtnergruppe wirken, können wir sie auf diese beziehen; und dadurch wird das Prinzip des organisierten Arbeitsteams noch nachdrücklicher hervorgehoben.

Soweit der Aspekt der Produktion; als Konsument wertet der Trobriander die Hervorbringungen des Bodens in anderer Perspektive: im Haushalt verbraucht er eigene Produkte und das *urigubu* seiner Frau; aus wirtschaftlich und gesellschaftlich bestimmten Anlässen stellt er Taytu, *kuvi*, Taro, Bananen und Kokosnüsse zur Schau, als Häuptling oder Vorsteher braucht er sie für Verteilungen und Finanzierungen, durch die er seine Macht ausübt und sein Prestige mehrt.

Die Unterscheidung zwischen Produzent und Konsument erfolgt hier keineswegs aus bloßer Pedanterie. Die Interessen, die ausschließlich die Produktion betreffen, werden nämlich durch all die Akte der an die Ernte geknüpften Verherrlichungen konkret ausgedrückt: zur Gabe bestimmter Taytu steht im Mittelpunkt der Erntelaube; Taytu, der nicht zum Eigenkonsum erzeugt worden ist, ist Gegenstand des Zählens und Umhertragens, der Bewunderung und der Prahlerei; wird er schließlich gespeichert, so wird er Eigentum eines anderen, der ihm allein die Interessen und Wertschätzungen des Konsumenten entgegenbringt (vgl. Kap. V-VIII). So ist der *bwayma* im Gegensatz zur Erntelaube die Verkörperung der Konsumentenhaltung; der Unterschied zwischen den beiden Speichertypen entspricht dem, den ich hier zwischen den Produzenten- und Konsumenteninteressen gemacht habe.

Als Prinzip der Stammesökonomie spielt das *urigubu* in der Sicht des Konsumenten auch in den Grundbesitzverhältnissen eine wichtige Rolle. Da ich es schon vorgestellt habe (Kap. VI) und noch einmal darauf zurückkommen werde (Kap. X, Abschn. 2), genügt hier der Hinweis, daß tatsächlich ein *Anspruch* auf *urigubu* besteht und daß dieser in dem Recht der Frau auf einen Teil des Landes gründet, dessen Eigentümer ihr Subclan ist. Da sie auf Grund der Residenzregel bei ihrem Ehemann lebt, kann sie dieses Recht nicht dadurch ausüben, daß sie ihren Boden selbst bestellt. Ihr Anspruch ist also gänzlich unabhängig von jenen anderen, deren Zentrum von 8 und 8a gebildet wird. Es handelt sich um einen reinen Konsumentenanspruch auf etwas Nichtselbsterzeugtes, einen Aspekt der Verbindung von matrilinearer Struktur und virilokaler Residenz. Es sei jedoch angemerkt, daß dies Prinzip in die Ansprüche 1 und 2 unserer Liste hineinspielt, da es einigen Männern durch Heirat eine indirekte Kontrolle über Land vermittelt. Die Kontrolle, die der Häuptling über einige Formen der Nutzung des Bodens und der Produkte in seinem Gebiet ausübt, erfolgt nämlich weitgehend kraft seiner Ehe mit Frauen aus den verschiedenen Gemeinden dieses Gebiets. Und in kleinerem Ausmaß gilt dies auch für die Oberhäupter, die gewöhnlich zwei oder drei Frauen haben.

Die Unterscheidung zwischen Produzent und Konsument wird an der Figur des Häuptlings besonders deutlich; denn sein Reichtum an Gartenprodukten verdankt sich nicht seinen eigenen Anstrengungen oder seinen Interessen als Produzent, und seine Ansprüche auf das Land, auf dem sie gezogen wurden, sind nur vermittelte. Die Verwandten der Frauen, die zu heiraten er als Oberherr des Distrikts oder Unterdistrikts das Recht hat, bebauen den Boden für ihn als ihren politischen Lehnsherrn und überreichen ihm den Tribut als *urigubu.* Der Anspruch des politischen Führers, in seinem Distrikt Herr des Bodens zu sein (1), wird also indirekt, aber wirksam durch die Verbindung von Mitgift und Polygamie ausgeübt.

Da wir uns auf Wirtschaftsinteressen konzentriert haben, sind die Ansprüche 4 und 5 bis jetzt zu Recht unbeachtet geblieben, treten sie doch ökonomisch oft genug gar nicht in Erscheinung, wenn ein Subclan sein Ursprungsgebiet verlassen hat, was keineswegs eine Ausnahme ist (vgl. Kap. X, Abschn. 3); und in den übrigen Fällen wirken die ökonomischen

Interessen durch die Ansprüche 2, 3 und 7, da der Subclan dann durch das Oberhaupt oder den Magier repräsentiert wird, die in der Dorfgemeinde eine dominante Stellung innehaben.
Betrachten wir die Sache näher: Bei Erörterung der Ansprüche 8 und 8a mußten wir zwischen dem Bürger, der Eigentümer ist, und dem ortsansässigen Fremden unterscheiden. Dieser nutzt aber den Boden, solange er wirklich im Dorf lebt, nicht anders als der Bürger, so daß in ökonomischer Hinsicht also zwischen dem Bürger und dem Fremden, der anderswo die Rechtsansprüche 4 und 5 stellen kann, es aber nicht tut, kein Unterschied besteht.
Wie aber stellt sich die Sache in rechtlicher Hinsicht dar? Die Trobriander sind von den Rechten bestimmter Subclans über bestimmte Landstücke zutiefst überzeugt. Diese Überzeugung findet ihren Ausdruck in der Lehre vom Ursprung der Menschheit (vgl. Kap. X, Abschn. 1), welche die Eigentums- und Bürgerrechte des Subclans in einem genau umgrenzten Territorium legitimiert. Unter gewissen Voraussetzungen (vgl. Kap. X, Abschn. 3) gestatten Sitte und Tradition zwar eine Übertragung der ursprünglichen Bürgerrechte an einen anderen Subclan, doch auf diesen mythologischen, historischen und sittlichen Vorstellungen basiert die ganze Kraft des Eigentums, die Überzeugung von Wahrheit und Wert bestimmter Ansprüche und von der Vergänglichkeit anderer. Wollten wir also ausschließlich ökonomische Kriterien anlegen und die Punkte 4 und 5 von unserer Liste streichen und die Differenz zwischen dem Bürger-Eigentümer (7) und dem Nicht-Bürger, der seine Ansprüche nach Punkt 8 unserer Liste stellt, aufheben, so würde das der Einstellung der Eingeborenen zuwiderlaufen. Und das kann der Anthropologe, zu dessen Pflichten es gehört, in rechtlichen wie ökonomischen Dingen die Haltung der Eingeborenen wiederzugeben, sich nicht leisten; gewisse Details im Verfahren des Gartenrats, die für die Trobriander von größter Bedeutung sind, müßten dann übrigens ungeklärt bleiben. Da es häufig Vorstellungen und Überzeugungen sind, durch die man sich an Verpflichtungen gebunden sieht, würden wir mit ihnen sogar ein Moment unterschlagen, das für unsere Fragestellung relevant ist. Untersucht man indes genauer, weshalb ein Fremder überhaupt Gärten anlegen darf (8), so erhält man zwar zunächst die Antwort, er dürfe dies in seiner Eigenschaft als Mitglied der Dorfgemeinde (6), aber diese Eigenschaft verdankt er dem Recht, in ihr seinen Wohnsitz zu nehmen, das seinerseits immer eine feste Beziehung zu einem Angehörigen des am Ort dominanten Subclans voraussetzt. M. a. W.: 6 ist aus 5 abgeleitet. Die genannte Beziehung ist eine doppelte: ein Subclan kann historisch in ein fremdes Territorium gleichsam hineingewachsen (vgl. die Beispiele in Kap. X) und durch Heirat inkorporiert sein: eine vornehme Frau hat in das Dorf eingeheiratet und ihren Nachkommen wird gestattet, dort ständig zu siedeln. Das ist

allerdings lediglich die Ausweitung und Stabilisierung eines Verhältnisses, das in jedem Haushalt statthat: die lebenslange Residenz einer Frau in der Gemeinde ihres Mannes, in der auch ihre Nachkommen leben, bis sie als Erwachsene ausziehen. Am Ende entspringt deshalb jedes Recht zu vorübergehender Residenz oder dauerhafter Bürgerschaft dem Vorrecht, das in den Ansprüchen 4 und 5 zum Ausdruck kommt: der Subclan kontrolliert sein ursprüngliches Gebiet oder delegiert diese Kontrolle an andere.

Soweit ist deutlich geworden, daß es nur wenige Grundprinzipien sind, die all den Ansprüchen zugrunde liegen und alle Praktiken im Umgang mit Land bestimmen. Diese Prinzipien – ich möchte sie »Dogmen« nennen – können jetzt ohne weiteres aufgezählt werden.

A. Es gibt eine Hauptüberzeugung, eine *idée maîtresse,* die auf den Trobriand-Inseln die gesamte Einstellung des Menschen zum Boden dominiert. Ein Individuum hat Rechte über ein bestimmtes Territorium kraft der Tatsache, daß die Urahne, von der es matrilinear abstammt, an einem in diesem Gebiet gelegenen Ort aus der Erde hervorgekommen ist. Das matrilineare Abstammungssystem bildet deshalb in Verbindung mit dem »Dogma vom ursprünglichen Heraufkommen«, wie ich sagen möchte, die rechtliche und mythologische Basis der Grundbesitzverhältnisse bei den Trobriandern.

B. Die Gesetze der Exogamie und der virilokalen Residenz zwingen den Mann eine Frau zu heiraten, die nicht zu seinem Clan, geschweige zu seinem Subclan gehört, die Frau aber, in die Dorfgemeinde ihres Mannes zu ziehen und bis an das Ende ihres Lebens oder ihrer Ehe dort zu bleiben. Die Kinder gehören zwar zu Subclan und Gemeinde der Mutter, haben aber, bis sie die Reife erreichen, Residenzrecht bei ihren Eltern. Diese Verbindung von Exogamie und virilokaler Ehe ist von dem Dogma vom ursprünglichen Heraufkommen unabhängig. Sie beeinflußt die Grundbesitzverhältnisse in doppelter Weise: (1) Sie trennt die Frau von ihrem eigenen Land, indessen ihre Rechte auf den Boden ihrer Ahnen durch die *urigubu*-Institution gewahrt werden; (2) Sie bestimmt die Frau und zeitweise ihre Nachkommen zu in der Gemeinde des Ehemanns ansässigen Nicht-Bürgern, die damit jedoch Zugang zur Gärtnergruppe erhalten, der Gruppe der landwirtschaftlichen Produzenten dieser Gemeinde also angehören.

C. Das »Dogma von der magischen Führung« begründet ein Team, das innerhalb einer Einfriedung einen Garten wohlorganisiert bestellt. Es ist von den beiden vorigen Dogmen wohl nicht ganz unabhängig: Soweit die Magie auch Ergebnis des ursprünglichen Heraufkommens ist, ist dieses Dogma von A abgeleitet. Soweit sich die Zugehörigkeit zu einer Gärtnergruppe aus dem Bürger- und Wohnsitzrecht ergibt, ist es von A und B zugleich abgeleitet. Die Organisationskraft der Magie ist zudem mit der organisierenden Macht des Oberhaupts und des Häuptlings verbunden. Durch all das spielt dieses Dogma eine wichtige Rolle im Glauben an die spirituellen Ansprüche des Magiers, kraft seiner Magie der eigentliche Herr des Bodens zu sein, und zwar sogar dann, wenn er nicht zugleich das Amt des Dorfvorstehers innehat. Insofern diese Lehre Ausdruck der Einheit und Solidarität der Gärtnergruppe ist, wirkt auch sie auf die Grundbesitzverhältnisse ein.

D. Die Behauptung, der Anspruch, der sich auf das »Dogma vom ursprünglichen Heraufkommen« stützt, werde durch Rangunterschiede aufgehoben. Dieses Dogma kann auch, wie die Eingeborenen selbst es oft tun, als das Prinzip formuliert werden, daß die Tabalu als Angehörige des höchsten Subclans überall Herren des Bodens sind und ihn beanspruchen und nutzen können, wo immer sie wollen; andere vornehme Subclans teilen dies Vorrecht, soweit es ihrem Rang entspricht. Dieses Dogma findet historischen Ausdruck in der Tatsache, daß die vornehmen Subclans aus ihren Ursprungsgebieten allmählich in fruchtbarere Regionen vorgedrungen sind, daß die Tabalu nach und nach sämtliche Zentren des Gartenbaus und in ihnen die politische Macht und das Recht auf wirtschaftliche Nutzung erobert haben.

Selbstverständlich sind diese vier Dogmen nicht etwa explizit in der Tradition kodifiziert. Diffuse Formulierungen findet man aber in Mythen, in historischen Traditionen, in den Rechtsgrundsätzen der Heiratsregeln – an Orten also, die dem Trobriander etwas bedeuten. Die Dogmen sind also nicht allein in ihrer Wirksamkeit innerhalb der Institutionen nachzuweisen, sondern auch Punkt für Punkt aus dem trobriandischen Diskurs zu belegen. Aufgabe des Soziologen ist es, Tatsachen und Aussagen zueinander in Beziehung zu setzen und daraus die eigentlich ausschlaggebenden Prinzipien zu gewinnen. Ich glaube, daß die vier Dogmen die vollständige Rechtsauffassung von den Grundbesitzverhältnissen darstellen und zugleich die wichtigsten damit verbundenen Formen der wirtschaftlichen Nutzung zusammenfassen. In der Perspektive des Rechts ist Dogma A grundlegend. Die tatsächliche Organisation des Gartenbaus wird von Dogma B in doppelter Weise zutiefst beeinflußt. Dogma C präsentiert eher die grundlegende Wichtigkeit der Magie, ohne sonst wesentlich über A und B hinauszugehen. Dogma D war in der Vergangenheit wirksam und beeinträchtigt deshalb auch die gegenwärtige Praxis; es ist dem Leser aus den bisherigen Berichten wohl am wenigsten vertraut und wird im folgenden Kapitel noch genau darzulegen sein.

Auch Kombination und Wirkungsweise der vier Dogmen bleiben der Behandlung des Bodenrechts im nächsten Kapitel vorbehalten. Aber schon jetzt läßt ein Blick auf unsere Liste von Ansprüchen erkennen, daß Dogma A sich besonders in den Ansprüchen 4 und 5 ausdrückt, und soweit Dogma C aus A abgeleitet ist, auch in Anspruch 3. Stützen sich Anspruch 1 und 2 nicht auf erworbene Rechte, so basieren sie ebenfalls auf A. Im Fall des Oberhäuptlings allerdings ist Anspruch 1 *de facto* nicht auf A gegründet. Dogma B findet seinen deutlichsten Ausdruck in Anspruch 6, denn dieser liegt der Konstitution der Dorfgemeinde zugrunde. A und B (1) ergeben kombiniert das *urigubu*-Prinzip, das 9 bestimmt und in gewissem Maße auch in 1 und 2 hineinspielt. Dogma C ist primär in Anspruch 3 verkörpert. Dogma D ist in unserer Liste erwartungsgemäß nicht direkt repräsentiert, da es in historischen Prozessen wirksam ist, unsere Liste sich aber nur auf die Resultate solcher Prozesse beziehen kann. Man könnte sagen, daß es die historischen Voraussetzungen von Anspruch 1 bestimmt, insofern nämlich als das Vorrecht des Häuptlings in seinem Distrikt auf der Bedeutung seines Rangs basiert; formulieren wir Dogma D als allgemeinen Anspruch der Vornehmen auf beliebige Gebiete, so könnte D auch mit Anspruch 1, 2 und 3 verbunden sein, ebenso mit 4 und 5. Dann allerdings ist D in unserer Liste von Ansprüchen bestimmt nicht sichtbar. Wir könnten D vielleicht durch eine Unterscheidung in den folgenden Eintragungen zum Ausdruck bringen: 4a und 5a, »der Subclan und sein Oberhaupt, die als Autochthone Eigentümer des Landes sind«; 4b und 5b, »der Subclan und sein Oberhaupt, denen das Land kraft Aneignungsrecht gehört«; und 4c und 5c, »der emigrierte Subclan und sein Oberhaupt«. Aber damit würden wir wohl die Unterscheidungen über die Grenzen des zur Präzisierung Nützlichen hinaustreiben.

Durch die Freilegung dieser fundamentaleren Prinzipien, die sowohl den trobriandischen Vorstellungen als auch der soziologisch erfaßten Realität gerecht werden, hat sich also in dem scheinbaren Chaos der Ansprüche eine gewisse Ordnung eingestellt.

Zugleich hat sich gezeigt, daß noch eine andere Analyse, nicht ohne Beziehung zu der der vier Dogmen, ebenfalls in unsere Liste von Ansprüchen etwas Ordnung bringt: die Betrachtung der verschiedenen *Aspekte* des Grundbesitzes: des rechtlichen, des wirtschaftlichen, des mythologischen und des politischen. Unter ökonomischem Aspekt treten die Ansprüche 8 und 8a, wesentlich auf die Dogmen B(2) und C gegründet, in den Vordergrund, und wir entdecken, daß die Ansprüche 1, 2 und 3 mit ihnen verwandt sind. Unter dem Aspekt des Rechts sind die Eintragungen 4 und 5 und die Dogmen A und B entscheidend. Dabei sind die Rechtskonzepte außerhalb der Mythologie, die die Charta der Grundrechte und Grundsätze bildet, nicht zu verstehen (vgl. Kap. X, Abschn. 1). An das Studium der Mythologie muß sich eine Betrachtung der Geschichte schließen, wie sie in Sagen und Erinnerungen greifbar wird. Und dieser Aspekt ist offensichtlich mit D verwandt.

Die Untersuchung des rechtlichen Aspekts der Grundbesitzfrage stößt uns übrigens auf ein Moment, das wir bei ausschließlicher Konzentration auf eine ökonomische Betrachtungsweise leicht gänzlich verfehlt hätten. Denn die Rechtsanalyse verlangt, daß wir nach Vererbung, Veräußerung und Verpachtung fragen (Übertragung der Titel 7 und 8). Veräußerung ist, wie sich noch zeigen wird, nie eine ökonomische Transaktion, nie geschieht sie auf Grund von Eroberungen; vielmehr ist sie abhängig von einer Kombination von A – das Recht kraft des ursprünglichen Heraufkommens, das selbst dann, wenn es übertragen wird, eben im Akt der Übertragung noch wirksam ist –, D – die Macht des Rangs – und B der Mechanismus der Übertragung. Auch bei Vererbung tritt das matrilineare Prinzip nicht allein auf, sondern nur in Verbindung mit dem *pokala*-System, der Übertragung zu Lebzeiten. Bei Untersuchung des rechtlichen Aspekts genügt es also nicht, Regeln und Ansprüche aufzuzählen, es sind auch die Sanktionen zu untersuchen und die Operationsweisen der Regeln und Sanktionen.

Um die Resultate in einer synoptischen Tabelle zusammenzufassen, führen wir in der ersten Spalte die vier Dogmen auf, wobei wir B längs seiner beiden soziologischen Momente aufteilen. Jedem Dogma können wir dann einen Typus der Gruppenbildung zuweisen, wobei B offenkundig wiederum einen doppelten Einfluß ausübt. In der dritten Spalte tragen wir die Wirkungsbereiche ein: –

<table>
<tr><th colspan="2">Dogmen</th><th>Soziale Gruppen</th><th>Aspekt</th></tr>
<tr><td colspan="2">A. Ursprüngliches Heraufkommen</td><td>Subclan</td><td>Rechtlich, mythologisch</td></tr>
<tr><td rowspan="2">B. Eherecht, Matrilinearität und Exogamie</td><td>urigubu</td><td>Matrilineare Verwandschaft: die Mutter, ihre Kinder, ihr Bruder</td><td>Rechtlich und ökonomisch (Konsumtion)</td></tr>
<tr><td>Residenzrecht der Gattin und ihrer Kinder</td><td>Familie und Dorfgemeinde als Agglomerat von Familien</td><td rowspan="2">Rechtlich und ökonomisch (Produktion)</td></tr>
<tr><td colspan="2">C. Magische Organisation</td><td>Gärtnergruppe</td></tr>
<tr><td colspan="2">D. Rang</td><td>Politische Einheiten: Bereich des Oberhäuptlings; Distrikte; Gruppen von Dorfgemeinden</td><td>(Historisch)<br>Politisch</td></tr>
</table>

Ein solches Diagramm darf freilich auf keinen Fall fetischisiert werden; es ist lediglich eine handliche Zusammenfassung. Die erste Spalte (rechtliche und mythologische Dogmen) soll zum Ausgang einer systematischen

Darstellung des trobriandischen Bodenrechts gewählt werden. Dabei wird die Weise ihrer wechselseitigen Ergänzung zu untersuchen sein. Die zweite Spalte zeigt die sozialen Implikationen für die Gruppenbildung, die dritte die für die Aspekte der Siedlungsweise und der Beziehungen einer Gemeinde zum Boden.

Obgleich kahl und abstrakt, ist damit das Schema der Grundbesitzverhältnisse vollständig umrissen. Die vier Dogmen sind aufgeführt, ebenso das System des Eigentums, der Nutzung, der Siedlung und der politischen Kontrolle, das jedem Trobriander einen Landanteil sichert, den er bebauen und dessen Erträge er an die Personen verteilen kann, die auf seinen Boden ebenfalls Ansprüche haben. Um aber die Grundzüge dieses Systems zusammen mit der Methode vorlegen zu können, die mich im Feld geleitet hat, habe ich bis jetzt die konkrete Realität der mythologischen Vorstellungen, der Rechtsansprüche und Vorrechte, der Wechselfälle der historischen Entwicklung – soweit ihre gesicherte Rekonstruktion möglich ist – und die lebendige Wirklichkeit des tatsächlichen Gebrauchs *en detail* noch ausgespart. Um dieses Skelett mit Fleisch zu umgeben, müssen wir den Faden der Erzählung noch einmal aufnehmen und die Frage der Grundbesitzverhältnisse jetzt systematisch wiederaufrollen, diesmal mit genauer Beachtung der Perspektive der Trobriander und ihrer Praxis im einzelnen.

# Kapitel X
# Bodenrecht und -nutzung

Im vorigen Kapitel habe ich eine knappe, abstrakte Definition der Grundbesitzverhältnisse auf den Trobriand-Inseln vorgeschlagen. Zu ihren Bestandteilen gehört das Konzeptionssystem der vier Dogmen, die das Recht auf Bürgerschaft und Grundbesitz bestimmen; indem sie die Vorstellungen der Trobriander von der Beziehung zwischen Mensch und Boden formen, integrieren sie Menschenwesen zu sozialen Einheiten, während sie zugleich den physisch gegebenen Boden in eine von der Kultur bestimmte Sache umwandeln.
Diese mythologischen und rechtlichen Dogmen wirken dabei aber primär auf die praktische Nutzung des Landes ein, auf die Erfordernisse des Gartenbaus, den Fruchtwechsel, die Form der Ausbeutung des Bodens durch den einzelnen und die Zuweisung des Ertrags an andere. Das alles sind Konstitutionsmomente der Grundbesitzverhältnisse. Im vorliegenden Kapitel werden wir also unseren Bericht über Bodenrecht und -nutzung systematisch reformulieren und die verschiedenen Elemente, die diese Verhältnisse beeinflussen, an den ihnen zukommenden Ort und in die richtige Perspektive rücken müssen. Am besten beginnen wir mit dem Mythos vom ursprünglichen Heraufkommen, der wohl als die Grunddoktrin anzusprechen ist, in der die Beziehung des Menschen zum Boden festgelegt wird.[1]

## *1. Das Dogma vom ursprünglichen Heraufkommen als die Hauptcharta des Grundbesitzes*

Alle Trobriander, Männer wie Frauen, glauben, durch Geburt und Abstammung mit einem bestimmten Ort und dadurch mit einer Dorfgemeinde und einem Territorium verbunden zu sein. Jeder glaubt nämlich, seine Lineage sei in Person seiner ältesten Vorfahrin in direkter Linie einer bestimmten Stelle auf den Trobriand-Inseln entsprungen.[2] Der Mythos vom ursprünglichen Heraufkommen ist entschieden matrilinear konzipiert: Er bezieht sich immer auf eine Frau, und wenn diese von einem Mann begleitet wird, so handelt es sich um ihren Bruder, nicht um

[1] Vgl. a. *Coral Gardens,* Vol. I, App. II, Sec. 4, Note 45.

[2] Vgl. Kap. I, Abschn. 7. Der Leser hat sicherlich bemerkt, daß der Mythos von Tudava mit den lokalen Ursprungsmythen gewissermaßen unvereinbar ist.

ihren Gatten. In Verbindung mit den Prinzipien matrilinearer Abstammung liefert dieser Glaube die Charta für Bürgerschaftsrecht und Grundbesitz; denn alle Nachkommen der Urfrau in direkter weiblicher Linie haben auf Grund ihres ursprünglichen Heraufkommens das Recht auf Bürgerschaft in dem Territorium erworben, das die Stelle ihres Ursprungs umgibt. Fast alle Rechte und Ansprüche auf Land gründen in diesem Glauben; *fast* alle –, denn das Leben ist immer komplexer als der stärkste Glaube und die genaueste Rechtsregel, und das Dogma vom ursprünglichen Heraufkommen verbindet sich mit anderen Vorstellungen, die es oft überschatten und manchmal bis zur Unkenntlichkeit verformen. Der Klarheit halber will ich indessen jedes Dogma für sich darstellen.

Meist nennt man den Ort oder das Loch des Ursprungs *bwala,* Haus; manchmal spezifischer *dubwadebula,* Grotte, *pwana,* Loch, oder *kala isunapulo*, »sein« – eigentlich »ihr« – Ursprungsort. In jedem Fall können die Eingeborenen die Markierungen genau angeben: In Obukula z. B., einem Teil des Dorfhains von Omarakana, gibt es ein Wasserloch, Bulimaulo genannt, dem der Subclan Kaluva'u entstammt.[3] In Sakapu, einem kleinen Hain in der Nähe von Omarakana, gibt es eine Felsscharte, ebenfalls Sakapu genannt, aus der der Subclan Burayama von Kwaybwaga heraufgekommen ist, der immer noch gewisse Ansprüche auf das Gebiet von Omarakana innehat. In anderen Dörfern markiert ein Steinhaufen oder ein Korallenblock direkt auf dem Dorfplatz einen Ursprungsort, in wieder anderen ein Loch oder ein Korallenfels in den umliegenden Hainen oder Feldern. So hat das Pariadorf Bwoytalu, das aus mehreren Teilen besteht, Ursprungslöcher für jeden der Subclans, die das Dorf bewohnen, und alle diese Löcher befinden sich im Dorf oder in seiner unmittelbaren Umgebung. Das gleiche gilt für die Dörfer Ba'u und Lawaywo, ebenfalls von sehr niedrigem Rang – ein Punkt, der betont werden muß, da einige vornehme Gemeinden ihren Ursprung nicht auf einen Ort in dem von ihnen bewohnten Gebiet zurückführen.

Auch Spitzen von *waya,* Buchten, sind Ursprungslöcher von Subclans, des Subclans Kwaku, der in Oburaku ansässig ist, des Subclans von Okopukopu, eines der Subclans in Tukwa'ukwa und derer, die in Kwabulo leben.[4] Kapwani, Idaleyaka, Liluta und Moligilagi leiten ihre Abstammung aus je einer Grotte im *rayboag* ab. Die berühmteste dieser Ursprungshöhlen heißt Obukula und zeichnet sich vor allen anderen dadurch aus, daß sie als Ursprungsort der Tier-Urahnen der vier Clans gilt, die als erste auf die Erdoberfläche gekommen sind. Auch eine ganze Reihe der aristokratischen oder alten Subclans betrachtet diese Höhle als ihren Ursprungsort – und das ist ebenfalls eine Anomalie. Die Höchsten

[3] Vgl. *Coral Gardens,* Vol. I, Doc. IV, Pedigree 2.

[4] Vgl. den zugehörigen Mythos von Inuvayla'u, *Das Geschlechtsleben der Wilden,* S. 331-336.

der Hohen, die Tabalu vom Malasi-Clan, die Subclans Mwauri, Tudava und Mulobwayma vom Lukuba-Clan und der Subclan Kaylavasi vom Lukulabuta-Clan – sie alle entstammen der Höhle Obukula.

Wenn von den Mythen vom ursprünglichen Heraufkommen die Rede ist, so muß deren dogmatischer Charakter herausgestellt werden. Allerdings ist es nicht leicht, hier eine klare Unterscheidung zwischen einer einfachen Versicherung – der kargen Feststellung eines einstmaligen Ereignisses – und einem ähnlichen, aber ausführlichen und mit Details ausgeschmückten Diskurs zu treffen. Zu einer langen und dramatischen Geschichte ist nur eine dieser Mythen ausgesponnen, nämlich die über das Heraufkommen der vier Clanahnen. Die übrigen Formulierungen sind meist sehr einfach; sie reduzieren sich auf die Versicherung: »Aus der Höhle von Bulimaulo kamen zuerst Kaluva'u und Bokaluva'u, seine Schwester. Die Magie unseres Bodens und viele Kräuter brachten sie mit sich.« Diese Versicherung ist jedoch Bestandteil jeder Diskussion über die Stammbäume des Subclans, über Gebietsabgrenzungen und die jeweiligen Landansprüche der angrenzenden Subclans. Geht es um eine besondere Magie, so wird ein solcher Mythos gelegentlich genauer. In Verbindung mit der Regen- und Dürremagie etwa wird die Geschichte von Bopadagu erzählt, der Ahne, die aus der Höhle von Bulimaulo kam. Wir erfahren, wie sie verschiedene Tiere, die zur Regenmagie gehören, den Regen selbst und ein, zwei Kinder gebar; und in einer ausführlichen, dramatischen Geschichte wird berichtet, wie sie mit dieser wichtigen, aber gefährlichen Frucht ihres Schoßes, dem Regen, umging. Wo es indessen nicht um eine spezielle Magie geht, nimmt der Mythos jene äußerst einfache Form an, in der er lediglich den Ort, die Namen der ersten Ahnen und die von ihnen mitgebrachten Zeichen von Rang und Würde aufführt, sowie die Arten der Magie (manchmal ist es nur Gartenmagie), die sie aus dem Erdinnern heraufgebracht haben.

Diese konkreten Illustrationen waren notwendig, da das ursprüngliche Heraufkommen für die trobriandischen Vorstellungen vom Grundbesitz so viel bedeutet.[5] Mit einer Ursprungshöhle, das ist hier von besonderem Interesse, ist immer ein Dorf oder ein Dorfteil, ein Territorium oder sozusagen ein Sortiment von Ländereien verbunden, und beides gehört den Leuten, die aus der Höhle gekommen sind. In der Regel ist darin Ödland eingeschlossen, der eine oder andere tabuisierte Hain, ein Abschnitt des *rayboag* und vielleicht Felder im Sumpf (*dumya*); in allen Fällen gehört ein großes, in parzellierte Felder eingeteiltes Areal kultivierbaren Buschs (*odila*) dazu. Die Dörfer, die in der Nähe der offenen See liegen, besitzen einzelne Abschnitte der Küste (*momola*), Fisch- und Badestrände sowie ein paar Bootshütten. Am Lagunenstrand, *kovalawa*

[5] S. a. *Coral Gardens,* Vol. I, App. II, Sec. 4, Note 46.

genannt, hält man Kanus. Eine Ursprungshöhle ist also immer Mittelpunkt eines zusammenhängenden Gebiets, das eine Gemeinde oder Teilgemeinde einschließt und ihren Mitgliedern die folgenden ökonomischen Chancen eröffnet: Zugang zu fruchtbarem, kultivierbarem Boden, in jedem Fall; manchmal Zugang zu Meerfahrt und Fischgründen; ein Erholungsgebiet und ein System von Verbindungswegen zu anderen Dörfern.[6]

So sanktioniert das Dogma vom ursprünglichen Heraufkommen in Verbindung mit dem Dogma der matrilinearen Abstammung Nutzung und Genuß eines Territoriums, und zwar unmittelbar und vollständig, in wirtschaftlicher wie in allgemeiner Hinsicht; es garantiert Besitz an kultivierbarem Land und belehnt die Subclans mit traditionalen magischen und religiösen Ansprüchen.[7] Alle Angehörigen haben das Recht, dies Gebiet als ihr eigenes zu betrachten, und jeder einzelne hat Teil an diesem gemeinsamen Anspruch (vgl. Eintragung 5 unserer Liste in Kap. IX). Zudem sind diese Ansprüche von höchstem Rechtswert (es sei denn, man hätte sie unter dem Einfluß des einzigen noch mächtigeren Faktors, dem der Rangunterschiede, abgetreten). In bezug auf Gartenland und mythische Orte einer Dorfgemeinde sind es allein die Angehörigen des entsprechenden Subclans, denen der Titel *toli* (Herr) zukommt: *tolivalu,* Herr des Dorfes[8], *tolipwaypwaya,* Herr des Bodens, *toliboma,* Herr des Tabuhains. Die Angehörigen des Subclans haben das Bürgerrecht, das absolute und unzweifelhafte Recht auf einen Wohnsitz, und sie können allen, die nur kraft abgeleiteter Rechte oder wegen der üblichen Nachsichtigkeit im Dorf leben dürfen, das Residenzrecht entziehen. Als Bürger hat jeder auch das unverbrüchliche Recht, auf dem Gemeindeboden soviel Parzellen zu bebauen, wie er nötig hat. Das Recht, Gärten zu bestellen, ist unauflöslich an das Recht gebunden, ein bestimmtes Dorf als das eigene zu nehmen, es zu bewohnen und seine Magie zu praktizieren.

[6] Zur Klassifikation von Land vgl. Kap. I, Abschn. 8 und *Coral Gardens,* Vol. II, Part V, Div. I, §§ 6-8; zur Aufteilung des kultivierbaren Bodens s. Kap. II, Abschn. 3 und *Coral Gardens,* Vol. II Part V, Div. I, §§ 13-20.

[7] In einer anderen Schrift habe ich das folgendermaßen formuliert: »Die soziologische Relevanz dieser Ursprungsberichte würde nur einem europäischen Forscher klarwerden, der die juristischen Vorstellungen der Eingeborenen über lokales Bürgerrecht und Erbrecht an Land, Fischgründen und bodenständigem Gewerbe verstanden hat.« (*Der Mythos in der Psychologie der Primitiven* in: *Magie, Wissenschaft und Religion. Und andere Schriften.* Frankfurt a. Main, 1973, S. 97). S. dort auch die weiteren Daten über Ursprungsmythen.

[8] Das Wort *tolibaleko* kann höflichkeitshalber auch auf den Mann angewendet werden, der die Parzelle derzeit bestellt. Fragt man jedoch nachdrücklich, etwa: »Wer ist der wirkliche Herr der Parzelle?« (*avayta'u tolibaleko mokita?*), oder: »Wem gehört diese Parzelle tatsächlich?« (*avayla la baleko toulela?*), so erfährt man den Namen des rechtmäßigen, ständigen Besitzers.

Dogma A liefert also den kulturellen Rahmen, die kulturelle Überformung des Territoriums. Seine gesellschaftlichen Implikationen sind für die Grundbesitzverhältnisse durchaus nicht weniger bedeutend als die Zuteilung und Zusammenstellung der Ländereien. Sie kulminieren in der Formation des Subclans. Die Struktur des trobriandischen Subclans ist zuerst und zumeist durch das Prinzip matrilinearer Filiation bestimmt; d. h. Abstammung wird ausschließlich in mütterlicher Linie gerechnet, ein Kind gehört der körperlichen Substanz nach zur Mutter und erbt deren soziale Kennzeichen und Ansprüche. Die Zugehörigkeit zu einem Subclan ist absolut unveräußerlich, sie ist weder auszutauschen noch sonst zu beeinflussen. Für das weibliche Geschlecht verläuft die Linie direkt von Mutter zu Tochter usf. Für das männliche Geschlecht folgt der Erbe und Nachfolger der adelphischen Linie, d. h. einem Mann folgt nicht sein nächster Verwandter in der unmittelbar angrenzenden jüngeren Generation, sondern sein jüngerer Bruder, und erst wenn alle Brüder nachgefolgt sind, kommt die Reihe an den Schwestersohn.

Bei der trobriandischen Erbfolge ist besonders im Hinblick auf Land und Magie merkwürdig, daß der jüngere Mann das Erbe, das ihm doch rechtlich zusteht, durch ein besonderes System von Zahlungen, *pokala*, erst erwerben muß.[9] Will etwa ein jüngerer Bruder oder Schwestersohn, also der nächste oder zweitnächste in der Erbfolge, den Titel *tolikwabila* oder *tolibaleko* annehmen, so muß er dem Titelhalter mehrere, nicht unbeträchtliche Entschädigungen anbieten, auf Grund deren der Titel ihm dann schrittweise übertragen wird. Solche Transaktionen basieren gewöhnlich auf vorgängigem, wechselseitigem Einvernehmen; die betreffenden Titel sind fast reine Ehrentitel, die keinerlei ökonomischen Nutzen mit sich bringen.[10]

In die Struktur des Subclans greift auch das Senioratsprinzip ein, d. h. Alter und Generationsalter vermitteln innerhalb des Subclans Bedeutung und Status. Das gilt auch für die Verwandtschaftsgruppen und Lineages eines Subclans. Alle Angehörigen eines Subclans rechnen zwar theoretisch ihre Abstammung von einer gemeinsamen Ahne her, in der Praxis aber können nicht alle ihre Verwandtschaft genealogisch nachweisen, denn die Verwandtschaftskenntnis reicht bei den Trobriandern nicht über Großeltern oder Urgroßeltern hinaus. Diejenigen, die nachweislich miteinander linear oder kollateral verwandt sind, könnte man genealogische Verwandtschaft oder Verwandtschaftsgruppe nennen. Die verschiede-

[9] Vgl. *Argonauten des westlichen Pazifik,* S. 225-227, und *Das Geschlechtsleben der Wilden,* S. 153.

[10] Das *pokala*-System, das dem Käufer kaum irgendeinen Vorteil vermittelt, den Älteren aber immerhin mit einem beträchtlichen Geschenk versieht, scheint mir weniger ein Kaufakt zu sein, als dem Wunsch des Erben Ausdruck zu verleihen, seinem Vorgänger Tribut zu zollen. Zugleich würde damit der Name des Systems, *pokala,* »Tribut«, einsichtig.

nen Gruppen dieser Art erkennen relative Seniorität untereinander an. Eine von ihnen gilt immer als die älteste und d. h. auch die bedeutendste. Der Senior der Seniorlineage ist Oberhaupt des gesamten Subclans. Denn – und hier stoßen wir auf ein weiteres Konstitutionsmoment in der Struktur des Subclans – in der Hierarchisierung des Subclans überwiegt das männliche Element, während doch bei der Filiation das weibliche Element das bestimmende ist. Der förmliche Besitztitel für das kommunale Territorium des Subclans ist nominell dem Oberhaupt des Subclans übertragen (vgl. Eintragung 4 in unserer Liste). In einem engeren, persönlichen Sinn wird das Oberhaupt mehr als die anderen Angehörigen als *tolipwaypwaya,* Herr des Bodens, oder als *tolikwabila,* Herr der Felder, hingestellt.

Daß kaum eine trobriandische Gemeinde genealogisch gänzlich homogen ist, macht unser Bild komplexer. Innerhalb eines Gebiets und innerhalb einer Dorfgemeinde leben meist mindestens zwei autochthone Subclans, deren Ländereien und Ansprüche nicht exakt voneinander abgegrenzt sind. Um mit Omarakana zu beginnen, so gibt es dort zwei Ursprungshöhlen, Bulimaulo und Sakapu, denen die Subclans Kaluva'u und Burayama entsprechen[11], die beide in Omarakana Residenzrecht haben und Land besitzen. Ihre Gartenparzellen liegen nicht in zwei abgetrennten Teilen des Territoriums, sondern über alle Felder verstreut. Diese Verhältnisse haben durch die Ankunft der Tabalu – ein historisches Ereignis, das noch genauer zu analysieren sein wird – eine noch komplexere Gestalt erhalten. In gemeinen Dörfern, in denen die Dinge einfacher liegen, kommt jedem der Subclans, aus denen die Gemeinde besteht, jeweils ein bestimmter Landstrich oder zwei, drei bestimmte Felder zu; und entsprechend ein kleiner, geschlossener Ring von Häusern oder ein Segment in einem großen Ring.

Die Dorfgemeinde besteht also in der Regel aus mehr als einem Subclan. Ausnahmen sind etwa Suviyagila, Luya und Lobu'a, in denen es nur je einen Subclan gibt. In Yourawotu, Tilakaywa und Kupwakopula gruppiert sich zwar je ein Subclan um einen Mittelplatz, aber diese Dörfer liegen eigentlich so nah beieinander, daß sie eher als eine einzige, gegliederte Siedlung zu zählen sind. Großgemeinden wie Sinaketa, Kavataria, Kwaybwaga oder Yalumugwa sind aus mehreren Dörfern zusammengesetzt, von denen einige homogen sind, andere sich jeweils aus mehreren Sektionen eines einzigen Subclans zusammensetzen. Schließlich gibt es noch besonders große Einzeldörfer wie Omarakana, Obweria und Gumilababa. Hierher gehören auch Okaykoda und Kabwaku, wo jeweils zwei oder mehr Subclans mehr oder weniger homogene Segmente in einem geschlossenen Kreis um einen gemeinsamen *baku* innehaben.

[11] Vgl. *Coral Gardens,* Vol. I, Doc. VIII.

Während in Omarakana die Kaluva'u und Burayama neben dem dominanten Subclan Tabalu residieren, gibt es in Gumilababa neben den Tabalu zwei, drei Subclans des Lukwasisiga-Clans.
Dieses komplexe Bild vereinfacht sich allerdings wieder dadurch, daß unter den Subclans einer Gemeinde immer einer als der ältere oder der vornehmere gilt. Das Oberhaupt des dominanten Subclans wird Vorsteher der Dorfgemeinde, die dieses Amt in allen Fällen genau einmal zu vergeben hat.
Dem Vorsteher fallen alle Ehrentitel zu, alle Zeremonialfunktionen, Ämter, Aktivitäten und Befugnisse, die die Gemeinde im ganzen innehat; ebenso die Ausübung der Magie, über die sein Subclan im Namen der gesamten Gemeinde verfügt; und manchmal übernimmt er sogar die Magie eines der nicht-dominanten Subclans. Ein bemerkenswertes Beispiel für den letzteren Fall ist die Regen- und Sonnenscheinmagie, die genealogisch den Kaluva'u gehört, aber von den Tabalu von Omarakana praktiziert wird.
In dem gemeinsamen Gebiet wahren dabei die nicht-dominanten oder erst rezent angesiedelten Subclans ihre Ansprüche auf Land. Sehr häufig muß das Oberhaupt eines nicht-dominanten Subclans bei Ratsversammlungen eigens konsultiert werden. Seine Stellung als Eigentümer des Bodens und die daran gebundenen Zeremonialrechte hat ein Gewährsmann aus Oburaku in bezug auf Mosagula Doga, Oberhaupt des autochthonen Subclans Kwaku, sehr gut zum Ausdruck gebracht.[12] »(I) Der Herr des Dorfs (genauer des Teildorfs, in diesem Fall *de facto*: des Subclans) ist auch Herr der Felder. (II) Die Verwandten von Mosagula Doga haben von alters her in Oburaku gelebt. (III) Viele Leute haben ihre Parzellen in dem Feld Wagwam. Dieser Mann (Mosagula Doga) ist Herr des Feldes. (IV) Beim Gartenrat vor dem Haus des Gartenmagiers fragt Navavile (der Gartenmagier): ›Was meinst du? Sollen wir deine Felder roden?‹ und Mosagula Doga antwortet: (V) ›Gut, schlagt meinen Garten an‹.«
Tatsächlich hatte dieser Subclan nicht allein am längsten, sondern von Anfang an in Oburaku gelebt, da er dem Quellteich eines dortigen Bachs entstammt. Trotz seines Seniorats hatte er aber weder das Amt des Gesamtdorfvorstehers besetzen noch die kommunale Gartenmagie ausüben können. Seniorität vermittelte aber immerhin noch das zeremonielle Privileg einer besonderen Konsultation im Gartenrat. Und der Umstand, daß der Gartenmagier eine Genehmigung einholen muß, bevor es zur Wahl von Gartenland kommt, ist für die Eingeborenen sehr wichtig.
Auch wenn in anderen Gemeinden die weniger bedeutenden Subclans über keine speziellen Ansprüche dieser Art verfügen, besitzt doch jeder von ihnen einen Gebietsanteil. Jeder männliche Erwachsene eines nicht-

[12] *Coral Gardens,* Vol. II, Text 94, Part V, Div. XII, § 36.

dominanten Subclans kann auch spezifische, persönliche Ansprüche auf eine oder mehrere Parzellen (*baleko*) im Feld seines Subclans geltend machen (vgl. Eintragung 7 unserer Liste). Was diese persönlichen Besitztitel auf eine Parzelle genau bedeuten, wird sich zeigen, wenn wir nach der Zuteilung und Verpachtung von Gartenland fragen (s. u., Abschn. 4).
Die Dauerhaftigkeit des Subclans und die Unveränderlichkeit im sozialen Wesen des Individuums findet ihren Ausdruck gleichsam in der spirituellen Kontinuität, die ebenfalls einen gebiets- oder ortsbezogenen Charakter hat. Nach dem Tod wandert der Mensch in die jenseitige Welt, die im Nordwesten, irgendwo unter oder auf der real existierenden Insel Tuma gelegen ist. Auch dort bleiben die Geister an ihrem Ort beisammen; ganz wie in dieser Welt bestellen sie dort gemeinsame Gärten auf dem Gemeindeland. Wenn die Geister während des *milamala*-Festes in ihr Dorf zurückkehren, werden sie von ihren Verwandten bedient; sie empfangen Opfergaben, die auf ihrem eigenen Boden gewachsen sind. Auch die sterblichen Überreste eines Menschen bleiben mit dem Boden verbunden, der seine Lineage geboren hat. Männer und Frauen müssen nämlich in ihrem eigenen Dorf begraben werden; die bestatteten Gebeine werden später wieder ausgegraben und verschiedenen Behandlungen unterworfen, bis sie schließlich im Gemeinschaftsgrab des Subclans zur Ruhe kommen, das wiederum in dessen Urgebiet liegt.
So trägt der Glaube an das Leben nach dem Tod und die Behandlung der sterblichen Überreste – und es gibt keine enge Verbindung zwischen diesen beiden Momenten – zusätzlich zur geistigen Einheit der Angehörigen des Subclans bei.[13] Ein weiterer, ebenfalls spiritueller Faktor, der die Einheit des Clans steigert, ist die Magie. Die Urahnen brachten nämlich, wie wir wissen, aus der Unterwelt eine Gabe von höchster Bedeutung, die verschiedenen Magiesysteme, mit, um sie ihren Nachkommen zu verleihen. Einige dieser Systeme konnten nicht innerhalb des Subclans bewahrt werden, mit dessen Urahne sie aus der Unterwelt gekommen waren. Andere, wie die Kriegsmagie, die *kaytubutabu*-Magie[14], mehrere Arten der Fischmagie, einige Formen der Kanubaumagie und ein System der Liebesmagie, sind immer noch Monopolbesitz des Subclans, dem die Urahne sie verliehen hat. Die direkt auf Grundbesitz bezogene Magie, um die es uns hier primär geht, ist indes die *towosi*-Magie. Das Urpaar, Bruder und Schwester, hat die Kräuter und Substanzen für die magische Mixtur, mindestens aber deren Rezept, all die Vorschriften für Ritual und Praxis der Magie und für die zu beachtenden Tabus gebracht, vor allem aber den vollständigen Text der magischen Formeln (vgl. Kap. I,

[13] Vgl. auch meinen Aufsatz *Baloma,* in: *Magie, Wissenschaft und Religion. Und andere Schriften,* Frankfurt a. Main, 1973.
[14] S. *Coral Gardens,* Vol. I, Ch. X, Sec. 3.

Abschn. 7). Diese Magie wird normalerweise in direkter mütterlicher Linie überliefert, den gleichen Prinzipien gemäß, die auch die Übergabe von Besitz, Privileg und Status regeln. Ebenso wie die Besitztitel auf Land muß die Magie folglich längs des *pokala*-Systems gekauft werden, und in diesem Fall ist es offenkundig unerläßlich, sie zu Lebzeiten des Eigners zu erwerben, da die Übernahme der Magie ja darin besteht, die Formeln zu lernen und sich im Ritual unterweisen zu lassen.

Die Lehre, daß allein die Magie, die einem Landstück entsprungen ist, ihm Fruchtbarkeit verleihen kann, ist grundlegend wichtig. Obwohl in diesem Dogma die Einstellung der Eingeborenen sich wirklich ausdrückt, ist es allerdings nicht immer befolgt worden, wie die historischen Tatsachen zeigen. Da mehrere Gemeinden dasselbe magische System praktizieren, muß es zahlreiche Übertragungen und Entlehnungen gegeben haben.[15] So gehörte etwa die Magie, die in Omarakana praktiziert wird, mit aller Wahrscheinlichkeit einst dem Dorf Lu'ebila, nach dem sie benannt ist (Kaylu'ebila). Oft wird auch autochthone Magie von einem eingewanderten Subclan angewandt. Trotz dieser Ausnahmen ist man indes zutiefst davon überzeugt, daß die Magie, die über einem Landstück abgehalten wird, in der einen oder anderen Weise mit ihm verbunden und ihm entweder mit den Urahnen entsprungen ist oder eine Wandlung durchgemacht hat, die man eine mystische Naturalisierung nennen könnte.

Die Magie sollte genaugenommen nach dem Senioratsprinzip immer in der Hand des Seniors der Seniorlineage des Subclans liegen, allerdings wird manchmal dieses Vorrecht und diese Pflicht an den unmittelbaren Nachfolger oder ein anderes Mitglied seiner Lineage delegiert, auf das früher oder später das Amt des Oberhaupts fallen wird. Gelegentlich wird dazu sogar statt Bruder oder Schwestersohn eine Person ausersehen, die überhaupt nicht rechtmäßig zur Lineage gehört, nämlich der leibliche Sohn, der in diesen Fällen meist durch Heirat mit einer Kreuzkusine naturalisiert wird, was ihm das fast uneingeschränkte Residenzrecht in der väterlichen Gemeinde sichert. Im nächsten Abschnitt werden wir darauf zurückkommen.

Die in Dogma A enthaltenen Grundsätze, ihre territorialen und gesellschaftlichen Konsequenzen sowie ihre Ausführungsbestimmungen und Implikationen haben wir entwickelt, wobei das Dogma sich wohl als weniger einfach erwiesen hat als im vorigen Kapitel vermutet. Die zusätzliche Komplikation, die sich aus der Verbindung mehrerer Subclans zu einer Gemeinde ergab, wird im Stammesrecht durch die Unterordnung unter den jeweils dominanten Subclan gelöst. Der Subclan wiederum hat sich nicht als einfache Einheit erwiesen, sondern als

[15] Vgl. ebd. Doc. V.

Seniorats- und Lineagestruktur. Grundton und Funktionsweise von Dogma A sind dabei schlicht genug: A konstituiert das Gebiet und den Subclan, den es als organisierte Gruppe mit dem Gebiet vereint. So begründet es die trobriandische Idee der Bürgerschaft, wie sie in den Begriffen *tolivalu,* Herr des Dorfs, und *tolipwaypwaya,* Herr des Bodens, zum Ausdruck kommt.

Vereint durch eine gemeinsame, mythologisch bestimmte Gefühlshaltung, vereint durch eine Vielzahl ökonomischer Interessen, vereint auch zur politischen Gemeinschaft einer Kriegsschar, die zwar nicht das Land verteidigen muß, aber für das Ansehen wichtig ist, identifizieren sich die Bürger mit ihrem Land und besitzen es kraft dieser Identifikation. Der Grundsatz: eine Ursprungshöhle, ein Subclan, ein Land (oder ein Landesteil), ein Oberhaupt – durchzieht die gesamte Sozialorganisation. Für den Trobriander sind Land, Gebiet, der Boden, auf dem er schreitet, die Felsen, die Haine und Felder, in denen er spielt und lebt, lebendig, nicht nur rechtlich, mit seiner Person verbunden. Land ist für ihn die lebendige Mutter Erde, die seine Lineage in Person der Urahne hervorgebracht hat, ihn nährt und ihn schließlich in ihrem Schoß bergen wird. Unser erster Grundsatz vermittelt jedermann das Wohnrecht, das Recht auf ein Stück Land, einen wahren Zufluchtsort, einen Platz, von dem er niemals gewaltsam vertrieben werden kann.

Die kurze, mythische Erzählung vom ursprünglichen Heraufkommen, die alle, Männer wie Frauen, in Verbindung mit ihrer Lineage und ihrem Land vortragen können, ist demnach kein eitles Märchen. Sie handelt von einer lebendigen Kraft, die aktiv und wirksam die Arbeit koordiniert, die Leute zu Gruppen integriert und ihnen sehr klare ökonomische Vorteile sichert. Versteht man die Funktion dieses Glaubens, so gewinnt man Einsicht in die Wechselbezüge von Mythos, moralischer Überzeugung, Rechtsgebrauch und Wirtschaftsorganisation.

Die Konstitution des Subclans selbst enthält dabei Prinzipien, die den einfachen Wirkungszusammenhang von Dogma A aufbrechen und es so von innen heraus zur Bestimmung der Grundbesitzverhältnisse ganz ungeeignet machen. Das Dogma könnte an sich eine sehr klare, konsistente und präzise Theorie der rechtlichen und wirtschaftlichen Ansprüche auf Boden bieten. Oberflächlich gesehen würde diese Theorie einfach besagen, daß eine Gruppe von Bürgern, Männern wie Frauen, das Recht hat, ihr Territorium gemeinsam zu nutzen, zusammenzuarbeiten, zu produzieren, die Früchte ihrer Mühen einzubringen und gemeinsam zu genießen. Ein sehr wesentliches Prinzip des matrilinearen Verwandtschaftsdogmas bestimmt den Subclan jedoch dazu, eine Gruppe zu sein, die weder zusammen wohnt noch zusammen arbeitet. Für den Trobriander ist die Beziehung zwischen Bruder und Schwester – und vergessen wir nicht, daß diese den Kern seines Verwandtschaftssystems bildet – nämlich nicht durch ein Gebot zur Kooperation definiert, sondern durch ein rigides, trennendes Tabu. Zwischen Bruder und Schwester darf keinerlei Intimität bestehen; jeder vertrauliche, freie und ungebundene persönliche Umgang miteinander ist ihnen verwehrt, ebenso ein gemeinsames Wohnhaus. Nie dürfen sie zusammen arbeiten, denn Arbeit bringt offene Unterhaltungen mit sich, gelegentlich Körperkontakt und eine gewisse Ungezwungenheit – und all das ist ihnen nicht gestattet. Das rigide Tabu zwischen leiblichen Brüdern einerseits und Schwestern andererseits erstreckt sich, dabei schwächer werdend, auf weitere Klassen von Verwandten. Clangenossen und -genossinnen können einander nicht heiraten, also auch keinen gemeinsamen Haushalt führen; es wäre unpassend, wenn sie derselben kooperativen Gärtnergruppe angehören wollten.

Obwohl Dogma A also die Charta zur Konstitution des Subclans enthält und diesen rechtlich als Grundbesitzer fixiert, bestimmt das Bruder-Schwester-Tabu samt der zugehörigen Subclanexogamie den Subclan zu einer Gruppe, die als solche ihr Land weder produktiv noch konsumtiv zu nutzen vermag. Das Dogma ist folglich in sich widersprüchlich, seine Implikationen müßten die so bestimmten Grundbesitzverhältnisse als Ordnungsfaktor bei der ökonomischen Nutzung des Bodens gänzlich unbrauchbar machen.

Indes steht dieses Dogma nicht allein; das Eherecht, Dogma B des vorigen Kapitels, tritt ergänzend hinzu. Dogma B führt zu einer gründlichen Umstrukturierung der Lokalgruppe. Der Subclan bleibt deren Kern, an den sich nun aber Gattinnen und Kinder als neue Mitglieder anschließen. Sie bringen dabei zugleich eine ökonomische Ausstattung ein, das *urigubu.* Die Heirat konstituiert eine produzierende und konsumierende Gruppe, den Haushalt; und eine Reihe solcher Haushalte konstituiert die Dorfgemeinde. Diese wiederum wird, zur Gärtnergruppe organisiert, die tatsächliche Einheit der landwirtschaftlichen Produktion. In Verbindung mit dem Dogma des Rangs trägt die Ehe eine weitere Verwirrung in den Wirkungszusammenhang von A. Schon auf den ersten Blick zeigt sich, daß das Schlußresultat der Interaktion dieser Dogmen von unserem ursprünglichen Bild einer einfachen, rechtlich transparenten, mythologisch begründeten Charta des Bodenrechts erheblich abweichen wird.

## *2. Das Eherecht und seine doppelte Wirkung*

Die Ehe ist notwendig: ohne Frau ist der erwachsene Trobriander unvollständig, ohne Status, und die Frau braucht, um Kinder zu gebären, was in ihrem Leben die Hauptsache ist, einen Gatten. Die Ehe ist virilokal, d. h. der Ehemann richtet seinen Haushalt in seiner eigenen Gemeinde ein, die auch die seiner Mutter und seiner Mutterbrüder ist, und seine Frau zieht zu ihm. Die Exogamie bestimmt die Frau, extraterritorial zu leben: die Gemeinde des Gatten, in die sie zieht, kann nicht ihre eigene sein. Zugleich bleibt die Matrilinearität in der Ehe wirksam, d. h. die Frau wahrt die Zugehörigkeit zu ihrem Subclan und übermittelt sie ihren Kindern. Das sind die Hauptprinzipien des Eherechts, die ansonsten in die Soziologie gehören. *En detail* bin ich auf die Ehemotive von Männern und Frauen schon eingegangen (Kap. VI, Abschn. 2), ich habe den Charakter der mütterlichen und väterlichen Beziehungen zu Kindern vorgestellt und das *urigubu* ausführlich als den bezeichnendsten Zug der trobriandischen Ehe geschildert. Jetzt interessiert uns die Ehe in ihren Auswirkungen auf den Wohnsitz der verheirateten Frau und ihrer Kinder; denn da der Wohnsitz Basis effektiver wirtschaftlicher Kooperation, vor allem in der Landwirtschaft, ist, muß er mit Bodenrecht und -nutzung verbunden sein.

Richtiger wäre vielleicht zu sagen, daß der Wohnsitz, auf den ja Landbesitztitel bezogen sind, eines der Hauptelemente in den Grundbesitzverhältnissen ausmacht. In dieser Perspektive hat das Eherecht eine doppelte Konsequenz für den Grundbesitz: Zunächst ist es Basis einer ökonomisch kooperativen Einheit, der Familie, und damit auch der Dorfgemeinde als einer Ansammlung von Familien; zum anderen bleibt die Frau aber, wenn sie auch in der Gemeinde des Mannes lebt und mit ihr zusammen arbeitet, rechtlich doch eine Angehörige ihres eigenen Subclans – und das gibt ihr das Recht auf *urigubu,* also auf einen Anteil an den Erzeugnissen der Gemeinde, aus der sie stammt.

Was hat das *urigubu* mit Grundbesitz zu tun? In dem Kontext (Kap. VI, Abschn. 2), in dem wir diese Gabe schon analysiert haben, mußte ein Moment ungeklärt bleiben. Wir haben gesehen, daß das *urigubu* beträchtlich zur Stellung der Frau in der Ehe beiträgt, daß es die Ausstattung ihres Haushalts durch ihren Bruder darstellt, kraft des besonderen Verwandtschaftsprinzips, das einen Mann, seine Schwester und deren Nachkommen zur eigentlichen Filiationseinheit bestimmt.

Betrachten wir die wirtschaftliche Stellung der Frau im Lauf ihres Lebens genauer. Als Mädchen im Haushalt der Eltern bestellt sie das Land des Vaters und trägt dazu bei, die Früchte zu ziehen, die zum Teil der elterliche Haushalt verzehren wird. Wenn sie herangewachsen ist, wird sie an den Gärten des Gatten teilhaben und einen Teil ihrer Erträge nutzen. Wo aber ist ihr eigener Boden? Zunächst hat ihn der Mutterbruder inne, später wird ihr eigener Bruder ihn erben. Jetzt stattet der Mutterbruder ihren elterlichen Haushalt jährlich mit *urigubu* aus. Das Mädchen lebt also zusammen mit Eltern und Geschwistern teilweise auch von den Erträgen des Bodens, den es besitzt. Wenn es zu seiner Zeit das *urigubu* für den eigenen Haushalt empfängt, wird auch dies auf *seinem* Boden gezogen worden sein. In Anbetracht des Grundbesitzes können wir das *urigubu* deshalb als jährliche Rückgabe aus dem Gemeinbesitz auffassen, als den Anteil, den der Bruder der Schwester schuldet. Das vom Bruder bebaute Land ist zum Teil in seinem Besitz, zum Teil verwaltet er es für weibliche Angehörige. So wird das *urigubu,* das auf diesem Teil anzubauen ist, von jemand überreicht, der das Land im Namen von Personen nutzt, die auf dies Land ein Recht haben, auf Grund der ehelichen Wohnsitzregelung aber in der Fremde leben.

Erinnern wir uns auch daran, daß das *urigubu* zwar formell dem Schwager angeboten wird, tatsächlich aber als Gabe *ad personam* der Schwester gilt. Bei deren Tod wird es automatisch abgebrochen; bleiben die Kinder, die dann in ihre Gemeinde zurückkehren sollten, dann noch beim Vater, braucht ihr Onkel mütterlicherseits sie nicht länger mit Ernteprodukten zu versorgen; ich glaube allerdings, daß er das in der Praxis dennoch sehr häufig tun wird.

Es muß betont werden, daß *urigubu* und Grundbesitz aus dem gleichen Kreis von Verwandtschafts- und Landzuteilungsvorstellungen folgen. Den Eingeborenen wäre es, wenn sie das *urigubu* beschreiben, nicht selbstverständlich, es als Resultat der Landbesitztitel der Frau zu bestimmen. Ganz klar machen sie aber, daß es auf den Haushalt zurückzuführen ist, da die Frau mit ihren Kindern wirklich ein entscheidender Bestandteil der Verwandtschaftsgruppe ihres Bruders ist. Vollkommen bewußt ist ihnen ebenfalls, daß sie und die Kinder die eigentlichen Eigentümer des Bodens sind, auf dem das *urigubu* angebaut wird. Während also der Beobachter die juridische Verallgemeinerung selbst vornehmen muß, liegen doch alle konkreten Voraussetzungen dazu in der Rechtstheorie der Eingeborenen vor. In der gesellschaftlichen Realität macht das *urigubu* einen großen Unterschied für den Ehestatus der Frau, für ihre Einflußmöglichkeiten zu Hause und für ihre Stellung in der Gemeinde; und es eröffnet den Frauen, besonders denen, die viele Brüder haben, eine große Auswahl an potentiellen Ehemännern.

Um es auf eine Formel zu bringen: Männer und Frauen haben Ansprüche auf Land, direkt nutzen es die Männer, indirekt profitieren davon die Frauen mit ihren heranwachsenden Kindern.

Der Zusammenhang zwischen *urigubu* und Grundbesitz ist nun ganz einsichtig. Betrachten wir das Bodenrecht unter dem Aspekt der tatsächlichen Wahrnehmung von Bodennutzungstiteln, so erweist sich das *urigubu* als jährliche Abzweigung von Erträgen zugunsten jener Mitglieder eines Subclans, die aus geschlechtsspezifischen Gründen nicht in dessen Territorium leben, aber auf einen Teil der Ernte dieses Gebiets Anspruch haben. Auf Grund des Eherechts ist die Haushaltsgruppe verwandtschaftlich heterogen, und dementsprechend wird sie aus zwei Quellen versorgt. Zum Teil lebt sie von den Erträgen ihres eigenen Gebiets, zum Teil von denen des Landes, auf das die fremden Mitglieder der Gruppe, die Frauen und Kinder, von der Tradition verbürgte Rechtsansprüche haben.

Dabei ist aber die Familie nicht nur eine Konsumtions-, sondern auch eine Produktionseinheit, und unter diesem Aspekt greift das Eherecht wiederum in das Bodenrecht ein. Dem Bodenrecht zufolge ist es der Vater, der als Bürger und als Angehöriger des örtlichen Subclans das Grundrecht zur Bodennutzung innehat. Dem Eherecht zufolge fallen der Frau durch ihre Heirat die Pflicht, dem Gatten bei der Gartenarbeit zu helfen, und das Recht zu, einen Teil des Ertrags für sich zu beanspruchen. In gewisser Weise sind die Landansprüche der Frau in der Gemeinde, in der sie als Ehefrau lebt, ebenso unzweifelhaft, wie die ihres Gatten. Aber sie sind nicht grundsätzlicher Natur, da sie an der Ehe hängen, die ja geschieden werden kann.

Wir sollten uns hier noch einmal daran erinnern, daß eine trobriandische Frau in der Regel ja nie in dem Dorf oder in der Sektion lebt, in der sie Bürgerin ist. Auch die Gemeinde des Vaters, in der sie als Kind wohnt, kann ja nicht ihre eigene sein. Eine Ausnahme ergibt sich nur, wenn sie den Sohn ihres Mutterbruders heiratet, dieser aber in der Gemeinde seines Vaters bleibt.

Daß die Familie eine Produktionseinheit ist, braucht hier nicht mehr unterstrichen zu werden. Kapitel für Kapitel haben wir ihre Bedeutung für den Gartenbau verfolgen können: Der Mann rodet, die Frau jätet, beide pflanzen und ernten. Innerhalb ihrer Parzellen nehmen die Familien eine geschlechtsspezifische Arbeitsteilung vor, es sei denn, es handle sich um Kommunalarbeiten (vgl. Kap. I, Abschn. 8 und Kap. IV, Abschn. 5).

In dieser Hinsicht ist die Familie also bei der gesamten Gartenbestellung die wichtigste Einheit. Hat jemand einmal ein Stück Land vom Gartenrat zugewiesen bekommen, so haben er, seine Frau und deren Kinder ein unzweifelhaftes Recht, es während eines Gartenbauzyklus zu nutzen. Das Recht des Mannes ist dabei ein primäres, das der Frau und der Kinder ein abgeleitetes, aber in der Praxis stellen sich all diese Ansprüche als einheitliches System dar, das den Anbau und die Aneignung der Erträge erlaubt. Die Aneignung wird dabei lediglich durch den Stolz und die Verwandtenliebe der Männer eingeschränkt, die sie zwingen, einen ansehnlichen Teil für die Schwester abzuzweigen.

Die eigentliche Produktionseinheit ist indes die Gärtnergruppe, da die Familie bei aller Bedeutung für den Produktionsprozeß in diesem nie eine unabhängige Einheit darstellt. Die Gärtnergruppe ist die zum Gartenbau reorganisierte Dorfgemeinde. Da die Dorfgemeinde sich aus den in ihr lebenden Familien zusammensetzt, besteht, in Anbetracht der Zwecke der Gartenbestellung, die Gärtnergruppe aus den Familienoberhäuptern und ihren Angehörigen.

Es hatte sich gezeigt – um diese Komplikation vorzuziehen –, daß eine Gemeinde oft mehrere Subclans umfaßt, deren einer immer politisch dominant ist. Auch beim Gartenbau spielt in der Regel ein Subclan die führende Rolle. Sein Oberhaupt (oder dessen Vertreter) ist der Gartenmagier der Gemeinde, unter dessen Führung diese sich zur Gärtnergruppe kristallisiert. Innerhalb eines Dorfs gibt es jedoch gelegentlich auch zwei oder mehr Gärtnergruppen. Die Großgemeinde Omarakana-Kasana'i, die die älteren Siedlungen Yogwabu und Katakubile umfaßt, ist in zwei Gärtnergruppen gespalten, deren eine vom Gartenmagier von Kasana'i, Tokolibeba, angeführt wird, während Bagido'u der anderen vorsteht. In Yalaka gibt es vier Subclans, jeder mit einem eigenen Dorfring, aber nur einen Gartenmagier. In Kurokayva, das aus drei Dörfern besteht, gibt es zwei Gärtnergruppen, die beide vom selben Gartenmagier geleitet werden. In Gumilababa und Obweria wird die Magie für das ganze Dorf gemeinsam durchgeführt: eine Gärtnergruppe, ein *towosi.* Sinaketa teilt sich in vier oder fünf Gärtnergruppen. Andererseits hat Oburaku sieben Teildörfer, aber nur eine Gruppe. – Diese auf den ersten Blick komplexen Teilungsverhältnisse üben allerdings realiter auf Produktion, Rechtsverhältnisse und Sozialorganisation keinen weiteren Einfluß aus, obwohl sie den Leuten selbst Abwechslung und zusätzlichen Ansporn zu nachbarschaftlicher Wettbewerbslust bieten – ein Moment, dem wir nicht durch ein weiteres Prinzip Rechnung tragen müssen. Diese Umgruppierungen haben sich mir als zufällig und irrelevant erwiesen. Sie gehören zu den Dingen, die sich nur aus vergangenen Ereignissen erklären lassen, und d. h. hier, daß sie sich überhaupt nicht erklären lassen, da wir diese Ereignisse nicht kennen.
Kommen wir jetzt zur Organisation der Gärtnergruppe und zu der Rolle, die ihr bei Bodenrecht und -nutzung zukommt. Wir haben es mit einer Gruppe zu tun, die, wenn sie mit der Gemeinde nicht identisch ist, doch genau eine ihrer klar abgegrenzten Unterabteilungen umfaßt. So bildet Omarakana mit Katakubile eine Gärtnergruppe, Kasana'i mit Yogwabu eine andere – immer ist es eine territorial zusammenhängende Sektion, die sich als Gärtnergruppe organisiert.
Hinsichtlich ihrer inneren Organisation ist daran zu erinnern, daß ihr ein Oberhaupt und ein Gartenmagier vorstehen, die dieselbe Person sein können. Der Magier leitet Arbeit und Magie gleichermaßen. Hat ein anderer als er das Amt des Oberhaupts inne, so kann dieser die eine oder andere Zeremonial- oder Rechtshandlung übernehmen, etwa die Verhandlungen des *kayaku* eröffnen und die Parzellenzuweisungen überwachen. Dann aber muß er die Leitung an den Magier zurückgeben. Die große Masse der Gärtnergruppe ist in verschiedener Hinsicht zu differenzieren. Zunächst einmal haben wir die erwachsenen Männer, die im *kayaku* erscheinen und denen Parzellen zugewiesen werden, die sie im

eigenen Namen bestellen. Bei der eigentlichen Arbeit ergänzt sich diese Gruppe dann um die Frauen und in geringerem Maße auch durch die Kinder. Die Gruppe der Männer ist noch weiter zu unterscheiden; sie besteht aus ortsansässigen Bürgern, die als solche ein Recht auf Land haben, und aus Zugereisten, denen Parzellen nur auf Grund ihrer Residenz zugewiesen werden, also auf Grund eines sekundären Rechts. Meist handelt es sich um erwachsene Söhne von Bürgern, doch in vornehmen Dörfern leben oft auch Klienten des Häuptlings oder Oberhaupts.

Könnten wir also eine Gärtnergruppe über eine Reihe von Jahren hinweg beobachten, so würde sie sich als Einheit erweisen, deren soziale Zusammensetzung wechselt. Es gibt einen dauerhaften Kern, den Subclan. Das Oberhaupt, der Magier, die Mitglieder mit Bürgerschaftsrecht gehören ihr immer an, und wenn sie sterben und durch ihre Nachfolger ersetzt werden, so bleibt der Kern in soziologischer Hinsicht doch erhalten.[16] Die übrigen Mitglieder aber wechseln, und zwar auf recht auffällige Weise: Durch Heirat kommen Frauen aus anderen Subclans hinzu, deren Nachkommen dann einer Mannigfaltigkeit fremder Verwandtschaften zugehören. Die Jungen wachsen heran und arbeiten eine Zeit lang mit, doch zu ihrer Reife oder Heirat kehren sie gewöhnlich in die Herkunftsgemeinde der Mutter zurück. Ihren Platz nehmen dann junge Männer ein, die kraft Abstammung der Lokalgruppe angehören und nun aus den Dörfern ihrer Väter heimkehren, um sich ihren Mutterbrüdern anzuschließen und sich endgültig bei ihren Subclan niederzulassen. Zu ihrer Zeit werden sie wiederum Mädchen aus anderen Subclans heiraten – und so setzt sich der Zyklus fort.

Als spezifische Einheit der Sozialorganisation ist die Gärtnergruppe also Produkt der integrierenden Kräfte der Zusammenarbeit bei der Bodennutzung. Letztere hatte sich uns weitgehend als Resultat einer Interaktion zwischen dem Dogma vom ursprünglichen Heraufkommen und dem Eherecht erwiesen. Bei der Organisation der Gärtnergruppe tritt zusätzlich die Magie – genauer vielleicht: die ökonomische Führung durch den Magier – als wirkungsvolle Macht auf, die wir im vorigen Kapitel als Dogma C aufgestellt hatten. Doch jetzt hat sich gezeigt, daß ihr Einfluß auf Bodenrecht und -nutzung in keiner Weise mit dem der beiden ersten Dogmen zu vergleichen ist.

Ganz unwesentlich ist Dogma C allerdings nicht: Die ertragreiche Nutzung des Landes, die Ausbeutung der Fruchtbarkeit des Bodens, ist Sache der Gärtnergruppe, und zwar sowohl in der ökonomischen Realität als auch in der Vorstellung der Trobriander. Jenseits der Anstrengungen des

[16] Wie wir wissen, kann der Sohn des Häuptlings Magier sein. Dies ist selbstverständlich eine Ausnahme und stellt die allgemeine Regel nicht in Frage, da das Amt immer an den Subclan zurückfällt.

einzelnen und seiner Familie ist nämlich ein beträchtlicher Aufwand an Gemeinschaftsarbeit nötig, um die trobriandische Landwirtschaft so produktiv zu machen, wie sie ist. Und um den Garten im ganzen zu schützen, müssen die Mitglieder der Gärtnergruppe eine Reihe von Aufgaben simultan und auf einem gewissen Mindestniveau wahrnehmen. Der Bau des Gemeinschaftszauns ist das wichtigste Beispiel dafür, aber in geringerem Maß gilt das für den größten Teil der Gartenarbeit: Es ist zwar nicht notwendig, daß jede Parzelle vollständig gerodet wird, bleibt aber zuviel Buschwerk stehen, so sind die bereits gerodeten Parzellen schwieriger abzubrennen, da das Feuer nicht gleichmäßig wird, und die Flammen nicht die richtige Kraft entfalten können. Folglich wird man mit dem *koumwala* mehr Arbeit haben. Zu den Auswirkungen der Organisation des Teams und der Stellung des *towosi* gehört, daß die Leute weder zu weit noch in zu großer Zahl in Verzug geraten können. Auch wenn beim Jäten eine Frau arg nachlässig ist und zuläßt, daß ihre Parzelle von schädlichen Kräutern überwuchert wird, die dann natürlich auf andere Parzellen übergreifen, wird eine gewisse Solidarität erwartet und praktiziert. Nicht anders beim Verziehen; besonders wenn eine Wurzelkrankheit auftritt und die befallenen Wurzeln entfernt werden müssen, schädigt jede Nachlässigkeit zugleich auch den Nachbarn. So beeinflußt die Organisation der Gärtnergruppe die ökonomische Ausbeutung des Territoriums – und d. h.: die Nutzung der Besitztitel auf Land. Sie ist Teil des Bodenrechts.

Und deshalb ist auch der Anspruch des Magiers, Herr des Bodens zu sein (Eintragung 3 unserer Liste), durchaus nicht gegenstandslos. Das ist in den früheren Kapiteln bereits deutlich geworden, hier kommt es lediglich darauf an, den tatsächlichen Wert dieses Anspruchs zu unterstreichen. Eine zusätzliche Kraft zur ertragreichen Nutzung des Landes ist die Solidarität, die bei der gemeinsamen Arbeit auf dem Feld entsteht – eine Solidarität, die die Bürger mit den fremden Bewohnern ihres Dorfs ebenso eint wie mit ihren Frauen und Familien. Die Gärtnergruppe ist ein sehr vermitteltes und komplexes Produkt der Interaktion der Dogmen A, B und C. Die Analyse hat genau aufgewiesen, wie diese Dogmen ineinander greifen, um die Gärtnergruppe als die wichtigste Einheit im trobriandischen Gartenbau zu konstituieren. In diesen Mechanismus und besonders in den von Dogma A greift indessen ein weiteres Prinzip ein, dem wir uns nun zuwenden.

### *3. Die Rangunterschiede im Prozeß der Landaneignung*

Wie gründlich Dogma B auch immer Dogma A umformen mag – die letztendliche Kontinuität der territorialen Bindung kann es nicht außer Kraft setzen, da diese sich stets wiederherstellt, indem in jeder Generation die Männer in die Heimat ihrer Vorfahren zurückkehren. Das ist das Prinzip der geteilten Residenz, d. h. das Recht oder der Brauch, die jeden Mann, sobald er herangewachsen ist oder heiraten will, zwingen, in die Gemeinde der Mutter zu ziehen, um sich dort für den Rest seines Lebens niederzulassen. So werden die männlichen Angehörigen des Subclans in jeder Generation wiedervereint; der Subclan ist folglich nicht nur eine verwandtschaftliche, sondern auch eine territoriale Einheit, die das Eherecht als permanente Inhaberin ihrer Ländereien nicht aufbrechen könnte.

In das Ganze der Siedlungsverhältnisse greift jedoch ein weiteres Dogma ein, welches das Gleichgewicht zwischen dem väterlichen und mütterlichen Prinzip in der Familie beeinträchtigt und so den Anpassungsmechanismus der Dogmen A und B durchkreuzt. Dogma A ist matrilinear; es wird zwar durch die Ehe aufgehoben, stellt sich aber durch das *urigubu* und die Rückkehr der männlichen Kinder in die Gemeinde des Mutterbruders wieder her. Dogma B ist im Prinzip patriarchalisch und, wie wir sagen könnten, patrophil; es begründet den patriarchalischen Haushalt und die patriarchalische Dorfgemeinde, deren Oberhaupt der Senior des wichtigsten Subclans ist; und es konstituiert die Gärtnergruppe.[17]

In der trobriandischen Gesellschaft sind also offensichtlich zwei Kräfte am Werk: die eine ist im Familienvater personifiziert, die andere im Bruder seiner Frau. Beider Verhalten ist – hier wie anderswo – nicht das bloßer Ziffern, sondern das menschlicher Wesen: jeder versucht aus seinen Rechtsansprüchen soviel wie möglich zu machen, und die seiner Macht und seinen Einflußmöglichkeiten entgegenstehenden Rechtsansprüche anderer zu schwächen. Auch der Familienvater ist einerseits mit den Privilegien, welche die matrilineare Verfassung ihm verleiht, durchaus zufrieden; die Erfüllung, gar Übererfüllung der *urigubu*-Pflicht an ihn ist ihm willkommen; die Dienste des Bruders und der anderen Verwandten seiner Frau nimmt er an; er beansprucht die Hilfeleistungen seiner Kinder, besonders der Söhne – und zwar ebenfalls im Namen des Mutterrechts, auf Grund dessen Söhne zugleich auch als Schwiegerverwandte klassifiziert und ihm folglich verpflichtet sind. Andererseits macht er das patriarchalische Prinzip geltend und verhält sich gar wie ein liebevoller

[17] Ich benutze die Begriffe »patriarchalisch«, »patrophil«, »matriarchalisch« und »matrilinear« hier so, daß ihr Sinn durch den Kontext klar definiert ist. Dem aufmerksamen Leser wird nicht entgangen sein, daß ich lediglich die Absicht verfolge, den Charakter gewisser Vereinbarungen, Rechte und Bräuche zu bestimmen. Die, welche die Macht des Vaters steigern, nenne ich »patriarchalisch«; die, welche die Macht des Mutterbruders steigern, nenne ich »matriarchalisch«. Der Leser, der mit meinen übrigen Schriften vertraut ist, weiß zudem, daß nach meiner Auffassung keine menschliche Gesellschaft sich je ausschließlich auf das Prinzip des Matriarchats oder Patriarchats gründet; daß nicht einmal die Filiation je ausschließlich matrilinear oder patrilinear ist; daß vielmehr beide Prinzipien stets zusammenspielen, wobei allerdings das eine oder das andere deutlich überwiegen kann.

Vater. So ist er z. B. mit den rechtsmäßigen Prestationen, die seine Söhne aus der Ferne machen, nicht zufrieden; er versucht sie auch als Erwachsene noch zu Hause zu behalten, und zwar vor allem, weil er ihnen zugetan ist und sich nach ihrer Gesellschaft sehnt. Damit versucht er aber, das matrilineare Prinzip, den Brauch der geteilten Residenz, der Rückkehr in das Dorf der Vorfahren, umzustürzen und die Autorität des Mutterbruders seines Sohnes anzugreifen. Als Oberhaupt und Repräsentant des Subclans greift er damit das matrilineare Prinzip sogar in eigener Sache an; den bei ihm bleibenden Söhnen wird er immer Privilegien und Ämter verleihen, die ein strenges Gesetz eigentlich den männlichen Nachkommen seiner Schwester sichert. Er kann das tatsächlich tun; und traditionelle Einrichtungen, wie die *Cross-Cousin*-Ehe, und die übliche Toleranz, die es gestattet, dem Sohn gewisse persönliche Güter, traditionelle Privilegien und das Recht zur Praktizierung bestimmter Magien zu übergeben – was nach matrilinearem Gesetz genaugenommen nicht möglich wäre –, helfen ihm dabei.

Patriarchalisches und matriarchalisches Prinzip befinden sich hier also weniger in einem stabilen Gleichgewicht als in einem dynamischen Ausgleichsprozeß, in einem ständigen Konflikt, der in die persönlichen Beziehungen in der Familie, in der Gemeinde und im Stamm hineinspielt. Wären die Einflußmöglichkeiten des Vaters und des Mutterbruders zumeist und im wesentlichen gleich, so wäre wohl für Konflikt, Ausgleich und Übergriff kein Raum. Und die unausweichlichen Unterschiede in den Persönlichkeiten könnten sich weder dauerhaft noch tiefgreifend auswirken. Nur ein soziologisches Prinzip, das des Rangs, kann hier eingreifen und der einen oder der anderen Seite den Ausschlag geben. Wie sich nämlich zeigen wird, fördert dieses Prinzip keineswegs durchweg, nicht einmal überwiegend, die patriarchalischen Momente: es wirkt in doppelter Weise.

Erinnern wir uns daran, wie Rang die Macht eines Mannes im Haushalt und in der Gemeinde – und d. h. seine Macht als Patriarch – steigert. Ein Mann von hohem Rang hat das Privileg der Polygamie, der sich noch der Vorteil anschließt, für jede Frau *urigubu* zu erhalten. So zieht er mittels der Wirkungen des matrilinearen Prinzips, das mit seinem wesentlich patriarchalischen persönlichen Status assoziiert ist, beträchtlichen Reichtum an. Im Rahmen der Produktion und des Bodenrechts bedeutet das, daß Rang, Matrilinearität und Patriarchat ihm ein System effektiver Ansprüche auf ein mehr oder minder ausgedehntes Territorium vermitteln. Diese Ansprüche erscheinen auf unserer ersten Liste von Besitztiteln als das übergeordnete Recht des Häuptlings auf die Ländereien seines Gebiets. Im Fall des Oberhäuptlings von Omarakana sind, wie wir wissen, Titel und Realeinkünfte ansehnlich. Im Fall einiger anderer, vornehmer Oberhäupter sind sie ebenfalls durchaus nicht unbeträchtlich;

und in all diesen Fällen wirken Momente des Rangs in Verbindung mit den übrigen Prinzipien auf die schließliche Verwendung der Erträge ein. Da dem ein System förmlicher Ansprüche auf Land parallel läuft, ist Rang unzweifelhaft ein Konstitutionselement des trobriandischen Bodenrechts.

Der Ausgleich zwischen dem matrilinearen und dem patriarchalischen Prinzip wird allerdings nicht unmittelbar durch die Rangverhältnisse beeinflußt, sondern mittels der Möglichkeit, die ein Mann hohen Ranges hat, den matrilinearen Druck hinsichtlich der eigenen Söhne zu überspielen. Kein Mutterbruder wird irgendwelche Ansprüche auf seine Schwestersöhne geltend machen, wenn deren Vater im Rang höher steht als er selbst. In ranghohen Dörfern sind Söhne zum Verbleib privilegiert. Und da ihr Mutterbruder durch ihren Verbleib persönlichen Einfluß gewinnt, kommt dies sehr häufig seinen eigenen Wünschen entgegen; und zwar um so mehr, als seine Neffen, Häuptlingssöhne, die sie sind, eine gewisse Arroganz entwickeln und extravagante Ansprüche stellen, so daß sie als unabhängige Verwandte wenig wünschenswert scheinen. Im übrigen könnte er gegen die Wünsche des ranghöheren Schwagers seine Rechte, auch wenn er es wollte, ohnehin nicht geltend machen.

Innerhalb der eigenen Gemeinde ist die Möglichkeit des Häuptlings, selbst des Oberhäuptlings, die eigenen Söhne zu favorisieren, freilich weniger ungestört. Zwar kann er, da er als das Oberhaupt eines Subclans seinen Rang in effektive politische Macht umsetzt, sich in beschränktem Maße leichter als ein Gemeiner zugunsten seiner Söhne über die Ansprüche der eigenen Verwandten hinwegsetzen, aber sein Rang ist eben nicht höher als der seiner Brüder und Schwestersöhne.

Die Kräfte sind hier folglich gleichmäßiger verteilt: Wird die Stellung des Häuptlingssohns durch übertriebene Favorisierung über Gebühr gestärkt, so werden die Verwandten des Häuptlings das nicht nur verübeln, sondern eingreifen. Daraus resultierende Fälle politischer Spannung und Spaltung habe ich gelegentlich beschrieben, besonders jenen, der darin gipfelte, daß Namwana Guya'u gegen den Willen des Oberhäuptlings aus der Residenz vertrieben wurde. In einigen anderen Gemeinden war es ähnlich; in Kavataria hatte Pulitala, der letzte ranghohe Inhaber des Häuplingsamtes, seinen Sohn Dayboya gegen den heftigen Widerstand aller übrigen Tabalu des Dorfs geradezu zu seinem Nachfolger erhoben, und ohne den europäischen Einfluß, der nicht allein die Tradition im allgemeinen schwächt, sondern spezifisch auch Patrilinearität stärkt, hätte Dayboya nach dem Tod des Vaters wohl Kavataria verlassen müssen. So aber herrschten Spannung, Intrige und Anarchie in Kavataria, das zuvor ein bedeutender Ort war, sich jetzt aber in ein Chaos von Fraktionskämpfen verstrickte. In Gumilababa war kurz vor meiner Ankunft auf den Trobriand-Inseln ein Sohn Mitakatas, des Häuptlings, an

Zauberei gestorben – die Günstlingswirtschaft war, wie ich hörte, von den Verwandten des Häuptlings verübelt worden. In der einen oder anderen Gemeinde dagegen hatte der Häuptlingssohn sich trotz seiner sehr hohen Stellung die Zustimmung und das persönliche Wohlwollen der Verwandten seines Vaters bewahren können. So z. B. Kayla'i, der Sohn des alten M'tabalu, des Häuptlings von Kasana'i. Zur Zeit meiner zweiten Expedition (1915-16) lebte und regierte M'tabalu noch, doch sein Sohn hatte das Amt des Gartenmagiers und temporär sogar das des Regen- und Sonnenscheinmagiers inne, also Macht, die rechtlich dem Oberhäuptling zusteht. Bei meinem letzten Besuch war M'tabalu gestorben, aber Kayla'is Position in Kasana'i war unbeeinträchtigt stark. Und das war keine Ausnahme, die auf den Verfall des alten Rechts zurückzuführen wäre. Bagido'us Vorgänger im Amt des *towosi* war ja sein Vater Yowana, der, als Sohn eines regierenden Oberhäuptlings in Omarakana, seinerseits von seinem Vater nicht nur die Gartenmagie empfangen hatte, sondern auch die Titel auf einige Parzellen, sogar, wie man sagte, auf ein *kwabila*; überdies war er in Omarakana eine führende Persönlichkeit gewesen. Er gehörte dem Subclan Kwoynama der Lukwasisiga an, der in gewisser Weise der erste jener Subclans ist, welche die Tabalu bei Heiraten in Erwägung ziehen. Seine Stellung in der Gemeinde war durch die Ehe mit einer Kreuzkusine, einer Tabalu, abgesichert worden. Letztere war die Mutter Bagido'us, gegen den man offensichtlich nicht intrigierte und dessen Favorisierung nicht verübelt wurde.
Die zuletzt angeführten Fälle belegen, daß der Rang die Forderungen der Dogmen A und B hinsichtlich des Wohnsitzes und folglich der Landnutzung außer Kraft setzen kann; er kann sogar das Recht des Subclans auf Ausübung der Gartenmagie und Kontrolle der Ländereien aufheben. Wie groß die Bedeutung des Rangs ist, zeigt, daß sogar in der Kapitale der Trobriand-Inseln das wichtigste magische Machtinstrument, die Regen- und Trockenheitsmagie, in der Hand eines Fremden liegt und daß die in wirtschaftlicher Hinsicht relevanteste Magie, die des *towosi,* wiederholt Fremden überantwortet wurde. Halten wir fest, daß dabei der Rang immer durch die Vater-Sohn-Beziehung wirkt, die bei den Trobriandern wesentlich auf dem Eherecht basiert.
Indes wirken die Rangunterschiede sich in doppelter Weise aus, wie ich bereits angedeutet habe. Während sie einerseits Matrilinearität aufheben, indem sie einem vornehmen Vater gegen die Grundprinzipien der Filiation gestatten, die eigenen Söhne in die Gemeinde aufzunehmen, können sie andererseits auch zugunsten des matrilinearen Prinzips in die Waagschale fallen. Das ist der Fall, wenn eine vornehme Frau einen Mann niederen Rangs heiratet und sich in dessen Gemeinde niederläßt. Ihre Kinder, besonders die Söhne, werden dem Vater persönlich teuer sein. Als Vater hat er den Wunsch, sie in seiner Gemeinde zu halten –

nicht weniger als ein ranghoher Vater, der seine rangniedrigen Söhne bei sich haben will. Und auch ihm kommt der Rangunterschied zu Hilfe, wenngleich in etwas anderer Weise. Er kann sich nämlich nicht auf seinen eigenen Rang stützen, wohl aber auf den der Gattin und ihrer Nachkommen. Da es sich in der Regel um einen Dorfvorsteher handelt – jemand anderen würde eine vornehme Frau kaum heiraten –, wird er über seine eigenen Verwandten eine gewisse Macht ausüben. Diese wäre allerdings zu gering, um dauerhaft den Verbleib der Söhne in seiner Gemeinde durchzusetzen. Die Söhne selbst aber vermögen mit Hilfe ihres Mutterbruders und ihres hohen Rangs ihren Willen sehr wohl durchzusetzen: Wenn sie im väterlichen Dorf bleiben wollen, wird niemand wagen, Einspruch zu erheben. Je größer der Rangunterschied, d. h. je vornehmer die Herkunft der Gattin, desto schwächer wird der Widerstand sein. Folglich konnten die Tabalu als die vornehmste Lineage im ganzen Gebiet Wurzeln schlagen. Die Angehörigen autochthoner Subclans betrachten das mit gemischten Gefühlen: Einerseits erfüllt es sie mit Stolz, in ihrem Dorf eine vornehme Lineage zu haben; das erhöht das Prestige der ganzen Gemeinde und erhöht Macht und Ansehen jedes einzelnen. Andererseits nehmen die autochthonen Ältesten es übel, daß ihnen damit zugleich ein untergeordneter Platz zugewiesen wird. Wenn sich nämlich Männer eines höheren Subclans im Dorf ansiedeln, so gewinnen sie unweigerlich allmählich wachsenden Einfluß. Und es ist nicht etwa bloß ein Individuum, das sich als vornehmer Sohn des Dorfvorstehers der Gemeinde assoziiert, sondern eine ganze Lineage; denn in diesem Fall erwirbt der Sohn das Recht zu lebenslanger Residenz ja nicht auf Grund des Rangs und der Einflußmöglichkeiten des Vaters, sondern kraft seines eigenen persönlichen Status, der ihm nicht allein die Wohnsitzwahl freistellt, sondern ihn zugleich auch zur wichtigsten Person in der Gemeinde werden läßt. Wie er die Gemeinde zu dominieren beginnt, wird sie zur Heimat seiner matrilinearen Nachkommen. In ihr erwirtschaftet er das *urigubu* für seine Schwestern, deren Söhne dann zu ihm ziehen, mit ihm leben und ihm in seinen Ämtern nachfolgen werden. Die konkreten Beispiele, die ich sogleich anführen werde, zeigen, wie allmählich dieser Prozeß vonstatten geht, wie ein ranghoher Subclan schrittweise in einer neuen Gemeinde Wurzeln schlägt, die verschiedenen Ämter und Privilegien nach und nach an sich bringt, bis er sich zuletzt auch das Amt des Gartenmagiers einverleibt.
Obwohl es also häufiger vorkommt – und gelegentlich einen dramatischeren Verlauf nimmt –, daß ein Häuptling kraft seines Rangs einen Sohn bei sich behält, so ist dies doch weniger folgenreich als die Ansiedlung von Vornehmen in Dörfern niedrigen Rangs, kraft Einheirat einer ihrer Frauen in einen niedrigen Subclan. Residiert nämlich ein rangniedriger Sohn im Dorf seines ranghohen Vaters, so kann das, als Eindringen eines

fremden Subclans aufgefaßt, die Zeitspanne einer Generation nicht überdauern: Heiratet er die matrilineare Nichte seines Vaters, so werden seine Kinder, als deren Nachkommen, automatisch vollberechtigte Bürger, womit die durch ihn eingeführte Lineage jedoch verdrängt ist; heiratet er eine Frau aus einem Subclan ohne Bürgerschaftsrecht in der Gemeinde seines Vaters, so gehören die Kinder zu eben diesem Subclan, und die Macht des Vaters ihres Vaters, also des Häuptlings, reicht nie aus, um sie in der Gemeinde behalten zu können.

Zusammengefaßt: Hoher Rang des Vaters erwirkt in einer Gemeinde immer wieder sporadischen Zuzug von Fremden; so wichtig aber diese Erscheinung ist, so wenig kann sie doch in die Konstitution der Gemeinde und in die Grundrechte auf Land eingreifen. Dogma D, das Dogma des hohen Rangs, kann folglich, wenn es längs der Vater-Sohn-Beziehung agiert, das Dogma A nicht dauerhaft außer Kraft setzen. Agiert es indes durch ranghohe Ehefrauen, so gestattet es deren Söhnen, sich in rangniedrigen Dörfern anzusiedeln, dort Autorität und Territorialhoheit an sich zu ziehen und kraft dessen das Dogma A *realiter* zu überspielen und zu modifizieren.

Nach diesen allgemeinen Betrachtungen wenden wir uns am besten konkreten Fällen zu. Die Auswirkung des Rangunterschieds ist hinsichtlich der Stärkung des patriarchalischen Moments in der Vater-Sohn-Beziehung bereits hinreichend dokumentiert. Dem möchte ich hier lediglich noch hinzufügen, daß Bagido'u bei Durchsicht der Liste der Ahnennamen in Formel 2 darin neben Yowana, seinem Vater, auch andere Angehörige des Subclans Kwoynama entdeckte. Das belegt, daß die Ausübung von Gartenmagie durch Angehörige eines fremden Subclans häufiger vorkommt, aber offensichtlich immer nur Kwoynama-Leuten gestattet war.[18]

Bei der Ausbreitung vornehmer Subclans, um uns nun dieser Seite des Phänomens zuzuwenden, bei der Aneignung der vollen Siedlungsrechte, des *toli*-Titels auf Land, Magie und Ämter eingeschlossen, handelt es sich um einen historischen Prozeß, den wir nicht etwa hypothetisch rekonstruiert, sondern schon verschiedentlich belegt gefunden haben. So wissen wir etwa, daß die Tabalu (als der vornehmste Subclan) in allen vorteilhafteren Teilen des Gebiets Fuß gefaßt haben. Auch andere – die Kwoynama, Burayama, Tudawa und Mwauri – sind von ihren Ursprungsorten aus in andere Gemeinden eingedrungen. Im ganzen gesehen verläuft die Bewegung von den benachteiligten, relativ unfruchtbaren Gegenden weg und hin zu den Zentren der reichen Distrikte, die sich um Omarakana gruppieren. Die gemeinen Subclans dagegen – die vier Lineages von Bwoytalu, die Leute von Ba'u, die ursprünglichen Subclans von Omara-

[18] Vgl. *Coral Gardens,* Vol. II, Part VII, M. F. 2, comm.: 2.

kana und eine ganze Reihe anderer – sind allenthalben autochthon geblieben. Die Korrelation zwischen hohem Rang und territorialer Mobilität einerseits und zwischen niedrigem Rang und territorialer Immobilität andererseits ist also gut dokumentiert. Die einzige Ausnahme sind die Toliwaga von Kabwaku, die einen hohen Rang innehaben, aber noch am Ort ihrer ursprünglichen Heraufkunft leben.
Ich schließe hier einen kurzen Überblick über die exemplarische Geschichte der Tabalu an, da ich in ihrem Fall die Stufen und den Mechanismus der Gebietsausweitung noch untersuchen konnte. Die Urahne dieses Subclans ist im Hain Obukula, nahe Laba'i, aus der Erde heraufgekommen. Bezeichnender Weise liegt Laba'i an der Nordwestküste der Insel; denn der Glaube an Ahnengeister deutet wie die meisten Ursprungssagen nach Nordwesten, und die Diffusion kultureller und sozialer Elemente weist ebenfalls die Tendenz auf, von Nordwest nach Südost zu erfolgen. Es gibt keine Überlieferung über den Zeitpunkt, zu dem die Tabalu Laba'i verlassen haben. Der Subclan, der gegenwärtig in diesem Gebiet herrscht, gehört zwar wie die Tabulu zum Clan der Malasi, hat aber einen niedrigen Rang inne. Einst müssen die Tabalu das Dorf Lu'ebila besessen haben. Später war Dayagila, zwischen Laba'i und Omarakana gelegen, lange Zeit ihr Hauptzentrum. Doch auch dieses Dorf gaben sie auf. Dann war, der Tradition nach, Omlamwaluwa ihr Hauptsitz – ein Dorf, das einmal an der Stelle des heutigen Hains von Omarakana oder unmittelbar nördlich davon blühte, jetzt aber verschwunden ist. Von dort zogen sie nur ein paar hundert Meter weiter nach Süden, die ältere Lineage nach Omarakana, die jüngere nach Kasana'i. Wieviele Generationen das schon zurückliegt, vermag ich nicht zu rekonstruieren. Von Omlamwaluwa, sogar von Dayagila, gibt es klare Überlieferungen, die aber nicht weiter detailliert sind; von Lu'ebila wird vage berichtet, vom Ursprung in Laba'i bestimmt, aber entschieden mythologisch. Die übrigen Daten sind zumeist historisch und genauer: Während die Seniorlineage in Omarakana blieb, heirateten Tabalu-Frauen nach Gumilababa, der Kapitale von Kuboma, nach Kavataria, dem bedeutendsten Lagunendorf, nach Kaduwaga auf der Insel Kayle'ula, nach Sinaketa und Vakuta. Nur ein Zentrum der Tabalu, Olivilevi, ist von ihnen selbst gegründet worden, und zwar von Omarakana aus, vor zwei, drei Generationen, wobei andere Subclans als Gefolgschaft zugelassen waren. In einigen weiteren Ortschaften, etwa in Oyweyowa und Osaysuya, die einst durch Heirat in die Hand der Tabalu geraten waren, sind deren Lineages unterdessen ausgestorben. Vor zwei, drei Generationen hatte Kabwaynaya, eine Tabalu-Frau, den Dorfvorsteher von Vilaylima geheiratet. In dieser Gemeinde war sie zu ihren Lebzeiten *de facto* Herrscherin, und nach ihrem Tod hatten ihre Söhne das Häuptlingsamt inne. Da ihre einzige Tochter jedoch kinderlos starb, fiel das Dorf, nachdem es für zwei Generationen

in der Hand der Tabalu gewesen war, an seine ursprünglichen Herren zurück, war inzwischen aber deutlich im Rang gestiegen. Der rezenteste Fall ist die Ansiedlung Mosiribus, eines Tabalu-Häuptlings, in Tukwa'ukwa; seine Mutter hatte den örtlichen Dorfvorsteher geheiratet. Da Mosiribus Schwestern Kinder haben, verspricht Tukwa'ukwa ein weiteres Tabalu-Dorf zu werden.

An diesen historischen Ereignissen interessiert uns hier speziell, wie die Tabalu durch Einheirat andernorts stufenweise Rechte und Privilegien erworben haben. In Omarakana, wo sie seit Generationen ansässig sind, sind sie am besten verwurzelt – und zwar in doppelter Hinsicht: Einerseits haben sie längst alles, was die Gemeinde bieten kann, in ihren Besitz gebracht, Land, alle Arten von Magie, das Amt des Oberhäuptlings – hier leben sie, hier werden sie begraben; Kiriwina ist ihre Provinz, der Boden, mit dem sie identifiziert werden. Andererseits haben sie dem Zentrum des Distrikts den Glanz und die Macht ihres Mythos verliehen, und in den Augen aller in der Region liegt die Bedeutung Kiriwinas eben darin, daß es der Distrikt der Tabalu ist. – An dieser Stelle muß der Soziologe genauer auf gewisse Aspekte der trobriandischen Psychologie eingehen, die sich auf Recht, Tradition, Mythologie und Rang beziehen. Erinnern wir uns an das Grundkonzept des Bodenrechts, dem zufolge sich alle Ansprüche auf ein Gebiet aus der ursprünglichen Heraufkunft ableiten. Der Umstand, daß die Tabalu in vierzehn oder fünfzehn ursprünglich fremden Gebieten Hoheitsrechte innehaben, nicht aber im Land ihres Ursprungs, steht dazu scheinbar in krassem Widerspruch.

In Wirklichkeit freilich ist Dogma A in diesen Fällen nur überspielt und abgeblendet, keineswegs spurlos aufgehoben. In jedem Fall haben die Tabalu die Landrechte nämlich dadurch erworben, daß der autochthone Subclan ihnen die Rechte der ursprünglichen Heraufkunft ausgeliefert hat – ein Umstand, der für unser Verständnis der trobriandischen Kombination rechtlicher und mythologischer Konzepte äußerst aufschlußreich ist. Omarakana, wo ich diesen Zusammenhang am besten untersuchen konnte, bietet einen extremen Fall; denn hier hat die führende Lineage des höchsten Clans eine besonders ärmliche Lokalgruppe überlagert, die Kavala'u, die, wie eine lebendige Tradition berichtet, alle Privilegien freiwillig und explizit abgetreten hat. So wurde fast jedesmal, wenn man mir den Ursprungsmythos der Regen- und Sonnenscheinmagie erzählte, erwähnt, daß die Urfrau, die den Regen und seine Magie geboren hat, ihre Kräfte – sofort oder zu einem späteren Anlaß – an einen Tabalu übergeben hat. Der Häuptling fungiert zwar entschieden als Eigentümer des Gartenlands, aber der untergeordnete Subclan hat die Besitztitel auf einige Parzellen behalten und Mema'okuwa, sein Oberhaupt, gilt durchgehend als mit To'uluwa und dem Oberhaupt der Burayama gleichgestellter Miteigentümer des Territoriums. Die Anweisungen der Tradition ließen sich folgendermaßen zusammenfassen: die ursprünglichen Eigentümer von Omarakana waren durch die Ankunft der Tabalu hoch geehrt worden; ihre Rechte haben sie bereitwillig ausgeliefert. Aber diese Auslieferung mußte erst einmal vollzogen sein; und so sind die gegenwärtigen Rechte der Tabalu eben Ergebnis (1) der ursprünglichen Heraufkunft des autochthonen Subclans, (2) der Einheirat von Tabalu-Frauen in die Gemeinde von Omarakana, (3) der Auslieferung der Bürgerschaftsrechte, des Bodens und der Magie.

Daß die Magie, die heute in Omarakana praktiziert wird, weder von den autochthonen Kavala'u noch aus Laba'i, sondern aus Lu'ebila stammt, stellt eine gewisse Komplikation dar. Auf die Frage, weshalb man gerade diese Magie verwende, erhielt ich ausnahmslos zur Antwort, es sei die beste auf den ganzen Trobriand-Inseln, deshalb habe der höchste Subclan sie angenommen. Die Überzeugung, diese Magie gehöre eigentlich zum Boden von Omarakana, hat sich in einem geistigen Prozeß unmerklich herausgebildet. So war man immer etwas bestürzt, wenn ich auf die Unrichtigkeit dieser Überzeugung aufmerksam machte. Solche Widersprüche gibt es allerdings überall im Glauben und in den Rechtsinstitutionen der Eingeborenen. – Ein verwandtes Moment verdient hier noch hervorgehoben zu werden, da es für den Ausbreitungsprozeß der Tabalu aufschlußreich ist: Den Dörfern, in denen sie sich ansiedeln, verleihen sie immer etwas von dem ihnen eigenen Ruhm, ebenso nehmen sie aber immer auch etwas von dem Lokalkolorit der Autochthonen an. So haben sie an der Lagune, wie bereits in der Einleitung erwähnt, die rigiden Tabus aufgegeben, die nach den strengen Ritualregeln und Vorschriften von Kiriwina das Wesen des hohen Rangs ausmachen. Zweifellos sind sie dadurch etwas im Rang gesunken und mit ihren Verwandten in Omarakana und Olivilevi eigentlich nicht mehr gänzlich gleichgestellt. Der Ausbreitungsprozeß ist eben ein Prozeß wechselseitiger Angleichung.

Vergleichen wir nun die Gemeinden, in denen die Macht der Tabalu längst etabliert ist, mit solchen, in die sie erst mehr oder weniger rezent eingedrungen sind, so fällt vor allem die Allmählichkeit des Übereignungsprozesses auf. In Omarakana, Kavataria, Gumilababa und Sinaketa haben sie sämtliche Ämter und Privilegien übernommen; in Vakuta besitzen sie die Mehrzahl der Felder, aber die Gartenmagie ist noch in den Händen des autochthonen Subclans, der zu den Lukuba gehört; und ebenso war es in der kurzen Zeit der Tabalu-Herrschaft in Vilaylima. Der Tabalu-Häuptling von Tukwa'ukwa besitzt gegenwärtig nur ein Feld, die Gartenmagie hat er nicht inne, und meist tritt er auch nicht als Dorfvorsteher auf. Diese Aneignungsstufen haben die Tabalu wohl mit Sicherheit auch in den Orten durchlaufen, in denen wir sie jetzt fest etabliert sehen. Die Besitztitel auf Land werden ebenso wie die übrigen Privilegien nur nach und nach übereignet – bis der eingeheiratete Subclan schließlich die absolute Oberhoheit und die Bürgerschafts- und Bodenrechte in der Hand hat. Gleichwohl erlöschen die Titel des autochthonen Subclans auch dann nicht gänzlich, sie ruhen lediglich und kommen nicht zur Geltung. Sie überdauern besonders in der Mythologie und in sekundären Titeln auf das eine oder andere Feld. Die Praxis der Magie, so scheint es, ist das letzte, was übereignet wird.

Ein weiteres Moment kann kann hier hinzugesetzt werden: Neben den Mythen von der ursprünglichen Heraufkunft der Subclans gibt es eine wichtige und ausführliche Erzählung von der Heraufkunft der vier Clans im heiligen Hain von Obukula, nahe Laba'i, die vom Ursprung der Rangunterschiede zwischen den Clans berichtet.[19] Diesem Mythos zufolge hat der Malasi-Clan am Ende die Oberhand gewonnen. Die Auszeichnung, die sich damit verbindet, bezieht sich in den Augen der Trobriander aber zweifellos ausschließlich auf die Tabalu, die somit als Subclan der Malasi zu Oberherren über den ganzen Distrikt bestimmt sind. Ihr Recht sich auszubreiten, sich überall niederzulassen und jede beliebige Gemeinde zu übernehmen, ist also weitgehend mythisch fundiert. Bei allen Konflikten zwischen widerstrebenden Kräften, wie ich sie in ausgeprägtem Maße in Vakuta und Tukwa'ukwa und in etwas anderer Form auch in Kavataria beobachten konnte, pflegen die Tabalu sich deshalb darauf zu berufen, daß der gesamte Boden des Gebiets kraft ihres Ursprungs ihnen gehört.

Das Dogma der ursprünglichen Heraufkunft ist also doppelt repräsentiert: einmal in den zahllosen Ursprungsmythen der Subclans, zum anderen in dem allgemeinen, nationalen Mythos vom Ursprung der vier Clans. So gesehen schließt das Dogma A das Dogma D gewissermaßen ein, bzw.: es wird durch das Rangprinzip eher komplementiert als außer Kraft gesetzt. Ob wir nun aber D als von A abhängig betrachten oder nicht – in jedem Fall zeigt sich jetzt, wie A, B und D zusammenwirken.

Der Beitrag der Rangunterschiede zum Bodenrecht läßt sich folgendermaßen zusammenfassen: (1) Durch das Rangmoment wird der Landbesitz der Dörfer zur größeren Einheit des Distrikts organisiert. Innerhalb des Distrikts verbindet sich die Bodennutzung mit dem Tribut an den Häuptling – und zwar in Form von *urigubu, pokala* und anderen Gaben, die der Häuptling seinerseits akkumuliert und dann zu größeren Unternehmungen, Krieg und öffentlichen Zeremonien wieder ausgibt. Die Distriktökonomie ist vor allem in Kiriwina ausgeprägt, aber auch in Tilataula, Kuboma, Kayle'ula und Luba, weniger in Sinaketa. (2) Mittels der Rangunterschiede können die hohen Subclans sich von Gemeinde zu Gemeinde ausbreiten. Zum Teil werden dabei die Rechte, die aus der ursprünglichen Heraufkunft folgen, außer Kraft gesetzt, andererseits sind

[19] Vgl. *Der Mythos in der Psychologie der Primitiven,* a.a.O., Abschn. II.

die Rangunterschiede selbst in einem Ursprungsmythos fundiert, der somit wiederum eine wirksame Grundbesitzcharta darstellt. (3) Wenn ein hoher Subclan sich in einer neuen Gemeinde ansiedelt, werden die Autochthonen nicht verdrängt; sie übereignen ihre Titel. (4) Innerhalb des matrilinearen Systems taucht auf Grund der Rangunterschiede ein patriarchalisches Moment auf: der Gärtnergruppe gehören Personen an, die kein Bürgerschaftsrecht beanspruchen können, oft aber in der Gemeinde, bei der Gartenmagie und der Arbeitsorganisation eine führende Rolle spielen.

### *4. Das Bodenrecht in der Praxis*

Kehren wir damit zur Gärtnergruppe zurück, die deutlich ein Moment unseres Themas, des Bodenrechts, ausmacht. Von diesem hat die vorstehende Erörterung uns nur scheinbar in rein soziologische, historische und mythologische Gebiete abgeführt. Wir sollten nicht vergessen, daß Bodenrecht und -nutzung eigentlich die Beziehung zwischen dem Menschen und der Erde betreffen, und diese Beziehung ist in alle jetzt untersuchten Einzelheiten eingegangen. Dabei ging es weniger um die tatsächliche Verfügung über Land als um die letztendlichen Grundlagen der Ansprüche darauf. Wenn wir Rang, Ehe und Magie erörtert haben, so haben wir damit zugleich auch die Grundlagen des Bodenrechts erörtert, denn die Ehe ist ein Bestimmungsmoment für den Wohnsitz, Rang ist gleichbedeutend mit Macht, und das Bodenrecht ist durch die Kombination von Wohnsitz und Macht bestimmt.

Nun ist es an der Zeit, daß wir uns den technischen Einzelheiten des tatsächlichen Umgangs mit Landansprüchen zuwenden, da wir jetzt die integrierte Wirkungsweise der vier Dogmen abschätzen können. Die wichtigsten Faktoren sind der kulturell bestimmte Boden und die Gärtnergruppe, die ihn nutzt. Über allem steht bestimmend der Zyklus des Gartenbaus; und in diesem ist es ein bestimmter Akt, dem für das vorliegende Problem höchste Bedeutung zukommt: die Zuweisung von Land durch den Gartenrat.

Was zunächst die rechtlichen Aspekte der Bodennutzung angeht, so ist die Grundtatsache, daß nämlich ein bestimmtes Gebiet jeweils der Gruppe gehört, die in ihm lebt, Resultat der Dogmen A und D. Die weitere Unterteilung des Gebiets in Wohnland, heilige Haine und kultivierbares Land resultiert aus wirtschaftlichen Erfordernissen, traditionellen Nutzungsweisen und Glaubensvorstellungen.[20] Die Teilung der Felder und Parzellen, die den ganzen regelmäßig kultivierten Boden betrifft, hat nichts mit den vier Dogmen zu tun; es handelt sich eher um eine

[20] S. *Coral Gardens,* Vol. I, Doc. VIII u. App. II, Sec. 4, Note 47.

pragmatische Vereinbarung für Zuweisung und Nutzung von Land, die den Erfordernissen des Gartenbaus Rechnung trägt. Indes ist dabei der Umstand, daß die größeren Felder mehr oder weniger zeremoniell und förmlich den Oberhäuptern weniger Subclans zugeordnet sind, auf die Überzeugung zurückzuführen, daß Land dauerhaft nur Eigentum von Personen sein kann, die in dem betreffenden Gebiet ein traditionelles Bürgerrecht haben, während die Parzellen jeweils individuell zu übereignen sind. Die führenden Figuren, die regelmäßig Rechte auf die Hauptfelder innehaben, sind die Oberhäupter der autochthonen Subclans und der vornehmen Subclans, die sich kraft Heirat neu angesiedelt haben, um die Grundbesitztitel zu übernehmen. Ein hoher Häuptling kann zwar gelegentlich seinen Söhnen einige Parzellentitel verleihen, aber das ist selten, und die Titel erlöschen spätestens mit dem Tod des Inhabers – oder schon mit dem seines Vaters –; in unserer Auflistung von Ansprüchen (Kap. IX) tauchen sie nicht eigens auf.
In Anbetracht der Gärtnergruppe, die wir bereits ausführlich behandelt haben (vgl. Abschn. 2), überrascht uns jetzt nicht mehr, daß wir in ihr die erwachsenen Häuptlingssöhne entdecken, deren Verbleib in der Gemeinde des Vaters herkömmlicher Weise toleriert wird, obwohl sie dazu weder kraft Eherecht noch kraft des Prinzips der ursprünglichen Heraufkunft berechtigt sind. Wir würden sogar verstehen, wenn einer von ihnen die Führung übernehmen und als Gartenmagier auftreten würde. Exemplarisch sind uns in Yowana, Motago'i, Dayboya und Kayla'i solche Personen begegnet. Auch umgekehrt ist jetzt einsichtig, daß der Gärtnergruppe in einigen Fällen Fremde angehören, deren Rang höher ist als der der ortsansässigen Bürger: es sind die Söhne vornehmer Frauen, die in ein Dorf von Gemeinen eingeheiratet haben. Wir können absehen, daß sie eine neue Linie von ranghohen Siedlern einleiten, die eben auf Grund ihrer Zugehörigkeit zur Gärtnergruppe wesentlich solidere Titel innehaben werden als die Söhne eines Häuptlings.
Vergegenwärtigen wir uns nun den Gartenrat, dessen Landzuteilungen (vgl. Kap. II, Abschn. 3) wir jetzt im Rahmen des Bodenrechts genauer bestimmen können. Die Führungsrolle, die das Oberhaupt des dominanten Subclans einnimmt, bedarf hier keines weiteren Kommentars, ebenso wenig die des Gartenmagiers, der mit ihm, einem seiner unmittelbaren Verwandten oder Söhne identisch sein kann. Die Oberhäupter der autochthonen Subclans müssen, auch wenn sie nicht mehr als Dorfvorsteher oder Gartenmagier agieren, ihr Einverständnis erklären, bevor man auf Feldern, deren Titel sie innehaben, Gärten anlegen kann.
Ausführlicher ist auf die Zuweisung der einzelnen Parzellen einzugehen, die eigentlich nicht erst auf der öffentlichen Sitzung des Gartenrats stattfindet, sondern zuvor schon privat vereinbart wird. Alle Parzellen der Felder, die zur Bebauung ausersehen sind, gehören jeweils einem

Einzeleigentümer, der einen präferentiellen Anspruch geltend machen kann. Ohne weitere Formalitäten hat er das Recht, seine eigenen Parzellen zu kultivieren. Einerseits kann aber der Eigentümer abwesend sein; oder seine Parzellen liegen so weit entfernt, daß er sie nicht selbst bebauen kann. Andererseits gibt es immer einige Personen – Fremde, Jugendliche, Leute, die zwar Parzellen besitzen, aber nicht auf dem zur Bebauung vorgesehenen Feld – die, um Parzellen zugewiesen zu bekommen, sich an den Eigentümer wenden müssen – ein Vorgang, der *nigada* – allgemein: bitten oder fragen – genannt wird. Wenn dann der Gartenrat zusammentritt, hat man die Zustimmung der Eigentümer schon eingeholt, und jedermann weiß, welche Parzellen er bestellen wird. Die offizielle Zuweisung durch den *kayaku* hat dann lediglich die rechtliche Funktion, die Nutzung für die Dauer des Zyklus zu besiegeln. In vornehmen Gemeinden ist der Parzellenbesitz meist in einer Hand konzentriert[21], in den übrigen weiter gestreut.
Wird eine Parzelle für einen Zyklus verliehen, so folgt dem meist eine ökonomische Transaktion: Nach der Ernte bringt der Nutzer dem Eigentümer etwa zwei Körbe Taytu, vielleicht zusätzlich auch einen Korb *kuvi*. Diese Gabe heißt *kaykeda*; sie macht ungefähr ein Zwanzigstel des Ertrags aus, was eigentlich zu wenig ist, um hier von Grundrente zu sprechen. Auch in der Auffassung der Eingeborenen ist sie eher ein Zeichen der Würdigung, eine Gabe, wie sie üblicherweise alle rechtlichen Transaktionen begleitet. Tatsächlich wird die *kaykeda*-Gabe oft genug erwidert, indem der Eigentümer dem Nutzer *takola* oder *takwalela* überreicht, einen Wert- oder Gebrauchsgegenstand (*vaygu'a* bzw. *gugu'a*), etwa einen Speer, einen Schild, einen kleinen Kochtopf oder eine kleine Steinklinge – die übliche Form, in der man Lebensmittel vergilt. Das *takola,* dessen Wert in der Regel den der Ausgangsgabe übertrifft, wird seinerseits mit *karibudaboda* oder *vewoulo* zurückerstattet, d. h. mit weiteren Gartenprodukten, die, quantitativ verschieden, dem konventionellen Wert des *takola* entsprechen, ihn aber nicht überschreiten sollten. Im Norden fällt das *kaykeda* etwas größer aus als im Süden; zugleich wird es gewissenhafter erwidert. In Vakuta fällt es gelegentlich ganz weg. Schlicht gesagt wird der Eigentümer also für die Überlassung seiner Parzelle nicht entschädigt. Und unter den modernen Verhältnissen, wo landwirtschaftliche Produkte im Wertvergleich mit Handwerkswaren gefallen sind, kann der Eigentümer sogar verlieren. Deshalb wird gegenwärtig das *takola* nur sehr selten überreicht, wahrscheinlich überhaupt nur dann, wenn der Eigentümer einen externen Grund hat, dem Nutzer ein Geschenk zu machen.[22]

[21] Vgl. ebd. Doc. VIII.
[22] Vgl. ebd. App. II, Sec. 4, Note 48.

Manchmal wird ein ganzes Feld (*kwabila*) verliehen, eine Transaktion, die zwischen den Oberhäuptern zweier Dörfer mit Zustimmung ihrer Gemeinden statthat. Einige Dörfer besitzen weniger Land als sie brauchen. Andere werden gänzlich von Fremden bewohnt. So Kuluwa, eine Kolonie von Okaykoda, dreißig bis vierzig Jahre nach einem Krieg gegründet. Einige Gemeinden »besitzen« das eine oder andere Feld, das sie, da es von ihrer Siedlung zu weit entfernt liegt, an Nachbardörfer verleihen.[23] Wird ein *kwabila* verliehen, so hat die nutzende Gemeinde an den Dorfvorsteher, dem das Feld »gehört«, eine wesentlich größere Gabe zu entrichten, die aber ebenfalls mit einem Wertgegenstand vergolten werden kann, so daß auch diese Transaktion eher den Charakter eines Gabentauschs als einer Rente aufweist.

Die Sitzung des Gartenrats und die Vereinbarungen, die ihr vorausgehen, sind wohl der wichtigste Teil des Rechtsverfahrens bei der Zuweisung von Land. Wir haben die Rechtskräftigkeit erörtert, die durch die Öffentlichkeit der Sitzung und die Feierlichkeit der Ansprachen unterstrichen wird. All diesen Entscheidungen eignet der Charakter eines öffentlichen Vertrags, der aber nicht mehr regelt als die Nutzungsrechte für einen Zyklus. Das Grundrecht, daß jedem soviel Land zusteht, wie er braucht, ist nämlich an sich nicht aus dem Gartenrat abgeleitet, sondern aus dem Residenzrecht. Das zeigt die Unterscheidung der rechtlichen und wirtschaftlichen Aspekte, an die wir uns auch hier halten müssen, wenn wir die volle Reichweite der Kräfte verstehen wollen, die die Landzuteilungen regeln: Einige sind Bürger und haben als solche unmittelbare Rechtsansprüche; die Söhne des Häuptlings oder eines ranghohen Oberhaupts beanspruchen als Privilegierte Land, aus den gleichen Gründen, die ihnen den Verbleib im Dorf gestatten; die Gefolgsleute schließlich, die der Häuptling oder ein Oberhaupt bei sich behält, weil sie im Gartenbau nützlich sind, stützen ihre Ansprüche teils auf den Wert, den ihre Produkte für die Mächtigen haben, teils auf die rechtliche Stellung ihres Patrons, denn je geringer die positiven Rechte einer Person sind, desto größer ist meist der Einfluß dessen, der sich um sie kümmert und ihre Dienste nutzt. Land und Arbeit, die beiden Hauptelemente der landwirtschaftlichen Produktion, sind auf den Trobriand-Inseln wohlausbalanciert. Diejenigen, die hauptsächlich Arbeitskraft bereitstellen, erhalten genug Land, sie nutzbar zu machen. Erst wenn wir die Fakten in ihrer Totalität betrachten, können wir verstehen, wie das System arbeitet; und daß es gut funktioniert, das haben wir gesehen.

Hier lassen sich die Gründe dafür anschließen, daß es auf den Trobriand-Inseln so wenig Übergriffe und nur gelegentlich Vorkehrungen zur Sicherung der Ländereien und Produkte gegen Diebstahl gibt. Der wirkliche Eigentumsschutz ergibt sich aus dem Zusammenwirken der Kräfte des

[23] Vgl. ebd. Doc. VIII.

landwirtschaftlichen Systems selbst, aus den ihm inhärenten Vorstellungen vom Menschen als Gärtner und aus der Nutzungsweise der Produkte. Primär dient Land dem Anbau, es liefert Nahrungsmittel. Diese aber stellen nun für den Trobriander nicht einfach einen Nutzwert dar, nichts, was lediglich zu verzehren wäre oder nach dem man in dem Sinn trachten könnte, in dem jemand nach etwas trachten mag, das man sich aneignen und später weiterverwenden kann. Unsere Beschreibung der Ernte hat gezeigt, daß die Qualität der Ernteerträge etwas ist, was man zur Schau stellt, was dem Gärtner zum Ruhm gereicht und was im Interesse des persönlichen und des Familienstolzes zum Teil weggegeben wird. Das Geben, Empfangen und Besitzen von Nahrungsmitteln ist in hohem Ausmaß eine Sache des persönlichen Ansehens: Einerseits darf eine bestimmte Menge, die vom Rang der Person abhängig ist, nicht überschritten werden; andererseits verursacht Knappheit brennende Scham, und gesagt zu bekommen, man habe zu wenig oder nichts zu essen, ist die schlimmste Beleidigung.

Diese Einstellung ist nun so tief verankert, daß sie sich auch im Bereich der unrechtmäßigen Aneignung von Nahrungsmitteln geltend macht. Man unterscheidet zwischen *vayla'u,* Nahrungsmitteldiebstahl, und *kwapatu,* sonstigem Diebstahl, und ersterer ist unvergleichlich verwerflicher und erniedrigender. Es gibt keine Vorkehrungen, die reifen Früchte in den offenen Gärten zu schützen; wenn während der Ernte alle damit beschäftigt sind, die Knollen zu lesen und in der Erntelaube aufzuschichten, wird es nicht für nötig erachtet, in den Gärten zu schlafen und aufzupassen. Oft wurde mir versichert, *vayla'u* käme nie vor. Aber die bloße Existenz des Wortes und die tiefe Verachtung, die sich damit verbindet, legt nahe, daß es gelegentlich doch dazu kommt. Im allgemeinen scheint jedoch die Furcht vor Bloßstellung und Scham ausreichend Schutz zu gewähren. Zudem bedarf aber auch niemand der Gartenprodukte einfach als Nahrungsmittel, da man sich in Notfällen immer an Verwandte wenden kann; und so viel zu stehlen, daß es sich lohnt, es in die eigene Laube zu bringen, wäre zu schwierig auszuführen und zu leicht zu entdecken. Hinsichtlich des Gartenbaus sind Ehrgeiz und Sinn für persönliche Ehre sehr stark entwickelt, und die moralische Einstellung läßt den durchschnittlichen Trobriander die bloße Vorstellung, den Taytu eines anderen zu benutzen, verachten. Im Rahmen des tatsächlichen Ablaufs, der Öffentlichkeit der Ernte und der Schaustellung des Taytu, ist diese Moral ein effektiver Hüter.[24]

[24] Soweit ich weiß, gibt es bei den Trobriandern nicht die Vorstellung, daß man Knollen mittels Magie stehlen könne – ein Glaube, der nach R. Fortune bei den Bewohnern von Dobu stark ausgebildet ist (s. *Sorcerers of Dobu,* London, 1932, bes. das Kapitel über Agrikultur). Ich habe dieses Thema nicht eigens untersucht, aber es hätte meiner Aufmerksamkeit kaum entgehen können.

Die Einstellung zum Produkt überträgt sich auf den Boden selbst. Jede Gemeinde wäre zutiefst verletzt, wollte man ihr unterstellen, daß sie zu wenig Land besäße. Das oben erwähnte Kuluwa z. B., nach einem verlorenen Krieg auf fremdem Territorium gegründet, leidet sehr darunter, daß es von den Landzuweisungen anderer abhängig ist. In früheren Zeiten wäre eine solche Gemeinde nach wenigen Jahren in ihr eigenes Gebiet zurückgekehrt. Kulawa ist in der Fremde geblieben, weil die alte Stammesordnung verfällt, und weil es heute, da die Bevölkerungszahl beträchtlich zurückgegangen ist, mehr Land gibt, und man folglich imstande war, dem neuen Dorf auszuhelfen. Auf gleiche Weise ist die Gründung von Olivilevi möglich geworden. Früher galt das Territorium als gänzlich unveräußerlich, die Stabilität der Grenzen geradezu als naturgegeben. Ich habe nicht feststellen können, ob die Außengrenzen der Dorffelder je verrückt worden sind. Vielleicht haben sich mächtige Tabalu-Gemeinden wie Omarakana langsam und beständig ausgedehnt, weil niemand gewagt hätte, sie dessen anzuklagen. In normalen Jahren gab es genug Land für alle, und ob in Dürrejahren mehr oder weniger Land zur Verfügung stand, das war nicht relevant. Die Parzellengrenzen sind sicherlich nicht verändert worden.
Früchte und Fruchtbäume, vor allem Kokosnuß- und Arecapalmen, sind das einzige, was im Zusammenhang mit dem Boden und seiner Fruchtbarkeit dem Diebstahl ausgesetzt ist. Und in ihrem Fall gibt es auch Vorkehrungen dagegen: Um den Baumstamm wird eine Binde gewickelt, *kaytapaku* genannt, die aus einem trockenen Palmblatt gemacht wird, über dem man eine Schutzmagie mit einem Fluch gegen jeden rezitiert hat, der die Früchte berührt. Jeder Dieb würde einer der Krankheiten zum Opfer fallen, die der Zauberspruch enthält. Meist wird darin der Baumgeist (*tokway*) angerufen, der das Eigentum schützt, indem er den Übeltäter mit Krankheit schlägt. Tatsächlich beachten alle diese »Warntafeln« gewissenhaft, da sie glauben, sich sonst unweigerlich eine Krankheit zuzuziehen.[25]

### 5. *Zusammenfassung und theoretische Reflexionen zum Bodenrecht*

Das Thema des Bodenrechts hat in diesem Buch zur Einführung methodischer Momente gedient – eine Behandlung, die ihm zugute gekommen ist, unter der es in anderer Hinsicht aber auch gelitten hat. Es ist zunächst zerlegt und zerstückelt (Kap. IX), dann vorläufig zusammengeflickt und auf dem so gewonnenen Gerüst schließlich mit übermäßiger Genauigkeit rekonstruiert worden. Um auch nicht einen Aspekt zu verfehlen, bin ich mit meinen Beschreibungen und Erörterungen vielleicht zu weit gegan-

[25] S. a. *Coral Gardens,* Vol. I, App. II, Sec. 4, Note 49.

gen, besonders hinsichtlich der Mythologie, der Sozialorganisation, der Geschichte und der Rechtsverfahren. Da mit den Grundbesitzverhältnissen, das sollte deutlich geworden sein, ein bestimmter Aspekt der Agrikultur aufgezeigt wird, sind einige der in gewisser Hinsicht wichtigsten Momente des Bodenrechts bereits im Zusammenhang mit dem Gartenbau zur Sprache gekommen, während sie in den beiden letzten Kapiteln nur kurz zusammenzufassen waren. Es kann gar nicht genug betont werden, daß es im Bodenrecht um die Beziehung der Menschen, der Individuen wie der Gruppen, zu dem Land geht, das sie bebauen und nutzen. Diese Beziehung überformt einerseits das Land: es wird unterteilt, klassifiziert und zugewiesen, mit Rechtsvorstellungen, Gefühlen und Mythologie umgeben. Andererseits werden die Menschen auf Grund derselben Beziehung dazu bestimmt, in Familien zu leben, in Dorfgemeinden und Gärtnergruppen zusammenzuarbeiten, sich durch einen gemeinsamen Glauben und durch ein gemeinsames Ritual zu organisieren. Bei der Erörterung des Bodenrechts muß man deshalb auf die Soziologie ebenso eingehen wie auf topographische Details; vor allem müssen die wirtschaftlichen Tätigkeiten stets präsent sein. Und in historische Überlieferung und mythische Grundlagen muß man sich vertiefen, da sie die Eigentumsverhältnisse durch Titel auf Land und seine Nutzung sichern.

Es bedarf also keiner weiteren Begründung, daß ich Bürgerschaft und Bodenrecht, rechtliche, mythologische Legitimationen und wirtschaftliches Handeln Seite an Seite beschrieben habe. Allerdings wäre es wohl aufschlußreich, das Bodenrecht im engeren Sinn aus dem komplexen Gewebe der dargestellten Vorstellungen und Praktiken zu lösen zu versuchen. Im engeren Sinn geht es dann um ein Korpus von Regeln, das die Praxis des Anbaus und die Distribution der Erträge bestimmt. Dieser Prozeß müßte samt seiner Resultate mit Hilfe der zusammengetragenen Kenntnisse geradezu bildlich zu vergegenwärtigen sein. Betrachten wir also, was auf den Trobriand-Inseln im Lauf eines Gartenbauzyklus geschieht, aus der Vogelperspektive: Das imaginäre Auge des Ethnographen (der technologisch orientierte Leser mag sich eine Superfilmkamera in einem helicostatischen Flugzeug vorstellen), das eine bestimmte Zeit lang die Inseln überblickt und alle Vorkommnisse integriert, wird vor allem die Koordination von Territorien und menschlichen Gruppen bemerken. Die Ähnlichkeit der Vorgänge und Tauschakte in allen diesen Gruppen würde die Trobriand-Inseln als homogenes Gebiet mit einheitlichem Bodenrecht zu erkennen geben. Innerhalb der eigentlich relevanten Einheiten, der Distrikte, könnte das Auge des Ethnographen die jährliche Ansammlung von Ernteerträgen im jeweiligen Zentrum wahrnehmen, ebenso hin und wieder die Redistribution dieser Güter in den verschiedenen Teilen des Distrikts. So ergäbe sich aus den objektiven, beobachtbaren Fakten ein Gesamtbild, das den Ansprüchen des Häuptlings auf das Territorium des Distrikts entsprechen würde, den Vorteilen, die er daraus zieht, um sie wieder zur Verteilung zu bringen.

Innerhalb jeder Gemeinde registriert das Auge des Ethnographen den jährlichen Prozeß der Parzellenzuweisung an die Erwachsenen und Familienoberhäupter, die Teilung des Landes in Felder und Parzellen mit unverrückbaren Grenzen. Könnte es – etwa auf Grund farbiger Zeichen – zwischen Verwandtschaftsgruppen unterscheiden, so würde es die soziale Zusammenfassung der Gärtnergruppe registrieren, und ebenso die Prinzipien, welche die Distribution der jährlichen Erträge bestimmen, den Teil, der in der Gemeinde verbleibt, und den Teil, der in andere Dörfer wandert, deren Subclans die gleiche Färbung aufweisen wie mindestens eine der Frauen in der Gemeinde, aus der das Produkt stammt. Innerhalb der Gärtnergruppe wäre die Rolle der Familie auszumachen, deren Mitglieder jeweils auf ihren Parzellen zusammenarbeiten.

Um unsere historischen Vermutungen einzuholen, müßten wir uns nun vorstellen, unser Beobachtungsgerät sei seit Generationen und Zeitaltern über trobriandischem Boden installiert. Wir könnten dann sehen, welche historische Realität dem Mythos von der ursprünglichen Heraufkunft einmal entsprach, dem Glauben an eine Frau und ihren Bruder, die, mit allen möglichen Paraphernalien beladen, mühsam aus dem Untergrund heraufgeklettert sind. Tatsächlich können wir darüber nur vage Vermutungen anstellen. Wahrscheinlich ist die gegenwärtige Bevölkerung der Trobriand-Inseln Ergebnis einer Rassen- und Kulturenmischung. Die Mythen von der ursprünglichen Herkunft in den verschiedenen Regionen könnten sich auf Ansiedlungen von Einwanderern beziehen; sie könnten die Ansprüche autochthoner Clans ausdrücken, von den Invasoren in eine mythologische Ideenreihe übersetzt. So pittoresk das sein mag, so wenig nützt es doch, darüber Spekulationen anzustellen. Mit Sicherheit aber müßte unser Beobachtungsgerät die Wanderungen einiger Subclans, die Seßhaftigkeit anderer, registrieren, ebenso den Mechanismus, der die Wanderungen ermöglicht, nämlich die Inkorporation durch Heirat. Hat es im Verlauf der Geschichte auch andere, gewaltsame, katastrophale Verschiebungen gegeben? Die Überlieferungen haben davon keine Spur bewahrt, und territoriale Verschiebungen durch Eroberung kann es, seit die trobriandische Kultur war, was sie jetzt ist, nicht gegeben haben. Kuluwa und Olivilevi, die einzigen bekannten Fälle, in denen ganze Gemeinden ihr Gebiet verlagert haben, sind nicht im Gefolge von Eroberungen, sondern von Niederlagen entstanden.

Im ganzen dieser Vorgänge bildet sich eine objektive Ansicht vom Bodenrecht heraus, einerseits als System tatsächlicher Nutzung durch die Gärtnergruppe, andererseits als Liste von Rechtstiteln, die meist Privilegien mit sich bringen, gelegentlich auch Lasten. Die rechtsgültigen und mythologisch legitimierten Titel der autochthonen oder ranghohen Subclans sind rein formell und entsprechen nicht immer der eigentlichen Nutzung. Wir haben genau beobachten können, wo und weshalb die Entsprechungen enden, und wie übergeschobene Theorien und Praktiken Ausgleich schaffen. Im wesentlichen entstehen diese Komplikationen dadurch, daß das Land rechtlich im Besitz der Subclans ist, während die Nutzung in Händen von Gruppen liegt, in denen nur die Männer einander verwandtschaftlich verbunden sind, nicht aber die Frauen und Kinder. Den Schlüssel zur Lösung dieser Verwicklung liefert die Soziologie der Matrilinearität, der virilokalen Ehe, der begrenzten Einflußmöglichkeit des Vaters und der wechselseitigen Anpassungen zwischen dem matrilinearen und dem väterlichen Prinzip, in denen die Rangunterschiede eine hervorragende Rolle spielen. Die Eigentumsverhältnisse weisen einen permanenten Riß, besser vielleicht einen Doppelaspekt, auf: Über die Produktionsmittel verfügen die Männer, Frauen und Kinder der Dorfgemeinde, die großenteils auch die Konsumentengruppe darstellen; andererseits erhalten sich aber für Männer und Frauen gleichermaßen die Rechtsansprüche auf den matrilinearen Erbbesitz, der sich als Einheit in der Institution des *urigubu* verkörpert.

Den gesamten Boden, auf dem wir unsere Daten zur Konstruktion der unsichtbaren Realität des Bodenrechts gesammelt haben, können wir jetzt überblicken. Frühere Vermutungen und Aspekte der Methodologie lassen sich nun bestätigen. Unsere Analyse hatte mit der Kritik des »leichten« Verfahrens eingesetzt, das man geradezu eine unausweichliche Falle für die Erforschung des Bodenrechts und ähnlicher Probleme im Feld nennen könnte. Der Zugang durch Gewährsmänner, durch die Sammlung von Aussagen zur Feststellung des Besitzers, ist legalistisch, wie es Verwaltungsbeamten und europäischen Juristen entspricht. Er führt zu einer Auflistung von Besitztiteln, die, wie sich uns gezeigt hat (Kap. IX, Abschn. 3), zunächst wertlos ist. Einige explizite und wohlbegründete Ansprüche auf Land z. B. sind lediglich von historischem Interesse; andere sind reine Ehrentitel oder zwar rechtskräftig, aber wirtschaftlich irrelevant; und wieder andere sind nur figurativ. Um sie in ihren Wechselbezügen und Relevanzgraden zu bestimmen, müssen wir sie im Hinblick auf ihre Funktion untersuchen. Erst wenn wir danach fragen, wie Besitztitel in der Produktion fungieren, indem sie etwa einigen gestatten, die jährliche »Rente« kraft Ehe zu beanspruchen, anderen, solche »Renten« in größerer Zahl zu akkumulieren, und wie bestimmte Titel dazu dienen, die Einheit des Subclans zu stärken, erst dann wissen wir, wie die rechtlichen und ökonomischen Aspekte der Institution eigentlich ineinandergreifen.

Wir haben dabei gesehen, weshalb es unerläßlich ist, die rechtlichen und mythologischen Grundlagen der Vorrechte und Ansprüche vollständig zu untersuchen, denn diese verankern das Bodenrecht im Glauben: An den mythischen und rechtlichen Rändern ist der Grundbesitz in das matrilineare Gewebe der Gesellschaft eingebunden.

Die ökonomische Analyse wiederum hat die verschiedenen Ansprüche, Titel und Ehrenbezeichnungen als wirksame Anreize bei der Produktion und Konsumtion erwiesen. In der Produktion wird Effektivität durch Kooperation erreicht, die ihrerseits Koresidenz impliziert – das Schlüsselkonzept für unsere Freilegung des Bodenrechts. Denn der Wohnsitz vermittelt in jedem Fall das Recht zum Anbau, ob er sich nun seinerseits auf das an sich unveräußerliche Recht aus der ursprünglichen Heraufkunft stützt, auf das der Ansiedlung kraft Rang oder einfach auf die übliche Toleranz.

Abschließend möchte ich noch hervorheben, daß sich im Licht dieser Analyse zeigt, wie vergeblich die Unterscheidung zwischen kommunistischem und Privateigentum ist. Ich hätte durchweg zeigen können, wie jeder Anspruch, jede Beziehung zwischen Mensch und Boden betontermaßen sowohl individuell wie kollektiv ist. Die Konzeption der ursprünglichen Heraufkunft impliziert eine große Verwandtschaftsgruppe, den Subclan, der uranfänglich von einem Individuum, der Urahne – vielleicht auch ihrem Bruder –, repräsentiert wird, und den heute gleichermaßen ein Individuum repräsentiert, das Oberhaupt. Diese Gruppe ist nach Geschlecht und Alter differenziert und in kleinere Lineages unterteilt. Und innerhalb des Subclans gibt es sogar individuelle Besitztitel auf Land, und das Land selbst ist gleichsam aus Rücksicht auf den Wunsch nach individuellen Unterscheidungen aufgeteilt. Obwohl nämlich der persönliche Parzellenbesitz in gewisser Weise unserer eigenen Vorstellung von letztgültigen Verhältnissen im Bodenrecht am nächsten kommt, ist er doch auf den Trobriand-Inseln nur von allergeringster ökonomischer Relevanz. Dennoch ist dieser Umstand hier äußerst wichtig, da er belegt, wie wenig der sog. Urkommunismus in der Wirtschaftseinstellung der Eingeborenen vorkommt. Geradezu zum Ärger der anthropologischen Theoretiker insistiert der Trobriander darauf, eine eigene Parzelle zu haben, die mit seinem Personennamen assoziiert ist. Bei der alten Entgegensetzung handelt es sich um einen schlechten und unklugen Kurzschluß; durchgehend haben wir gesehen, daß das eigentliche Problem nicht im Entweder-Oder von Individualismus und Kommunismus liegt, sondern in der Wechselbeziehung kollektiver und persönlicher Ansprüche.

Auch in den Gruppen, die wir bei der Ausbeutung des Bodens beobachtet haben, in der Familie, der Gemeinde und der Gärtnergruppe, sind häufig Individuen die Handelnden. Das Individuum ist für den Garten verantwortlich, den es auf seinen Parzellen anlegt; als Ehemann agiert es als Oberhaupt der Einzelfamilie; verheiratet oder unverheiratet hat es einen

Teil der Erträge der von ihm bestellten Gärten abzuliefern, wenn es wiederum als individuelles Oberhaupt der Filiationsgruppe seiner Schwester auftritt. Andererseits handelt es auch dann nicht isoliert. Die individuelle Person steht regelmäßig im Schnittpunkt zweier Gruppen: des eigenen Haushalts und der matrilinearen Verwandtschaftsgruppe, in der sie als Bruder agiert. Zudem gehört sie der kooperativen Gärtnergruppe an, in der sie in bestimmten Phasen häufig genug mit Kommunalarbeiten beschäftigt und ständig mit kommunaler Verantwortung betraut sein wird.

Als Individuen empfangen auch Häuptlinge und Oberhäupter ihre Revenuen. Entschieden handeln sie dabei aber für ihre Familien, Gemeinden und Gemeindegruppen. Die Repräsentanten und hervorragenden Persönlichkeiten, Magier wie Häuptlinge, spielen eine Doppelrolle, als Individuen und als Vertreter, die durch und für die Gruppe handeln.

In der Soziologie der Primitiven gibt es keine fadere und unfruchtbarere Unterscheidung als die zwischen Individualismus und Kommunismus. Als kulturelle Realität wird der Kommunismus erst durch das Auftreten der Maschine ermöglicht. In dem Maße, in dem der Mensch der Maschine zu dienen hat, seine Arbeit und seinen Geist den Mechanismen anpassen muß und von maschinell produzierten Gütern abhängt – in diesem Maße entwickelt sich ein neues soziales Phänomen. Einerseits werden die Menschen nützlicher, je weniger differenziert sie sind. Der Mensch wird zu einem austauschbaren Teil des großen Menschenmechanismus, der nur ein Gegenstück zu dem materiellen Mechanismus ist. Andererseits aber können persönliche Befriedigung und Glück für das Individuum nur erlangt werden, wenn es vollständig im Einklang mit dem großen Durchschnitt der Mitbürger bleibt, die gleichen Waren konsumiert wie sie, die gleichen Zeitungen liest, sich von den gleichen Filmen durchschauern läßt und zu den gleichen Klängen der gleichen Hymnen marschiert, gleich ob diese zum Lob des Kommunismus oder des Faschismus gesungen werden.

Fritz Kramer

# Nachwort

## *I.*

Die Frage nach dem Verhältnis zwischen Malinowskis *Korallengärten* und den Trobriandern heute tangiert Sinn und Selbstverständnis der Ethnologie. Trobriander und Trobrianderinnen sind unsere Zeitgenossen, während sie vor einem halben Jahrhundert als Modell einer anderen, womöglich »wilden« Gesellschaft gelten konnten. Diesem Wandel der ethnographischen Situation gelten meine Hinweise, wobei ich weitgehend den Aussagewert des Photo-Anhangs voraussetzen kann.[1]

Das anhaltende Interesse an den *Korallengärten* ergibt sich aus dem Thema, der Darstellungsweise und deren wissenschaftsgeschichtlicher Bedeutung. – Das Thema ist die Beziehung von Mensch und Erde in der Zeit, wie sie im Wechsel der Jahreszeiten vom Reproduktionszyklus des Yams und über längere Perioden von rechtlich-politischen Strukturen bestimmt wird, die der Mythos legitimiert. In die Bewegung des Yams zwischen Dorf und Garten, menschlicher Arbeit, natürlichem Wachstum und sozialer Verteilung greift die Magie ein, indem sie als organisierendes Prinzip im Kontinuum der Zeit Zäsuren setzt und naturbedingte Aufgaben und menschliche Anstrengungen wirksam zu koordinieren erlaubt.

In den Abschnitten über die Gärten und Yamshäuser von Omarakana werden optische Eindrücke, einzelne Handlungen und magische Texte vorgeführt, gleichsam die Oberfläche, die dem Reisenden sichtbar ist; im VI., IX. und X. Kapitel dagegen erweist sich, jeweils als Deutung von »Indizien« formuliert, die Verschränkung von Verwandtschaftsverhältnissen, Bürgerschaft und Zugang zum Produktionsmittel Boden neben der Konstellation der Bedürfnisse und Affekte als der Schlüssel zur Gesamtkonstitution der trobriandischen Gesellschaft, die so erst am Ende in ihrer Struktur überschaubar wird. Dieser Aufbau entspricht dem Weg, den der Ethnograph von der Beobachtung des beständig sich wiederholenden Wandels in der Zeit des Jahres zu den sich reproduzierenden Gruppen von größerer Dauer gehen muß; nach A. Richards

[1] Ich möchte damit zugleich der Behandlung des gleichen Themas bei Michael Young widersprechen. Vgl. *The Ethnography of Malinowski,* hg. v. M. W. Young, London 1979, Einl.

haben die *Korallengärten* deshalb den Wert einer »Schule der Feldforschung«.[2]
Obwohl das Buch zu einer Strukturanalyse hinzuführen scheint, handelt es sich um Malinowskis einzigen Versuch, seine Funktionaltheorie in relevantem Maßstab an einem ethnographischen Paradigma durchzuführen.[3] Zwar wird deshalb die rationale, »funktionstüchtige« Seite der Institutionen und Bräuche besonders betont; doch handelt es sich dabei nicht um eine Projektion der für die hochindustrialisierten Gesellschaften charakteristischen »Funktionalisierungen« auf eine andere Gesellschaft; denn ökonomische Effizienz und technische Notwendigkeit erhalten ihren Sinn gerade erst aus der Kunst und der Magie des Gartenbaus, aus Festen und Maskeraden, aus dem vielschichtigen Gewebe trobriandischen Lebens.

*II.*

Die Veränderung der trobriandischen Situation soll nun an zwei besonders aufschlußreichen Erscheinungen gezeigt werden: am Aufkommen des Tourismus und der antikolonialen Bewegung. Wenn Malinowski sich zu Beginn des Buchs als »Sprecher« der Trobriander vorstellt, so bekundete sich darin trotz seiner damals vergleichsweise radikalen Kritik an Kolonialherrschaft, Mission und Handel eine paternalistische Haltung, die wohl mit dem Glauben an die Unaufhaltbarkeit der europäischen Herrschaft, des Kapitals und der Technik einherging – an den Fortschritt, durch den auch die trobriandische Kultur dem Untergang geweiht sei. Heute sprechen Trobriander für sich selbst; ihre Gesellschaft ist im Laufe des 20. Jahrhunderts zwar überformt, aber nicht zerstört worden. Der radikalste Eingriff, der Verlust der politischen Autonomie, war schon vor der Zeit von Malinowskis Aufenthalt erfolgt; die Entkolonialisierung hat bisher diesen Eingriff nicht rückgängig gemacht, aber den Willen zur Selbstbestimmung gesteigert: seit 1968 ist auf den Trobriand-Inseln eine soziale Bewegung namens Kabisawali tätig, deren Antikolonialismus sich mit dem Verlangen nach autonomer Entwicklung verbindet; sie wendet sich gegen Aspekte des politischen Systems und hat eine Renaissance halb von der Mission verdrängter Institutionen eingeleitet.[4]
In den *Korallengärten* erscheint die Dorfgemeinschaft (in Gestalt der auf

[2] A. Richards, »Bronislaw Kaspar Malinowski«, in: *Man* 1, 1943.
[3] Vgl. dazu M. Fortes, »Malinowski and the Study of Kinship«, in: *Man and Culture,* hg. v. R. Firth, London 1957; und E. R. Leachs Einl. zur 2. Aufl. von *Coral Gardens,* London 1966.
[4] Zur Geschichte von Kabisawali vgl. U. Beier, »Kabisawali: the Impact of a Self-help Movement on Cultural Life in the Trobriand Islands«, in: *Gigibori,* Bd. 2, 1975. – Nach Mitteilung von D. Winkler war Kabisawali 1980 nicht mehr aktiv.

ihrer Basis organisierten »Gärtnergruppe«) trotz der Existenz korporativer Subclans als zentrale Einheit des sozialen Lebens. Auch im programmatischen »Valu-Kommunalismus« der Kabisawali-Bewegung ist das Dorf (*valu*) die Gruppe, in der die politische, soziale und geistige Persönlichkeit sich kommunal entfalten soll:

»Aufeinanderbezogensein oder Kommunalität ist die gemeinsame Teilhabe an Konflikt, Freude, Arbeit, Fest, Familien- und Clanverpflichtung, Unwissenheit, Geistern, Erzeugnissen, Problemen und Kenntnissen.«[5]

Das Kabisawali-Konzept entstammt trobriandischen Selbsthilfeformen, wie man sie vor allem in Zeiten des Mangels praktizierte; wir werden darin zugleich aber auch eine Aneignung des »modernen« Kommunalismus (der »Produktionsgenossenschaft«) sehen müssen, der den Erfordernissen des bewußten Eingriffs in den ohnehin unvermeidlichen Wandel gerecht werden soll. Das bestätigt die Geschichte der Bewegung, in der Rückgriff und Modernisierung kaum zu trennen sind.

Kabisawali begann in Yalumugwa mit einem System von lokalen Abgaben, die zunächst der Anschaffung eines Traktors dienten, verbunden mit Steuerverweigerung, gegen welche die australische Administration mit Inhaftierungen einschritt. Die Bewegung stand unter der Leitung des Häuptlings und seines Schwestersohns und Nachfolgers, John Kasaipwalova, der in Port Moresby studiert hatte und dem die externe Interessenvertretung übertragen wurde. Man entwickelte ein alternatives Organisationsmodell, das sich über Yalumugwa hinaus verbreitete und in Konkurrenz zu dem von der Administration eingesetzten *Local Government Council* trat. Ihren wohl spektakulärsten Erfolg errang Kabisawali 1974 mit der Übernahme des *Council* und der Ankündigung eines *kayasa,* also einer kompetitiven Yamsernte, wie sie in den *Korallengärten* so ausführlich beschrieben wird. Die *kayasa*-Ernte war überwältigend ertragreich; und seither sind die dekorativen Schaustellungen, in denen soviel ästhetischer Reiz und ritueller Wert lag, wieder zu Ehren gelangt; ebenso die Magie, die jetzt, um dem Gedächtnis nachzuhelfen, in Heften notiert wird. Mit Modernisierung und Rückgriff ist aber gleichermaßen die Bewegung in Konkurrenz zu den Tabalu von Omarakana getreten, so daß sich eine der traditionellen Rivalitäten zwischen Gruppierungen von Dörfern eingestellt hat – ein Aspekt, der sich im weiteren Verlauf als der entscheidende herausstellen könnte.[6]

Die kulturellen und ökonomischen Ziele von Kabisawali konvergieren in der Auseinandersetzung mit dem Tourismus, der die schwerwiegendste

[5] J. Kasaipwalova, »Philosophy and Historical Reality of Kabisawali«, in: *Gigibori,* Bd. 2, 1975, S. 16.

[6] Vgl. H. A. Powell, »Review of the BBC Film ›The Trobriand Experiment‹«, in: *Roy. Anthr. Inst. News,* 13, 1976.

Bedrohung für die komplexen, ineinandergreifenden Systeme des Gabentauschs darstellt. Allein 1971 z. B. haben über 2000 Touristen, vorwiegend wohl aus Australien und Japan, die Trobriand-Inseln besucht.[7] Schautänze und Kunsthandwerk sind so neben Wanderarbeit und Kopraproduktion zur zentralen Geldeinkommensquelle geworden, in deren Folge zunehmend auch Nahrungsmittel in Läden westlichen Typs gekauft werden. Darunter hat der *kula*-Tausch kaum gelitten, wohl aber die auf dem Yamstausch basierenden Zirkulationssysteme, die, wie Malinowski zu betonen nicht müde wurde, die Ehre des Trobrianders und den Mittelpunkt seiner Lebensinteressen ausmachen.

Zu der Gefährdung und partiellen Zerstörung des Gabentauschs als eines Mediums zur Knüpfung sozialer Beziehungen tritt die kulturelle Entfremdung und die Demütigung durch spezifisch touristisches Verhalten, zumal viele Besucher die Inseln in Erwartung »freier Liebe« zu betreten scheinen. Diese Demütigung hat Lynda Thomas, eine junge Trobrianderin, folgendermaßen ausgedrückt[8]:

»Uns ist der Mund trocken und ohne Geschmack / die Hände schwach und kraftlos / der Körper ohne Knochen // Wacht auf Schläfer / sie benutzen uns wie Spielwiesen /genießen uns wie Nachtclubs / behandeln uns wie Maschinen / sie treten auf uns wie auf Dreck / betrachten uns als Blumen des Bösen«

Auf diese Situation reagiert Kabisawali dennoch nicht xenophob, sondern mit dem Plan, Charterflüge, Kunsthandwerk, Darbietungen und Versorgung der Besucher unter trobriandische Kontrolle zu stellen, die Besucher in trobriandischen Häusern unterzubringen, ihnen (statt Dosenkost) die einheimische Küche zu bieten und sie anzuleiten, die Kultur der Inseln zu verstehen: Es geht um den Willen zur Selbstbestimmung der Rollen, die der externen Welt gegenüber zu spielen sind, und so problematisch die Konstellation von traditionaler Sozialstruktur und kultureller, möglicherweise zunehmend »folkloristischer« Darbietung, Geldwirtschaft und Gastfreundschaft auch sein mag – die trobriandische Situation ist offen.[9]

## *III.*

Malinowskis Darstellung des Kula-Rings in *Argonauten des westlichen Pazifik* war ein wichtiger Beitrag der Ethnographie zur Theorie der

[7] Nach J. W. Leach, zit. bei Young, a.a.O., S. 19.

[8] Lynda Thomas, »Volcano«, in: *Kovave*, 2,2, 1971, S. 29. – In einem Reiseführer hat man es für nötig erachtet, ausdrücklich zu schreiben: »Männer sollten nicht erwarten, bei ihrer Ankunft auf den Trobriand Inseln von begierigen Mädchen überwältigt zu werden«. (A. Mallard, *A Traveller's Guide to Papua New Guinea*, Jacaranda Press 1969, S. 81.)

[9] Verschränkungen traditionaler und moderner Motive sind in den Abb. I-IV des Photoanhangs zusammengestellt.

Gegenseitigkeit, die in der philosophischen Tradition auf die Antike zurückgeht. Die einzelnen, sich zu einem Ring ergänzenden Tauschakte des Kula sind jeder für sich reziprok, und da die jeweils zwischen zwei Partnern getauschten Gaben materiell verschieden sind, ist dabei eine Wertäquivalenz der betreffenden Gegenstände vorausgesetzt. Weil ökonomische oder technische Gebrauchswerte des Getauschten nicht zu erkennen sind, ist die Funktion in der Gabe selbst zu suchen: sie knüpft oder bekräftigt politische Bande und Freundschaft zwischen Nichtverwandten, wobei die durch die Gabe zunächst konstituierte hierarchische Beziehung durch ihre äquivalente Erwiderung zur Anerkennung von Gegenseitigkeit transformiert wird.

Neben diesem Tausch der Wertgegenstände gibt es den »ökonomischen« Tausch (*gimwali*), etwa von Yams gegen Fisch, dessen ökonomische Ratio auf der Hand liegt. Rätselhaft dagegen wirken die alljährlichen Gaben von Tauschyams, dem besten Yams jeder Ernte, den der Bruder dem Haushalt seiner Schwester überreicht. Wie die Trobriander ihre externen Beziehungen durch Kulagaben unterhalten, so sind die Yamsgaben Ausdruck und Medium interner Beziehungen. In den *Korallengärten* hat Malinowski sie in diesem Sinn erkannt und in zwei Perspektiven zu ihrer Interpretation angesetzt: Einmal unterscheidet er zwischen der matrilinearen Reproduktionseinheit (der Geschwistergruppe mit den Kindern der Schwester) und der Haushaltsgruppe (den Eltern mit ihren Kindern), die bei Produktion und Konsumtion als Einheit auftritt; die Yamsgaben vom Vorsteher der Reproduktionsgruppe an den Vorsteher der Haushaltsgruppe hätten dann die Funktion, diese Trennung zu vermitteln, ein Bedürfnis, das auf den »Kernkomplex« der matrilinearen Gesellschaft und auf die Konstellation von Hunger, Liebe und Eitelkeit zurückgeführt wird. In einer anderen Perspektive steht im Vordergrund, daß die ausgeheirateten Schwestern weiterhin zu dem Subclan gehören, in den sie geboren wurden und zu dessen Reproduktion sie beitragen; die Yamsgaben wären dann eine Art Pachtzahlung für den Anteil der Schwestern an den Besitztiteln einer Körperschaft, des Subclans.

Im Vergleich zu anderen Tauschsystemen der Trobriander fällt das Fehlen wirklich reziproker Erwiderungen der Yamsgaben auf, ein Umstand, dem keine der beiden Interpretationen gerecht wird. Lediglich in der Perspektive der Männer stellt sich in der Gesamtheit dieser Transaktionen eine Reziprozität her, insofern nämlich, als jeder Mann für seine Schwester Gaben abgibt, für seine Ehefrau aber entsprechende Gaben von deren Bruder empfängt.

Von Ethnologinnen, die sich in den letzten Jahren verstärkt der »Anthropologie der Frau« zugewandt haben, ist darauf aufmerksam gemacht worden, daß ein großer Teil der ethnographischen Monographien in der Perspektive des Mannes konzipiert ist. Malinowskis Ethnographie ist in hervorragendem Sinn »perspektivisch« – mehr noch als »funktionalistisch« – angelegt, d. h. in ihr ist es Methode, Institutionen, Vorfälle, Texte und Gegenstände in wechselnden Perspektiven, in der des externen Beobachters, des Betroffenen, des Vaters, des Mutterbruders usw., zu untersuchen. In den *Korallengärten* mußte Malinowski mehrfach bedauernd eingestehen, sein Augenmerk zu sehr auf die Vornehmen und auf spektakuläre Ereignisse gelenkt zu haben. Der Tausch von Wertgegenständen zwischen Frauen gehört durchaus zu den spektakulärsten Vorgängen auf den Dorfplätzen von Boyowa, und daß Malinowski ihn unbeachtet ließ, erklärt sich wohl aus der ethnozentrischen Erwartung, der Wirkungsbereich der Frau sei auf den häuslichen Kreis beschränkt. Vielleicht hatte man ihm gesagt, es handle sich um eine »Sache der Frauen«; aber das hieß eben nur, er hätte die Frauen danach fragen müssen.

Die erste ethnographische Darstellung des Tauschsystems der Trobrianderinnen stammt erst aus den siebziger Jahren, und zwar von der amerikanischen Anthropologin Annette Weiner.[10] Nach Weiner sind die Tauschgegenstände der Trobrianderinnen Grasröcke und Bündel von bearbeiteten Bananenblättern; diese »weiblichen« Wertgegenstände, *doba* genannt, stehen den »männlichen«, Muschelschmuck und Axtklingen, gegenüber. Der Ort der *doba*-Gaben sind jene *sagali,* die zu Ehren jüngst Verstorbener abgehalten werden. Bei Malinowski heißen diese Feiern »Nahrungsmittelverteilungen«, obwohl die den Männern obliegende Verteilung von Yams dabei immer durch die den Frauen obliegende Verteilung von *doba* komplementiert wird. Geberinnen sind die Frauen des Subclans der oder des Verstorbenen, auch Töchter, wenn es sich um einen Mann handelt. Empfängerinnen sind die Frauen meist des dem oder der Verstorbenen durch Schwagerschaft verbundenen Subclans, also matrilineare Verwandte der Witwe oder des Witwers, denen die Trauerpflichten obliegen; sie haben das Haupthaar geschoren und den Körper geschwärzt, um, wie Trobriander sagen, »sich zu verbergen«. *Doba*-Gaben sind also reziproke Erwiderungen von Trauerdiensten zwischen den Frauen verschiedener Verwandtschaftsgruppen. Trauerdienst und *sagali,* das der Männer wie das der Frauen, sind dabei letzte Akzentuierungen der sozialen Beziehungen, die der Verstorbene vermittelt hatte.

Nach Weiner liegt der Stolz der jungen Trobrianderin in ihr selbst, während später in ihrem Leben externe Werte Bedeutung gewinnen, wie sie in Melanesien allgemein durch die Fähigkeit zum Geben erworben und ausgespielt werden. Das öffentliche und demonstrative Geben von

[10] A. Weiner, *Women of Value: Men of Renown,* Austin und London 1976. – Vgl. die Abb. XII-XVII und XX-XXII des Photoanhangs.

*doba* bei einem *sagali* ist für die Frauen eine Sache des »Prestiges« oder der »rituellen Werte«, wie es das Geben von Yams und »männlichen« Wertgegenständen für die Männer ist. Das *doba* einer Frau begründet ihr Ansehen.

Zu einem *sagali* braucht eine Frau mehr *doba*, als sie selbst dazu herstellen kann, so daß sie *doba* im Tausch von anderen Frauen erwerben muß. Hier nun greifen die Tauschsysteme der Männer und Frauen ineinander. Wie in den *Korallengärten* betont wird, ist Yams *das* Tauschmittel der Trobriander, weil es immer eine Nachfrage nach Yams gibt, während die nach anderen Gegenständen begrenzt ist, und weil Yams haltbar und eintauschbar ist. Die Yamsproduktion liegt in den Händen der Männer, was ihnen hinreichend Sicherheit zu geben scheint, um Angst vor Verunreinigung durch Frauen von ihnen fernzuhalten, ihnen also ein freies Verhältnis zur Frau möglich macht. Die jährlichen Yamsgaben des Bruders an den Haushalt der Schwester gelangen unter die Obhut des Ehemanns, der durch sie verpflichtet wird, Yams für den Erwerb von *doba* für seine Frau anzulegen. Versäumt er dies, so wird sein Schwager die Yamsgaben einstellen. Darüber hinaus – auch das hat Malinowski übersehen – überreicht ein Mann kleinere Yamsgaben an einige seiner leiblichen und klassifikatorischen Schwestern, deren reziproke Erwiderung in *doba*-Gaben an die Ehefrau des Yamsgebers besteht. Yams verwandelt sich in *doba*. Das von Malinowski entwickelte *Rätsel* der Yamsgaben wäre so ein Stück weiter aufgelöst, wenngleich Weiners Material noch keine Quantifizierungen gestattet. Zugleich ist damit aber auch die wesentliche Gleichrangigkeit von Mann und Frau in der »Sprache« der Trobriander selbst formuliert; denn hier wird Gegenseitigkeit und Gleichheit allgemein durch Gabentausch zum Ausdruck gebracht.

Yams- und *doba*-Gaben schließen sich zu einer größeren Einheit zusammen: ein Mann gibt Yams an Schwestern und an den Gatten einer besonders ausgezeichneten Schwester, der mit diesem Yams *doba* für seine Frau erwirbt, während die Schwestern des Gebers für dessen Frau *doba* herstellen; bei einem *sagali* geben die Frauen des Subclans der verstorbenen Person *doba* an Frauen, denen die Trauerpflichten obliegen. Läßt man hier der Einfachheit halber das Problem der komplementären Filiation außer acht, so sind die handelnden Gruppen Subclans, Verwandtschaftsgruppen, innerhalb deren nicht im Hinblick auf kalkulierte Reziprozitätsforderungen getauscht wird; die entscheidende Beziehung ist die zwischen Brüdern und Schwestern: die Yamsgaben der Brüder an Schwestern werden durch Schwäger vermittelt, bzw. durch *doba*-Gaben an Schwägerinnen erwidert, sei es informell oder bei einem *sagali*. Geschwisterschaft und Schwagerschaft werden auf diese Weise verschränkt. Daß diese Verschränkung den Kern der trobriandischen sozialen Struktur und Affektkonstellation bildet, war Malinowskis wesentlichste Einsicht; diese wird durch die Entdeckung der Institution des *doba*-Tauschs nicht umgestürzt, sondern erweitert und bestätigt.

*IV.*

Gilt Malinowskis analytische Anstrengung in den *Korallengärten* der Aufklärung der Yamsgaben, so bildet das System der Gartenmagie das Gerüst für die Anordnung der einzelnen Ereignisse, die im Zyklus des Jahres aufeinander folgen. Der Brauch der Yamsgaben rührt an die Ehre des Gärtners; denn der produziert zwar zunächst für seine eigene Versorgung, darüber hinaus aber, um durch reichliche Yamsgaben sein gesellschaftliches Ansehen zu wahren oder zu steigern. Und wie dieser Brauch gleichsam als »Produktionsanreiz« wirkt, so zielt auch die Gartenmagie auf reiche Ernten. Sogar symbolische Verweisungen auf *doba* ließen sich den magischen Formeln entnehmen: etwa die Verwendung von Bananenblättern oder die häufige Beschwörung »der Bauch meines Gartens schwillt wie mit einem Kind«, in der die Reproduktion von Yams und Mensch analogisiert wird.
Daß die Magie eine Steigerung des Willens bewirkt, war nicht nur Malinowskis Deutung, sondern in einigen Fällen explizit die Auffassung der Trobriander, wie im VII. Kapitel belegt ist: Die *vilamalia*-Magie ermahnt den Yams, lange im Speicher zu bleiben, aber Trobriander sagen, sie wirke hemmend auf das Verlangen, Yams zu essen. In den Kapiteln über die »Gärten von Omarakana« geht es vor allem um den Nachweis des inaugurativen Charakters der Gartenmagie: jede magische Zeremonie eröffnet einen neuen Abschnitt und eine neue Art von Gartenmagie; sie vermittelt ein Zeitmaß und koordiniert die Anstrengungen der einzelnen Gärtner und die Anspannung des Willens, die Konzentration auf das jeweils Bevorstehende. Malinowskis Wahlverwandtschaft mit denen, die Magie praktizieren, bekundet sich in den von ihm selbst lebenslang geübten Versuchen zur persönlichen »Vitalisierung«, die man seinem *Tagebuch* und vielleicht seinem trobriandischen Beinamen – »der Mann der Lieder« – entnehmen kann[11]; aber auch in der ihm eigentümlichen Deutung der Magie, die im Gegensatz zu der rationalistischen Theorie Frazers von der Anthropologisierung der magischen Wirkungen getragen wird. Die Magie ist demzufolge psychische Einstimmung; sie wandelt die immer schon vorhandene »Befindlichkeit« ab – eine Perspektive, in der – wie es in den *Korallengärten* der Fall ist – die Magie notwendig im Horizont der Zeit aufscheinen muß.

[11] Vgl. R. Firth, »Malinowski as Scientist and as Man«, in: *Man and Culture,* a.a.O., S. 1ff.; und A. Kardiner und E. Preble, *Wegbereiter der modernen Anthropologie,* Frankfurt 1974, S. 163ff.: »Bronislaw Malinowski: Der Mann der Lieder«.

Dieser Ansatz läßt noch die Spuren der »Lebensphilosophie« erkennen, die zu Beginn des Jahrhunderts auch für die Anthropologie wichtig war. Malinowski suchte weniger – wie der Kulturanthropologe – nach den »Werten« der Trobriander als nach dem *Grund* der Werte, den er in einer »ursprünglichen« Gemeinschaft empirisch zu entdecken hoffte. So wurde das verborgene Interesse Frazers freigesetzt, der, im Zwielicht von Wissenschaft und Glauben, Philologie und Ahnen, die romantische Symbol- und Mythendeutung der Naturphänomene eines Creuzer oder Bachofen fortgeführt hatte.[12] Dem entspricht, daß die durch Technik und industrielle Umwelt entfremdete und »magisch« verklärte Erfahrung des Wechsels der Jahreszeiten, die in *The Golden Bough* leitend war, in den *Korallengärten* noch als Vorbild und Gegensatz anklingt.

Die Vegetationskulte Frazers und das System der Gartenmagie erinnern nur noch vage an den Zusammenhang der europäischen Magie mit der astrologischen Konzeption des Jahres und der Himmelskörper, doch ist dieser Bezug von Interesse. In Europa begegnet Magie ja nicht nur im bäuerlichen Bereich, sondern auch als Gegenstand städtischer, intellektueller Spekulation, in der Renaissance als die Lehre, daß sich durch Veränderung eines Elements in einem System von Korrespondenzen die Elemente verändern, auf die jenes »verweist«. Die Entsprechungen und Symbole verdanken sich dabei der Assoziation oder der Klassifikation, sind dann aber als Kausalbeziehungen assimiliert worden. In unserer Vorstellung soll der Magier im Sternenkleid »Wunder wirken«; etwas, was man nicht mühevoll erarbeiten will, soll »herbeigezaubert« werden.

Diesen Sinn des Worts »Magie« hat auch Freud in *Totem und Tabu* zugrunde gelegt: Wenn der magische Mensch eine nur gedankliche Verbindung als reale behandle, so sah Freud die allgemeinere Voraussetzung dafür in der noch nicht verdrängten Überzeugung von der »Allmacht der Gedanken«, kraft deren der »Wilde« die bloße Darstellung und die Befriedigung seiner Wünsche gleichsetze. Dagegen wird in den *Korallengärten* vorgeführt, wie der Gärtner arbeitet, wie er sein Metier kennt und nie versucht, irgendeine Anstrengung durch Magie zu ermäßigen. Trobriandische Gartenmagie soll nicht Wunder wirken, sondern natürliches, allerdings üppiges Wachstum des Yams, und die Zeit, die dessen Gedeihen verlangt, wird ihm vom Magier eingeräumt.

Europäische und trobriandische Magie unterscheiden sich gemäß der Zeitauffassungen, in deren Horizont sie stehen. Die astrologisch gedeutete Zeit ist gezählt, ein abgemessenes Kontinuum, in dem und gegen das die Idee des magischen Augenblicks ihren Ort hat; dort dagegen bestimmt die magische Zeremonie selbst den Zeitpunkt, da der trobriandische Mondkalender keine allgemein verbindliche Zeitmessung auferlegt.

[12] Vgl. F. Kramer, *Verkehrte Welten,* Frankfurt 1977.

In ihrer Bedeutung entspricht die Gartenmagie unseren Festtagen, aber sie schmiegt sich freier der botanischen Zeit und der menschlichen Arbeit an.

Doch ist das trobriandische Wort *megwa* überhaupt sinngemäß mit »Magie« zu übersetzen? *Megwa* ist das Wort, und zwar nicht das Wort der alltäglichen Rede, sondern das Wort, wie wir es aus der Dichtung kennen. Die »magischen« Formeln sind poetisch reiche Texte, deren Rhythmus, Versbau, Parallelismus und Ausdruckskraft aus Übersetzungen kaum zu ermessen sind. *Megwa,* das verklärende Wort, ist, wie der Trobriander glaubt, nicht von Menschen geschaffen; es existierte schon, als die Erde noch unbewohnt war. Die den Ursprungshöhlen entstiegenen Gründer oder »Ahnen« der Subclans haben seine Kenntnis in die Welt gebracht und ihren Nachkommen vermittelt. *Megwa* ist, durch Mythen an die Erde gebunden, Menschen anvertraut; es bewirkt die Naturvorgänge, und zwar wohl ohne Appell an Gottheiten oder Geister, wenngleich diese seine Kraft verbürgen. Ist aber *megwa* das unerschaffene Wort, das am Anfang war und das der Grund von allem ist, so steht es dem griechischen *logos* darin nicht ferner als der Magie.[13] Es scheint, daß die Übersetzung »Magie« Probleme schafft, die den Trobriandern fernliegen; und andererseits blendet Malinowskis Anthropologisierung der »Gartenmagie« eine Einsicht in das Fremde in ihr ab: Daß der Magier mit der Natur *spricht*; daß die anderen gesellschaftlichen Verhältnisse mit einer anderen Einstellung zur Natur einhergehen.

Die »Magie« dient der Kommunikation des Gärtners mit Yams und Erde, aber sie hat auch eine politische Dimension. Der Leser der *Korallengärten* wird zahlreiche Fälle von Streit um Yamsgaben und Magiebesitz entdekken, in denen sich zeigt, daß harmonische Verhältnisse der Gegenseitigkeit unter Trobriandern sich nicht automatisch herstellen, sondern im Kampf zwischen Rollen, Individuen und sozialen Gruppen, die häufig damit beschäftigt sind, ihre Rechte einzufordern. Die »magische« Qualifikation des *towosi* ist zugleich ein Charisma im Sinne der Religionssoziologie Max Webers, der zu zeigen versuchte, wie in dem weltgeschichtlichen Prozeß der Rationalisierung und Entzauberung die traditionale und charismatische Herrschaftslegitimation von der rationalen überlagert wurden. Gartenmagier und Dorfvorsteher sind traditional durch Abstammung und charismatisch durch Magiebesitz legitimiert. Auch heute versuchen sie, die Magie politisch einzusetzen.

Um noch einmal auf die Kabisawali-Bewegung zurückzugreifen: Zu Beginn der siebziger Jahre fand in Omarakana eine Versammlung statt, an der etwa vierhundert Männer teilnahmen; zwei Stunden lang war

[13] In *Coral Gardens,* Bd. II, Tl. 6, verweist Malinowski ausdrücklich auf das »Wort« des Johannesevangeliums.

diskutiert worden, ob man Waibadi, den mutmaßlichen Nachfolger des Tabalu von Omarakana und Präsidenten des *Local Government Council* oder Kabisawali unterstützen sollte. Waibadi, der im Besitz der Regen- und Sonnenscheinmagie der Tabalu ist, gab schließlich in großer Erregung den Namen seiner Mutter an:

»Meine Mutter ist Kabwenaya. Sie hat mich geboren und mir den Namen Waibadi gegeben. Wenn ich sage einmal, ist es einmal. Niemand kann mich aufhalten. Was ich sage, tue ich. Niemand kann mich aufhalten, niemand meinen Sinn ändern. Ich kenne zwei Arten von Fasern zum Verlaschen von Kanus. Eine heißt *momulukwausi* und eine *momuyobikwa*. Ihr wählt, welche von beiden ihr wollt und welche ihr nicht wollt. Meine Faser ist *momulukwausi*. Diese Leute von der Lagunenseite haben *momuyobikwa*.«[14]

Dieser unbeherrschte Ausbruch sprengte die Versammlung. *Momulukwausi* bezeichnet die Magie, durch die der Tabalu die Inseln mit Dürre strafen kann; *momuyobikwa* eine schwächere Wettermagie, die in den Händen der Opposition ist. Wie wir gesehen haben, hat Kabisawali schließlich den *Council* übernommen; aber das bedeutet nicht, daß es mit der Magie auf den Trobriand-Inseln vorbei ist, sondern daß das Charisma der Tabalu politischer Bewährung bedarf –, während doch ihr ranghöchster Repräsentant nach Malinowskis Darstellung unangezweifelt »Oberhäuptling« sein sollte.

## *V.*

Stimmt das Bild, das Trobriander von sich selbst haben, mit dem überein, das Malinowski von ihnen entworfen hat? 1974 hatte ich Gelegenheit, über diese Frage mit M. Mwadeda zu sprechen, der damals von der australischen Administration auf Abau, einer Insel vor der Küste von Papua, als Amtmann angestellt war. Er hatte in Malinowskis Ethnographie Dinge entdeckt, die ihm entgangen oder unbekannt waren, darüber ältere Verwandte befragt und sich von der grundsätzlichen Richtigkeit des Gelesenen überzeugt. Nicht zufällig hatte ihn dabei am meisten interessiert, was europäischen Lesern gar nichts sagt, trobriandische Worte nämlich, besonders solche, die Institutionen und Bräuche betreffen, die inzwischen verändert oder verschwunden sind. Trobriandische Dinge erschienen mir, so wie er sie darstellte, selbstverständlicher, als ich es erwartet hatte, während zugleich unverkennbar war, wie sehr Malinowskis Auffassung der gleichen Dinge ihn befremdete. B. Baldwin, der dreißig Jahre als Missionar auf den Trobriand-Inseln gelebt hat, ist dieser Frage systematisch nachgegangen:

»Ich habe den Eindruck, daß das Material noch immer nicht richtig überdacht ist, daß Malinowski den Leuten, die er untersucht hat, in mancher Hinsicht naiv vorkommen müßte.

[14] Weiner, a.a.O., S. 224.

Daß die, die er beschreibt, den Trobriandern selbst noch fremd erscheinen. Ich war überrascht, wie oft die Gewährsleute, mit denen zusammen ich Malinowski überprüfte, zum Zügel griffen. Wenn wir einen Abschnitt mehr als einmal durchgingen, sagten sie meist, so sei es nicht. Es ging ihnen dabei nicht um Tatsachen oder Erklärungen, sondern lediglich um die Färbung. Die Auffassung war nicht die, die sie von sich selbst und den Dingen Boyowas hatten.«[15]

»Die Anthropologie beginnt zu Hause«, schrieb Malinowski im Vorwort zu einer der frühesten afrikanischen Ethnographien, Jomo Kenyattas *Facing Mount Kenya,* die sich in Stil, Pathos und »Färbung« von europäischen Ethnographien unterscheidet, sowie dadurch, daß sie vom Mythos ausgeht. Sicher wird einmal ein Trobriander eine Beschreibung seiner Gesellschaft vorlegen, sei es für seine eigenen Leute oder für Fremde. Sie wird von einem anderen Blick zeugen, als der Malinowskis es sein konnte; und umgekehrt wird eine nicht weniger wünschenswerte trobriandische Darstellung der »modernen« Gesellschaft uns befremden. Aus der unausweichlichen Perspektivität der ethnographischen Erkenntnis ließe sich folgern, daß die Aufgabe, die Malinowski sich gestellt hatte, nämlich die Trobriander »so zu verstehen, wie sie für sich selbst sind und wie sie sein wollen«, in gewisser Hinsicht nicht eingelöst ist, wie es die angeführten Urteile zu belegen scheinen. Aber der Sinn der Ethnographie als Literatur liegt doch (abgesehen von ihren rein wissenschaftlichen Erkenntniszielen) nicht so sehr darin, sich in den anderen hineinzuversetzen, als es möglich zu machen, sich die Realität einer anderen Lebensform, anderswo, in Augenblicken der Abwendung von den eigenen Gefühlen, Hoffnungen und Wünschen, vor Augen zu führen.

## *VI.*

*Coral Gardens and Their Magic* ist 1935 in zwei Bänden veröffentlicht worden, die vermutlich alle wesentlichen zum Thema gehörigen Feldaufzeichnungen enthalten, zum Teil in nur wenig bearbeiteter Form; im »Vorwort des Autors« sind die Gründe für diesen Entschluß dargelegt. Darüber hinaus dürften sich aber einige Eigenheiten der Veröffentlichung auch aus der damaligen persönlichen Situation des Autors erklären lassen. Malinowski gehörte zu jenem Typus des Gründers und »charismatischen« Führers einer wissenschaftlichen »Schule«, der der akademischen Szenerie in der ersten Jahrhunderthälfte Farbe verlieh. Er sah sich selbst als einen Revolutionär, mit der Aufgabe, das *ancien regime* der Diffusionisten und Evolutionisten zu stürzen. Deshalb verwickelte er sich immer wieder in polemische Auseinandersetzungen, deren Heftigkeit heute unverständlich wirkt, und deshalb wurde er auch nicht müde, seine

[15] Zit. bei Young, a.a.O., S. 15.

Entdeckungen als Auflösung paradox und pointiert formulierter Fragen vorzutragen und so oft zu wiederholen, daß es den Leser, der an inzwischen notwendig verschobenen Problemstellungen interessiert ist, leicht ermüden kann. Und zur Zeit der Ausarbeitung von *Coral Gardens* befand Malinowski sich auf dem Höhepunkt seines Ruhms, so daß er glauben mußte, der Leser werde sich nun für *alle* Details der trobriandischen Kultur interessieren.[16]

Nach R. Firth lag hinter diesen Schwächen eine Sensibilität, die sich häufig zur Melancholie steigerte. Schon 1929 hatte Malinowski in einem Brief geschrieben:

»Es ist eine andere Welt, in der ich jetzt lebe, bestenfalls hoffnungslos grau und bedeutungslos, im schlimmeren Fall ein unerträglicher Alpdruck. Natürlich *arbeite* ich, und ich vergnüge mich sogar und verfolge meine Ambitionen, meinen Haß usw. – doch all das ist eine dünne Oberfläche, fadenscheinig und unangenehm, darunter eine furchtbare Leere.«[17]

Die Trobriander der *Korallengärten* scheinen vom Leser wie vom Autor irgendwie weiter entfernt zu sein als die der *Argonauten* es waren. Vielleicht hängt die manchmal mühevolle Rekonstruktion des »konkreten Lebens« mit dieser Entfernung zusammen, wie Malinowski selbst es später noch an der Figur des *Humanisten* Frazer beschrieben hat, der, seiner Gegenwart entfremdet, die goldene, majestätische Welt des »Wilden« am Schreibtisch beschworen hätte.[18] Doch nach 1935 hat Malinowski sich trotz der Masse seiner noch unveröffentlichten Feldnotizen und trotz der wiederholten Ankündigung weiterer Monographien, etwa über Verwandtschaft oder Fischerei bei den Trobriandern, vor allem politischen Problemen zugewandt, der kolonialen Situation und der Anthropologie der Freiheit, die er in den Kampf gegen die nationalsozialistische Propaganda einbrachte.[19]

Wenn der Text von *Coral Gardens* stellenweise etwas unkonzentriert und repetitiv wirkt und eine Reihe von Flüchtigkeiten und beiläufigen Widersprüchen aufweist – die in der vorliegenden Übersetzung nur mit Zurückhaltung etwas gemildert werden durften –, so wird das auch darauf zurückzuführen sein, daß Malinowski nach eingehender Planung des Aufbaus und der Argumentation – darin lag seine Stärke – seine späteren Texte nicht zu schreiben, sondern zu diktieren pflegte.[20]

[16] Vgl. Fortes, a.a.O.

[17] Zit. bei Firth, a.a.O., S. 12.

[18] Abgedr. in: B. Malinowski, *Eine wissenschaftliche Theorie der Kultur,* Frankfurt 1975, S. 173ff.

[19] *Coral Gardens* durfte folglich vor 1945 in Deutschland nicht rezipiert werden. Vgl. R. Thurnwald, »Zur persönlichen Abwehr«, in: *Archiv f. Anthr.,* N. F., Bd. XXIV, 1938, S. 300f.

[20] Vgl. Firth, a.a.O., S. 10.

Die vorliegende Ausgabe folgt dem Kerntext von *Coral Gardens* (dort »*Part One*« und »*Part Two*«), ohne die Kapitel IX und X, in denen lediglich Varianten der Yamsgärten von Omarakana angeführt werden, die ausschließlich für den am Gartenbau der Trobriander interessierten Fachmann lesbar wären; die Kapitel IX und X unserer Ausgabe entsprechen folglich den Kapiteln XI und XII des zweiten Teils von *Coral Gardens*. Der dritte Teil der Originalausgabe besteht aus verschiedenen Dokumenten und Anhängen, der fünfte Teil aus linguistischen Materialien, der siebte aus den kommentierten Zaubersprüchen in der Sprache von Kiriwina. Abgesehen davon, daß diese Teile fast unübersetzbar sind, können sie kaum ein allgemeineres Interesse beanspruchen; sie waren als Anmerkungen zum Kerntext gedacht, die sich dann auf den Umfang eines selbständigen Bandes ausgeweitet haben. Da sie nur für den spezialisierten Linguisten interessant wären und die in ihnen enthaltenen trobriandischen Texte übersetzt auch Bestandteil des Kerntextes sind, wurden sie in unsere Ausgabe nicht aufgenommen (wohl aber die Anmerkungen, in denen auf sie verwiesen wird). Der vierte Teil enthält einleitend eine ethnographische Theorie der Sprache, der sechste eine ethnographische Theorie des magischen Worts. Diese Teile sollen – mit Kürzungen, durch die Wiederholungen zu vermeiden sind – in den IV. Band unserer Ausgabe der *Schriften* Malinowskis aufgenommen werden.

## Photo-Anhang
## Dietrich Winkler
## Die Trobriander heute

*Verschränkung traditionaler und moderner Momente*

I. Vanoi, der Nachfolger von To'uluwa
II. Integration einheimischer und moderner Bauelemente
III. Tänzer in herkömmlicher Festtracht posiert für Touristen
IV. Ein Luftballon hat den Wert von fünf Bananenblattbüscheln

*Yamsgärten*

V. Galagala bei der Rezitation von Wachstumsmagie
VI. Gartenzaun
VII. Schaustellung von Yams (*kuvi* und taytu), Zuckerrohr und Betelnüssen
VIII. Aufschichten von Yams in der Erntelaube

*Yamshäuser*

IX. Dachdecken mit trockenen Pandanusblättern
X. Einpassen der Querbalken
XI. Ungedeckter Yamsspeicher

*Darbietung von Gaben bei Trauerriten*

XII. *Doba:* Vorbereitung der Blätter zur Herstellung von Grasröcken
XIII. *Doba:* Herstellung von Bananenblattbüscheln
XIV.-XVII. Frauen bei der Verteilung von *doba*
XVIII. Wertgegenstände: Tontopf, Muschelarmreifen, Muschelkette, Axtklinge aus Stein, Münze, Geldscheine
XIX. Tarogaben der Männer
XX. Frauen, die sich nach Einlösung ihrer Verpflichtungen am Rand des Dorfplatzes niederlassen
XXI. Zuschauerinnen vor einem Yamshaus
XXII. Abschließende Überreichung von Stoff- und Grasrockgaben

*Wertgegenstände des Kula-Rings*

XXIII. *Soulava*-tragende Mädchen in Sinaketa

*Trobriandische Boote*

XXIV. Herstellung eines Kula-Boots in Olivilevi
XXV. Bugbrett eines Kula-Boots in Wawela
XXVI. Frauen beim Beladen von Booten
XXVII. Segel aus Reissäcken in der Lagune von Boyowa

(Die Photographien wurden 1977-80 in verschiedenen Dörfern auf Boyowa aufgenommen.)

III.

IV.

V.

VI.

VII.

VIII.

IX.

X.

XII.

XIII.

XV.

XVI.

XVII.

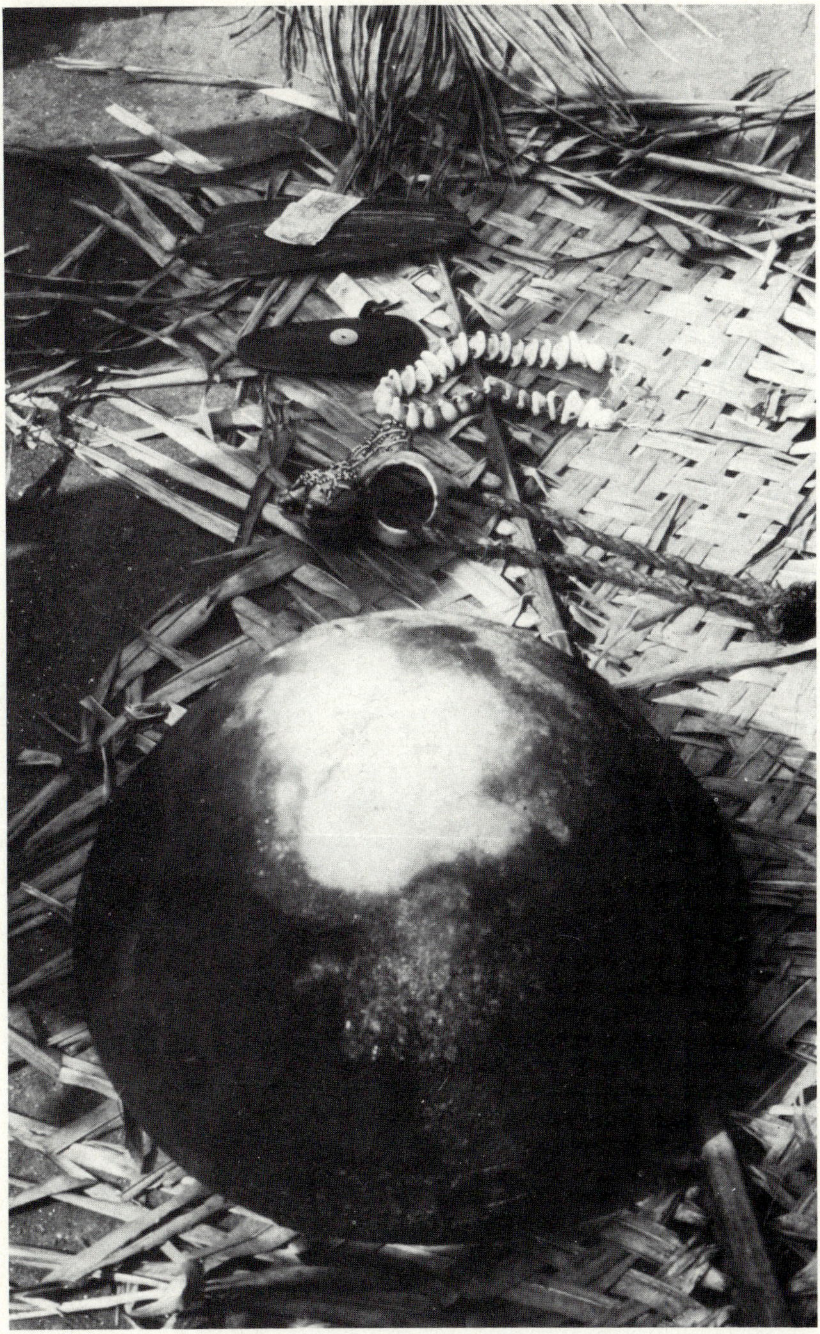

XVIII.

XIX.

XX.

XXII.

XXIII.

XXIV.

XXV.

XXVI.

XXVII.

# Sachverzeichnis